孙健　赵涛◎主编

按流程执行

最新企业规范化管理推行实务

执行标准卷

立信会计出版社
LIXIN ACCOUNTING PUBLISHING HOUSE

图书在版编目（CIP）数据

按流程执行/孙健，赵涛主编. —上海：立信会
计出版社，2014.5

ISBN 978-7-5429-4047-6

Ⅰ.①按… Ⅱ.①孙… ②赵… Ⅲ.①企业管理
Ⅳ.①F270

中国版本图书馆CIP数据核字（2014）第029979号

策划编辑　蔡伟莉
责任编辑　蔡伟莉
封面设计　久品轩

按流程执行

出版发行	立信会计出版社		
地　　址	上海市中山西路2230号	邮政编码	200235
电　　话	(021) 64411389	传　　真	(021) 64411325
网　　址	www.lixinaph.com	电子邮箱	lxaph@sh163.net
网上书店	www.shlx.net	电　　话	(021) 64411071
经　　销	各地新华书店		

印　　刷	固安县保利达印务有限公司		
开　　本	787毫米×1092毫米	1/16	
印　　张	37.25	插　　页	1
字　　数	500千字		
版　　次	2014年5月第1版		
印　　次	2019年6月第5次		
书　　号	ISBN 978-7-5429-4047-6/F		
定　　价	68.00元		

如有印订差错，请与本社联系调换

前　言

　　2006年4月，我们编辑出版了《用制度管人——最新企业规范化管理组织人事卷》（简称《用制度管人》）、《按制度办事——最新企业规范化管理工作流程卷》（简称《按制度办事》），上市以来，这两本书获得了众多读者的好评与赞誉，长期稳居机场、铁路、网站书店销售排行榜。很多读者来电来函咨询企业规范化管理的相关问题，在众多咨询事宜中，有很大一部分读者期望能够获得更为细致、更为系统的企业规范化管理指导，以便能够将"用制度管人，按制度办事"的管理理念落实到更具体的工作实务中。

　　在为我们的心血能够获得读者认同感到欣慰的同时，我们也将众多读者的意见和建议进行了深入地分析和研讨，同时我们也意识到了现在众多企业内出现了工作低效、无序等问题，并不是由于制度建设或人员素质造成的，而是由于企业内部没有一套工作流程和执行标准所致。引入现代管理技术的核心目的就是为了提高生产效率，但如果在规范化管理的基础上没有一套行之有效的工作流程和执行标准的话，势必会造成企业内部的工作无序、混乱以及劳动资源的浪费。

　　如何来更简单地理解工作流程的作用呢，我们可以看一个简单常见的现象：

　　在接力赛跑中，冲刺最快的专业运动员是怎么跑的呢？前一个运动员准给棒，后一个运动员提前起跑、准确接棒，接棒时不用回头看，动作干净利落，一气呵成。

　　不专业的运动员怎么跑呢？接棒的人总是回头找棒，结果看到给棒的人已经跑偏了，或者是给棒的人虽然准确到位，但是接棒的人没有提前起跑，没有并行加速，还在原地等，这样当然不可能拿到好成绩。更有甚者，连棒都掉了，等到捡起棒，一看自己已经被远远地甩在后面，于是士气低落，更没有心思冲刺了。而且失败以后，不会检讨问题，只会互相埋怨，把责任都推给别人。值得注意的是，在接力赛跑中，能夺冠的队伍未必每个运动员都很强，因为能否夺冠，速度还在其次，重要的是彼此的配合是否默契，整个流程的流转是否顺畅。

　　国内某知名汽车集团的高管说："流程就是业务的接力跑。"也就是说，业务流程按一个一个环节流转下来，就好像岗位之间进行接力赛跑：做好跨部门、跨岗位的协同工作，就会使流程顺畅，业务运作加快，市场冲刺更有劲头。

　　企业的优异绩效来自于一致的工作流程、标准的执行方案以及各部门各岗位间的协作效率，"流程化"和"标准化"促使企业每一位员工从知道"如何做"向"如何高效地做"转化。这一转化必将大大提高员工的工作效率和各部门之间的协作能力。从而在整体上提高企业的运营效率。

　　在沿袭了《用制度管人》《按制度办事》的写作风格的基础上，本书进行了更加深入、更加细致的开发，所有的工作流程和执行标准旨在解决企业管理整体规范和执行细节问题，将企业管理完全规范化和精细化。

　　我们深知企业管理的内容不可能是一成不变的，但"制度化""规范化""流程化""标准化""精细化"应该是所有成功企业必须研究的第一课题！

　　衷心希望本修订版能够为广大读者提供最大的帮助。

目　录

第一章

企业管理流程综述

《按流程执行》

一、什么是流程与流程管理

企业在进行流程设计之前,必须对流程的概念有一个清楚的认识,并在此基础上掌握流程图绘制的方法,然后着手设计适合本企业的流程,并根据企业发展和市场变化情况,及时对流程进行调整,再造。

20世纪90年代,美国麻省理工学院迈克·哈默(Michael Hammer)教授和CSC管理顾问公司的董事长詹姆斯·钱皮(James Champy)提出了管理流程再造(Business Process Re-engineering)的概念,即对企业的业务流程进行根本性的再思考和彻底性的再设计,从而使企业在成本、质量、服务和速度等方面获得进一步的改善。

如果进一步扩大企业流程再造的概念,就不仅仅是对流程进行再造,而是要将以职能为核心的传统企业改造成以流程为核心的新型企业。

规范化企业一定要有非常规矩的管理原则,大家都要执行原则。管理规则最重要的就是它的流程,流程表示企业的工作程序,流程被规范化以后,在一段时间内是固定不变的。

我们不妨给流程下这样一个定义:"流程就是为特定的顾客或特定的市场提供特定的产品或特定的服务所精心设计的一系列活动。"

流程设计的基础是企业发展战略、组织结构设计、职能的分解、岗位设置、岗位描述。流程再造的意义就是企业对原有的业务流程进行重新塑造,包括对一些资源重新进行整合;更重要的是通过流程的再造,把原有的以职能为中心的传统管理转变成以流程为中心的新型管理,提高经营效率和效益。

二、流程管理对企业的意义

流程再造的意义,不仅仅是对企业的管理与业务流程进行再造,而且是要以职能为核心的传统企业,改造成以流程为核心的新型企业,也就是企业再造。企业通过不断地变革与创新(广义上这里不仅仅包括流程的再造,还包括企业组织的再造和变革),使原来不断走向暮气的企业,重新焕发青春,并且永远充满朝气、充满生机、充满活力!

假如做一个手术需要4个小时,流程再造专家通过调查发现,其中1个小时用于病人的麻醉,相当于在手术室白白浪费了1个小时的时间。由于手术室有很多非常昂贵的设备,1个小时的折旧费可能就是几百美元;而且麻醉期间并不需要无菌,完全可以在手术室旁边设麻醉室,这样一来,手术室占用的时间从 4 个小时缩短为 3 个小时。原来每天可以做 4 个手术占用 16 个小时,现在可以完成 5 个手术。假如一次手术收费 5 000 元,那么现在一天就可以多收入 5 000 元。

福特公司很多配件是由一些小公司制造的,所以公司就设立了一个拥有 500 名员工的货款支付处。后来福特公司发现,日本马自达汽车制造公司的一个分公司也有这样一个货款支付处,但只有 5 名工作人员,福特公司非常奇怪,派人去考察。经过调研,发现是由于马自达的信息管理自动化程度很高的原因。于是福特公司强化了自动化管理,把员工人数从 500 人缩减到 125 人,节省了一大笔资金。

通过对企业原有业务流程的重新塑造,包括进行相应的资源结构调整和人力资源结构调整,提高企业整体竞争力。

企业将由以职能为中心的传统形态转变为以流程为中心的新型流程向导型企业,实现企业经营方式和管理方式的根本转变。

三、流程管理的背景

当前企业面临的"三 C"挑战(因为顾客、竞争和变化这三个词的英文字头都是 C,所以我们叫做"三 C"挑战)。

1. 来自顾客的挑战

顾客越来越精明,要求也越来越高,他们需要个性化的服务,因此要求企业研发个性化的产品,满足不同层次的客户需求。

2. 来自竞争的挑战

中国加入 WTO 给企业带来非常严峻的挑战。企业要不停地围绕降低成本和提高经济效益与同行企业进行竞争。

3. 来自变化的挑战

世界经济形势和竞争规则不断变化,科技高速发展,企业要及时调整发展战略,增强竞争优势。

四、流程管理的目的

1. 提高运行效率

例如原来的流程需要 10 天才能完成,在对中间某个环节作出某些调整和改革后,7 天就可以完成流程了。

2. 提高经济效益

例如经过改造后,原来500元的成本现在只需要300元就足够了。

五、流程管理的基本原则

1. 以顾客为中心

顾客的青睐是企业的财富,只有最大限度地满足顾客,才能赢得市场。

2. 以价值为导向

流程再造的最终目的是提高经济运行效率。

3. 以人为本

流程再造过程不是某个人的个人行为,而是整个团队共同努力进行整合的结果,所以要坚持以人为本的团队式管理。

一般来说,流程图分为一级、二级、三级。一级流程图即公司级的流程图,如:公司主导业务流程图、公司决策流程图等。二级流程图即部门级的流程图,如:技术开发流程图、人力资源管理流程图、市场营销流程图等。三级流程图即部门内具体工作的流程图,如:招聘流程图、销售流程图,统计工作流程图等。通常,我们做到三级流程图就可以了,没有必要再细化到四级、五级。

流程图应该是环环相扣的,上一个级别的流程图中的一个节点,到下一个级别可能就会演化成一张流程图。例如,在二级流程图中的人力资源管理流程图中,招聘工作可能只是一个节点,而它会演化成三级流程图中的招聘流程图。

关于流程图,美国国家标准学会(ANSI)规定了如下管理流程设计标准符号(如图1-1):

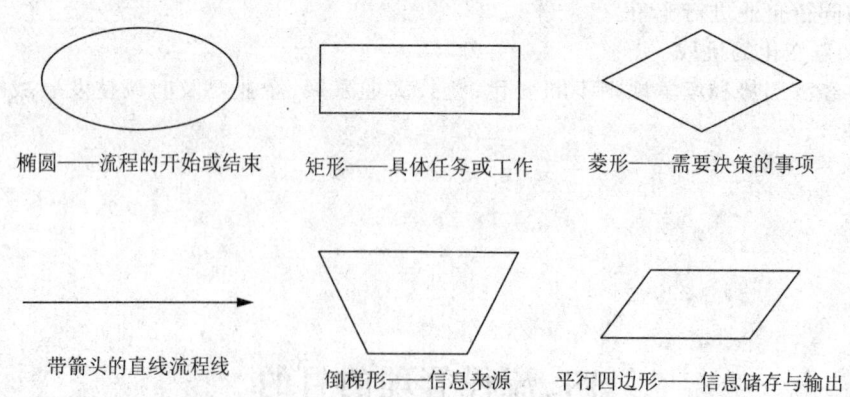

椭圆——流程的开始或结束　　矩形——具体任务或工作　　菱形——需要决策的事项

带箭头的直线流程线　　倒梯形——信息来源　　平行四边形——信息储存与输出

图1-1　管理流程设计标准符号图

(1)流程的开始或结束,用椭圆来表示。

(2)具体任务或工作,用矩形来表示。

（3）需要决策的事项，用菱形来表示。

（4）流程线，用带箭头的直线来表示。

（5）信息来源，用倒梯形来表示。

（6）信息储存与输出，用平行四边形来表示。

实际上，管理流程设计的标准符号远不止上面这些，但考虑到流程图的绘制越简洁、明了，操作起来越方便，企业也就越容易接受和落实；符号越多，会使流程图越复杂，一些企业越不易接受。所以，一般情况下只使用前四种符号就基本可以满足绘制流程图的需要了。

在实际操作中，流程图的绘制最好通过企业中高层领导讨论的方式来进行，这样可以集思广益，有助于流程的优化。在讨论时可以在预先准备的白板上，以报事贴代表任务来绘制流程草图，报事贴可以随时粘贴、取下，便于修改。经讨论确定之后，再由一位员工执笔，将最终确定的流程图描绘下来。

六、流程图的管理与实施

一个企业的所有流程图绘制完毕后，应该装订成册，并且下发给公司的各个部门以便遵照执行。流程图实际上是企业的内部法规，有了它企业才能建立起正常的工作规则和工作秩序。这样，企业才算是真正建立起来了流程。可是，设计了流程之后，并不等于企业的运行效率和经济效益必然会产生大幅度的提高，更重要的工作是在于管理与实施。在管理和实施的过程中，应该注意以下几点。

1. 提高企业领导者对流程的认识

提高企业领导者，特别是企业高层领导者对流程再造的认识，是流程再造的推动与实施中最重要的问题。一定要认识到实施流程再造，是企业提高运营效率和经济效益的重要措施，是企业战胜竞争对手的主要手段之一，是企业发展战略的一个重要步骤。只有企业的董事长、总经理、总监等高层领导提高了对流程再造的认识，企业的流程再造才能够推动，实施才能见到效果。

2. 加强培训，使企业上下共同提高对流程的认识

在流程的推动与实施过程中，企业的高、中层干部是实施流程再造的骨干，同时广大员工也是重要的力量。只有管理团队与员工共同认识到流程的意义，推动与实施才会收到效果。人们常说："步调一致才能取得胜利！"那么，怎样才能让管理团队与员工的步调一致呢？最有利的手段之一就是培训。

通过对员工的培训，使广大员工都能认识到流程再造的意义，认识到流程再造对企业生存和发展的作用，这样，提高了员工的自觉性，员工就会自觉地遵守新流程所建立起来的管理秩序。

3. 克服旧的管理习惯

通常，人们容易适应原有的一些习惯，心理学上称之为"舒适区"。我国企业与国外企

业有着较大的差距,特别是国有企业,受多年计划经济的影响,产生了许多这样或那样陈旧的管理习惯。所以,在流程的管理与实施过程中,很重要的一点是要克服旧的管理习惯,遵守新的管理规则。在流程再造中,必须改变过去的"舒适区",克服自我,逐步适应新的管理规则和管理秩序。

第二章

组织结构设置与岗位设计

《按流程执行》

一、组织结构变革工作流程设计

流程名称	组织结构 变革流程	编码			
		执行者	各部门、人力资 源部、企划部	监控者	总经理
行为实施环节	各部门	企划部	人力资源部	总经理	董事会

管理行为

流程起始 → 组织结构分析 → 进行初步解析 → 提出变革申请 → 编制组织结构调查表

审核（否/是） → 审批（否/是）

提出变革意见（各部门）、提出变革意见（人力资源部）

汇总意见 → 初步设计 → 讨论与建议 → 汇总并编制设计草案

审核（否/是）

编制正式方案 → 审核（否/是）→ 审批（否/是）

实施方案 → 人员调动 → 流程结束

二、岗位设计工作流程设计

流程名称	岗位设计 工作流程	编码			
		执行者	人力资源部	监控者	人力资源总监
行为实施环节	人力资源部	人力资源总监		总经理	

管理行为

流程起始

→ 明确岗位分析目的

→ 确定信息收集方法

→ 选择分析对象

→ 建立分析小组

→ 制定分析规范 ──→ 审核 ──否── ┐ ──是── 审批 ──否──┐

（否、是标注）

→ 选择信息来源 （是）

→ 选择岗位分析人员

→ 选择收集信息的方法和系统

→ 收集信息

→ 分析工作因素

→ 信息条理化

→ 编制《职位说明书》

→ 制作应用文件

→ 培训使用者

→ 调整修订应用文件

流程结束

三、确定人员编制工作流程设计

流程名称	确定人员编制 工作流程	编码			
		执行者	各部门、人力 资源部	监控者	人力资源总监
行为实施环节	各部门	人力资源部		人力资源总监	总经理

流程起始 → 明确部门工作性质 → 明确部门工作任务量 → 提出编制草案 → 审核（否/是）→ 审核（否/是）→ 审批（否/是）→ 确定具体的人员编制 → 编写职位说明书 → 编制人员编制表 → 审核（否/是）→ 审批（否/是）→ 流程结束

四、增加编制申请管理工作流程设计

流程名称	增加编制申请流程	编码		监控者	人力资源总监
		执行者	各部门、人力资源部		
行为实施环节	各部门	人力资源部		人力资源总监	总经理
管理行为					

```
                流程起始

          明确部门工作
          性质与任务量
                                  否          否           否
          提出增加编      →  审核  → 是 →  审核  → 是 →  审批
          制的申请

          提出增编岗位  ←──────────── 是 ──────────────
          人员的素质要求

                        评议

                        实施招聘流程

                        流程结束
```

五、用人申请管理工作流程设计

流程名称	用人申请流程	编码			
		执行者	各部门、人力资源部	监控者	人力资源总监
行为实施环节	各部门	人力资源部		人力资源总监	总经理

管理行为

流程起始

明确部门工作
性质与任务量

考察现有人员
配备状况

考察部门人员
异动、调配状况

提出用人申请 → 审核 → (是) → 审核 → (是) → 审批

否 ← 审核

否 ← 审核

否 ← 审批

实施招聘流程 ← (是)

流程结束

六、人力资源战略管理工作流程设计

流程名称	人力资源战略 管理工作流程	编码			
		执行者	人力资源部	监控者	人力资源总监
行为实施环节	人力资源部	人力资源总监		总经理	

管理行为	

流程起始

明确公司战略目标

组织外部环境分析

明确组织结构

明确员工需求

明确企业文化

分析相关信息

明确人力资源战略目标

明确人力资源计划

明确人力资源相关政策

编制人力资源战略 → 审核 ← 否

否　　是　审批

审核 → 是

实施人力资源战略

实施成效评价

总结分析并予以改进

战略目标的修改或调整

流程结束

七、职务分析管理工作流程设计

流程名称	职务分析管理 工作流程	编码		监控者	人力资源总监
		执行者	人力资源部		
行为实施环节	人力资源部	人力资源总监		总经理	

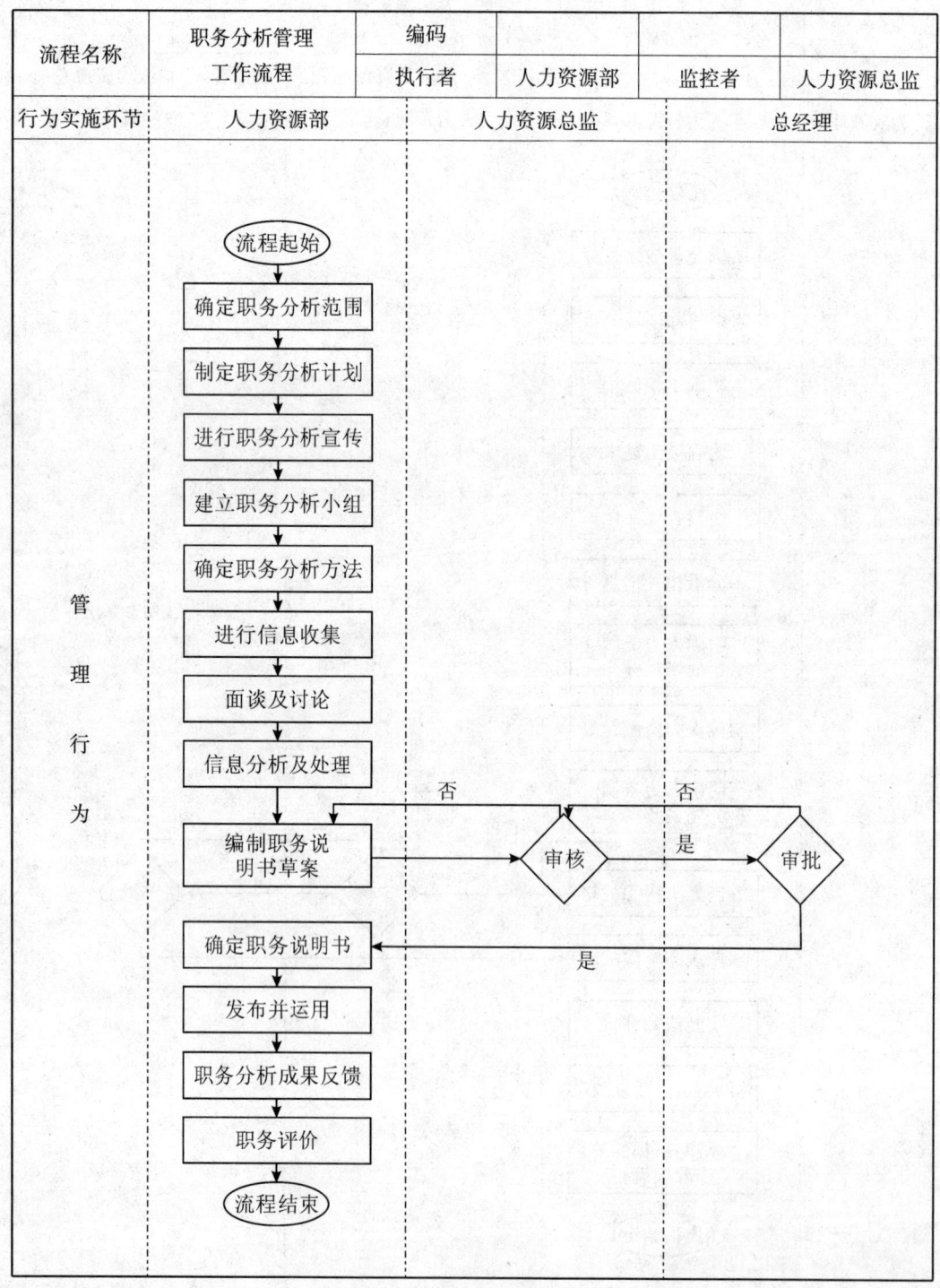

流程起始

确定职务分析范围

制定职务分析计划

进行职务分析宣传

建立职务分析小组

确定职务分析方法

进行信息收集

面谈及讨论

信息分析及处理

编制职务说明书草案

审核

审批

否　否　是

是

确定职务说明书

发布并运用

职务分析成果反馈

职务评价

流程结束

管理行为

八、人力资源规划工作流程设计

流程名称	人力资源规划 工作流程	编码			
		执行者	人力资源部	监控者	人力资源总监
行为实施环节	人力资源部	人力资源总监		总经理	

管 理 行 为

流程起始

↓

分析组织内外部环境变化

↓

确保人力资源保障

↓

明确公司和员工的长期利益

↓

公司经营决策评估

↓

公司人力资源现状评估

↓

公司人力资源未来需求和供给预测

↓

明确教育培训计划

↓

明确人力资源调整计划

↓

明确人力资源费用预算

↓

进行风险分析

↓

编制职务计划

↓

编制人员配置计划

↓

编制人员需求计划

↓

编制人员供给计划

↓

汇总形成人力资源计划 → 审核 (否) ← → (是) 审批 (否)

审核 → (是) → 执行

审批 → (是) → 执行

执行

↓

流程结束

九、人力资源需求预测工作流程设计

流程名称	人力资源需求 预测工作流程	编码		执行者	人力资源部	监控者	人力资源总监
行为实施环节	人力资源部		人力资源总监			总经理	

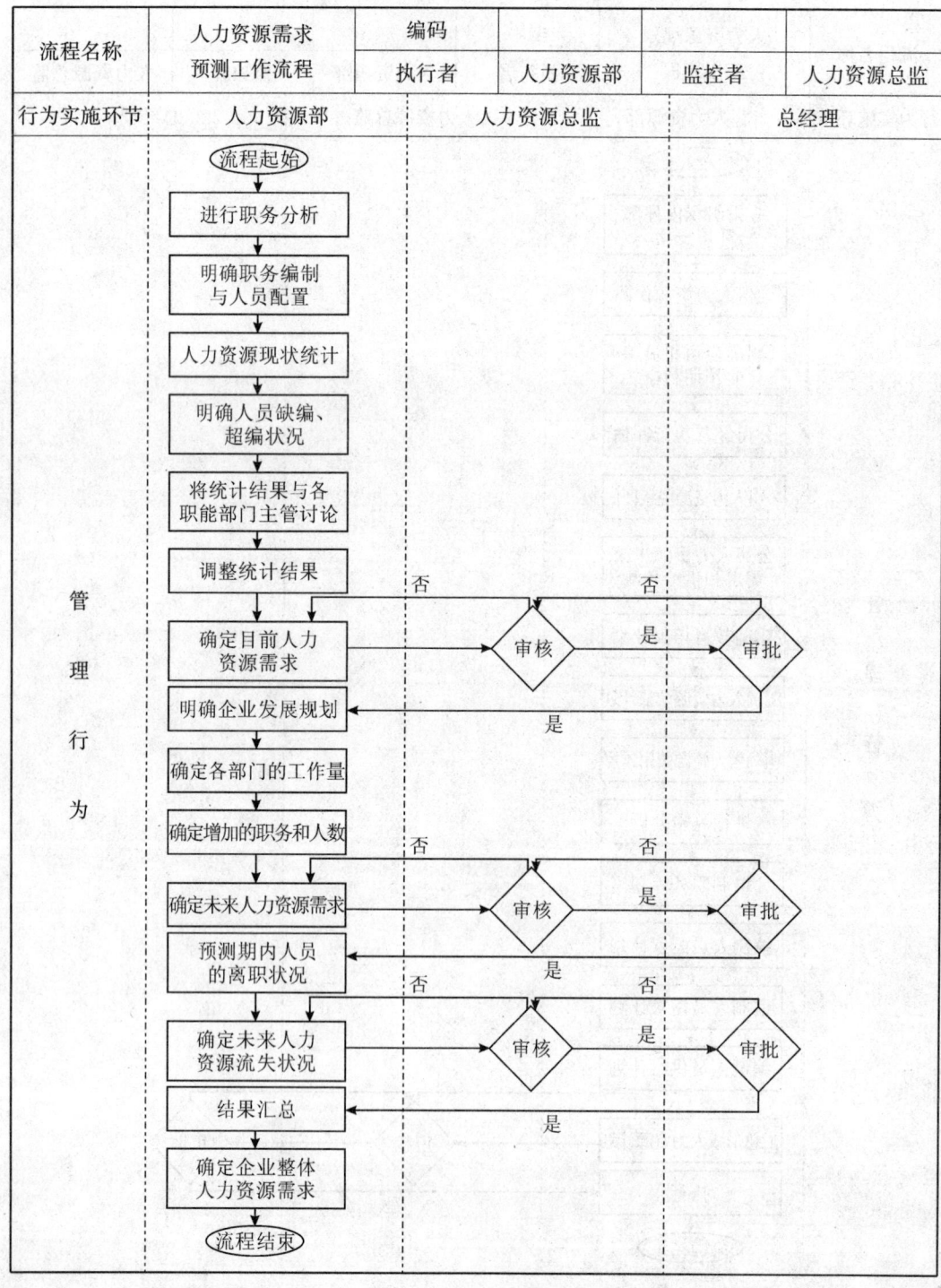

流程起始

进行职务分析

明确职务编制与人员配置

人力资源现状统计

明确人员缺编、超编状况

将统计结果与各职能部门主管讨论

调整统计结果

确定目前人力资源需求

明确企业发展规划

确定各部门的工作量

确定增加的职务和人数

确定未来人力资源需求

预测期内人员的离职状况

确定未来人力资源流失状况

结果汇总

确定企业整体人力资源需求

流程结束

管理行为

审核 否 是 审批

审核 否 是 审批

审核 否 是 审批

十、人力资源供给预测工作流程设计

流程名称	人力资源供给 预测工作流程	编码			
		执行者	人力资源部	监控者	人力资源总监
行为实施环节	人力资源部	人力资源总监		总经理	

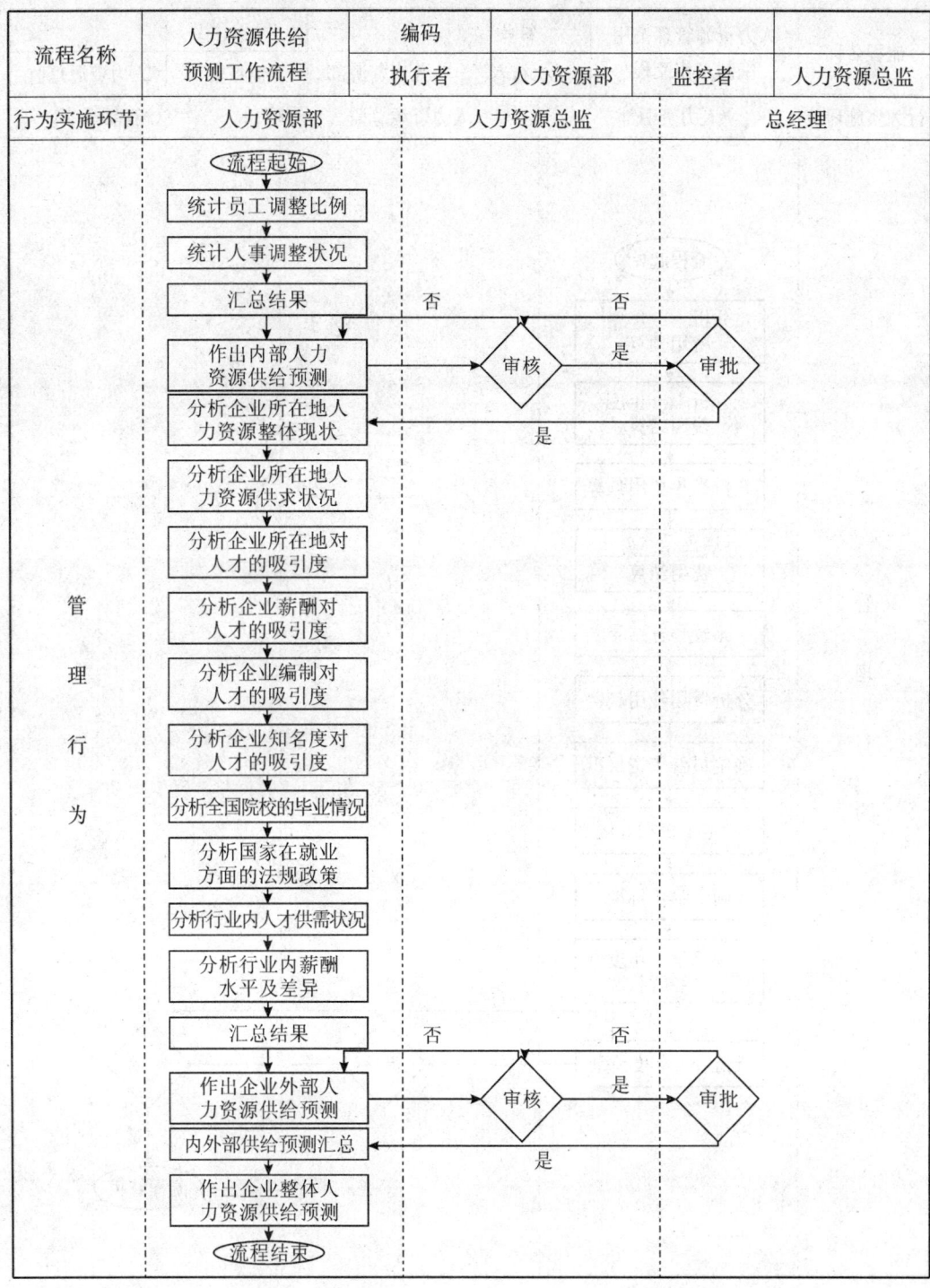

十一、人力资源管理费用编制工作流程设计

流程名称	人力资源管理费用 编制工作流程	编码			
		执行者	人力资源部	监控者	人力资源总监
行为实施环节	人力资源部	人力资源总监		总经理	

管理行为

流程起始

↓

分析上一年度费用预算

↓

分析上一年度费用结算

↓

分析当年费用预算

↓

分析当年已发生费用结算

↓

比较预算结算

↓

分析费用使用趋势

↓

确定最低工资标准

↓

确定工资指导线

↓

确定物价标准

↓

预测下一年度生产经营状况

↓

制定下一年度预算 → 审核 → 审批 → 流程结束

否 / 是 / 否 / 是

十二、组织分析方法

组织机构要根据组织的性质来定。组织本身并不是目的,而是一种手段,是借以实现某种目标的形态。所以,切不可以组织机构为出发点设计组织,必须以分析为出发点。

(一)工作分析法

这种方法是以组织的基本目标为依据,用科学的方法分析组织工作的过程及结果。通过分析才能明白组织该做什么工作,哪些工作必须加强,哪些工作可以取消,从实际需要拟出一个工作机构系统,而不是抽象的编制机构规划,只有彻底地从工作上来分析,才能找出组织本身影响成绩的因素,才能有根据地增加、减少或合并机构。

(二)决策分析法

研究一个组织需要有什么样的机构,第二种方法就是决策分析。一个庞大的组织,由哪一层次的人来最后做决定,由哪一种专长的人来做决定,哪些业务或活动与这些决策有关等问题,在未作出决策之前都要考虑。一般的组织决策,通常都是由高层主管来做,一个组织如果要把各种不同决策权委托给各适当的层级来做时,就要将这些决策加以分类。例如,分为政策性决策、业务性决策和事务性决策等。任何组织的决策,可由四个基本特性来决定其性质:第一,决策的事项所涉及将来时间的长短,组织本身有多少会受其限制,要修改是否容易;第二,做一项决策对其他机能、领域及其关系的影响程度如何? 如果只影响一个机能,则属于基层来决策,如果涉及范围很广,则由高层主管决定;第三,有关行为的基本原则、伦理价值、管理方针、涉及面等应由高层机构来决定;第四,一些问题重复发生,或很少发生,影响范围只限某单位,影响的时间短暂,则由该单位直接作出决策。从以上四个原则来看,必须尽可能地与事情发生的地点最接近的层级与专长配合起来作出决策。

(三)关系分析法

现代的组织虽然仍在上下的关连中活动,但平行的关系尤为重要,一个组织要依据专业和分工来决定其结构时,平行的协调更加重要,因此,上下关系、平行关系都要分析。关系分析不仅对决定组织机构是必不可少的,而且在分派人员时,也是必要的,只有分析职务的关系,才能善用人才,才能促进组织成功。因为机构不是目的,而是工具,通过分析,才能看出一个组织需要什么机构,需要什么形态的机构。也只有根据这些原则,才能建立起有效的组织机构。

十三、组织设计方法

（一）以效率为主，以结构为辅的设计方法

效率是组织所有活动的综合，其前提是各种活动必须为目标服务。如果将组织当做一台机床时，结构好比是传动装置，把各种活动转变为推动力，也就是将组织中的各种因素，转变为成效，从机械传动原则来看，组织越简单，越是直接，其效率也越高。这就是说，传动的连续越长，毛病的发生率就越高。组织结构通常的问题是觉察不到这个结构是否把所在成员的努力带到了组织目标，甚至在带错方向时，组织本身也没有能力觉察到已经进入错误方向。组织不断地受实际情况的考验，它在环境中能否保持高度的适应力及扩张力而取得成绩？如果把组织比作机体，这个机体唯一的意愿是生长和发展，而不能懒惰长肥。

（二）以工作为主，层次为辅的设计方法

组织中的管理人员，往往喜欢增加编制和层次，从而扩大自我价值和影响。许多组织的层次，往往是没有必要的，但没有必要的层次对管理者与成员来说，可能是一件非常重要的事情，当结构中多一个层次时，他们就要高升一层，成员也就多一个晋升的机会。可是这对组织效率来说，是增加了一个包袱或负担。组织每增加一个层次，对共同目标的实现和相互的了解，将增加一些困难，每增加一个层次，就会扭歪目标一度，并且分散注意力和削减参与的机会，组织会增加一些麻烦。尤其是规模较大的组织，每增加一个层次，工作人员就越多，而实际工作的人员相对减少，机构越来越臃肿，效率却越来越低下。这是在设计组织时应防止的。

十四、组织结构设计后的实施工作标准

为了使组织机构形成一个系统整体，有效、顺利、合理地发挥作用，需要知道组织工作的实施原则。

（一）明确责任和权限的原则

1. 责任和权限的定义

所谓责任就是指必须完成与职务相称的工作义务。所谓权限就是完成职责时可以在一定限度内（有时未经上级允许）自由行使的权力。责任就是完成工作的质量和数量的程度。权限就是完成工作职责时，应采用什么方法、利用什么手段、通过什么途径去实现目标。责任与权限是相互联系、相互制约的,不应授予不带权限的责任,也不应当行使没有责任的权限。为了履行服务,必须明确每个人应负的责任,同时也明确其应有的权限。

2.明确责任和权限

上级应尽可能把责任委托给下级,并授予其所需的权限,这种组织就有灵活性,有利于下属主观能动性的发挥。当然上级也要注意,即使已把责任和权限委任给了下级,也应当负起"监督、指导、检查"的责任,不能一推了之。

(二)命令管理系统一元化原则

一个管理人员所能指挥、监督的人数是有限的。管辖的人数的多少应根据下级的分散程度、完成工作所需要的时间、工作内容、下级的能力、上级的能力、标准化程度等条件来确定。一般来说,从事日常工作可管辖15~30人;从事内容不变,经常需要作出决定的工作,可管辖3~7人。

(三)分配职责的原则

分配工作,划分职责范围,要避免重复、遗漏、含糊不清。主要的是遵守以下几条原则:

(1)相同性质的工作要归纳起来进行分析。

(2)分配工作要具体、明确。

(3)每一项工作不要分得过细,而由许多下级一起承担。

(4)量材使用。

(5)经常检查,拾遗补缺,以防止出现缺口。

(四)优先组建管理机构和配备人员的原则

组织机构应优先物色管理人员。建立组织机构时,为了达到目标,要确定工作岗位的要求,并选择最合适的经济管理人选。

十五、组织结构中的日常考核工作标准

(一)日常考核的主要内容

机构建立后,还必须重视日常考核。因为它的建立是从理想出发,实际是否满足需要则应当认真加以考核。所谓考核,是指对功能执行程度的分析,即检查建立的机构在多大程度上执行了所规定给它的功能。包括:机构是否完全执行了功能要求;有无事故发生;有无拖延的情况并找出产生拖延的原因;有无浪费、损失(无形的、有形的);有无新的方法与经验。

(二)工作效率的考核

工作效率的考核,不仅应考核下层,也应考虑中层和上层。它应该包括:

(1)决策机构的反应速度。即从接到一项要求或一项情报后,到开始正式研究的时间。

(2)决策效率和效果。这是接到相关情报后作出决策的时间,及由于采取了该项决策给企业带来的收益。例如企业原生产甲产品,现在根据预测分析,生产了乙产品多收入多少,这是决策的效果。

(3)执行效率。在某个问题决定后,从开始执行到取得执行的结果的时间。为了形成对比的条件,可按决策执行的复杂程度进行分类,并根据实际数据,订出标准。

(4)文件审批效率。一项报告或其他文件在转到负责人手中后到批复的时间。这也是根据问题的复杂程度、重要性和需要调查研究的时间订出几种标准。对于重大问题应计算延误损失。

(5)文件传递效率。这是指文件发出单位到达承阅单位的时间,主要是企业内部文件的传递效果。对于一个健康的机体,一项功能信息的延误将导致疾病。对一个正常运行的企业,例行工作也必须保持最好的效率。

(三)企业机构间的协调关系

除了应考核各层次的工作效率之外,还应检查企业机构间的相互协调关系。企业机构的建立必须保证企业整体活动的协调,具体考核组织机构间的协调关系,应检查以下几种关系:

(1)制造协调关系。只有当一切制造条件都具备时才能开始,任何一个条件不具备也不应列入投入计划,因为计划规定的必须是现实可行的,这是最基本的要求。反过来说,有些单位必须按期提供所承担的制造条件,用于约束自己的行动。

(2)总装协调关系。这是指产品总装配的协调。只有产品总装配所需要的一切条件,如零件、部件、协作件、工具等都按照过程进度的协调要求完全齐备后,才能列入正式装配计划。

(3)总体协调关系。某些生产技术准备工作何时开始、结束,某个零件、部件何时投入、何时完工,一台产品何时开始总装、何时结束等,这些都要由总体协调来加以解决。

在处理机构关系中,必须克服以下两种情况:

(1)整体中的任何一个分系统超越其他系统而占有独特地位。例如,企业经常出现生产超越生产准备、生产发展、环境系统、设备维修系统的情况。

(2)月末突击生产、加班加点、全厂工人干部一齐上阵,破坏了系统正常运行的要求。

企业机构协调的另一个重要的问题是管理体制的分级问题。

企业的管理体制一般是采取分级管理的形式。分级管理的必要性在于大多数系统采取多级形式,即系统—分系统—若干分支系统。由于不同层次的分系统、母分系统、子分系统的存在,就存在着同级分系统的协调动作和同级分系统的功能交叉问题,以及生产过程的分段与结合的问题,因此需要进一步设置更高一级的管理机构来处理这些问题。这是完成系统功能所必需的。

建立分级管理体制也是为了明确各级的领导关系和职责范围,以提高管理效率,及时处理横向管理的问题,也有利于对不同范围和性质的问题,在相应的级别上作出决策,避免过度集中或过度分散。

体制的分级实质上是系统目标的分散和功能的分级。这相当于一台机器由不同的零件、部件的功能所构成一样,适当分配功能,有助于提高产品的性能和效率。

十六、职能设计工作标准

（一）基本职能设计

企业作为从事生产经营活动的组织，为了获得生存和发展，必须对自身所需的人、财、物等资源和供、产、销等环节构成的动态循环过程进行系统的、有效的管理，这就要求企业必须具备一些基本的生产经营和管理的职能。例如：制造企业的基本职能一般包括工程技术、财务、工业关系（劳工关系、人事）、生产（制造）、采购、公关、质量、研究与发展等。

（二）关键职能设计

关键职能设计就是根据企业的生产特点，在众多的基本职能中寻找一两个对企业发展起关键作用的职能，在职能结构的设计中突出关键职能的作用，把它置于企业组织框架的中心地位，以保证企业能强有力地发挥关键职能对实现企业战略的促进作用。

美国管理学家德鲁克在《管理——任务·责任·实践》一书中阐述关键职能，将组织结构比喻为一幢建筑物，各项管理职能如同建筑物的砖瓦材料和各种构件，而关键职能就好比是建筑物中承担负荷量最大的那部分构件，因此一家卓有成效的公司总是把关键职能配置在企业组织结构的中心地位。

哪一项基本职能应该成为企业的关键职能？这是由企业经营战略决定的。为了保证关键职能设计的正确性，组织设计人员应根据企业经营战略，认真思考以下三个问题：第一，为了达到企业的战略目标，什么职能必须做到出色的履行，取得优异成绩？第二，什么职能履行得不佳，会使企业遭受严重损失，甚至危及企业的生存？第三，企业的经营宗旨是什么？对体现这一宗旨具有重要价值的活动是什么？

十七、职权与职能部门设置工作标准

（一）职权

职权是工作人员在职务范围内的管理权根，是其履行管理职责的前提。一个正式组织的职权有：

（1）职能职权。职能职权指参谋人员或某职能部门的主管人员所拥有的原属直线主管拥有的那部分权力。在纯粹参谋的情形下，参谋人拥有的只是建议权，当组织的规模较小，管理职能相对集中的情形下，参谋的职能是比较广泛的。这一点在军队组织中表现得十分突出。随着组织规模的扩大，许多职能日益独立化、专业化，原来专为实施这种职能而出谋划策的参谋人员也就获得了一部分专门履行这种职能的权力,被称为职能职权。

职能职权是部门职能划分下分权的结果,形成职能取权就必然要设置职能管理部门。

(2)直线职权。它是指组织内的直线管理系统的管理人员所拥有的管理权力,它是通过授权形成的。对分层授权在前一节已作了阐述。

(3)参谋职权。即作为主管人员的参谋或幕僚所拥有的辅助性职权,主要是建议、咨询的权力。参谋起源的历史很早,有些管理思想史学家估计,我国著名的古代理论家孙膑的身份就可能是一位参谋。现代组织中,参谋角色更是比比皆是,已成为不可缺少的组织部分。组织的规模越大,越是在较高的管理层次,参谋人员的角色也就越重要。

(二)参谋机构的设立

当代稍大一点组织都设有参谋机构,如各级政府中的政研室等性质的部门是政府的参谋机构,一些企业设立了政研室或类似的机构。由于现代高层决策问题复杂、影响因素众多,组织中设立参谋机构是十分必要的。

设置中应注意的问题:

(1)切实从实际出发,有必要设置就设置,不能跟潮流、搞形式,看到别人设立了,自己也设立一个。

(2)真正分权。设立的参谋机构应拥有独立的参谋权力,能独立地提出自己的看法,不能把参谋机构拿来摆门面,更不能看做是论证主管人员意见是否正确的御用班子,只接受符合自己想法的意见,不接受相反的意见。

(3)明确权力,参谋机构不能拥有指挥下一层次直线主管的权力。

(4)人员应精练,尽量多用兼职专家。

十八、专业职能部门设置工作标准

(一)定职定责

设立专业职能管理机构实质上也就是对专业管理职能进行划分,对管理人员定职定责的过程,是提高管理人员的管理水平,充分挖掘组织内的管理资源,实现管理职能专门化、组织活动有序化的一种重要手段。设置职能管理机构,首先,使管理职能专门化,第一部分管理人员专门从事第一职能管理工作,可以较快地提高专业水平和管理能力。其次,对管理职能进行合理地划分,使综合性极强的管理工作分解为各种专门性的管理工作,可避免在管理过程中胡子眉毛一把抓,缺乏轻重缓急的现象,使管理工作有条不紊地展开。最后,设置必要的职能机构,合理地划分管理职能,是使管理适应社会化大生产的基本要求。在社会化大生产高度发达的今天,各种关系日趋复杂,分工日益细分化,协作日益广泛化,也要求管理随之发展,对各种专业分工实施专门化管理,以提高生产和管理的效率。

(二)应注意的问题

1. 做好职能的划分工作,从实际出发,不能太细,也不能太粗

职能划分是设置管理机构的基础和前提。职能划分正确,机构设置才会合理,避免出

现机构对立、办事效率低的现象。职能划分必须从实际出发。在不同的组织内,同一项职能的任务量多少会有不同,多的需要设置一个专门的管理机构,少的就没有必要设置专门的机构来负责了。对职能进行划分,首先要弄清本组织内各管理职能的工作量,最好运用定量分析的方法予以评估;其次要界定各职能的工作内容,与其他职能的关系,对相近的职能要归并到一起。工作任务少的相近职能应尽可能合并,以便精简机构,又加强协作。一般来说,越到组织的上层,管理任务繁重,职能划分应细一些,专业化一些;在组织的基层,管理任务应单一,职能划分粗一些,综合一些。这就不能强求上下层机构对口,上层设一专门机构,下层也必须设同一专门机构。否则,会形成庞大的官僚机构和过多的管理部门而难以协调,从而影响管理效率。

2. 机构设置应精简、高效

机构精简是减少管理费用,提高管理效率的途径。机构精简,简单地说就是不设置可设可不设的机构。怎样来判定什么样的机构可设可不设呢? 标准很简单,就是从机构的工作量来判断。如果一般机构的工作任务饱满,则证明这个机构是有必要设置的。如果该机构的任务不饱满,要么是人员配置过多,要么是机构多余;除此以外还要看该机构的工作性质与其他机构有没有重复,如果重复就是多余的,如果不重复,工作任务饱满则是必要的。如果不重复,但任务却不足,也表明没有单设一个机构的必要。

3. 明确各职能部门之间的关系,建立完善的协调制度

管理是一个整体,各种职能必须为实现管理的总目标服务,但设置职能管理部门,是管理职能分工和管理权限分权的过程,有分工就必须有协作。管理职能部门之间的协作不可能通过市场交换来实现,因此,做好各部门之间的协调工作就十分重要。为此:

(1)在职能管理部门之间要建立完善的信息沟通制度。信息除了在决策层与职能部门之间传递之外,在各职能管理部门之间的横向传递也是十分必要的。它使各部门之间互相了解,便于自动地协调。

(2)明确各职能部门之间的协作责任,特别是职能相关部门的协作责任。

(3)建立必要的协调制度,如有的组织定期召开各部门工作协调会,讨论管理过程中的协调问题,对重大问题取得一致的意见,共同采取措施,予以解决。

(4)划清各部门的权力与责任,这是最为根本性的一条。现实生活中出现的部门之间互相"踢皮球",推诿责任,其根本原因是部门之间的权责不清,工作内容不明。特别是跨部门的综合性问题,应建立部门联合处理制度,避免出现都不管、或者说都管不了的问题。

4. 配备合适的人员,因事用人,不能因人设事

机构是靠人来运转的,配备人员也是机构设置的内容之一。在现实生活中有不少这样的现象。为了安置某一个人或某些人,设置了一个机构甚至是一个机构系统,并且还给予了一定的权力。这种因人设事、因人设机构的做法是错误的,其危害无需赘述。机构设置中的人员配置一定要因事用人,不能因人设事,本末倒置。

十九、岗位说明书内容

岗位说明书的基本内容主要由以下几个方面构成。

（一）基本资料

1. 岗位名称。

2. 直接上级职位。

3. 所属部门。

4. 工资等级。

5. 所辖人员。

6. 定员人数。

7. 工作性质。

同时应列出岗位分析人员姓名、人数和岗位分析结果的批准人栏目。

（二）工作描述

1. 工作概要。用简练的语言说明工作的性质、中心任务和责任。

2. 工作活动内容。工作活动内容包括：

（1）逐项说明工作活动内容。

（2）说明各活动内容占工作时间的百分比。

（3）各活动内容的权限。

（4）各活动内容的执行依据。

（5）其他。

3. 工作职责。逐项列出任职者的工作职责。

4. 工作结果。说明任职者执行工作应产生的结果，以定量化为好。

5. 工作关系。工作关系描述包括：

（1）说明此工作受谁监督。

（2）说明此工作监督对象。

（3）说明此工作可晋升的职位，可转换的职位，以及可升迁至此的职位。

（4）与哪些职位发生关系。

6. 工作人员运用设备说明。它包括：

（1）说明工作人员主要运用的设备名称。

（2）说明工作人员运用信息资料的形式。

（三）任职资格说明

1. 所需最低学历。

2. 需要培训的时间和科目。

3. 从事本职工作和其他相关工作的年限和经验。

4. 一般能力。如计划、协调、实施、组织、控制、领导、冲突管理、公共关系、信息管理等能力及需求强度等。

5.兴趣爱好。即顺利履行工作职责所需的某种兴趣、爱好及需求强度。

（1）个性特征。如情绪稳定性、责任心、外向、内向、支配性、主动性等性格特点。

（2）职位所需的性别、年龄特征。

（3）体能需求。如：

①工作姿势。如站、坐、跑、蹲、走动、躺等姿势以及各姿势的比重。

②对视觉、听觉、嗅觉有何特殊要求。

③精神紧张程度。

④体力消耗大小。

（四）工作环境

1.工作场所。在室内、室外，还是其他特殊场所。

2.工作环境的危险。说明危险性存在的可能性，对人员伤害的具体部位、发生的频率，以及危险性原因等。

3.职业病。即从事本工作可能患的职业病及轻重程度。

4.说明工作时间特征。如正常工作时间、加班时间等。

5.说明工作的均衡性。即工作是否存在忙闲不均的现象及经常性程度。

6.工作环境的舒适程度。即是否在高温、高湿、寒冷、粉尘、有异味、噪声等工作环境中工作，工作环境使人是否愉快。

二十、编写岗位说明书工作标准

（一）岗位说明书编制的注意事项

1.岗位说明书的内容可依据岗位分析的目的加以调整，内容可简可繁。

2.岗位说明书可以用表格形式表示，也可以采用叙述型。

3.岗位说明书中，如有需个人填写的部分，应运用规范用语，字迹要清晰。

4.使用浅显易懂的文字，用语要明确，不要模棱两可。

5.岗位说明书应运用统一的格式书写。

6.岗位说明书的编写最好由组织高层主管、典型任职者、人力资源部门代表、岗位分析人员共同组成工作小组或委员会，协同工作，共同完成。

（二）岗位说明书的编写步骤

岗位说明书的编写是一项工程较大的基础管理工作，初次编写岗位说明书的企业，必须成立一个由公司主要领导担任组长的项目小组，进行统一的规划与协调。起草过程一般包含下列程序：

岗位任职人接受岗位分析—项目小组进行起草—岗位任职人初审—岗位任职人上级复审—项目小组进行会审（如是中层以上岗位）—公司签发执行。

(三)岗位说明书范例(见表2－1)

表2－1 某公司人力资源部经理岗位描述

岗位名称:公司人力资源部经理 所属部门:人力资源部 直接上级岗位:公司行政副总经理 岗位代码:XL—HR—008 工作地点:公司总部 工作目的:负责本公司人力资源管理工作 工作要求:工作细致、服务意识强
工作责任 编写、执行公司人力资源规划。 招聘。制定招聘程序,组织社会招聘和学校招聘,安排面试、综合素质测试。 培训。组织员工岗前培训、协助办理培训进修手续。 绩效考评。制定考评政策、考评文件管理、考评沟通、不合格员工辞退。 激励与报酬。制定薪酬/晋升政策、组织加薪/晋升评审。 福利。制定福利政策、办理社会保险福利。 人力资源管理关系。办理员工各种人力资源管理关系转移,办理职称评定手续。 与员工进行积极沟通,了解员工工作、生活情况。
工作条件与环境 80%以上的时间在室内工作,不受气候影响;工作场地温度与湿度适中,无噪音,无有害气体,无生命及其他伤害危险。
衡量标准 工作报告的完整性。 公司其他员工对人力资源部工作的反馈意见。
工作难点 如何更好地为员工服务。
工作禁忌 服务意识差、行动缓慢。
职业发展道路 公司行政副总经理任职资格 工作经验:3 年以上管理类工作经验。 专业背景要求:曾从事人力资源管理工作 2 年以上。 学历要求:本科以上。 年龄要求:35 岁以上。 个人素质:积极热情、善于与人交往、待人公平、公正。

第三章

员工招聘与录用

《按流程执行》

一、内部招聘工作流程设计

流程名称	内部招聘工作流程	编码			
		执行者	各部门、人力资源部	监控者	人力资源总监
行为实施环节	各部门	人力资源部	人力资源总监		总经理

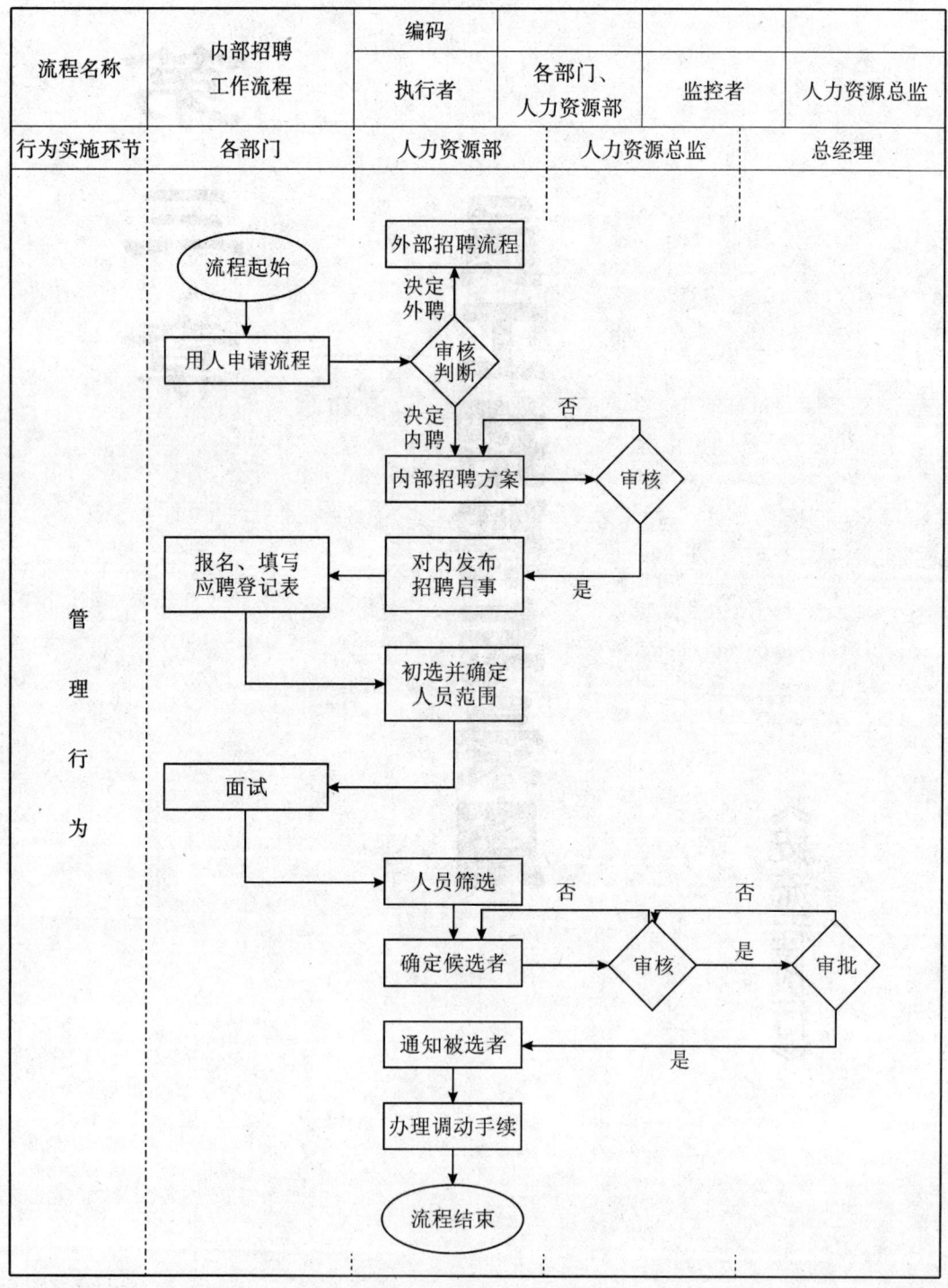

二、外部招聘工作流程设计

流程名称	外部招聘工作流程	编码			
		执行者	各部门、人力资源部	监控者	人力资源总监
行为实施环节	各部门	人力资源部		人力资源总监	总经理

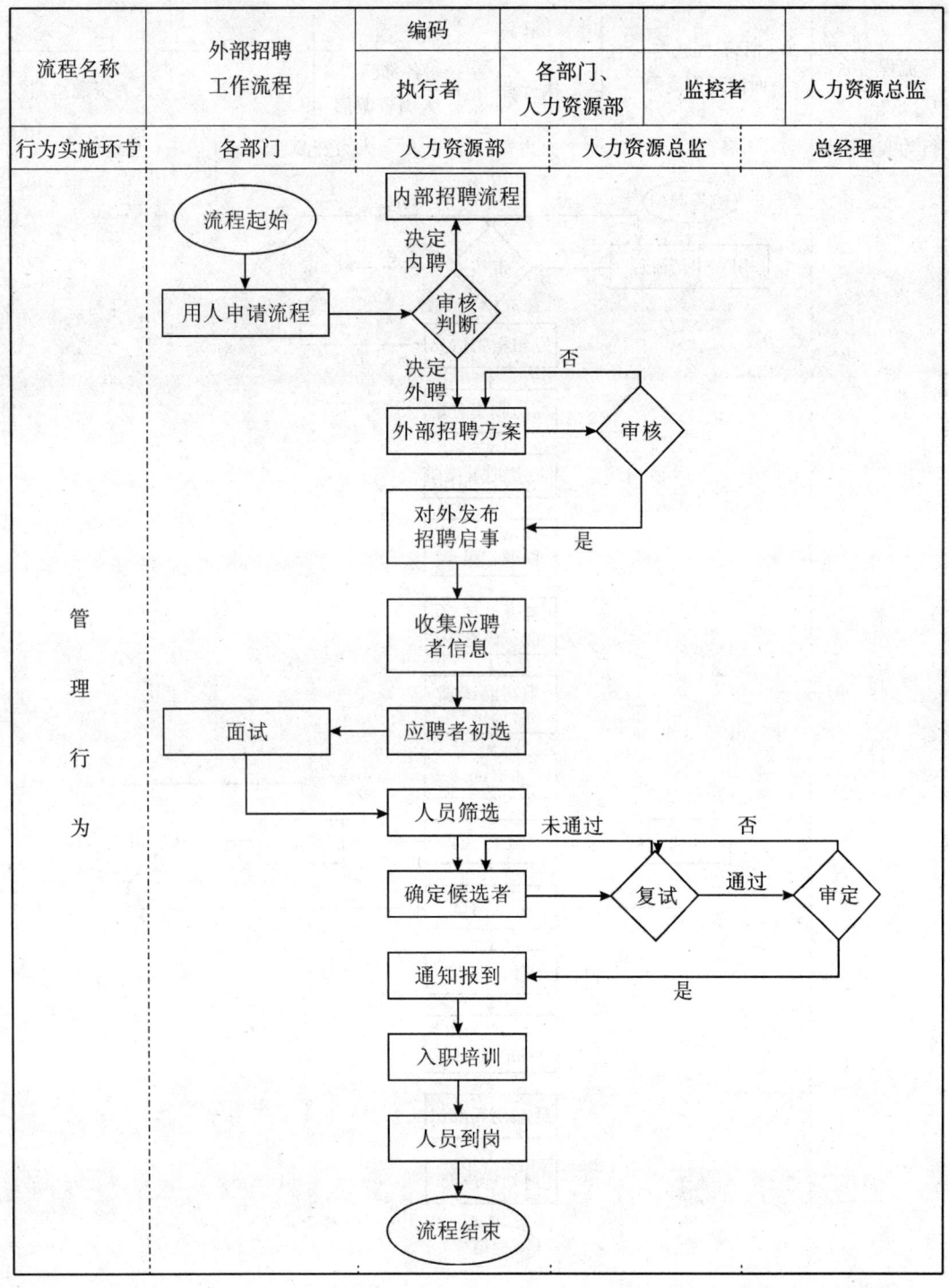

三、招聘、甄选与面试工作流程设计

流程名称	招聘、甄选与面试工作流程	编码		监控者	人力资源总监
		执行者	各部门、人力资源部		
行为实施环节	各部门	人力资源部	人力资源总监		总经理

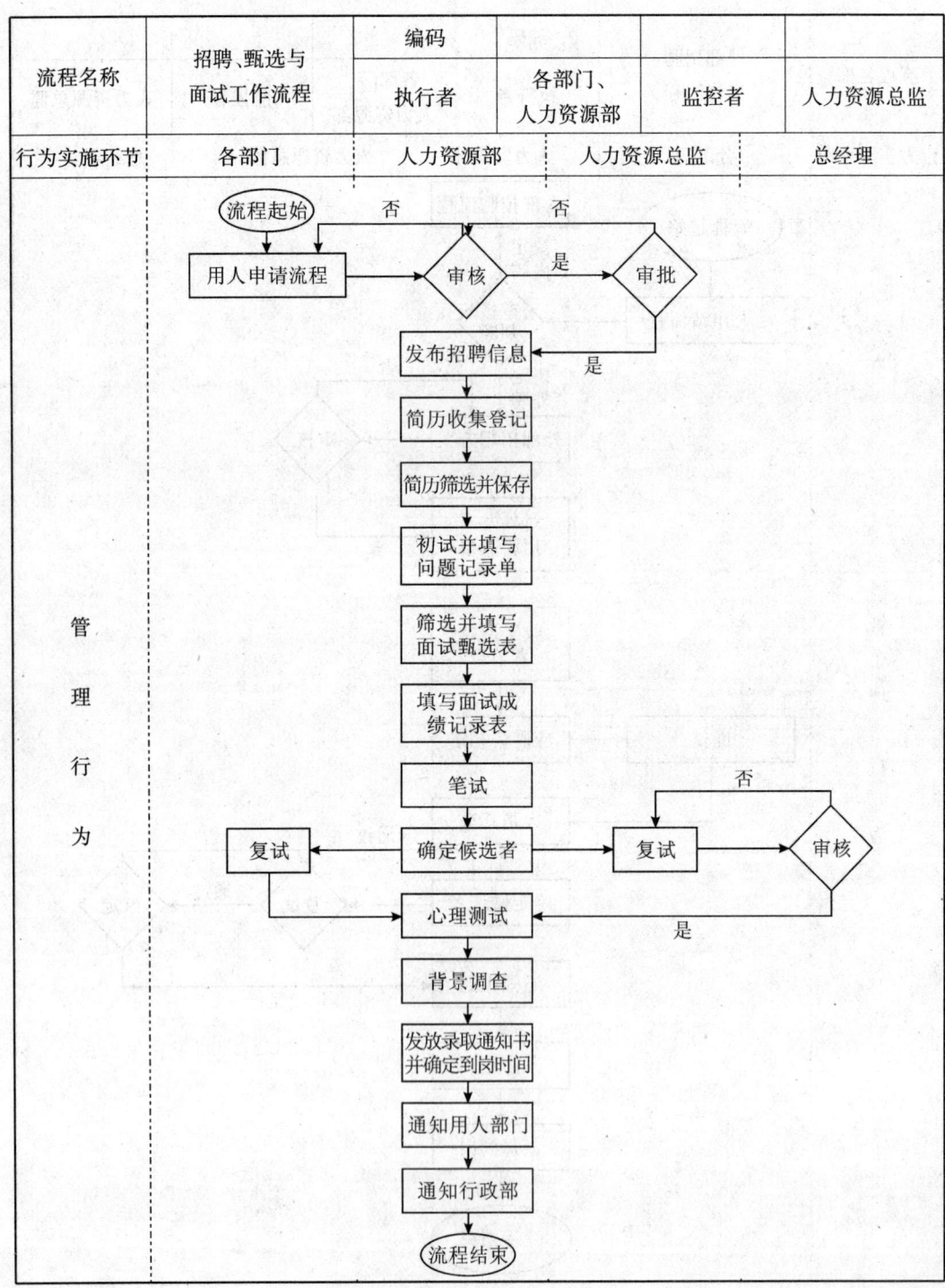

四、招聘计划管理工作流程设计

流程名称	招聘计划管理 工作流程	编码			
		执行者	人力资源部	监控者	人力资源总监
行为实施环节	人力资源部	人力资源总监		总经理	

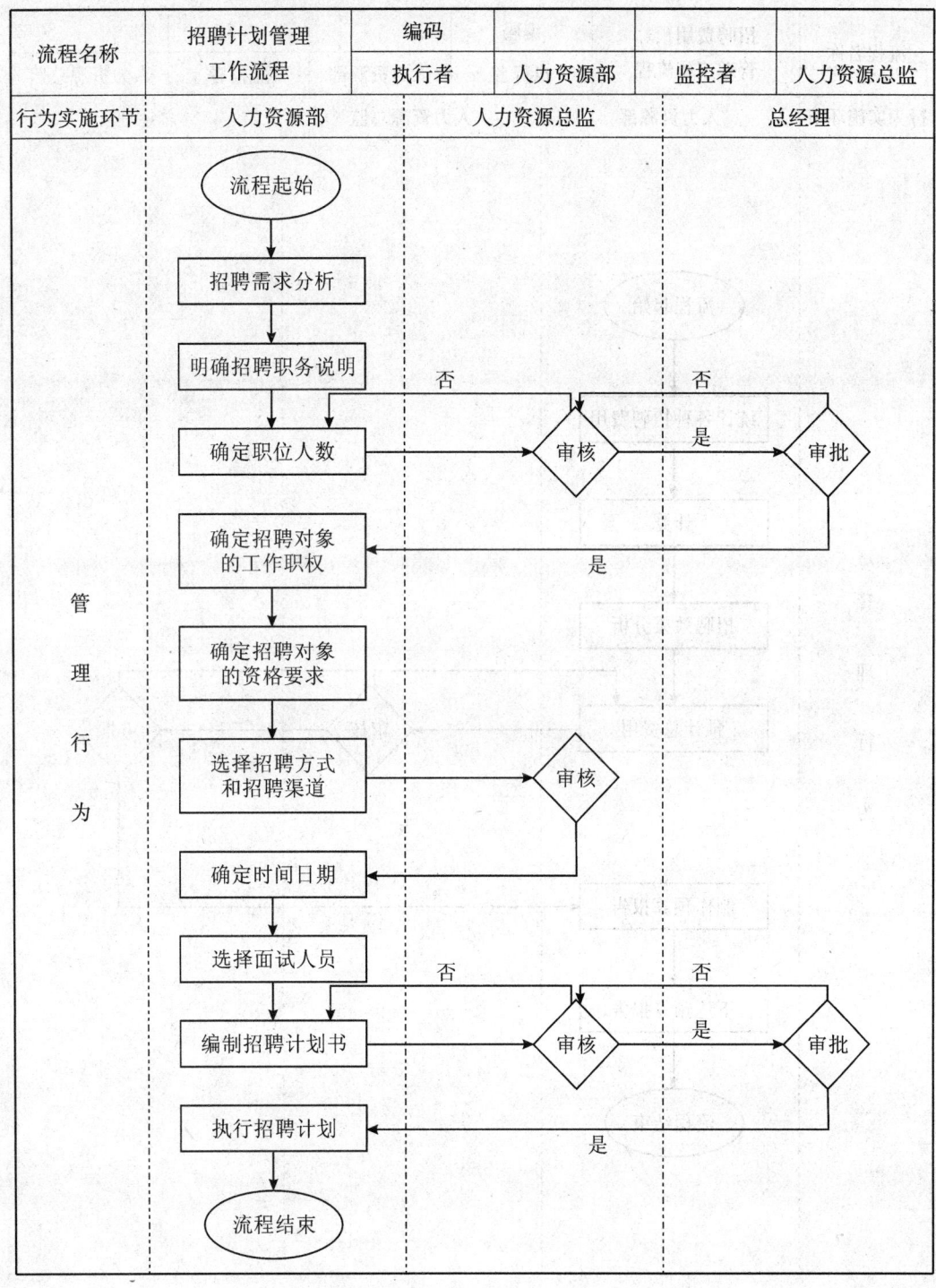

五、招聘费用预算管理工作流程设计

流程名称	招聘费用预算 管理工作流程	编码			
		执行者	人力资源部	监控者	人力资源总监
行为实施环节	人力资源部	人力资源总监		总经理	

管 理 行 为

```
        ┌─────────┐
        │ 流程起始 │
        └────┬────┘
             ↓
     ┌───────────────┐
     │ 统计各种招聘费用 │
     └───────┬───────┘
             ↓
        ┌─────────┐
        │   计算   │
        └────┬────┘
             ↓
     ┌───────────────┐
     │  招聘效果分析  │
     └───────┬───────┘
             ↓
     ┌───────────────┐          否        否
     │   预计总费用   │────→  ◇审核◇ ──是──→ ◇审批◇
     └───────────────┘
             
     ┌───────────────┐
     │  制作预算报告  │←─────────────── 是
     └───────┬───────┘
             ↓
     ┌───────────────┐
     │  下达预算报告  │
     └───────┬───────┘
             ↓
        ┌─────────┐
        │ 流程结束 │
        └─────────┘
```

六、招聘说明书编制工作流程设计

流程名称	招聘说明书 编制工作流程	编码			
		执行者	人力资源部	监控者	人力资源总监
行为实施环节	人力资源部			人力资源总监	

```
                        ┌─────────────┐
                        │  流程起始   │
                        └──────┬──────┘
                               ↓
                        ┌─────────────┐
                        │  统一书写格式 │
                        └──────┬──────┘
                               ↓
                        ┌─────────────┐
                        │  企业简介    │
                        └──────┬──────┘
                               ↓
                        ┌─────────────┐
                        │  招聘启事    │
                        └──────┬──────┘
                               ↓                    否
                        ┌─────────────┐          ◇
                        │ 编制招聘说明书 │────────→ 审批
                        └─────────────┘          ◇
                        ┌─────────────┐              │ 是
                        │   执行      │←─────────────┘
                        └──────┬──────┘
                               ↓
                        ┌─────────────┐
                        │  流程结束   │
                        └─────────────┘
```

管理行为

七、面试题目设计工作流程设计

流程名称	面试题目设计 工作流程	编码			
		执行者	人力资源部	监控者	人力资源总监
行为实施环节	人力资源部			人力资源总监	

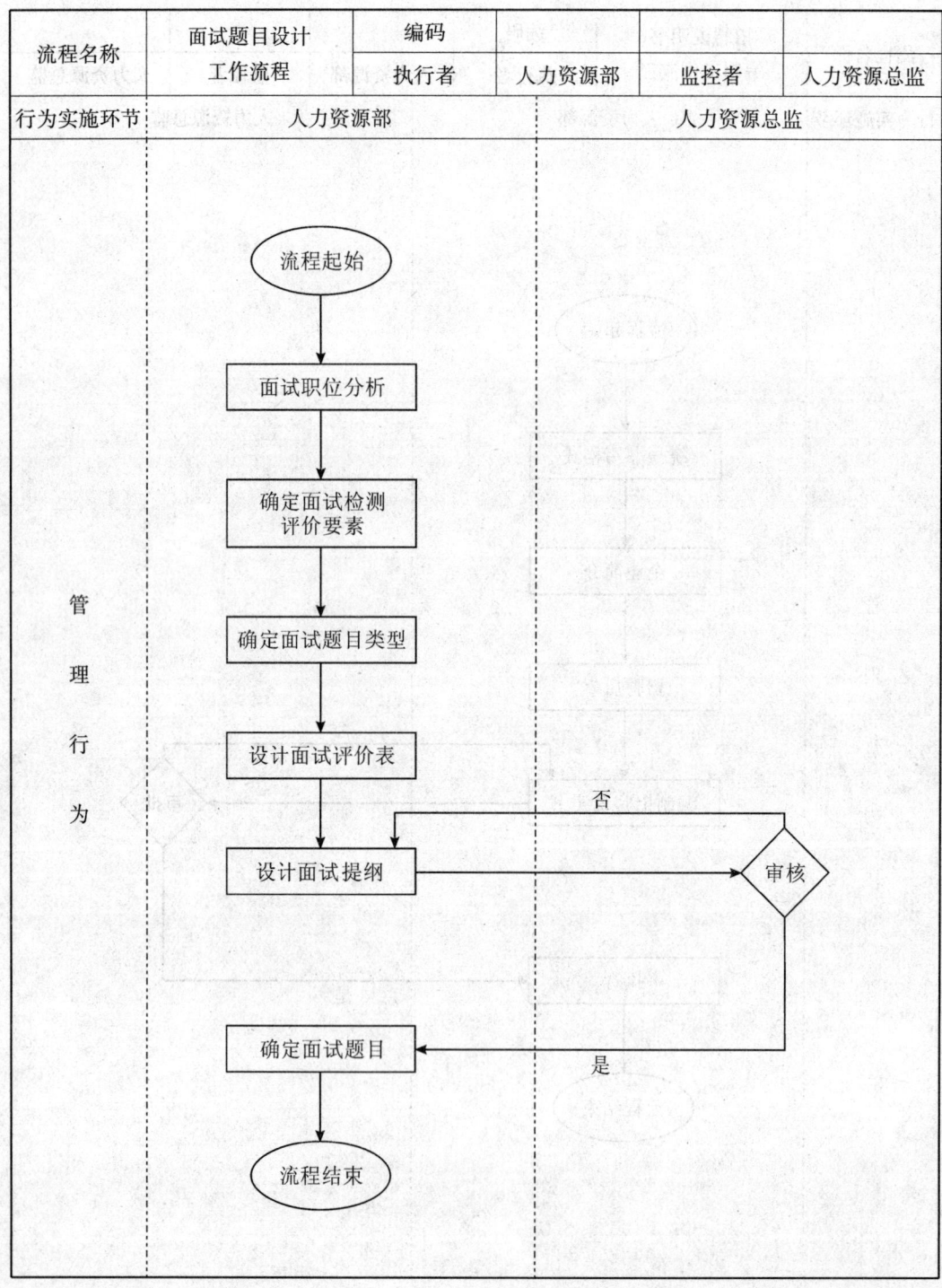

管理行为

流程起始

面试职位分析

确定面试检测评价要素

确定面试题目类型

设计面试评价表

设计面试提纲

审核

否

是

确定面试题目

流程结束

八、员工转正考核工作流程设计

流程名称	员工转正考核工作流程	编码			
		执行者	各部门、人力资源部	监控者	人力资源总监
行为实施环节	被考核者	部门主管	人力资源部		人力资源总监
管理行为					

```
                                                    ┌─────────┐
                                                    │ 流程起始 │
                                                    └────┬────┘
                              否                         │
              ┌──────────────────────────┐              ▼
  ┌───────────┐   是   ◇────────◇   ┌──────────────┐
  │ 填写员工   │◀──────│  审核  │◀───│ 提供试用到期 │
  │ 转正考核表 │       ◇────────◇    │  人员名单    │
  └─────┬─────┘                      └──────────────┘
        │
        ▼
  ┌─────────┐      ┌─────────┐
  │ 自写评语 │─────▶│  面谈   │
  └─────────┘      └────┬────┘
                        │
                        ▼
                 ┌──────────────┐
                 │  作出考核意见 │
                 └──────┬───────┘
                    否          否
  ┌──────────────┐    ◇────────◇   是   ◇────────◇
  │ 合格者填制   │───▶│  审核  │──────▶│  审批  │
  │ 人事变动表   │    ◇────────◇       ◇────────◇
  └──────────────┘                          │
                                           是│
                 ┌──────────────┐            │
                 │ 填制转正通知单 │◀──────────┘
                 └──────┬───────┘
                        ▼
                 ┌──────────────┐
                 │ 企业内部通告  │
                 └──────┬───────┘
                        ▼
                 ┌──────────────┐
                 │ 办理相关手续  │
                 └──────┬───────┘
                        ▼
                 ┌──────────┐
                 │ 流程结束  │
                 └──────────┘
```

九、新员工入职工作流程设计

流程名称	新员工入职 工作流程	编码			
		执行者	各部门、 人力资源部	监控者	人力资源总监
行为实施环节	各部门	人力资源部	人力资源总监		总经理

管理行为

```
                    流程起始
                       │
                       ▼
                  新员工建档
                       │
                       ▼
                  办理工作证
                       │
                       ▼
                  发放员工手册
                       │
                       ▼
              配合行政部办理后勤工作
                       │
                       ▼
                  公司制度培训
                       │
                       ▼
                  岗前培训
                       │
  否                   ▼              否
 ┌──────────── 签订试用合同 ──→ 审核 ─是─→ 审批
 │                                    │
 ▼                                    │
工作关系介绍 ←─── 存档 ←──────────── 是
 │
 ▼
工作交接
 │
 ▼
试用
 │
 ▼
员工转正考核
工作流程
 │
 ▼
流程结束
```

十、劳动合同管理工作流程设计

流程名称	劳动合同管理工作流程	编码			
		执行者	人力资源部	监控者	人力资源总监
行为实施环节	人力资源部	人力资源总监		总经理	

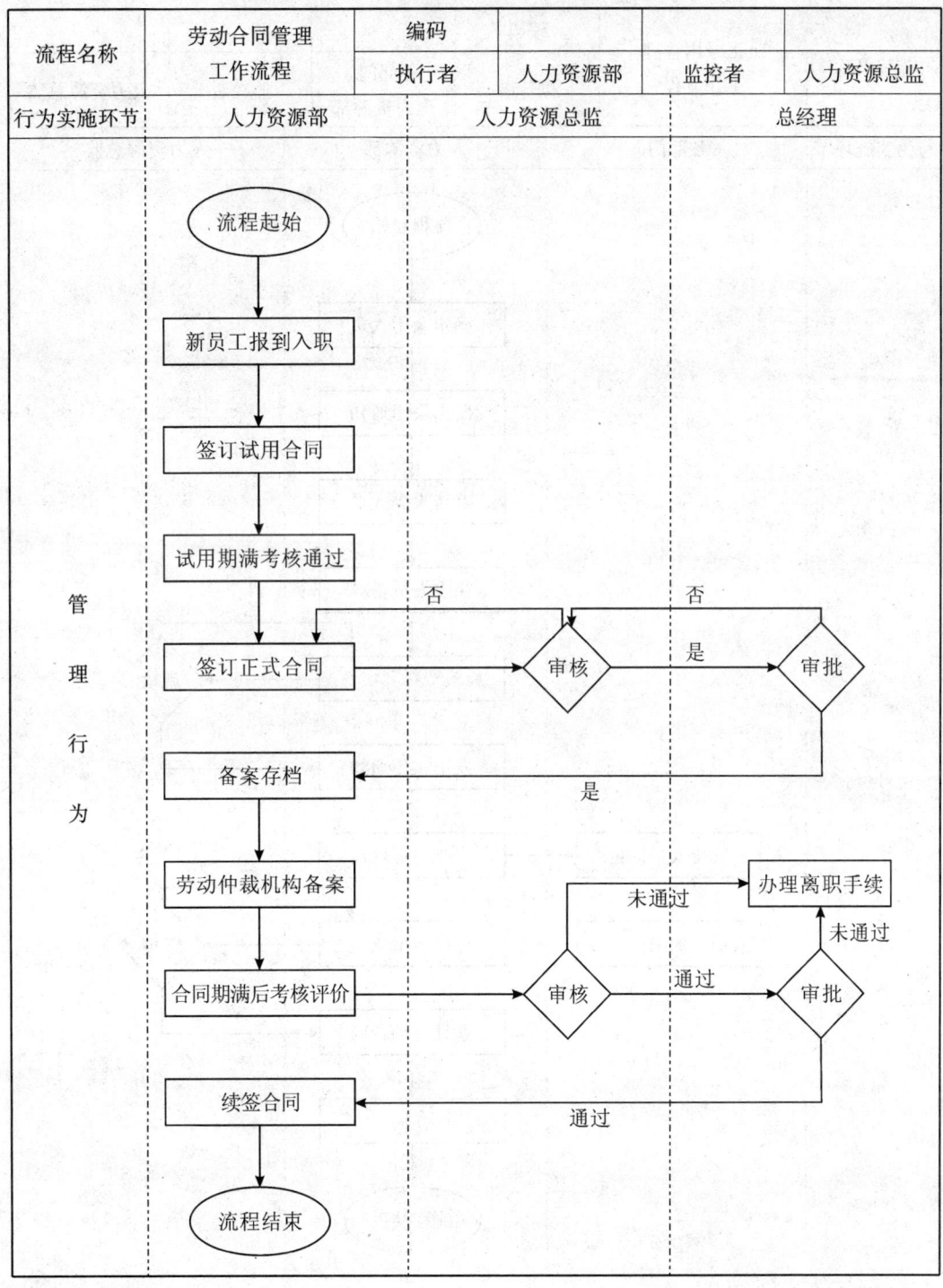

十一、员工录用管理工作流程设计

流程名称	员工录用管理 工作流程	编码		监控者	人力资源总监
		执行者	各部门、 人力资源部	监控者	人力资源总监
行为实施环节	各部门	人力资源部		人力资源总监	

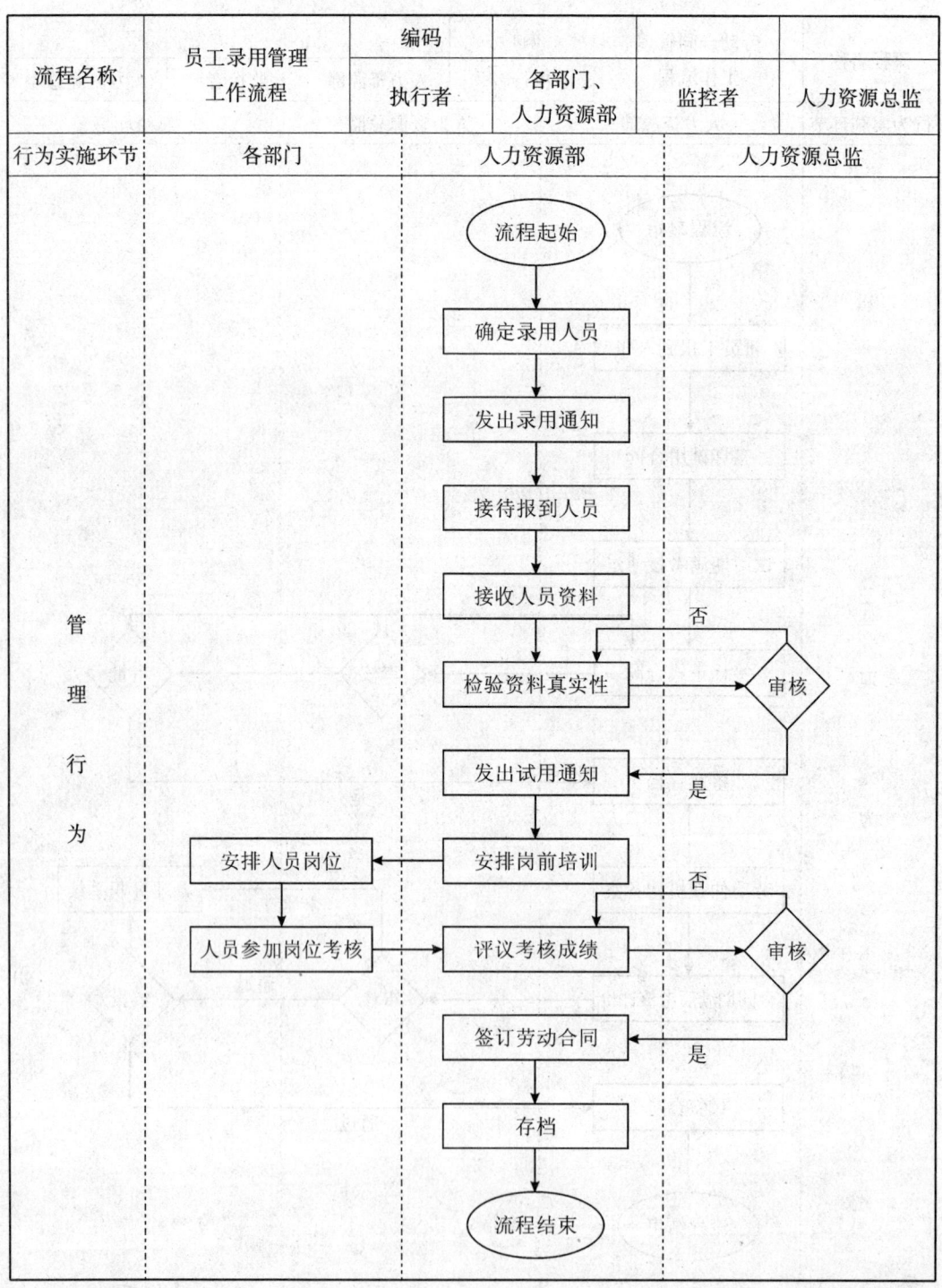

流程起始

确定录用人员

发出录用通知

接待报到人员

接收人员资料

检验资料真实性 → 审核（否／是）

发出试用通知

安排岗前培训 → 安排人员岗位

评议考核成绩 → 人员参加岗位考核 / 审核（否／是）

签订劳动合同

存档

流程结束

管理行为

十二、人事档案调转工作流程设计

流程名称	人事档案调转管理工作流程	编码			
		执行者	各部门、人力资源部	监控者	人力资源总监
行为实施环节	各部门	人力资源部		人力资源总监	总经理
管理行为					

流程起始

员工提出离职申请

部门主管审批

离职原因调查

审核 — 否 —→ 审批

否

是

是（调出离职员工档案）

调出离职员工档案

填制审批表

办理存档手续

办理离职手续

确认档案转出

审核

否

是

工资盈利结算

更换相关人事资料

流程结束

十三、劳动合同签订工作流程设计

流程名称	劳动合同签订 工作流程	编码			
		执行者	各部门、 人力资源部	监控者	人力资源总监
行为实施环节	各部门	人力资源部		人力资源总监	总经理

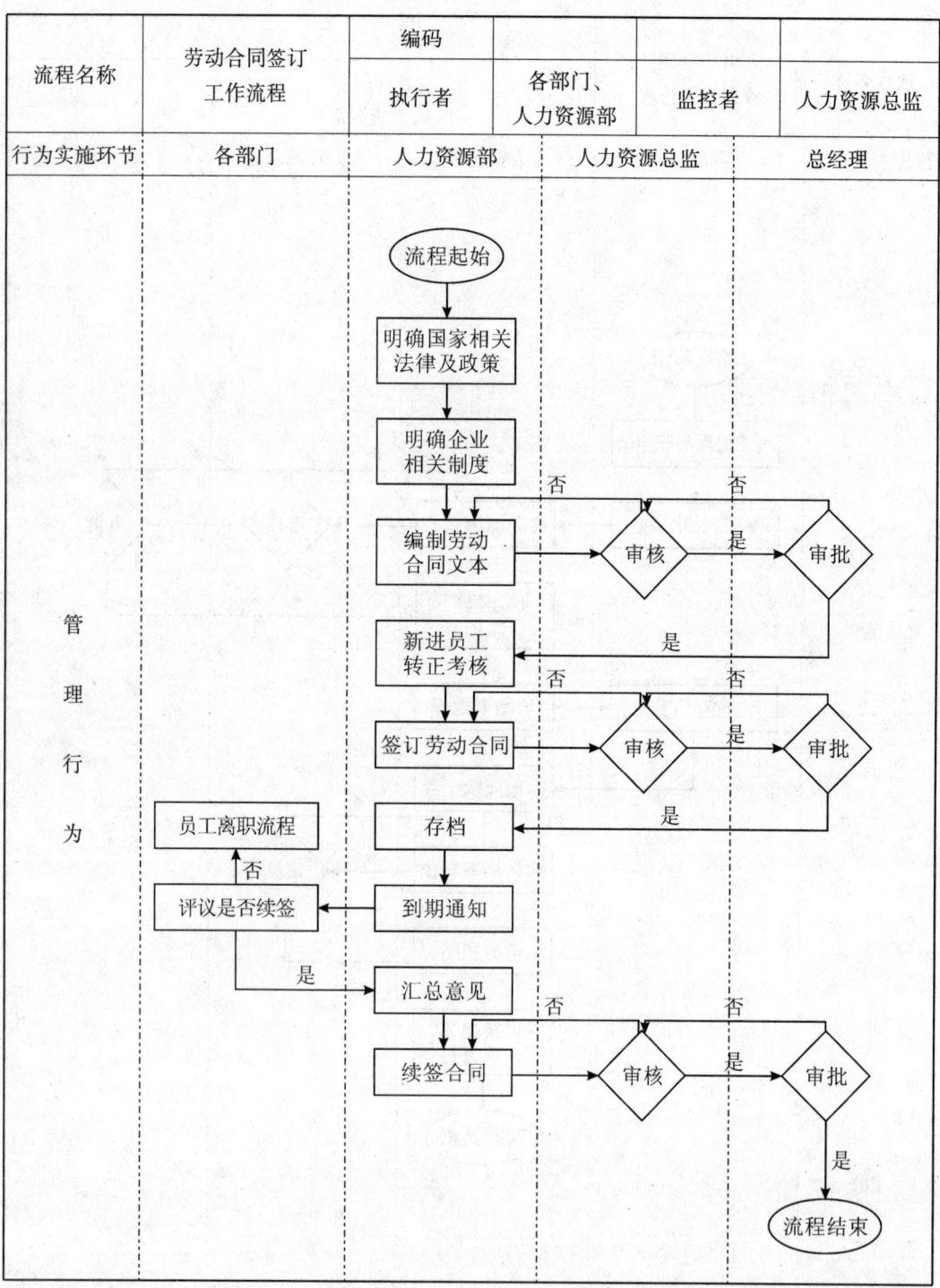

十四、劳动关系管理工作流程设计

流程名称	劳动关系管理 工作流程	编码			
		执行者	人力资源部	监控者	人力资源总监
行为实施环节	人力资源部	人力资源总监		总经理	

管理行为

```
                        ┌──────────┐
                        │  流程起始 │
                        └────┬─────┘
                             │
                        ┌────┴─────┐
                        │ 签订试用合同│
                        └────┬─────┘
                           合格
                        ┌────┴─────┐
                        │   转正    │
                        └────┬─────┘
         否                                    否
      ┌──────────────────────────┐      ┌──────────────┐
      │                          │      │              │
  ┌───┴──────────┐          ◇审核◇──是──◇审批◇
  │ 签订正式劳动合同│─────────→         ←──────
  └──────────────┘              是
   未违约    违约
   ┌──┐    ┌──┐
   │合│    │解│
   │同│    │除│
   │履│    │劳│
   │行│    │动│
   └┬─┘    │合│
    │      │同│
    │      └┬─┘
  ┌─┴──┐  ┌─┴──┐
  │到期│  │纠纷│
  │续约│  │处理│
  │或终│  └┬──┘
  │止 │   │
  └┬──┘   │
  ┌┴────┐┌┴────┐
  │流程结束││流程结束│
  └─────┘└─────┘
```

十五、劳动纠纷处理工作流程设计

流程名称	劳动纠纷处理工作流程	编码		监控者	人力资源总监
		执行者	人力资源部		
行为实施环节	员工	法院	仲裁机构	人力资源总监	总经理
管理行为					

流程起始

提出劳动争议 → 调查研究

调查研究 → 明确争议原因

明确争议原因 → 填写劳动争议状况表

填写劳动争议状况表 → 审核

审核 —否→ （返回）

审核 —是→ 处理决定

处理决定 → 调解

调解 —不接受→ 仲裁 → 诉讼

调解 —接受→ 流程结束

仲裁/诉讼 → 配合

配合 → 整理相关事宜

整理相关事宜 → 分析

分析 → 总结争议报告

总结争议报告 → 审核

审核 —否→ （返回分析）

审核 —是→ 改进

改进 → 流程结束

十六、人力缺乏调整工作标准

（一）外部招聘

外部招聘是最常用的人力缺乏调整方法，当人力资源总量缺乏时，采用此种方法比较有效。但如果企业有内部调整、内部晋升等计划，则应该先实施这些计划，将外部招聘放在最后使用。

（二）内部招聘

内部招聘是指当企业出现职务空缺时，优先由企业内部员工调整到该职务的方法。它的优点首先是丰富了员工的工作，提高了员工的工作兴趣和积极性；其次是它还节省了外部招聘成本。利用"内部招聘"的方式可以有效地实施内部调整计划。在人力资源部发布招聘需求时，先在企业内部发布，欢迎企业内部员工积极应聘，任职资格要求和选择程序和外部招聘相同。当企业内部员工应聘成功后，对员工的职务进行正式调整，员工空出的岗位还可以继续进行内部招聘。当内部招聘无人能胜任时，再进行外部招聘。

（三）内部晋升

当较高层次的职务出现空缺时，优先提拔企业内部的员工。在许多企业里，内部晋升是员工职业生涯规划的重要内容。对员工的提升是对员工工作的肯定，也是对员工的激励。由于内部员工更加了解企业的情况，会比外部招聘人员更快地适应工作环境，提高工作效率，同时节省外部招聘成本。

（四）继任计划

继任计划在国外比较流行。具体做法是人力资源部门对企业的每位管理人员进行详细的调查，并与决策组确定哪些人有资格升迁到更高层次的位置；然后制定相应的"职业计划储备组织评价图"，列出岗位可以替换的人选。当然，上述的所有内容均属于企业的机密。

（五）技能培训

对公司现有员工进行必要的技能培训，使之不仅能适应当前的工作，还能适应更高层次的工作。这样，就为内部晋升政策的有效实施提供了保障。如果企业即将出现经营转型，企业应该及时对员工培训新的工作知识和工作技能，以保证企业在转型后，原有的员工能够符合职务任职资格的要求。这样做的最大好处是有效防止了企业的冗员现象。

十七、人力过剩调整工作标准

（一）提前退休

企业可以适当地放宽退休的年龄和条件限制，促使更多的员工提前退休。如果将退休的条件修改得足够有吸引力，会有更多的员工愿意接受提前退休。

（二）减少人员补充

当出现员工退休、离职等情况时，对空闲的岗位不进行人员补充。

（三）增加无薪假期

当企业出现短期人力过剩的情况时，采取增加无薪假期的方法比较适合。比如规定员工有一个月的无薪假期，在这一个月没有薪水，但下个月可以照常上班。

（四）裁员

裁员是一种最无奈但最有效的方式。在进行裁员时，首先，制定优厚的裁员政策，比如为被裁减者发放优厚的失业金等；其次，裁减那些主动希望离职的员工；最后，裁减工作考评成绩低下的员工。

十八、人力资源需求预测工作标准

在整个企业的发展过程中，企业的人力资源状况始终不可能自然地处于平衡状态。人力资源部门的重要工作之一就是不断地调整人力资源结构，使企业的人力资源始终处于供需平衡状态。

人力资源需求预测分为现实人力资源需求、未来人力资源需求和未来流失人力资源需求预测三部分。具体步骤如下：

（1）根据职务分析的结果，来确定职务编制和人员配置。

（2）进行人力资源盘点，统计出人员的缺编、超编及是否符合职务资格要求。

（3）将上述统计结论与部门管理者进行讨论，修正统计结论。

（4）该统计结论为现实人力资源需求。

（5）根据企业发展规划，确定各部门的工作量。

（6）根据工作量的增长情况，确定各部门还需增加的职务及人数，并进行汇总统计；该统计结论为未来人力资源所需。

（7）对预测期内退休的人员进行统计。

（8）根据历史数据，对未来可能发生的离职情况进行预测。

（9）将第（7）和第（8）统计和预测结果进行汇总，得出未来流失人力资源需求。

（10）将现实人力资源需求、未来人力资源需求和未来流失人力资源需求汇总，即能得出企业整体人力资源需求预测。

十九、人力资源需求供给预测工作标准

公司人才供给预测是为了满足公司对人才的需求，在将来某个时期内，公司从组织内部和组织外部所能得到的人才的数量和质量进行预测。

人才供给预测一般包括以下五个内容：

（1）分析公司目前的人才状况，包括公司人才的部门分布、技术知识水平、工种、年龄构成等，了解和把握公司人才的现状。

（2）分析目前公司人才流动情况及其原因，预测将来人才流动的态势，从而采取相应措施，避免不必要的流动，或及时补充人才。

（3）掌握公司人才提拔和内部调动情况，确保工作和职务的连续性。

（4）分析工作条件（如作息制度、轮班制度等）的改变和出勤率的变动对人才供给的影响。

（5）掌握公司人才的供给来源和渠道，人才可以来源于公司内部（如安排富余人才，发挥人才潜力等），也可以来自公司外部。

预测公司人才供给，还必须把握影响人才供给的主要因素，从而了解公司人才供给的基本状况。影响人才供给的因素可以分为两大类：

一是地区性因素。其中具体包括八个方面：①公司所在地和附近地区的人口密度；②公司当地的就业水平、就业观念；③公司当地的科技文化教育水平；④公司所在地对人才的吸引力；⑤公司本身对人才的吸引力；⑥其他公司对人才的需求状况；⑦公司在当地人才的供给状况；⑧公司在当地的住房、交通、生活条件。

二是全国性因素。其中具体包括五项内容：全国劳动人口的增长趋势；全国对各类人才的需求程度；全国各级各类学校的毕业生规模与结构；教育制度变革而产生的影响，改变学制、高校改革、改革教学内容等对人才供给的影响；国家就业法规、政策的影响。

在企业的运营过程中，企业始终处于人力资源的供需失衡状态。在企业扩张时期，企业人力资源需求旺盛，人力资源供给不足，人力资源部门用大部分时间进行人员的招聘和选拔；在企业稳定时期，企业人力资源在表面上可能会达到稳定，但企业局部仍然同时存在着退休、离职、晋升、降职、补充空缺、不胜任岗位、职务调整等情况，企业处于结构性失衡状态；在企业衰败时期，企业人力资源总量过剩，人力资源需求不足，人力资源部门需要制定裁员、下岗等政策。

总之，在整个企业的发展过程中，企业的人力资源状况始终不可能自然地处于平衡状态。人力资源部门的重要工作之一就是不断地调整人力资源结构，使企业的人力资源始终处于供需平衡状态。只有这样,才能有效地提高人力资源利用率,降低企业人力资源成本。

企业的人力资源供需调整分为人力缺乏调整和人力过剩调整两部分。

二十、企业定员的标准与方法

定员是企业单位在用人方面的一种标准。更确切地说,它是企业单位在一定的生产技术组织条件下,为了保证企业生产经营活动正常进行,而规定的各类人员配备的质量要求和数量界限。

定员的概念在内涵和外延上,与劳动定额有所不同。劳动定额是指企业在一定的生产技术组织条件下,对劳动者生产某种产品或完成某项工作任务的劳动消耗量所规定的限额。在企业中可以实行劳动定额的工作岗位、工种必须具备以下条件:

(1)企业的基本生产过程可分解为许多工序(或工步、操作),并且在不同的工作上按工序组织生产。

(2)劳动成果的大小、多少直接决定于劳动者的劳动消耗量,并且直接可以用实物产品或单位产品的工时消耗来表示。

(3)劳动者使用的设备一般是中、小型设备,设备的转速、工艺用量可以调整,必须由人来使用、操纵,采用一人一机或一人多机的管理形式。

从上述的三种基本条件来看,在企业中可以实行劳动定额(工时定额、产量定额和看管定额)的岗位、工种是有一定范围,而定员的范围却广得多,无论企业的规模大小,在生产类型、产品方向、工作岗位、技术复杂程度等方面有何不同,凡是有劳动者从事经营管理、生产活动的工作岗位,都要实行定员管理。并且在企业实行劳动定额的工种、生产岗位,也要确定定员。

定员与劳动定额是两个不同的概念。劳动定额所确定的是劳动者的具体活动的劳动消耗量,采用工时、实物产品等计量单位,而定员所确定的是一定时期内承担特定生产(或工作)任务的某一级组织的人数,采用人·年,或人·月的计算单位表示。一般来说,劳动定额通常与产品或某种劳务联系,其对象主要是企业中的员工,而定员与一定的劳动组织相联系,定员的核心是要解决全体员工的工作效率。简而言之,定员是要解决企业中各工作岗位配备什么样的人员,以及配备多少人员的问题,通过对企业用人方面的质量和数量规定,促进企业少用人,多办事,不断提高工效。

二十一、定员管理的标准

进行定员管理,有一个如何确定员工工作量的问题。例如维修车间,一个维修工应该负责几台设备的维修? 纺织车间,一个挡车工应该看管几台织布机? 诸如此类的问题等等。要解决这些问题,就需要建立定员标准。定员标准的建立,需要参照技术条件和组织条件,在不同的技术条件或组织条件下,有不同的定员标准。例如随着自动监管系统的设置,挡车工所看管的织机数量就会增加。在实践中,不同的员工和不同的企业,工作效益是不一样的,但定员标准必须相对统一,才能达到标准化管理的要求。每个企业、行业,或者国家制定的定员标准,对本企业、行业,或者国家有效,称为企业、行业或者国家的定员标准。

二十二、面试的一般技巧

(一)未雨绸缪,成竹在胸

面试人要事先确定需要面谈的事项及范围,写下会面的纲要,包括问题的次序及方式,并进行合理的安排及组合,把想问的话及方式与自己希望获知的资料加以配合。在面谈开始之前还要详细了解应聘者的资料,从中发现应聘者的个性、社会背景及对工作的态度、以后的发展潜力等等。对应聘者的资料了解得越多,越能在面谈时运用自如。

(二)例常发问,切入正题

面试者应该以应聘者预料得到的例常问题开始发问,如工作经历、文化程度等,然后再慢慢地过渡到正题部分。

(三)察言观色,烘托气氛

要密切注意应聘者的行为及反应。为避免太紧张而形成的压迫感,不使应聘者提供的资料不完全或受到扭曲,应尽量创造和谐自然的环境。面谈者不要对应聘者做人身攻击及自尊心上的打击,对所提的问题、问题的转换、问话时机以及对方的答复都要多加注意。

(四)面谈记录适可而止

面谈要有所记录,这是很必要的。但不要一直不停地记,这样反而会遗漏一些重要的事,也会给对方以束缚之感。有经验的人会尽量少地做当面记录,只是记录一些必要的事项,如希望的收入、待遇、可上班日期等,其他大部分内容只是记在心上,待面谈完毕后立即做简要的记录。有个原则要记住：如果应聘者对做记录的做法感到十分敏感或不安时，就应尽量少做记录。

（五）态度和缓，以静制动

面试时态度要缓和，细心地听，力求多了解。在应聘者停下来的时候，要安静地等待，不要暗示他回答自己的问题。观察他的举止，注意他的音调、回话的态度和反应，将你想知道的问题问得仔细些。对他提供的资料要有信心，不要表现出优越感或不可忍耐，更不要争论、说教或教训别人。

（六）言辞诚恳，掌握进程

回答问题要直爽而简洁，切勿企图出卖公司或工作。掌握进程，控制谈话，不要让谈话变成你单方面的发问，或者任由对方滔滔不绝地谈论他的工作经验。

（七）予人机会，圆满结束

在结束之前，要确定你是否问完了所有预先计划的问题，同时给对方一个机会，看有否遗漏之处要加以补充，或修正错误之处，然后再圆满结束面谈。

二十三、面试发问的技巧

一般来说，面试人发问的方式及问题可以决定从应聘者那里得到什么类型的资料。所以，面试者应运用一些发问的技巧来影响面谈的方向及进行的节奏。主要发问技巧有：

（1）开放式发问：即希望应聘者自由地发表意见或看法。开放式发问又分为无限开放式及有限开放式两种。无限开放式的问话没有特定的答复范围，目的只是让对方讲话，如："请你谈谈自己的工作经验吧。"有限开放式发问即对回答的范围和方向有所限制，如："你在原来那个公司完成工作任务时常遇到的困难是什么？"开放式发问一般在面谈开始阶段或讨论某一方面问题的起始阶段运用。

（2）封闭式发问：即希望对方就问题作出明确的答复。封闭式发问要比开放式发问更深入、更直接。典型的封闭式发问就是只让对方回答"是"或"否"。如："如果延长时间，是否会有助于你顺利完成销售任务？"封闭式发问可以表示两种不同的意思：如果在对方答复后立即提出一些和答复有关的封闭式问话，表示面谈者对他的答复十分注意；如果一直问些封闭式问题，就表示面谈者不想让对方多表示意见，或对他的答复不感兴趣。

（3）诱导式发问：即以诱导的方式让对方回答某个问题或同意某种观点。如："你对这一点怎么看？"或"你同意我的观点吗？"但运用时一定要把握好分寸，否则会给应聘者以紧张感，使其被迫回答一些他认为面试者想听但并非自己真正想说的话，从而使面试人不能获得有价值的资料。

二十四、面试追问的技巧

如果应聘者回答问题不完全、不正确时,面试人还要进行追问。下面介绍如何分析对方答复的不完全程度及其原因所在,及如何采取追问方式。

(1)探询式追问及其条件:探询式追问的问法有"为什么""怎么办""请再往下说""真是这样吗""你为什么这样想"等,或使用一些表情、手势来表达。

沉默也是探询式追问的方式之一,但时间掌握很重要。在对方谈话中断时,保持3～6秒钟的沉默,对方会很自然地往下说。这是鼓励对方继续往下说的最好方式。在面试过程中,对方回答问题时可能只绕着谈话主题兜圈子,提供的资料没有价值,也可能答非所问或避而不答。此时要分析一下原因,是由于误解了问题、不了解问题、没听懂问题还是不想回答,然后再用探询式追问,要求对方做更进一步的说明。

(2)反射式追问及其条件:反射式追问就是把对方所说的再重述一遍,以此来考验对方的反应及其真实意图。如对方认为这样的待遇不合理时,你可以说:"依工作的性质、任用条件及其他因素来考虑,你认为这样的待遇不合理吗?"

当对方回答问题不完全或值得怀疑时,就要用反射式追问,鼓励应聘者对其不完整的答复加以说明或引申,以确认对方全面而真实的想法。

二十五、评价招聘工作的标准

招聘的目的在于了解应聘者的实际能力,如果应聘者受试的结果高于公司所要求的标准,应聘者就是一位公司所要求的人才,因此招聘应该符合以下标准。

1. 有效性

测试应围绕岗位要求拟定测验项目,内容必须正确、合理,必须与工作性质相吻合。例如,如果要挑选市场调查研究员,则所要测试的内容必须与行销、调查、统计和经济分析的知识有关,否则测试便毫无意义了。

2. 可靠性

可靠性是指评判结果能反映应聘者的实际情况,测试成绩能表示应聘者在受试科目方面的才能、学识高低,例如应聘者在行销学方面的测试成绩为 90 分,就应该表示他在这方面的造诣有 90 分的水准。

3. 客观性

客观性是指招聘者不受主观因素的影响,如成见、偏好、价值观、个性、思想、感情等;另外,应聘者的身份、种族、宗教、党派、性别、籍贯和容貌等因素不会因不同而有高低之差别。招聘要达到客观性,就必须在评分时摒除以上两种主观的障碍,这样才能达到绝对的公平。

4. 广博性

广博性是指测试的内容必须广泛到能测出所要担任的工作所需要的每一种能力,并且每一测试科目的试题应该是广泛的,而不是偏狭的。如要招聘一位医药业务代表,其测试的科目不能只限于医药专科知识一科,还要包括社交能力、英文、推销技巧等科目。

当招聘工作符合上述的有效性、可靠性、客观性和广博性四个标准时,招聘到的人选必然是能担当大任的。

二十六、招聘成本评估工作标准

1. 招聘成本评估

招聘成本评估是指对招聘中的费用进行调查、核实,并对照预算进行评价的过程。

招聘成本评估是鉴定招聘效率的一个重要指标,如果成本低,录用人员质量高,就意味着招聘效率高;反之,则意味着招聘效率低。

另外,成本低,录用人数多,就意味着招聘成本低;反之,则意味着招聘成本高。

公式为:

招聘单位 = 总经费(元) ÷ 录用人数(人)

企业进行小型招聘时,成本评估工作很简单,如果是一次大型的招聘活动,一定要认真做好成本评估工作。

2. 招聘预算

每年的招聘预算应该是全年人力资源开发与管理的总预算的一部分。

招聘预算中主要包括:招聘广告预算、招聘测试预算、体格检查预算及其他预算。其中招聘广告预算占据相当大的比例,一般来说按 4∶3∶2∶1 的比例分配预算较为合理。例如,一家企业的招聘预算是 5 万元,那么,招聘广告的预算应是 2 万元,招聘测试的预算应是 1.5 万元,体格检查等的预算应是 1 万元,其他预算应是 5 000 元。

当然,每个企业可以根据自己的实际情况来决定招聘预算。

3. 招聘核算

招聘核算是指对招聘的经费使用情况进行度量、审计、计算、记录等的总称。通过核算可以了解招聘中经费的精确使用情况是否符合预算,以及主要差异出现在哪个环节上。

二十七、录用人员评估工作标准

（一）录用人员评估

录用人员评估是指根据招聘计划对录用人员的质量和数量进行评价的过程。在大型招聘活动中，录用人员评估显得十分重要。如果录用人员不合格，那么招聘过程中所花的时间、精力、金钱都浪费了，只有全部招聘到合格的人员才能说全面完成了招聘任务。

（二）录用人员的量和质

录用人员的量和质可用以下几个数据来表示。

1. 录用比

录用比 = 录用人数 ÷ 应聘人数 × 100%

2. 招聘完成比

招聘完成比 = 录用人数 ÷ 实际应聘人数 × 100%

3. 应聘比

应聘比 = 录用人数 ÷ 计划招聘人数 × 100%

（三）各种数据的评析

录用比越小，相对来说，录用者的素质越高；反之，则可能录用者的素质较低。

如果招聘完成比等于或大于100%，则说明在数量上全面或超额完成了招聘计划。

应聘比越大，说明发布招聘信息的效果越好，同时说明录用人员的素质可能较高。

（四）录用人员质量的评估

除了运用录用比和应聘比这两个数据来反映录用人员的质量外，也可以根据招聘的要求或工作分析中的要求对录用人员进行等级排列来确定其质量。

二十八、录用决策工作标准

在录用的过程中，要注意在合格人选条件差不多的情况下，优先录取那些工作经验丰富而工作绩效较好的人选。遵循重视工作能力的原则，如果合适人选的工作能力相当，则要优先录取那些工作动机较强的候选人。

作出录用决定时要集中精力，全力解决你所了解的事情，忽略那些你所不了解的事情。

在做最后的聘用决定时要记住以下四点：

第一点:使用全面衡量的方法。

我们要录用的人才必然是符合企业需要的全面人才,对于我们所需要的各种才能分别赋予不同的权重,然后用加权法求出各个应聘者的得分总值。录用那些得分最高的应聘者。

第二点:尽量减少作出聘用决定的人。

在选择聘用决定者人选时也要坚持少而精的原则,只用那些确定需要的人。为什么要把所有的人都叫来决定呢?那样做只会给录用决策增添困难,因为每一个人都有自己的录用偏好,都希望自己的建议得到采用,并为此而争论不休,浪费了大量的时间和精力,浪费了大量的金钱,而且,由于你们将讨论的是应聘者的长处和短处,这些材料外露不利于应聘者在企业中生存。

一般而言,作决定时只请那些直接负责考察应聘者工作表现的人,以及那些会与应聘者共事的人,如部门的同事,或那个部门的主管经理。

第三点:不要拖拖拉拉。

如今,优秀的人才在市场上成为抢手货。谁都不希望看到这样的结果:花了许多时间作出决定,结果却发现你最终想录用的应聘者已经接受了别的工作,或他不再对你的那份工作感兴趣了。在录用决策时该出手就出手,切不可拖拖拉拉,以免延误时机。

你不能推迟录用时间,希望应聘者开出的筹码变小。否则的话,如果你与他人为争得这个优秀员工不得不竞相给出高价,或不得不重做招聘工作,那么费用肯定会上升。

你应该旗帜鲜明地开展工作,并要学会取舍,既要有勇有谋,也不能谋而不断。要尽快作出决定,然后付诸行动。

第四点:不能吹毛求疵。

有些招聘者录用人才时喜欢吹毛求疵,希望十全十美,遇到一点小毛病便挑剔,永远都不满意。我们必须知道,世上永远也没有最优,只有最令人满意。我们必须分辨出哪些能力对于完成这项工作是不可缺少的,哪些是可有可无的,哪些是毫无关系的,抓住问题的主要方面,这样才可能录用到合适的人才。

二十九、通知录用工作标准

通知应聘者是录用工作的一个重要部分。通知分为录用通知书(表3-1)和拒绝录用通知书(表3-2),前者容易写,后者则比较难,需要有一定的语言技巧才能恰如其分地表达你的意图。

在通知被录用者方面,最重要的原则是及时。有许多机会都是由于在决定录用后没有及时通知应聘者而失去了。因此录用决策一旦作出,就应该马上通知被录用者。

在录用通知书中,应该讲清楚报到的时间、地点、方式,应该详细说明如何抵达报到的地点和其他应该说明的信息。此外,表示对新员工的欢迎也十分重要。

表 3 - 1 录用通知书样本

录用通知书

_____先生/女士:

我们向您表示祝贺！我们现在很高兴地通知您,我们企业向你提供_____职位。

接受该职位的工作意味着您应该完成下列的工作职责_____,并对_____负责。您的薪酬将是每月_____元。

我衷心希望您能接受该职位的工作。我们会为您提供良好的工作环境,优厚的薪酬和极好的发展机会。

我很希望在_____月_____日之前获得您是否接受该职位的消息。您如果有什么问题,请及时与我联系。我的联系电话是_____。期盼您的答复。

此致

敬礼！

人力资源部经理

在通知中,让被录用的人知道他们的到来对于企业的经营业绩的提高有很重要的意义。这将有力地吸引被录用者。对于所有被录用的人,应该用相同的方法通知他们被录用了。不要有的人用电话通知,有的人用信件通知。

同样,应该用同样的方式通知所有你未录用的应聘者。当然,通知内容的写法是需要一定技巧的,应该本着坦率、诚恳、善意的原则。

表 3 - 2 是一封典型的拒绝录用通知书。

表 3 - 2 拒绝录用通知书

亲爱的_____先生/女士:

感谢您对公司会计一职感兴趣。我们已经认真研究了您的申请表以及您在评估活动中的表现。许多人都申请了这一空缺的职位。为了保证一致性和公正性,我们就与工作有关的要求对每一位应聘者进行了评估。

我们研究了您的条件和表现后,觉得您不太符合这份工作的要求。因此我们无法给您提供这一职位,也无法将您的申请表参加进一步的选拔。

再一次感谢您对本公司的厚爱。相信您在以后的求职中会有好运气,相信您会找到与您的条件相符的公司。

人力资源经理

录用决策作出后,便进入新员工就位的阶段。

三十、签订协议工作标准

在聘到新人之后,就要与其签订有关的用人协议。协议中最重要的内容是关于员工的待遇问题,在确定员工待遇问题时,下面的策略有助于双方达成一个"双赢"的协议。

首先,要明确你想雇人的职务其市场价值是多少。不要认为你现在出的工资或你付给上一位做这一工作的人的工资已经准确地反映了市场价值。你可以通过许多科学的渠道来了解有关资料。

你会了解到你出的工资高于或低于正常的市场价值。如果你出的薪水很高,与应聘者在待遇方面达成共识是很容易的。如果你出的价钱比市场价值低,那么你可以用如下方法来解决难题:要么提高待遇;要么降低用人标准,另聘新人;要么说服员工接受此待遇。

其次,一旦知道了符合你能力要求的员工目前的市场价值,那么你需要知道自己的浮动范围有多大,极限是多少。在与应聘者协商待遇问题时,一定要心中有数,有自己的最高限和最低限。

要了解应聘者对自己人力资本价值的判断。

应聘者可能会觉得由于自己的特长和能力,他应享受的待遇高于市场平均值,这也是合情合理的。接下来,你需要决定是否愿意为他的特长和能力付出更多的钱。如果你觉得不值,不用理他,继续其他的工作。

应聘者所希望的薪水也许要比你准备给得少。在这种情况下,你会心中窃喜地出个低价,为你的这个"买卖"而高兴。但请注意,你的新员工迟早会发现你出的薪水太低了。那样则会对谁都不利。建议你能如实相告,适当提高待遇水平。

当然你很可能会与应聘者相持不下,你需要观察谁占优势。换句话说,谁占上风。一旦搞清楚了这一点,你就会知道到底谁需要谁。很显然,占上风的将坚持自己的条件,而占下风的无疑要作出必要的让步。

你可以抓双方谈判中的重点问题进行研究,对重点问题要集中力量解决,例如月工资、员工福利保险等。

在双方长时间的谈判之后,你就应该对你能提供的待遇作出判断。要注意诚恳待人,不要许诺你根本不可能做到的事,更不要过分吹嘘。

切记,不要无休止地等待。如果你向应聘者提出待遇条件后,两三天之后没有得到答复,那就主动跟他们联系,问问他们是否有什么问题需要解决。但是要小心,如果应聘者在跟你"要手段"(如反复权衡各个公司提出待遇条件,从而选择最佳的),建议你不要陪他们玩。你应该警惕:"这样的人是我想要的吗?"

在经历了谈判之后,你将与新员工签订具有法律效力的协议,双方都要严格遵守。

第四章

人员日常规范管理

《按流程执行》

一、绩效考核管理工作流程设计

流程名称	绩效考核管理工作流程	编码			
		执行者	人力资源部	监控者	人力资源总监
行为实施环节	人力资源部	人力资源总监		总经理	

管理行为

```
        流程起始
           │
           ▼
    明确考核目的和内容
           │
           ▼
     明确考核者的
       职务规范
           │
           ▼
    将考核标准准确化
           │
           ▼
    将考核标准具体化
           │
           ▼
     将考核标准量化
           │
           ▼
    将实际工作绩效与
    工作期望进行对比
           │
           ▼
     对比结果得出      否              否
       工作绩效  ──────→  审核  ──是──→  审批
           ▲                   是
    将考核意见反馈 ←─────────────────────┘
    至被考核者
           │
           ▼
       绩效面谈
           │
           ▼
     共同分析评价
     得出改进方案
           │
           ▼
        运用
           │
           ▼
       流程结束
```

二、绩效目标设定工作流程设计

流程名称	绩效目标设定 工作流程	编码			
		执行者	人力资源部	监控者	人力资源总监
行为实施环节	人力资源部	人力资源总监		总经理	
管 理 行 为	流程起始 组织现状分析 确定年度目标 将年度目标分解 至各职能部门 编制目标管理责任书 组织签署目标 管理责任书 分解目标至个人 制定目标实施计划 监督计划实施状况 目标期过后考核 流程结束	审核 否 是		审批 否 是	

三、绩效考核标准制定工作流程设计

流程名称	考核标准制定 工作流程	编码			
		执行者	人力资源部	监控者	人力资源总监
行为实施环节	人力资源部	人力资源总监		总经理	

管理行为

流程起始

明确各部门工作
目标与内容

明确各部门工作
需要的能力

对各部门员工
进行测试

确定每个人的分工

按等级整理
工作一览表

制作职能等
级标准手册

制作职务等
级标准手册

确定绩效标准 → 审核 → 审批

否

否

是

审核

是

实施绩效标准

是

流程结束

四、管理人员绩效考核管理工作流程设计

流程名称	管理人员绩效考核管理工作流程	编码			
		执行者	各部门、人力资源部	监控者	人力资源总监
行为实施环节	被考核者	部门总监	人力资源部		总经理
管理行为					

```
                    ( 流程起始 )
                         │
                         ▼
                    ┌─────────┐        ┌─────────┐
                    │ 自我评价 │──────▶│ 整理评价 │
                    └─────────┘        └─────────┘
                                            │
                                            ▼
                                       ┌─────────┐              ┌─────────┐
                                       │  考核   │────────────▶│  复核   │
                                       └─────────┘              └─────────┘
                                                                     │
                                                                     ▼
                                                                ┌─────────┐
                                                                │ 考核确定 │
                                                                └─────────┘
                                                                     │
                                                                     ▼
                                       ┌─────────┐              ┌───────────┐
                                       │  审核   │◀────────────│ 考核结果处理 │
                                       └─────────┘              └───────────┘
                                            │
                                            ▼
                                       ┌─────────┐
                                       │  存档   │
                                       └─────────┘
                                            │
                                            ▼
                                       ( 流程结束 )
```

五、营销人员绩效考核管理工作流程设计

流程名称	营销人员绩效考核管理工作流程	编码			
		执行者	营销部、人力资源部	监控者	人力资源总监
行为实施环节	营销部	人力资源部	人力资源总监		总经理
管理行为					

流程起始

按计划进行考核

收集资料

研究分析资料

主管提出意见 ← 作出分析结论

汇总意见编制分析报告 → 审核 → 审批

否　否　是

执行

是

流程结束

六、研发人员绩效考核管理工作流程设计

流程名称	研发人员绩效考核管理工作流程	编码			
		执行者	研发部、人力资源部	监控者	人力资源总监
行为实施环节	研发部	人力资源部		人力资源总监	总经理
管理行为					

流程起始 → 设定绩效目标 → 审核 →（否）审批；审核（是）→ 审批；审批（否）→ 审核；审批（是）→ 确认 → 考核指标体系设计 → 绩效评估 → 绩效反馈 → 绩效改进指导 → 流程结束

七、员工竞聘管理工作流程设计

流程名称	员工竞聘管理工作流程	编码			
		执行者	各部门、人力资源部	监控者	人力资源总监
行为实施环节	员工所在部门	接收部门	人力资源部	人力资源总监	总经理

管理行为

```
                                    ┌─────────┐
                                    │ 流程起始 │
                                    └────┬────┘
                                         ↓
                                 ┌──────────────┐
                                 │  出现岗位空缺  │
                                 └──────┬───────┘
                                        ↓                否            否
                                 ┌──────────────┐    ◇────────→◇──────→◇
                                 │ 制定实施员   │──→│ 审核 │  是 │ 审批 │
                                 │ 工竞聘方案   │    ◇      ◇──────→◇
                                 └──────────────┘
┌──────────────┐                 ┌──────────────┐            是
│ 员工提出申请  │←───────────────│ 发布竞聘信息  │←─────────────
└──────┬───────┘                 └──────────────┘
       ↓
┌──────────────┐
│ 员工填写     │
│ 动态表       │
└──────┬───────┘
       ↓
┌──────────────┐
│ 签字确认     │
└──────┬───────┘
       ↓
┌──────────────┐              ◇
│ 部门主管签字  │─────────────→│ 审核 │
└──────────────┘              ◇
                                 ↓
      ┌─────────┐          ┌──────────────┐
      │  到岗    │←────────│  竞聘过程     │
      └────┬────┘          └──────────────┘
           ↓
     ┌─────────┐
     │ 流程结束 │
     └─────────┘
```

八、员工流动管理工作流程设计

流程名称	员工流动管理 工作流程	编码			
		执行者	各部门、 人力资源部	监控者	人力资源总监
行为实施环节	各部门	人力资源部		人力资源总监	总经理

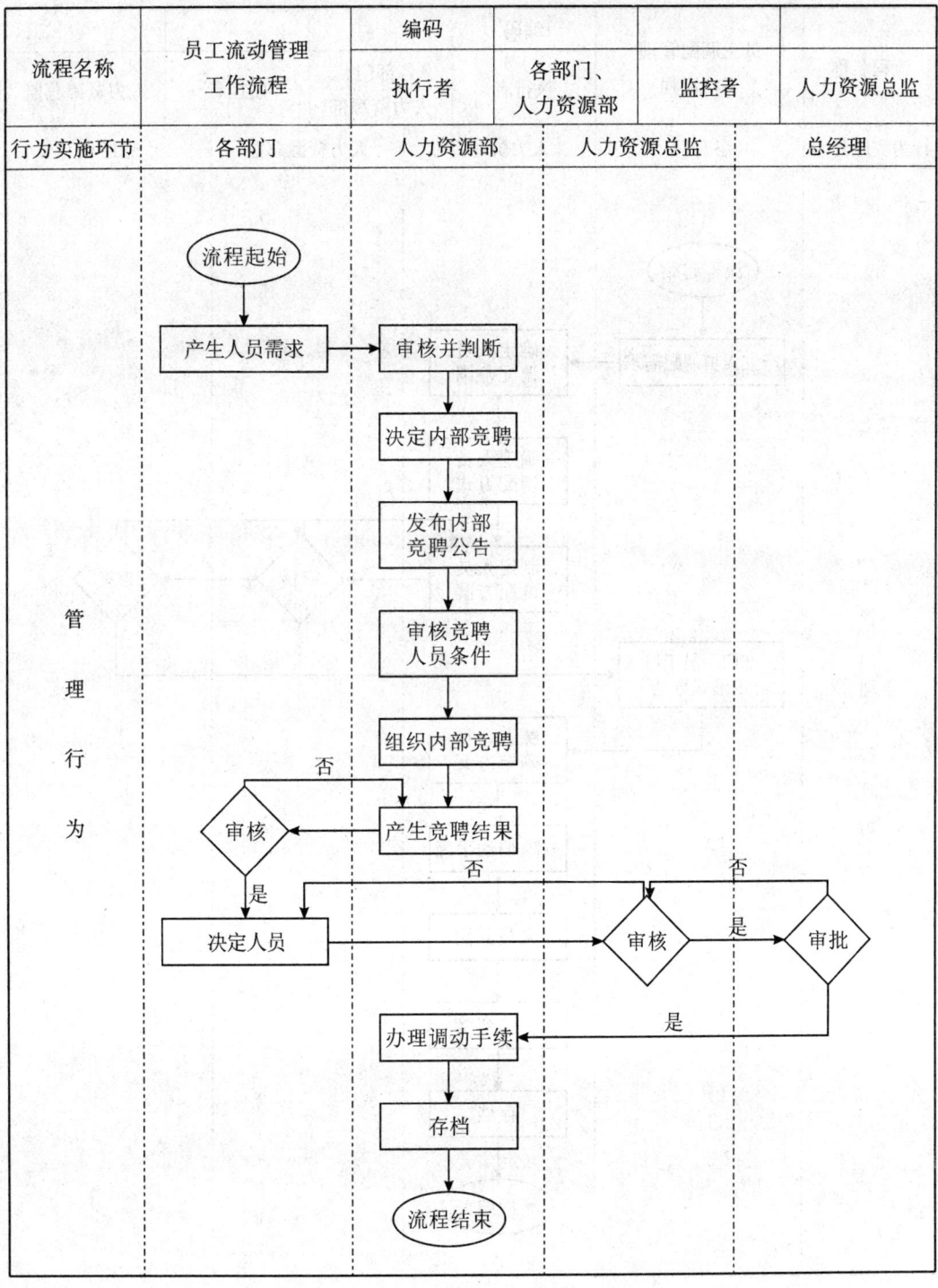

九、员工调配管理工作流程设计

流程名称	员工调配管理 工作流程	编码			
		执行者	各部门、 人力资源部	监控者	人力资源总监
行为实施环节	各部门	人力资源部	人力资源总监		总经理

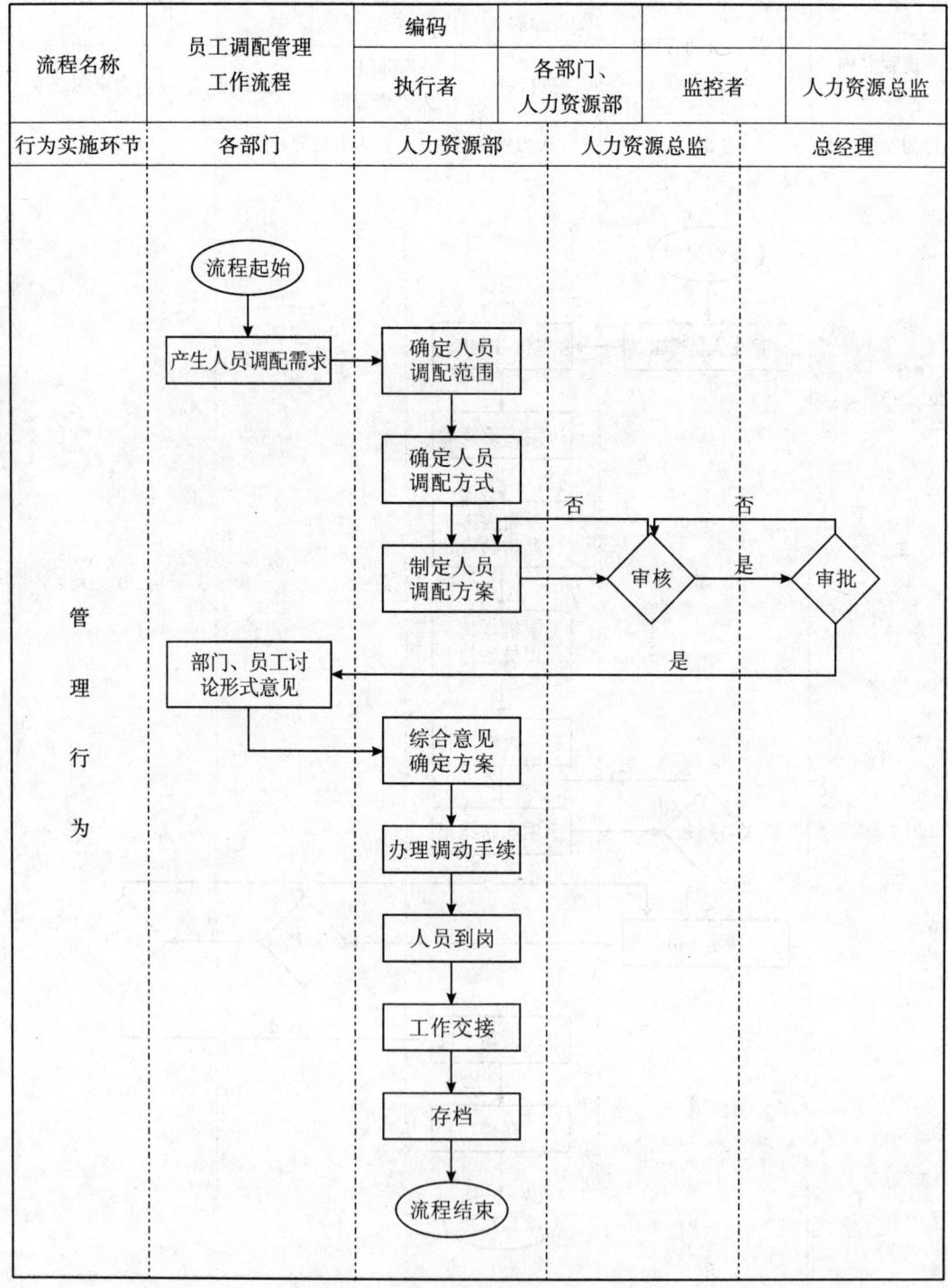

十、员工岗位轮换管理工作流程设计

流程名称	员工岗位轮换管理工作流程	编码			
		执行者	各部门、人力资源部	监控者	人力资源总监
行为实施环节	各部门	人力资源部	人力资源总监		总经理
管 理 行 为	调整工作关系 办理轮换手续	流程起始 拟订岗位轮换计划 填写岗位轮换表 发出岗位轮换通知 实施岗位轮换 岗位轮换评议 存档 流程结束	审核 审核	审批	

十一、员工降级管理工作流程设计

流程名称	员工降级管理 工作流程	编码			
		执行者	各部门、 人力资源部	监控者	人力资源总监
行为实施环节	各部门	人力资源部		人力资源总监	总经理

管理行为

```
            ┌────────┐
            │ 流程起始 │
            └────┬───┘
                 │                                         否              否
                 ▼                                   ┌──────────────┬──────────────┐
        ┌──────────────┐     ┌────────┐     ┌────────▼──┐    是    ┌──▼──────┐
        │ 部门主管提出某 │────▶│  评议  │────▶│   审核    │────────▶│  审批   │
        │  员工降级申请  │     └────────┘     └───────────┘         └────┬────┘
        └──────────────┘                                               │
                                                                       │ 是
        ┌────────┐   不合格  ┌────────┐        否                      │
        │  高职  │◀─────────│  培训  │◀──────────────────────────────┘
        └────────┘          └────┬───┘         是
                                 │
                          合格   │       ┌────────┐
                                 └──────▶│  审核  │
                                         └────┬───┘
                                              │ 是
                                 ┌────────────┘
                          ┌──────▼───────┐
                          │ 办理转岗手续 │
                          └──────┬───────┘
                                 │
                            ┌────▼────┐
                            │ 流程结束 │
                            └─────────┘
```

十二、员工离职交接管理工作流程设计

流程名称	员工离职交接管理工作流程	编码			
		执行者	各部门、人力资源部	监控者	人力资源总监
行为实施环节	各部门	人力资源部	人力资源总监		总经理

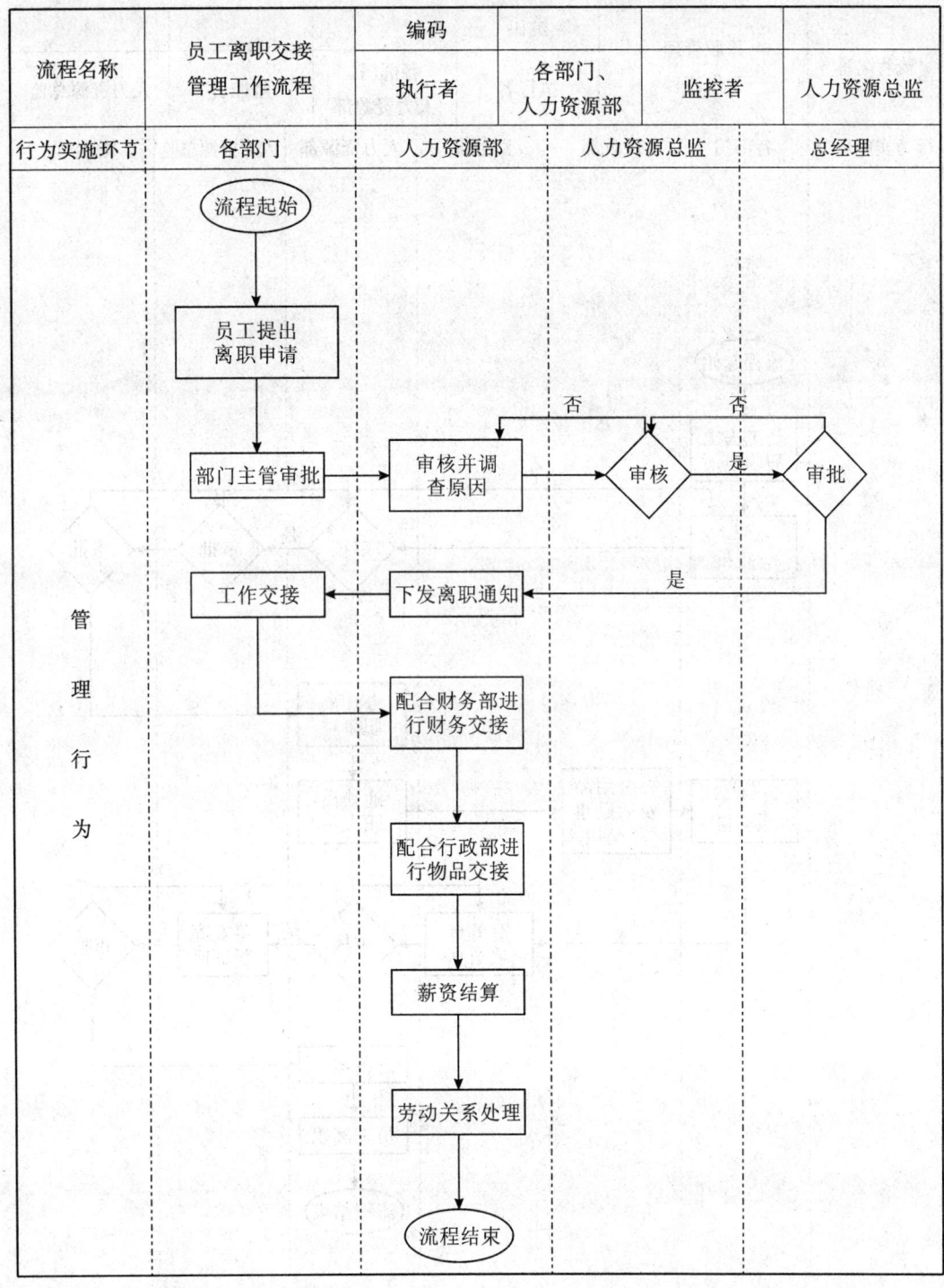

管理行为

流程起始

员工提出离职申请

部门主管审批 → 审核并调查原因 → 审核 —是→ 审批

否   否

是

下发离职通知 ← 审批

工作交接 ← 下发离职通知

配合财务部进行财务交接

配合行政部进行物品交接

薪资结算

劳动关系处理

流程结束

十三、辞职工作流程设计

流程名称	辞职管理 工作流程		编码			
			执行者	各部门、 人力资源部	监控者	人力资源总监
行为实施环节	各部门	行政部	财务部	人力资源部	人力资源总监	总经理

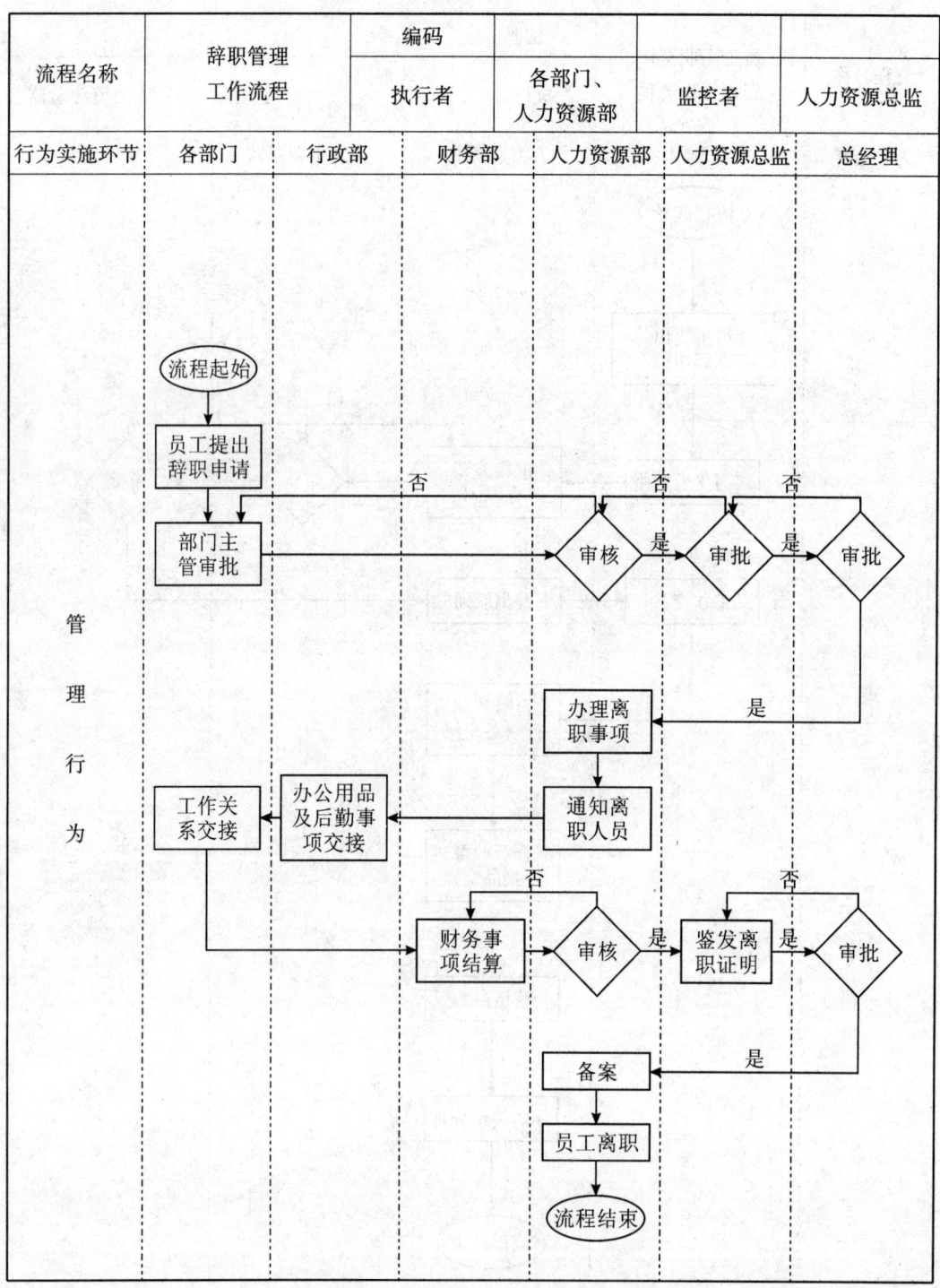

十四、解聘管理工作流程设计

流程名称	解聘管理 工作流程	编码			
		执行者	各部门、 人力资源部	监控者	人力资源总监
行为实施环节	各部门	行政部	财务部	人力资源部	人力资源总监	总经理

管理行为

```
        ┌流程起始┐
             │                    否                否              否
        ┌部门主管提┐──────────────→◇审核◇─是→◇审核◇─是→◇审批◇
        │出解聘报告│
                                                                      │是
                                    ┌通知被┐←─┌签发解┐←──────────┘
                                    │解聘人│    │聘书  │
            ┌办公用品┐←────────────┘
   ┌工作关┐←│及后勤事│          ┌劳动关系┐
   │系交接 │ │项交接  │          │事项处理│
        │                        ┌财务事┐──→┌存档┐
        └───────────────────────→│项结算│      │
                                              ┌员工离职┐
                                               (流程结束)
```

十五、员工日常管理工作流程设计

流程名称	员工日常管理工作流程	编码			
		执行者	各部门、人力资源部	监控者	人力资源总监
行为实施环节	各部门	人力资源部	人力资源总监		总经理

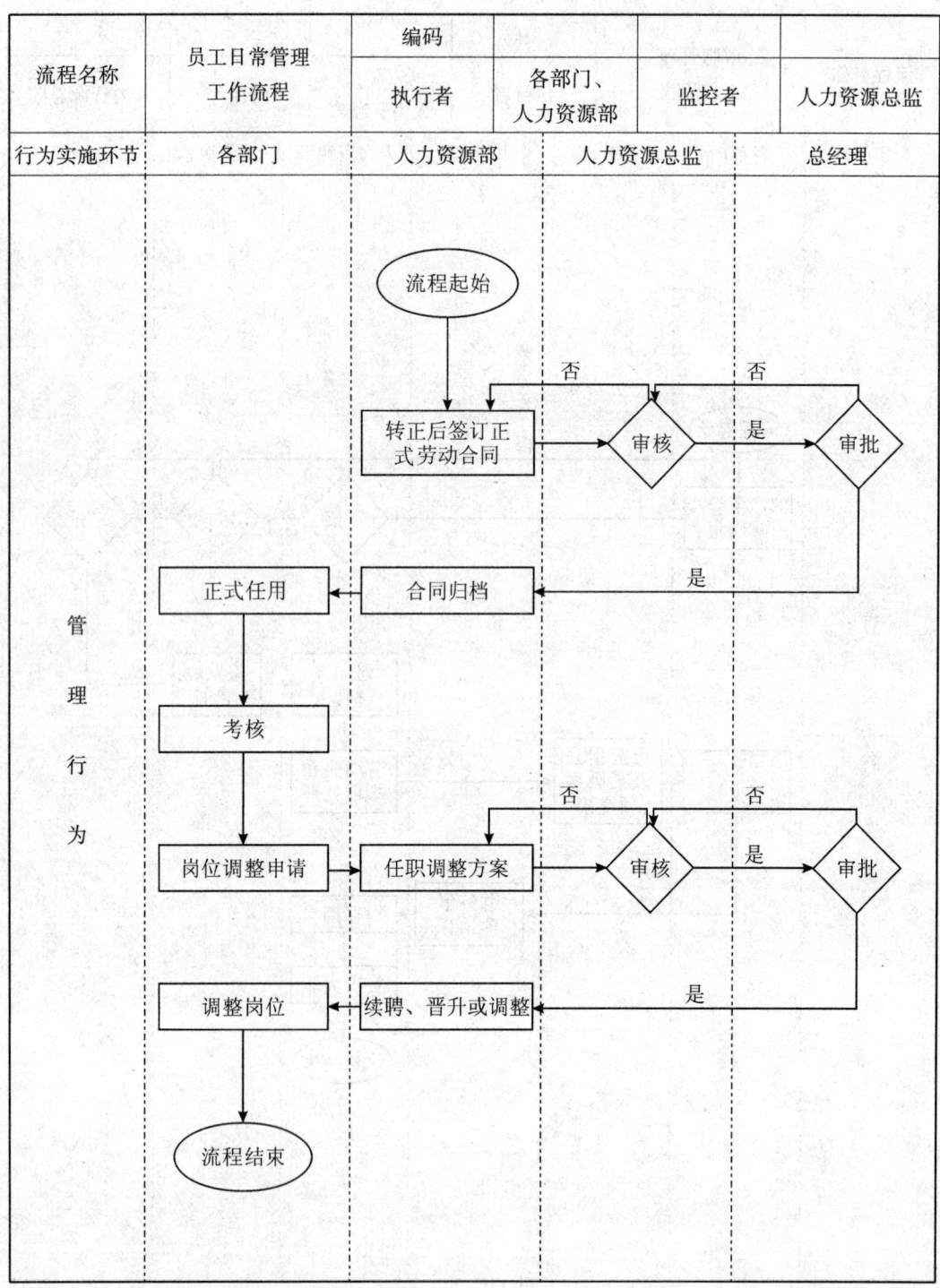

十六、员工考勤管理工作流程设计

流程名称	员工考勤管理 工作流程	编码			
		执行者	人力资源部	监控者	人力资源总监
行为实施环节	人力资源部	人力资源总监		总经理	

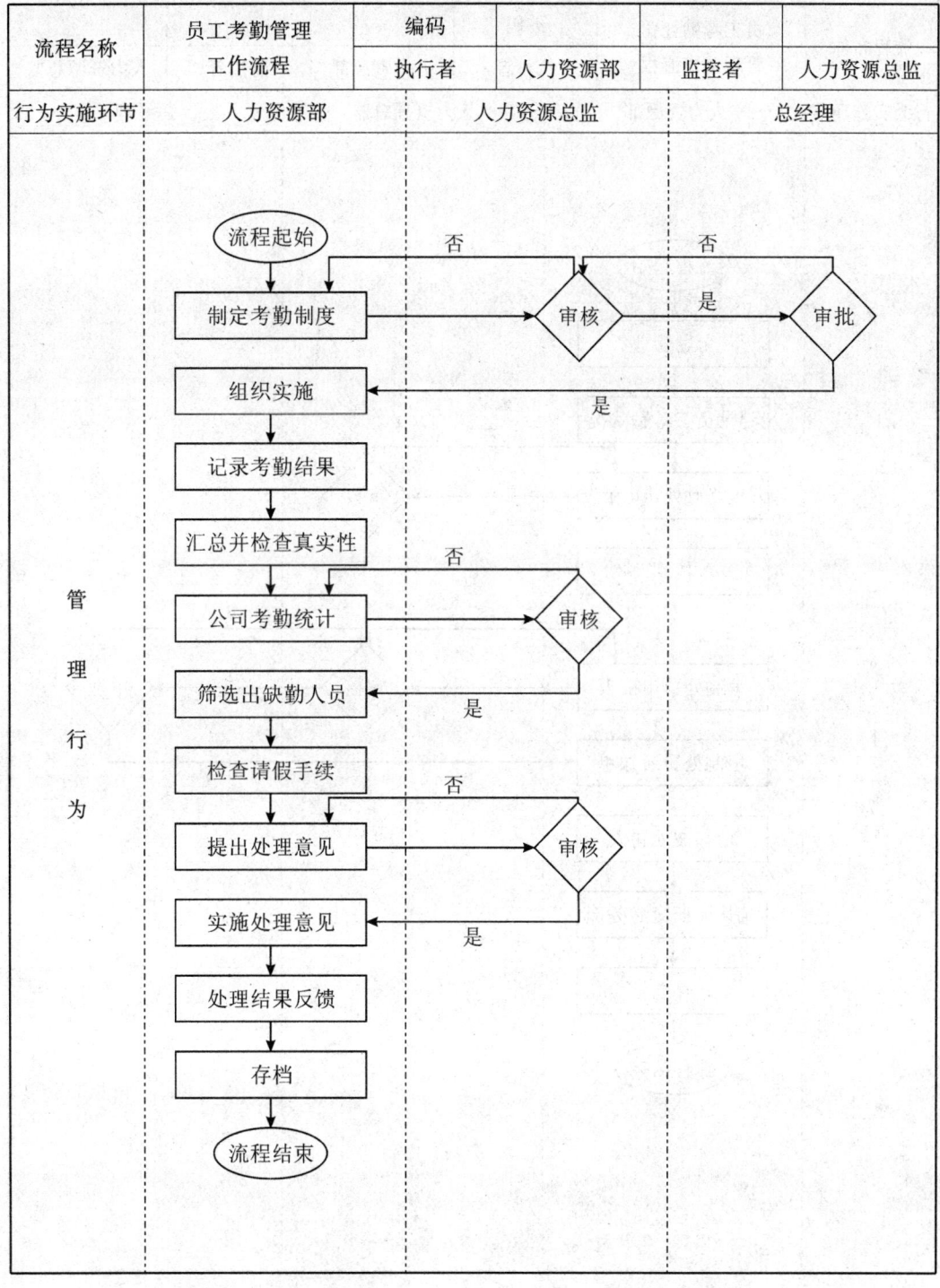

十七、员工考勤处罚管理工作流程设计

流程名称	员工考勤处罚管理工作流程	编码			
		执行者	人力资源部	监控者	人力资源总监
行为实施环节	人力资源部	人力资源总监		总经理	

管理行为

流程起始 → 考勤管理 → 记录员工考勤状况 → 填写考勤处罚记录表 → 审核（否）
审核（是）→ 核算 → 编制处罚申请表 → 审核（否）→ 审批（否）
审批（是）→ 填制处罚通知单 → 通知被处罚人 → 确认无误交财务部 → 存档 → 流程结束

十八、奖惩管理工作流程设计

流程名称	奖惩管理 工作流程	编码			
		执行者	各部门、 人力资源部	监控者	人力资源总监
行为实施环节	各部门	人力资源部		人力资源总监	总经理

管理

行

为

```
        ┌──────────┐
        │  流程起始 │
        └────┬─────┘
             │
             ▼
   ┌──────────────┐      ┌──────────────┐
   │呈报奖励或过   │─────▶│明确公司奖惩制度│
   │失名单和事由   │      └──────┬───────┘
   └──────────────┘             │
                                ▼
   ┌──────────────┐     ◇审核◇  是  ◇审批◇
   │制定奖励和处罚方案│─────▶        ─────▶
   └──────────────┘      否        否
```

否   否

审核   是   审批

制定奖励和处罚方案

执行方案 ◀─────── 是

存档

流程结束

十九、员工档案建立工作流程设计

流程名称	员工档案建立 工作流程	编码			
		执行者	各部门、 人力资源部	监控者	人力资源总监
行为实施环节	各部门		人力资源部		人力资源总监

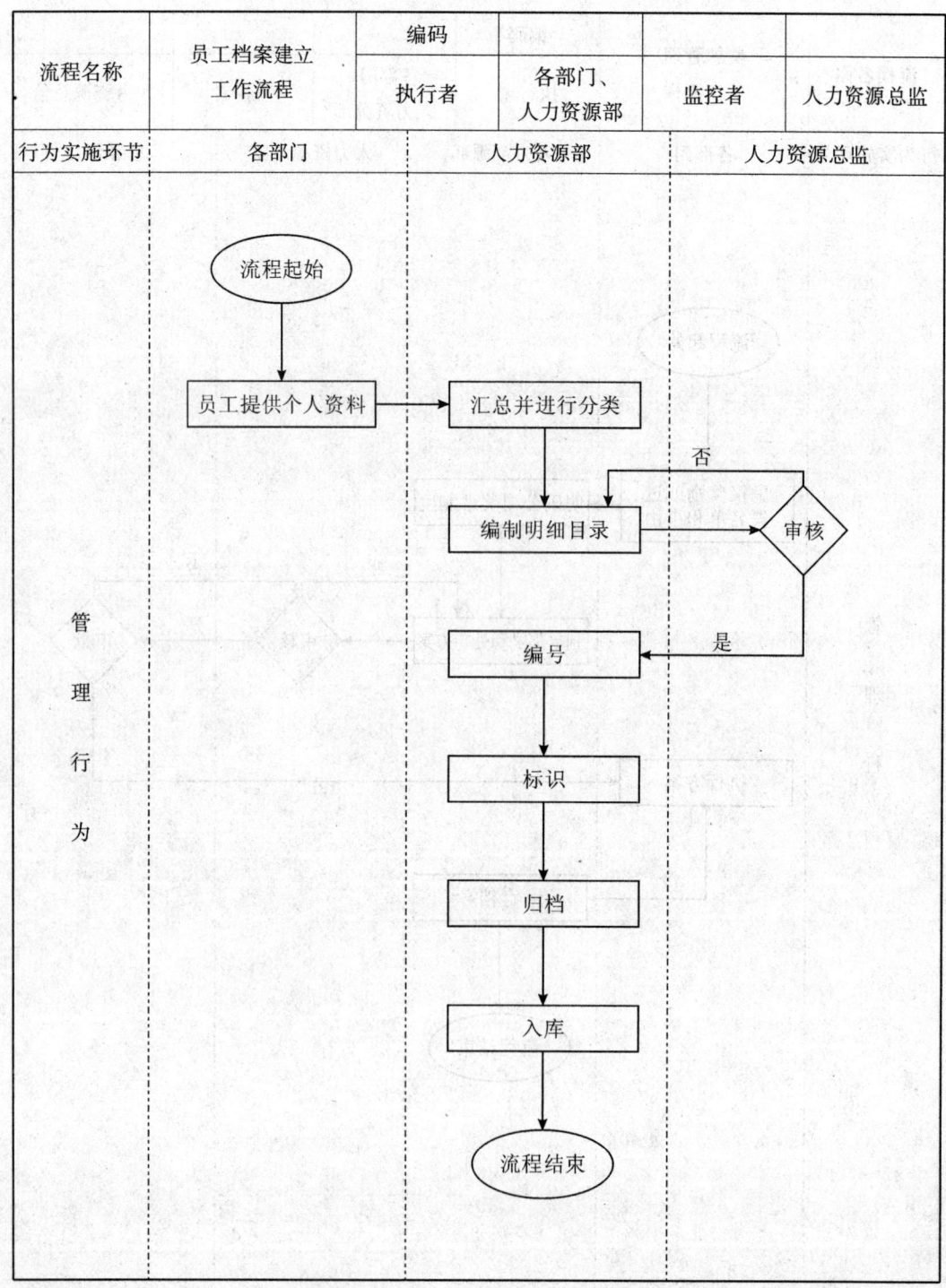

二十、员工档案查阅工作流程设计

流程名称	员工档案查阅 工作流程	编码		监控者	人力资源总监
		执行者	人力资源部		
行为实施环节	查阅人	人力资源部		人力资源总监	

二十一、员工日常行为标准

第一条　员工应遵守本公司一切规章、通告及公告。

第二条　员工应遵守下列事项:

(一)尽忠职守,服从领导,不得有阳奉阴违或敷衍塞责的行为。

(二)不得经营与本公司类似及职务上有关的业务,或兼任其他厂商的职务。

(三)全体员工必须时常锻炼自己的工作技能,以达到工作上精益求精,提高工作效率。

(四)不得泄露业务或职务上机密,或假借职权,贪污舞弊,接受招待或以公司名义在外招摇撞骗。

(五)员工于工作时间内,未经核准不得接见亲友或与来宾参观者谈话,如确因重要事情必须会客时,应经主管人员核准在指定地点,时间不得超过15分钟。

(六)不得携带违禁品、危险品或与生产无关物品进入工作场所。

(七)不得私自携带公物(包括生产资料及复印件)出厂。

(八)未经主管或部门负责人的允许,严禁进入变电室、质量管理室、仓库及其他禁入重地;工作时间中不准任意离开岗位,如须离开应向主管人员请准后始得离开。

(九)员工每日应注意保持作业地点及更衣室、宿舍环境清洁。

(十)员工在作业开始时间不得怠慢拖延,作业时间中应全神贯注,严禁看杂志、电视、报纸以及抽烟,以便增进工作效率并防止危险。

(十一)应通力合作,同舟共济,不得吵闹、斗殴、搭讪攀谈或互为聊天闲谈,或搬弄是非,扰乱秩序。

(十二)全体员工必须了解,唯有努力生产,提高质量,才能获得改善及增进福利,以达到互助合作、劳资两利的目的。

(十三)各级主管单位负责人必须注意本身涵养,领导所属员工,同舟共济,提高工作情绪,使部属精神愉快,在职业上有安全感。

(十四)在工作时间中,除主管及事务人员外,员工不得打接电话,如确为重要事项时,应经主管核准后方得使用。

(十五)按规定时间上、下班,不得无故迟到、早退。

第三条　员工每日工作时间以8小时为原则,生产单位或业务单位每日作息另行公布实施,但因特殊情况或工作未完成者应自动延长工作时间,每日延长工作时间以不超过4小时;每月延长总时间不超过46小时。

第四条　经理级(含)以下员工上、下班均应亲自打卡计时,不得托人或受托打卡,否则以双方旷工一日论处。

第五条　员工如有迟到、早退或旷工等情形,依下列规定处分:

（一）迟到、早退

1. 员工均须按时间上、下班，工作时间开始后 3 分钟至 15 分钟以内到班者为迟到。

2. 迟到每次扣 100 元，拨入员工福利基金。

3. 工作时间终了前 15 分钟内下班者为早退。

4. 超过 15 分钟后，始打卡到工者应办理请假手续，但因公外出或请假皆须报备并经主管证明者除外。

5. 无故提前 15 分钟以上的下班者以旷工半日论，但因公外出或请假经主管证明者除外。

6. 有下班而忘记打卡者，应于次日经单位主管证明才视为不早退。

（二）旷工

1. 未经请假或假满未经续假而擅自不到职以旷工论处。

2. 委托或代人打卡或伪造出勤记录者，一经查明属实，双方均以旷工论处。

3. 员工旷工，不发薪资及津贴。

4. 无故连续旷工 3 日或全月累计无故旷工 6 日或一年旷工达 12 日者，应予解雇，不发给资遣费。

二十二、企业员工仪容仪表规范

（一）着装

1. 员工上岗时，必须穿着符合工作要求的服装。

2. 任何指定穿着的服装随时保持清洁、平整。

3. 不得穿着褶皱、破损、掉扣的服装上岗。

4. 生产操作型员工上岗需着公司指定的工装。

5. 非生产型员工上岗。如由公司配备，应着公司服装；未配备的亦应该按照公司的要求穿着相应的服装。

6. 员工出席公司组织的重大活动应着西装，佩戴领带及领夹，穿皮鞋，领带长度要适中，领带要结扎得规范美观，保持皮鞋洁净亮泽。

7. 在岗时严禁卷露衣袖、裤腿等不雅穿着。

8. 员工须按公司要求佩戴、显露公司标志。非工作需要，员工一般不将公司配备的工作服装在公司以外穿着。

（二）仪容规范

1. 面带笑容，保持开朗心态，有利于营造和谐、融洽的工作气氛。

2. 保持身体清洁卫生，这不仅是健康的需要，更是文明的表现，有利于与人交往。

3. 头发梳理整齐、面部保持清洁。

4. 男员工不留长发，女员工不化浓妆。

5. 保持唇部润泽，口气清新，以适合近距离交谈。

6. 手部干净,指甲修剪整齐,男员工不留长指甲,女员工不涂抹鲜艳指甲油。

7. 宜使用清新、淡雅的香水。

8. 社交场合不宜戴墨镜(参观、旅游除外)。

9. 女员工不宜佩戴有声响的饰物。

10. 公文包(手提包)外观整洁,男士公文包以黑色为佳。

二十三、企业员工礼仪举止规范

(一)站姿

1. 抬头、挺胸、收腹、双肩舒展,双目平视。

2. 双臂和手在身体两侧自然下垂,女员工双臂可下垂交叉放于身体前。

3. 女员工站立时,双膝和脚跟要靠紧,双脚呈"V"字形。

4. 男员工站立时,双脚可并拢呈"V"字形,也可分开。分开时双脚应与肩同宽。

5. 站立时,双手不可叉在腰间,不宜放入裤子口袋中,也不宜在胸前抱臂。

6. 站立时双腿不可不停地抖动。

(二)坐姿

1. 从容就座,动作要轻而稳,不宜用力过猛。

2. 就座时,不宜将座椅或沙发坐满,也不宜仅坐在座椅边上。

3. 就座后,上身应保持正直而微前倾,头部平正,双肩放松。

4. 男员工就座后,双手可自然放于膝上,或轻放于座椅扶手上,手心向下,注意手指不要不停地抖动。

5. 女员工就座后双手交叉放于腿上,手心向下。

6. 女员工身着裙装入座时,应先用手将裙子向双腿拢一下。要注意裙子不要被其他东西挂着。

7. 男员工就座后双腿平行分开,不宜超过肩宽;女员工就座后双腿并拢,采用小腿交叉向后或偏向一侧。注意,双腿不可向前直伸。

8. 若需要同侧边的人交谈,宜将身体稍转向对方。

9. 离座站起时要稳重,可右脚后收半步,然后从容站起。

10. 注意坐下后双腿都不可不停地抖动。

(三)走姿

1. 行走时,上身保持正直,双肩放松,目光平视,双臂自然摆动。男员工注意手不宜放在裤子口袋里。

2. 行走时应从容自然。男员工步伐矫健、有力,女员工步伐自然、优雅。

3. 行走时不宜左顾右盼,脚步不宜太沉重而发出较大声响。

(四)蹲姿

1. 在查看位置较低的事物或拾取物品时,往往需要蹲下,不宜直接弯腰进行。

2. 下蹲时,采取两脚前后交叉的蹲姿:一脚在前,一脚在后。在前面的脚应全脚着地,后脚脚尖着地,脚跟抬起,双腿下压,上身直立,置重心于后脚之上。

3. 下蹲时,女员工要两腿靠紧,如身着裙装,要用手把裙子向双腿拢一下再下蹲。

二十四、公司绩效考核工作标准

□ 主题内容与适应范围

第一条 本制度规定了管理人员考评的原则,考评的内容及标准、考评的方法步骤及考评结果处理等。

第二条 本办法适应于全厂中层干部、专业技术管理人员以及管理岗位上的干部和员工。

□ 考评应遵循的原则

第三条 公开公平的原则。对管理人员的考评要有明确的考评标准、程序和考评责任,考评标准要公平合理,并予以公开。

第四条 实事求是的原则。对每个管理人员的所有考评内容和项目均要客观地进行评价,要做到"用事实说话、用数据说话",要与考评标准相对照,不能在人与人之间比较,更不能主观臆断。

第五条 直接考评的原则。对管理人员考评时必须由所在单位的直接领导组织相关人员进行考评,任何人不准擅自修改。

第六条 反馈的原则。为起到管理人员考评的教育作用,对考评结果要反馈到考评者本人,影响被考评者就考评结果说明解释,肯定成绩,指出不足和今后努力方向。

第七条 利益相关原则。为使管理人员考评具有约束作用,鼓励管理人员不断进取,对考评结果,要在管理人员日常管理工作中予以体现,特别是在管理人员的配置、晋升、分配、奖励中要充分体现。

□ 管理职能

第八条 中层正职领导的考评工作,由人力资源部组织。

第九条 中层副职(含主任科员)的考评工作,属直属单位的由人力资源部组织。

第十条 科员及按中层管理的干部、专业技术管理人员、管理干部、管理岗位上的员工的考评工作,由各单位组织。

□ 考评的等级

第十一条 A 类。卓越级(各项工作完成出色,成绩显著)。

第十二条 B 类。优秀级(积极主动地完成各项工作,并取得成效)。

第十三条　C 类。较好级(能较好地履行职责,完或本职工作)。

第十四条　D 类。一般级(基本能够完成本职工作)。

第十五条　E 类。较差级(经常完不成本职工作或工作表现差)。

□　考评的主要内容及考评标准

第十六条　工作成绩。按照工厂给各单位所下达的目标衡量管理人员个人在年度内实际完成的工作成果。包括工作质量、工作数量、工作效益等。

第十七条　工作能力。根据本人实际完成的工作成果及各方面的综合素质来评价本人的工作技能、水平。包括基础能力、业务能力、创新能力等。

第十八条　工作态度。由单位根据管理人员本人平时的表现予以评价。包括约束性、协调性、主动性、责任感及自我发展的期望等。

第十九条　考评标准分三类:中层管理人员考评标准、专业技术管理人员考评标准、各类管理人员考评标准。具体标准见附录 A 中层管理人员年度考评表;附录 B 专业技术管理人员年度考评表。

□　考评的方法程序

第二十条　考评每年组织一次,自 1 月 1 日至 12 月 31 日为考评期,次年 1 月份进行综合评定。考评表每年 12 月 20 日前由总部及直属单位到人力资源部领取。

第二十一条　根据年度考评表的要求按月填写此表,年底将考评表交所在单位主管,中层管理人员、直属单位的副职交人力资源部,制造本部所属单位的中层副职交综合管理部。

第二十二条　各单位成立考评小组,成员由党、政正副职、工会主席、一定数量的员工代表组成,负责组织本单位对管理人员的考评工作,300 人以下员工代表不少于 6 人,300人以上的单位员工代表不少于总人数的 2%。

第二十三条　考评小组成员应具备的条件:

1. 事业心、责任心强,工作认真负责,有开拓创新精神,热心考评工作。

2. 坚持原则,大公无私,办事公道,作风正派。

3. 熟悉被考评对象的情况,具有一定实际工作经验。

第二十四条　考评小组根据管理人员的业绩和平时表现,对照考评标准进行综合打分。然后按照分数、比例、等级分别排序,并写出明确的考评意见。

第二十五条　根据考评分数将本单位的管理人员按 A、B、C、D、E 予以划分,比例分别为 10%、20%、50%、15%、3% ~5%,评定结束后报人力资源部,并存入本人业绩档案。

第二十六条　考评结果需以适当方式公布,中层管理人员由分管领导谈话,其他人员由单位党政主要领导谈话,指出不足和今后努力方向。

□　考评结果的处理

第二十七条　考评结果作为管理人员职务晋升、奖励、分配、培训以及接触和终止劳动合同的依据。

第二十八条　晋升。经考评定为 A、B 类的管理人员可作为晋升高一级职务的必要条件之一;经考评定为 A、B 类的管理及专业技术人员在评聘技术职务时,同等条件下优先推荐。

第二十九条　奖励。经考评定为 A 类的人员,各单位在制定相关政策时应予以体现。同时根据工厂的效益情况年终给予一次性奖励。

第三十条　调整。经考评定为 D 类的人员,主管领导应向被考评人提出戒勉。被考评者无资格参加本年度各类先进个人的评比,且无资格参加次年技术职称的晋升;经考评定为 D 类的管理人员,视其情况可调整其工作岗位或降职使用。

第三十一条　考评定为 E 类人员,属管理人员的则予以降职和免职,其他人员则应调离原岗位进行培训或下岗,必要时可解除或终止劳动合同。

二十五、员工内部调配工作标准

□　目　的

第一条　为加大本公司的人员优势的整合和优化,使公司成员能够更好得发展,特制定本制度。

第二条　本制度适用于本公司各部门及所有分公司的员工内部调配管理。

□　员工内部流动

第三条　本公司的内部人员调配工作基于以下三个原因而开展:

1. 员工因自我发展所提出的提高能力和丰富职业经验的需求。

2. 员工综合评估的结果。

3. 部门组织机构调整的需求。

4. 岗位空缺的需求。

第四条　本公司的员工内部调配可采取以下两个方式:

1. 正常调动。

2. 竞聘上岗。

第五条　本公司可参与内部流动员工需具备以下基本条件:

1. 由本人提出调动需在原岗位工作 3 个月(含)以上,普通员工在企业已任职 1 年以上。组织调动不受限制。

2. 符合竞聘职位要求者。

3. 直接上级同意其流动者。

4. 对不符合上述条件但仍需进行流动者,由该人员所属部门的直接上级与集团人力资源部或所在企业人事部门共同审批,意见仍不统一者,由分支机构总经理、集团分管副总经理审批。

二十六、员工停职管理工作标准

（一）停职事由

职员由于下列原因之一，需在一定期间内停职：

1. 本公司认为对业务有必要的。

2. 非由于业务原因的伤病，已请病假且停发工资后经 3 个月仍未痊愈者。

3. 由于其他原因而有停职之必要者。

（二）停职期间

停职期间原则上规定如下：

（1）非由于业务原因的伤病，经核准停职者：

①服务未满 1 年者可停职 3 个月。

②服务满 1 年以上 5 年以下者可停职 6 个月。

③服务 5 年以上者可停职 1 年。

（2）由于其他原因者按必须期间办理。

（三）其他规定

1. 职员停职期间得由本公司视业务需要而令其复职。

2. 职员在停职期间届满时，如未接获本公司复职通知，自期间届满之翌日起，即视同自动解除任用关系。

3. 停职期间不计入服务年资内。

4. 职员停职期间，原则上免支工资。如由于本公司的需要而命令其停职时，则是否支付工资，由总经理办公室决定。

二十七、员工离职管理工作标准

第一条　本办法是依据人事管理规则的规定订立。

第二条　本公司职员经解职或调职时应办理移交，除另有规定外悉依本办法办理。

第三条　本公司职员的移交分下列级别：

1. 主管人员：是指部经理、室主任、科（股长）。

2. 经管人员：是指直接经管某种财务或某种事务的人员。

第四条　移交事项规定如下：

1. 造具移交清册或报告书(格式另定)。

2. 缴还所领用或保管的公用物品(簿册、书类、图表、文具、印章、轮锁等)。

3. 应办未办及已办未结案应交代清楚。

4. 其他应专案移交事项。

第五条　主管人员的移交清册应由各该层次人员或经管人员编造,经管人员移交清册应自行编造,并均由各有关人员加盖印章,做成三份,一份送人事科,另两份分别由移交人和接管人留存。

第六条　移交清册应合订一册,移交人、接管人、监交人应分别签名盖章,监交人在科由主管科长办理,部科长以上人员由经理办理,经理、协理由副总经理或派专人办理。

第七条　各级人员移交应亲自办理,倘是调任或重病或其他特别原因不能亲自办理时可委托有关人员代为办理,对所有一切责任仍由原移交人员负责。

第八条　前任人员在规定或核准移交期限届满,未将移交表册送齐,致使后任无法接收或短交遗漏事项经通知仍不依期限补交者,应由后任会同监交人员呈报以逾期不移交或移交不清论,徇情不报的,应予论处。

第九条　后任核对或盘查交案,发现亏短舞弊时应会同监交人员或单独揭报上级主管,倘有隐匿,并予以议处外,应与前任负连带赔偿责任。

二十八、员工奖惩的规则和标准

1. 奖惩的规则

就是什么情况下给予什么样的奖励或惩罚。即员工的哪些行为可以记大功,哪些行为记小功,哪些行为要记过。规则要清楚明白,避免模棱两可的语言,使企业便于执行。

2. 奖惩的标准

当员工立了功,是采用精神奖励还是物质奖励,还是两者并用;记大功的物质奖励是多少,记小过的罚金是多少,都要有清晰明确的规则。

二十九、奖惩办法制定工作标准

有效、公平的奖惩办法,可以使员工心情舒畅,为员工发挥积极性和创造性提供极为有利的环境条件。许多企业、组织之所以无效率、无生气,归根结底是由于它们在处理员工奖罚制度上出了毛病。作为一个管理者,建立自己正确的(即符合企业、组织根本利益的)、明确的(即不是模棱两可、摇摆不定的)价值标准,并通过奖惩手段的具体实施明白无误地表现出来,是管理中的大事。制定奖惩办法有以下几个原则。

(一)公平原则

公平原则即物质利益分配和精神奖励,必须符合贡献与报酬相对的原则,才能使员工感到心理平衡,有公平感,才能激发员工多作贡献。

(二)易于执行原则

在制定奖惩制度时,尽量避免弹性条款。比如对后果和程度进行描述,最好能够作出细化和量化的规定,以便于实际操作和执行。如因为某种违纪行为给公司带来 500 元以上经济损失的可以解聘等。这样的尺度和标准明确、直接,易于企业执行。

(三)物质与精神并重原则

奖惩的方式包括物质与精神两个方面,物质方面主要有工资升降、奖金分配、福利分配、职位升降、经济处罚等;精神方面主要有职业定位、评先进、通报表扬、非正式表扬与体现成就感、社会地位等。一个公司的奖惩方式不可能只有一种手段,物质奖励和精神激励对于员工同等重要。

(四)与时俱进原则

奖惩的尺度应该在不同的时期,制定不同但是却有连贯性与企业特性的方案来执行。

第五章

人员培训管理

《按流程执行》

一、培训管理工作流程设计

流程名称	培训管理 工作流程	编码			
		执行者	人力资源部	监控者	人力资源总监
行为实施环节	人力资源部	人力资源总监		总经理	

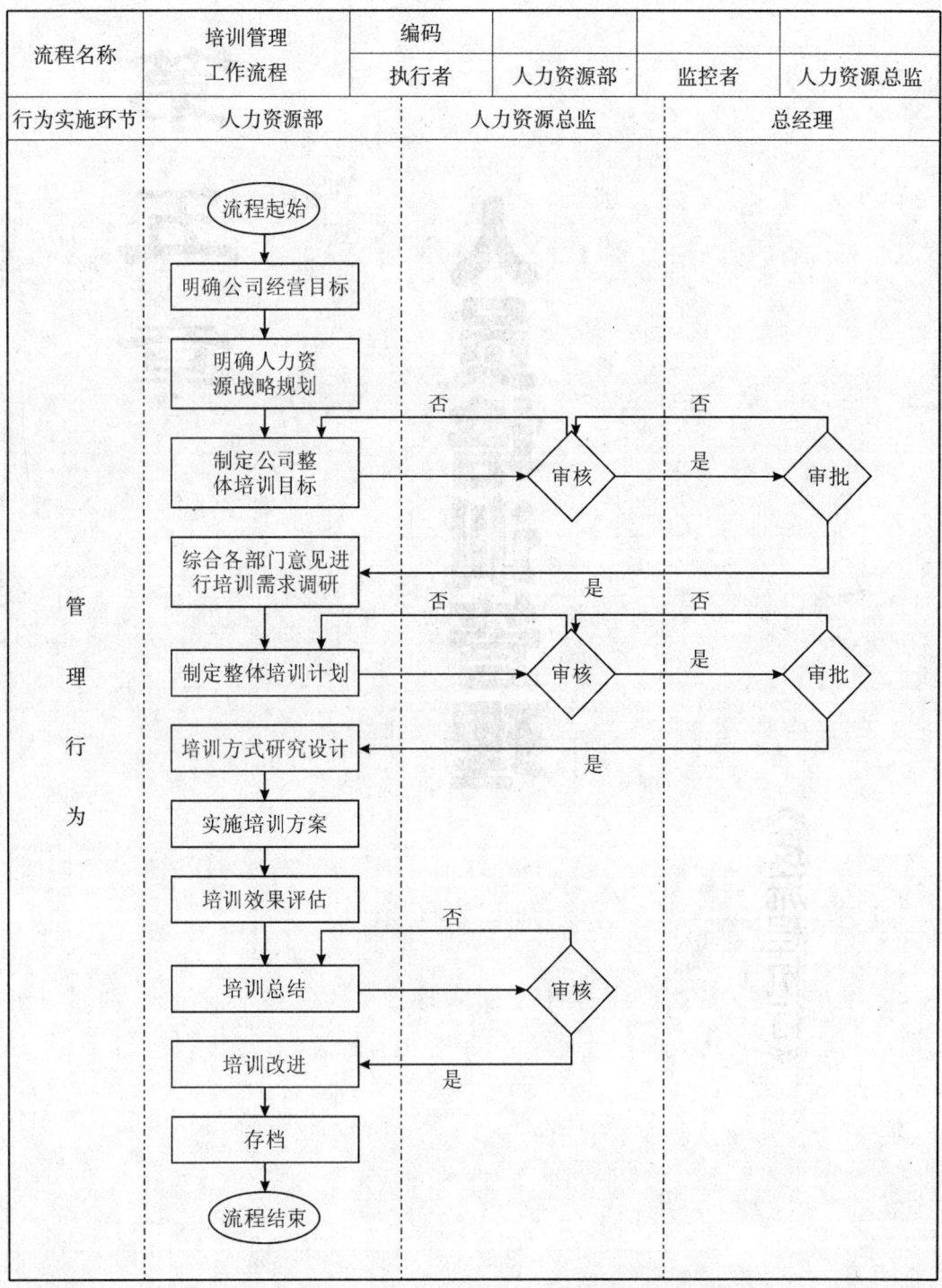

二、培训计划管理工作流程设计

流程名称	培训计划管理工作流程	编码			
		执行者	各部门、人力资源部	监控者	人力资源总监
行为实施环节	各部门	人力资源部	人力资源总监		总经理

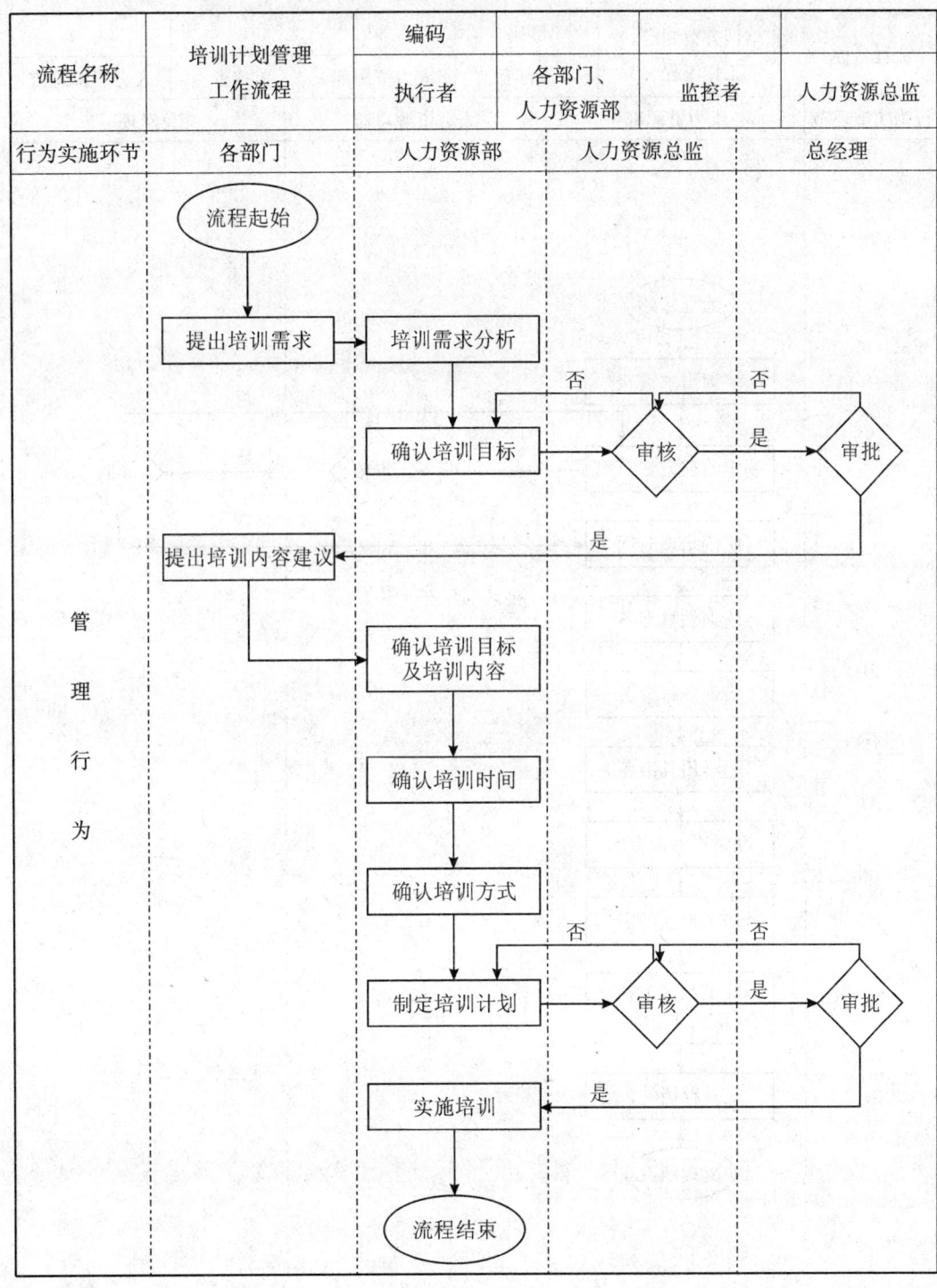

三、培训方案制定工作流程设计

流程名称	培训方案制定 工作流程	编码		监控者	人力资源总监
		执行者	人力资源部		
行为实施环节	人力资源部	人力资源总监		总经理	

管理行为

流程起始 → 培训需求调查 → 制定培训方案草案 → 审核

审核：否（返回制定培训方案草案）；是 → 审批

审批：否（返回审核）；是 → 明确培训时间

明确培训时间 → 培训教材准备 → 培训资料准备 → 教学用具准备 → 联系讲师或专家 → 培训地点确定 → 征求部门主管意见并协商 → 存档 → 流程结束

四、培训教材准备工作流程设计

流程名称	培训教材准备工作流程	编码			
		执行者	人力资源部	监控者	人力资源总监
行为实施环节	人力资源部	人力资源总监		总经理	

管理行为

流程起始

↓

培训需求调查

↓

确定培训方案 → 审核 —是→ 审批

（否 返回）

审批 —是→ 明确培训目标及内容

↓

编制教材甄选目录 → 审核

（否 返回）

—是→ 教材印制或购买

↓

验收

↓

存档入库

↓

流程结束

五、培训实施工作流程设计

流程名称	培训实施工作流程	编码			
		执行者	人力资源部	监控者	人力资源总监
行为实施环节	人力资源部	人力资源总监		总经理	

```
              流程起始          否              否
                 │         ┌───────────┐   ┌───────────┐
                 ▼         │    审核    │是 │    审批    │
          制定培训实施方案 ─▶│   （◇）   │──▶│   （◇）   │
                 │         └───────────┘   └───────────┘
                 ▼                              │
           落实培训时间 ◀─────────────────────┘
                 │                    是
                 ▼
           落实培训地点
                 │
                 ▼
          下发培训计划通知
                 │
                 ▼
           准备培训教材
                 │
                 ▼
           准备培训用具
                 │
                 ▼
            讲师安排
                 │
                 ▼
         通知员工做好
         相应培训准备
                 │
                 ▼
            培训实施
                 │
                 ▼
         培训效果评估
           工作流程
                 │
                 ▼
            流程结束
```

管理行为

六、培训效果评估工作流程设计

流程名称	培训效果评估 工作流程	编码			
		执行者	人力资源部	监控者	人力资源总监
行为实施环节	各部门	人力资源部		人力资源总监	总经理
管 理 行 为					

```
                    ┌─────────────┐
                    │  流程起始   │
                    └──────┬──────┘
                           │
┌──────────────┐    ┌──────▼──────┐
│ 提供受训者日常工 │    │ 记录培训过程 │
│ 作表现及业绩报告 │    │ 表现及成绩   │
└──────────────┘    └──────┬──────┘
                           │
┌──────────────┐    ┌──────▼──────┐
│   提出意见    │◄───│ 综合报告形成 │
└──────┬───────┘    │ 评估报告草案 │
       │            └──────┬──────┘
       │                   │          否        否
       └──►┌──────────────┐│    ◇审核◇──是──►◇审批◇
           │ 综合意见形成培 │◄──┘
           │ 训效果评估报告 │
           └──────┬───────┘
                  │              是
           ┌──────▼──────┐◄───────────┘
           │ 反馈给培训师 │
           │ 并提出意见   │
           └──────┬──────┘
                  │
           ┌──────▼──────┐
           │ 将评估报告与受 │
           │ 训者进行沟通 │
           └──────┬──────┘
                  │
           ┌──────▼──────┐
           │   存档      │
           └──────┬──────┘
                  │
           ┌──────▼──────┐
           │  流程结束   │
           └─────────────┘
```

七、培训资料管理工作流程设计

流程名称	培训资料管理 工作流程	编码			
		执行者	人力资源部	监控者	人力资源总监
行为实施环节	人力资源部			人力资源总监	

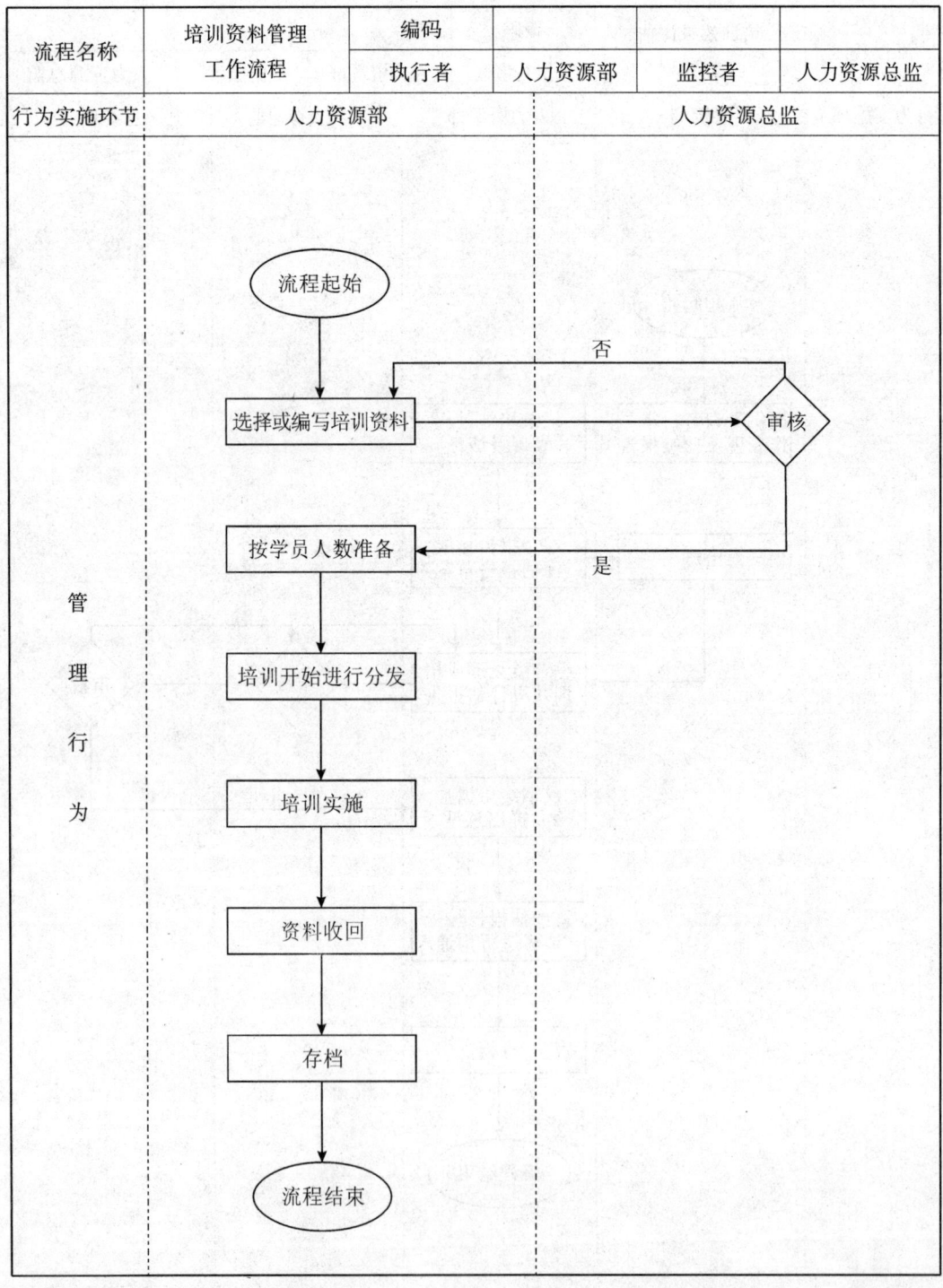

八、培训计划编写标准

（一）项目名称要尽可能详细写出，不能含糊不清。

（二）培训策划者姓名应写明所属部门、职务、姓名。若是团队形式，就写出团队名称、负责人、成员的姓名。

（三）培训策划目的应注意把策划目的、要点用简短的几行字写出，明确地写出其中核心之处。

（四）培训策划书内容应详细说明，这是重点部分，表现方式要简单明了，使人很容易明白，同时可以适当地加入一些图表，认真考虑接受者的理解力和习惯，切勿按自己的喜好来编写需要别人同意的培训策划书。

（五）对所策划的培训在实行之后所能期待的效果与预测可得到的效果的缺点应详细阐述，并解释原因。

（六）对策划中出现的问题不应回避，要全部列明，并阐述策划人的看法。

（七）因为培训策划书是以实施为前提而编制的，通常会有许多注意事项，我们在编写时应该将它们提出来以给决策者作参考。

九、培训准备实施标准

（一）培训环境准备

在培训正式实施之前我们应该通过各种努力创造出一种良好的培训环境。在这种环境下，培训的一切活动将有积极的导向性，最终培训自然也会取得绝佳的效果。为形成这样的环境，应做好以下两大方面的工作，即让员工感到培训是必需的，同时为其创造一个良好的学习环境。

1. 使员工感到培训的必要性

在这方面企业应通过种种激励措施来引导其接受培训，同时向其阐明职业生涯发展的道理，让员工感到培训不仅可以提高企业绩效，还可以对员工本身的发展有较大帮助。如此切实地做好准备后，员工自然会对培训踊跃有加，不会出现门可罗雀的局面。

一旦形成这种热烈的局面，培训将从中获得以下益处：

（1）学员有很强的动机。在他们能深深认识到培训对其自身发展的价值和意义后，学员会调动自身的所有资源，最大限度地利用培训给予他们的机遇。

（2）兴趣浓厚。在强烈动机的驱动下,学员对培训的一切都会表现出巨大的兴趣,不仅会努力去掌握传授的知识和技能,完成本次培训任务,也将对公司事务更为关注。

（3）参与的积极性将提高。因为学员现在已经将培训当成自己的事业,除了以学员的身份做好应做的工作外,也会积极开动脑筋,为管理层出谋划策,从而使得培训效果更好。

（4）"鲶鱼效应"。因一些积极者的状态不可能不对公司里的同事产生影响,从而在公司内引导出积极追求个人进步的良好气氛,所以对企业文化的改善和建设助益颇大。

总而言之,调动起员工对培训的积极性对一次培训乃整个公司者将有极大帮助。正如前面提到的,从外部加以适当的诱导是必要的,毕竟大多数人不是能够自行觉悟的,需要外力的推动,这种外力也就是压死骆驼的最后一根稻草。

2. 良好学习环境的建设

对培训而言环境因素是激励员工参与培训的一个重要部分。环境好可能不一定能确保培训的成功,但培训环境过于让人无法容忍则定会导致培训的失败。

（1）学习的设施。总的来说,培训设施应当让学员舒适,比如椅子要足够大,适宜于成人坐,培训场所的温度和通风应当合乎要求,而且布置应有美感、有吸引力、热情,颜色应是类似彩虹明亮部分的颜色,而不应是阴暗的颜色。培训学员既不应过于拥挤,也不应过于稀疏。另外,很重要的一点就是在设计培训场所时要布置好积极的心理暗示,如适当的口号、标语、展示牌等。这些内容在后面有关培训场所的部分将都会进行详细讲述。

（2）学习的软环境。培训软环境至少应该使学员认识到这是一次受重视的培训,能参加这样的培训是极幸运的。同时还应当显示出相互尊重的精神,学员相互尊重,培训者也尊重他们。

软环境还应显示出关心他人的精神,让学员感到安全,可以自由地表达自己的思想,而没有太多的拘束,同时它还应具有合作性而不是竞争性。学员乐于相互分享知识和技能,而不是怀有保守、猜忌,生怕他人超过自己的狭隘意识。

为了形成良好的学习软环境,可以事先分发一些旨在吸引学员的说明性材料,这样可以形成一种学习气氛,以第一印象在学员的头脑中形成一种期望和形象。另外,有意识地组织一些活动,如研讨会、大型会议、俱乐部等,也可使学员事先参加一些准备性活动,如要求他们提交一份他们有兴趣的问题清单,或进行一些准备性阅读,或收集一些资料。当然,这些内容需在日后的培训中发挥作用,否则学员就会因环境差而导致对培训产生抵触。

在这种学习环境的建设过程中,培训者无疑是一个关键性角色。其对学员意见的态度,将比口头上的号召更能决定相互尊重的程度。培训者应十分注意倾听学员的看法和问题,如果对他们的意思不够清楚,就把他们的意思用自己的话说出来,并问这是不是他们的意思。出于同一原因,对某些问题如果培训者能够坦率地承认其并不知道答案,并请提问者设法弄清答案并告诉其他人,这对良好学习环境的建设将有很大帮助。

（二）培训工具准备

随着电脑、网络技术的引进,一些培训工具本身事实上已经成为一种培训方法,所以选择培训工具与选择培训方法是一同进行的。

从这个角度来说,选择什么样的培训工具对培训影响也将是很重大的。

下面介绍可以选择怎样的培训工具以及应如何选择它。

培训工具一般被分成两种类型:一类是普通工具,即过去一直使用且易获得的诸如黑板、挂图之类的培训工具;另一类是较为新型的培训工具,它们大多与不断发展的技术相联系,如网络培训中所采用的那些培训工具。

1. 普通培训工具

这类培训工具通常被用于课堂教学,现在用得很多,而且在未来的一段时间里仍可能如此。在网络化和数字化时代,类似黑板和幻灯片这样的老式工具将继续被使用并发挥很好的作用。

(1)黑板和白板。这种工具几乎到处都有,价格低廉,适用性极强。

(2)活动挂图。它的优势是方便携带,价格也较为便宜,且能吸引学员的注意力,有助于复习、更新知识和实际应用。

(3)录像机或光盘。事实上通过利用录像带或光盘来进行培训也是一个很普遍的做法,诸如此类的几种培训工具销售度也有很多。

(4)幻灯机。这也是一种经济、方便的培训工具。

2. 新型培训工具

随着技术的进步,出现了很多不同的培训工具可供选用。它们中的大多数与个人电脑及其功能强大的外围设备与时下兴盛的网络有关,它们一般包括这样几种:

(1)电脑辅助培训一般要求编制系统软件,添置适用的硬件,还要有专业人士来制作教程。它可利用动画与多媒体技术,也可以应用其他各种可促进学习的技术。

(2)模拟器可以特别定制,价格昂贵。个人电脑由于使用了强大的可模拟其他系统的软件而在这方面取得巨大进展,由虚拟现实技术生成的模拟是目前最先进的模拟形式。航空公司就经常利用这种工具来训练他们的飞行员,并取得了很好的效果。

(三)培训工具的选择标准

选择培训工具最终的标准就是看能否提供最有效的培训。通常,购买现成的培训工具总比自己从头开始制作便宜得多。按客户要求定做的工具只有经济实力强大的企业才买得起。企业与企业不同,它们的成员也不一样。对于独特的培训需求,现成的培训工具并不总能满足,有时候企业仍需要定做。因此,企业有时要面对这样一个问题,即到底是买还是做培训工具? 它的回答非常简单,即培训是否能达到你所期望的效果?

具体来讲应该考虑这样一些因素。这些因素的重要性不一样,应按照需求及所掌握的资源进行权衡,看哪种因素更为重要,你也选定一些重要因素并指派数权数给它们,然后作出更为准确的决策。

事实上,在大部分情况下你对这些因素的重要程度都是可以直观感受到的,如果这些需要考虑的因素多得让你头昏脑胀,那大可不必自己在那里冥思苦想,请一位专家来帮你好了。

(1)培训预算。即使有申请大笔拨款的充分理由,只要资金不到位,那么开发一种独特的按要求定制的培训工具也只能是痴心妄想。

(2)培训的紧迫程度。假如在日益加剧的竞争中,公司的业绩已变得生死攸关,那么即使多花钱也要提高培训水平,让企业在竞争中获得一席之地。

(3)学员数量。假如只有少数几个人,比较合理的方法是把他们送出去代培;而如果有几百人,那么按要求特别组织企业内部培训理所当然。

(4)培训场所。你将在几个地方培训还是只在企业集中培训? 如果在几个地方培训,那么考虑的中心问题是相互之间的距离,就可以考虑自制一个远途网络培训系统。

(5)现有培训工具。若现有培训工具能够使用,那就大可不必浪费大量钱财去设计新系统。

（6）培训师问题。你能否保证能找到适合的培训师？

（7）培训资源。如电脑、设备、场所、材料等情况如何？它对你所做的决定影响也是很大的。

（四）培训场所准备

通常每一个企业都应有自己的固定培训场所，假如使用宾馆则可能会使学员分心，而且成本也太高，只有宾馆才会从你的投资中受益。一般水平的花费就很合理，超支只会成为资源的浪费。你需要经常问自己这个问题："培训是使别的公司受益更多，还是我自己？"

另外，如果你的公司里没有内部培训设施，则是在向员工表明对培训缺乏信心。

也许你公司场地有限，那就应竭尽全力，比如减少会客室面积，而增加一个培训场所。公司往往浪费许多空间贮存纸夹这样的东西，而拿不出空间培训员工，显然这是很荒谬的。

在拥有一个正儿八经的培训场所之后你就要保证让它明亮宜人，设施舒适，且可以控制那里的气氛。

如果在这里训练一年，就要用两天，甚至整整一周，买一些合适的设施，从而让学员们知道，你对他们是很关心的，这也有助于保证他们积极参加培训。如果让学员们坐在不舒服的座位上，则很难要求他们做到专心致志地学习，如果连在48小时之内所学过的东西都记不住，那么这种培训的效果就无法保证。

总的来讲，培训场所可用多种不同方式加以布置；主要考虑的因素是必须满足培训要求，且使学员感到舒服。对于一次为时只有半小时的培训课来说，这并不是什么问题；然而假如学员因连续3天注视位置不当的屏幕而弄得头颈酸痛时，他们所学到的东西就会让人十分失望。通常将布置的要求事先明确地通知提供场所者，并随后做实地检查，这是保证场所环境让您满意的一个必备措施。

总之，在挑选培训场所时我们应对以下这些方面进行充分考虑：

（1）培训场所要足够容纳全部学员与有关设施。

（2）应拥有在必要时进行书写和放置资料的工作区。

（3）应有完善的通风设备，并运转良好，可以控制。

（4）培训师的工作区是否有足够大的面积放置材料与其他器材，这对培训能否有效开展也很有必要。

（5）不应过长，以免坐在后排的人看不清屏幕。

（6）检查有关的服务项目，比如休息室与卫生间等。

（7）灯光照明是否充足，若光线过强或过弱均应予以调整。

一般只要我们在选择培训场所时坚持这样一些原则基本就可以了。与其相对应的是我们必须避开这样一些缺陷，比如不舒适的固定的座位，设备不足、不灵活，光照差，空间设计僵化，装饰单调乏味，通风状况太差，外界有太多干扰等。

十、培训学员个体分析标准

(一)学员技能的形成规律

在培训过程中,员工知识或技能提高的过程大体可以分为四个阶段。

1. 陌生阶段

开始学习时,员工对操作活动或其他技能极不熟悉,表明为手、眼、腿不协调,有大量的多余动作、反应速度慢、注意范围窄、产生错误多等不熟练的明显标志。

2. 进步阶段

由于他人的指导和自己的反复练习,员工逐渐熟悉了解操作活动,技术水平逐步提高,这表现在手、眼、腿趋向协调,多余动作减少,操作速度加快,错误率下降等方面。但这个阶段的学习曲线并非直线上升,而是跳跃式的进步,这是由疲劳、兴趣、工作条件改变等因素所至。

3. 高原现象阶段

员工经过一段时间的培训后,技术水平呈现出稳定状态,这在心理学中称为高原现象。高原现象都只是人在学习进程中的暂时停顿,这种停顿并不是学习的终止,而是创造活动的间歇,是新的飞跃起点。因此,在员工培训中出现高原现象时,培训者要对员工进行必要的解释,要设法帮助他们排除消极、急躁的情绪,并寻求新的训练方法,改进训练措施,从而很快突破高原区。

4. 二次进步阶段

员工经过一个阶段后,技术水平又会有所提高。这时操作活动日趋准确和协调,眼的注视度逐步下降,有些动作可以自动进行,员工的心理紧张感消除,从而达到了熟练操作的水平。

(二)学习的个体差异

因为不同个体在年龄、性能、能力、兴趣、个体和态度等方面均存在着差异,所以在培训过程中,员工在相同的条件或相同的学习环境条件下,往往会得到不同的学习效果。

通常形成个体差异有两方面原因:一是思想问题,要靠教导和合理的培训计划来解决;二是心理品质问题,要靠合理地选择人员和因人施教的具体培训方法来处理。

(三)培训效果迁移

迁移是教学心理学中的一个专用名词,是指学习成绩提高后在其他实践性场合表现的行为中也能反映出这种成绩。有效的培训,还应促使个体把在培训中所学的东西迁移到工作中去,才会取得真正的效果。而我们经常见到的一些培训,学员仅停留在接触期、分析期、矛盾期或总结期,缺少真正的行动,最后的结果可能是进行了一次学员认为很好的培训,但实际上并未收获有价值的东西。

要迁移培训效果,需要多方面的配合,有时甚至是企业内部自上而下的组织变革与领导方式的变化。比如,在管理培训中,经常讲述某些领导风格会让员工有更多的参与,员工学习后便很想将此应用于实践中,但如果其公司的管理风格较为专制,这就要考虑公司总体的变化,有时,正是通过培训来变更公司组织结构的。

（四）个体学习时间与内容分配

个体学习时间与内容的合理分配有助于提高培训的效率。这里所说的培训时间的分配主要是指集中与分散练习的效率,训练内容的分配则是指整体与部分学习的效率。

前者的合理分配依据训练内容的难易程度和培训所需的总时间而定。通常,简单且较短时间的培训,可使用集中练习,使之一气呵成,尽快掌握。而内容复杂、难度高、时间较长的学习,则宜采用分散学习的办法,从而控制支出,提高效率。现在比较倾向于应用分散练习的原则。但管理者如何根据培训的内容与相应的学习总时间来进行适度的时间分散,至今仍没有公认的标准来对其进行衡量。

通常个体学习单元的大小划分应根据学习材料的性质而定。如果培训中所学习的是有意义、有组织而且前后连贯的技能,则比较适宜采用整体学习。例如学习驾驶汽车,就没有必要把操作动作一个个分解开来,因为这样反而容易把一组连续的动作弄得支离破碎。然而,如果所学的某些复杂技能是由若干个独立的动作组所组成,则采用部分学习更为合适一些。

究竟采用部分学习还是整体学习方式,通常可以根据以下四条原则来判断:

（1）如果学员的智力水平较高,对学习材料能自己控制,采用整体学习效果更好一些。

（2）整体学习使用次数越多,整体学习的益处将更明显,其效果也更让人满意。

（3）学习总体时间越分散,整体学习效果越好。

（4）如果学习内容本身自成体系且具有完整意义,则采用整体学习法效果也不错。

（五）及时反馈

培训时使学员及时了解自己的培训成绩和进展状况,不仅有助于激发学习动机,而且能使他们及时发现自己在学习中的问题。同时,这样做也可以使管理者根据这些信息及时发现培训中存在的各种问题,及时给予帮助和示范,使员工的技术水平尽快提高。

反之,如果双方心中无数,或重复学习,或忽略重点,就会造成无谓的浪费,甚至使不正确的行为继续下去,成为不能更改的不良行为模式。

十一、培训评估实施标准

培训评估是依据某些目标,运用科学的方法,获得各种信息来判断培训效果,以作为改进与决策参考的过程。评估不仅要在培训结束后进行,在培训过程中也要进行。经常性的评估可以极大地减少无功而劳的危险性。从更积极的意义上来看,假如在培训过程中能进行多次检查,那么就能随时了解工作进展情况,随时作出必要的调整,培训工作就能做得更好。因此对培训评估作必要的分类是必要的。

1. 即时评估

它与培训刚结束时知识、技能和行为的改变有关,也就是说评估培训是否有效地交换了信息,比如学员获得你传授的技能了吗? 学员理解对他们的要求了吗? 等等诸如此类的问题。

2. 中期评估

它用来判断培训中所学知识、技能和行为在工作中是否已得到应用,即学员及其经理、同事是否认为其行为、技能态度发生了因培训而产生的积极改变。

3. 长期评估

它评估培训对学员与企业的长期影响,通常比较困难,除非培训从一开始就与企业的运作相联系才有可能作出评估。在这里培训者应对以下内容进行评估,即学员对企业确实作出贡献了吗? 或培训带来的变化到底有多大程度等。

(一)建立评估标准

评估是指依据测量的一些信息,加上评估者对事物的经验,对事物的属性赋予意义或给予价值判断的过程。同样培训评估标准是对培训质量、培训工作要求的具体规定,是衡量培训效果的尺度性事物。培训评估标准定得恰当与否,对于评估工作的成败,对于整个培训工作影响极大。

通常我们依照这样一个程序来制订培训评估标准,具体如下:

(1)分解评估目标。对分解出来的评估项目,内涵应当明确,外延应当清晰,总之以有可操作性为前提。

(2)拟订具体评估标准。分解目标以后我们要广泛调研,收集和明确评估要素,然后进行分析比较,筛选出合理的要素,从而建立初步的评估标准。

(3)讨论所拟标准。评估标准订出后,应组织有关人员讨论、审议,根据其意见进行修改,从而使评估标准更为有效。

(二)正确对待评估的作用与局限

无论从个体还是集体的角度来看培训评估都是极其关键的,这里再详述一下培训评估的作用:

(1)评估的第一个作用就是能对决策提供所需的信息。决策需要高质量和高度可信的信息,而评估是提供这些信息的最好手段。

(2)对培训部门更有意义的一点是从许多评估中得到的信息可以判断在特定的环境和条件下何种方案将能起到更大的作用。

(3)对他人而言,培训可以促使其关心有关培训活动的资料。当管理层关心培训过程及其测量结果时,那么各方人员也会开始关心这些过程和信息,从侧面促进了培训的开展。

但有这些作用的同时,评估也存在着许多局限性,如果没有注意将导致决策失误,对培训产生不利影响:

(1)一种类型的局限是评估委托方往往要求评估者作出全面的总结,甚至提出改进方案,一旦产生与自己有关的利害关系,将使培训带有太多的主观感情色彩。

(2)评估往往是由内部人员进行的,这些人员可能不愿报告方案的消极因素,有些企业甚至要求培训方案设计者自己进行评估,这种倾向就更为明显。

(3)有些培训虽有评估制度,却对其结果难以使用,但评估时虎头蛇尾,不了了之,如此评估无胜于有。

总之,对培训进行评估总是困难的。一般来说,培训者不喜欢别人对其工作进行审查,他们对使用在他们身上的方法不是很高兴。他们抵制的理由有些是对的,如许多传统的方法只是填表格、文字汇报而不是处理问题。

与此同时，由于缺乏有效的评估，在某种程度上导致培训在许多企业中只能处于从属的、非战略性的地位。大部分商业决策是由董事会根据市场营销、财务、调查和生产等方面不时地投票决定的。他们考虑以上各方面的成本与收益却不能把培训与决策相联系起来。由于缺乏管理信息，导致缺乏信心，将培训放到商业运作的战略位置上去以显示对其的重视。

(三)培训评估的注意事项

(1)培训评估的起点应是培训和企业战略目标之间的关系。培训人员应清楚地意识到战略目标及其与培训的关系。在现代企业里人力资源是在制定战略目标时就被提出来的，而不是最后提出的。从某方面来说，许多企业，仍然制定与企业培训和人力资源相冲突的战略而毫无知觉，所以培训不仅应与战略目标相一致，还应是战略目标的组成部分。

(2)及时反馈。因为评估的实施并不是只将结果提交给主管人员就算完成任务，最重要的是要用于改善目前的培训设计和效果，因此必须建立一个对变化能迅速反馈的良好系统。

(3)应尽可能多地将评估放到培训过程中去进行，这样可适当降低事后评估的重要性。而且在培训过程中进行几次业绩测评常能取得满意的结果，这与培训结束后对学员进行考试相比有更大的优势。

(4)应按照培训内容对实现学习目标的重要性程度来确定评估的优先次序。如果公司的竞争力取决于培训结果则评估是必须要做的。

(5)评估应是长期的、连续的，这样才能给管理者、学员、培训者以持续的动力和压力，从而发挥更大的作用。评估若是短时期进行，则易使人认为培训不被重视或仅仅是在搞形式主义，从而产生消极行为。

总而言之，培训评估的真正目的是确保培训能提高企业的效率。在太多的企业里，培训变成了与企业需要相分离的活动。展望未来，培训将会更富有效率，卓有成效，且只有为企业需要时才进行。近期国内报纸和管理杂志讨论的重点就是培训，这也说明了培训对于企业的重要性。

同时，培训越来越被放到战略位置上，培训者应抓住环境变化所赋予的机会，证明自己能通过正确有效的培训给企业创造收益。为了证明这一点，培训者应做好两件事：首先要与企业保持全面接触，这要求他们与现场管理者建立亲密关系以理解其需要；其次要确保培训者设计并应用了对所有培训的评估程序。与企业需求紧密相连的评估方法，无疑将是最有价值的方法。

(四)课后评估法

课后评估法是指培训者在学员的兴奋还没有消失之前，培训刚结束时立即进行的评估，这是比较常用的一种方法。如果培训是有效的且使用了正确的方式，那么评估可能是有效的。但是培训的结果不仅与培训方式有关，而且与学员是否喜欢关系很大。虽然这种评估法存在一些缺陷，它仍不失为一种有用的方法。总之，它为我们提供了一种评估培训效果的方法。但培训者不应过多地依赖于课后评估。假定绝大部分培训是关于成人学习的，评价不应忽视学员的观点和看法，尤其当学员有不同的态度时。课后评估法也被培训者用来对特定指导员或授课者的效率进行评估，当相同的课程由其他人讲解时，其作用将更为凸显。

（五）管理人员评估法

这种方法中,培训者超出自己的负责范围,更多依赖于直接主管。当然直接主管应负责员工的培训,但经验告诉我们直接主管不愿负此责任,而是更愿把此责任推给培训人员。在培训人员评估培训程序时,直接主管者的评估证明是一种有用的方法。

评估的一般方法是培训者直接向主管提供培训的详细目标和内容,然后他们就学员的知识、技能、态度展开讨论并写出个人目标。由主管全面评估并确定了自己目标的学员,才能更好地应对培训。

（六）调查表法

这一评估方法通常要求培训部对学员依不同间隔期进行跟踪调查。如果评估目标是学员对所学知识记住并应用的程度,则调查表应设计成对学员培训后的所学知识或技能的掌握程度,培训者可根据需要选择培训后 3 个月、6 个月或 12 个月施用其方法。

调查表的第二个重要功能是确定学员所学知识是怎样被应用于实践中的,学员有哪些收获,目前有哪些机会去提高知识水平？相反的证据也能起到重要作用。培训者想知道哪些知识没得到应用,有可能所学知识与所需不相关或时间掌握得不好。在此基础上,培训者可以评估所进行的培训与具体环境是否一样。

（七）评估中心法

许多公司现在成立评估中心用来评价员工的潜力,并向员工提供在有经验技术顾问的指导下评估自己发展需要的机会,评估中心都为培训者提供许多有用信息,作为评估培训时的参考。在评估中心,学员的发展潜力常与先前的培训经历有关,这有助于培训者对先前培训效率的评价。

评估中心使培训者能检查学员的培训需要是否得到满足,培训者在常常不能证明培训是根据学员的直接需要进行的。评估中心的证据提供了一个评估培训效果的理想基础,在此基础上对培训进行评估。

（八）面谈法

培训者有时发现与学员针对培训的效率进行详细面谈十分有用。如果面谈是依照一定模式,询问相同的问题将会相当有效,这既能对结果更有效分析也能使面谈保持在正确轨道上。因为面谈是十分费时,需要大量资源的,所以培训者应确信这种调查能获得真正的收益,而又不能从其他需要更少资源的方法中获得。

面谈评估的最大优势是,培训者可以设计各方面问题以激起学员反馈,从大量封闭式和开放式问题的回答中得到大量信息。不论是从开始还是从后来进行的评估,这种方法都能涵盖培训内容,假如与其他方法一起使用,则能促使培训者对培训可以把握得更好。

（九）行为观察法

行为观察法在评估以行动为基础的学习时十分有效,包括角色扮演或模拟。培训者能观察到学习或反馈后有什么改变,同时也能通过反馈控制学员行为。值得注意的是反馈是该方法中一个不可缺少的组成部分,培训者除非对学员提供某种强化,否则重复出现的机会将少之又少。

（十）行为表现记录法

行为表现记录法是通过详细评估系统或有效的个人报告而保存下来的看法。培训者可以通过它确定培训需要,也可用于事后对培训的评估。通过与主管的合作,培训者想识别出员工的行为效率在多大程度上与所受培训相关。它作为评估方法,因为记录了真正的行为表现,所以也最为有效。

（十一）对比组法

应用培训法通常选择与学员组不同的另一组，并尽可能代表学员组作为对比组，对比组应从年龄、经验和其他各个方面与学员组相似，不能让学员组知道有一对比组存在，虽然这一要求可能不易被接受，但一旦让他们知道，就无法阻止两组间的竞争，从而使评估失败。这种方法可以用来对短期培训效果的评估以及长期效果的评估。当然这一方法的有效性需要一个前提，即目标明确，培训者清楚知道需测量什么数据。

事实上，许多培训者感到对比组虽然提供了评估的一个好方法，但又是不太现实的，因为无法保持对比组的独立性。

（十二）自我评估法

随着我们逐渐认识到培训应围绕着学员进行时，这种自我评估的方法才得到重视。自我评估可以从多个方面，但只有当学员认为，培训内容及其应用符合他们自己的需要时才最为有效。应鼓励学员建立自己学习经验文件夹，形式可以是培训日志，也可以是日记。里面记录他们的培训经验和更重要的部分——学习心得。学习心得每天都发生，而培训心得更少些。应重点鼓励学员在日志上反映学习心得和将如何使用它。这时培训者的角色是与学员一起工作并帮助他们有效地反馈，同时，培训者可以对学员的长期发展作出评估。只有这样才能使自我评估有足够的支持。

十二、案例培训法实施标准

阶段一：培训者向参加者简单介绍下列知识：

①案例培训法的背景、方法大意、特色；

②案例培训法应用时应注意的问题及应用后能达到的效果；

③计划安排。

只有让学员对本法有了大概的了解后，才能使他们顺利地进入角色，使培训顺利完成。

阶段二：通过自我介绍，使学员互相认识并熟悉，以培养一个友好、轻松的氛围。

阶段三：将学员分成 3~4 个小组，每组成员 8~10 名，并决定每组的组长。

阶段四：分发案例材料。

阶段五：让学员熟悉个案内容，同时培训者要接受学员对个案内容的质询。

阶段六：各组分别讨论研究案例，并找出问题的症结所在。

阶段七：各组找出解决问题的策略。

阶段八：挑选出最理想、最恰当的策略。

阶段九：全体讨论解决问题的策略。

阶段十：培训者进行整理总结。

十三、研讨培训法实施标准

(一)研讨法的价值

研讨法是被广泛使用的一种方法。它在培训中起着重要的作用,研讨法让学生积极地从事学习并鼓励学员提问,探求并作出反映。

研讨法作用表现在下面这几个方面:

(1)可以进一步理解知识,并体验如何运用抽象的知识。

(2)可以训练学员的思维方式。利用研讨会的形势,可使学员学会利用参考资料、查阅文献,并学会用辩证的观点分析问题和解决问题,而且,也有助于激发学员的探索、批判精神和逻辑思维活动。

(3)有助于培养学员的综合能力。

(4)有助于培养科学精神和成熟程度。只有在讨论中,学员积极参与不同观点的争论,学会了如何尊重别人,倾听别人的意见,吸取他人的合理因素;同时,也学会了正确地领会他人对自己行为的反应,以及如何充分利用他人来为自己服务。

(5)有助于提供运用所学知识和原理的机会,引起更进一步学习的驱动力。要在讨论中得到好效果,学员必须广泛运用已经学过的知识和原理,从而使得学习动机更为强烈。

(6)帮助学员客观地评价自己,及时发现自己的缺点和优点。

总之,研讨法具有其他培训方法难以替代的作用,它着重于培养学员独立钻研的能力,允许学员提问、探讨和争辩,因此可使其从培训中获益良多。

(二)不同类型的研讨法

1. 分组讨论研讨法

分组讨论研讨法可分为两种形式:第一种形式是选择在某一方面有特长,对此感兴趣且长于言辞的几个专家(通常是3~6个),就这方面的某个主题进行讨论。讨论小组坐在台上,其中有位主持人以提问的形式发起和引导讨论,第二种形式是在第一种形式的分组讨论基础上,增加一段由听众参与的自由、公开讨论。分组讨论后,听众可以将问题写在卡片上,由讨论主持人转交小组进行辩证、回答;或由听众直接提出问题,并与小组或小组中某个成员进行讨论,且这种讨论是面对听众的。

2. 沙龙研讨法

沙龙式研讨会一般由2~5个专家就某议题的不同方面或相关的话题,分别发表的系列讲演组成。每场讲演的时间,因讲演者的数量、允许支配的总时间和议题的性质而从3~20分钟不等。讲演者彼此不交流意见,他们只向听众奉献自己的心得。通常也有主持人来主持研讨会,有的在沙龙完毕后,可以跟着一场由听众参与的自由公开讨论。此时,主持人就成了听众和专家之间的联系人,主持人必须具备娴熟的引导听众、激励听众参与的技艺。与分组讨论的第二种形式一样,它也提供了少量的双向沟通。

3．集体讨论研讨法

集体讨论研讨法一般由 2～20 人组成，在一个训练有素的主持人的带领下，就相互感兴趣的话题进行专门探讨。发言机会最大限度地提供给每个人，以便使他们在参与中彼此吸收思想和经验。这种集体讨论通常作为培训的一个部分出现。主持人在集体讨论中的作用特别重要，要是可能的话，最好能事先对主持人进行专门训练。而参与讨论的人可以代表不同的组织、部门和观点，但他们拥有一些共同的兴趣和背景。他们搜集信息，探讨彼此问题，希望最后得出合理的解决办法。此类研讨会的一般目标是寻找最终的解决办法。

4．委员会研讨法

委员会研讨法中的委员会由任命或选举的一小群人组成，由他们来完成较大集体所不能有效完成的工作。委员会通常由某个较大集体任命和赋予权力，并对后者负责。委员会的首长由委员会或较大集体选任。委员会就某一特殊问题进行研究，在此基础上得出结论，并在被授权的情况下有权来选择如何做。

5．攻关研讨法

攻关研讨法是由专家、学者领导的一群人员组成，专门研究某个问题的一种研讨法。它工作的常规程序如下：界定和探讨问题，讨论或列举必要的课题，进行研究，与其他组员交换和共享研究结果，最终得出为大多数人所认同的一些讨论。

（三）实施研讨法

实施研讨法是在培训者指导下，以学员活动为主的培训方法和形式，故其组织和实施比较复杂和困难。因此培训应精心设计，认真组织实施。研讨法的实施还需要经历这样一些阶段。

1．研讨会规划

此法是否成功，在很大程度上依赖于研讨会前的计划和准备工作做得如何。计划工作的首要步骤是确定研讨会的目标。目标与研讨会的参加者、内容和环境有关。目标可以是一个关于你希望在研讨会上完成什么的陈述。

通常为确保会议效率，与会者的人数必须有个限制。比如可以有很多人参与以传递信息为主要目的的研讨会；而在以解决问题为目的的研讨会中，只有一小批人才能有效参与。当然，任何一个研讨会可完成多项目标也是可以的。

在研讨会规划阶段，确定一个条理清晰的研讨提纲也将对研讨会的顺利开展有很大作用。因为要搞好研讨会，关键在于有一个明确的研讨主题。如果主题多而分散，或者讨论的题目没有什么价值，这样的研讨会质量是不会高的。一般来说，选题要把握以下原则：

（1）主题应有代表性，应是本门学科的重点或关键性问题。

（2）主题题目应有启发性，应能启发学员思考和研究，而不是现成的、已为大多数人所认可的结论。

（3）主题要难度适中，以求适应大多数学员的水平。

2．研讨准备

计划完毕后我们还要做好充分的准备，准备工作是否充分直接影响研讨的质量。准备工作涉及培训者和学员两方面：

（1）对培训者来说，要认真研究研讨的内容，明确通过研讨要解决的问题，以及这一问题的正确答案，设计研讨的进程，预计研讨过程中可能出现的问题以及各种应对措施，确定研讨的中心发言人选,准备课堂研讨的总结发言,先写一些内容。

(2)对学员来讲,认真领会主题的意义和要求,主动查阅有关文献,阅读有关书籍,深入思考,整理自己的看法,并用自己的语言整理成发言提纲,以防在研讨进行时才手忙脚乱地去准备。

3. 研讨会的开始

培训者开始讨论的方式是很关键的,如果做得好,学员就会知道自己的角色和责任,就会理解会议的规则,也就会按照要求参与会议;反之,讨论的开始可能就是研讨会失败的开始。总之,培训者应该说明研讨目的,以此来开始讨论。可以通过提出一个有启发性的问题、说明一个问题,或者描述可能产生的结果。研讨的目标、规则以及时间安排最好写在黑板上,以使学员注意不要偏离目标。提出问题时,培训者应避免提出已有既定答案的问题,避免讲出自己的看法,从而对学员造成误导,而在问题提出后,培训者可以根据学员成熟度,决定是留在他们中间继续发挥作用呢,还是走开,让他们独自商讨。

4. 信息控制

在以培训者为中心的研讨会里,学员倾向于向培训者提出他们的看法和经验,而不是其他学员。他们也希望培训者能提供"正确的答案",某些关键性的背景知识,或者是培训者自己的看法。培训者应当尽量鼓励学员将讨论的对象转向自己的同伴,至少在一般情况下不要提出自己的看法或正确的答案。通常只有在如果培训者不提供信息、讨论便会就此终结时培训者才可以参与进来。

在以学员为中心的研讨会里,培训者作为一个局外的专家或顾问而存在,学员已有丰富的经验和独立活动的能力。此时,培训者可以应学生之邀提供一些必要的信息。培训者要注意不要树立自己的权威地位,从而继续保持学员的独立性与参与的热情。

5. 进度控制

这通常只要学员能积极参与且能获得心理上的满足,就可以看作达到目的。所以它不需要严格的时间和进度。但有时为了最终得出结论,时间和进度控制会有一些关键性作用。要想让研讨会按既定的时间表进行,需要注意以下几点:

(1)尽量让学员参与时间表的制订,这样学员便对时间表的意义认识得更深刻,也更乐意恪守。

(2)让学员尽量保持对时间表的注意力。可将研讨各项议程与时间安排写在黑板上,也可印刷后分发给学员。

(3)尽量让讨论集中于主题。

6. 矛盾的解决

在讨论的进行中,对矛盾不应听之任之。如果处理得好,它可能是促使继续讨论的动力;反之,则对研讨的效果构成重大打击。

一般来讲,处理矛盾最重要的是培训者要保持一种冷静和公平的心态。培训者可以请对立双方重新阐述自己的见解,还可以请第三方发表意见。如果这种意见是关于事实的不一致,培训者可以提供有关事实资料,或让学员去查阅有关文献;如果这种意见冲突是由价值观引起的,那么培训者应引导学员认识到矛盾背后的价值观的存在,并鼓励学员去正确理解、宽容和评价对方的价值观。

若矛盾是关于学员集体的规则、目标、措施等时,培训者可以寻求一种折中的办法:可以用"暂时搁置"的办法将问题留待以后处理;也可以用集体投票表决的办法来确定结论。无论采用哪种办法,培训者都要慎重考虑,以避免其对研讨会产生不利影响。

7. 反馈的影响

通常认为反馈的及时提供有利于控制讨论的方向,也有利于激发学员的积极性。提供反馈的方法,或者是总结整个集体讨论所取得的成就,或者是表扬某个学员的行为。表扬可以是明显的或不明显的,总的原则是使学员受到鼓励,从而使得研讨会更有活力,更为有效。

8. 研讨的总结

总结是培训者的一项重要责任,它有助于有效地控制研讨会,使讨论目标能顺利达到。总结包括:讨论进行到了时间表上的何处,以及学员们表现怎样等,总的来讲应画龙点睛,采取全面总结和重点阐述相结合的方法,既要纠正研讨中出现的错误观点,又要充分肯定正确意见;既要对内容本身作出说明,同时要对推理步骤、引证论据、形成结论等方面作方法论上的指导。评价研讨质量。研讨结束后,培训者应对研讨会作出评价,同时要关心学员的进步,对每个学员发言的情况作出分析,帮助学员提高,从而为判定学员表现提供资料。

十四、角色扮演实施标准

(一)角色扮演培训法的价值

角色扮演培训法就是一种在培训中,给一组人员提出一个情景,要求一些成员担任各种角色并出场演出,其余人则在下面观看。表演结束后进行情况汇报,扮演者、观察者和教师共同对整个情况进行讨论。

该方法的精髓可以说是"以动作和行为作为练习的内容来开发设想"。也就是说,它不是针对问题相互对话的,而是针对问题采取某种实际行动,从而提高学员水平。它给学员提供了一个机会,在一个仿真而没有实际风险的环境中去体验、练习各种技能,而且能够得到及时的反馈,因此是最有效的培训方法之一。

人际关系培训的许多目标都能通过角色扮演来实现。这种方法可展示人际关系与人际沟通中的不同技艺和观念,它为体验各种行为并借此为这些行为进行评价提供了一种有效的工具。它能用来教会人们如何在课堂上交换自己的研究心得。

角色扮演能增进人们之间的感情和合作精神,它还能用来研究困难情境中不同行为的可能结果,并由此为个人发展和增加对自己和他人感情的感受力提供一个潜在的机会。

(二)角色扮演培训法的规划设计

该培训法的规划设计一般要包括设计因素、角色扮演结构以及内容等各方面的问题,其目的是为了避免角色扮演法存在的缺点。

1. 规划设计因素

在实施角色扮演法时,一般会有冲突和不一致,而且人们希望角色扮演避免与实际的、现存的组织情景靠得太近。在角色扮演中使用真实的问题情景一般会导致一些让人很不愉快的事情发生。所以在现行角色扮演进程时,最好在试图采用真实的组织问题以前,先采用一些模拟问题,即使采用真实的问题,也最好将注意力集中于现存的问题而不是那些过去的,以免受到过多的指责。

2. 角色扮演的结构因素

通常角色扮演可由一组学生或几组学员来完成。很明显,第一个需要注意的问题就是参与者的总数会影响设计者的决策:如果总人数是 10 的话,你要设计一场由每组 5 人、共 4 组学员参加的角色扮演。一般情况下,一场角色扮演要涉及多少活动,这是由设计者决定的。多组型的角色扮演最为常见,它要求几组学员在同一地点、同时进行一场角色扮演。而单组型的角色扮演则要求一组学员在台上扮演,其余的学生则在一旁观看。第二个问题是角色扮演的结构化程度,有的要求学员完全按照剧本的要求来表演。但被人们经常采用的方法是剧本只为表演规定一个基本框架,具体的行动由学员自然地作出。角色扮演的结构化程度越高,专门规定的培训要点就越能得以保证,但是学员的参与热情难免会让设计者失望。第三个问题是角色的多样性,它指体验角色扮演中某一特殊角色的学员的多少。一般多样性的程度越高,体验同一角色的学生就越多。与之相反的情况则是除了参加表演的学员外,其余的学员并不去体验某个角色,只是以观察者的身份对扮演者的表演发表评论,提出建议。

3. 材料因素

角色扮演活动的设计者必须准备好角色扮演中使用的文字材料。这些材料要明确、简洁、主题鲜明,具有可读性;它们不能太长、太复杂,否则学员会记不住。有关角色的说明必须使用通俗易懂的语言,有关如何扮演角色的提示也要尽可能齐全一些,但也会发生不提供准备好的文字材料的情况,角色扮演靠学员独立进行。这样设计者虽然完成了准备工作,但他要尽力控制角色扮演不偏离预定的目标,所以与详尽准备材料相比这种情形下的工作复杂程度反而会大大加深。

(三)角色扮演法的实施

角色扮演法的有效实施需要培训者对其实施过程中的某些特殊因素有清醒的认识。其中,最重要的可能就是在角色扮演的全过程中要始终保持明确的目标。为此,培训者要保持对角色扮演的控制,比如用幽默来化解人际冲突;为学生设计不同的角色;介入表演以激发互动以及指导学员不致于迷失目标等。一旦目标已经达到或者看来不可能达到,角色表演应该停止。此外当表演变得难以控制或者对一个扮演者有所不利时,角色扮演也应该被马上终止。

因为此法使学员成为注意中心,并且要学员面对着他们的同伴做表演,因此重要的是学员要直率地、没有焦虑地进行。不应该要求那些心理素质不能达到要求的学员参加角色扮演,他们将无法胜任并可能会搞砸整个培训。

另外,角色扮演的环境应该是大家熟悉的、轻松自在的和与外界隔绝的,应该具有信任人的、在心理上安全的、能够容忍失败的特征。通常学员之间达不到彼此熟悉、友爱,角色扮演法往往会令人难堪,容易失败。

为角色扮演准备材料也是很重要的,比如用于解释角色、背景和扮演者态度以及描绘这种情景的说明书将极受学员的欢迎。如果使用道具能提高表演的真实性和戏剧效果,则应提前准备道具。当然,在设计者准备的同时也可以要求学员做些准备。如果他们从来没有从事过角色扮演而显得不安时,应有一个让他们逐渐熟悉、习惯的过程。

通常在角色扮演进行时培训者应记录下角色的行为。也可在表演中插话,但插话的目的应是使其保持角色意识或者向其阐明某一论点。

在实际进行当中旁白方式是很有用的，以旁白的方式可以补充用台词和演出无法表达的情绪，妙用独白也将收到意想不到的效果，即根据培训者的指示，在中途停止演出，让角色就为什么做了那样的演出的心情进行独白。通过独白，他可以了解怎样才能与自己所扮演的角色相对应，观众也可以了解未被发现的反应部分，从而产生一定的效果。

角色扮演的最后汇报总结也是角色扮演中十分重要的方面，只有这样才能对各种态度和行为加以考察和澄清。它应由卸去角色的学员开始，一般可以允许他首先对表演本身发表感想，帮助他表达自己的感情，并把他的体验与这堂课的目标联系起来；接着再要求观众们表明他们的意见。最后培训者来总结这次角色扮演中的关键事件、问题和这次演出所提醒的解决问题的方法，并对其进行表扬或者批评，从而帮助其意识到问题，而使其思考并修正现实中与此相类似的不足。

（四）角色表演法的优劣分析

简单地讲，角色扮演法主要有以下优点：

（1）角色扮演法中的角色、环境和目标更加确定，活动更集中，因此它的效果会更让人满意。

（2）角色扮演法更能唤起人的感情，激发人的行为。

（3）它能将情感和理智结合起来。刚才所提及的观众的意见对自己的汇报和讨论都能对其有所触动，从而塑造、改变学员的态度和行为。

角色扮演也有一些属于自己的问题，最集中的表现在下列四个方面：

（1）导致学员对自己信心不足。这是由学员的失败造成的，同时因为反馈讨论不适当的行为使其在同伴面前羞愧得抬不起头来。

（2）学员可能会拒绝角色。这通常由于给学员制造了不可接受的场景导致的或者根本就是指导错误。

（3）存在对立角色时，竞争并获胜的心理可能会导致角色扮演活动的中断或效果不佳。

（4）学员没有足够的技巧与能力去演好分配给自己的角色，从而使整个活动流产。

但角色扮演法的这些缺陷并非是不可克服的，通常可以通过以下途径来解决：

（1）应保证角色扮演的情节、人物符合现实中的实际情况，增加真实感；

（2）认真地介绍学员和可能会扮演角色的培训者；

（3）顾客或是别的角色可以由一些培训者来扮演；

（4）学员有抹去自己的表演记录的权利；

（5）在活动过程中要仔细处理角色扮演问题，以保证学员不会失败；

（6）如果角色扮演失去控制，因为发生无法化解的矛盾或是让培训者尴尬的事时，应明智地中止活动，并在精心准备后，再重新进行；

（7）最好不要让学员的主管在现场观看，否则易影响学员的表现；

（8）全面而有效的回馈可以使角色扮演锦上添花。

（五）国际商用电器公司的角色扮演

国际商用机器公司 IBM 是一家拥有 40 万员工、520 亿美元资产的大型企业，其年销售额达到 500 多亿美元，利润为 70 多亿美元。它是世界上经营最好、管理最成功的公司之一。在计算机——这个发展最迅速、经营最活跃的行业里，其销量居世界之首，多年来，在《幸福》杂志评选出的美国前 500 家公司中一直名列榜首。

IBM 公司追求卓越，特别是在人才培训、造就销售人才方面取得了成功的经验。具体地说,IBM 公司绝不会让一名未经培训或者未经全面培训的人到销售第一线去。销售人员们说些什么、做些什么,以及怎样说和怎样做,都对公司的形象和信用影响极大。如果准备不足就仓促上阵,会使一个很有潜力的销售人员夭折。因此该公司用于培训的资金充足,计划严密,结构合理。一旦培训结束,学员就可以有足够的技能,满怀信心地同用户打交道。不合格的培训几乎总是导致频繁地更换销售人员,其费用远远超过了高质量培训过程所需的费用。这种人员的频繁更换将会使公司的信誉蒙受损失。同时,也会使依靠这些销售人员提供服务和咨询的用户受到损害。近年来,该公司更换的第一线销售人员低于 3%,所以,从公司的角度看,招工和培训工作是成功的。

角色扮演是公司市场营销培训的一个基本组成部分。公司第一年的全部培训课程中,没有一天不涉及这个问题,并始终强调要保证演习或介绍的客观性,包括为什么要到某处推销和希望达到的目的。同时,对产品的特点、性能以及可能带来的效益要进行清楚的说明和演习。学员们要学习问和听的技巧,以及如何达到目标和寻求订货等。假若用户认为产品的价钱太高的话,就必须先让用户看看是否是一个有意义的项目,如果其他因素并不适合这个项目的话,单靠合理价格的建议并不能使你获得用户的认同。

IBM 公司角色扮演的具体方法是让学员们在课堂上经常扮演销售角色,培训者扮演用户,向学员提出各种问题,以检查他们接受问题的能力。这种上课接近于一种测验,可以对每个学员的优点和缺点两方面进行评判。另外,还在一些关键的领域内对学员进行评价和衡量,如联络技巧、介绍与演习技能、与用户的交流能力以及一般企业经营知识等。对于学员们扮演的每一个销售角色和介绍产品的演习,培训者会作出一定的评价作为总结并反馈给学员。

最让人感兴趣的是公司为销售培训所发展的具有代表性、最复杂的技巧之一,即阿姆斯特朗案例练习,它集中考虑一种假设的、由饭店网络、海洋运输、零售批发、制造业和体育用品等部门组成的,具有复杂的国际间业务联系。通过这种练习可以对工程师、财务经理、市场营销人员、主要的经营管理人员、总部执行人员等形象进行详尽的分析。这种分析使个人的特点、工作态度,甚至决策能力等都清楚地表现出来。由培训者扮演阿姆斯特朗案例人员,从而创造出了一个非常逼真的环境,在这个组织中,学员们需要对各种人员完成一系列错综复杂的拜访。面对众多的问题,他们必须接触这个组织中几乎所有的人员,从而大大改善他们的交际能力,正因为这种学习方法非常逼真,每个"演员"的"表演"都十分令人信服,所以,每一个参加者都能像公司所期望的那样认真地对待这次学习机会。

十五、讲授实施标准

（一）讲授法的基本问题

讲授法是一种使用得最普遍的培训方法。它效率高,大多数企业拥有适于培训班使用的教室。如果自己没有教室,也很容易租到。这种方法之所以至今仍被采用,主要原因是它做起来比较轻松。这是一种我们多数人都采用的培训方法，并且它确有费用小等许多有利条件。

1. 讲授法优劣分析

讲授法一般被认为有这样一些优越之处：

（1）它是一种比较经济、有效的培训方式，可以使众多学员在较短时间内学到一些基本的知识。

（2）有利于发挥集体的作用，学员之间可以相互激励、相互学习。

（3）最为重要的是操作性较强，不像其他培训方法那样受到相当多的约束。

（4）培训者在这种方式下可以有更多的权力，易于考察培训的进度。

正因为此，讲授法一直为大多数中国企业所采用。但是与此同时讲授法也存在这样一些缺点：

（1）它本质上是一种单向性的思想转换方式，很少有相互作用和反馈，对学员而言，过于被动。

（2）讲授法因为仅仅借助语言媒介而不能使学员直接体验知识和技能，但现在已有所改善。

（3）讲授法记忆效果不甚理想因为它缺乏感性直观，没有学员的主动参与，讲授内容极易忘却。

（4）讲授法不易贯彻因材施教原则。

2. 现代讲授法中包含的其他活动

在提到讲授法时，许多人的眼前立即出现老师在黑板上用粉笔费劲地写，学生在下面毕恭毕敬照抄的场面，但这仅仅是现代讲授法的一部分，它还可包括其他的一些活动：

（1）演示，由培训者演示如何正确操作某项机器或软件，以便学员观摩和学习。

（2）讨论，它可作为讲授法培训活动中的一个全面组成部分。

（3）研讨班，由学员分成小组讨论合适的题目，以保证每个学员都能得到平等的参与机会。

（4）训练，即做一种小型的"演习"，但训练内容可以很简单，也可以比较复杂。

（5）实验室操作，大多数与电脑有关的培训属此类型。实验室活动对训练如何使用设备和系统的能力是必需的。

（二）讲授法的影响因素

1. 培训者

讲授法最重要的影响因素是培训者。培训者的个体经验是造成讲授法与其他培训方法相区别的重要因素。培训者的经验通常比学员多。学员可能尊重，也可能不尊重这些知识和经验，这要视教学活动结果而定。培训者们通常和学员保持一些距离，但不应和学生完全隔开，和学员共享所讲授的知识是正当的，但一个培训者如果完全融于学员集体当中，就会影响讲授效果。事实上，培训者应被视作学习上的助手。培训者的目标是为学员提供学习的机会。那些将培训场所当成一个以自我为中心的地方的培训者，实际上是在误导学员。

我们这样认为的根据是总有一些培训者不能熟练有效地运用讲授法，而讲授法的运用要受到培训者个人的知识、经验、能力和意愿、兴趣的巨大制约，这也正是我们认为培训者在讲授法中地位的重要但绝不认为可以自奉为上帝的原因。

2.学员

这方面问题相对简单,总的看来讲授法能适应学员的某些个性,而不适应所有个性,在这一方面使它与其他方法并没有什么区别。学员使培训成为可能。如果没有学生,培训者也就没有存在的必要。优秀的培训者经常提醒自己要意识到这一点,没有两个学生能完全相似,每个学生都有自己的学习目的、学习能力、学习背景和学习后将要进入的环境,没有一项技术对他们能产生同样效果。问题是这样的,学员由诸多个体组成,但在一个环境下很难将其当作个体来对待,这也正是讲授法所无法解决的一个困扰。

3.内容

讲授法能给学员提供一种基本的概念框架,为以后的学习经验做好准备,起到一种概述或定向的作用,正如我们在角色一节中已提到的那样,讲授法并非仅仅是简单的讲述,下述这些情况:研讨或放电影之前,做些详细的说明;游戏或角色扮演之后,讲授一些背景知识或做些总结,都是常见的。

培训者往往成为学员模仿的榜样,而它同时也可以看作是一个缺陷,毕竟培训者所显示的榜样是个非常有限的角色,风范、人格和意志等其他方面都不可能全然通过讲授的过程体现。同时,我们知道培训的目的是克服知识和能力上的短缺。为了搞清楚学员的行为应转变到哪种状态,我们需要确定学员现有的知识和能力水平并了解其需求。总之,我们认为它仅是达到目的的一种手段。讲授内容的选择,要以它们对培训目的的促成程度而定,而非其他什么标准。

4.环境

环境既包括教室、空气、光线、音响、设备、班级规模等物质环境,也包括学风、对学员之间以及学生与培训者之间的地位和关系的感觉、学生和培训者的习惯等人文环境。这些内容与其他培训方式的环境要求并没有太大的区别,具体内容可参见本书有关"培训环境设计"的部分。

(三)讲授法的实施

1.讲授法的不同方式

在具体讲授实施之前,让我们先看一下到底有哪些讲授方式可以供我们选择。

(1)灌输式讲授。它指讲授过程中的信息输入完全来自培训者,学员只是接受信息。这种方式的学员参与的程度最低。没有反馈,学员也没有任何义务去主动参与。

(2)启发或讲授。在这种方式中培训者首先提供一些新信息和结论,然后提出一些问题,以考察学员是否掌握了新信息和结论。如果学员没有掌握,培训者则以较易的表达方式努力使其听懂。在这一方法里学生的参与意识在很大程度上得到了鼓励。

(3)发现式讲授。它是指学员在培训者的指导下进行学习,并试图作出自己的结论,培训者只提供学员无法得到的某些事实,学员要尽可能多地得出新发现,学员要独立探求新结论与其他新事物。

(4)开放式讲授。事实上它是一种学员活动方式。在这种活动中,学员们首先就活动目标及测评标准达成一致;培训者将学生确定的目标进行任务分解,并设计一定的活动,分头完成这些任务,最终取得学员们所预料的效果。

2.讲授法的实施

讲授法的实施主要包括两方面的工作,即准备和运用。

讲授内容首先要考虑到的是有多大的成分为学员所吸收,而非讲授多少内容,转换过程中的浪费应为我们所重视。

讲授内容一般可以分为引子、主干和总结三个部分:运用不同的讲授方式来组织他们学习,效果都可能不错。比如用灌输式讲授法,它以原理为中心。培训者以一般性概括——对基本点的陈述作为引子,讲授的主干部分是给学员提供能够证明这个基本论点的材料。讲授可采用多种技法来证明,如解释、类比、例证、统计以及以证据确认等。

讲授的结论用来总结它,并且复述一般性概述,其次我们还要对学员进行分析。只有了解学员,并使要传递的信息适合于具有不同的性别、年龄、背景和兴趣的学生,讲授才能获得成功。因此培训者在培训之前和培训对象的主管有必要做一些沟通。同时准备工作还有必要的材料和设备的准备问题,以及分析环境,并在此基础上准备相应的措施等。总而言之,多考虑些偶然因素并做必需的准备工作,是有百利而无一害的。

3. 讲授法实施技巧

参与讲授的培训者应具备的一些基本技巧:

(1)可以给予学员相当的暗示,使其思维能循着培训者所表达的路线发展。

(2)授课内容应提纲挈领、力求简要,一般来说不要求长篇大论以利学员接受。

(3)眼睛须随时与学员保持接触,观察其反应,并借以控制气氛。

(4)妥善控制自己的音量,以使在场每一个学员均能听清楚为标准,太小或太大的音量均不太合适。

(5)讲授时应配合一些自然而适宜的手势或姿势,偶尔亦可接近学员,问些小问题,既可使授课形式有所变化,也可使学员更为认真。

(6)讲授切勿连续不停,使学员过于疲劳,压力过大,最好能善用短暂停顿,使学员有时间调整自己。

(7)讲授时切勿带着讲稿照本宣章,否则学员会对培训者失去信心。

(8)事前做必要的准备和练习,从而让自己不会有什么疏漏。

(9)要学会使用学员的名字。

(10)及时获取和提供信息反馈。

(11)注意观察表现好的小组或个人,他们会希望得到你的肯定,表扬会让他们更为投入。

(12)要熟练地操作培训工具,不要显得手忙脚乱。

(13)规定并遵守作息时间表,切勿令人反感的拖延。

(14)切勿说话含糊不清,使用废词或者施以太多的说教,那只会招来不满,甚至令培训者尴尬万分的抗议。

十六、电子实施标准

(一)电子培训可行性研究

许多对电子培训极看好的公司在试图开展一项雄心勃勃的电子培训计划、以期一举超越竞争对手时,时常出现这样一种凄惨的场景:买来昂贵的机器设备并放在很远的地方,因为可怜的通讯条件和控制条件,这套设备很少使用。所以进行电子培训尝试的公司首先要面对不得不克服的具体障碍,为克服这些障碍应该对以下几个方面进行调研:

（1）人们参加培训的态度。

（2）电子培训的具体实施方式应随公司有关经营的部分而改变。

（3）未来财政需要的可能性。刚开始只预算电子培训,但是到某个阶段后,公司也许会需要更为先进的额外设备,成本问题此时就会凸显。

（4）必要的演示是为了确保正常的培训活动能进行。

（5）调研是为了有效地进行培训,可以减少日常其他培训活动的费用。

（6）计算整个电子培训所需的费用。

（7）计算出组织电子培训的行政费用。

当可行性的研究已经完成并获企业高层认可时,就可以进入下一个步骤的运作。

电子培训的最初阶段是硬件、软件以及技术人员的选择。

（1）在进行电子培训之前,首先要选择适当的电脑。选择机器的首要原则是明确目的,即希望电脑做多少工作。根据目的,再从价格、性能、潜力、操作难度与售后服务等各个方面进行考虑和选择。

（2）同时还要充分利用现有的软件。对软件进行选择,一般要考虑两个因素:一是对电脑的特殊功能,如分支能力的大小,图形的使用以及是否能够随意地变化和重复使用;二是软件的兼容性。

（3）我们知道,性能再优越的硬件、软件,失去了操作者——必要的技术管理人员的支持将无法发挥其作用,因此雇佣专业人士才能从技术上保证电子培训顺利的运转起来也是极其关键的。

经过了以上三个方面的考虑,电子培训就可以正式进入实施阶段了。

（二）培训方案的实施

在企业接触一个培训系统软件之前,为了更好地完成电子培训,应该对培训作出正确的分析,并与项目专家进行探讨且准备一份以工作流程为基础的文件。

一般而言,培训者有权删除其中一些电脑专家需要的部分,并输入自己需要的信息使之变得成熟。

对电子培训而言,屏幕的设计很重要,需要特别的关注。用太多的信息塞满屏幕是时下较为流行的,但阶段性地显示信息对培训而言也许更为合适,这样更容易消化。同时企业还需要检查电脑的可用储存记忆空间,这是为了确保系统有足够的空间可以用来设计和保存新的方案,从而可以发挥作用。

电脑的管理学习是电子培训实施最重要的方面。因为电脑的管理学习会收集使用者行为的最佳成绩。然后,培训者和设计者根据所制作培训内容的宗旨对这些成绩加以分析。

事实上,电子培训主要分为两种类型,即电脑辅助教学和电脑管理教学。电脑辅助教学由中央处理机、外部设备和终端设备几部分组成。其过程是:学员坐在终端前,通过键盘向中央处理机提出有关学习项目的请求,中央处理机接受信息后,通过显示装置向学员提供他所需要的信息。电脑辅助教学有这样几种应用模式:个别指导模式、游戏模式,以及考核模式等,但这部分不是重点。

在电脑辅助教学中,主要是学员与电脑之间的"对话",而在电脑管理教学中,则主要是培训者与电脑的"对话"。这一系统主要由三部分组成:中心计算机、教师终端和学生终端装置。在这一系统中,电脑向培训者提供教学过程中的有关信息,培训者可以此了解每个学员的进步情况,估价每个学员的理解能力,并改进自己的训练方式,从而达到帮助其管理和指导其教学的目的。

（三）网络培训

可以克服空间上的距离。

节省时间以及本来必不可少的费用。

网络培训在一个特定时间宽度内也能不定期地持续,也就是说只要愿意,什么时候学员都可以参加网络培训。

交流通常较慢、较个别。

通常学员更容易接近电子资源和数据库。

网络培训的社会方式、过程与结果同传统培训方式是不同的。

增强了团队协调工作的机会,网络培训支持团队合作学习,这一点上有着属于自己的一些独特之处。

十七、外派培训实施标准

在外派培训准备阶段,首先应该测试员工的能力与知识,调查员工培训意向,以之作为外派依据,然后再确定经费来源。

一般外派员工受训分为两种情况:一种是由企业指定人员外出受训,培训经费由企业全部负担,且一般是带薪受训;另一种是由员工自己申请外派受训,经企业核准后准假受训,费用由员工支付,且公司只保证其基本薪资。

外派员工到专门学校受训,应根据员工本身的特点和培训目标来选择学校,其中主要的选择渠道及其特点如下。

1. 成人学校

成人学校的培训内容是系统的基础和专业理论知识,注重意识与能力的培养,主要适用于中、下层的管理人员和文员工作者。这种学校一般要经过国家统一的成人考试,合格后方能入学。

2. 电视大学

电视大学以理论知识为主要培训内容,主要适用企业各级从业人员,其培训方式以电视教学为主,辅以教师授课。

3. 自考面授班

自考面授班的培训内容是系统的理论知识,适用于企业各层员工,由教师讲课,入学时不需考核,但毕业难度较大。

4. 短训班

短训班的培训内容是基本的专业技术,适用对象是业余时间少的企业员工,而培训方式则视具体内容而定,一般结合实地研习。

其他培训方式在前文已有所阐述,在此不再详述。总之,对于外派培训企业应积极组织和引导,对于取得学历的员工可给予一定奖励,对于自我申请离职培训的员工也可予以物质上的鼓励;同时企业还要使培训人才与稳定人才结合起来。部分员工培训成才后,往往另择高技,给企业带来经济上的损失,也使企业内部"军心涣散"。企业应做到使员工的福利待遇与员工的学历、能力联系起来,并为员工提供最好的工作环境,从而减少人才流失率。

第六章

薪酬与福利管理

《按流程执行》

一、薪酬方案审批工作流程设计

流程名称	薪酬方案审批工作流程	编码			
		执行者	财各部、人力资源部	监控者	人力资源总监
行为实施环节	财力部	人力资源部		人力资源总监	总经理

管理行为

```
                    ┌─────────┐
                    │ 流程起始 │
                    └────┬────┘
                         ↓
                  ┌──────────────┐
                  │ 调查行业内     │
                  │ 工资状况       │
                  └──────┬───────┘
                         ↓
                  ┌──────────────┐
                  │ 明确人力资源规划 │
                  └──────┬───────┘
           否            ↓
        ┌──────── ┌──────────────┐
        │         │ 根据公司财务预  │
      ◇测算◇ ←── │ 算编制薪酬草案  │
        │         └──────────────┘
     是 │       否              否
        ↓    ┌─────────┐  ◇审核◇  是  ◇审批◇
      ┌──────────┐      └──────┘ ──→ └──────┘
      │ 修正方案  │ ──→                    
      └──────────┘                    是
        ┌──────────┐  ←─────────────────
        │ 执行方案  │
        └────┬─────┘
             ↓
        ┌──────────┐
        │ 存档      │
        └────┬─────┘
             ↓
        ┌─────────┐
        │ 流程结束 │
        └─────────┘
```

二、工资发放工作流程设计

流程名称	工资发放流程	编码			
		执行者	各部门、人力资源部	监控者	人力资源总监
行为实施环节	各部门	财务部	人力资源部	人力资源总监	总经理
管理行为					

```
                    ┌──────────┐
                    │ 流程起始 │
                    └────┬─────┘
                         │         否            否
                         │    ◄──────────   ◄──────────
                         ▼                        
              ┌────────────┐      ◇ 审核  ──是──►  ◇ 审批
              │ 部门月度考评│ ───► 
              └────────────┘                  
                                     是        否
              ┌────────────┐  ◄────────
              │ 编制工资表 │  ◄───────────────────────  ◇ 审批
              └────────────┘                              
                    │                            是
                    ▼
        ┌──────────┐  ┌────────────┐  ◄──
        │ 发放工资 │  │ 复核工资表 │
        └────┬─────┘  └────────────┘
             │
             ▼
        ┌──────────┐  ┌──────────┐
        │ 工资核算 │ ►│   复核   │
        └──────────┘  └────┬─────┘
                           │
                           ▼
                      ┌──────────┐
                      │   存档   │
                      └────┬─────┘
                           │
                           ▼
                      ┌──────────┐
                      │ 流程结束 │
                      └──────────┘
```

三、员工薪酬管理工作流程设计

流程名称	员工薪酬管理 工作流程	编码			
		执行者	人力资源部	监控者	人力资源总监
行为实施环节	人力资源部	人力资源总监		总经理	

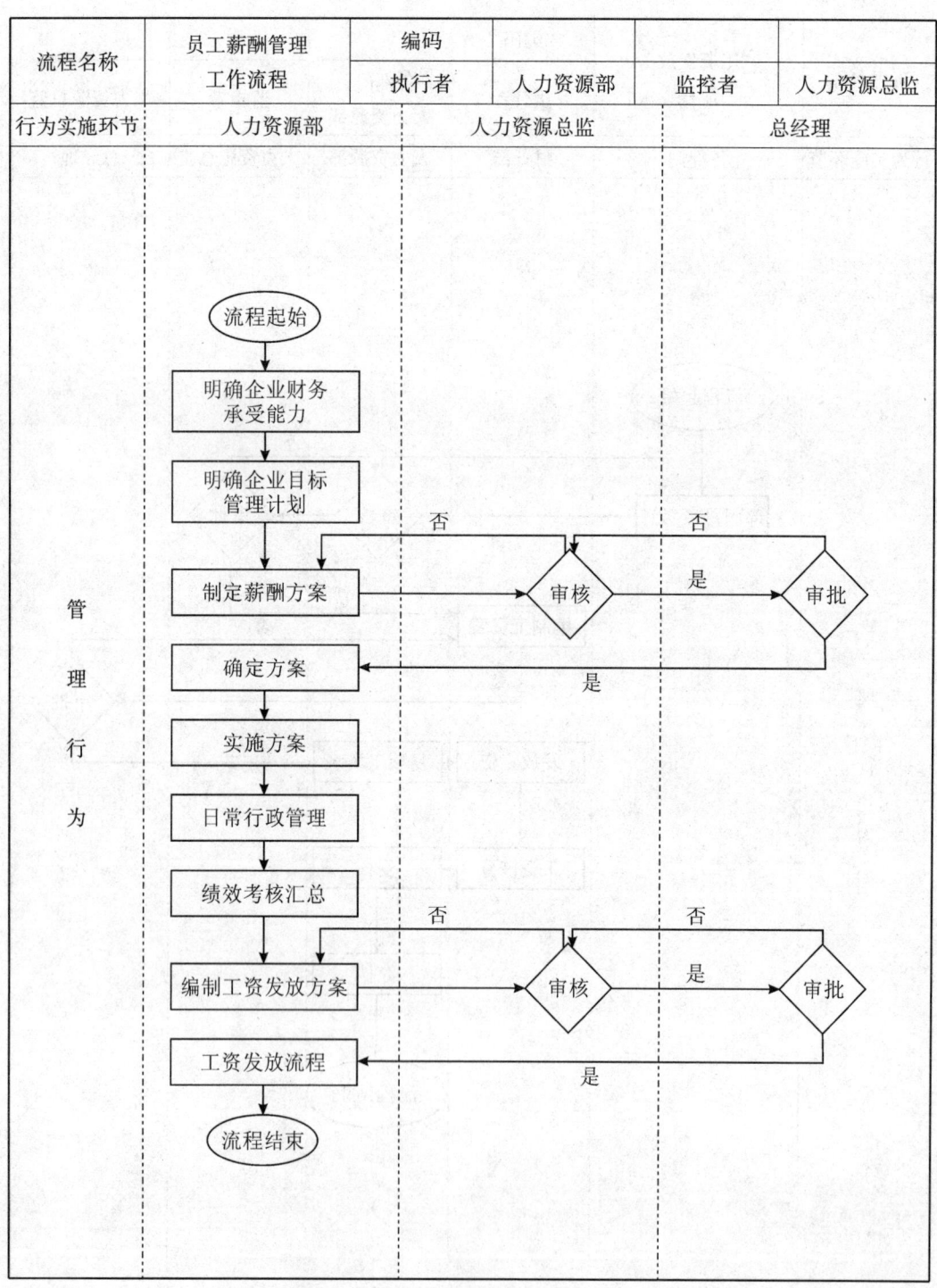

四、企业福利保健管理工作流程与分类

企业福利保健管理工作流程如图 6 - 1 所示：

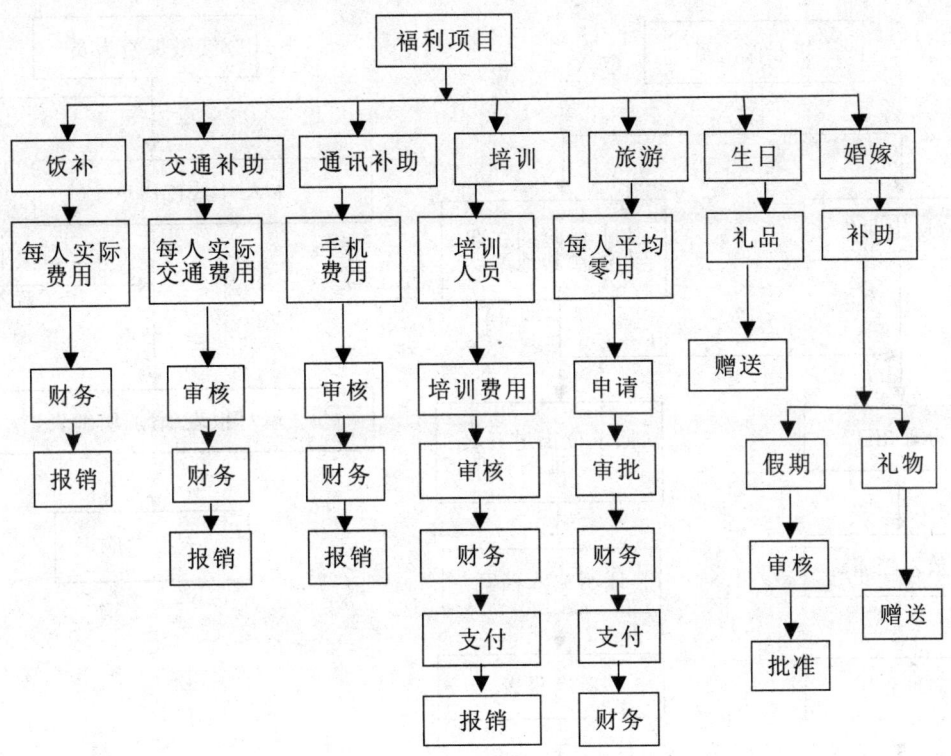

图 6 - 1　企业福利保健管理工作流程

五、员工保险管理工作流程与范围

员工保险管理工作流程如图 6 - 2 所示：

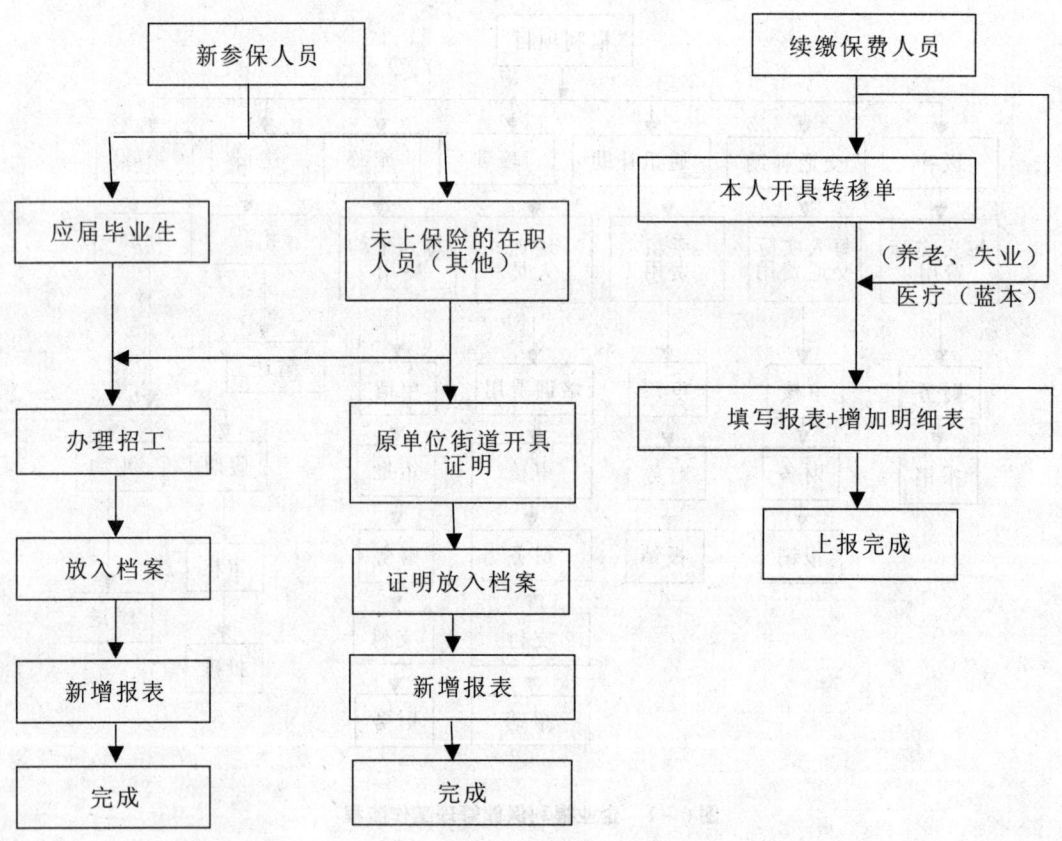

图 6 - 2　员工保险管理工作流程

六、员工劳动保护管理工作流程设计

流程名称	员工劳动保护 管理工作流程	编码			
		执行者	人力资源部	监控者	人力资源总监
行为实施环节	人力资源部	人力资源总监		总经理	

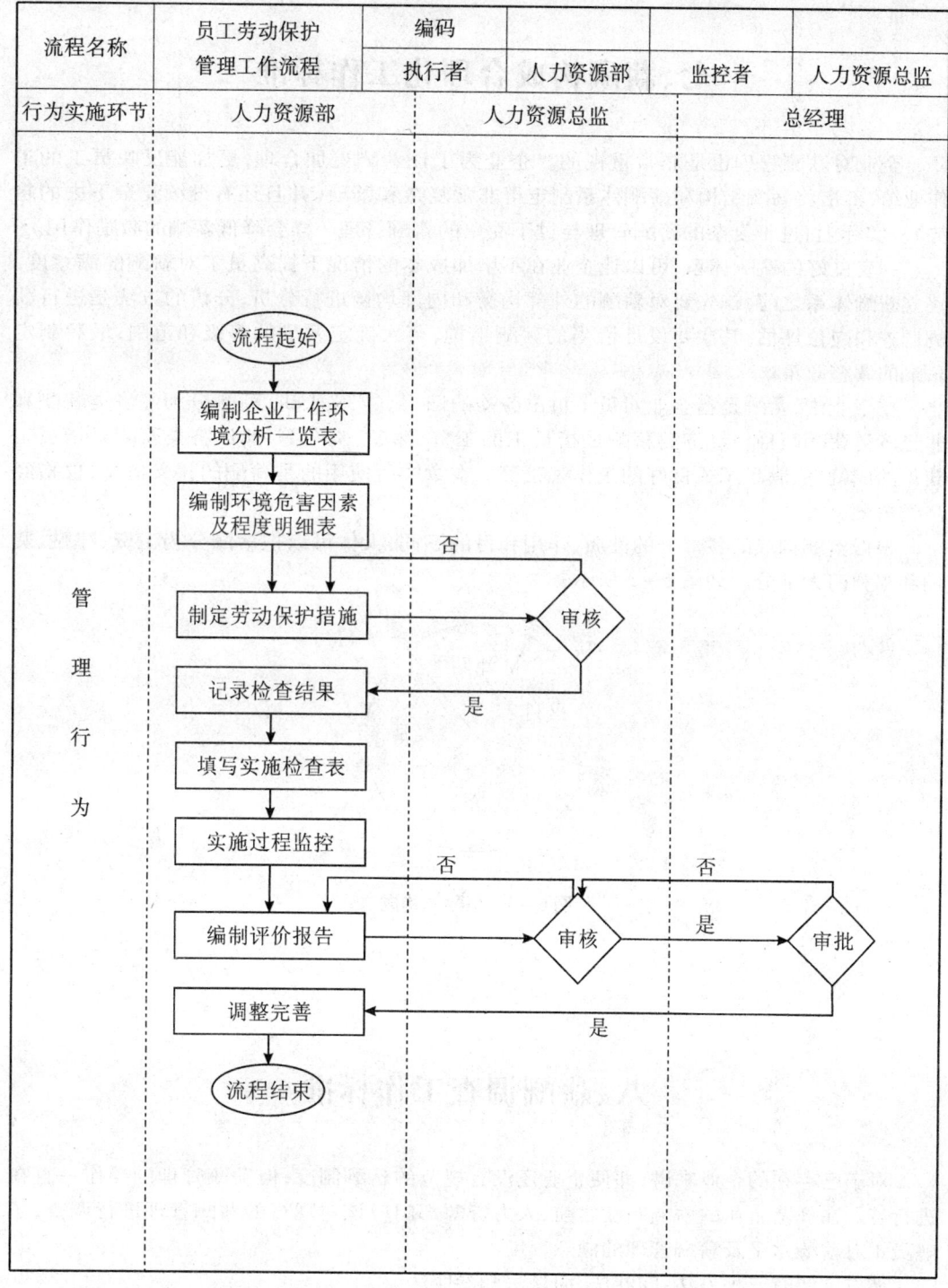

七、薪酬构成合理化工作标准

企业对薪酬管理也是非常重视的。企业为了让薪酬更加合理,更加能反映员工的工作业绩,不惜将薪酬结构和薪酬体系制定得非常复杂和繁琐(并且还有继续复杂下去的趋势)。实际上,过于复杂的薪酬管理与过于简单的薪酬管理一样会降低薪酬的激励作用。

一套良好的薪酬体系,可以让企业在不增加成本的情况下提高员工对薪酬的满意度。建立薪酬体系之前,首先要对薪酬的外部均衡和内部均衡进行分析,分析的方法是进行薪酬调查和岗位评估,其次要设计恰当的薪酬结构,再次确定薪酬的等级和范围,最后制定薪酬的调整政策。

在企业中,薪酬是指企业对员工付出劳动的回报。广义上讲,薪酬分为经济类薪酬和非经济类薪酬两种。经济类薪酬是指员工的工资、津贴、奖金等,非经济类薪酬是指员工获得的成就感、满足感或良好的工作气氛等。本章中所使用的是薪酬的狭义概念,仅指经济类薪酬。

根据薪酬构成的各部分的性质、作用和目的不同,大体可以把薪酬分为工资、津贴、奖励和福利四大部分。如图6-3所示:

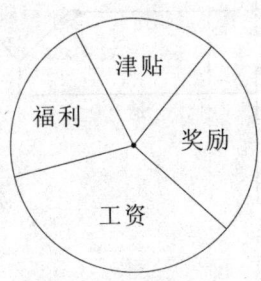

图6-3　薪酬的构成

八、薪酬调查工作标准

对于已存在的企业来讲,即便企业还没有规范的薪酬制度,但薪酬管理的操作一直在进行着。在规范企业的薪酬制度之前,人力资源部门应该对现行的薪酬管理进行调查,了解员工对薪酬水平及薪酬管理的满意程度。

调查主要有三种方法:问卷法、面谈法和参照法。

问卷法是指由人力资源部门根据调查的需要,制定相关的调查问卷,对员工进行调查的一种方法。为了便于调查员工的真实感受,调查问卷可以不署名。但是,被调查人的岗位名称等基本材料要填写清楚。

面谈法比问卷法更显得机动灵活。尽管不需要制作调查问卷,但也应该提前草拟面谈提纲。由于员工一般不太愿意公开谈论薪酬问题,所以面谈的时间和场地应该选择恰当,特别是不能有外人打扰,并且要坚持"一对一"面谈的原则。另外,人力资源部门还应该向被面谈者讲明面谈的原因。将面谈保持在对公司薪酬管理的看法上,而非过多地去讨论该岗位应该有什么样的薪酬标准。

问卷法和面谈法都是对内调查比较常用的方法。另外,人力资源部门还可以使用参照法从外部获取其他相关企业的薪酬信息,为改进本企业的薪酬管理提供参考。使用参照法需要在薪酬调查时加入对其他企业薪酬管理制度的调查,将调查到的所有信息分类整理以后,与公司的各条管理细则进行对照,对其中的差异进行比较和分析,从而为改进公司薪酬管理提供思路。

九、薪酬结构制定工作标准

薪资结构指的是,员工拿到的钱到底是由部分组成还是单一薪资,这是薪资制度在设计时需要考虑的,基本上越简单越好。一般公司大都有底薪、职务津贴、奖金及因特殊职务产生的津贴,例如夜班津贴、管理津贴、特殊津贴等等。因此薪资结构的设计,就是要去弄清各个项目在薪资结构中的用途及其比重。联系以前所提过的职务、职称分开管理的观念,设计新的薪资架构,下面做详细说明。

薪资架构如下:薪资 = 底薪 + 职称津贴 + 职务津贴 + 奖金。底薪:底薪有几种特性,同样职务,担任同样工作,但不同学历,其薪资差异在底薪。通货膨胀,调薪时调底薪。另外,有的公司发年终奖金,也用底薪计算,除了底薪可得到一致的水平,还有,3 个月的年终奖金总是比 1 个月的年终奖金好听。

另外,由于公司从基层到高层,薪资差异很大,年终奖金以底薪来发放,也有达到公平性的用意。如果直接以全部薪资发放奖金,公平性较受质疑。试想 1 个月薪资十几万元的人,到了年终奖金如果也以十几万元来发放,是没道理的,尤其是其中若是有一些特殊津贴,在发放年终奖金时一并发放也是不合理的,例如管理津贴、特殊津贴、环境津贴等等。除非年终奖金是绩效奖金的一种,且与绩效表现的考核充分结合,否则,年终只发底薪还是会比较合理,否则基层人员,在发年终奖金时吃亏,分红时又吃亏,每月薪资又领得比较少,如此一来,基层与中高层差距过大,会给公司带来一系列不良的影响。而且高层人员要领高薪,并不是从年终奖金而来,应该从分红而来,而分红需与绩效成绩结合,只有这样才能激发中高级经理人员的干劲,而不是不论好坏,年终都可以领得比别人高。其实在真正追求绩效的环境中,这样的薪资制度才能真正反映薪资的价值。所以在薪资中,有关底薪的调整,须有个上限的限度,才不会形成做同样工作而薪资却因为年资的关系相差好几万元。例如,基层的总务小姐,一位已工作14年而另一位才干了3年,他们的工资差不多,但是薪资差1万至2万元,这合理吗?形成这种不合理的现象,问题大多出在没有注意底薪的调整。一般人常犯的错误是调整底薪时,每人都依照比率调整,例如,这次公司预算调整底薪5%,结果每人都按5%调整底薪,这种做法,会造成底薪已较高的人的工资越来越高,这种扩散型的方式是不值得追求的。所以最好的方式是,将同一职等的人的底薪求出平均值,当成基准,凡是同一职等的人,都应该以此基数为准,这样底薪低的调薪比率大一些,而底薪已经很高的比重就会少一些。经过几年之后,同一职等的人,其底薪应会逐渐接近。所以,假设一位专科跟一位大学毕业的会计人员,虽然起薪不同,经过一段时间后,假设两人的工作仍一样,那么两人的薪资会逐渐接近,这样的薪资制度才是合理的。不能因为学历不一样薪资就要永远不一样。其实,有些小企业,本来就有这种用人的精神,不论高中、专科或大学毕业来做会计,就是一个价。但公司规模越来越大,这种精神反而丧失了。

十、奖金制度制定工作标准

奖金有很多种,例如公司业绩(或获利)的资金、年终奖金、分红奖金、业务人员业绩奖金、研发人员的研发奖金等,名目繁多。这里所提的奖金,指的是每月发放的绩效奖金。起薪是否包含奖金,这一点各家公司的见解有一定的差别,可以有,也可以没有,但必须明确。如果不含奖金的薪资就是符合社会一般起薪行情,那奖金就是额外所给的。通常而言,起薪中包括奖金,代表一定的意图。如每月各部门有绩效管理成绩,为了激励各部门作出更好的表现,又不增加公司总体负担,所以薪资中有一部分浮动作为奖金,让它跟着绩效成绩起伏,这样整个薪资才不会陷入不论公司经营好坏,薪资都是固定不变的状况。其优点是让员工的薪资与公司的经营实绩挂钩。不过,这样设计的理念,起薪金额(含奖金)需要在起薪行情中达到中上水准才可以。因为如果起薪(含奖金)已经很低了,奖金还包括在里面,恐怕会引起员工不满。还有一种设计是,奖金不含在起薪的薪资中,且起薪薪资已属于行情价了。所以奖金是属于额外,不定期的。这种做法,大多是平常薪资是相对固定的,但碰到公司业绩好与获利,达成或是超出公司目标,为了激励员工士气,而发放奖金,所以是属于额外的。此类奖金有点像分红。而且这类奖金通常都制定发放办法,每季或每半年发放一次。因此奖金是否包含在起薪薪资中一定要说明,因为如果起薪薪资不包含奖金,而公司对此没有进行相应说明,新进人员一定以为起薪低于一般水平。特别是奖金的设计,有的公司在试用期是不发奖金的,如果不说明清楚,很容易造成新进人员认为公司薪资行情偏低。例如大学毕业生,工科以32 000元起薪,其中奖金占5 000元,如果你跟新进人员或对外界说明时,说起薪32 000元,或是起薪27 000元外加奖金5 000元,人家听起来哪一种比较舒服?按照一般的经验来看,直接说32 000元是比较有吸引力的。因为普通人对奖金的不确定心存疑虑,总认为将来有可能会领不到奖金,但是如果有一天公司经营亏损,不得不减薪时,不论薪资当时所给的是何种名义,碰到要减薪时,照样都要减薪。除非公司的业绩与获利在本行业中名列前矛,薪资中没有必要再含有奖金了。试想光是薪资就高于行情,如果再加上额外奖金,公司的负担就加重了。当然,实行高薪政策,可吸引更多更好的人才为公司效力,并且对同业的薪资起薪行情,也会有领头作用。而绩效奖金基数的制定,一般应该根据基层人员职务来确定,约占其整个薪资 15% ~ 20%;当然,奖金基数系与职务或个人职能联系在一起,主要是考虑到操作的便利性。一般与所担任工作联系在一起比较好。如个人是科级,但实际担任的是部级的企划工作,则其奖金应以部级的奖金基数计算较为合理;但是前提是,他确实能做好他的工作。薪资的变动也须考虑变化有多大,员工能否接受,否则将影响员工调动的意愿。因为调动工作后调升薪水当然好,但如果是降低薪水,恐怕要让人力资源部感到头疼了。

十一、职务津贴制定工作标准

职务津贴,顾名思义就是与担任的工作有关的报酬。因为不同的工作有不同的压力、环境、组织关系和负担的责任,所以如果能将全公司的工作一一评价,并将所得到的评价转换成不同的职务津贴,公司职务的轮调就会变得权威而且具有效率。试想工作越调越轻松,薪资却没变,长此以往就没有人愿意调到负担较重、比较艰苦的工作。很多公司的情况是,将职务津贴与资格津贴混在一起,也称为职务津贴,但是员工晋升之后,工作内容没有什么变化,职务津贴却增多了。未获得晋升的人,薪资没有调高,却可能去执行或担任较高职务的工作,这样就出现了不公平的现象。如果以上两种情况在一个单位中同时存在,将导致员工的不满。所以,在组织允许的情况下,"资格与职务公开管理"是有必要的。所以职务津贴的设计,必须遵循同工同酬的原则。职务津贴因为牵涉工作评价的细节,因此除非规模较大的公司,大多数的企业都没有开展对工作的评价活动,特别是企业没有工作划分标准,也就谈不上根据不同的工作设计不同的职务津贴。不过,即便规模很小也可以用简易的方法设计职务津贴。一般情形,仍须制定一份"薪金薪级表"及"薪金与职务对照表",以便大家能从表中查出金额。职务津贴从下到上,体现不同职务的差别;从左到右,体现同一职务中的薪资差别。这样的设计有以下目的:

第一,职务津贴主要用于职务的落点:其落点主要是根据工作评价而来,因为每个工作的职等虽然不同,但职务津贴却不可因此就认定要有所差别。而工作评价主要是考虑其工作知识、训练时间、错误所造成的影响,职务本身的影响,督导范围,创意与革新,复杂性质,协调面,工作压力等等之后所得的结果。例如,采购部门经理与人力资源部门经理,是同样级别,但经过评价之后,前者在七等职务津贴,后者则落在六等职务津贴。职务津贴经过这样公开评估之后,可以避免轮调时,大家抢着往薪资较高、工作较轻松的职务调动这种现象的发生。因为资料是公开的,职务变动之后,职务津贴的调整,也是公开的,如果员工已事先知道职务异动与薪资变化的情形(已变成规章制度),可以减少经理及薪资作业的困扰。

第二,职务津贴主要用于同一等级的职务并使之差异化:同一职务的津贴却有六个等级,主要考虑到担任同一职务却有薪资不同的差别。另外,对于久未调动职务的人,如果因此失去调薪的机会,显得不合理;而对资格不符合的人,却担任该职务的人,如果职务津贴没有一些区别,也有失公平。

十二、职务等级津贴制定工作标准

职务等级津贴就是为了区别每个人的资格。前面提过,职务与职务等级分开管理,这是为了避免资格晋升之后,因担任同一工作,薪资却增加太多,造成公司负担加重这种现象的发生。所以,职务等级津贴就是依据每一职务等级定出津贴。每个员工都有职务等级,只要员工依照公司的晋升制度,获得晋升,资格提升一等,资格津贴随之进行相应调整。

十三、新员工薪资构成制定工作标准

一个新员工的薪资结构,其中不同学历所列的职务津贴,是指在通常情况下,依据其可能担任的职务确定其职务津贴。以理工大学本科为例,假设以薪资 3 200 元的设计为基础,张某是大学机械工程系毕业,担任"开发技术员",他的薪资就是底薪 1 780 元 + 职务津贴 760 元 + 职务等级津贴 210 元 + 奖金基数 450 元,合计 3 200 元。假设该员工担任的是"开发设计工程助理",则其职务津贴为 800 元,属四薪等一级。所以其总计薪资为 3 240 元。根据同工同酬的设计原则,就是职务津贴依担任的工作而有所不同。这样做可能比较繁琐,但实际经验表明,这样最能减少因职务调动所产生的薪资争议,也节省了经理因部属职务调动所产生的处理薪资的时间和精力。

十四、其他津贴制定工作标准

一般人以为薪资结构订定制度后,弹性好像少了。所谓弹性,就是在其他津贴这个部分的规范。这个部分如果规范好了,除了建立整个薪资制度,也可保留弹性。这些弹性就是以其他津贴的方式加以处理。其他津贴包括特别津贴、夜班津贴、派驻津贴等等,总之这些津贴也都是在规范之内,但是只适合少数符合规定的员工。这样整个公司就都可纳入新的薪资制度。例如,前面提到的新员工张某,以"开发技术员"任用的起薪是3 200元,假设该职务"开发技术员"在就业市场正好供不应求,十分紧俏,如果不用3 700元起薪,根本招募不到合适的人才,这时人事单位即可根据这个职务的需求提出申请,即建议对担任该职务的新进人员给予特别津贴400元,这样一方面并未破坏原有的薪资结构,另一方面对于公司起薪偏低的某一类人才,也可以弹性处理。当这一类的人才已不再有上述情形时,特别津贴可以立刻取消。但在这以前已有此项特别津贴的人员,则继续领取。所以,负责人事薪资的人对人力市场的动态应了如指掌,这样才可以判断是改进招聘手法还是应提高起薪水准,否则如果贸然给予特别津贴,到时要取消就比较困难了。其他职种的人甚至认为他们也要同样有特别津贴,这时局面就会失控。所以,要增加特别津贴的职种或职务,最好能通过工作评价委员会,让相关部门了解并取得共识,这样才不会引起一些不必要的干扰,而职务调动之后,该取消的津贴,就该按制度取消,只有这样才能树立人事制度的权威。

十五、员工福利基金管理执行标准

员工福利基金是企业依法筹集,专门用于员工福利支出的资金。它是员工福利事业的财力基础。在不同的国家和地区,员工福利基金的来源不一,基本有三个渠道:

(1)按法律规定从企业财产和收入中提取。

(2)企业自筹。

(3)向员工个人征收等。

员工福利基金不同于一般企业财产,与全体员工的基本利益密切相关,受到法律的特别保护,我国立法中的特别保护措施有:

(1)任何部门不得没收员工福利基金。

(2)员工福利基金有优先补偿权,企业宣告破产时,尚未依法提取的员工福利基金,应尽先依法足额提取。

(3)不提取或少提取员工福利基金的企业将受到行政和经济处罚,侵占和贪污员工福利基金的,从重追究其刑事责任。

十六、员工的社会福利管理执行标准

社会福利为一种社会事业或社会机构,主要指政府机构与社会服务间的有组织联系,以协调个人和团体在社会生活、公共健康及人际关系等方面的需求,增进社会福利。

社会福利有如下本质特征:

(1)普遍性。社会福利的实施目的是为了促进国民整体生活水平和生活质量的提高,而不是为了部分群体和公民的利益。

(2)无偿性。社会福利是对全体合法的公民提供的一种不付报酬的社会帮助,每个公民都有平等享受社会福利的权利。

(3)国家是社会福利的实施主体。提供社会福利是国家的职责,此外,一些非功利的社会组织也有兴办社会福利的权利和义务。

随着工业社会形成和发展,旧的慈善事业,包括其他保障措施已无力解决商品经济条件下必然出现的孤、老、寡、病、残、贫困等社会现象。于是,真正的社会保险应运而生,并通过社会实践,在一定程度上消除了政府利用其他手段不能避免的社会震荡,确保商品经济稳定的发展。与此同时,作为社会福利事业也获得了发展,主要表现在:

第一,福利不再是支离破碎的缺乏社会吸引力的局部慈善行为,而是通过政府立法并组织实施的现代社会福利制度。

第二,福利提供的内容不单是物质生活方面的需要,还包括精神生活和个人全面发展方面的需要。

第三,就福利思想来说,古代占统治地位的行善积德、祈求上帝赐福等观念,已让位于"福利经济"理论和"福利国家"理论。

总之,由于社会福利的积极作用与客观效果,使它同其他社会保障措施一样,成为现代文明与进步的一面镜子,深受各国政府重视。如今,大大小小的国家,不论是社会主义国家,还是资本主义国家,不论是穷国还是富国,各自都建立了一套社会福利制度。

(4)员工福利与社会福利的关系。这两者都是以满足社会成员的物质和精神生活需要、维持和提高社会成员的生活质量为基本任务,以实现社会公平为主要价值目标的物质帮助形式;并且,在员工福利社会化的过程中,员工福利设施可以兼有一定的社会福利职能,公共福利设施可以承担一定的员工福利任务。

员工福利与社会福利的主要区别在于:

(1)前者由用人单位举办或者负担费用;后者由国家和社会举办和负担费用。

(2)前者的享受主体只限于特定用人单位的员工(包括退休人员)及其亲属;后者的享受主体则是全社会成员。

(3)举办的性质不同:员工福利具有一定的集体性质;社会福利具有一定的社会性质。

十七、失业保险管理执行标准

(一)何为失业保险

1. 充分就业与失业

所谓充分就业,是指在既定的工资水平上,愿意工作的人,都能够得到工作机会,而且在既定的工作时间内,劳动者的工作量饱满;反之,则为失业。

失业作为一种经济现象,与社会制度无关,它是生产力发展到一定阶段不可避免的产物。

2. 失业保险

所谓失业保险,是指国家通过立法强制实行的,由社会集中建立基金,对因失业暂时中断生活来源的劳动者提供物质帮助的制度。

失业保险的核心内容是社会集中建立失业保险基金,分散失业这一劳动风险,使暂时处于失业状态的劳动者的生活得到基本保障。

这种制度有两大功能:一是保障生活;二是促进就业。正因这两大功能,人们又称其为失业现象的"减震器"和"安全网"。

关于失业保险的性质和特点,可以从三个方面进行考察:

第一,失业保险属于社会保险范畴,不同于社会保障的其他部分。例如,失业人员领取的失业救济金就不同于社会救济金。失业保险的对象是有劳动能力但一时失去了工作的劳动者,而社会救济的主要对象是没有劳动能力和生活来源的人,以及因自然灾害、意外事故等原因造成的生活困难者。得到社会救济并不要以事先尽义务、缴费为前提条件,而失业保险金的领取者必须以事先参加保险、缴纳保险费为条件。社会救济可以是一次性的、短期的或长期的,而失业救济领取一般以一段时间为期限。失业保险实际上是劳动者劳动的积累,是按劳分配在一定程度上的延续,而社会救济则与劳动无关。

第二,失业保险属于社会保险范畴,不同于商业保险,具有社会保险的基本属性,如强制性、互济性、社会性和福利性的特点,不以赢利为目的。以货币资金为提供物质帮助的主要形式,具有保障劳动者基本生活的功能。拿强制性说,凡法定范围内的企业员工都属保险对象,都得按规定缴纳保费。拿互济性说,失业保险的收入和支出要在失业率高低的不同企业间和不同时期间实行统筹,互助互济。从福利性说,失业保险绝不是以赚钱营利为目的,而是以保障失业工人基本生活为目的。所有这些,社会保险的其他险种如养老险、生育险、疾病险、死亡遗属险、工伤险等,也同样如此。

第三,失业保险作为社会保险的子系统,不同于工伤、养老、疾病、生育、死亡等其他保险项目。工伤、养老、疾病、生育、死亡等保险项目的保险对象是暂时或永久丧失劳动能力的劳动者,而失业保险的对象是有劳动能力的劳动者,这部分人一旦有工作机会,将脱离失业状态。因此,失业保险尽管其直接目的是保障生活,但制度的设立要有利于促进劳动者重新就业,为此失业保险待遇不可能如同养老保险或工伤保险那样长期给予。而且,在待遇资格上要进行甄别,只有那些非自愿失业者才能领取失业救济金。

失业保险的基本功能包括两个方面:一是保障功能;二是促进就业的功能。

失业保险制度的建立可以促进劳动力流动,为产业结构调整创造条件。如果没有失业保险,传统劳动就业制度的改变将难以起步,劳动力也就无法在各行各业合理流动。一旦有了失业保险制度,一方面员工在失业期间能得到经济援助;另一方面失业保险的待遇水平、领取资格、领取期限、等待期限等方面的规定又会积极促使劳动者寻找工作,接受工作,促进劳动力向短缺部门流动。在这种情况下,企业就可以积极大胆地释放多余的劳动力,消除隐性失业,提高效率,降低工资成本。政府可以大胆地推进劳动制度改革,实行全员优化劳动组合,并真正将破产付诸实施,淘汰落后企业和落后产业,优化经济结构和产业结构。

（二）失业保险基金的筹集和运用

如何改进失业保险资金的筹措并提高其使用效率,是目前失业保险制度面临的一大问题。

失业保险资金的来源有:企业缴纳的失业保险费、失业保险费的利息收入和国家财政补贴。可见,失业保险资金主要由企业和国家两方负担。有的把职工个人也列为失业保险资金的筹措对象,变原来的两方负担为企业、国家、个人三方负担。这种做法在增加失业保障资金来源减轻企业负担的同时,提高了劳动者个人的自我保障意识。

但目前失业保险资金的筹集仍存在一定的困难,许多企业不理解失业保险制度,认为失业保险是"一平二调""劫富济贫",并以各种方式拖欠、抵制失业保险费的缴纳,出现了类似少报员工人数或工资总额等"失业保险漏税行为"。这些现象的出现,究其原因,一方面是当事人认识上存在偏差,另一方面也与目前采取的统一费率制不无关系。

失业保险金的缴纳费率由政府统一规定,无法体现企业失业率和其保险费缴纳之间的关系。对效益好失业率低的企业来说,因其只有很少甚至没有员工领取失业救济金,所以这些企业常常把缴纳保险费看做是对效益差失业率高的企业的无偿补贴,使得这些企业不愿参加统筹失业保险,即使参加了也抵制、拖欠保险费。而反观效益差、失业率高的企业,统一费率无疑助长其懒惰与依赖思想。

改变这一现状,采取根据失业风险程度实行差别费率不失为一种好办法。目前,在一些国家这种做法已得到实施。其具体措施是,政府根据各行业的情况,对失业率高的行业按高的费率来征收保险费,对失业率低的行业按相应低的费率来征收。这种做法,一方面可以改变现在"鞭打快牛"的局面;另一方面也使失业率高的行业,放弃依赖思想,努力挖掘自身潜力,减少失业。

保险基金运用问题实际上包括两方面问题。一个方面是失业保险基金能否用作培训费用。我们知道,失业保险不仅有保障功能,还有促进就业功能。国外的经验也说明,这两方面的功能应当有机结合起来。既然如此,失业保险金一部分用作转业培训是理所当然,完全必要的。培训分为两个层次:一个层次为技能培训,如厨师、点心师、电工、驾驶员等社会上需要的多种人才;另一个层次是新成长的劳动力,在就业前进行就业法规、劳动制度等教育,都收到了较好的效果。此外,还有生产自救性培训,主要是那些年龄偏大、文化素质较差的人员,这些人就业较难,列为就业难点。为解决他们的就业问题,我国目前由政府下达指标并负责安置,从待业保险金中拨一部分资金给这些人员组织生产自救,这些资金暂时也不回收。从各地实施情况看,失业保险资金一部分用作促进就业是完全应当的。但是,也应看到,我国失业保险目前尚处于初创阶段,失业保险主要以保障基本生活为目的,而失业风险的波动较大,失业率时高时低,难以预料。因此,在失业保险基金积累比较少的情况下,不宜把失业保险基金过多用作培训费用。

保险基金运用的第二方面问题是基金要不要在运用中"增值"的问题。能够增值当然是好事,问题是失业保险属短期待遇,从长远看这项基金的储备量不会很大,而失业风险的波动性决定了这项基金随时随地都可能动用。因此,这项资金不宜作投资或购长期债券。只应强调保值,如购买短期债券、进行保值储蓄等,而不应强调增值。这是和养老保险不同的地方。养老保险从收入到支出有一个很大的时间差,故可强调在运用中增值,而待业保险金从收入到支出的时间差很小,故不宜过分强调增值。

十八、养老保险管理执行标准

1. 传统养老方式

"积谷防饥,养儿防老"。在各国历史上大体也是如此。历来提倡孝顺父母,一个重要的原因是老人和子女一起生活,人老了全要靠子女供养,这就是家庭养老方式。其特点是:

第一,子女的劳动或生产经营收入,是老人唯一生活来源。

第二,子女的关心和照料,是老人生活起居的唯一依靠。

第三,家庭财产状况是老人生活水平高低的决定性因素。

在这种养老方式下,老人的生活绝对离不开子女。尽管在某些情况下,无子女的老人也可得到社会或亲友的少量救济,但这既不是经常的,也不是主要的。谁无子女,谁老了就无人供养。传统的家庭养老模式,是自然经济占统治地位的小生产方式的产物。

可见,家庭养老的方式是和小生产方式紧紧联系在一起的。然而,随着现代文明的到来,现代工业代替落后的小农业,现代化大生产代替手工劳动为基础的小生产,人类养老方式就必然由家庭养老向社会养老转化。

2. 社会养老

社会养老是指社会给劳动者提供养老生活费用即养老金,而不是指老人的衣食起居和生活照料都按照社会集体的方式来解决。只要老人定期能获得保障自己生活的养老金,不管是否仍和小辈一起生活,都算实现了社会养老。

社会养老是现代工业发展的要求,也是现代工业发展的结果。现代大工业是社会化大生产。大生产排挤了小生产,使劳动者失去了以土地为依靠的生存保障,家庭不再是独立的生产单位,每个劳动者都到一定的经济部门就业。一旦失业,就失去了生活来源。这样,当劳动者年老力衰不能再劳动时,生活就成了问题。他们当然也有子女,从而可依靠子女的劳动收入来过老年生活,然而,他们更有权利要求社会给他们提供养老金。因社会化大生产条件下,劳动生产率有了空前提高,每一个劳动者在其退休前几十年的劳动中不仅创造了劳动阶段所需生活费用,也创造了年老退休后生活所需要的生活费用。换句话说,劳动者在退休前几十年的工作中所付出的必要劳动,不仅包含了劳动年龄生活所必要的价值,也包含了退休后各种必需生活费用的价值。就是说,劳动者未退休时就已为退休后的生活做了准备,并把这部分准备交给了社会,一旦劳动者年老退休,社会就有能力也有义务为他提供养老金。在社会化大生产中,不能再由家庭,而必须由整个社会来为劳动者解决生老病死问题。

社会的进步,医疗卫生条件的改善,人们生活水平的提高,使人类平均寿命大大延长,社会上老人越来越多,终于使养老问题成为一个十分重要的社会问题。这个问题不解决,不仅关系到千百万老人的生存问题,也关系到现有劳动者能否安心工作的问题。每个人都有年老之日,如果社会无法妥善解决养老问题,就不能解决在职员工的后顾之忧。

建立养老保险制度,实现社会养老,可使退休老人的基本生活需要得到满足,也有利于解除在职员工的后顾之忧,调动生产劳动积极性,从而不仅可稳定家庭生活,稳定整个社会,而且会推动社会生产发展。

3. 社会养老的实现形式

社会养老通过养老保险的形式实现。根据上述社会养老产生的原因和条件分析可知,养老保险实施范围的大小和养老金给付标准的高低,不仅取决于需要,更取决于可能,取决于社会生产力发展水平。一般来说,社会生产力水平越高,生产社会化程度越高,就越有条件实行社会养老。

养老保险作为社会保险的重要子系统,和社会保险的其他险种有区别也有联系。养老保险也具有社会性、互济性和强制性。劳动者要求社会给他提供养老金,必须以事先尽义务为前提,正因为如此,享受养老保险金给付,不仅需有年龄规定,还要有工龄规定;不仅有工龄规定,还要有缴纳养老保险费年限的规定。

十九、医疗保险和工伤保险管理执行标准

(一)医疗保险

1. 何谓医疗保险

医疗保险又称疾病保险和健康保险,在美国泛称伤害健康保险。其职能主要是保障劳动者的身体健康,它与良好的医疗条件和各项保险制度的给付,共同形成对劳动者健康水平积极有效的保障作用。对劳动者而言,医疗保险费的开支,属于"劳动能力的正常维持费用"。它在支付的形式和发放的原则上明显有别于其他的社会保险。首先,从享受的对象看,只有患病者才可能享受此项待遇。患者主要享受免费医疗或直接凭单据享受医疗保险金补助。不生病不需医疗的职工不享受这种待遇。其次,从享受标准看,只依据病情的需要,不受经济地位的影响和限制。医疗保险实行与患者工资完全脱钩的方法,可保证劳动者患病以后就医的机会和待遇上的均等。在患者是否承担部分医疗费用的问题上,因工负伤与一般的疾病患者是有所区别的。前者的医疗保险属于经济补偿的性质,因此在项目和待遇上要多一些,好一些;后者的医疗保险带有物质帮助和救济的性质,在医疗保险项目和待遇上要少一些、低一些。但患者本人基本上不负担或只少量负担医疗

费用。

2. 医疗保险历史发展的回顾

回顾一下 19 世纪初的医疗服务状况和其对欧洲工业化时期医疗社会保险制度的影响是有意义的。当时医生不属于高薪职业,高科技虽发展了,但医疗费也不高。随着医疗社会保险逐渐普及,政治家们也意识到了这种潜力,于是采取坚定和积极的方针,鼓励雇主支持工人的建议,作为改善工人健康状况和安抚工人的手段之一。

最早最有意义的政治步骤是 1883 年德国政府颁布的一项法令,其中规定:①某些行业中工资少于限额的工人应强制加入疾病保险基金会;②基金会强制性征收工人和雇主应缴纳的基金,这一法令标志了医疗社会保险作为一种强制性社会保障制度的开始。随后,这项政策逐渐在 20 世纪上半叶的整个欧洲以各种形式推广,强制性医疗保险推广前,自愿性保险经常覆盖一半人口。这项措施在许多国家也得到了政治支持,因为它解决了工人及其家属的后顾之忧,同时也表达了社会对健康和医疗的关心。这由传统的慈善机构或公共互助机构向前迈了一大步。

在德国 1883 年立法以后,奥地利在 1887 年,挪威在 1902 年,英国在 1910 年,也相继采用。法国 1921 年立法,但 1930 年才开始执行。在 20 世纪 30 年代早期,大多数欧洲工业化国家采用了这种方法,当时以生育和疾病社会保险的名义实行,可能由于现成的医疗服务网(包括医生、专家、公立和私立医院)供给状况良好。欧洲法定的医疗保险基金主要由代理机构向医疗部门为其成员支付医疗费用。

(二)建立医疗社会保险的因素

有很多重要因素促使医疗社会保险成为社会保障制度的一部分,如对现行医疗体制提供的医疗服务在数量和质量上不尽如人意,很多人无力支付私人医疗费用等,这都使人们去探讨是否应把基本医疗服务作为每个公民的一种权利。这种要求通常先由接受医疗服务的政治代表提出。人们的不满通常是指医疗资金不足、医疗服务效率低以及私人医院的高昂费用等。

特别是当卫生部门所提供的医疗服务前景暗淡时,劳工组织可能促使政府考虑医疗社会保险。经济的发展和工业化过程使更多的人就业,在没有社会保障的情况下,疾病意味着没有收入甚至失去工作。伴随着大规模农业经济的城市化,导致了家庭结构变小,分担风险和照顾病员亲属的家庭成员减少,在这种情况下,更迫切需要社会保险。大多数靠工资生活的职工对现行的公共医疗服务很有意见,因为距离远、等候时间长,而他们的收入又无力支付私人医疗服务的费用。

雇主对医疗社会保险的态度通常是积极的,因为他们知道健康会提高生产力。在某种程度上,雇主对医疗社会保险的支持将使雇员们更忠心耿耿,并且这比雇主自己为职工提供医疗服务既简单又省钱。

医务人员是否接受医疗社会保险,将取决于工作条件、收入以及职业自由的程度。在发展中国家,医务人员实际上很乐意实行医疗社会保险。尽管医务人员较少,但许多有空闲时间的医生,希望通过医疗社会保险带来稳定的额外收入。私人医院病员不足,如与医疗社会保障挂钩,可增加收入。

病员不一定因为医疗社会保险能使每个人都得到医疗服务而支持它。因为社会和文化态度以致"公众"为医疗社会保险所规定的某些限制可能与个人的喜好有矛盾。例如,病员的隐私和选择医务人员的自由受到影响等。同时,比起个人所得税,人们更愿意付医疗社会保险费。如有征收其他社会福利基金(像老年保险费)的网络,则医疗社会保险费也就容易收集了。

最终建立医疗社会保险的可行性将取决于基础设施的存在及稳定性(包括人力和物力)，雇主、雇员和政府三方的支付能力，以及实行医疗社会保险的管理能力。此外，还需要必要的法律程序。通常在国家社会经济不稳定，并且在过渡时期没有从医疗保险得到实惠时，这些问题会争论不休。争论的焦点通常是认为医疗社会保险会增加劳动成本并可能导致通货膨胀。然而，经常缴纳医疗社会保险费，实际上能代替雇主为其雇员所支付的专项医疗费。

考虑到上述因素，我们会认为刚开始在发展中国家建立的法定的医疗社会保险会受到约束。只要逐项落实，先在具备条件的工业地区进行，许多困难也将迎刃而解，条件成熟后，再从小范围扩大。

(三)医疗保险的资金来源

根据社会共同责任的原则(有时叫共担风险)，强制性医疗社会保险资金来源如下：雇主缴纳的保险费、投保人缴纳的保险费、政府的补贴和其他方面的收入(费用分担等)。

雇主和职工缴纳的保险费常和工资或收入有关，尽管有时采取相同比例征收保险费，但用来缴纳保险费的那部分收入所占工资的比率一般不超过保险费所占最高工资限额的比率。雇主缴纳的保险费总比雇员多。

个体经营者按固定的比例征收保险费，因为让个体经营者既交雇主又交雇员的保险费显然是不合理的，应根据其申报的收入情况，决定或计算其缴纳的金额。另外，应注意到个体经营者有很大的收入差异，有高收入者(如专业人才和商人)，也有收入少的(如工匠、小业主、摊贩)，后者不能定期缴纳。

不管采用哪种方法征收保险费，社会保障制度中的平等原则意味着所有成员都有权享有同等待遇。也就是说，尽管某些特种补贴有数额限制，但个人缴纳保险金的数额和应享有的医疗费之间没有直接关系。在某种程度上，社会保障只涉及某些地区或某些行业的人口，但是经济活力会从社区内的补贴得到好处。

社会保障的"公共性"和"法定性"并不一定意味着政府的直接资助，因为在正常情况下，社会保险资金主要来源于雇主、雇员和个体经营者所缴纳的保险金。然而，法律规定政府提供补贴，这取决于当时经济条件下，国家的财力及受保人缴纳保险金的能力。

(四)工伤保险

工伤保险是国家和社会为保障企业员工在遭受生产、工伤事故和职业病伤害后获得医疗保障、生活保障、经济补偿和职业康复等物质帮助权利的社会保险制度，属于社会保障体系的重要组成部分。工伤保险待遇主要包括医疗待遇、医疗期间工资待遇、伤残待遇和死亡丧葬、抚恤待遇项目。工伤保险制度是国家劳动政策和社会政策，属于政府行为，不属于商业性人身意外伤害保险概念。

在过去，工人受到职业伤害的一切后果都由自己承担，当时有这么一句话很流行："干活的被饭碗和工伤费用压得喘不过气。"工业化初期，工人因职业伤害能得到一点赔偿是在民事法典中规定的，但是他必须在法庭上有足够的证据证明自己受到的伤害是直接由于他人，既可以是其雇主也可以是自己的同事的过失造成的。

由于受职业伤害的工人或他们的家属有时很难或几乎没有可能证明和提供证据表明是因为雇主的过失造成的灾难，因此等待这些人的命运往往是得不到任何赔偿和陷于极端贫困。后来，当人们确定了"职业的危险"原则，雇主要为受职业伤害的人支付赔偿金，并且这一点用法律形式予以保证后，情况才有所好转。到了19世纪末，法国、德国和英国几乎同时确认了"职业的危险"原则：凡是利用机器或雇员体力从事经济活动的雇主或机构就有可能造成雇员受到职业方面的伤害；意外事故无论是由于雇主的疏忽还是由于受害人的同事的粗心大意，甚至根本不存在有什么过失，雇主也应进行赔偿；雇主支付职业伤害赔偿金是一笔日常开支，就像是修理和维修设备的保养费和给职工工资一样；赔偿金应该是企业所负担的一部分管理费用，从本质上看这笔钱的开支还是为了雇主。到 20 世纪初，几乎所有的工业化国家都将职业伤害原则具体写进了自己国家的劳动法规。1925 年，国际劳工局公布的一项报告这样提到："还没有哪一种学说有这么大的力量，使之在如此短暂的时间里被这么多国家所接受。"

（五）工伤保险必须遵循的原则

1. 无责任补偿原则，又称无过失补偿原则

其一，无论职业伤害责任主要属于用人单位还是第三者或者受伤者自己个人，受伤者都得到一定的经济补偿；其二，是用人单位不承担直接补偿责任，由工伤社会保险机构统一组织工伤补偿。

2. 个人不缴费原则

工伤保险费用由用人单位缴纳，员工个人不缴费，这是工伤保险区别于其他社会保险项目的标志。

3. 补偿与预防、康复相结合的原则

工伤保险的根本任务是保障员工的生活，保护职工健康，促进社会安定和生产力发展。基于此，工伤保险就应当与事故预防、医疗康复、职业康复相结合。

4. 征集基金、共担风险的原则

这是各项社会保险的共同原则，通过强制征收保险费，建立统一的工伤保险基金，实行统一管理。

5. 区别因工和非因工的原则

职业伤害与工作和职业有直接关系，工伤保险待遇具有补偿性质。因此，确定工伤保险范围的依据就是把握因工和非因工的界限。

6. 补偿工资损失原则

也就是工伤保险待遇与受伤害工人既往的工资收入保持一个适当的比例。

第七章

行政办公室事务管理

《按流程执行》

一、行政监督工作流程设计

流程名称	行政监督工作流程	编码			
		执行者	行务部	监控者	行政总监
行为实施环节	行政部	监督		执行者	

```
管                    流程起始
理
行                   下达督办任务 ───────→ 督办 ─────────────┐
为                                                          │
                       认可 ←───── 复命 ←── 民办 ── 答复 ◇──┘
                                                      │
                                                     未办
                       处理 ←───── 上报 ←──────────────┘

                       催办 ──────────────┐
                                          ↓
                       认可 ←── 民办 ── 答复 ◇
                                          │
                                         未办
                       处理 ←──────────────┘

                       流程结束
```

二、行政检查工作流程设计

流程名称	行政检查工作流程	编码			
		执行者	行政部	监控者	行政总监
行为实施环节	各部门	行政部		行政总监	

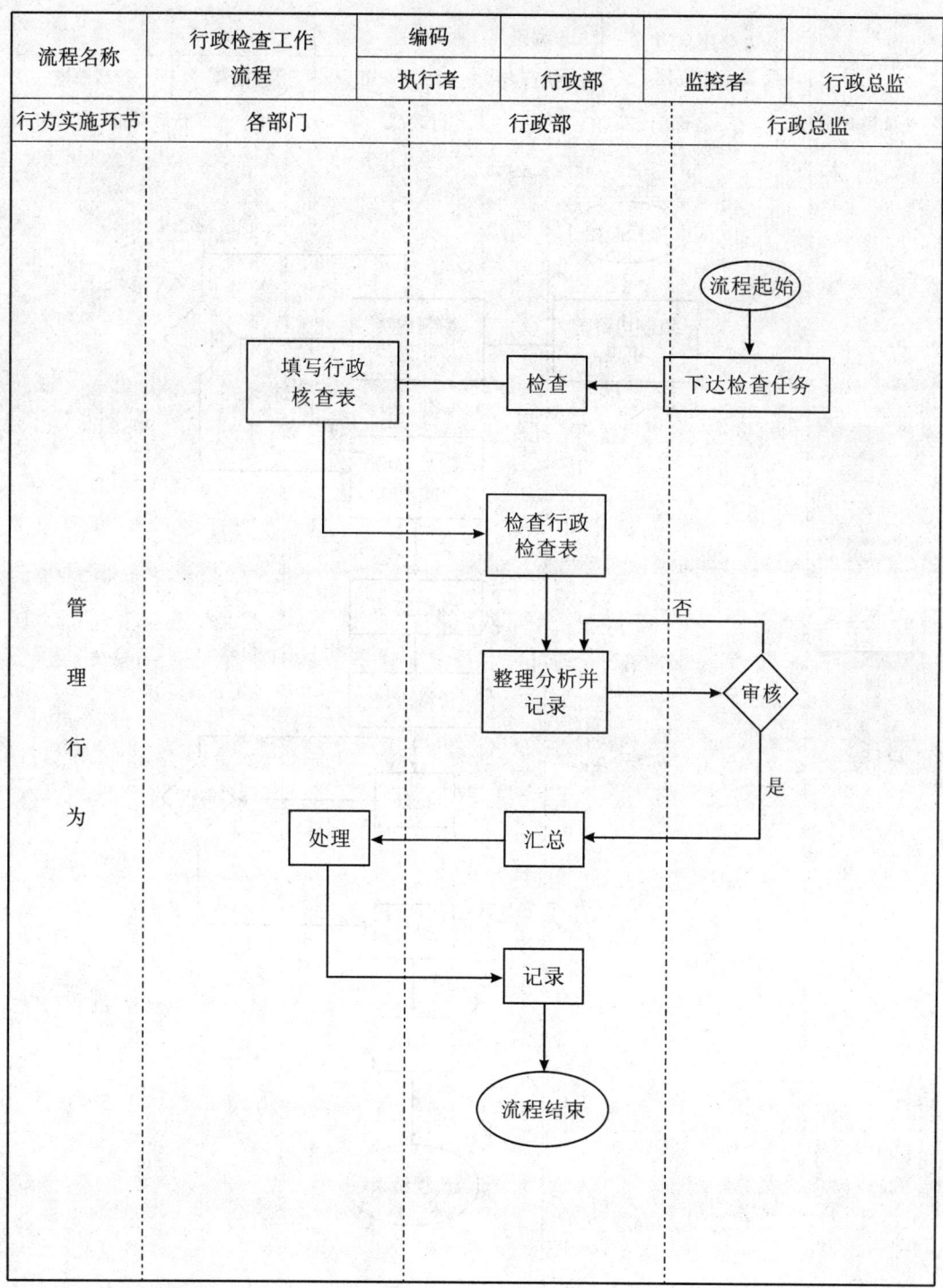

三、办公用品购买管理工作流程设计

流程名称	办公用品购买工作流程	编码		监控者	行政总监
		执行者	行政部	监控者	行政总监
行为实施环节	各部门		行政部	行政总监	
管理行为					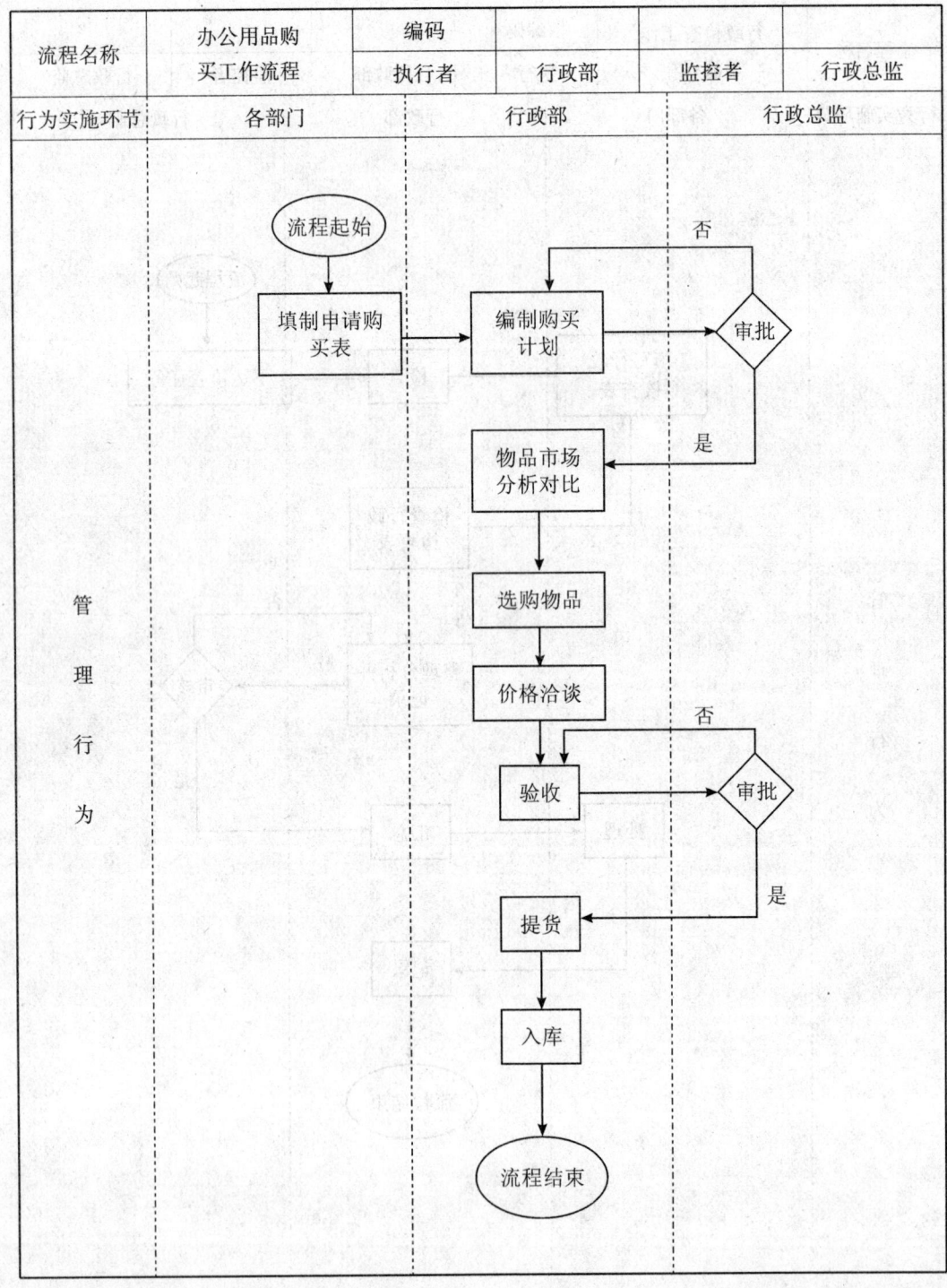

四、办公用品领用管理工作流程设计

流程名称	办公用品领用 工作流程	编码		监控者	财务总监
		执行者			
行为实施环节	各部门		行政部		行政总监

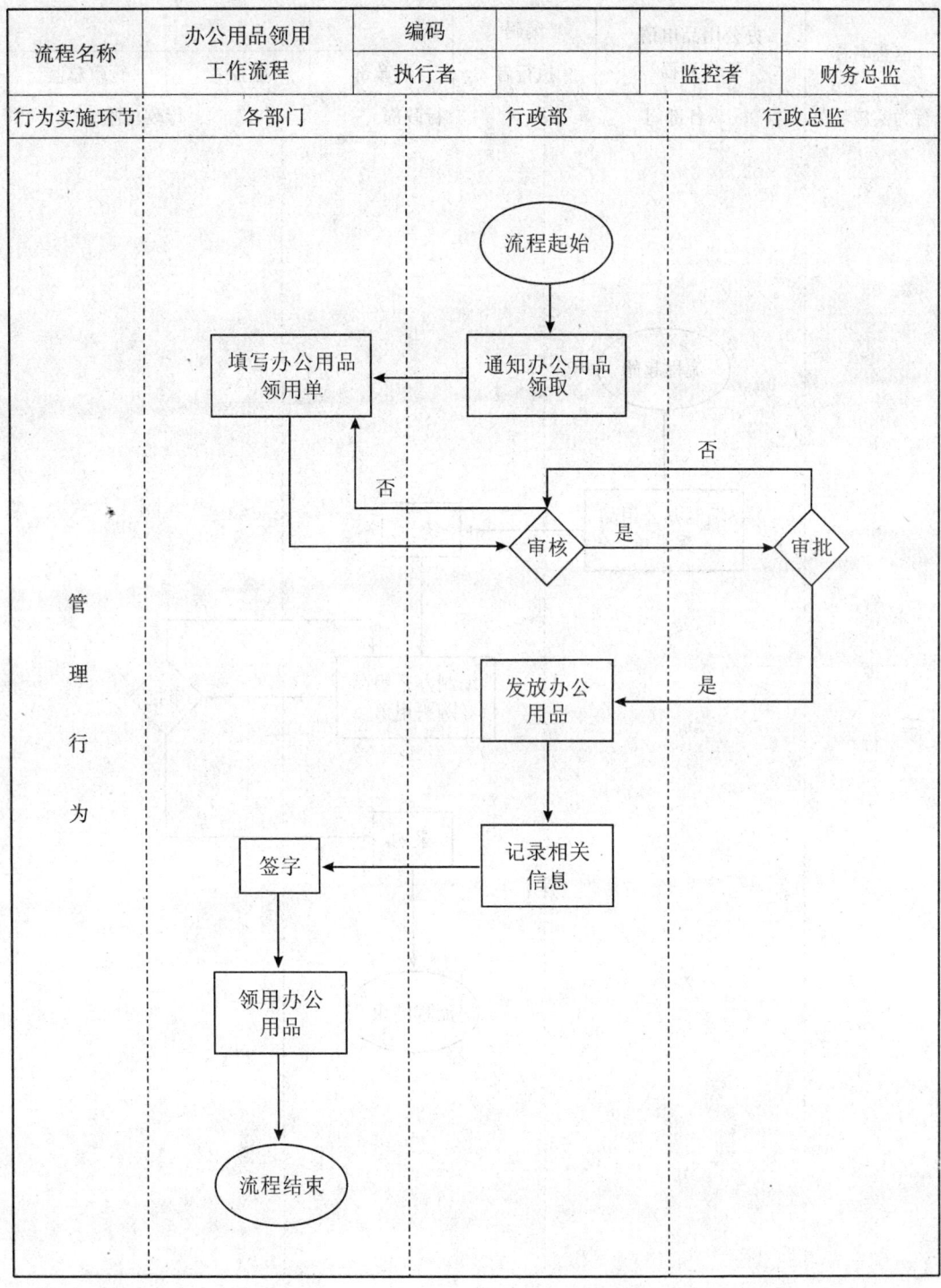

五、办公用品申请管理工作流程设计

流程名称	办公用品申请 工作流程	编码			
		执行者	行政部	监控者	行政总监
行为实施环节	各部门	行政部		行政总监	

管理行为

流程起始

填制办公用品需求单 → 统计

编制办公用品购买申请 → 审批

否

是

采购

流程结束

六、办公设备购买管理工作流程设计

流程名称	办公设备购买工作流程	编码			
		执行者	行政部	监控者	行政总监
行为实施环节	各部门	行政部		行政总监	总经理

管 理 行 为

```
            ┌──────────┐
            │  流程起始  │
            └────┬─────┘
                 │
                 ▼
       ┌──────────┐        ┌──────────┐        否              否
       │办公设备购置│───────▶│  汇总申请  │──────▶◇审核◇──是──▶◇审批◇
       │   申请    │        └──────────┘                      
       └──────────┘              │                    是
                            ┌────┴─────┐◀──────────────────────
                            │   购买    │
                            └────┬─────┘
                                 ▼
                            ┌──────────┐
                            │   验收    │
                            └────┬─────┘
                                 ▼
                            ┌──────────┐
                            │   入库    │
                            └────┬─────┘
                                 ▼
                            ┌──────────┐
                            │   登记    │
                            └────┬─────┘
                                 ▼
           ┌──────┐        ┌──────────┐
           │ 使用 │◀───────│   发放    │
           └──┬───┘        └──────────┘
              ▼
        ┌──────────┐
        │  流程结束  │
        └──────────┘
```

七、办公设备管理工作流程设计

流程名称	办公设备管理 工作流程	编码			
		执行者	行政部	监控者	行政总监
行为实施环节	行政部	行政总监		总经理	

管 理 行 为

```
           流程起始

        办公设备登记
                        否

       编制办公设备
       使用情况表   ──→  审核  ──是──→  审批
                                   否

        设备建档  ←──────是──────

        设备改装

        设备报废

        流程结束
```

八、办公设备维修管理工作流程设计

流程名称	办公设备维修管理工作流程	编码			
		执行者	行政部	监控者	行政总监
行为实施环节	各部门	行政部		行政总监	

管理行为		

流程起始

提出设备维修申请 — 否 → 审查

是

填制设备维修申请单 → 审批 ← 否

是

协调修理

确定费用

签字验收

记录存档

流程结束

九、行政经费管理工作标准

1. 合理原则

企业行政经费管理应以合理安排资金、及时供应、保证部门需要为原则。在企业有限的财力下,正确处理财务收支活动中所体现的各种经济关系,做到重点突出,协调发展,把有限的资金用到最需要的地方,充分发挥效用,保证企业任务的完成。

2. 节约原则

节约预算经费,要抓好企业行政性经费的节约,减少纯消耗性支出,以降低行政管理成本。控制预算也要抓好业务性支出的节约,这种节约主要不是减少业务性支出的绝对数,而是以满足企业发展的需要为前提。节约业务经费的办法主要是提高资金使用效率,即在同等的财力下,通过科学合理的运筹,完成更多的事情,取得更大的业务成果。

3. 监督原则

监督主要是对经费活动的合法性、合理性和有效性进行监督,保证和支持正常的经营活动的开展。经费监督应从编制预算开始,整个资金活动要严格按程序进行管理,健全和完善各个环节的财务管理制度,做到办事有计划、拨款有预算、收支有标准、信息有反馈、分析有资料、监督有要求和处理问题有结果等。

十、办公室布置工作标准

□ 办公布局

第一条　办公布局应合理、美观,便于内部公务沟通和住处流转,便于外来人员办事。

第二条　办公布局应注意与外界接触较多部门,如收发室、传达室等,在公司办公区域入口处。

第三条　办公布局应注意行政、综合协调部门,设在办公区域的中心位置。

第四条　办公布局应注意财务、电脑网络中心、机要、档案等部门,设在办公区域的最里处。

第五条　办公布局应注意联系密切的部门,如党、团、工会,应就近安排在一起。

□ 办公空间设置

第六条　办公空间设置应符合公司经营风格最大限度地发挥办公空间效能。

第七条　办公空间设置应营造人性化办公的氛围有利于卫生清扫和消防安全。

第八条　在办公空间设置时,根据公司形象系统(CIS)方案,为办公场所选用相应的标志颜色和主、辅助色。

第九条　在办公空间设置时,办公桌的排列应按直线对称的原则和工作流程线的顺序,其流径以最接近直线为宜,防止逆流与交叉现象。

第十条　在办公空间设置时,各座位间的通道要适当。

第十一条　在办公空间设置时,光线应来自左前方,以保护视力。

第十二条　在办公空间设置时,常用的设备应放在使用者的近处。

第十三条　在办公空间设置时,各部门铭牌在合适位置钉挂。

第十四条　在办公空间设置时,办公桌、柜、箱、橱顶上不得乱堆文件、杂物。

第十五条　在办公空间设置时,总经理等高级人员办公间设于大办公室之一端,用落地玻璃隔间。

第十六条　在办公空间设置时,各部门座位采用同一方向(列),前排为职工、中排为主管、后排为部门经理。

第十七条　在办公空间设置时,接待外来访客频繁的员工,座位靠近总台或入门处。

第十八条　在办公空间设置时,总台附近设长沙发和茶几接待来宾,在总经理套间内或旁边设会议室或洽谈室。

第十九条　在办公空间设置时,办公桌单独排列,如确因场地需要,两桌可并排。

第二十条　在办公空间设置时,大开间中央办公区每一办公桌可用隔板隔成半封闭个人工作间。

第二十一条　在办公空间设置时,财会和行政秘书(打字、档案)应设独立的小办公间。

□ 办公设备

第二十二条　办公设备的置购应把握有助于提高工作效率和效益的原则,符合人机工程原理,减少人员疲劳,不损害健康。

第二十三条　办公设备包括:办公桌、椅电脑台、椅沙发、茶几、电脑(主机、打印机、扫描仪)、网络系统、复印机、装帧(订)机、塑封机、文件破碎机、传真机、电话设备、电话总机、单机、手机、BP 机、投影仪、音响、放像、放扩声系统、录音机、照相机、录像机、工作台灯、文件柜、保险箱、冷热饮水器、空气清新机、负离子发生加湿器、抽湿机、吸尘器、干衣机衣架、更衣柜等。

□ 办公环境

第二十四条　确保办公室的光照条件,使之有适量的光度和光质。

第二十五条　确保办公室的通风条件,使之空气流通,不混浊。

第二十六条　办公区域不应有较大噪声,禁止用高音嗽叭广播,保持相对安静。

第二十七条　办公场所谢绝以员工个人为目标的各类商品的上门推销。

第二十八条　办公区域在工间和午休时,可播放以轻音乐为主的背景音乐。

第二十九条　搞好办公场所的卫生保洁工作。

第三十条　在办公室外广植花草,见缝插绿、种绿,美化环境。

第三十一条　与毗邻企事业单位和睦相处、团结互助,建立良好社区关系。

十一、办公室用品管理工作标准

第一条　本公司办公用品、办公设备、低值易耗品、通信设备的采购、保管与发放,由公司行政部全权负责。

第二条　办公物品的申请及购置遵循以下程序:各部门将所需办公用品提前 10 个工作日报至行政部,行政部根据实际用量和库存情况制定购置计划,经总裁批准后购置。

第三条　通信设备、特需办公用品和低值易耗品,须经主管总裁批准,由行政部负责购置,然后记入备用品保管账目。

第四条　备用品发放采取定期发放制度,每月的 5 日和 20 日办理,其他时间不予办理。

第五条　本公司的备用品保管实行"三清、两齐、三一致",即材料清、账目清、数量清,摆放整齐、库房整齐,账、卡、物一致,做到日清月结。

第六条　本公司的备用品仓库有行政部负责,备用品入库需根据《入库单》严格检查品种、数量、质量、规格、单价是否与进货相符,按手续验收入库,登记入账。

第七条　在日清月结的条件下,月末必须对所有单据按部门统计,及时转到财务部结算。

第八条　各部门设立耐用办公用品档案卡,由行政部定期检查使用情况,如非正常损坏或丢失,由当事人赔偿。

第九条　行政部负责收回公司调离人员的办公用品和物品。

第十条　行政部建立公司固定资产总账,对每件物品要进行编号,每年进行一次普查。

十二、办公室用品发放工作标准

第一条　为规范本公司办公用品的发放,减少办公用品损耗量,特制定本规定。

第二条　公司各部门在领取、使用办公用品时,应严格遵守节约、高效利用的原则。

第三条　各部门办公用品应指定专人管理。

第四条　各部门应于每月 25 日前将下月所需办公用品计划报办公室。办公室于每月 5 日前一次性发放各部门所需办公用品。

第五条　采购人员须根据计划需要采购,保证供应。

第六条　办公用品入库和发放应及时记账,做到账物相符。

第七条　任何人未经允许不得进入办公用品库房,不得挪用办公用品及其他物资。库房要做到类别清楚、码放整齐。

第八条　加强库房管理和消防工作,防止失盗、失火。

十三、办公室文具管理工作标准

第一条　为使本公司办公文具用品管理规范化,特制定本制度。

第二条　本制度所称办公文具分为消耗品、管理消耗品及管理品三种,具体定义如下:

1.消耗品:铅笔、刀片、胶水、胶带、大头针、图钉、笔记本、复写纸、卷宗、标签、便条纸、信纸、橡皮、夹子等。

2.管理消耗品:签字笔、荧光笔、修正液、电池、直线纸等。

3.管理品:剪刀、美工刀、订书机、打孔机、钢笔、打码机、姓名章、日期章、日期戳、计算机、印泥等。

第三条　本公司的文具用品分为个人领用与部门领用两种。个人领用指个人使用保管的用品,如圆珠笔、橡皮、直尺等。部门领用指本部门共同使用的用品,如打孔机、订书机、打码机等。

第四条　本公司的消耗品可依据历史记录(如以过去半年耗用平均数)、经验法则(估计消耗时间)设定领用管理基准(如圆珠笔每月每人发放一支),并可随部门或人员的工作状况调整发放时间。

第五条　本公司的消耗品应限定人员使用,自第三次发放起,必须以旧品替换新品,但纯消耗品(如直线纸)不在此限。

第六条　本公司的管理品移交时如有故障或损坏,应以旧换新,如遗失应由个人或部门赔偿、自购。

第七条　本公司的文具的申请应于每月25日由各部门提出"文具用品申请单",交管理部统一采购,并于次月1日发放,但管理性文具的申请不受上述时间限制。

第八条　本公司各部门设立"文具用品领用记录卡",由管理部统一保管,在文具领用时作登录使用,并控制文具领用状况。

第九条　文具用品一般由管理部向文具批发商采购,其中必需品、采购不易或耗用量大的物品,应酌量库存,管理部无法采购的特殊文具,可以经管理部同意并授权各部门自行采购。

第十条　新进人员到职时由各部门提出文具申请单向管理部领取文具,并列入领用卡,人员离职时,应将剩余文具一并交管理部。

第八章

会议与提案管理

《按流程执行》

一、会前准备工作流程设计

流程名称	会前准备工作流程	编码			
		执行者		监控者	
行为实施环节	行政部	行政总监		总经理	

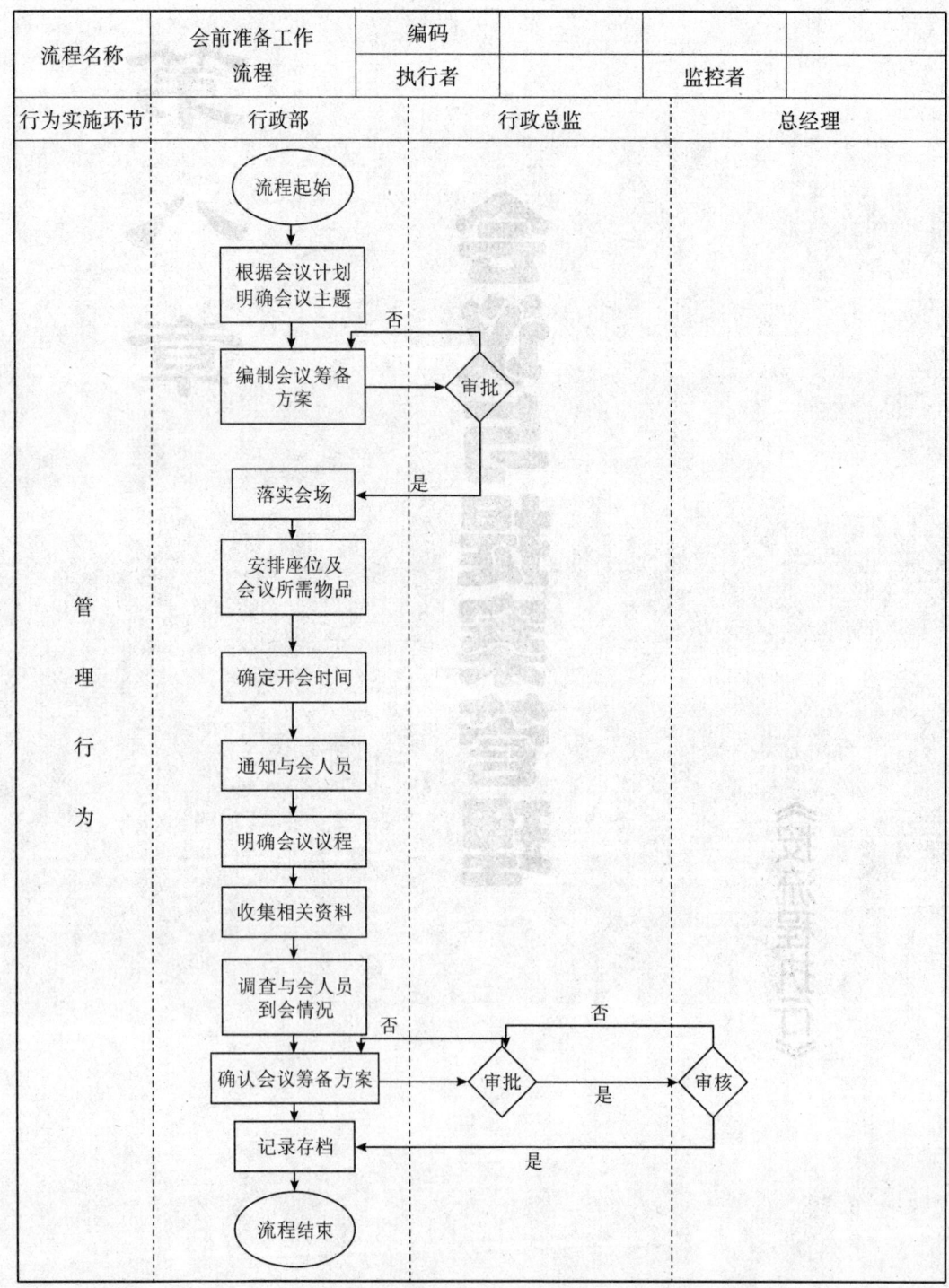

二、会议管理工作流程设计

流程名称	会议管理工作流程	编码			
		执行者	行政部	监控者	行政总监
行为实施环节	行政部	行政总监		总经理	

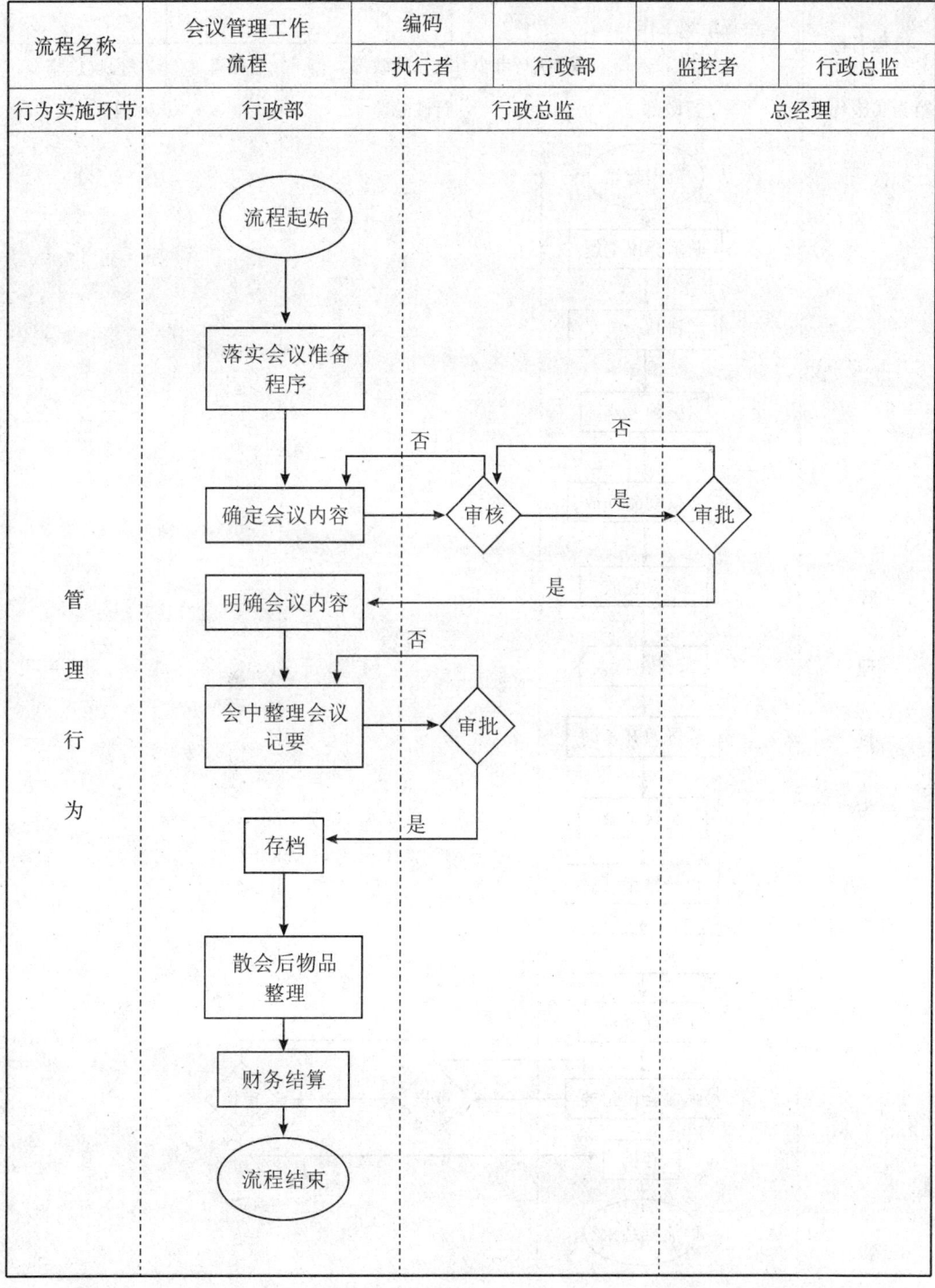

三、会议组织工作流程设计

流程名称	会议组织工作流程	编码			
		执行者	行政部	监控者	行政总监
行为实施环节	行政部		行政总监		总经理

管理行为	

```
                    流程起始
                       │
                  明确会议主题
                       │
                  招待与会人员
                       │
                   引领入座
                       │
                  会议物品摆放
                       │
                   资料发放
                       │
                  安排主持人
                       │
                  领导致开幕词
                       │
                   会议记录
                       │
                  讨论结果汇总
                       │
                  记录讨论结果
                       │
                   整理分析
                       │
        否                        否
      ┌──── 编制会议纪要 ──→ 审核 ──→ 审批
      │                        是    是
      └──── 存档 ←──────────────┘
              │
           流程结束
```

四、提案管理工作流程设计

流程名称	提案管理工作流程	编码			
		执行者	行政部	监控者	行政总监
行为实施环节	各部门	行政部		行政总监	总经理

管 理 行 为

```
        ┌──────────┐
        │  流程起始  │
        └────┬─────┘
             ↓
    ┌──────────┐      ┌──────────┐
    │ 提出各种   │ ───→ │ 收集汇总   │
    │ 合理化建议 │      │  信息     │
    └──────────┘      └────┬─────┘
                           │        否          否
                           ↓    ┌────────┐  ┌────────┐
                      ┌──────────┐         ↓             ↓
                      │ 编制方案   │ ──→  ◇审核◇  ─是→  ◇审批◇
                      └──────────┘                        │
                                                          是
                      ┌──────────┐ ←─────────────────────┘
                      │ 分析方案   │
                      └────┬─────┘
                           ↓
                      ┌──────────┐
                      │ 优化方案   │
                      └────┬─────┘
                           ↓
                      ┌──────────┐
                      │ 确定方案   │
                      └────┬─────┘
                           ↓
                      ┌──────────┐
                      │ 流程结束   │
                      └──────────┘
```

五、提案成果管理工作流程设计

流程名称	提案成果管理 工作流程	编码			
		执行者	行政部	监控者	行政总监
行为实施环节	行政部	行政总监		总经理	

管理行为

```
        ┌─────────────┐
        │  流程起始   │
        └──────┬──────┘
               ↓
        ┌─────────────┐
        │ 分析提案成果 │
        └──────┬──────┘
               ↓
        ┌─────────────┐
        │ 优化提案成果 │
        └──────┬──────┘
               ↓
        ┌─────────────┐      否          否
        │ 编制提案成果 │ ──→ ◇审核◇ ─是→ ◇审批◇
        │    报告     │
        └─────────────┘
        ┌─────────────┐
        │  提案成果   │ ←──────── 是
        │    公布     │
        └──────┬──────┘
               ↓
        ┌─────────────┐
        │  存档记录   │
        └──────┬──────┘
               ↓
        ┌─────────────┐
        │  流程结束   │
        └─────────────┘
```

六、开会准备工作标准

（一）拟定会议工作方案

一般应包括以下内容：会议记录简报工作、会议经费预算、食宿安排、保卫和保密工作等。

（二）选定、安排议题

（三）拟定会议议程、日程和程序

（四）准备会议文件、报告

日常工作会议的文件、报告，主要应由各职能部门起草准备。

（五）提出与会人员名单

（六）编排分组

参加会议人员名单确定之后，要对与会人员进行编组，即按照一定的规律将全体与会人员划分为若干小组，以方便讨论问题。

（七）选定、布置会场

1. 选定会场。会场的选择，要结合开会人数、会议内容等综合考虑。在有条件的情况下，主要考虑下列因素：第一，会场大小适中，以每人平均 2～3 平方米为宜。太大显得松散，过小则拥挤。第二，会场地点适中。第三，会场附属设施齐全，包括照明、通讯、卫生、服务、电话、扩音、录音等。

2. 布置会场。不同的会议，要求有不同的布置形式。座谈会会场要求和谐融洽，纪念性会议会场要求隆重典雅，日常工作会议会场要求简单实用。

（八）制发会议证件

会议证件是表明与会议直接有关人员身份权利和义务的证据。

（九）发布会议通知

各项会议准备工作基本就绪后，要尽早发出开会通知，以便与会人员提前做好准备。

（十）制定会议须知

会议须知的内容主要包括请假制度、会客制度、安全要求、作息时间和其他注意事项。

（十一）负责会议报到

（十二）会议秘书工作机构的设置和工作人员的调配

日常工作性会议、小型会议，一般由办公室或业务处室工作人员负责会议工作。规模较大且又较重要的会议，需组织精干有力的工作班子或成立大会秘书处，下设若干工作小组如秘书组、文件组、宣传报道组、交通组等，明确分工，各负其责，保证会议顺利进行。

七、会中事务工作标准

1. 会议签到。各参加会议人员在签到处签到,在会议报到表或特设的签到簿上签名。
2. 引导座次。由会议服务人员引导到相应座位上就座。
3. 安排发言。由会议主持宣布会议议程,安排发言。
4. 会议记录。由会议文书人员将会议发言状况及相关事项记入会议记录簿。
5. 会议服务。由会议服务人员主管安排会议的服务工作,具体包括茶水准备、更换、紧急事项处理等。

八、会后事务工作标准

1. 资料整理归档。会议结束后及时整理相关资料,需要处理的事项,填写会议事务处理表经主管领导批示后转发有关部门处理。其他资料分类存档。
2. 会议总结,制作简报。会议形成的决议,尽快制定成文,发放到相关单位。需要制成单位简报的制成简报,需要写海报的写海报。
3. 会议秘书部门应于会后撰写该会议的会议备忘录和会议纪要。

九、会议管理工作标准

(一)提高会议成效的要领
1. 要严格遵守会议的开始时间。
2. 要在开头就议题的要旨做一番简洁的说明。
3. 要把会议事项的进行顺序与时间的分配预先告知与会者。
4. 在会议进行中要注意如下事项:
(1)发言内容是否偏离了议题?

（2）发言内容是否出于个人的利害？

（3）是否全体人员都专心聆听发言呢？

（4）是否发言者过于集中于某些人呢？

（5）是否有从头到尾都没有发过言的人呢？

（6）是否某个人的发言过于冗长呢？

（7）发言的内容是否朝着结论推进呢？

5.应当引导在预定时间内作出结论。

6.在必须延长会议时间时,应取得大家的同意,并决定延长的时间。

7.应当把整理出来的结论交给全体人员表决确认。

8.应当把决议付诸实行的程序理出,加以确认。

（二）会议禁忌事项

1.发言时不可长篇大论,滔滔不绝（原则上以不超过3分钟为限）。

2.不能从头到尾沉默到底,一言不发。

3.不可取用不正确的资料。

4.不要尽谈些期待性的预测。

5.不可做人身攻击。

6.不可打断他人的发言。

7.不可不懂装懂,胡言乱语。

8.不要谈到抽象论或观念论。

9.不可对发言者吹毛求疵。

10.不要中途离席。

十、会场纪律工作标准

第一条　凡属各职权范围内能够协调解决的问题,一律不得提交上一级会议研究审定。

第二条　提交会议研究的议题,由主办科室或牵头科室协调并拿出具体意见。

第三条　准时参加会议,不得无故迟到或离会,有事必须在会前向有关领导请假。

第四条　参会时一律关闭通讯工具。

第五条　注意保密,不向会议无关人员谈论会议讨论情况。

十一、会议通知工作执行标准

会议通知工作执行标准:

1. 会议通知的书写要求文字明白、清楚、没有歧义。

2. 会议通知的书写要求全面、周到,没有漏项。

3. 在电话通知的同时要求留下书面通知的底稿。

4. 会议通知的内容要求明确范围、出席对象、职务,都要写清楚。

5. 在正式通知之前,可先向会议关键人员发预备通知。

6. 通知的正文下面,要注明联系电话、联系人姓名。

7. 会议通知的信封应注明是"会议通知",并要注明送到日期,这样可以作为急件及时递送和通知,避免误时误事。

8. 重要会议的会议通知发出后,还应跟踪落实,用电话与参加会议人员联系,检查通知是否已收到,了解对方能否出席会议。特别是对会议中的关键人物,尤其应该这样。

十二、会前审核工作执行标准

会前审核工作执行标准如表8-1所示:

表8-1 会前审核工作执行标准

项　　　　目	审核
1. 活动的主题	
2. 活动的规模	
3. 预算	
4. 招待对象的层次	
5. 总人数(查邀请回函)	
6. 活动日期及时间(注意是否与其他同业的活动冲突)	
7. 活动天数	
8. 筹备单位	
9. 活动负责人	
10. 活动作业明细分工表	
11. 会场的预订 　　主会场 　　分会场	

项　　目	审核
洽谈场	
展示室	
来宾休息室	
工作人员休息室	
演艺人员休息室	
12.制作来宾名册	
姓名、地址、公司名称、电话、职务等的核对	
13.邀请函	
信封	
邀请卡	
回函、明信卡	
纪念品	
停车场	
指引地图	
餐券订制张数(多印20%的备份)	
信封书写	
投递日期(应在活动日期的两三个星期前寄达对方)	
14.纪念品方面	
纪念品的选定	
包装	
外包装、书写	
礼品题款	
蝴蝶结装和礼品包装	
定制数量(要多出20%的备份)	
15.交通工具方面	
飞机	
面包车	
轿车	
16.酬谢费(给司机人员等)	
17.会场布置	
主席台	
会标	
灯光	
音响效果、录音	
座次	
台下座位	
急疏散方案	
茶水饮料供应	
18.宴会的形式	
餐桌入座式	
自助餐入座式	
半入座式自助餐	
鸡尾酒立食式自助餐	
立食式鸡尾酒会	
19.料理样式	

项　　目	审核
20. 饮料 　　国产白酒 　　鸡尾酒 　　啤酒（瓶装或扎啤） 　　饮料类	
21. 香烟	
22. 菜单的印制	
23. 花饰方面 　　花篮 　　桌上花饰 　　雕冰花饰 　　胸花 　　赠用花束 　　典礼台花饰 　　立挂花饰 　　蜡烛 　　展示品饰花	
24. 园景制作 　　西式园景 　　东方园景 　　租借盆景 　　a. 观中盆景 　　b. 观花盆景 　　茶几 　　遮阳伞	
25. 看板、标示板类 　　大门看板 　　方向标示 　　专用停车场标牌 　　展示商品说明标牌 　　社徽、商标看板	
26. 拍照摄影方面 　　纪念照片 　　快照	
27. 选择桌子（如圆桌或方桌）	
28. 座位顺序 　　桌面标示卡 　　桌面标示卡的书写	
29. 胸章、名牌方面 　　颜色、大小、种类的选定 　　公司名、职衔、姓名的书写	
30. 女服务员着装方面 　　洋装 　　旗袍 　　各国民族服饰	

项　　　　　目	审核
31. 新闻方面 　文字记者 　摄影记者 　录像记者及电源准备	
32. 资料的收发	
33. 住宿安排方面 　安排来宾的住宿（套房、单人房、双人房） 　领导人的住宿 　预订房间 　妥善分配房间	
34. 特设专用柜台	
35. 支付的负担范围（住宿、餐费、电话费……）	
36. 安排用餐方面	
37. 活动日程方面 　司仪开场白 　主持人的致辞 　来宾致辞 　宣读贺电 　致谢辞 　活动日程表 　播放背景音乐 　放映宣传影片、幻灯片	
38. 服务柜台的工作 　来宾出缺席之确认 　发放胸章 　发放活动日程表 　引导来宾到休息室 　发放座位牌 　发放纪念品 　设置暂时电话 　来宾签名纪念	
39. 表演节目的总预算方面 　本单元的活动安排 　节目策划及演出	
40. 新的工厂、公司落成庆祝喜宴 　节目执导 　节目主持人 　舞台灯光 　舞台装备 　停车场 　收付柜台 　向导、招待、解说人员 　活动日程表 　指引标示 　说明标示牌	

项　　目	审核
茶水点心的招待	
工厂、公司落成说明	
接待记者采访人员	
接送交通工具	
联系有关官方机构	
电气能源	
冷暖气设备	
桌椅	
照明设备	
音响设备	
游戏节目	
纪念品	
会场布置	
料理、饮料	
服务人员	
41. 展示会方面	
会场布置	
演出计划	
展示、装饰计划	
邀请函、DM 的制作	
游戏节目	
选定搬运公司	
迁入计划（当天或前天）	
装设计划（当天或前天）	
a. 展示商品	
b. 展示器具	
c. 电气工程、安装工程	
制服	
解说体系	
a. 海报	
b. 说明书	
c. 解说员	
d. 说明标示牌	
e. 实地表演	
迁出计划（当天或隔天）	
茶水点心	
用餐问题	
洽谈室	
接待记者采访人员	
42. 支付旅馆费用方面	
支付的日期	
汇款、前来收款、当天支付现金	
出纳员	

十三、会议签到工作执行标准

会议签到工作执行标准如下。

1. 簿式签到

签到人员要求签署自己的姓名、职务、所代表的单位等。

2. 会议工作人员代为签到

会议工作人员事先制定好参加本次会议的花名册,开会时,来一人就在该人名单后画上记号,表示到会,缺席和请假人员也要用规定的记号表示。例如:用"√"表示到会,用"×"表示缺席,用"0"表示请假等。

3. 证卡签到

签证卡上一般印有会议的名称、日期、座次号、编号等,会议工作人员将印好的签到证事先发给每位参会人员,参会人员在签证卡上写好自己的姓名,进入会场时,将签证卡交给会议工作人员,表示到会。

4. 座次表签到方法

会议工作人员按照会议模型,事先制定好座次表,座次表上每个座位按要求填上合适的参会人员姓名和座位号码。

5. 电脑签到

电脑签到快速、准确、简便,参加会议的人员进入会场时,只要把特制的卡片放到签到机内。

十四、会场服务工作执行标准

会场服务工作执行标准如下。

1. 引导座位

大多数会议,参会者的座位都是事先安排的,参会者应该对号入座,或者将会场划分为若干部分,以部门为单位集中就座。

2. 分发会议文件材料。

会议中所需要的文件材料,会议工作人员应及时、准确地分发到每位参会者手中。

3. 内外联系、传递信息

会议进行中,不是与外界隔绝,需要会议工作人员进行内外联系,传递信息。

4. 维持会场秩序

如制止与会议无关的人员进入会场,保证会议地点安全。会议进行时如发生混乱,会议工作人员要及时制止和调停。

5. 处理临时交办事项

会议进程中,可能发生一些意想不到的临时变动,会议工作人员应及时向领导请示,并对领导的指示采取应急措施,妥善处理。

6. 其他服务工作

及时准备好会议期间所需的物品,如笔、墨、纸张等。保证会场光线充足,保持会场清洁卫生,会场摄影留念等。时间较长的会议还要准备好茶水。

十五、会议记录工作执行标准

会议记录一般有两种方法:一种是摘要记录,另一种是详细记录。通常日常性的工作会议多采用摘要记录。摘要记录是抓住重点,摘录要义,如发言要点、结论、会议通过的决议、决定等。摘要记录对记录人员素质要求较高,记录人员在记录时必须迅速作出分析概括,抓住重点,领会要义,明白取舍,既要准确地表达发言者的中心意思,又要做到简明扼要。会议的重点一般都是领导的发言、会议的决定、决议。

详细记录要求有言必录,不但要记录要点,而且要按照原话的方式记录论述要点的材料和证据。做详细记录要求速度快,记录者精力集中,思想不能分散,否则就不能全面、准确、详细地记录会议内容。为了快速准确和全面详细记录,可采用速记符号或借助录音机,会后再进行整理,原始记录和录音磁带作原始资料保存。

会议记录要求真实、准确、完整。做好会议记录,不仅要求记录人员有认真、负责的态度,而且要求记录人员有一定的秘书工作的专业知识和实践经验。会议记录人员必须熟悉会议的情况,明确会议的宗旨和基本精神,否则会影响记录人员迅速地对会议内容作出完整准确的记录。

十六、会议简报编写工作执行标准

会议记录是会议的第一手材料,是会议内容的真实反映。现场记录者必须记录速度快,特别是详细记录,有话必录,由于工作紧张,会议记录人员不可能书写工整。还有些即席发言的记录口头语较多。这些都需要对会议记录做及时整理。整理时要对会议记录做全面检查,对错字、别字、漏字、字迹不清的地方和其他遗漏要进行改正和补写,把速记符号变为文字,简写的专门术语也要补充完整。还应将发言人的口头语改为书面语言。语句不通顺和条理表达不清楚的地方,要及时找到有关人员核对。

在整理会议记录的基础上,认真撰写后就形成会议简报。会议简报是为了交流情况、提高会议的质量。会议简报要真实地反映会议情况,文字要简练,篇幅要短小,选择会议中的一些重要问题。会议简报的写作方法主要有两种:

(1)指导式写法,即采用新闻报道的形式,反映会议情况,这种写法要求简报编写者对会议情况进行综合分析,择取有价值的内容。

(2)转发式写法,即直接登载某些代表的发言,在其前面加上一定的"按语"或"评论",以强调转发内容的意义。

简报印制数量和发送范围应视简报内容而定。简报发送前,一些重要的发言,要送发言者检阅,避免曲解原意。会议简报编排时,应编上整个会议的总顺序期号,为以后的分类归档工作带来方便。

十七、会务总结工作执行标准

会议能否开得好,是否达到应有的目的,同会议组织和服务工作的水平有着直接的关系。一些重要会议或大型会议结束以后,负责会务工作的办公室领导,应该及时召集全体会议工作人员,对整个会议的组织与服务工作进行全面总结,以积累经验,找出不足,从而明确今后搞好同类型会议组织与服务工作的借鉴之用。

会务总结一般是以开总结会形式进行,全体会务工作人员都要参加。也有的重要会议,如果领导有具体要求,就需要在开好总结会的基础上,写出书面的会务工作总结,并交有关领导审阅后,作为大会的文件资料,连同会议记录、会议简报、会议文件等,一并作为完整的案卷归入档案。

在进行会务总结的过程中,主持会议组织与服务工作的工作人员,应对会议的组织与服务过程中的有功人员和有关部门进行表彰和奖励,慰问那些为搞好会务工作日夜辛劳的工作人员;同时,在进行会务工作总结时,也要对会议组织与服务工作的整个过程中出现的漏洞与差错,作出总结和检查,使全体人员吸取教训,避免今后再次发生类似的事情。必要时,还可写出总结报告,上报领导或入卷归档存查。

十八、会议纪要撰写工作执行标准

会议纪要的内容可分为两部分:第一部分是会议的情况简述。用精练语言介绍会议的时间、地点、参加会议的人员,开会的根据和目的,会议讨论的问题以及会议结果等,以便人们对会议有整体了解:会议情况简述要简明扼要,篇幅不要过多;第二部分阐述会议主要精神,是将来在工作中对会议精神贯彻执行的依据;这部分是会议纪要的主体,具体阐述会议讨论的问题、基本结论、会议所作出的正式决定等。

会议纪要的写作要求纪实、扼要:纪实就是忠于会议实际;扼要,就是对会议基本精神的提炼和概括,既要反映会议讨论的情况和企业领导的指示精神,又要做到综合全面,条理清楚,有主有次,不能写成会议记录。

会议纪要是为宣传、贯彻会议主旨服务的,因此撰写好会议纪要的前提关键在于了解、理解会议宗旨,必须选择自始至终一直参加会议并对会议有充分了解的秘书人员撰写会议纪要,也可事先确定好撰写会议纪要的人,使负责撰写会议纪要的人有意识地坚持参加会议、积极地从发言和简报中搜集素材,并在会议进行到一定阶段时拟出纪要的轮廓,进一步收集资料,广泛征求意见。

根据会议的性质和情况,纪要的写法和详略也不尽相同,有的纪要需要交代一些情况,写得较详细,有的只须直接写出决定的事项。

会议纪要写好后经领导和有关人员审阅通过后,应及时发给参会人员以及和会议内容涉及的有关部门。印发会议纪要也有两种方式:一是将会议纪要全文印发给参会人员和有关单位;二是只摘录有关部分印发给参会人员和有关部门。具体采用哪种方式,视具体情况而定:如果会议纪要的内容具有较强的机密性,为保密起见,可以不印发会议纪要全文,只摘录有关部分印发给参会人员和有关单位,以防泄密。如果只摘录会议纪要的部分内容,一般需要加上引言和上、下款,以便使意思表达得更清楚,这样才能分发给各部门和参会人员。印发会议纪要和通知可编顺序号,并视会议内容注明密级。

十九、会议决议检查催办工作执行标准

对会议议定事项检查催办,是为了使会议精神落到实处,同时也是信息反馈的一条重要渠道,以便主管领导及时掌握会议决定的各事项的办理情况,以了解办理过程中出现的新问题、新情况,并有针对性地采取措施加以解决,保证会议议定事项办理工作的顺利进行。因此检查催办工作是会后工作中不可缺少的关键环节。

做好检查催办工作必须依靠科学的方法和制度的保障。

（1）加强催办人员的责任感，健全各项责任制，明确分工，责任到人，一人负责一项或几项催办工作，并设专人负责催办工作，及时了解催办的事项，及时解决出现的问题。

（2）健全登记制度，建立催办登记簿，列出检查催办的事项，由催办人员根据情况，定期记载催办事项的进展状况。

（3）要建立反映汇报制度。催办人员可采用口头汇报、书面汇报、专题报告等多种方式。定期或不定期向领导汇报催办事项的进行情况，遇到紧急情况应立即反映。不能耽误。对于一些重大问题要向领导请示，要听从领导的指示。

检查催办的具体办法多种多样，常用的有发催办通知单、打电话催办、直接派人检查催办。

做好催办工作。要突出重点，着力抓好重点事项和重点环节，不能忽视其他事项和环节，催办人员进行催办工作不仅要发挥自己的主观能动性、积极性，并且要注意取得领导的支持和帮助。

第九章

文书档案与印章管理

《按流程执行》

一、文件资料管理工作流程设计

流程名称	文件资料管理 工作流程	编码			
		执行者	行政部	监控者	行政总监
行为实施环节	各部门	行政部		行政总监	

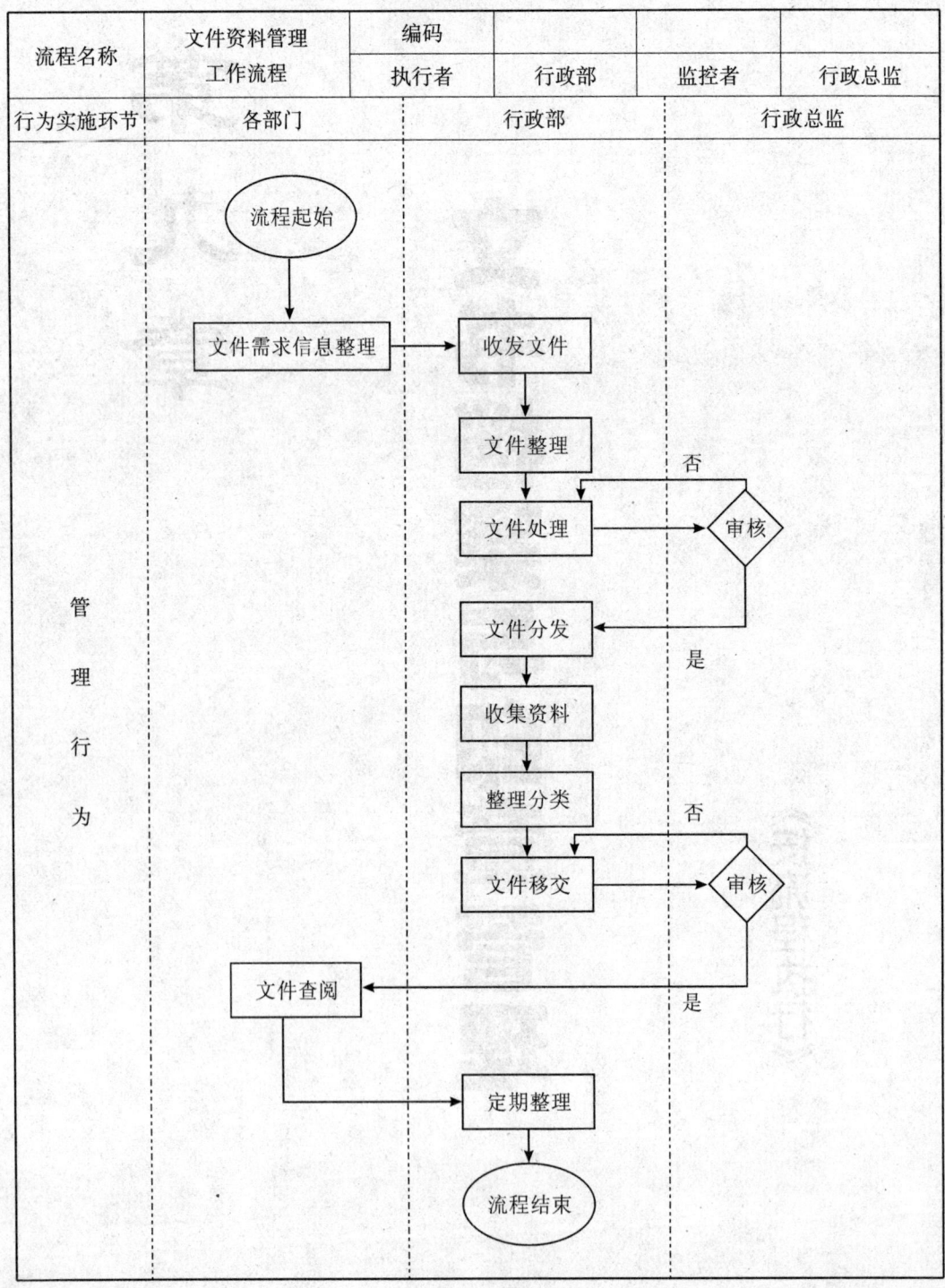

二、办公室文件管理工作流程设计

流程名称	办公室文件管理工作流程	编码			
		执行者	行政部	监控者	行政总监
行为实施环节	各部门	行政部		行政总监	总经理

管理行为

```
                    ┌─────────┐
                    │ 流程起始 │
                    └────┬────┘
                         │
                         ▼
      ┌─────────┐   ┌─────────┐
      │ 起草文件 │──▶│ 汇总文件 │
      └─────────┘   └────┬────┘
                         │
                         ▼
                    ┌─────────┐      ◇          ◇
                    │ 审查编号 │────▶ 答复 ────▶ 答复
                    └─────────┘                  │
                                                 │
                    ┌─────────┐                  │
                    │ 文件打印 │◀─────────────────┘
                    └────┬────┘
                         │
      ┌─────────┐   ┌─────────┐
      │ 文件执行 │──▶│ 文件下发 │
      └─────────┘   └────┬────┘
                         │
                         ▼
                    ┌─────────┐
                    │ 文件存储 │
                    └────┬────┘
                         │
                         ▼
                    ┌─────────┐
                    │ 定期整理 │
                    └────┬────┘
                         │
                         ▼
                    ┌─────────┐
                    │ 流程结束 │
                    └─────────┘
```

三、文件借阅管理工作流程设计

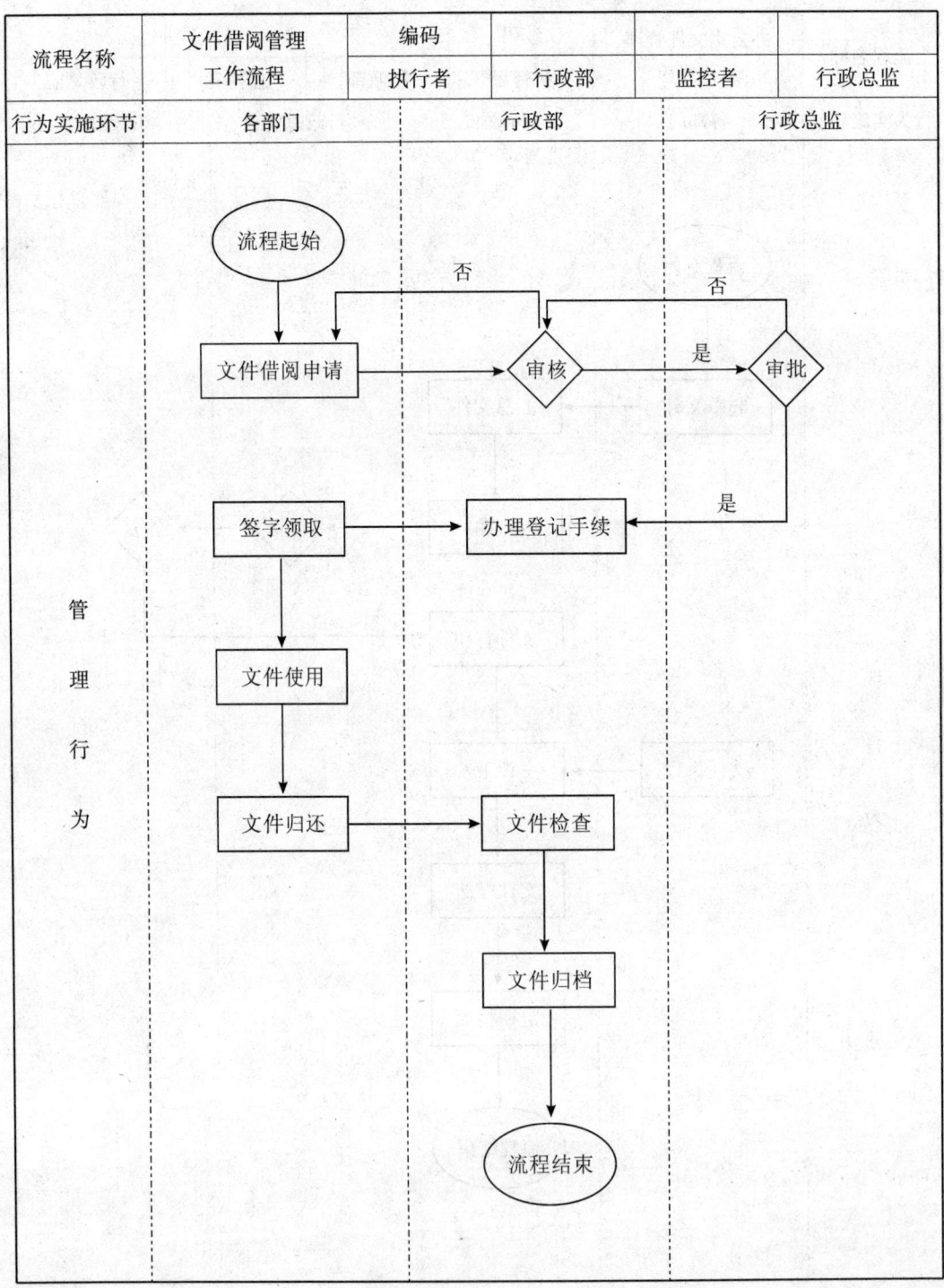

流程名称	文件借阅管理 工作流程	编码		监控者	行政总监
		执行者	行政部	监控者	行政总监
行为实施环节	各部门	行政部		行政总监	

四、图书资料管理工作流程设计

流程名称	图书资料管理工作流程	编码			
		执行者	行政部	监控者	行政总监
行为实施环节	各部门	行政部		行政总监	

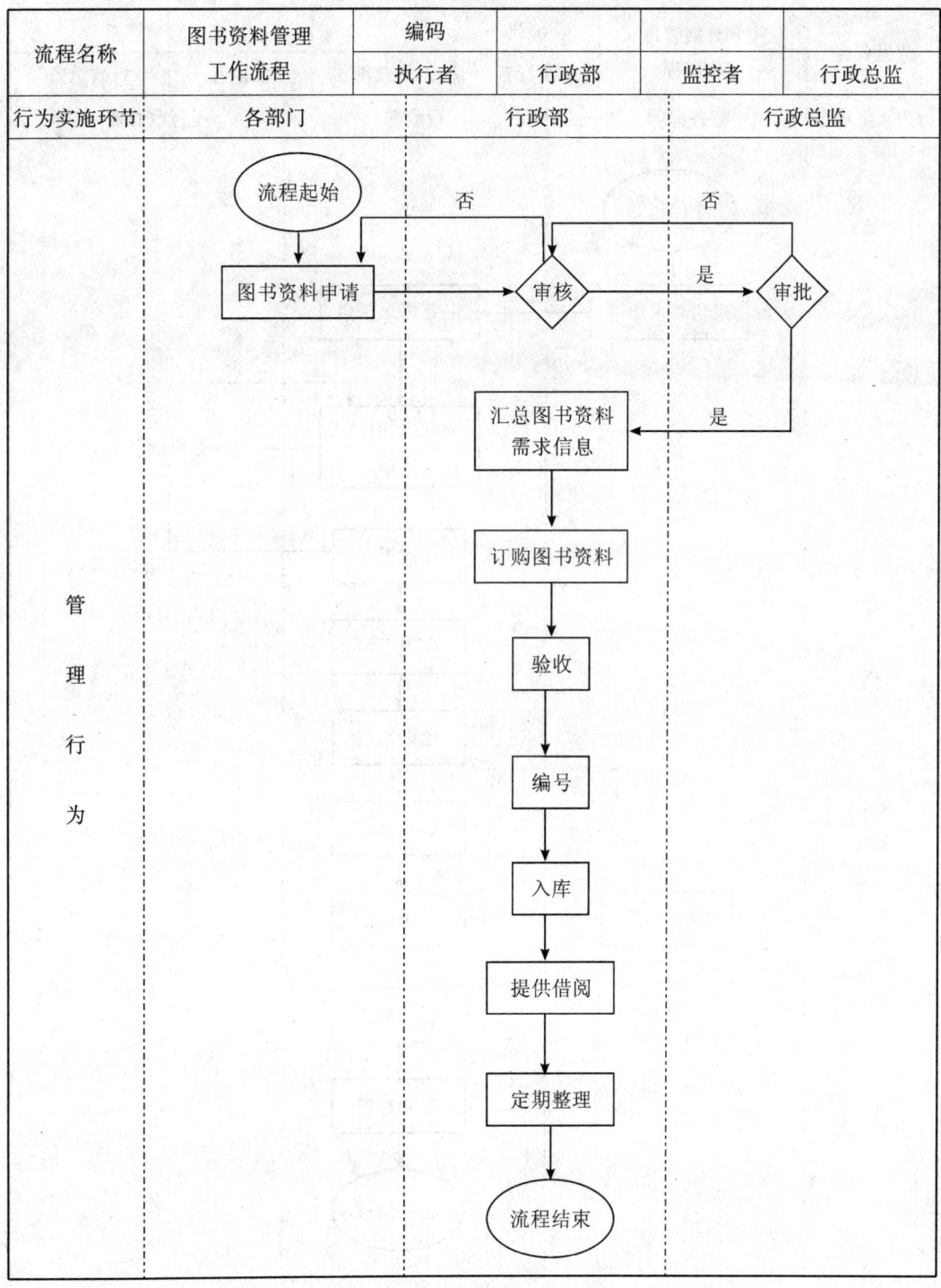

五、报刊订阅管理工作流程设计

流程名称	报刊订阅管理 工作流程	编码			
		执行者	行政部	监控者	行政总监
行为实施环节	各部门	行政部		行政总监	

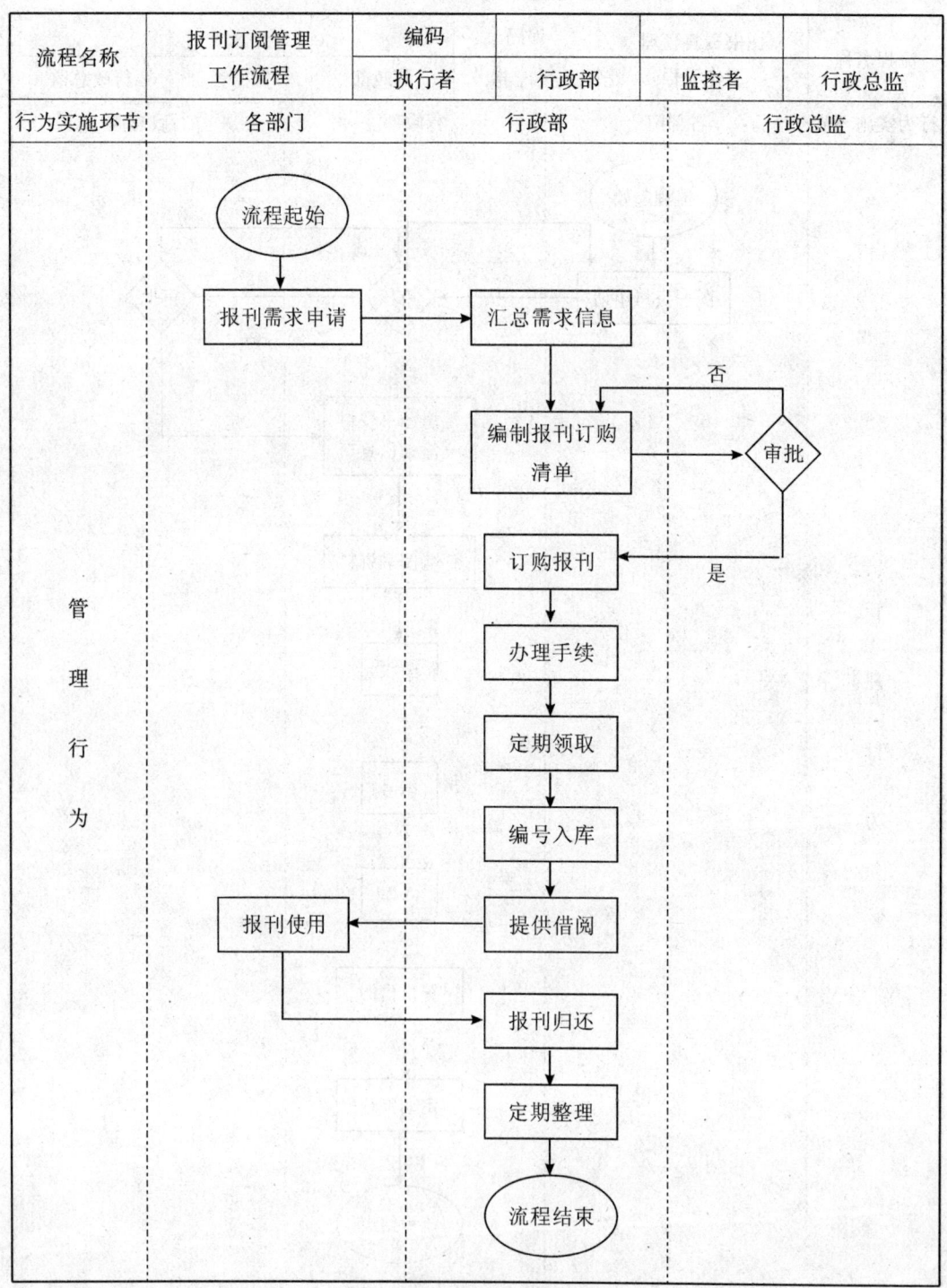

六、档案管理工作流程设计

流程名称	档案管理工作流程	编码			
		执行者	行政部	监控者	行政总监
行为实施环节	行政部	行政总监		总经理	

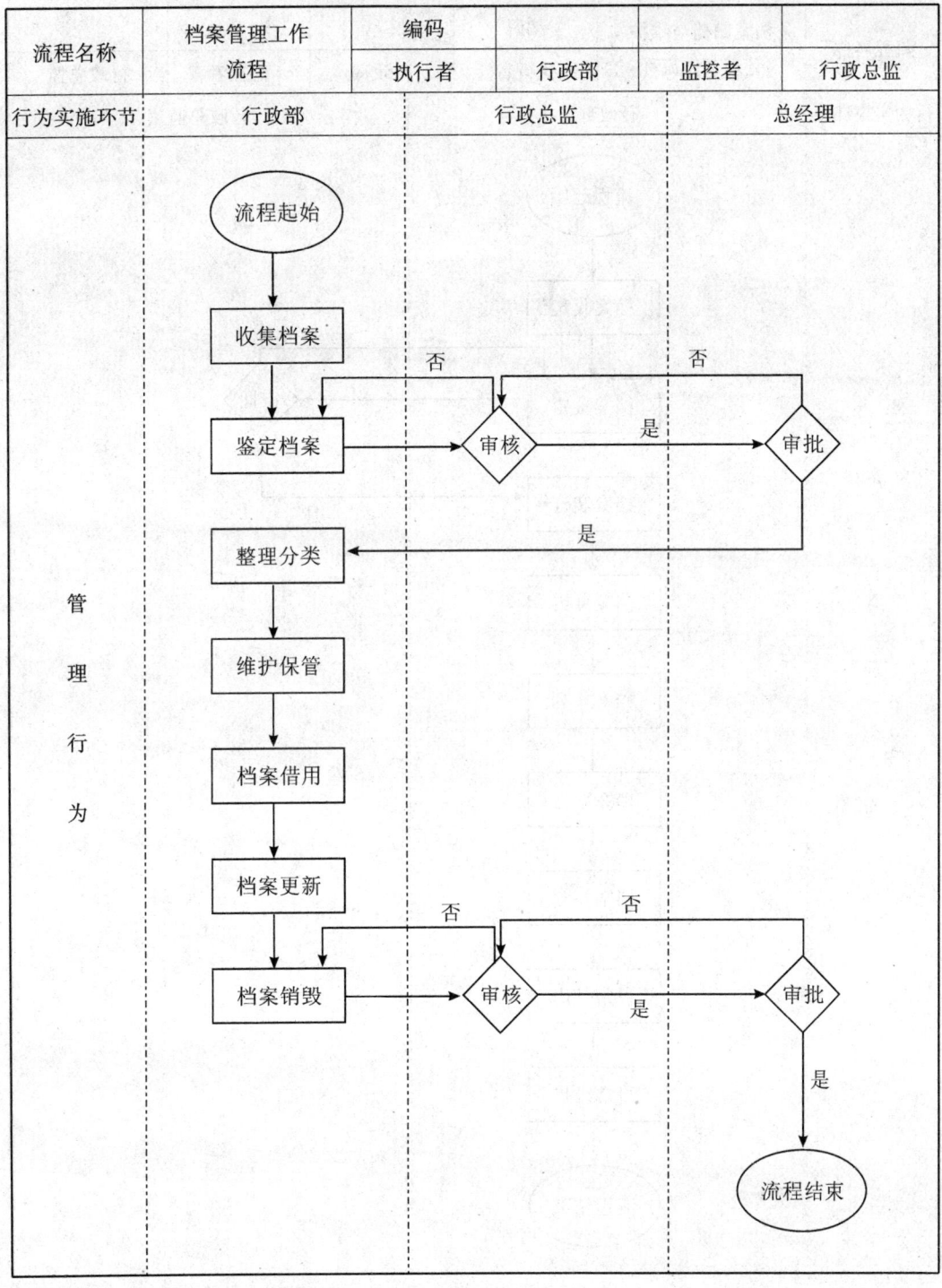

七、档案归档与维护管理工作流程设计

流程名称	档案归档与维护 管理工作流程	编码			
		执行者	行政部	监控者	行政总监
行为实施环节	行政部			行政总监	

管　理　行　为

```
                    ┌─────────┐
                    │ 流程起始 │
                    └────┬────┘
                         ↓
                    ┌─────────┐
                    │ 档案收集 │
                    └────┬────┘
                         ↓              否
                    ┌─────────┐      ┌──────┐
                    │ 档案鉴定 │─────→│ 审批 │
                    └────┬────┘      └──┬───┘
                         ↓              │ 是
                    ┌─────────┐←────────┘
                    │ 档案装订 │
                    └────┬────┘
                         ↓
                    ┌─────────┐
                    │ 档案分类 │
                    └────┬────┘
                         ↓
                    ┌─────────┐
                    │ 档案排列 │
                    └────┬────┘
                         ↓
                    ┌─────────┐
                    │ 档案编号 │
                    └────┬────┘
                         ↓
                    ┌─────────┐
                    │ 档案装盒 │
                    └────┬────┘
                         ↓
                    ┌─────────┐
                    │ 日常使用 │
                    └────┬────┘
                         ↓
                    ┌─────────┐
                    │ 日常维护 │
                    └────┬────┘
                         ↓
                    ┌─────────┐
                    │ 流程结束 │
                    └─────────┘
```

八、档案借阅与归还管理工作流程设计

流程名称	档案借阅与归还管理工作流程	编码			
		执行者	行政部	监控者	行政总监
行为实施环节	各部门	行政部		行政总监	

```
                    ┌─────────┐
                    │ 流程起始 │
                    └────┬────┘
                         │        否              否
                         │    ┌──────────┐    ┌──────────┐
                         ▼    ▼          │    │          │
                  ┌──────────┐      ◇审核◇──是──▶◇审批◇
                  │档案借阅申请│──────▶              
                  └──────────┘                        │
                                                      是
                                            ┌──────────┐
                                            │借阅手续办理│◀─────
                                            └────┬─────┘
                                                 │
                  ┌──────────┐      ┌──────────┐
                  │ 领取档案 │◀─────│ 通知领取 │
                  └────┬─────┘      └──────────┘
                       │
                  ┌──────────┐
                  │ 档案使用 │
                  └────┬─────┘
                       │
                  ┌──────────┐      ┌──────────┐
                  │ 按期归还 │─────▶│ 审核档案 │
                  └──────────┘      └────┬─────┘
                                         │
                                    ┌─────────┐
                                    │  归档   │
                                    └────┬────┘
                                         │
                                    ┌─────────┐
                                    │ 流程结束 │
                                    └─────────┘
```

管理行为

九、印章管理工作流程设计

流程名称	印章管理工作流程	编码			
		执行者	行政部	监控者	行政总监
行为实施环节	社会管理部门	行政部		行政总监	总经理

管理行为

流程起始

否　　　否

申请印章刻制 → 审核 →是→ 审批

核准 ← 开具委托书 ←是

刻制 ← 验收

备案 ← 确认

印章使用

流程结束

十、印章使用管理工作流程设计

流程名称	印章使用管理工作流程	编码			
		执行者	行政部	监控者	行政总监
行为实施环节	各部门	行政部		行政总监	总经理

管理行为

```
        ┌─────────┐
        │ 流程起始 │
        └────┬────┘
             │
             ↓
    ┌──────────┐      否        否              否
    │ 申请印章使用 │ →   审核 → 是 → 审核 → 是 → 审批
    └──────────┘

              ┌────────┐        是
              │ 登记备案 │ ←──────────────
              └───┬────┘
                  │
  ┌────────┐   ┌────────┐
  │ 印章使用 │ ← │ 通知用印 │
  └───┬────┘   └────────┘
      │
  ┌────────┐   ┌────────┐
  │ 印章归还 │ → │ 登记存档 │
  └────────┘   └───┬────┘
                   │
                   ↓
              ┌────────┐
              │ 流程结束 │
              └────────┘
```

十一、技术资料保密工作流程设计

流程名称	技术资料保密管理工作流程	编码			
		执行者	行政部	监控者	行政总监
行为实施环节	各部门	行政部		行政总监	

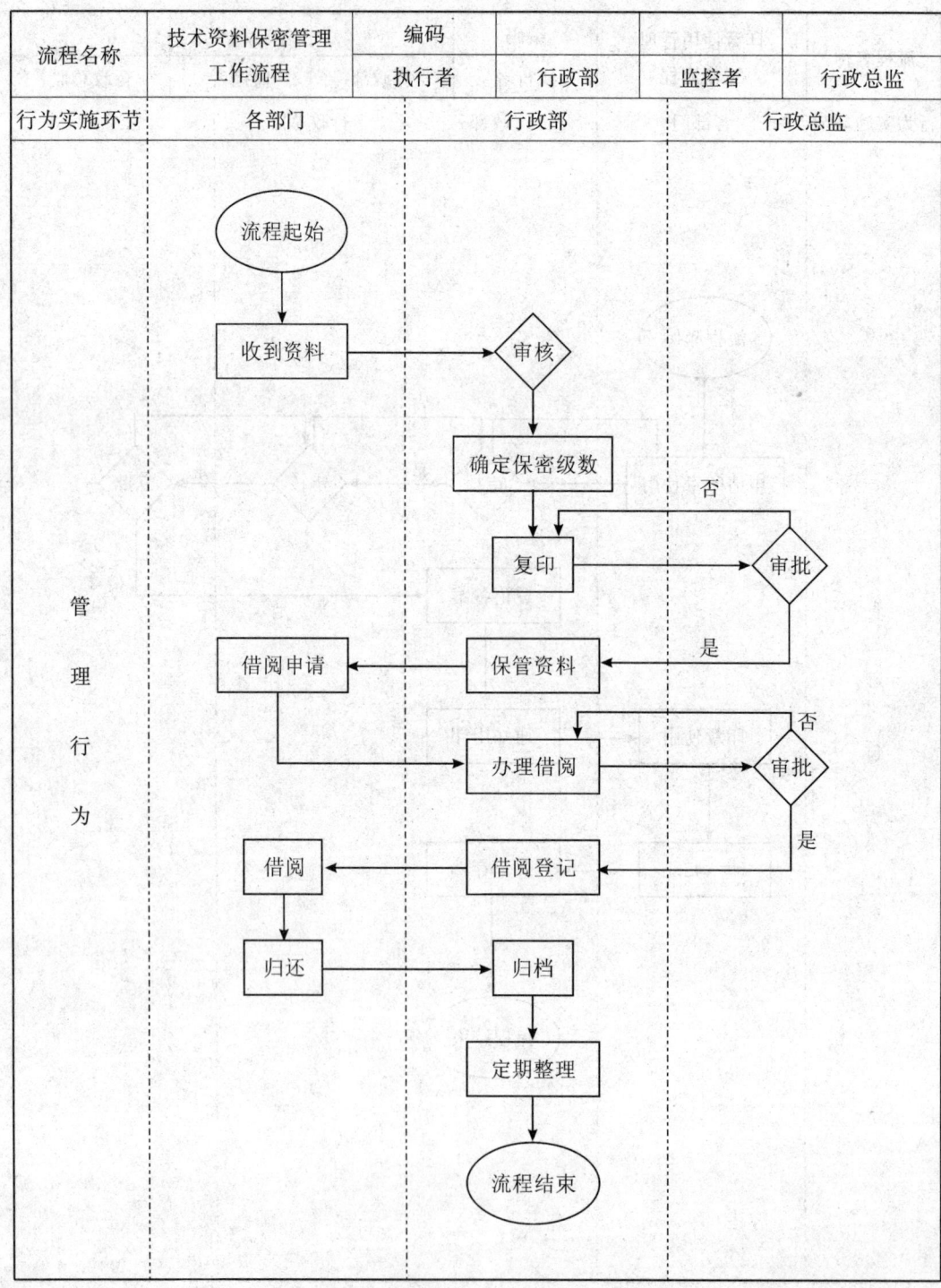

十二、企业公文收发工作标准

第一条　本公司的对外公开文件由行政部门负责起草和审核,由公司总裁签发,各部门的文件由各部门负责起草,行政部负责审核,总裁签发。

第二条　本公司所有文件经总裁签发后,送行政部门统一安排打印,打印后送回起草部门校对,校对无误方能复印、盖章。

第三条　本公司所有文件和原稿,由行政部分类归档,保存备查。

第四条　本公司所有机密文件,核稿人应该注明"机密"字样,并标注报送范围,由专人印制、报送。

第五条　除机密文件外,本公司所有文件统一由行政部负责发送。送件人应将文件内容、报送日期、部门、接件人等事项登记清楚,并向文件签发人报告报送结果。

第六条　本公司所有外来文件由行政部派专人负责签收,并分类登记。

第七条　传阅文件由行政部派专人负责收回,对领导指示的文件,办公室应及时组织传达和落实。

十三、公文管理工作标准

第一条　本公司公文,是传达贯彻上级指示精神、请示和答复问题,指导或商洽工作的重要工具。

第二条　本公司公文,实行统一管理。公文的管理,要做到规范、准确、及时、安全。行文单位要克服官僚主义和文牍主义风。

第三条　各部室、各单位及各有关人员,对公文中涉及国家、政府或本公司应保密的事项,必须严守机密,不准随便向他人泄露。

第四条　公文保密等级分为:绝密、机密、秘密三种,其他为一般文件。绝密、机密文件打印一定要用专用磁盘。绝密文件只能印一份,由起草人送有阅文资格的人员传阅,机密文件按审阅人数打印,阅完后由起草人收回归档。秘密文件由阅文人妥善保管。

第五条　公司发文的程序为:拟搞、审核(部门领导)、签发(公司领导)、打印、发文、催办、立卷、归档、销毁等。

公司收文的处理程序为:收文、分文、传送、催办、立卷、归档。

第六条　草拟公文应注意以下事项:

（一）内容要符合党和国家的路线、方针、政策、法律、法令及地方性行政规章。

（二）反映情况要客观,实事求是。

（三）文字要准确、精练,条理要清楚,层次要分明,结构要紧密,用语要规范。

（四）人、地、物名、引文及时间要具体、准确。

第七条　各级领导对送来的公文要及时阅批,急件的,当天批复;一般文件的,三天内批复。

第八条　各级领导阅、批公文应仔细认真,阅完后要签名并注明日期,不得圈阅。需要签署具体意见的,要明确、具体。

第九条　公司所有发文,发文单位应有存档,并将文件原稿(经领导签字)审核稿件连同正本二份送总裁办档案室存档。有领导指示的,还应附批复件。

第十条　收文由总裁办公室统一负责。总裁办收文后,应先做好归类、登记,然后根据文件的内容,分送有关领导阅示。阅示完毕后,由总裁办收回归档。所有文件发放,一定要有登记、签收手续。

第十一条　公司发文,一定要由总裁办统一编号:

（一）以公司名义对外发文,一律×××字(××××年)××号;

（二）公司党总支发文,用××党字(××××年)××号;

（三）以工会、共青团、妇联名义发文,用××政字(××××年)××号;

（四）公司监事会发文,用××监字(××××年)××号;

（五）董事局发文,用××董字(××××年)××号;

（六）董事局委员会发文,用××董×字(××××年)××号;

（七）董事局委员会所属机构发文,用××董××字(××××年)××号;

（八）其他管理部门的发文,用×××字(××××年)××号。

第十二条　红头文件,只适用于需遵照执行的制度、规定、决定、决议、纪要、任命等,其他文件一般用公司信笺印发。

十四、图书管理工作标准

第一条　本公司所有图书的购进、保管、整理、外借与归还等事务均按本制度办理。

第二条　行政部相关人员应长期关注公司员工的学习及工作需要,为企业经营业务研究提供资料以及提高员工的素质,负责对图书市场的调查研究,寻找合适的图书。

第三条　行政部必须每季度整理出一份图书目录,提供给各部门主管,并且按月把新进图书情况通知各部门。

第四条　行政部购买图书应依照"图书购买计划"和各部门的实际需要来进行。

第五条　购买图书的各个环节进行控制与检查权赋予行政部主管。

第六条　行政主管制定购买图书预算,在接收图书时支付现金,结清图书书款。

第七条　行政部设立专职图书保管员,对图书进行分类、整理与借阅工作。凡新购进的图书应贴上标签,进行编号。

第八条　所有图书都必须按图书管理卡要求进行登记,注明购入时间、著作名称、作者姓名、出版社名称、出版年月以及其他必要的项目。并把卡片分类放入各索引柜内,以便检索。

第九条　每册图书都必须附借阅卡及装卡纸袋,并把装卡纸袋贴在封底的内侧。

第十条　所有图书都必须在封面、目录和第一页上,以及在图书中间的两三处,加盖企业印章。

第十一条　所有新进图书,都必须在登记册上做好登记,写明新进日期、著作名称、作者、出版社、分类与编号、页数及价格等重要项目。

第十二条　每年按图书管理卡,对书架中的全部图书进行一次清点与核对。保管员在清点与核对前,停止图书外借,并要求全部被借出图书都交回放上书架。

第十三条　如果图书丢失,或者需要捐赠与处理,必须填写"报废、报损单",向图书室主管作出报告,按上级主管指示行事。

第十四条　必须经常整理图书管理卡,把已经不存在或被清理掉的图书的管理卡挑出来,单独保存。

第十五条　本制度的制定、修改与废除,由行政部提议,常务董事决定。

十五、文书档案归档工作标准

□ 总则

第一条　根据邮电部《邮电文书立卷归档办法》为加强本公司文书立卷工作,特制定本制度。

第二条　归档的文件材料必须按年度立卷,本单位内部机构在工作活动中形成的各种有保存价值的文件材料,都要按照本制度的规定,分别立卷归档。

第三条　公文承办部门或承办人员应保证经办文件的系统完整(公文上的各种附件一律不准抽存)。结案后及时交专(兼)职文书人员归档。工作变动或因故离职时应将经办的文件材料向接办人员交接清楚,不得擅自带走或销毁。

□ 文件材料的收集管理

第四条　坚持部门收集、管理文件材料制度。各部门均应指定专(兼)职文书人员,负责管理本部门的文件材料,并保持相对稳定。人员变动应及时通知档案室。

第五条　凡本公司打印发出的公文(含定稿和两份打印的正件与附件、批复请示、转发文件含被转发的原件)一律由办公室统一收集管理。

第六条　一项工作由几个部门参与办理,在工作活动中形成的文件材料,由主办部门收集归卷。会议文件由会议主办部门收集归卷。

（一）公司工作人员外出学习、考察、调查研究、参加上级机关召开的会议等公务活动的相关人员核报差旅费时，必须将会议的主要文件资料向档案室办理归档手续、档案室签字认可后财务部门才给予核报差旅费。

（二）本公司召开会议，由会议主办部门指定专人将会议材料、声像档案等向档案室办理归档手续，档案室签字认可后财务部门才给予报会议费用。

第七条　各部门专（兼）职文书的职责：

（一）了解本部门的工作业务，掌握本部门文件材料的归档范围，收集管理本部门的文件材料。

（二）认真执行平时归档制度，对本部门承办的文件材料及时收集归卷，每年的三月份前应将归档文件材料归档完毕，并向档案室办好交接签收手续。

（三）承办人员借用文件材料时，应积极地提供利用，做好服务工作，并办理临时借用文件材料登记手续。

□ 归档范围

第八条　重要的会议材料，包括会议的通知、报告、决议、总结、领导人讲话、典型发言、会议简报、会议记录等。

第九条　上级机关发来的与本公司有关的决定、决议、指示、命令、条例、规定、计划等文件材料。

第十条　本公司对外的正式发文与有关单位来往的文书。

第十一条　本公司的请示与上级机关的批复。

第十二条　本公司反映主要职能活动的报告、总结。

第十三条　本公司的各种工作计划、总结、报告、请示、批复、会议记录、统计报表及简报。

第十四条　信访工作材料。

第十五条　本公司与有关单位签订的合同、协议书等文件材料。

第十六条　本公司干部任免的文件材料以及关于员工奖励、处分的文件材料。

第十七条　本公司员工劳动、工资、福利方面的文件材料。

第十八条　本公司的历史沿革、大事记及反映本公司重要活动的剪报、照片、录音、录像等。

□ 平时归卷

第十九条　各部门都要建立健全平时归卷制度。对处理完毕或批存的文件材料，由专（兼）职文书集中统一保管。

第二十条　各部门应根据本部门的业务范围及当年工作任务，编制平时文件材料归卷使用的"案卷类目"。"案卷类目"的条款必须简明确切，并编上条款号。

第二十一条　公文承办人员应及时将办理完毕或经领导人员批存的文件材料，收集齐全，加以整理，送交本部门专（兼）职文书归卷。

第二十二条　专（兼）职文书人员应及时将已归卷的文件材料，按照"案卷类目"条款，放入平时保存文件卷夹内"对号入座"，并在收发文登记簿上注明。

□ 立卷（案卷质量要求）

第二十三条　为统一立卷规范，保证案卷质量，立卷工作由相关部室兼职档案员配合,档案室文书档案员负责组卷、编目。

第二十四条　案卷质量总的要求是:遵循文件的形成规律和特点,保持文件之间的有机联系,区别不同的价值,便于保管和利用。

第二十五条　归档的文件材料种数、份数以及每份文件的页数均应齐全完整。

第二十六条　在归档的文件材料中,应将每份文件的正件与附件、印件与定稿、请示与批复、转发文件与原件、多种文字形成的同一文件,分别立在一起,不得分开,文电应合一立卷;绝密文电单独立卷,少数普通文电如果与绝密文电有密切联系,也可随同绝密文电立卷。

第二十七条　不同年度的文件一般不得放在一起立卷,但跨年度的请示与批复,放在复文年立卷;没有复文的,放在请示年立卷;跨年度的规划放在针对的第一年立卷;跨年度的总结放在针对的最后一年立卷;跨年度的会议文件放在会议开幕年,其他文件的立卷按照有关规定执行。

第二十八条　卷内文件材料应区别不同情况进行排列,密不可分的文件材料应依序排列在一起,即批复在前,请示在后;正件在前,附件在后;印件在前,定稿在后;其他文件材料依其形成规律或特点,应保持文件之间的密切联系并进行系统的排列。

第二十九条　卷内文件材料应按顺序排列,依次编写页号。装订的案卷应统一在有文字的每页材料正面的右上角背面的左上角印上页号。

第三十条　永久、长期和短期案卷必须按规定的格式逐件填写卷内文件目录。填写的字迹要工整。卷内目录放在卷首。

第三十一条　有关卷内文件材料的情况说明,都应逐项填写在备考表内。若无情况可说明,也应将立卷人、检查人的姓名和时期填上以示负责。备考表应置卷尾。

第三十二条　案卷封面,应逐项按规定用毛笔或钢笔书写,字迹要工整、清晰。

第三十三条　案卷的装订和案卷各部分的排列格式:

案卷装订。装订前,卷内文件材料要去掉金属物,对破坏的文件材料应按裱糊技术要求托裱,字迹已扩散的应复制并与原件一并立卷,案卷应用三孔一线封底打活结的方法装订。案卷各部分的排列格式:软卷封面(含卷内文件目录)—文件—封底(含备考表),以案卷号排列次序装入卷盒,置于档案柜内保存。

第三十四条　本制度自印发之日起实施。

十六、档案鉴定工作标准

第一条　档案鉴定的主要工作目标是甄别和判定档案的价值,并对鉴定对象作出评估与判断,进而作出被鉴定档案保存和销毁的判定。

第二条　凡是经过认真的鉴定,判定为保存或销毁的档案,必须按照规定的程序,办好鉴定手续。

第三条　档案鉴定工作,是一项决定档案命运的工作,档案工作人员必须严肃、慎重地对待鉴定工作,严格遵守档案鉴定工作制度。

十七、企业印章管理工作标准

□ 总则

第一条　为规范本公司印章申请与刻制、改刻与废止、管理与使用,特制定本制度。

第二条　本规定中所指印章是在公司发行或管理的文件、凭证文书等与公司权利义务有关的文件上,因需以公司名称或有关部门名义证明其权威作用而使用的印章。在盖公司印章时使用含公司名称、部门名称及签名人的印章,不在本规定所指印章之内。

□ 印章登记

第三条　印章在公司行政部进行登记,行政主管应将每个印章登入印章登记台账内,并将此台账永久保存。

□ 印章管理

第四条　本公司所有印章的申请、刻制、改刻与废止均由行政部主管提出并制定方案,报行政总监和总裁批示。方案中必须读所指印章的种类、名称、形式、使用范围及管理权限作出说明。

第五条　公司印章的刻制由行政部主管负责,如公司其他部门所用印章有更换或改制,则需将原印章交还于行政部主管处,行政部主管需将废止印章妥善保存,保存期限最少为三年。

第六条　公司各部门如遇印章散失、损毁、被盗的情况,部门负责人应迅速向公司行政部递交说明原因的报告书,行政部主管则应根据情况依本章各条规定的手续处理。

第七条　行政部主管应将公司内所有印章登入印章登记台账内,并将此台账永久保存。

第八条　印章在公司以外登记或申报时,应由管理者将印章名称、申报年月日以及申报者姓名汇总后报行政部主管。

□ 印章使用

第九条　本公司各部门如因工作需要使用公司或高级职员名章时,应如实填写"公司印章申请单",连同需盖章文件一并交印章管理人。

第十条　使用部门印章和分公司印章,需在申请单上填写用印理由,然后送交所属部门经理,获认可后,连同需要用印文件一并交印章管理人。

□ 印章借取

第十一条　公司印章的使用原则上由印章管理人掌握。印章管理人必须严格控制用印范围并仔细检查用印申请单上是否有批准人的印章。

第十二条　代理实施用印的人要在事后将用印依据和用印申请单交印章管理人审查。同时用印依据及用印申请单上应用代理人印章。

第十三条　公司印章原则上不准带出公司,如确因工作需要,需经总经理批准,并由申请用印人写出借据并标明借用时间。

第十四条　常规用印或需要再次用印的文件,如事先与印章主管人取得联系或有文字证明者,可省去填写申请单的手续。印章主管人应将文件名称及制发文件人姓名记入一览表以备查考。

第十五条　公司印章的用印依照以下原则进行:公司、部门名章及分公司名章,分别用于以各自名义行文时;职务名称印章在分别以职务名义行文时使用。

□ 用印方法

第十六条　公司印章应盖在文件正面。

第十七条　盖印文件必要时应盖骑缝印。

第十八条　除特殊规定外,盖公司印章时一律应用朱红印泥。

第二九条　使用公司名称章时,名章一般盖于公司名称、部门名称、分店、工厂名称及出差地点的右侧。但公司名章与职务名章并用时,应盖于名称中间或竖写名称的下方。

第二十条　使用职务名章时,通常盖于职务名称的右下。如竖式书写则盖于下方。

第二十一条　股票、债券等张数很多,盖章麻烦时,在得到经理批准后,可采取印刷方式。

□ 附则

第十七条　本规定从发布之日起实行。

十八、企业印章使用工作标准

□ 总则

第一条　为规范本公司印章使用及管理,明确本公司印章交付使用权限,特制定本制度。

第二条　本公司印章分为重要印章和一般印章,使用时需要区别对待。

第三条　本公司所有重要印章由总经理或行政总监负责保管,一般交易印章由行政主管保管。

□ 重要印章使用

第四条 如公司业务需要盖章时,待需盖章文件及填写完使用目的、盖印期限、日期和盖印数量等规定内容的"重要用印申请书",经所属部门的负责人批准后报行政主管处。

第五条 接到申请的行政主管,确认手续完备和申请单上填写无误后,将其与文件一并交行政总监批复。

第六条 行政总监将对文件的效用进行审查,对有关疑点进行质询后注明意见,呈报总经理。

第七条 总经理在对上述过程及一切文件审查后,直接在文件上盖印。

第八条 盖过印的文件及"重要用印申请书"经行政总监返还行政主管后,文件发还申请人。

第九条 "重要用印申请书"之"处理结果"一栏由总经理填写,由行政主管统一保存。

第十条 总经理若认为文件有不完善之处时,要由行政总监、行政主管依次向申请者反馈。

□ 一般交易印章使用

第十一条 如公司业务需要使用一般交易印章时,使用人将文件及登记了文件名称、盖印日期、文件内容等规定事项的"交易印章施印登记表"递交行政主管处。

第十二条 接收上述文件及表格的行政主管处理用印事务。

□ 印章管理

第十三条 总经理因不得已的原因而不能自行用印时,要预先征得行政总监同意委托事务董事代行用印。

第十四条 办理用印事宜应在正常工作日之内。

第十五条 印章严禁带出公司。如不得不带出公司时,需经总经理批准。

第十六条 印章如遇丢失、损毁或被盗时,应迅速向总经理或行政总监汇报。

第十七条 印章的新刻或改刻由行政主管获总经理批准后办理。

第十八条 公司的印章,不论是重要印章,还是一般交易用章,用于文件和凭证时就代表着公司的权利和义务,因此,应将这样印章的印模制成印鉴簿交由行政主管保管。

□ 附则

第十九条 本规定的制发、修改和废止,由董事会研究决定。

第二十条 本规定于××××年×月×日起实施。

第十章

公共关系管理

《按流程执行》

一、公关事务管理工作流程设计

流程名称	公关事务管理 工作流程	编码			
		执行者	行政部	监控者	行政总监
行为实施环节	行政部	行政总监		总经理	

```
                        ┌──────────┐
                        │  流程起始  │
                        └────┬─────┘
                             ▼
                        ┌──────────┐
                        │  确定对象  │
                        └────┬─────┘
                             ▼
                        ┌──────────┐
                        │福利公关计划表│
                        └────┬─────┘
                             ▼
                        ┌──────────┐
                        │了解基本资料│
                        └────┬─────┘
                             ▼
                        ┌──────────┐
                        │收集外围信息│
                        └────┬─────┘
                             ▼
                        ┌──────────┐
                        │  深入调查  │
                        └────┬─────┘
                             ▼
                        ┌──────────┐                          否
                        │  发现问题  │
                        └────┬─────┘         否        ◇───────────◇
                             ▼            ◇审核◇──────是──────◇审批◇
                        ┌──────────┐
                        │分析并进行评价│
                        └──────────┘
                        ┌──────────┐
                        │  确定方案  │◄─────────────是─────────────
                        └────┬─────┘
                             ▼
                        ┌──────────┐
                        │组织实施方案│
                        └────┬─────┘
                             ▼
                        ┌──────────┐
                        │发现并解决问题│
                        └────┬─────┘
                             ▼
                        ┌──────────┐                          否
                        │汇总公关结果│
                        └──────────┘         否        ◇───────────◇
                        ┌──────────┐      ◇审核◇──────是──────◇审批◇
                        │编制公关报告│
                        └──────────┘
                        ┌──────────┐
                        │  存档  │◄──────────────是────────────
                        └────┬─────┘
                             ▼
                        ┌──────────┐
                        │  流程结束  │
                        └──────────┘
```

管理行为

二、客户接待管理工作流程设计

流程名称	客户接待管理工作流程	编码			
		执行者	行政部	监控者	行政总监
行为实施环节	行政部	行政总监		总经理	

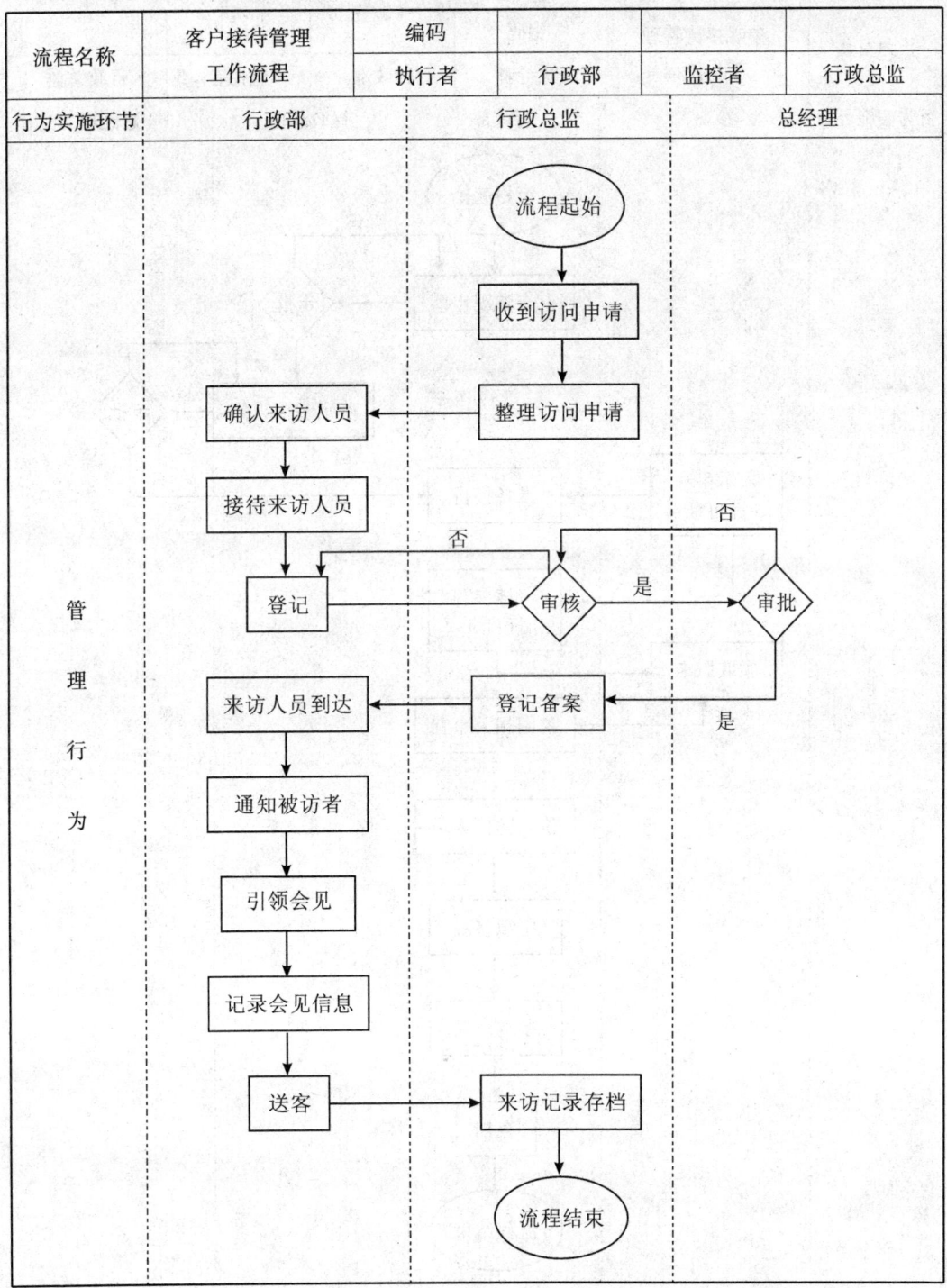

三、参观接待管理工作流程设计

流程名称	参观接待管理 工作流程	编码			
		执行者	行政部	监控者	行政总监
行为实施环节	参观者	行政部		行政总监	总经理

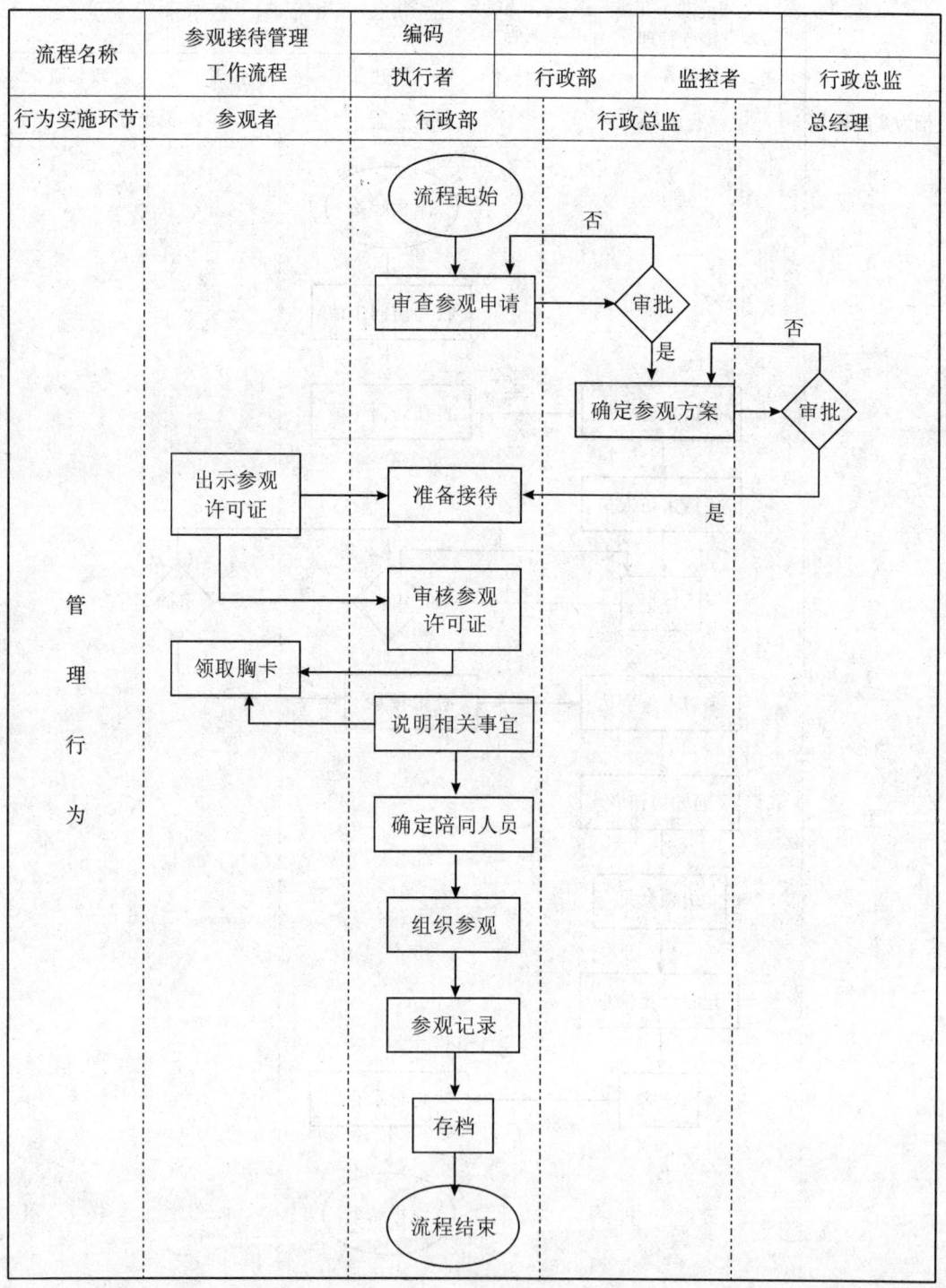

四、客户就餐招待管理工作流程设计

流程名称	客户就餐招待管理工作流程	编码			
		执行者	行政部	监控者	行政总监
行为实施环节	行政部	行政总监		总经理	

管理行为

```
                    ┌─────────┐
                    │ 流程起始 │
                    └────┬────┘
                         │              否
                         │      ┌──────────────────┐
                         ▼      │                  │
              ┌────────────┐    ◇────────┐
              │ 客户就餐安排 ├───►│  审核  │
              └────────────┘    └────┬───┘
                    ▲                │ 是
                    │                │
                    ▼                │
              ┌────────────┐◄────────┘
              │  填制用餐   │
              │  申请表     │
              └────┬───────┘         否              否
                   │          ┌──────────┐    ┌──────────┐
                   │          │          │    │          │
                   │          ▼          │    ▼          │
                   └────────►◇────────┐  │  ◇────────┐
                            │  审核  ├──┼─►│  审批  │
                            └────┬───┘  是 └────┬───┘
                                 │ 是           │
              ┌────────────┐◄────┴──────────────┘
              │  领取用餐券 │
              └────┬───────┘
                   ▼
              ┌────────────┐
              │ 明确用餐标准 │
              └────┬───────┘
                   ▼
              ┌────────┐
              │  用餐  │
              └────┬───┘
                   ▼
              ┌────────┐
              │ 汇总费用 │
              └────┬───┘
                   ▼
              ┌──────────┐
              │ 报送财务部 │
              └────┬─────┘
                   ▼
              ┌─────────┐
              │ 流程结束 │
              └─────────┘
```

五、法律事务管理工作流程设计

流程名称	法律事务管理 工作流程	编码			
		执行者	行政部	监控者	行政总监
行为实施环节	法律顾问	行政部		行政总监	总经理

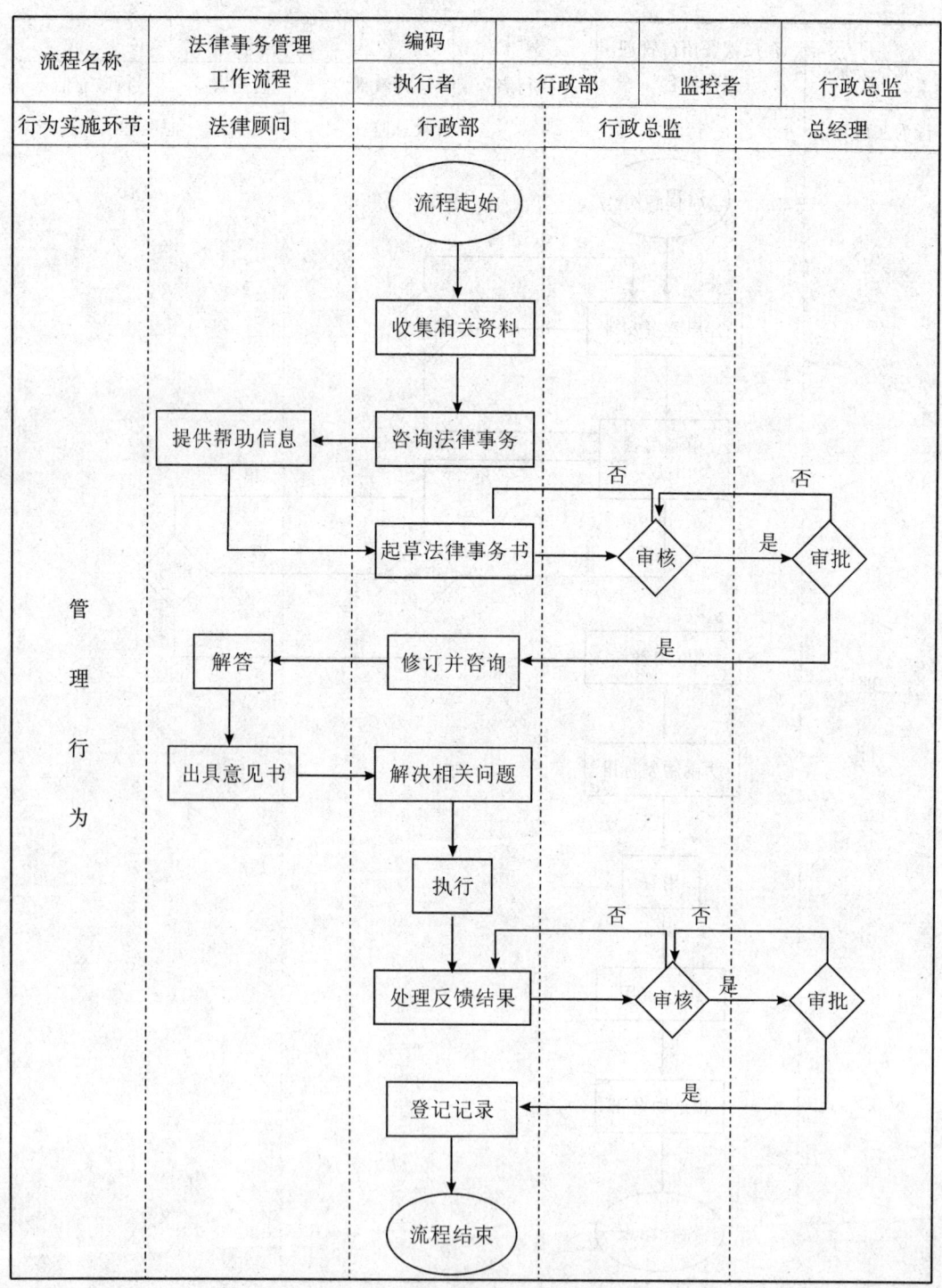

六、企业对外接待工作标准

第一条　总则

（一）对外接待是公司行政事务和公关活动中的重要部分，为使对外接待工作规范有序，具有统一的公司形象，特制定本办法。

（二）本办法适用于全公司各部门。

第二条　对外接待范围

（一）本办法规定的接待范围主要是公司及所属各部门，以及各子、分公司经营管理活动所必需的接送、食宿、购票、会谈和陪同参观等方面的安排和工作。

（二）接待的对象分为内宾和外宾。

第三条　对外接待部门

（一）公司行政部为公司负责接待的职能部门。

（二）遇到重大接待工作和活动，可由总经理室协调若干部门共同做好此项工作，有关部门要积极主动配合。

第四条　对外接待原则

接待应遵循"平等、对口、节约、周到、保密"的原则，使客人高兴而来，满意而去。

（一）平等原则。对来宾无论职务高低，都要平等相待、落落大方、不卑不亢。一般情况下，级别与权限相等，同级别出面，特殊情况高规格接待。

（二）对口原则。各职能部门对口接待。综合性接待时各部门应予以协调，谁出面接待谁结账。

（三）节约原则。内部成本效益核算。招待来宾从简，不铺张浪费，不重复宴请，主方人数不多于宾客人数。

（四）周到原则。接待程度应衔接周密，接待方式应完善，以礼相待，使客人感到热情、周到。

（五）保密原则。向不定期来宾介绍情况，注意保守公司情况、国家机密。重要会议要有记录。巧妙回避不宜回答的问题。

第五条　接待规格的确定

（一）高规格接待，陪客比来宾职务高一些。适用于上级机关派员来人、其他企事业单位来员洽商重要事宜、下属企业领导来访汇报情况。

（二）对等接待。适用于一般性接待活动。

（三）低规格接待，陪客比来宾职务低一些。适用于经常性业务往来。

第六条　接待礼仪

（一）见面。原则为主动、热情、礼貌。

（二）接待。主动起迎，问明来意。

（三）安排交谈地点：

1.根据来客来意和身份，安排适当地点（办公室、接待室、会议室）进行交谈。

2. 手头正忙,一时难以抽身时,应向客人说明暂请他人代接待或另商时间。

3. 切忌让客人久候且无人问津。

4. 客户提出与领导或他人交谈,应立即联络,并将客人引至约定地点等候会面,介绍后再行离开。

第七条　引见

(一)首先向领导介绍客人(单位、职务、姓名)。

(二)引见顺序:

1. 把身份低、年纪轻的人介绍给身份高、年纪大的人。

2. 按职务高低,依次介绍一行来客。

3. 职务相同,先介绍年纪大的。

4. 领导与来宾见面交谈后,对客人原定日程有变化的,与客人共同协商安排。

第八条　行路

(一)陪同客人行路,请客人行于自己右侧。

(二)乘坐车、上下楼梯、电梯,礼让在先,主动开关门。

(三)自己处于主陪地位,应并排在客人旁边,不要落在后边。

第九条　其他

(一)穿着不得过于随便,按规定着装,衣着整洁,有风度。

(二)主动照顾来宾中的老人、妇女、儿童和残障人士。

(三)尊重属不同国家和民族来宾的风俗习惯和礼节。

(四)因故未能准时赴约,尽早通知对方,并以适当的方式致歉。

第十条　接待内容和程序

(一)接待内宾

1. 接受任务。弄清来宾的基本情况:单位、人数、姓名、性别、职务和使命、抵离时间、乘坐交通工具及车次或航班。

2. 布置接待。提出接待意见:接待部门、人员、规格、方式、安排、费用预算,并报请上级批准。

3. 迎接安排。根据来宾身份、人数、性别,预订招待所或宾馆,安排好伙食标准、进餐方式、时间、地点,按抵达时间,派人派车迎接。

4. 看望、商议日程。来宾住下后,公司有关人员前往看望,表示欢迎和问候,了解来访日程和目的,商定活动日程并通知有关部门。

5. 安排有关领导会见。按接待规格和礼仪,安排有关领导去住所看望,接待人员安排会见地点、时间、陪同人员。

6. 组织活动实施。按参观、考察目的,组织业务部门向客人介绍情况,参观现场;对上级检查,安排汇报、座谈会。

7. 送别。根据客人意见,预定车、船、机票,协助客人结算食宿账目,话别送行,派人派车送至车站、码头或机场。

8. 小结。每次较大规模接待完成后进行一次小结,以便总结经验、改进后续工作。

(二)接待来宾

接待内容与程序基本相同,主要内容和注意点如下。

1. 迎送:

(1)安排迎送陪同人员和译员,要有与外宾身份相当的对口、对等人员迎送。

（2）对身份较高的外宾，事先应在机场（车站、码头）安排贵宾休息室，并备有饮料。

2. 会见会谈：

（1）会见会谈的时间、地点、双方人员名单应至少提前1天通知对方，并尽量不改变计划；会见时，我方主要人员要高于或对等于外宾身份；会谈时，身份一般对等。

（2）我方人员应提前到达，并在门口迎送。

（3）对会见会谈场所、座位事先精心安排，留定座位。双方人员较多、场所较大时，宜装扩音系统，桌上放置中外文座位卡。

（4）会见的座位排列：外宾在右边，我方人员坐左边。团长安排在我方主谈人右手第一位，副团长坐第二位，其他外宾可依次随便落座。

（5）会谈时用长桌的，中外各一方，请外宾坐上方，我方主谈人坐自己一方的中间位置。

（6）如有合影，事先安排合影图。合影一般主人居正中，按礼宾次序，以主人右手为上，主客双方间隔排列。

3. 宴请：

（1）有宴会（早宴、午宴、晚宴）、招待会（冷餐会和酒会）、茶话会、工作进餐。

（2）举办何种宴请活动，根据活动目的、对象、经费开支等因素确定。

（三）文艺晚会

根据活动目的、外宾兴趣、接受能力，安排和选定节目，根据客人身份安排好座位，一般以第七、第八排座位为佳。

（四）参观游览

根据来访目的、性质、外宾意愿和兴趣，选择有针对性的游览项目，安排身份相当的陪同人员和解说员、导游。

接待标准

（1）用餐标准：

招待官员、关系户80～120元/人·餐。

较重要官员、关系户50～80元/人·餐。

地方一般干部、外单位来人10～30元/人·餐。

公司分支机构来人15元左右/人·餐。

常客员工标准。

（2）住宿安排：

招待对象	标准	审批权限
重要官员	200～350元/天	总经理
较重要官员	150～200元/天	总经理

公司分支机构按公司标准。

常客自愿。

第十一条 附则

涉及重大接待活动，需部门协调执行。

七、企业参观管理工作标准

第一条　来本公司参观者必须事先与办公室主任预约,并如实填写《参观公司申请书》。

第二条　行政总监对《参观公司申请书》进行审核,一经批准即转交办公室主任。

第三条　由办公室主任填写参观内容、范围与路线,然后交行政总监审批。

第四条　凡持有公司印制的"公司参观许可证"者,有资格进入公司参观。

第五条　凡合乎下列条例,并经行政总监许可者,有资格进入公司参观。

1. 事先与本公司总部或其他事业部门联系过,并征得有关部门许可者。

2. 公司主要客户及其介绍给本公司的人。

3. 政府机构、社会公众团体及其介绍给本公司的人。

4. 其他希望参观者。

第六条　申请者必须向公司行政部出示"公司参观许可证"以及《参观公司申请书》,领取"参观者胸卡"。行政部在参观公司申请书上填写"许可编号",转交门卫。

第七条　一般情况下禁止外来参观者在作业现场拍照。

第八条　和本公司有关系的公司,职员如果对所参观某机械设备感兴趣,希望拍摄该设备的照片,必须向办公室主任请示。

第九条　办公室主任可以在获得该生产主管同意的前提下,指定专人对该设备所需要部分进行拍照并以公文形式把照片寄给参观者主管。

第十条　为了防止所拍摄照片被过量复制,应由所在生产部保管底片。

第十一条　本公司设备的照片,不得擅自公开刊登,如果有必要刊登,必须事先请示公司工程部。

八、企业来宾管理接待工作标准

□ 总则

第一条　为规范本公司参观制度,维护本公司保密利益,同时促进公共关系扩大宣传效果,特制定本制度,所有来公司参观者及带领参观者依悉遵守本制度。

□ 参观种类

第二条　团体参观:机关公司或社会团体约定来厂参观者。

第三条　贵宾参观:政府首长、社会名流以及国内外各大企业负责人经公司允准来厂参观者。

第四条　普通参观:一般客户或业务有关人员来厂参观者。

第五条　临时参观:因业务需要临时决定来厂参观者。

□ 接待方式

第六条　如是团体来我公司参观,原则上在公司会客室接待,无特殊情况不安排宴请,如有宴请需要,须经行政总监批准,参观时的陪同人员由行政部协调相关部门决定。

第七条　如果贵宾来我公司参观,按公司通知以咖啡、西点、冷饮、烟茶或其他方式招待,并由公司高级人员陪同或由相关部门主管陪同。

第八条　如是普通参观,则以烟茶招待,由管理部或有关部门派员陪同。

第九条　如是临时参观同上第八条。

□ 参观规则

第十条　贵宾参观及团体参观由公司核准并于参观前3日将参观通知单填送各工地管理部门,凭以办理接待,如事出之急先以电话通知后补通知单。

第十一条　普通参观由各部经理核准,并于参观前1日将参观通知单填送工地,以利接待,但参观涉及两个部以上者,应比照团体参观办理。

第十二条　临时参观由各部经(副)理核定,并于参观前1小时以电话通知各工地管理部办理接待,如参观涉及两个部以上者,应商请管理部协调办理之。

第十三条　未经核准的参观人员,一律拒绝参观,擅自率领参观人员参观者,得按泄露商业机密论。

第十四条　参观人员除特准者外,一律婉拒拍照,并由陪同参观人员委婉说明。

□ 附则

第十五条　本办法如有未尽事宜得随时检查修正。

第十六条　本办法呈报公司核准后公布施行。

九、展览会规范化工作标准

第一条　确定展览会的主题和目的。展览会的主题和目的决定着在展览会中使用的沟通方法和接待形式等,故展览会筹备应确定总编,构思总设计,使各部分有机衔接。

第二条　确定参展单位、参展项目和展览会的类型。采用广告或发出邀请的形式来吸引参加展出的单位。广告和邀请信应写清楚展览会的宗旨、展览会项目类型、估计参观者的人数和类型、展览会的要求及费用预算等,给潜在参展单位提供决策所需的资料。

第三条　明确参观者类型。根据参观者对展出项目的了解程度,分别提供较为专业化和普及性的资料。

第四条　选择展览的地点。选择展览地点要考虑到参观者方便、环境适宜、辅助设施易配置等因素。

第五条　培训展览会的工作人员。必须对展览会的工作人员即讲解员、接待员和服务员等进行良好的公共关系培训,并就展览内容进行必要的专业知识培训。

第六条　准备展览会的辅助设施和相关服务。

第七条　成立专门对外发布新闻的机构,负责和新闻界进行联系。要制定新闻发布的计划,充分发掘展览会中有新闻价值的东西,写成稿件予以发表,扩大展览会的影响。

第八条　准备展览会所需的各种辅助宣传资料。

第九条　确定展览会的费用预算。具体列出展览会的各项费用,进行核算,有计划地分配各项资金。

第十条　应设计展览会的标志,准备展览会的纪念品,为宣传提供方便的工具。

第十一条　搞好展览会效果的评估。

(一)在展厅内放置公众留言簿,主动征求意见。

(二)当场召开观众座谈会,收集观众的意见和想法。

(三)当场举办有关展览内容的知识竞赛,当场发题,当场解答,当场发奖。

(四)会后发放调查问答或登门访问,了解展览会的实际效果。

十、参观活动规范化工作标准

第一条　公关策划人员应通过开放参观活动向公众开展宣传,以扩大公司的知名度和美誉度,提高公司经营管理的透明度,提高员工士气和凝聚力。

第二条　开放参观接待对象。

(一)员工家属和社区居民。

(二)营业团体。生产协作者、原料供应商、经销商、运输公司等。

(三)股东公众。股东、股票经纪人、金融评论专家。

(四)其他职业集团。金融机构、律师协会、新闻界团体、保险公司、卫生检查机构、环境保护机构等。

(五)行政机关。各级政府部门、上级主管部门等,舆论领袖。科技教育文化单位、研究所的研究人员、高等院校的师生、各类学术团体及文化机构等。

(六)各种慈善机构与社会福利团体。

(七)海外人士。

第三条　对外开放参观的内容,要服从于参观的目的与要求,实事求是,结合参观者的特点和需求,视参观者的需求与兴趣而定。

第四条 开放参观的实施流程。

(一)制定计划。制定计划在1年前就应该准备,或至少应该提前3个月着手筹备,不能仓促开放。策划时要考虑制定出活动计划的纲要,推行该计划的详细时间表和具体工作人员的指派任命。

(二)成立专门机构。建立各种专门机构,尽可能让更多的员工承担部分工作,以增强员工的参与意识,激发员工的工作积极性。

(三)准备参观项目。公司事先准备好计划中预定参观的项目,以给参观者一个良好的企业形象,公关策划人员也可以适当安排一些节目,以激发参观者的兴趣。

(四)安排交通路线。在发请柬时应另附详细说明,指明停车场和具体的交通路线。此外,还应设立交通标志,对主要的设施用标志牌予以说明,整个参观路线要有统一的布置设计,以显示出良好的管理素质。

(五)安排引导人员。对引导人员或者解说人员事先要进行认真选择、培训,引导人员应该配戴印有公司名称和个人姓名的标牌,应有礼貌地介绍参观的内容,认真回答来宾提问。

(六)实施宣传、策划人员应该充分重视宣传工作,一方面用新闻媒介来扩大影响和知名度;另一方面对公司内部员工做宣传工作,便每个人都自觉参与宣传。

(七)准备纪念品。纪念品不要太贵重,关键是要精美。

(八)结束后的答谢工作。活动结束以后,要及时对所有参加的员工致谢,采用书面答谢形式,感谢大家辛勤劳动,积极配合。

第十一章

考勤与值班管理

《按流程执行》

一、考勤管理工作流程设计

流程名称	考勤管理工作流程	编码			
		执行者	行政部	监控者	行政总监
行为实施环节	各部门员工		行政部		行政总监

管理行为

```
           ┌─────────┐
           │  流程起始  │
           └─────────┘
                │
                ▼
        ┌──────────┐        ┌────────┐
        │ 填写员工考勤表 │───────▶│ 出勤记录 │
        │   或打卡   │        │  汇总   │
        └──────────┘        └────────┘
                                 │           否
                                 ▼        ┌──────────┐
                          ┌──────────┐    │          │
                          │ 编制员工出勤 │───▶│   审批   │
                          │   报告    │    │          │
                          └──────────┘    └──────────┘
                                               │
                          ┌──────────┐    是    │
                          │ 处理考勤结果 │◀────────┘
                          └──────────┘
                               │
                               ▼
                          ┌────────┐
                          │ 信息存档 │
                          └────────┘
                               │
                               ▼
                          ┌────────┐
                          │  流程结束 │
                          └────────┘
```

二、节假日管理工作流程设计

流程名称	节假日管理 工作流程	编码			
		执行者	行政部	监控者	行政总监
行为实施环节	行政部			行政总监	

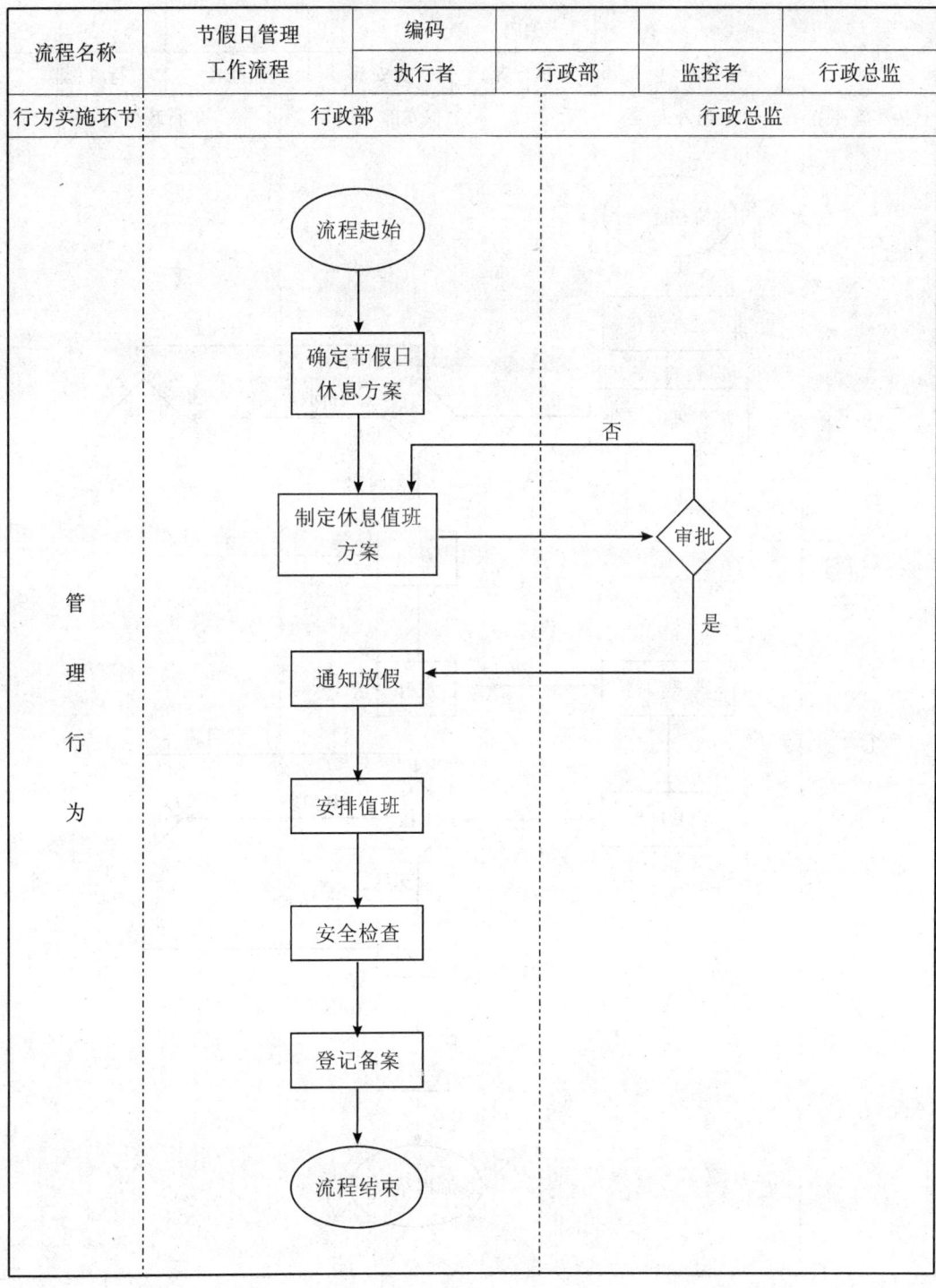

三、企业出入管理工作流程设计

流程名称	出入管理工作流程	编码			
		执行者	保安部	监控者	行政总监
行为实施环节	出入人员	保安部		行政总监	

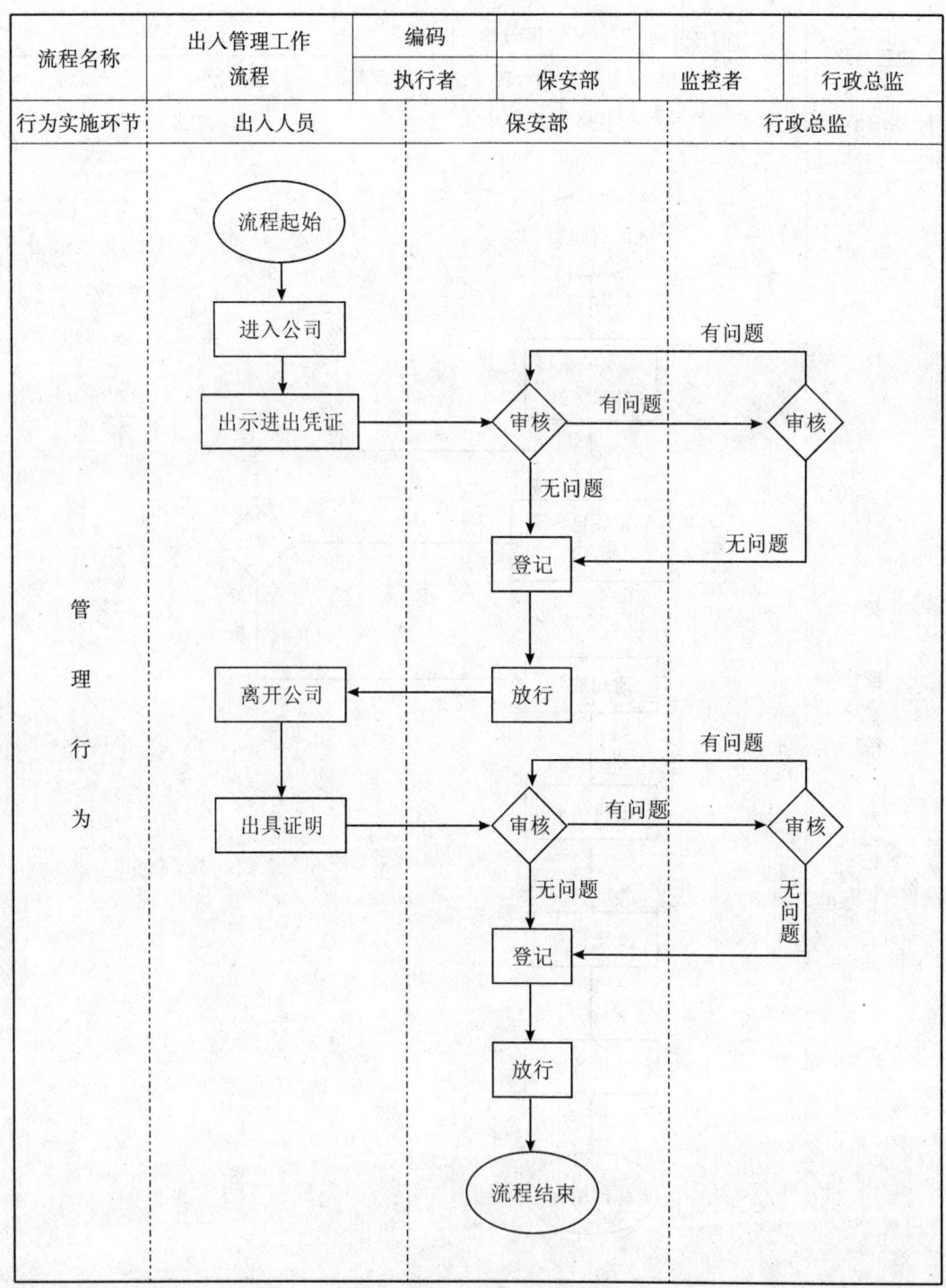

四、企业值班管理工作流程设计

流程名称	值班管理工作流程	编码			
		执行者	行政部	监控者	行政总监
行为实施环节	值班人员	行政部		行政总监	

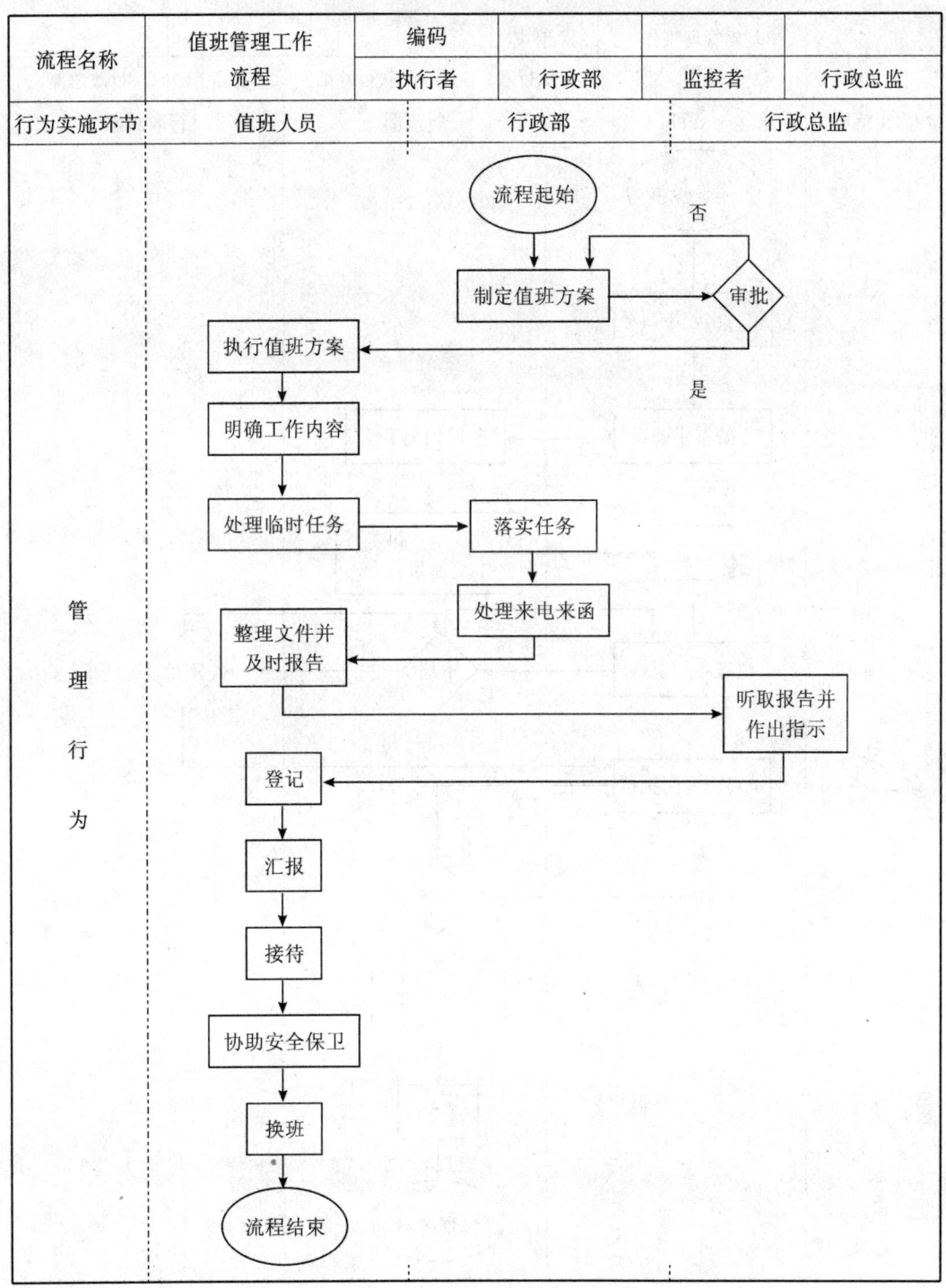

管理行为

五、差旅管理工作流程设计

流程名称	差旅管理工作流程	编码			
		执行者	各部门、行政部	监控者	行政总监
行为实施环节	各部门	行政部		行政总监	

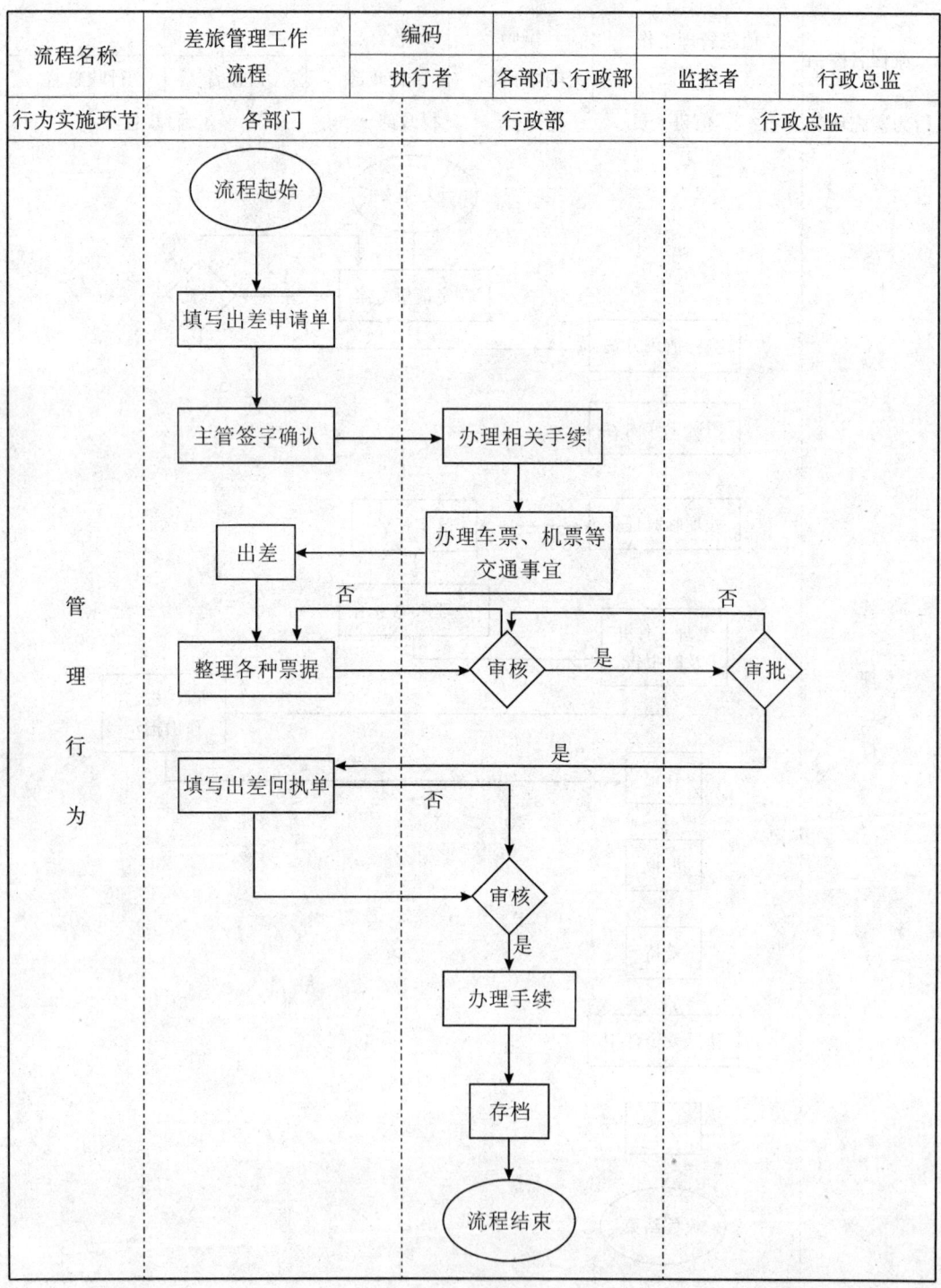

六、员工出差审批管理工作流程设计

流程名称	员工出差审批管理 工作流程	编码			
		执行者	各部门、行政部	监控者	行政总监
行为实施环节	部门员工	部门总监	财务部	行政部	行政总监

管理行为

```
                    流程起始
                       │
        否              ↓           否                          否
        ┌──────────┐  ┌──────────────────────┐  ┌────────┐
 填写员工出差 ──→ 审批 ────────是────────→ 审核 ──是──→ 审批
    申请                                              
        
 填制费用 ←─────────────────是──────────────────────┘
   预算
    │      否          否          否
    └──→ 审核 ──是──→ 审批 ──是──→ 核对
                                      │是
                                  办理出差
                                   手续
  出差 ←────────────────────────────┘
    │
流程结束
```

七、员工出差费用预算管理工作流程设计

流程名称	员工出差费用预算 管理工作流程	编码			
		执行者	各部门、行政部	监控者	行政总监
行为实施环节	出差员工	部门主管	财务部	行政部	行政总监
管 理 行 为					

（流程图）

- 流程起始
- 出差预算申请 → 审核（否） → 审核（是） → 审核（否） → 审批（否）
- 审批（是） → 费用核准 → 确定费用款项
- 确定费用款项 → 分析调查 → 确定费用
- 确定费用（否） → 审批 （是）→ 执行
- 执行 → 分析汇总 → 记录 → 流程结束

八、考勤员工作标准

(一)随着考勤系统操作权限的分散及考勤工作流程的变更,考勤员的工作职责将随之作相应调整。考勤员的工作从原来的面向人力资源管理部改为直接面向各系统,主要从事公司的组织结构管理、时间管理及部分人员基本信息的维护。

(二)组织结构管理:

1. 保证系统中的部门组织结构与实际情况一致,确保部门隶属关系与部门名称的准确性。

2. 及时反馈系统中部门组织结构的变更信息。

3. 有关部门组织结构的变更,包括:部门增减合并、隶属关系变更、名称变更等,应随时以管理部(或一级部门)联络单的形式在 5 个工作日内将变更信息反馈至人力资源管理部。同时应注明发生变更的部门人员归属情况。

(三)时间管理:

1. 对公司员工的考勤状况进行有效管理,为相关部门提供有借鉴意义的统计数据,辅助人事管理。

2. 监督员工严格执行公司相关的考勤管理制度,及时、准确地维护系统考勤数据,使其真实反映员工的考勤状况。

(1)考勤数据的审核与及时录入。对本部门员工忘刷卡、外出公干、请假、销假、加班的原始数据进行及时审核和录入。在条件允许的情况下,外出公干、请假及加班的原始数据可通过相应的电子流直接录入系统。考勤数据的录入,应在有效单据到达后 2 个工作日内完成。

(2)考勤异常情况的处理。人力资源部每天定时在 SAP 系统中处理员工的考勤记录,各部门考勤员应每天定时查询 1 次,并跟踪异常情况的原因,在 2 个工作日内完成对异常情况的处理。

(3)负责对公司考勤管理制度的宣传与咨询,受理部门员工考勤状况查询。

(4)有驻外机构(办事处、研究所等)的部门,应在每月第 3 个工作日上报驻外机构人员的考勤报表及加(值)班汇总表。

(四)人员基本信息维护:

1. 确保系统中相关人员基本信息的准确性。

2. 及时维护系统中人员的班次、上班地点、职类、职位及职位代码信息。

3. 对于本部门人员的班次、上班地点、职类、职位及职位代码信息的变更。

九、考勤员操作工作标准

(一)考勤系统操作权限分散管理后,各部门考勤员将直接面对 SAP 系统进行数据处理。为规范考勤员系统操作行业,特制定本规范。

(二)处罚规定:

1. 所有系统数据的增删、修改,必须以书面单据为依据。没有书面单据的数据变更将追究操作者责任,并视其情节轻重给予责任人三级纪律处分。

2. 考勤员的工作应以《考勤员工作职责》及《公司考勤管理制度》为指导,对公司的考勤管理制度应熟练掌握并严格执行。如因个人对制度的理解有误或有意徇私舞弊而使员工的考勤数据失真,视其情节轻重给予责任人三级或二级纪律处分。

3. 因考勤员失职,如误操作、未及时处理员工的异常考勤记录等,而导致员工个人的经济损失,将在下一发薪月补发员工个人的误扣款,同时对责任人作等额扣款处理,并给予三级纪律处分。

4. 因考勤员态度恶劣或对考勤制度不了解,而发生员工对考勤员投诉的事件,有效投诉发生 1 次,对责任人通报批评;有效投诉发生 2 次,对责任人罚款 50 元;有效投诉发生 3 次以上(含 3 次),每次罚款 100 元。

5. 同一责任人纪律处分每发生 3 次,记一级纪律处分 1 次。

(三)奖励措施:

1. 行政部将定期组织优秀考勤员的评选活动,嘉奖在考勤工作中表现突出的优秀考勤员。

评选时间:每年 6 月、12 月左右分别组织评选 1 次。

评选范围:全公司考勤员。

评选资格:

A. 从事考勤工作达半年以上。

B. 工作作风严谨、态度认真、责任心强。

C. 本部门考勤制度的宣传与考勤流程的推动效果好。

D. 本部门考勤数据错误率低于 0.1%。

E. 工作上无不良记录。

评选方式:采用公司评选与部门评选相结合、评选优秀个人与评选优秀集体相结合的方式。

奖励方式:

A. 荣誉奖与安全退休金挂钩。

B. 统一颁发获奖证书、纪念品或其他等同奖励形式。

C. 请荣誉部协助对评选结果的宣传。

D. 以精神奖励为主,物质奖励为辅。

2. 对兼职考勤员(秘书)的工作表现将定期向各管理部(秘书处)反馈,为秘书任职资格提供参考依据。

十、管理者考勤单据审批工作标准

(一)考勤系统操作权限分散管理后,各级管理者将成为考勤单据审批程序的最终监控点。经相应级别主管审批通过的考勤单据将直接作为系统考勤数据的原始依据。为督促管理者公正严明地执行公司考勤管理制度,及时有效地行使审批权限,特制定本规范。

(二)管理者在行使审批权限时必须以《公司考勤管理制度》为指导,公正严明地执行考勤管理制度。如因管理者审批单据不严格而使员工的考勤记录失真,将视情节轻重给予责任人三级或二级纪律处分。

(三)管理者应在既定的权限范围内行使审批权。如发现管理者越权审批的现象,将视情节轻重给予责任人三级或二级纪律处分。

(四)原则上,有效考勤单据(书面或电子件)到达后,管理者应在2个有效工作日内反馈处理意见(同意或驳回)。如因出差、培训等原因而无法审批单据,则应提前授权相关人员代为审批。因管理者审批延滞而导致员工个人的考勤记录异常及经济损失,将调整员工的异常考勤记录,并在下一发薪月补发员工个人的误扣款,同时对责任人作等额扣款处理,并给予三级纪律处分。

(五)同一责任人纪律处分每发生3次,记一级纪律处分1次。

十一、部门经理考勤工作标准

(一)部门经理和副经理须按企业规定的上班时间提前到岗,总经理办公室负责考勤。

(二)因病、因事不能上班者,提前到总经理办公室请假并说明原因,或事前打电话,办公室记录备案。

(三)因公外出,事前通知总经理办公室,并说明外出原因,记录在案。

(四)因病、因事、因公不到岗又未及时说明者,按旷工处理。

(五)总经理办公室严格统计考勤,每月及时上报总经理。

(六)部门经理考勤情况将作为考评及工作绩效的依据之一。

十二、员工考勤打卡标准

为加强员工考勤的管理,培养公平、公开、公正的竞争环境,决定自××××年××月××日起实行员工考勤打卡制度。具体执行标准如下:

(一)所有在本公司上班的员工,都应参加考勤打卡。

(二)考勤卡每人一张,个人保管,重复使用,不得遗失,并远离磁场。如有损坏和遗失,本人应支付购卡成本费 20 元。

(三)任何打卡需由本人亲临打卡现场操作,任何人不得代为打卡,否则,发现一次对打卡人和代打卡人均在月度考核中扣 10 分。

(四)考勤卡资料的输入和录入暂由人事科负责。

(五)考勤结果由办公室每月公布一次。

(六)在打卡现场提供记录本,凡有事请假或因公事不及打卡的人员,在 24 小时内填写记录本,对未填写记录本的人员,一律以打卡记录为准。

(七)对迟到和旷工员工的处理,按有关制度实行。

十三、值班时间管理工作标准

(一)本公司员工值班,其时间规定如下:

1. 自星期一至星期五每日上午 8 时半起至下午 5 时止。

2. 例假日、日班,上午 8 时起至下午 5 时止(可随办公时间的变更而变更)。夜班,下午 5 时起至次日上午 8 时止。

(二)员工值班安排表由人事行政部编排,于上月底公布并通知值班人员按时值班。

(三)值班员工应按照规定时间在指定场所连续执行任务,不得中途停歇或随意外出,并须在公司指定的地方食宿。

(四)值班员工遇有事情发生可先进行处理,事后分别报告。

(五)如遇其职权不能处理的,应立即呈报并请示主管领导办理。

十四、值班事项处理标准

（一）属于职权范围内的可即时处理。

（二）非职权所及，视其性质立即联系有关部门负责人处理。

（三）密件或限时信件应立即原封保管，于上班时呈送有关领导。

（四）值班员工应将值班时所处理的事项填具值班报告表，于交班时送主管领导转呈核查，报告表另定。

十五、值班奖励与惩罚标准

（一）值班员工如遇紧急事件处理得当，使公司减少损失者，公司视其情节给予嘉奖。

（二）值班员工在值班时间内，擅离职守应给予记大过处分，因情节严重造成损失者，从重论处。

（三）值班员工因病和其他原因不能值班的，应先行请假或请其他员工代理并呈准。出差时亦同，代理者应负一切责任。

第十二章

后勤管理

《按流程执行》

一、宿舍管理工作流程设计

流程名称	宿舍管理工作流程	编码			
		执行者	行务部	监控者	行政总监
行为实施环节	行政部	行政总监		总经理	

| 管理行为 | 流程起始 → 制定宿舍管理制度 → 审核 → 审批

制定宿舍管理制度 → 审核（否）；审核（是）→ 审批；审批（否）；审批（是）→ 填制住宿一览表

填制住宿一览表 → 发放宿舍意见表 → 获取反馈信息 → 确认宿舍物品管理 → 记录宿舍物品 → 定期检修宿舍物品 → 制定宿舍安全管理措施 → 填制登记管理表 → 登记宿舍管理记录 → 存档 → 流程结束 |

二、餐厅管理工作流程设计

流程名称	餐厅管理工作流程	编码			
		执行者	行务部	监控者	行政总监
行为实施环节	行政部	行政总监		总经理	

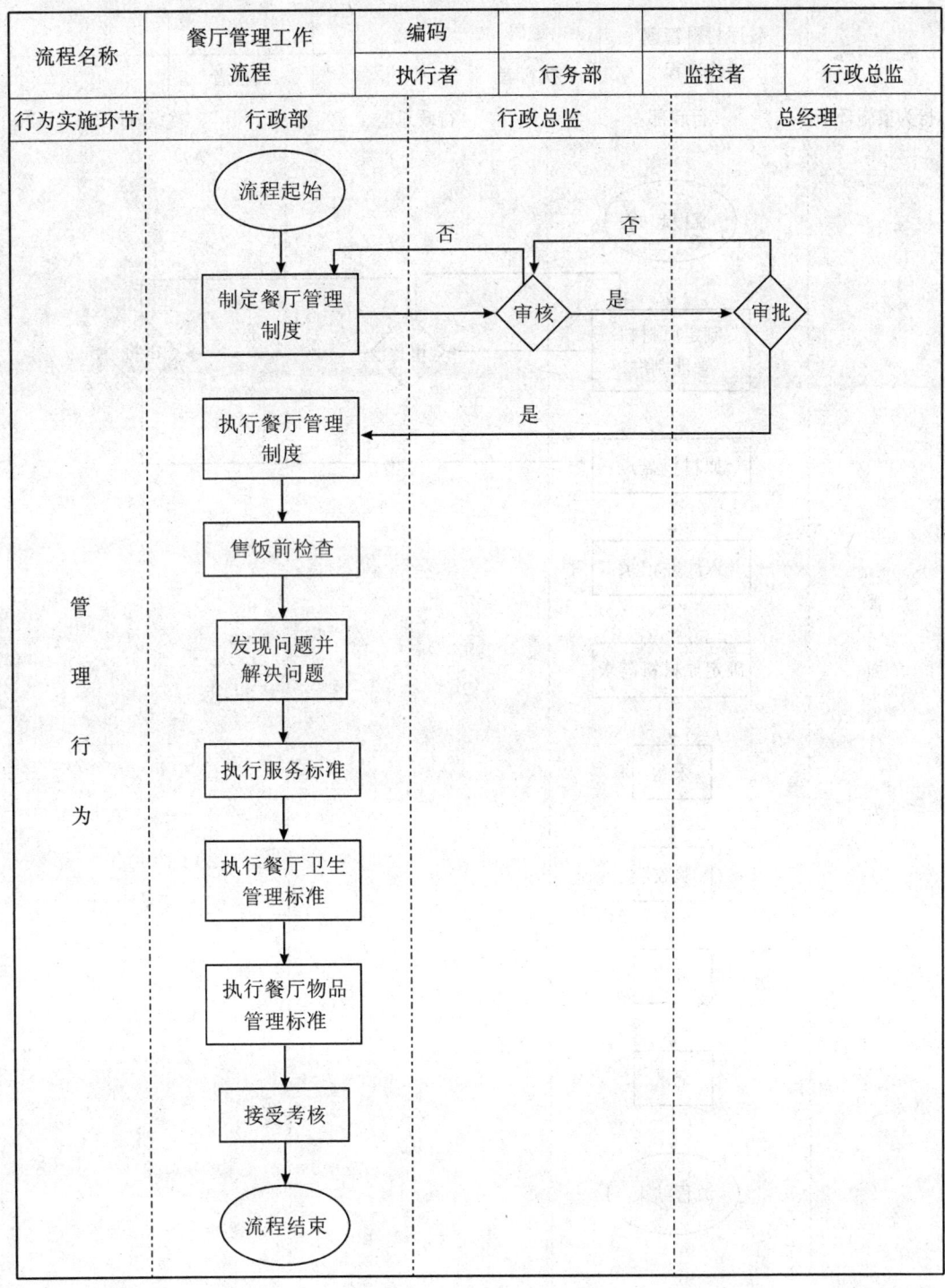

三、餐厅原材料管理工作流程设计

流程名称	餐厅材料管理工作流程	编码			
		执行者		监控者	
行为实施环节	行政部	行政总监		总经理	

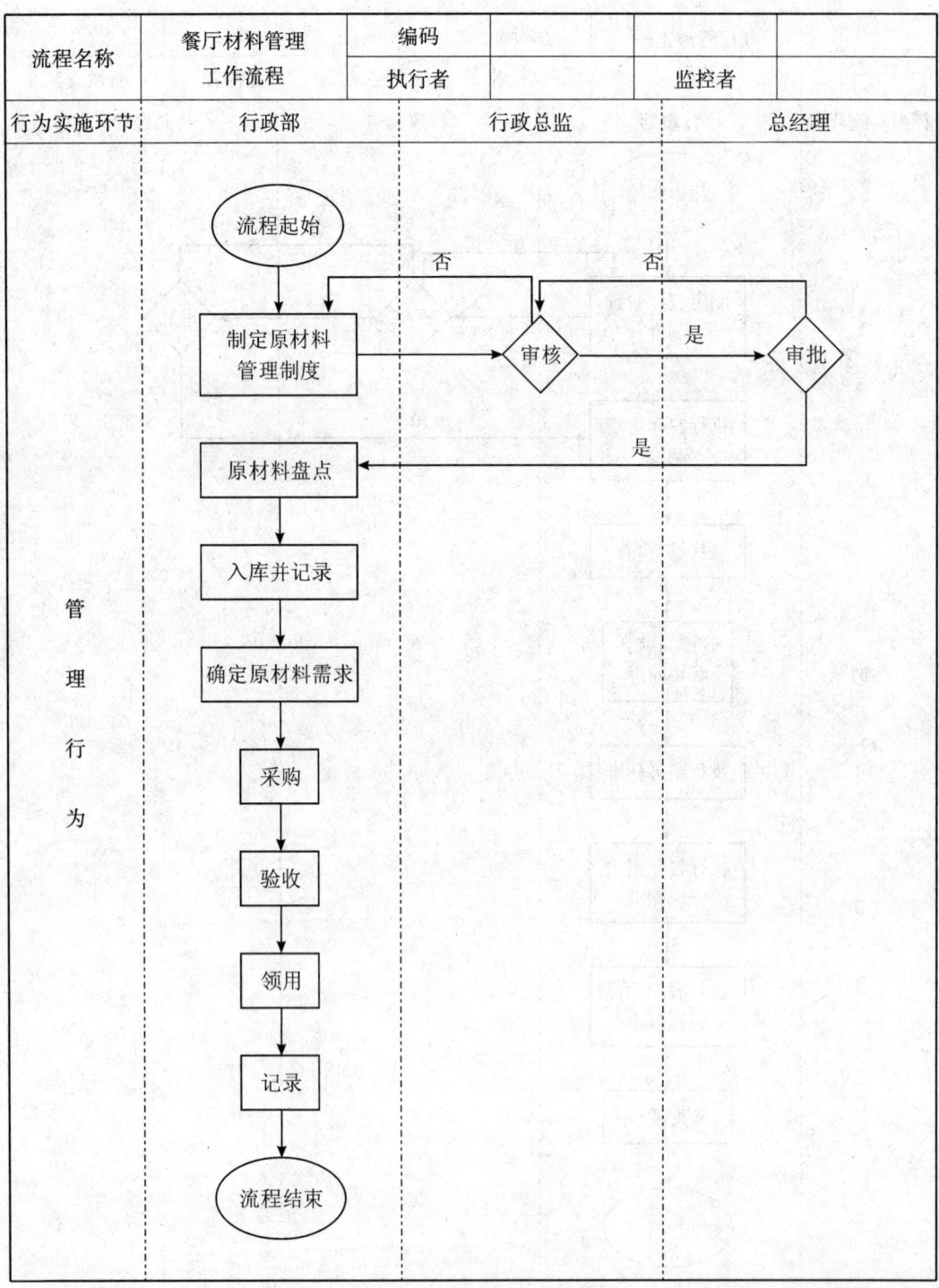

四、餐厅计划管理工作流程设计

流程名称	餐厅计划管理 工作流程	编码			
		执行者		监控者	
行为实施环节	行政部	行政总监		总经理	

管理行为

```
        ┌─────────────┐
        │  流程起始   │
        └──────┬──────┘
               ↓
        ┌─────────────┐
        │ 收集资料并整理 │
        └──────┬──────┘
               ↓
        ┌─────────────┐
        │ 汇总分析餐厅 │
        │   需求计划   │
        └──────┬──────┘
               ↓
        ┌─────────────┐      否         否
        │ 制定餐厅计划 │   ◇审核◇  是  ◇审批◇
        │    草案      │──→       ──→
        └─────────────┘
               ↑                    是
        ┌─────────────┐
        │   计划实施   │←──────────────
        └──────┬──────┘
               ↓
        ┌─────────────┐
        │ 汇总结果处理 │
        └──────┬──────┘
               ↓
        ┌─────────────┐
        │   检查督促   │
        └──────┬──────┘
               ↓
        ┌─────────────┐
        │ 汇总检查结果 │
        └──────┬──────┘
               ↓
        ┌─────────────┐
        │    存档     │
        └──────┬──────┘
               ↓
        ┌─────────────┐
        │  流程结束   │
        └─────────────┘
```

五、餐厅销售管理工作流程设计

流程名称	餐厅销售管理	编码			
	工作流程	执行者	行政部	监控者	行政总监
行为实施环节	行政部	行政总监		总经理	

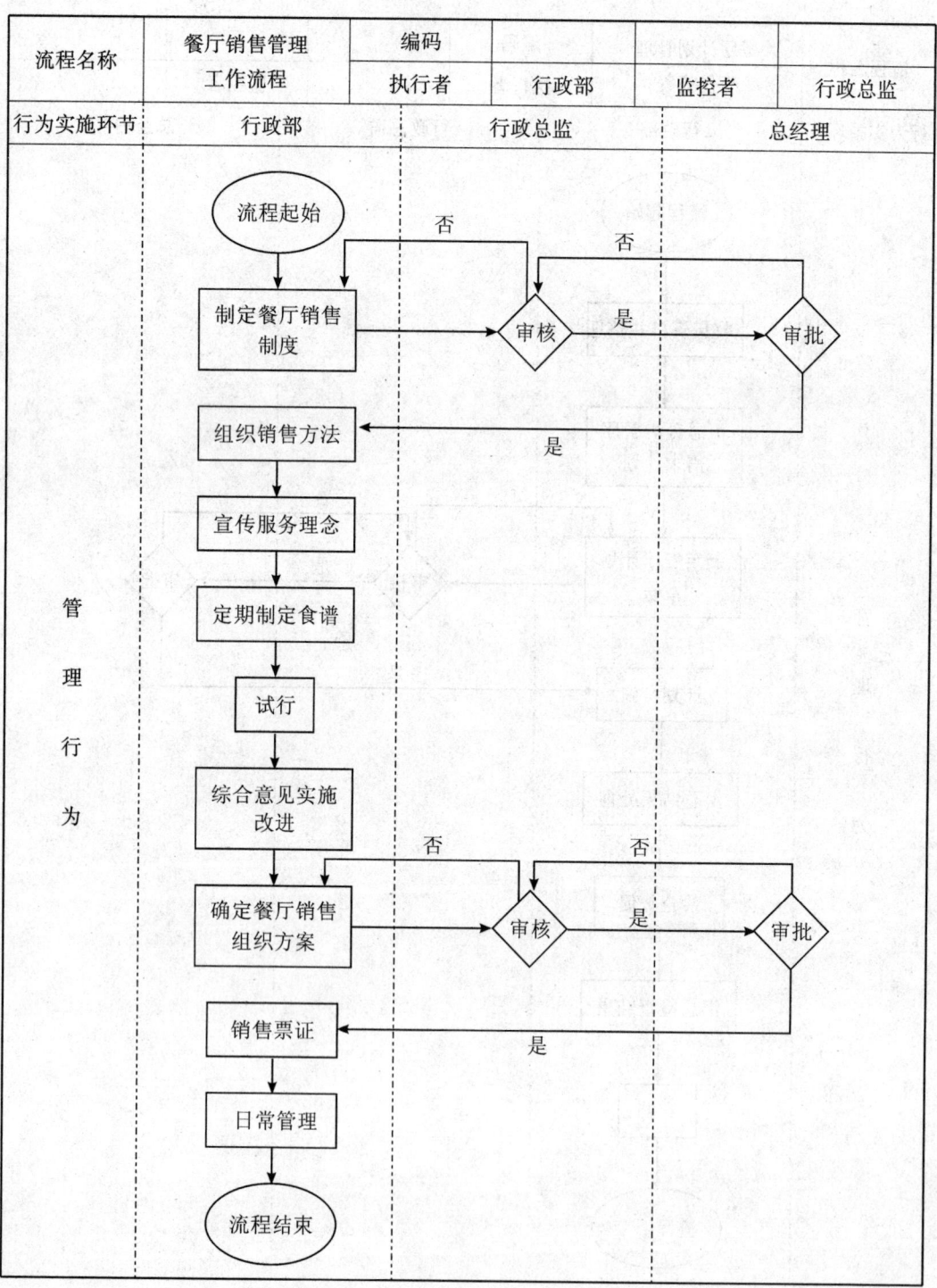

流程起始

制定餐厅销售制度

审核 否 是 审批 否

组织销售方法 是

宣传服务理念

定期制定食谱

试行

综合意见实施改进

确定餐厅销售组织方案 审核 否 是 审批 否

销售票证 是

日常管理

流程结束

管理行为

六、车辆使用管理工作流程设计

流程名称	车辆使用管理 工作流程	编码			
		执行者	行政部	监控者	行政总监
行为实施环节	各部门	行政部		行政总监	

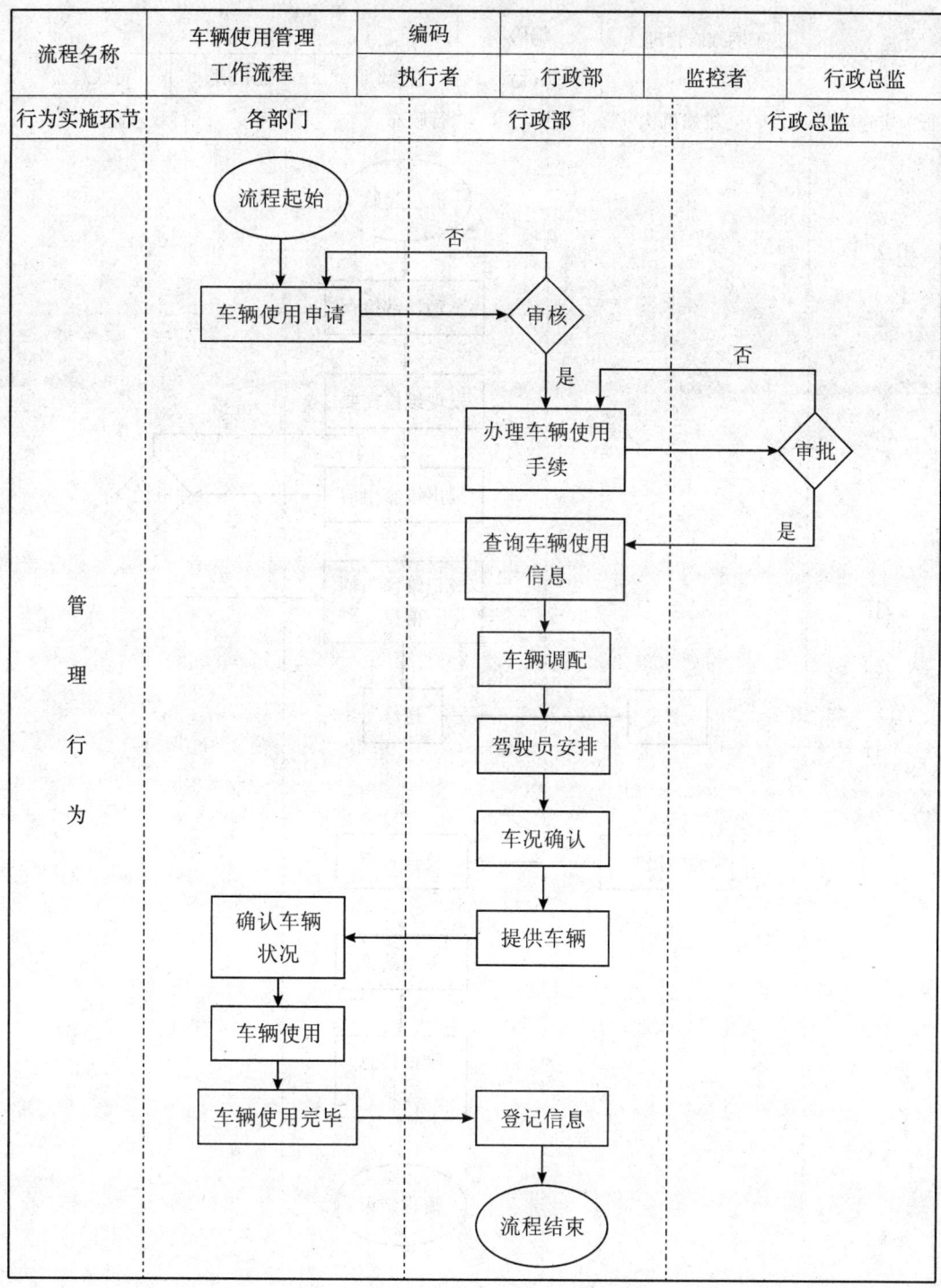

七、车辆维修管理工作流程设计

流程名称	车辆维修管理 工作流程	编码			
		执行者	行政部	监控者	行政总监
行为实施环节	维修机构	行政部		行政总监	

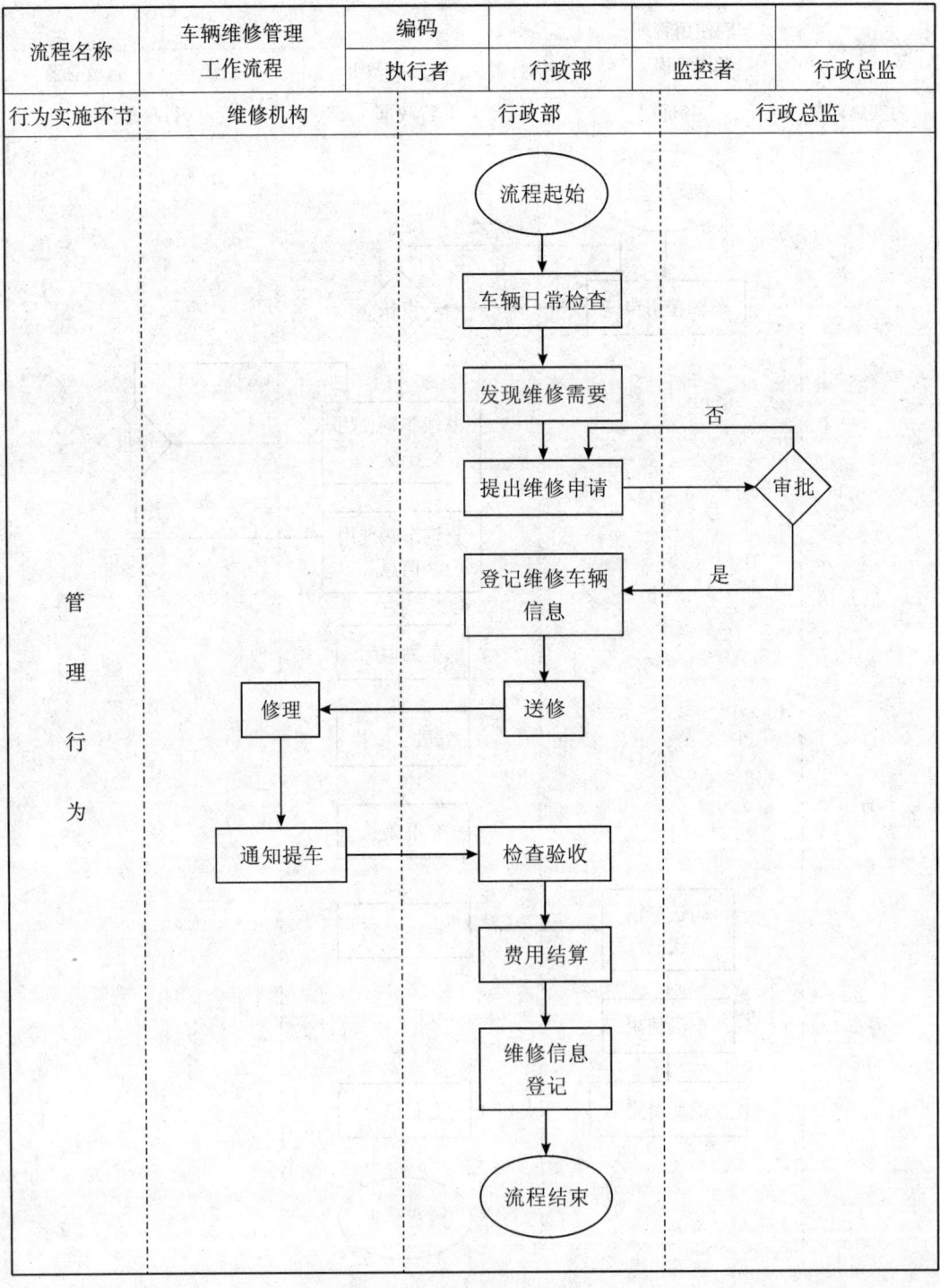

八、车辆年检管理工作流程设计

流程名称	车辆年检管理工作流程	编码			
		执行者	行政部	监控者	行政总监
行为实施环节	车管所	行政部		行政总监	

管理行为

```
        ┌─────────┐
        │ 流程起始 │
        └─────────┘
             │
             ▼                                                    否
        ┌────────┐      ┌────────┐      ┌──────┐◄────────────┐
        │ 通知年检 │─────►│ 申请年检 │─────►│ 审批 │            │
        └────────┘      └────────┘      └──────┘            │
                                            │ 是
                             ┌────────┐     │
                             │ 车辆检查 │◄────┘
                             └────────┘
                                  │
        ┌──────┐        ┌────────┐
        │ 年检 │◄───────│ 办理手续 │
        └──────┘        └────────┘
            │
        ┌────────┐      ┌────────┐
        │ 签发凭证 │─────►│ 凭证保管 │
        └────────┘      └────────┘
                             │
                        ┌─────────┐
                        │ 流程结束 │
                        └─────────┘
```

九、车辆加油管理工作流程设计

流程名称	车辆加油管理工作流程	编码		监控者	行政总监
		执行者	行政部		
行为实施环节	各部门	行政部		行政总监	

管理行为

```
                        ┌─────────┐
                        │ 流程起始 │
                        └────┬────┘
                             │
        否                   │              否
   ┌─────────────┐          │        ┌──────────────┐
   ↓             │          ↓        ↓              │
┌────────┐      ◇审核◇──是──→◇审批◇
│提出车辆加油│──────→                   
│  申请   │                          是
└────────┘                           │
                                     ↓
┌────────┐   ┌──────────┐
│ 车辆加油 │←──│登记加油信息│
└───┬────┘   └──────────┘
    │
    ↓                       否
┌────────┐   ┌────────┐  ┌──────┐
│ 预支油费 │──→│ 费用报销 │──→◇审批◇
└────────┘   └────────┘      │
                             是
                             │
             ┌────────┐      ↓
             │ 费用结算 │←────
             └───┬────┘
                 │
                 ↓
             ┌────────┐
             │ 流程结束 │
             └────────┘
```

十、车辆肇事处理工作流程设计

流程名称	车辆肇事处理工作流程	编码			
		执行者	行政部	监控者	行政总监
行为实施环节	各部门	行政部		行政总监	

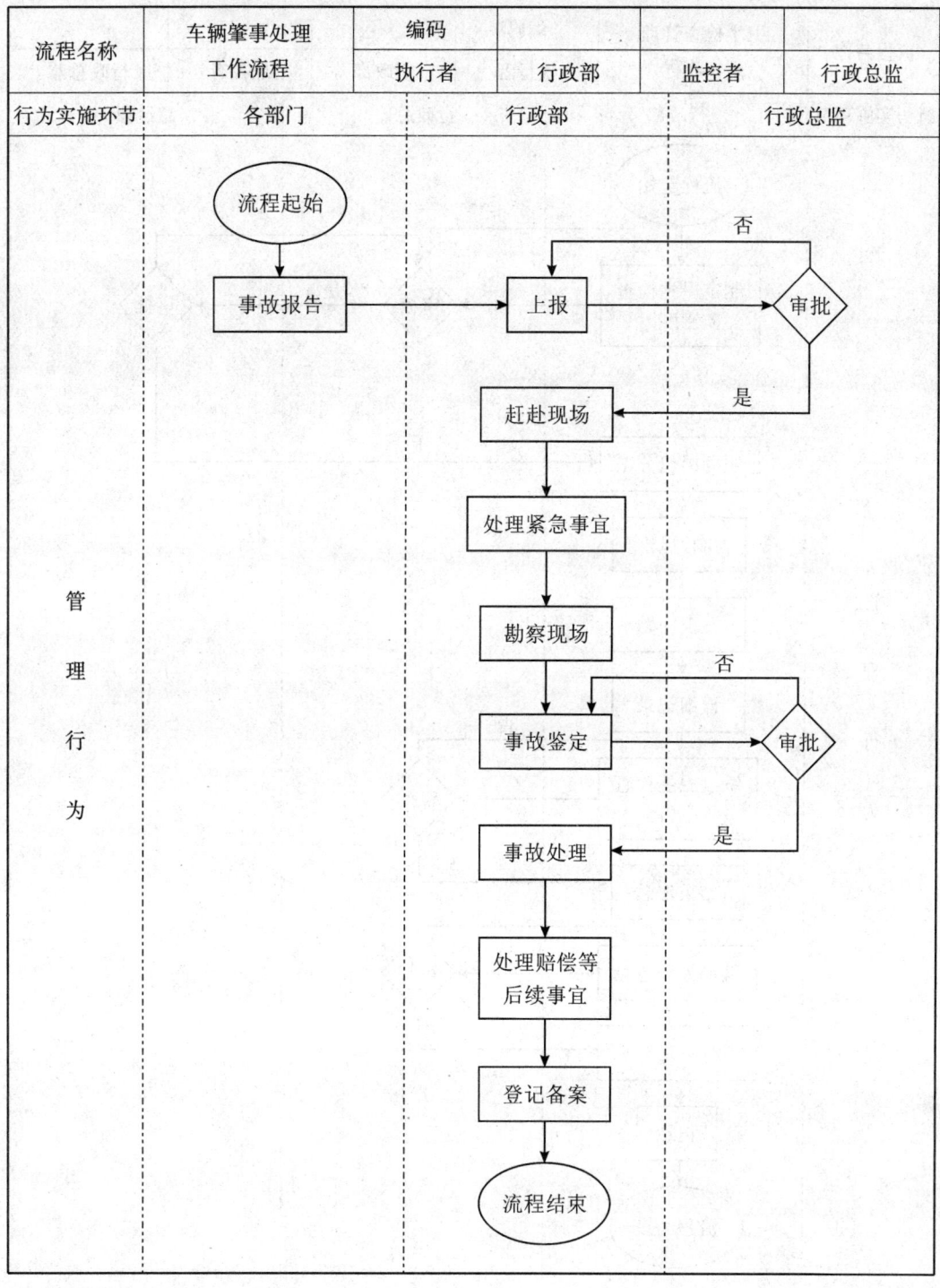

管理行为

流程起始 → 事故报告 → 上报 → 审批

否

审批 → 是 → 赶赴现场 → 处理紧急事宜 → 勘察现场 → 事故鉴定 → 审批

否

审批 → 是 → 事故处理 → 处理赔偿等后续事宜 → 登记备案 → 流程结束

十一、卫生检查管理工作流程设计

流程名称	卫生检查管理 工作流程	编码			
		执行者	行政部	监控者	行政总监
行为实施环节	行政部	行政总监		总经理	

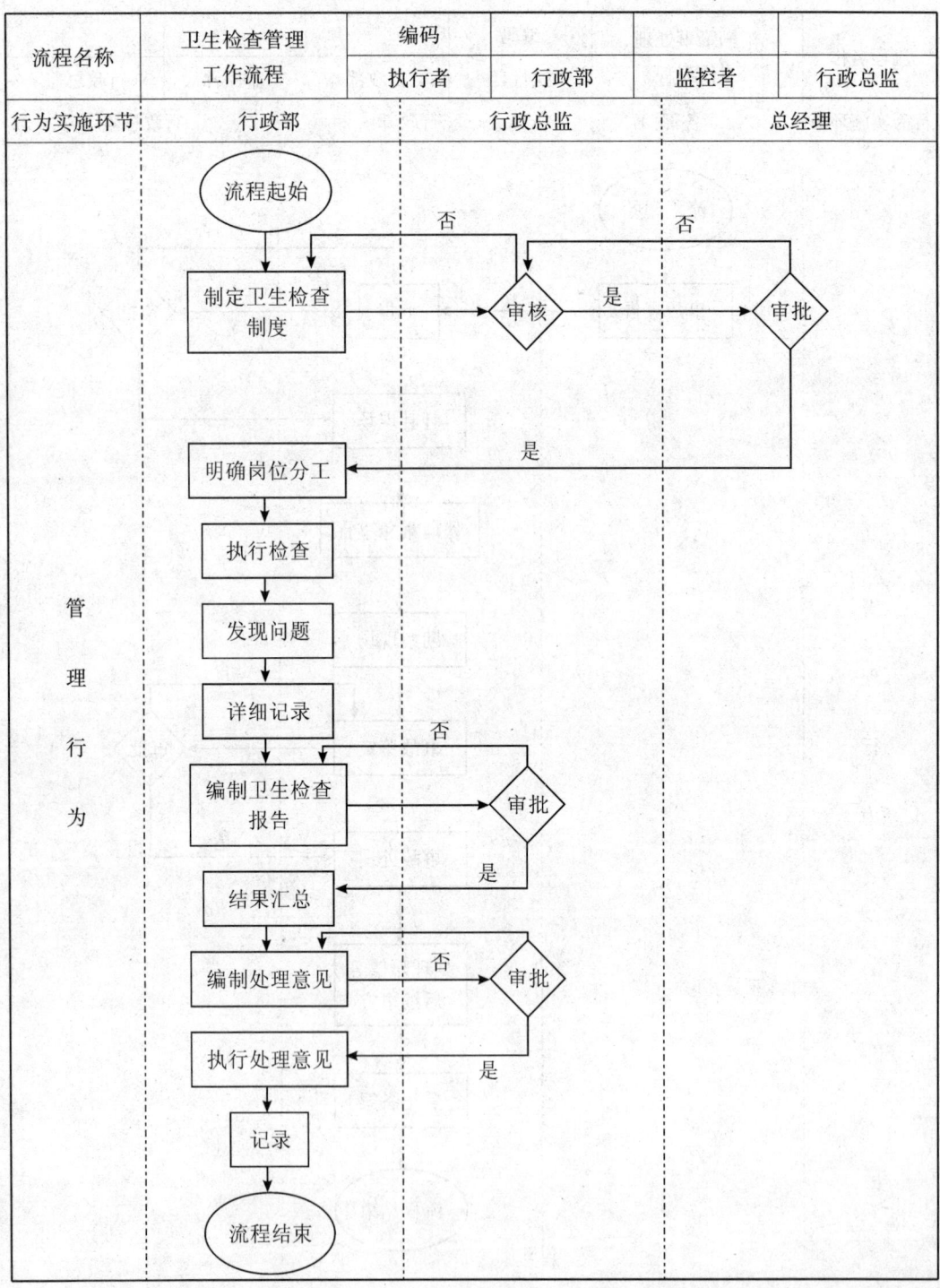

十二、卫生奖惩管理工作流程设计

流程名称	卫生奖惩管理 工作流程	编码			
		执行者	行政部	监控者	行政总监
行为实施环节	行政部	行政总监		总经理	
管 理 行 为	流程起始 汇总检查结果 → 审核 （否） 划分评定等级 ← 审核（是） 根据奖罚条例确定处理意见 书面通知 登记 汇总奖罚措施 → 审核（否） → 审批（否） 结果存档 ← （是） 流程结束				

十三、环卫绿化管理工作流程设计

流程名称	环卫绿化管理 工作流程	编码			
		执行者	行政部	监控者	行政总监
行为实施环节	行政部	行政总监		总经理	

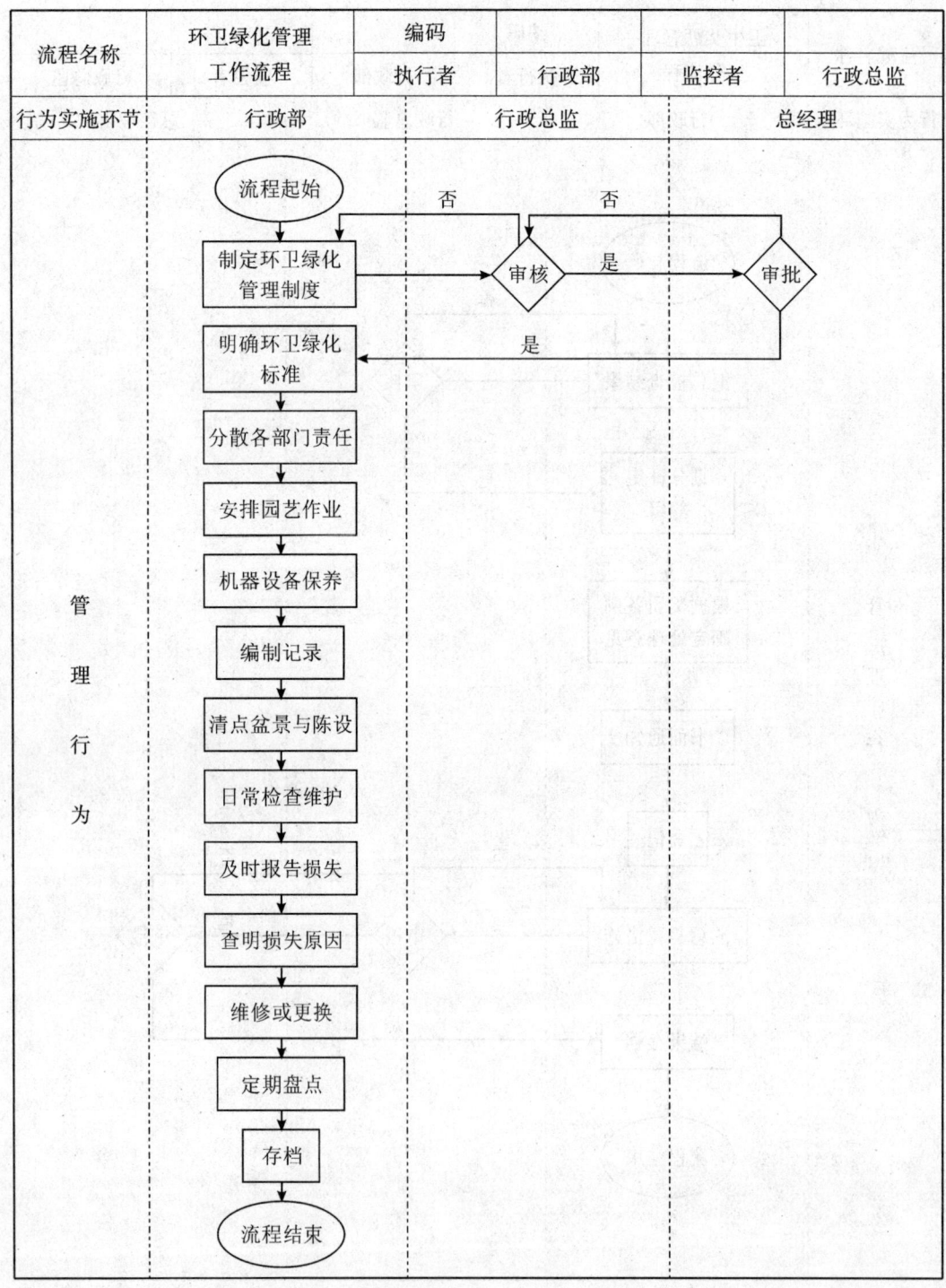

十四、员工宿舍文明守则

为加强公司宿舍区的文明建设,使职工有一个清洁、宁静、安全、文明的生活环境,特制订职工宿舍文明守则如下:

第一条　保持生活环境的整洁卫生,不随地吐痰,乱丢果皮、纸屑、烟头等。一切车辆(含自行车)要按指定的位置摆放整齐。

第二条　宿舍区内的走廊、通道及公共场所,禁止堆放杂物、养鸟和其他宠物。

第三条　讲文明礼貌,不随地大、小便,不从楼上抛丢垃圾、杂物和倒水。不准弄脏墙壁。

第四条　养成良好的卫生习惯,垃圾、杂物要倒在垃圾池(桶)内。

第五条　注意安全,不许私自安装电器和拉接电源线,不准使用明火炉具(用电炉具)及超负荷用电。

第六条　预防火灾,严禁在宿舍区燃放烟火和鞭炮。

第七条　自觉维护宿舍区的安静,在中午、晚上休息时间不使用高音器材,不许大声吵闹,不进行有噪声的活动,以免影响他人休息。

第八条　美化环境,爱护花草树木和一切公共设施。

第九条　各住户生活区的卫生要经常打扫,保持整洁。

第十条　遵纪守法,严格遵守治安管理的有关规定,自觉维护宿舍区的秩序。

十五、餐厅卫生管理标准

餐厅卫生管理标准如下:

第一条　严格执行《食品卫生法》,杜绝食物中毒事故发生。

第二条　中心所有炊事人员必须定期体检,持有效健康证方可上岗。

第三条　炊事人员要做到"四勤"(即:勤洗手剪指甲,勤洗澡理发,勤换衣服被褥,勤换工作服),"五不"(即:不随地吐痰,不抽烟,不用手抓食品,不对食品打喷嚏咳嗽,不直接用勺尝味)。

第四条　洗碗池、洗菜池及时擦洗疏通,餐厅每日三擦三扫,做到清洁、舒适。

第五条　严格执行双墩、双刀制,生熟分开制,杜绝交叉感染。

第六条　餐具、茶具、灶具及盛放直接入口食品的容器使用前必须洗净消毒。

第七条 采购各种肉类,必须坚持索要检疫证件及屠宰证明等制度。

第八条 环境卫生要做到无脏物、无异味,泔水桶、垃圾车、废品堆、下水道要及时处理清运,保持整洁,厕所应经常冲洗,防堵防漏。

第九条 各餐厅及环境卫生要执行分片包干、定人定物、责任到人的制度。

十六、员工宿舍设备安全检查标准

第一条 配合楼层对客房电器设备进行全面检查,包括床头箱及接线盒、门铃、灯具、衣柜灯及其开关、房间插座、插头等。

第二条 每半年检查吊灯和组合花灯、灯具和水晶玻璃物品等是否牢固可靠。

第三条 餐厅厨房和职工厨房电器设备,除分工包干责任制中规定由责任人每月进行维护保养外,每年由维修班安排两次安全检查,包括开关、插座、设备的接线是否坚固,接零保护线是否可靠,线路是否完整。

十七、企业维修业务工作标准

(一)维修,是指对建筑物、设备、备件、器具、用品等的改造与维修业务。本标准旨在确定该项业务的处理规范,以保证维修对象保持良好的运营状态。

(二)在进行维修业务之前,必须提交"维修申请"一式两份,一份由维修者保存,另一份由申请者的主管上级盖章后,交维修科。

(三)维修科负责审查维修申请,并将有关项目转记"工程进程管理表"。如申请不被批准,维修科应将理由通知申请单位。

(四)维修科责任人应于上午和下午分两次在厂内巡视,查看有无待维修业务。如有应将有关项目记入"工程进程管理表",然后依序安排维修业务。

(五)维修工程分外包与内部处理两种,对两者的选择应考虑内部维修能力、紧迫程度和费用等要素。

(六)维修科通过"维修工程日报"来管理内部维修业务。

(七)外包工程发包时,应由承包者提交维修预算,维修科与财务部门据此确定维修内容、价格、支付期限与支付办法。

(八)公司派技术人员监督外包维修工程。维修科应经常检查工程进展情况,随时将有关情况向总务部长报告。

十八、设备安全运行管理标准

（一）应根据有关规定，组织对电工、电（气）焊工等特殊人员进行技术考核，持有操作证者方能上岗。

（二）各班组均应有专人任安全委员，负责监督检查安全操作施工情况。

（三）根据劳动分工规程，制定各工种维修操作规程和安全检查制度。

（四）加强劳动安全教育，在有危险的设备检修时，主管人员应亲自到场。

（五）对变配电、锅炉、电梯及电力设备，必须进行年度检查。

（六）对中央空调、变配电、锅炉的压力、保险阀等，必须定期送交有关单位进行校验。

（七）易燃、易爆物品必须存放在危险品仓库妥善保管，并应控制最大存放量。

（八）工作重地应设警戒牌，严禁非工作人员入内。

（九）机房、配电房等场所均应上锁，钥匙由专人保管。

（十）木工作业场所严禁烟火，并要每日清除木屑。

（十一）应对员工进行急救和消防知识的教育和考核。

（十二）建立事故处理制度。

（十三）对外单位施工人员，必须进行安全教育，并签订安全协议书；在施工过程中进行检查监督，避免事故的发生。

（十四）避雷装置在雨季前要进行测试检查，对锈蚀部分要敲铲掉并上漆。

（十五）对各配备设施的接地装置要定期检查保养，其接地电阻值应符合规范要求。

（十六）工厂内进行电、气焊时必须取得动火证。

十九、设备日常保修工作标准

（一）工厂的日常报修是设备维护单位进行维修工作的依据，报修单由报修部门负责填写。"报修单"一式两联，第一联由报修部门留存备查；第二联交维护保养单位。

（二）维护单位评估员在收到"报修单"以后，应即时记录在"维修跟进表"上，然后将"报修单"分配给维修班组。各维修班组在接到报修单后，应根据报修内容和重要程度，填写开工日期和预计工时，分派检修工人；填写完报修单后，核实耗用材料和实际工时，并将"报修单"汇总后交回单位评估员。评估员在收到各班组交回的第三联报修单后，记录在"维修跟进表"内，若在跟进过程中发现漏缺时，应追查原因；凡由于各种原因一时完不成

· 239 ·

的项目,应通知请修部门预计完成时间。若情况复杂,则报请公司领导解决。在发生修理部门对维修的投诉时,评估员应从"维修跟进表"查证事实。

二十、人员流动资产转接工作标准

(一)在填写离职、调动申请表之前,应在固定资产查询系统内查询个人名下的资产。

(二)离职、调动人员如果查到名下挂有资产应到所属部门资产管理员(大部分是部门秘书)处填写资产转移表,找相应的资产接收人签字后,交资产管理员审核签字,由资产管理员报相关部门办理账务转移。

(三)在转移表交至相关部门后,一般第二天、第三天就可以在固定资产查询系统查到转账记录,如果确认已转移,就可上交离职、调动申请表(或上交申请表后继续追踪资产转移情况)。

(四)资产退库:在固定资产查询系统内查询资产编号、型号等信息,到部门资产管理员处填写退库申请表,交所属一级部门计划员审核、签字后,退到仪器回收库房。

(五)资产管理处在收到人力资源部发的调动、离职通知10天后,如果调动、离职人员还未办理相关手续,将视为资产丢失,实行扣款处理。

二十一、备用物资管理工作标准

(一)仪表、工具、备品、备件(备盘)、技术资料应有专人(兼职)负责管理,妥善保存。

(二)定期编制元器件和材料需要计划,建立领用和消耗账,做到账物相符。

(三)常用工具、元器件,应定量、定位,分类放置,做到一目了然,使用方便,消耗后,及时补充。

(四)破损工具和元器件,应及时清点处理,防止新旧混杂。

(五)仪表应符合国家法定计量单位,并定期进行校验。

(六)长期不使用的仪表每月通电试验一次,通电时间不得少于30分钟。

(七)各种设备、仪表的图纸、说明书、技术资料必须齐全完整。

(八)各类资料应登记造册,分类存放,卷目清楚。

(九)各种报表、记录按月整理,装订与归档,按保存期妥善管理。

(十)机房内使用的仪表、工具、资料一般不得外借,如确需借用或借阅,应经主管领导同意,并办理借用登记手续。

二十二、总务用品管理工作标准

（一）总务用品的预算

总务仓管员应统筹往年各部门助理负责,生产部因人员众多,可以科为申请单位。

1. 每月月底,各部门应将下月"文具申领表"、"清洁用品申领表"交部门经理审核,副总经理批准后,送交总务部,逾期不交者,视放弃申请处理。

2. 各部门经理应严把审核关,以控制总务开支成本。

3. 总务部收到各部门申领单以后,将对非易耗品部分作严格审查(如打孔机、订书机类物品)。咨询申领人申领原因,对蓄意损坏或滥申现象,总务部有权不予以发放。

4. 收到各部门总务用品申领单后,总务仓管员应加以统计之后对照仓库目前库存数,对不足部分,马上电话通知供应商送货到厂。

5. 为控制库存成本,原则上仓库只保留新人领用或急用的数量。

6. 各部门领用物品日期为每月 3~5 日,各部门助理凭申领单复印件到总务仓领取。

（二）总务用品盘点

1. 月盘:仓管员除了要做好收发账以外,还应在月尾即统计好各部门申领单后,对总务用品进行盘存,并列表呈部门主管审核。

2. 年盘:配合资材部的年中盘点,对总务仓物品作一次大清点,对一些久留不用的或易锈易耗的物品进行清理并作出年终"总务用品盘存盈亏报表"。

二十三、基建工程与房产管理工作流程

基建工程与房产管理工作流程如图 12-1 所示。

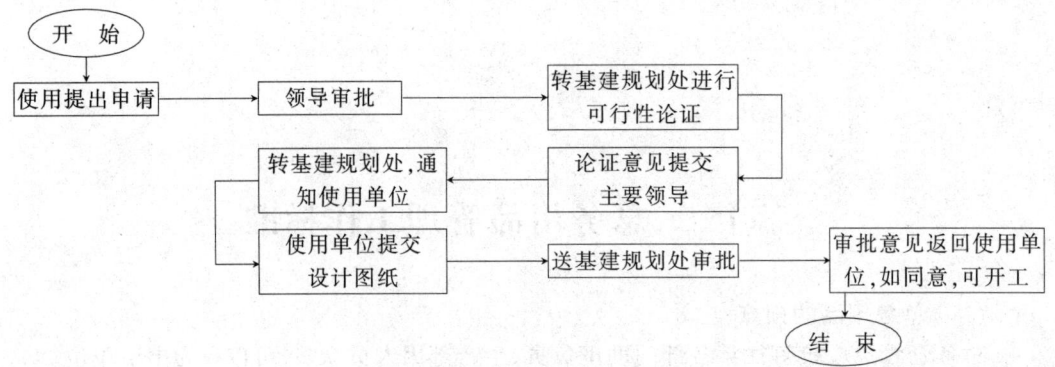

图 12 - 1　基建工程与房产管理工作流程图

二十四、车辆的购置工作标准

车辆的选购,要按照适用、经济、配套的原则进行。适用,是指选购的车辆能适应本企业工作任务的需要;经济,是指选购车辆时要考虑到企业经费的承付能力,贯彻勤俭节约的精神,选购经济实用、物美价廉的车;配套,是指小轿车、旅行车、客车、货车等品种尽可能齐全,又各占适当的比例,以适应多层次、多方面用车的需要。选购车辆,还要特别注意车辆的质量和技术性能,尽力选购适应性强,能够在高寒、高温、雨雪等不同气候条件下正常行驶,发动机、火、电路系统、轮胎等各种配件达到先进水平和先进标准;燃料消耗量低,不超过规定的各类车辆的共同标准,制动性能要好。

1. 购置新车的方法

(1)购置新车,必须按合同规定和有关文件,如车辆清单或装箱清单以及原厂说明书进行验收,并清点附件,随车工具,如有不符应拒绝验收。

(2)接收新型车辆时,应组织驾驶员、保修工和有关技术人员培训,学习使用、维修注意的事项和各种调整数据。

(3)新车使用前,要除去机件外部和内部原有的包封和保护填充物,机件上涂有滑脂保护层的,应用溶剂予以清除。还要根据原厂说明书,进行一次检查、紧固、清洗、调整和润滑作业,标明牌照号码和自编号码。

(4)新车在制造厂规定的保用期限内,发现属于制造厂责任的损失,应由车队或修理厂作出技术鉴定,并向制造厂申请索赔。赔偿或处理情况,应记入车辆技术档案。

(5)新车购进后,要及时建立登记卡片,将车辆型号、牌号、车况等各项数据,逐一登记。

(6)车辆让售或交换,必须经产权机关或上级主管部门批准,其出售款要及时全部上缴产权机关,交换的车辆,应相互按质论价,分别办理财务手续,不允许直接以车换车或以车换物。同一产权企业车辆的内部调拨，必须经产权企业批准，并填写车辆接受清单，由交换双方负责签证，连同固定资产和车辆技术档案一并随车调拨。车辆调拨时，原车的总成、部件及附属装备不许拆卸更换，车辆技术档案不许更改。调拨损坏车或停驶车时，对损坏和缺件项目，应在调拨中注明。

2. 车辆选购的注意事项

车辆的购置、更新，车种、车型的确定涉及企业的车辆定编，因此是一项政策性很强的工作。车辆的选购应该根据本企业实际情况，按照适用、经济、配套的原则，有比例地选择各种类型的车辆，以适应多层次、多方面的用车需要。选购车辆既要考虑车辆的外型美观大方，乘坐舒适，更要考虑选购车型的质量及技术性能。车辆选购必须注意以下四个方面的问题：

（1）根据车辆使用性能合理选择车辆。要根据本企业所在地区的道路条件、气候条件选择合适的车辆；同时还要考虑到本企业、本地区的保修能力、使用经验；根据本企业的使用对象确定选购车型。

（2）要考虑现有车辆利用率。购车应考虑现有车辆利用率能否提高，能否不买新车，尽量靠提高现有车辆的利用率来解决运输需要。若购买新车，能够提高多少工作效率。从目前各企业自备车辆的利用率与专业运输企业的车辆利用比率相比较，利用率要低得多，比例为1∶10，很有潜力可挖。

（3）考虑买车时的资金来源和资金数量。应考虑买车时资金的来源及资金的多少。购车后的上牌、燃料供应、配件供应等一系列问题能否得到保障。

（4）掌握生产用车与生活用车的比例。应尽量减少购置生活用车，用有限的资金解决好生产用车的需要是首要的。应避免配车范围越来越大，车型越来越高级，用车无标准的奢侈浪费现象。

3. 建立车辆技术档案

建立车辆技术档案有利于掌握车辆的使用性以及改装、改型的主要总成、机件变更后使用性能的变化情况，以便针对薄弱环节采取技术措施，充分发挥车辆性能和保证行车安全；有利于掌握车辆在不同使用条件下的技术状况和机件的磨损规律，以便更好地调整保养作业项目和周期；有利于掌握车辆保修和运行物料的消耗规律，从中找出节约人力、物力的最好途径；有利于为车辆保养、修理和原材料供应计划的编制和对车辆进行技术鉴定提供依据；有利于为改进车辆结构、性能和配件生产以及科研工作提供有关技术资料和数据。

车辆技术档案主要是记载车辆的来源、投产日期、车辆原值、分车余值、基本装备、技术性能、逐年行驶里程、修理次数和间隔里程、车辆调动、改装、改造、停驶、复驶、封存、机损、燃料、轮胎、消耗（节约或浪费）数量、季度生产任务完成情况、年度利润完成数量等。

车辆技术档案资料登记办法如下：

凡车辆调动、牌照变更、停驶、封存、改装、改造、车损，以及驾驶员调动等，3日内由车队技术员负责登记，没有车队的机关，由司机自行登记。车损事故处理结案后，再填损修情况和处理结果。车辆运行情况记录，由车队技术员在季末月10日，将档案交统计员登记，统计员在5日内登记完毕后交技术员保存，有的机关车少，没有设技术员、统计员，就由车队队长负责登记。保修情况的记录和车辆保修技术数据，由承修厂负责填记在保修技术卡片上，重点写清保养类型、日期、间隔里程、重大技术情况等。凡无技术档案或虽有而记录不全的车辆，汽车监理部门可以拒绝进行行审。

二十五、车辆的使用工作标准

新购车辆及经过大修的车辆正式使用前,需要办理申报牌照、领取行驶证、上缴养路费、车船税、车辆保险等手续。同时应根据厂家说明书或有关技术规定对车辆进行一次全面检查、紧固、润滑、调整后,严格按照定车定人的原则投入磨合期的适用性使用。新车磨合期内,应做到减载、限速行驶。磨合期的合理使用,对于预防车辆机件早期磨损,延长车辆使用寿命是非常重要的。

1. 车辆的运行条件

车辆运行条件是指为了保证汽车的安全行驶、运行可靠和经济合理,运行车辆所必须符合的技术条件、道路气候条件。

车辆运行的主要技术条件

(1)车容整洁、动力性好。

(2)发动机运转良好,无漏油、漏水、漏电、漏气。

(3)底盘各总成连接牢固、气压正常。

(4)转向装置可靠。

(5)电器设备齐全可靠。

2. 车辆运行的道路条件

汽车运行对道路的基本要求:

(1)要求道路要适应行车密度和速度的要求,路基稳牢排水良好,标志齐全,坚实、平整、不打滑。

(2)公路上遇有临时开沟、改线、塌方等必须采取措施。

(3)车辆行驶中遇险桥、险渡、行逆和码头损坏,应报请有关部门采取措施,不得冒险通过。

(4)遇到特殊情况,如塌方、5 米内视线不清等,在有关部门未采取措施之前,不得组织运输。

3. 调度部门对车辆运行的责任

不仅直接负责组织车辆运行,而且负有保证车辆正常运行的责任。经常深入现场,掌握情况,确保安全行驶。

4. 车辆走合期的使用

对新车或大修后的汽车(包括装用发动机总成大修的汽车)都规定一个"走合使用期",一般为 1 000 ~ 1 500km。

汽车的走合期,实质是使汽车向正常使用阶段过渡,对相互配合零件的摩擦表面进行走合加工的工业过程;消除由于零件制造装配过程中某些形状、位置、配合间隙的偏差,获得比较光洁、耐磨、可靠的工作表面,以承受正常的工作负荷。因此,汽车的耐用性、可靠性、经济性与新车使用初期走合是否完善关系极大,切不可忽视,并规定如下:

（1）走合期的里程不应少于1000km。在走合期内，车辆应装置明显的走合标志。

（2）在走合期内，应选择较好的道路并减载运行。

（3）走合期内应减速行驶，最高车速不得超过规定；限速片不到走合期满不能拆除。

（4）严格执行驾驶操作规程，起动后待水温达40℃～60℃再用一挡起步，缓慢加速，顺序换挡，少用紧急制动。

（5）走合期内，选择优质燃油，一般行驶300～400km和1000km时各进行一次清洗润滑系、机油盘，换用新的润滑油。

5. 车辆的合理装载使用

严格按照汽车的规定载量运行，是合理使用车辆的主要内容，是减少车辆在行驶过程中故障停歇和运行原材料的消耗、提高运输生产率、延长车辆使用寿命、提高企业经济效益的重要保证。国产汽车、变形车的额定载重量，应按原厂规定。进口车辆的载重量应根据原厂规定的载重量，结合各地的实际经验，由交通局核定，报部备案。

（1）新车、大修车和装用大修发动机的汽车，在走合期内应按规定减载。

（2）装载不可能在车厢内均匀分布的笨重货物，应适当减载。

（3）装载特殊货物必须配备笨重搁架或容器，应适当减载。

（4）汽车长期行驶于等外道路时，应适当减载，但不得低于原规定标准的75%。

（5）经过改装、改造的汽车，需用要重新核定载重量时，应报主管部门批准。

（6）换装不同负荷的轮胎时，其最大负荷大于原车者，保持原厂标准，小于原车者，相应降低载重标准。

（7）各车队应严格禁止超载运力，防止车辆早期损坏，保护运力。

二十六、车辆的调度工作标准

车辆的调度就是车队负责人或专职调度人员根据企业车辆使用管理规定和当天的用车量大小，包括乘车人数、次数、行车线路和急缓程度，有计划地安排使用车辆。调度在车辆的使用管理中是十分重要的。解决企业普遍存在的用车量大、供需矛盾突出的问题，除了严格控制无关人员乘车，压缩用车量之外，最主要的是充分发挥调度在连接、协调用车部门同车队之间的关系上的纽带作用。调度工作做好了，就可以充分发挥汽车使用效益，最大限度地满足各方面的用车要求。

1. 车辆调度的原则

调度工作应做到原则性强，科学合理，灵活机动，坚持按制度办事，按车辆使用的范围和对象派车，什么事可以派车，什么人可以坐车，什么事不能派车，什么人不能派车，都要按制度规定办理，不派人情车、关系车，秉公办事，不徇私情。所谓科学性，就是要掌握本企业车辆使用的特点和规律。

车辆调度要熟悉工作部署，统筹安排；加强预见性、计划性，灵活调度。

调度合理就是要按照用车的行驶方向，选择最佳行车线路，不跑弯路和绕道行驶；不在一条线路上重复派车;在一般情况下,车辆不能一次派完,要留备用车辆,以应急需。所谓灵活机动,就是对于制度没有明确规定而确实需要用车的、紧急的,要从实际出发,灵活机动,恰当处理,不能误时误事。

2. 车辆调度的程序

(1)做好用车预约。应当坚持做到:当班用车1小时前预约,下午用车上午预约,次日用车当日预约,夜间用车下班前预约,集体活动用车2天(或3天)前预约,长途用车3日或一周前预约,接送教师讲课的用车,于一周前报送教学计划预约。调度对每日用车要做到心中有数。预约车辆要做好登记。

(2)做好派车计划。调度根据掌握的用车时间、等车地点、乘车人单位和姓名、乘车人数、行车路线等情况,作出计划安排,并将执行任务的司机姓名、车号、出车地点等在调度公布或口头通知司机本人。

(3)做好解决工作。对未能安排上车辆的,或变更出车时间的用户应及时说明情况,做好解释工作,以减少误会,避免造成误车、误事。制定车辆管理、使用制度,车辆管理、使用制度应当包括本企业车辆特别是小车使用的范围和对象(即什么情况下可以用车,什么人可以坐车),车辆调度的原则和程序,运输费用的管理和使用,汽车队的机构、编制,领导体制和职责任务,以及特殊情况用车、外部门用车、私人用车、车辆外租等的审批权限和收费标准等。

制定车辆管理、使用制度应遵循以下原则:

(1)执行政策的原则。企业要按照企业用车配备使用的政策规定,从本企业实有车辆的数目、运输任务的大小、人员组成的结构等实际出发,制定出切实可行的车辆使用管理制度,对本企业用车的范围、对象作出明确规定。这是防止随意扩大用车范围,控制用车量,减少供求矛盾的根本措施和保证。

(2)统筹兼顾,保证重点。制订车辆管理、使用制度,必须充分考虑客观实际,除了明确规定车辆使用范围和对象外,还应明确车辆调度安排的原则,即在本企业用车范围内,哪些用车必须绝对保证,哪些用车可酌情安排。拉运生活物资用车,按急缓程度和先后次序安排,即先急后缓,先远后近的原则和顺序安排。私人用车一般不提供,并坚持因私用车收费制度。

(3)勤俭节约和清正廉洁。车辆运输耗资大,管理使用不好,容易造成很大浪费,影响事业的发展。从领导到一般工作人员,凡是能乘坐公共汽车的,就不要求派车;凡是有班车的,就不单独派车;办私事不用公车。尽量节约开支,把主要资金用在生产和工作最需要的地方去。

二十七、车辆的折旧与报废工作标准

车辆折旧的主要根据是车辆生产及车辆配备的变化。由于各种类型的多性能、低消耗、高效率的汽车不断涌现,促进企业车辆的折旧就成为一项十分必要的工作。车辆折旧主要是以行驶里程为依据。折旧里程的长短,应着眼于经济效果的好坏、设备更新的速度,过短会浪费运力,过长将增加修理费用、燃料、轮胎的消耗,并阻碍新技术的发展。因此,汽车到达规定折旧里程以后,应及时折旧,可以不再提基本折旧费;尚未提足基本折旧费用的汽车必须提前报废时,应将基本折旧费补足额。

车辆经过长期使用以后,技术性能变坏,运行效益降低,物料消耗增加,维修费用增高,经济效果不好,安全性能不可靠,应予报废。但必须具备下列条件之一,才准予报废:

(1)汽车长期使用后,性能低劣,车身和发动机两个总成严重损坏,确实不能使用,或虽然修复,但工料费过高,大修费超过同类新车购置费 1/2 以上,不符合经济原则,并已提完折旧的汽车。

(2)车型老旧,经长期使用后,主要总成严重损坏,配件供应长期不能解决,无法修复的车辆。

(3)因意外事故,如翻车、撞车、烧毁等,主要总成及零、部件大部分损坏,无修复价值的汽车。

(4)进口车辆,车型特殊,同型车数量很少,经长期使用后,主要零件严重损坏,配件供应无着落,无法修复,又不能进行技术改造的汽车。

车辆的报废,是指因事故或自然灾害等原因损坏而不堪修复的车辆。对于因使用年久自然损坏而无修复价值的车辆,或由于车型陈旧、性能落后、耗油量大、行驶噪音和排气污染严重而又需付高价改造的车辆,应及时地报废。车辆报废是一项政策性、技术性很强的工作,应认真对待。对于要申请报废的车辆,车队应首先进行检查分析,确认符合报废条件并获批准后方可办理报废手续。经批准报废的车辆应及时尽快地送交废品收购部门,并向计划物资管理部门准销车号备案。

车辆报废的条件有四:
①政策上不允许继续行驶的老、旧车型;
②车辆技术状况严重恶化,已无修理价值;
③因事故或自然灾害等原因造成车辆严重损坏无法修复的;
④主要部件严重损坏而又无法解决长期影响车辆使用的。

报废车辆必须完整地将车送交废、旧车辆收购部门,不准拆卸主要部件,变卖或重新组装车辆。报废车不准通过变卖、转借及重新领取号牌等行驶手续,上路行驶。总成报废条件:

(1)发动机:在汽缸体、汽缸盖、曲轴、凸轮轴四个零件中,汽缸体和其他任何两个主要零件严重损坏,无修复价值。

(2)变速器:在变速器壳、变速器盖、第一轴、第二轴、中间轴五个主要零件中,变速器壳及盖和其他任何一个主要零件有严重损坏,无修复价值。

(3)前轴:工字梁、转向节严重损坏,无修复价值。

(4)后桥:在后桥壳、主减速器、差速器三个主要零部件中,后桥壳和其他任何一个主要零部件严重损坏,无修复价值。

(5)车架:纵、横梁严重变形、断裂或严重锈蚀剥落,屡经加固校正,已无修复价值。

(6)车身:骨架断裂,锈蚀严重,无修复价值。

汽车报废必须经主管部门审查批准。汽车一经批准报废,应立即向当地交通监理部门缴销牌照、车照,不得进行转让或移作其他车辆使用。

二十八、车辆的保养工作标准

车辆在使用过程中,随着行驶里程的增加,零件的磨损也不断增大,车辆技术状态逐渐变坏,其结果使汽车的动力性、经济性和可靠性不断降低。为了及时恢复车辆的技术性能,使其经常处于良好的技术状态,保证在任何条件下使用的可靠性,减少燃料和器材的消耗,延长车辆大修间隔里程,必须及时地进行车辆的保养和维修。

车辆经过较长时间的使用,各部件将发生松动,使用性能下降,影响车辆运行。为了延长车辆使用寿命,降低零件磨损速度,防止不应有的损坏,防止发生机械事故,保证安全行车,减少燃料消耗,节约经费开支,保持车辆外表的整洁,减少车辆噪音和对环境的污染,必须对车辆及时进行保养。

车辆保养是一项维护性作业,因此应做到以下几点:

一是要坚持以预防为主的原则,依照车辆机件技术变化的情况,在机件变坏之前做好保养工作。

二是要根据不同运行条件,不同磨损情况,从实际出发,及时高效保养各部件。

三是要保证保养质量,树立保养质量第一的原则,加强质量检验使保养达到预期标准。车辆保养工作要有计划有领导地进行,要按月编保养计划,按车况分清缓急,有秩序地进行。

四是要处理好使用和保养的关系,克服重使用、轻保养的思想,及时地有计划地安排车辆的保养和检修,以提高车辆的完好率,进而提高车辆的使用率。

根据长期实践的经验和按照车辆计划预防保养制度的要求,车辆的技术保养分为一级保养、二级保养、三级保养。

(1)一级保养作业项目和技术规范。一级保养以润滑、紧固为中心。

其主要内容是:检查车辆外露部位的螺栓、螺母,按规定润滑部位加注润滑脂。检查各总成内润滑油平面,加添润滑油,清洗各个空气滤清器,排除发现的故障。

汽车一级保养后,应达到车容整洁、装备齐全、连接牢固,三滤清畅通,不漏油、不漏水、不漏气、不漏电、油嘴齐全、润滑良好。

(2)二级保养作业项目和技术规范。二级保养以检查、调整为中心。二级保养除执行一级保养的作业项目以外,主要检查、调整发动机、底盘及电器设备的工作状况,并完成一些附加小修项目。

(3)三级保养作业项目和技术规范。三级保养是以总成解体、清洗、检查、消除隐患为中心,以改善其技术状况,并做好技术鉴定。

(4)换季作业与保养。换季主要是指冬、夏两季。

在进入冬季以前,要组织司机和保修人员学习有关汽车冬季运行的基础知识,如汽车冬季行驶对燃、润料的不同要求,发动机的起动方法,汽车通过冰雪、泥泞道路的安全操作等。要储备、整理好防冻、防滑物资,如防滑链条、铁铲、砂包等。对所有汽车进行一次换季保养。

在进入夏季以前,对所有汽车进行一次换季保养:用酸或碱溶液,或配制的溶液清洗发动机水套水垢,消除散热水垢;清洗发动机润滑系、底盘各总成,按标准加注夏季润滑油和润滑脂;清洗燃料系、调整化油器,调整排气支管上的预热阀到夏季位置;调整蓄电池电解液,清洁调节器触点;调整分电器触点及火花塞间隙。夏季汽车的运行中如遇散热器冷却水沸腾时,应停车休息,使发动机怠速运转,待逐渐冷却后再行加水或换水;夏季蓄电池电液最易蒸发,每日收车后,必须检查液面高度,并疏通蓄电池盖上的通气孔;防止供油系产生气阻,可采用真空抽气法,使用晶体管汽油泵,或在油泵侧加装隔热板;汽车在行驶中,应随时注意轮胎的温度和气压,使气压保持规定的标准,在中午酷热时,应降低车速,必要时应停在阴凉地方休息一下,严禁用放气降压和泼水降温。

二十九、车辆的维修工作标准

有计划地及时修复车辆,是提高车辆完好率的重要措施,其目的就是及时消除故障,修复损伤,恢复车辆的使用性能,保证车辆正常安全运行。按照不同的对象和不同的作业范围,汽车修理分为汽车大修、总成大修、汽车小修和零件修理四种:

(1)汽车大修。新车或经过大修后的汽车,行驶一定里程后机件严重磨损,技术性能下降并经过技术鉴定,对各总成进行一次恢复性的修理,以恢复汽车的动力性、经济性、坚固性和原有装备,使汽车的技术状况和运行性能达到规定的技术条件,延长汽车的使用寿命。

(2)总成大修。总成经过一定使用里程后,其基础件和主要零件破裂、磨损、变形,需要拆散进行彻底修理,以恢复其技术性能。

(3)汽车小修。汽车小修是一种运行性的修理,主要是消除汽车在运行中发生的临时故障和局部损伤。有些按自然磨损规律或根据总成的外部征象能预先估计的小修项目,可集中组织计划性的小修作业,结合相应的一级、二级、三级保养进行。

(4)零件修理。零件修理是指对磨损、变形或损伤而不能继续使用的零件的修理,它是节约原材料、降低保养费用的一个重要措施。零件修理应考虑到使用上的可靠性和经济性的原则。

第十三章

安全管理

《按流程执行》

一、消防管理工作流程设计

流程名称	消防管理工作流程	编码		监控者	行政总监
		执行者	行政部		
行为实施环节	消防队	行政部		行政总监	总经理

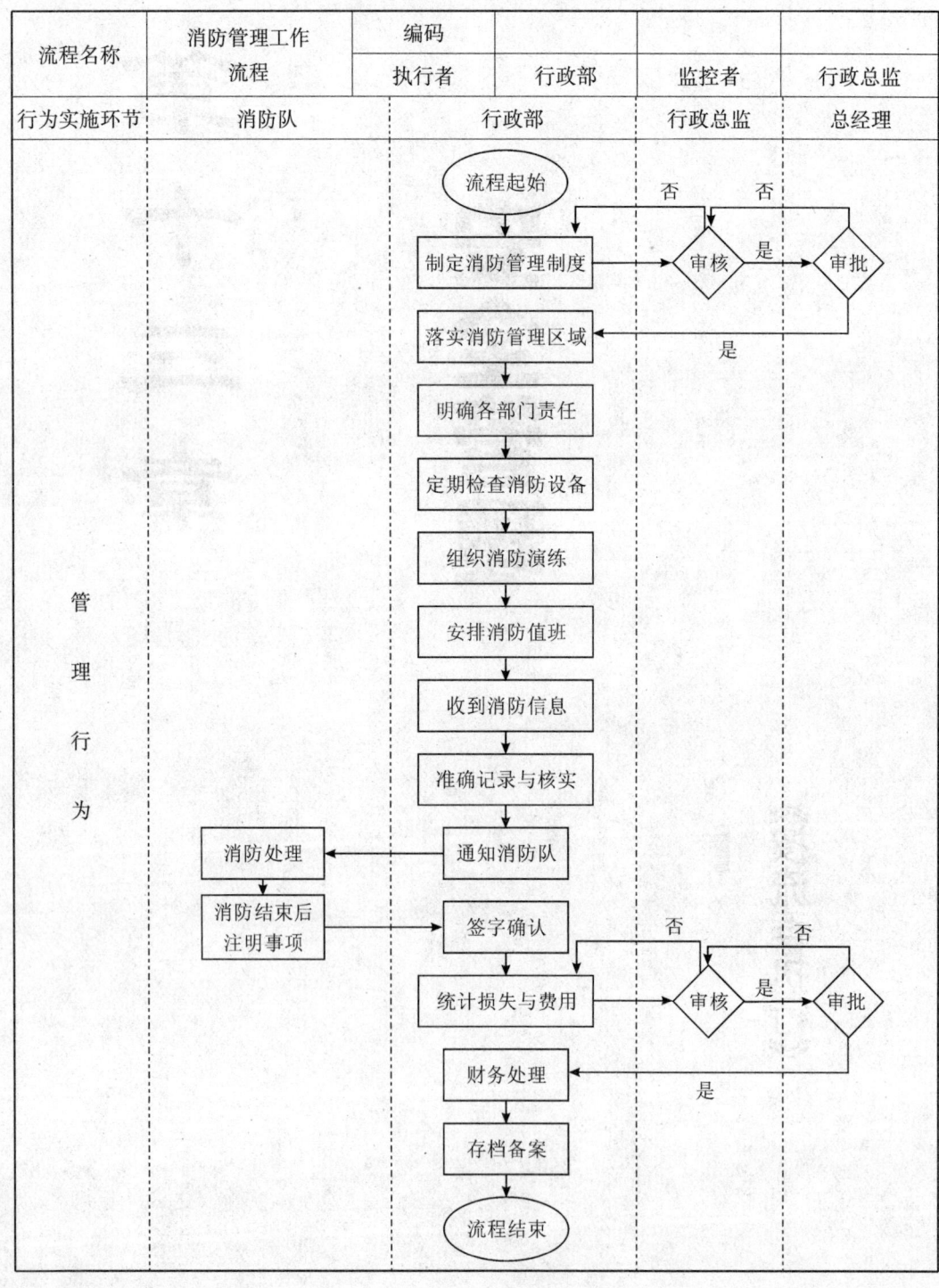

二、安全检查管理工作流程设计

流程名称	安全检查管理	编码			
	工作流程	执行者	行政部	监控者	行政总监
行为实施环节	行政部		行政总监		总经理

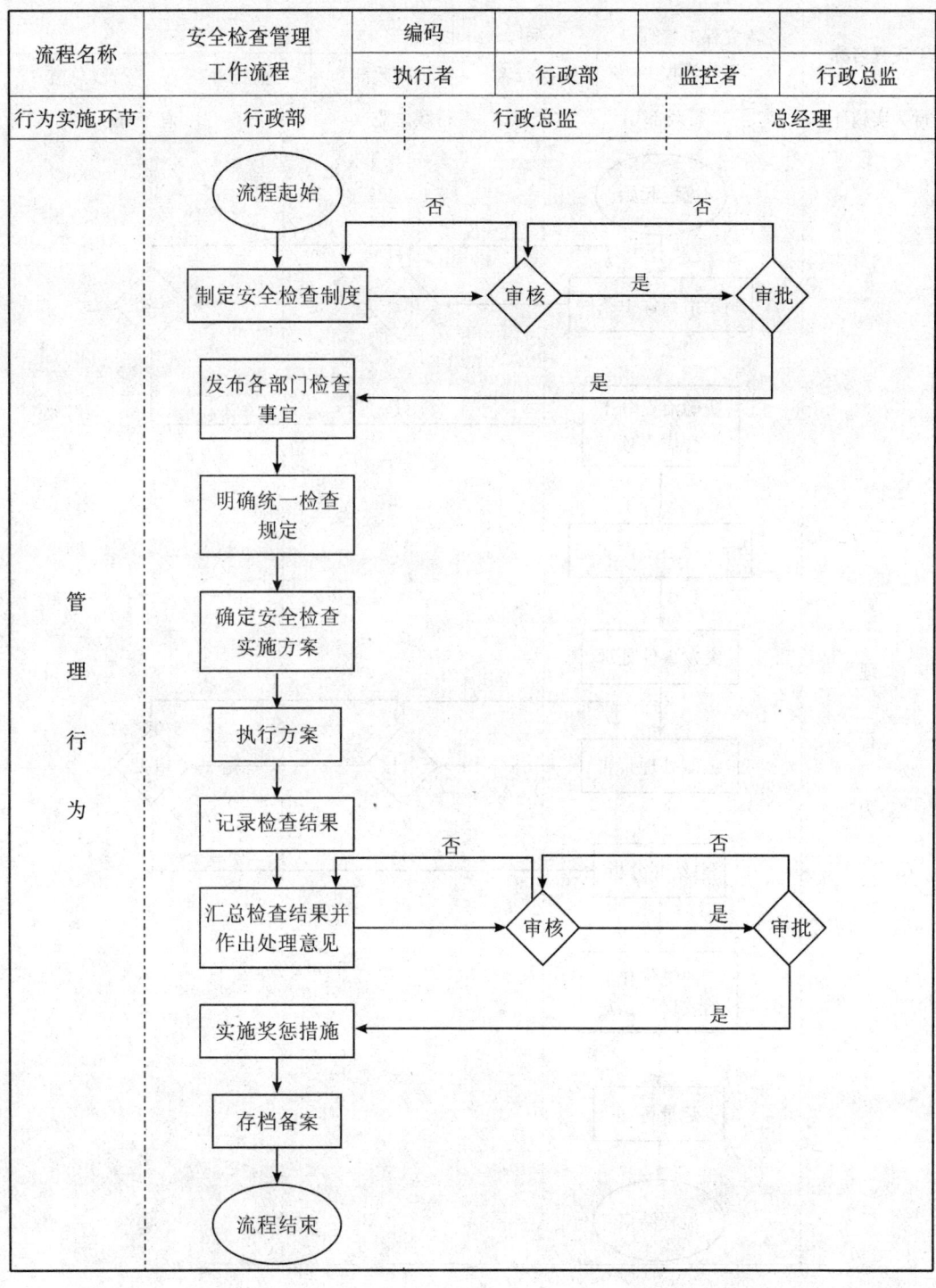

三、治安保卫管理工作流程设计

流程名称	治安保卫管理 工作流程	编码			
		执行者	行政部	监控者	行政总监
行为实施环节	行政部	行政总监		总经理	

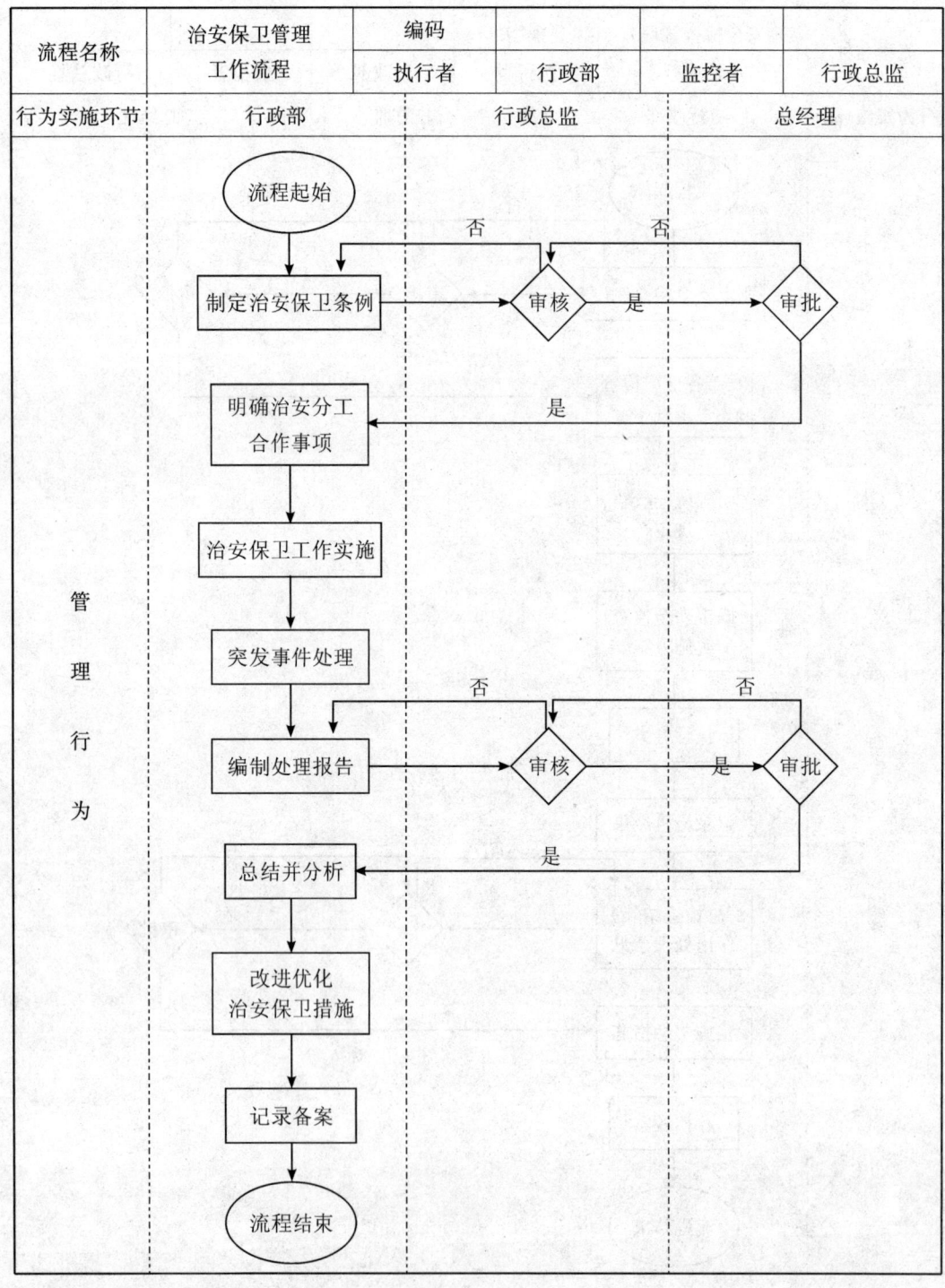

四、事故处理管理工作流程设计

流程名称	事故处理工作流程	编码			
流程名称	事故处理工作流程	执行者	行政部	监控者	行政总监
行为实施环节	行政部	行政总监		总经理	

流程起始

↓

收到事故报告

↓

赶赴现场

↓

现场保护

↓

协助相关部门进行事故处理

↓

组成事故调查小组

↓

明确损失范围

↓

确定事故级别

↓

编写事故报告 → 审核 （否）

审核 →（是）→ 查明责任

查明责任 →（否）→ 编制处理报告

编制处理报告 → 审核 →（是）→ 审批 （否）

审批 →（是）→ 实施处理方案

实施处理方案

↓

存档备案

↓

流程结束

五、突发事件处理工作流程设计

流程名称	突发事件处理工作流程	编码			
		执行者	行政部	监控者	行政总监
行为实施环节	行政部	行政总监		总经理	

管理行为

流程起始

↓

收到事件报告

↓

赶赴现场并实施救治

↓

现场保护

↓

报案

↓

事件调查

↓

编制事件调查报告 → 审核

否（返回编制事件调查报告）
是 ↓

编制事件处理报告 → 审核

否（返回编制事件处理报告）
是 → 审批

否（返回审核）
是 ↓

记录备案

↓

流程结束

六、班组安全管理工作流程设计

流程名称	班组安全管理 工作流程	编码			
		执行者	行政部	监控者	行政总监
行为实施环节	行政部	行政总监		总经理	

管理行为

```
        ┌─────────┐
        │ 流程起始 │
        └────┬────┘
             │
   ┌─────────┴──────┐        否              否
   │                ↓ ←──────────────┐  ←──────────────┐
   │  ┌──────────┐      ┌──────┐  是  ┌──────┐         │
   │  │ 制定劳动安全 │────→│ 审核 │────→│ 审批 │         │
   │  │ 管理制度   │      └──────┘      └──┬───┘         │
   │  └────┬─────┘                        │             │
   │       ↓                              │             │
   │  ┌──────────┐        是              │             │
   │  │ 确定安全管理 │←─────────────────────┘             │
   │  │ 方法     │                                      │
   │  └────┬─────┘                                      │
   │       ↓                                           │
   │  ┌──────────────┐                                 │
   │  │ 协助各部门进行   │                                 │
   │  │ 劳动安全自我检查 │                                 │
   │  └──────┬───────┘                                 │
   │         ↓                                         │
   │  ┌──────────┐                                     │
   │  │ 记录检查结果 │                                     │
   │  └────┬─────┘           否            否            │
   │       ↓ ←──────────────────┐  ←──────────────┐     │
   │  ┌──────────┐      ┌──────┐ 是 ┌──────┐       │     │
   │  │ 编制劳动安全 │────→│ 审核 │───→│ 审批 │       │     │
   │  │ 检查报告   │      └──────┘    └──┬───┘       │     │
   │  └────┬─────┘                      │           │     │
   │       ↓                            │           │     │
   │  ┌──────────┐        是            │           │     │
   │  │ 劳动安全日常 │←─────────────────────┘           │     │
   │  │ 宣传     │                                    │     │
   │  └────┬─────┘                                    │     │
   │       ↓                                          │     │
   │  ┌──────────┐                                    │     │
   │  │ 创建班组安全 │                                    │     │
   │  │ 管理组织   │                                    │     │
   │  └────┬─────┘                                    │     │
   │       ↓                                          │     │
   │  ┌────────────┐                                  │     │
   │  │ 日常安全管理措施 │                                  │     │
   │  └──────┬─────┘                                  │     │
   │         ↓                                        │     │
   │  ┌──────────┐                                    │     │
   │  │ 整理记录   │                                    │     │
   │  └────┬─────┘                                    │     │
   │       ↓                                          │     │
   │  ┌─────────┐                                     │     │
   │  │ 流程结束 │                                      │     │
   │  └─────────┘                                     │     │
```

七、企业警卫人员交接班工作流程

企业警卫人员交接班工作流程如下：

1. 按时交接班,接班人员应提前 10 分钟到达岗位,如接班人员有特殊情况未到达前,当班人员不准离开岗位。

2. 接班人员要详细了解上一班的执勤情况和当班应注意的事项。

3. 交班人员应将当班时发现的情况、发生的问题、处理情况及注意事项向接班人员交代清楚。

4. 当班人员发现的情况要及时处理,不能移交给下一班的事情要继续在岗处理完毕,接班人应协助完成。

5. 接班人员应注意检查岗位范围内的物品、设施和器械装备等,发现异常情况应立即报告,必要时双方签名作证。

6. 交班人员应负责清理值班场地卫生。

八、企业警卫人员入职培训工作标准

企业警卫人员入职培训工作内容包括以下几个方面：

1. 警卫员守则、门卫制度;

2. 治安管理处罚条例;

3. 警具的配备、使用和保管规定;

4. 对讲机的使用、管理规定;

5. 装修期间防火、治安、卫生管理规定;

6. 服务规范用语;

7. 发生火灾等紧急情况的处理办法;

8. 了解公司的基本情况,如公司的发展史、组织机构、规章制度;

9. 所在大厦的基本情况,如大厦的构造、布局、功能及监控、消防等情况;

10. 用户守则及各种管理规定的主要内容;

11. 治安、消防、急救的电话号码。

九、企业安全考核与奖惩实施标准

第一条　企业安全保卫工作由治安消防委员会进行监督考核,实施奖惩。发生安全事故由安委会承担领导责任,主管经理、安全保卫部部长承担主要领导责任。

第二条　企业各部门的安全保卫工作由安全保卫部负责考核。

第三条　要认真贯彻各项安全保卫制度,全年实现无火警火灾、无各类案件、无职工违法犯罪、无民事纠纷;全年坚持开展普法教育、坚持检查记录和坚持法制宣传教育。

第四条　凡认真贯彻执行企业各项安全保卫制度,符合下列条件之一的,给予表彰、奖励或记功晋级。

1. 及时发现、防止各类案件和治安灾害事故发生或在抢险救灾中有立功表现者。

2. 一贯忠于职守,热爱治安消防工作,并作出一定贡献者。

3. 检举、揭发、制止违法犯罪活动,提供重要线索,协助侦破案件有功或抓获违法犯罪分子者。

第五条　凡违反企业规章制度,发现下列行为者给予单位或当事人经济处罚,个人罚金 500 元,单位罚金 1 000 ~ 5 000 元,触犯刑律的移交司法部门,追究刑事责任。

1. 重点要害部位发现不安全隐患,经单位安全保卫部指出而不整改的。

2. 重点要害部位未指定责任人,或责任人未与安全保卫部签订责任书的追究双方责任。

3. 重点要害部位没有具体安全措施的。

4. 在场内禁火区或防火重点部位及非吸烟区吸烟,在吸烟区将烟头、火柴杆、烟灰扔在地上的。

5. 未经批准,违章明火作业者。

6. 占用消防栓,损坏、挪用消防器材,在消防通道上堆放物品,经通知不及时清除的。

7. 所在部门发生火险、火灾或其他治安灾害事故的。

8. 违反单位现金管理制度,凡查出现金未进保险柜或保险柜未锁的。

9. 职工违法受到公安机关行政拘留、治安裁决的。

10. 参与赌博者。

11. 凡知情不举,包庇违法犯罪分子,对发生的案件和治安灾害事故隐瞒不报的。

12. 治安消防干部不能尽职尽责的。

13. 不支持安全检查,不填写检查记录的。

十、企业财物失窃处理标准

第一条　本公司发生财物失窃事件后,有关人员须在第一时间到达现场,查看该房门是否有明显损坏或被硬物撬开的迹象。

第二条　开门进入房间后,须查看房内之物是否凌乱,行李或提箱、橱柜是否被撬开。

第三条　检查商品柜台玻璃、挡板等有无明显被移动的痕迹。

第四条　不可移动现场摆设、触摸任何物件,须用摄像机拍摄现场。

第五条　及时封锁现场,不准任何人进入。

第六条　观察有无形迹可疑人员出入,记录被窃物品价值、盗窃时间等。

第七条　执法人员到现场后,应主动协助其工作,为执法人员提供资料影印副本,以做好内部调查。

第八条　对所涉及的各部门人员进行调查并录取口供,同时对重点部位和个人进行严密调查。

十一、外来人员管理工作标准

对外来人员在公司经营和业务往来中的相互协调以及与之相关的安全工作加强管理:

1. 凡引厂进场人员须持有各管理部门规定的手续证明及证件,并签订有关协议及安全保证书。

2. 在办理完入场临时手续后,须由所在部门造册登记后报安全保卫部备案,并于缴纳一定款项后领取员工卡。出入场门时主动出示证件接受保安人员检查,员工卡只限本人使用,不得转借他人。

3. 离开单位时,须经原批准部门审批,到安全保卫部办理退证手续,领回押金。如逾期不办则扣留押金,并追究厂家责任(厂家人员最短不得少于3个月)。

4. 住单位期间,必须服从管理,严格遵守法令和公司规定,搞好与其他厂家的关系。绝对禁止进行一切违法乱纪行为。如出现违背以上要求的情况,各级主管部门有权终止其协议。

5. 各厂家相互间不得借用、冒用他人名义参与经营活动,若发现冒名顶替情况,按有关规定罚款,并视情节可令其终止合同协议,因故临时更换人员,需提前两天到安全保卫部登记。

6. 单位保洁人员在做好本职工作后,要做好安全保卫工作,仔细检查保洁桶及各个角落。在节日期间,按要求佩戴袖章上岗。

十二、企业消防日常工作标准

(一)负责消防监控报警中心的日常值班。管理内容包括:接受火灾报警,发出火灾信号和安全疏散指令,控制消防水泵、固定灭火、通风、空气调节系统和防烟排烟设施等,并能操纵电梯到达指定位置和保证消防电梯运行。

(二)开展防火宣传。宣传的内容有防火的重要性、防火灭火的基本方法与技能、各物业内消防设施及其功能与使用、安全疏散和人员抢救等。

(三)定期进行消防检查。专职消防人员必须每天巡视企业及企业厂区的每个角落,及时发现和消除火灾隐患,做好日常安全检查工作。

第十四章

财务日常核算管理

《按流程执行》

一、日记账、总账账务处理工作流程设计

流程名称	日记账、总账账务处理工作流程	编码			
		执行者	财务部	监控者	财务总监
行为实施环节	财务部		财务总监		总经理

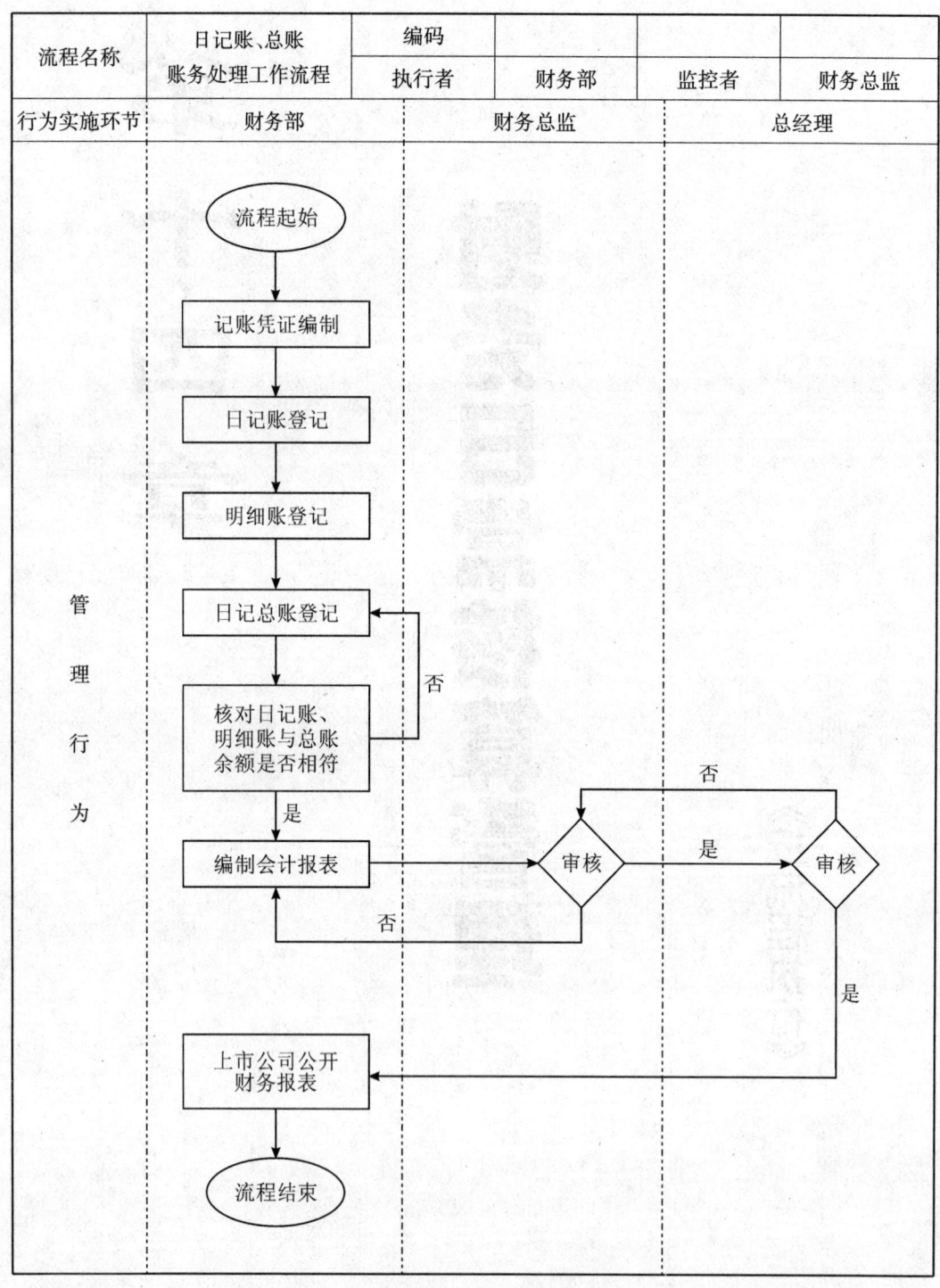

管理行为

流程起始

记账凭证编制

日记账登记

明细账登记

日记总账登记

核对日记账、明细账与总账余额是否相符

否

是

编制会计报表

审核

否

是

审核

否

是

是

上市公司公开财务报表

流程结束

二、记账凭证处理账务工作流程设计

流程名称	记账凭证账力处理工作流程	编码			
		执行者	财务部	监控者	财务总监
行为实施环节	财务部	财务总监		总经理	

管理行为

```
        ┌──────────┐
        │  流程起始  │
        └────┬─────┘
             │
        ┌────▼─────┐
        │ 记账凭证编制 │
        └────┬─────┘
             │
        ┌────▼─────┐
        │ 日记账登记  │
        └────┬─────┘
             │
        ┌────▼─────┐
        │ 明细账登记  │
        └────┬─────┘
             │
        ┌────▼─────┐◄────┐
        │  点账登记  │     │ 否
        └────┬─────┘     │
             │           │
        ┌────▼─────┐─────┘
        │  账目核时  │
        └────┬─────┘
           是│
        ┌────▼─────┐      ◇          ◇
        │ 会计报表编制 │─────►审核──是──►审核
        └──────────┘             否↑      │
                                          是│
                                    ┌─────▼─────┐
                                    │  流程结束   │
                                    └───────────┘
```

三、汇总记账凭证账务处理工作流程设计

流程名称	记总记账凭证账力处理工作流程	编码			
		执行者	财务部	监控者	财务总监
行为实施环节	财务部	财务总监		总经理	

```
管理行为

                    流程起始

                    记账凭证编制

                    日记账登记

                    明细账登记

                    汇总记凭证编制

          ┌──→ 根据汇总记账凭证登记总账
          │                          否
          │         账目核对
          │            │是
          │                                      否
          │    编制会计报表 ──→ 审核 ──是──→ 审核
          │        ↑              │               │
          └────────┘     否                      │是
                                                流程结束
```

四、科目汇总表核算账务处理工作流程设计

流程名称	科目汇总表 核算工作流程	编码			
		执行者	财务部	监控者	财务总监
行为实施环节	财务部		财务总监		总经理
管 理 行 为	流程起始 记账凭证编制 日记账登记 明细账登记 科目汇总表编制 根据科目汇总表登记总账 账目核对 是 会计报表编制		审核		审核 流程结束

五、现金收付工作流程设计

流程名称	现金收付 工作流程	编码			
		执行者	出纳	监控者	财务总监
行为实施环节	出纳岗			相应岗位	

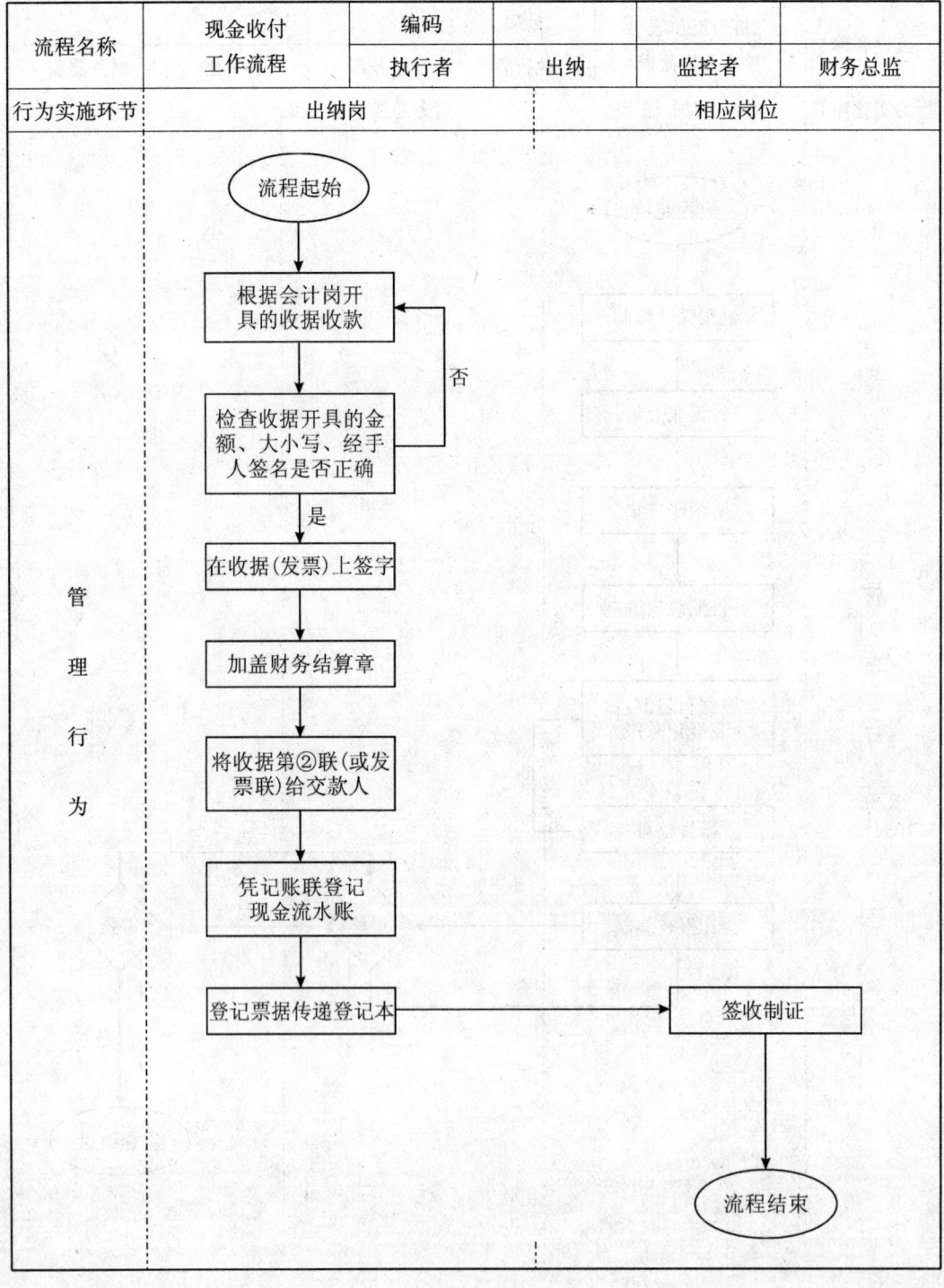

流程起始

根据会计岗开具的收据收款

检查收据开具的金额、大小写、经手人签名是否正确 — 否

是

在收据(发票)上签字

加盖财务结算章

将收据第②联(或发票联)给交款人

凭记账联登记现金流水账

登记票据传递登记本 → 签收制证

流程结束

管理行为

六、部门日常费用核算工作流程设计

流程名称	部门日常费用核算工作流程	编码		监控者	财务总监
		执行者	财务部	监控者	财务总监
行为实施环节	财务部			财务总监	

管理行为	流程起始 → 审核原始凭证完整、合法、金额正确 (否→流程起始) → 是 → 审核并更正原始凭证按规范检贴和折叠 (否) → 是 → 审核审批手编是否完备 (否) → 是 → 审核部门费用支出进度 (否) → 是 → 编制记账凭证 → 复核 (否→编制记账凭证) → 是 → 流程结束

七、会计核算操作工作标准

第一条　记账规则

采取借贷记账法记账,采用权责发生制,即凡是收益已经实现,费用已经发生,不论款项是否收付,都应作为本期的收益或费用入账,凡是不属于本期的收益或费用,即使款项已在本期收付,也不应作为本期的收益或费用处理;一个时期内的各项收入与其相关联的成本、费用都必须在同一时期入账,凡是用于增加固定资产而发生的各项支出都应计资本支出,不得计入费用作为收益支出,凡是为了取得收益而发生的各项支出,都应作收益支出,同时计入成本费用。

第二条　会计年度

采用历年制,自公历每年1月1日起至12月31日止为一个会计年度。

第三条　记账货币单位

为本位币,凭证、账簿、报表均用法定文字书写。

第四条　会计科目

执行根据国家行业管理部门及行业协会制定的"企业会计制度",结合公司具体情况而制定的会计制度中所定的会计科目。

第五条　人员交接

财会人员调动或离职时,必须办清交接手续,并注明交接日期,由主管人员监交,并由交接双方签章,未按规定办清交接手续的财会人员,不得调动或离职。

第六条　会计报表

根据国家制定的"企业会计制度"的规定,并根据董事会有关规定的会计报表格式和填报时间、份数执行。

第七条　会计凭证

(一)使用自制原始凭证和外来原始凭证两种。

1.自制原始凭证指进货验收单、领料单、出库单、差旅费报销单、费用开支证明单、调拨单、收款收据、借款条等。

2.外来原始凭证指我单位与其他单位或个人发生业务、劳务关系时,由对方开给本单位的凭证、发票、收据等。

(二)公司统一使用借贷复式记账法。

第八条　本规定由财务部制定,经总经理办公会议审核,总经理审批后执行,修改亦同。

八、出纳工作标准

第一条 本处理程序包括现金及银行存款收入与支出等作业。

第二条 为便于零星支付起见,可设零用金,采用定额制,其额度由总经理核定,其零用金由出纳经管。

第三条 零用款项的支付由零用金保管员凭支付证明单付款,此项支付证明单是否符合规定,零用金保管员应负责审核。

第四条 零用金的拨补应由零用金保管员填"零用金补充申请单"二份,一份自存,一份兼同所有支出凭证并呈会计部门请款。

第五条 除零用金外,本公司一切支付,由会计部门根据原始凭证编制支出传票,办理审核后呈主管及总经理核定后支付。

第六条 本公司出纳根据会计部门编制经总经理核准的支出传票,办理现金、票据的支付、登记及移转。

第七条 除零用金外,所有支出凭证应由会计部门严格审核其内容与金额是否与实际相符,领款人的印鉴是否相符,如有疑问应先查询后始能支付。

第八条 凡一次支付未超过 1 000 元者由零用金支付外,其余一律开抬头划线支票支付。

第九条 出纳人员对各项货款及费用的支付,应将本支票或现金交付受款人或厂商,本公司人员不得代领,如因特殊原因必需由本公司人员代领者,需经总经理核准。

第十条 本公司一切支付,应以处理妥善的传票或凭证为依据,任何要求先行支付后补手续者均应予以拒绝。

第十一条 支付款项应在传票上加盖领款人印鉴,付讫后加盖付讫日期及经手人戳记。

第十二条 本公司支付款项的付款程序,悉依照下列步骤办理:

1. 原始凭证的审核

(1)内购、工程发包款:应根据统一发票、普通凭证,以及收到货物、器材的验收单并附请购单经有关单位签章证明及核准,始得送交会计部门开具传票。

(2)预付、暂付款项:应根据合同或核准文件,由总办单位填具请款单,注明合同文件字号,呈报核准后送交会计部门开具传票。

(3)一般费用:应根据发票、收据或内部凭证,经有关主管签章证明及核准,始得送交会计部门开具传票。

2. 会计凭证的核准

(1)会计部门应根据原始凭证开具传票。

(2)会计部门开具传票时,应先审核原始凭证是否符合税务法令及公司规定的手续。

(3)传票经主管及总经理核准后,送交会计部门转出纳办理支付工作。

第十三条　有关船务运费及外汇结汇款、栈租及各项费用等支出款,应填具"请款单",检附输入许可证影本,送交会计部门以"预付"或"暂付"方式制票转出纳办理支付。前款项可由经办人员直接向出纳签收,必须于支付后 7 日内向会计部门办理冲转手续。

第十四条　本公司各项支出的付款日期如下:

1. 国内采购货品的付款,每月 25 日付款一次(星期日及例假日顺延),但以原始凭证经核准后于付款日前 5 日送达会计部门者为限。

2. 一般费用的付款:经常发生的费用,仍以前项期限办理,内部员工费用,每天支付的,以原始凭证齐全并经核准者为限。

3. 薪酬工资的付款:

(1)职员每月 10 日。

(2)作业员:分 10 日、25 日两次。

因特殊情况需提前支付者,得由经办部门另行签呈主管转呈总经理批准后,再予支付。

第十五条　会计部门支付款项倘有扣缴情况时,应将代扣款项于次月 10 日前填具政府规定的报缴书向公库缴纳,并以影印本一份并附于传票后,凡有扣缴税款及免扣缴应申报情况者,会计部门应于次年元月底前填具政府规定的凭单向稽征机关申报,并将正、副本交各纳税义务人。

第十六条　工资的支付,应由人事单位根据考勤表编制"薪资表",于付款期限前 1 日送交会计部门。

第十七条　业务部门于收到货款后,应将其中所收货款解缴出纳,出纳应将解缴凭证送交会计部门,并据以编制传票。

第十八条　凡依法应扣缴的所得税款及依法应贴用印花税票,若因主办人员的疏忽发生漏扣、漏报、漏贴或短扣、短报、短贴等情事以致遭受处罚者,以及劳工保险费的滞缴情事,其滞纳金及罚金应由主办人员及其直属主管负责赔偿。

第十九条　本规定由财务部制定,经总经理办公会议审核,总经理审批后执行,修改亦同。

九、会计工作标准

加强会计工作管理,规范财务行为,是保证资金安全和会计核算真实准确的基础。根据管理工作要求,现对有关会计工作做如下规定。

第一条　会计人员和会计岗位

1. 应当指定会计主管人员并配备必要的会计人员。应按效率和相互制约、相互监督的控制原则,科学合理地设置会计岗位,即总账会计不得同时记载分户账或明细账,保管空白银行支票的只允许固定的保管 1 枚财务印章。

2. 会计人员应当具备必要的专业知识和业务素质,认真执行财经纪律和有关制度,有权对资金使用、财产管理、财务收支等实行会计监督，有权拒绝办理违规业务，并向上级报告。

第二条　会计核算基本要求

1. 会计科目、会计凭证、会计账簿的设置和使用，必须按统一规定执行。

2. 计算机账务核算系统应具有不同级别的保密设置、监督功能和故障应急处理及数据恢复措施。计算机系统账务信息备份每月不得少于 2 次；未经领导批准，操作人员不得更改账务数据和信息。

3. 月度终了所有账务都要进行核对。银行日记账、明细账要与总账进行核对。银行存款日记账与银行对账单逐笔核对，并编制未达账项调节表。往来账要及时清理，做到账账相符、账证相符、账表相符、账实相符。会计核算制度要求的总账、明细账与会计报表各项目之间的勾稽关系必须平衡；经办人员和会计主管在账务核对全部相符后，应在有关账簿上签章。

4. 错账冲正应经会计主管或其授权人审批后办理。

第三条　财务印章管理

财务印章应指定专人分别保管和使用，不得由 1 人保管，不得轮流交叉保管。必须严格执行管理制度，设立保管登记簿，严密领用交接手续。严禁超范围使用会计印章，严禁在空白支票、空白凭证、账表上预先留盖印章。

第四条　收入、支出管理

各项收入、支出应当及时、准确、完整入账，不得截留、挪用或设立小金库，不得经营账外账。

第五条　有价单证、空白支票和收据

实行"专人管理，入柜保管"办法，即国债券、定期存单、汇票等有固定面值的有价单证、未使用的银行支票、收据必须指定专人管理，工作结束后应当存入保险柜。有条件的可以将有价单证存入银行的保管箱。

第六条　会计档案管理

1. 会计档案包括会计凭证、会计账簿、会计报告和其他应当保存的会计资料。会计档案可采用纸介质、磁介质、光盘等介质保存。档案保管地应具备防盗、防潮、防尘、防有害生物、防电磁干扰等条件，保证完整无缺。条件具备时应当存放异地保管。

2. 会计人员在工作中应当严守纪律，保守财会秘密，对外提供的会计信息，必须经财务部经理审核批准。

第七条　会计报告管理

1. 会计报告是会计核算工作的数字总结，是考核计划、分析业务活动的重要依据。会计报告必须认真复核、按时编报，做到真实，完整，及时，准确。部门负责人应在会计报告上签章，对会计报告的真实性、完整性负责。

2. 根据工作需要增加的其他报表按规定填报。

第八条　会计工作交接

1. 会计人员调动或者因故离职，必须将本人所经管的会计工作全部移交接替人员。没有办清交接手续的，不得办理调动或离职。

2. 办理移交时，移交人必须将未完成的账务处理完毕，整理应该移交的各项资料，对未了事项写出书面材料，并登记会计工作交接登记簿。登记簿由会计主管保管。

3. 一般会计人员工作交接，由会计主管监交。会计主管工作交接，由财务部经理监交。

4. 会计人员临时离职或者因故不能工作,会计主管必须指定有关人员接替或者代理,并办理书面交接手续。

第九条　固定资产管理

1. 固定资产应当按规定进行管理。

2. 购建的固定资产,必须建立固定资产明细账和固定资产卡片。卡片正本作为管理实物的依据,副本交由使用部门保管。应当定期对固定资产进行盘点,做到账账相符、账卡相符、卡实相符。

第十条　本规定由财务部制定,经总经理办公会议审核,总经理审批后执行,修改亦同。

十、原始凭证的填制工作标准

原始凭证是进行会计核算的重要原始依据,具有法律效力的证明文件。原始凭证的填制必须符合下列基本要求。

(一)记录必须真实可靠

在进行原始凭证的填制时,必须实事求是地填写该经济业务,原始凭证上填制的日期、业务内容、数量、金额等必须与实际情况完全符合,确保凭证内容真实可靠。

(二)填制必须完整,不可遗漏

在填制原始凭证时,必须按规定的格式和内容逐项填写齐全,同时必须由经办业务的部门和人员签字盖章,并对凭证的真实性和正确性负完全的责任。

(三)明确经济责任

原始凭证上要有经办人员或部门的签章。外来的原始凭证,从外单位取得的,必须盖有填制单位的财务公章,从个人取得的,必须有填制人员的签名或盖章;自制原始凭证,必须有经办单位负责人的签名或盖章;对外开出的原始凭证,必须加盖本单位的财务公章。

(四)填制及时

按照规定程序传递、审核,以便据以编制记账凭证。

(五)书写清晰,字迹工整

原始凭证要用蓝黑墨水书写,支票要用碳素墨水填写。两联或两联以上套写的凭证,必须全部写透。大小写金额数字要符合规定,正确填写。原始凭证上的文字和数字都要认真填好,要求字迹清楚,易于辨认,不得任意涂改、刮擦或挖补。一般凭证如果发现错误,应当按规定方法更正。而有关现金、银行存款收支业务的凭证,如果填写错误,不能在凭证上更正,应加盖"作废"戳记,重新填写,以免错收错付。

(六)各种原始凭证要延续编号

如果凭证已预先印定编号,如发票、支票、收据等,在需要作废时,应当加盖"作废"戳记,并连同存根和其他各联全部保存,不得随意撕毁。

十一、原始凭证审核标准

对会计凭证的审核是会计监督的一个重要手段。原始凭证填制以后,为了保证其真实可靠,会计部门在据此填制记账凭证入账前,必须对其进行严格的审核。审核主要包括两个方面。

1. 审核原始凭证所记录的经济业务的合理性、合法性

主要是审查记录的经济业务是否符合有关法律、法令、制度和政策;是否执行了预算、合同和计划,是否符合经济核算的原则。若发现有违法违纪行为,要拒绝执行,并向有关部门与领导汇报。

2. 对原始凭证的合理性进行技术性审核

主要是审核原始凭证的内容和填制手续是否符合规定的要求,即凭证所记载的内容是否与实际情况一致,该填的项目是否遗漏,数字是否清楚准确,书写是否规范,有关部门与人员是否都已签名或盖章。对有技术性问题的原始凭证要退回,补齐手续或更正错误。

十二、记账凭证填制标准

填制记账凭证,就是要由会计人员将各项记账凭证要素按规定方法填写齐全,便于账簿登记。

记账凭证虽有不同格式,但就记账凭证确定会计分录、便于保管和查阅会计资料来看,各种记账凭证除严格按原始凭证的填制要求填制外,还应注意以下几点:

1. 要将经济业务的内容以简练概括的文字填入"摘要"栏内。这样做对于日后查阅凭证的登记账簿都十分必要,也是做好做账工作的一个重要方面。

2. 要根据经济业务的性质,按照会计制度所规定的会计科目和每一会计科目所核算的内容,正确编制会计分录,从而确保核算口径一致,以便于指标的综合汇总和分析对比。同时,也有助于根据正确的账户对应关系,了解有关经济业务的完成情况。

3. 每张记账凭证只能反映一项经济业务,除少数特殊业务必须将几个会计科目填在一张记账凭证上之外,不得将不同类型经济业务的原始凭证合并填制记账凭证,对同一笔经济业务不得填制对应关系不清的多借多贷的记账凭证。

4. 附件数量完整。除结账与更正差错的记账凭证可以不附原始凭证,其他记账凭证必须附有原始凭证,以便于复核会计分录是否正确,也便于日后查阅原始凭证。如果一张

原始凭证要涉及几张记账凭证,可把原始凭证附在一张主要的记账凭证后面,在其他记账凭证上注明附有原始凭证的记账凭证的编号。

5. 填写内容齐全。记账凭证中的各项内容必须填写齐全,并接规定程序办理签章手续,不得简化。

6. 凭证连续编号,记账凭证应按业务发生顺序按不同种类的记账凭证连续编号,若一笔经济业务,需填制多张记账凭证的,可以采用按该项经济业务的记账凭证数量编列分数顺序号的方法,如前面的整数为总顺序号,后面的分数为该项经济业务的分号,分母表示该项经济业务的记账凭证总张数,分子表示该项经济业务的顺序号。

7. 若做账之前发现记账凭证有错误,应予重新编制正确的记账凭证,并将错误凭证作废或撕毁。已经登记入账的记账凭证,在当年内发生书写错误时,应用红字填写一张与原内容相同的记账凭证,在摘要栏注明"注销×月×日×号凭证"。如果会计科目没有错误,只是金额错误,也可以将正确数字与错误数字之间的差额,另编调整的记账凭证,,注明"订正×月×日×号凭证"。如果会计科目没有错误,只是金额错误,也可以将正确数字与错误数字之间的差额,另编一张调整的记账凭证。调增金额用蓝字,调减金额用红字。发现以前年度的错误,应用蓝字填制一张更正的记账凭证。

十三、记账凭证审查标准

记账凭证是登记账簿的直接根据,需要严格审核,确保其正确无误。
记账凭证的审核,主要包括以下方面:

1. 所附原始凭证是否齐全,是否经过审核,原始凭证所记录的经济业务内容和数额与记账凭证是否一致。

2. 会计科目和核算内容是否与财务会计制度的规定相符,会计分录和账户对应关系是否正确,金额正确与否。

3. 需要填制的内容是否有遗漏。

4. 审核发现了错误,要查清原因,按规定更正。

十四、收款凭证和填制标准

收款凭证是根据现金、银行存款增加经济业务填制的。填制收款凭证的要求是:

1. 由出纳人员根据审核无误的原始凭证填制,必须是先收款,后填凭证。

2. 在凭证左上方的"借方科目"处填写"现金"或"银行存款"。

3. 填写日期(实际收款的日期)和凭证编号。

4. 在凭证内填写经济业务的摘要。

5. 在凭证内"贷方科目"栏填写与"现金"或"银行存款"对应的贷方科目。

6. 在"金额"栏填写金额。

7. 在凭证的右侧填写所附原始凭证的张数。

8. 在凭证的下方由相关责任人签字、盖章。

十五、付款凭证的填制标准

付款凭证是根据现金、银行存款减少的经济业务填制的。填制付款凭证的要求是:

1. 由出纳人员根据审核无误的原始凭证填制,程序是先付款,后填凭证。

2. 在凭证左上方的"贷方科目"处填写"现金"或"银行存款"。

3. 填写日期和凭证编号。

4. 在凭证内填写经济业务的摘要。

5. 在凭证内"借方科目"栏填写与"现金"或"银行存款"对应的借方科目。

6. 在"金额"栏填写金额。

7. 在凭证的右侧填写所附原始凭证的张数。

8. 在凭证的下方由相关责任人签字、盖章。

十六、记账凭证数字的书写标准

根据财政部《会计基础工作规范》第51条规定的精神,填制记账凭证时,数字在书写时必须符合下列要求:

1. 阿拉伯数字在书写时,不得连笔写,必须一个一个地写。阿拉伯数字金额前必须书写货币币种符号或者货币名称的简写和币种符号(例如,￥、$)。币种符号与阿拉伯数字之间不得留有空白。如果在金额数字前书写了币种符号,数字后面不再写货币单位,

2. 所有以元为单位的阿拉伯数字,除表示单价等情况外,一律填写到角分;无角分的,角位和分位可以填写"00",或者填写符号"—";有角无分的,分位应当填写"0",不得用符号"—"代替。

3. 汉字大写的金额,一律用正楷或者行书体书写,写为"零、壹、贰、叁、肆、伍、陆、柒、

捌、玖、拾、佰、仟、万、亿",不得写为"〇、一、二、三、四、五、六、七、八、九、十"。大写金额数字到元为止的,在"元"或者"角"字之后填写"整"字或者"正"字;如果有分的,"分"字后面不写"整"字或者"正"字。

4. 大写金额的数字前未印有货币名称的,要加填货币名称,币种名称与金额数字之间不得留有空白。

5. 阿拉伯数字书写的金额,中间只有一个"0"的,用汉字大写时,只写一个"零"字;如果阿拉伯数字金额中间连续有几个"0"的,用汉字大写时,也可以只写一个"零"字;如果阿拉伯数字金额元位是"0"的,用汉字大写时,可以不写"零"字;如果阿拉伯数字中间连续有几个"0",元位也是"0",但角位不是"0",用汉字大写时,可以只写一个"零"字,也可以不写"零"字。

第十五章

财务计划与筹划

《按流程执行》

一、财务预测管理工作流程设计

流程名称	财务预测管理工作流程	编码			
		执行者	财务部	监控者	财务总监
行为实施环节	财务部	财务总监		总经理	

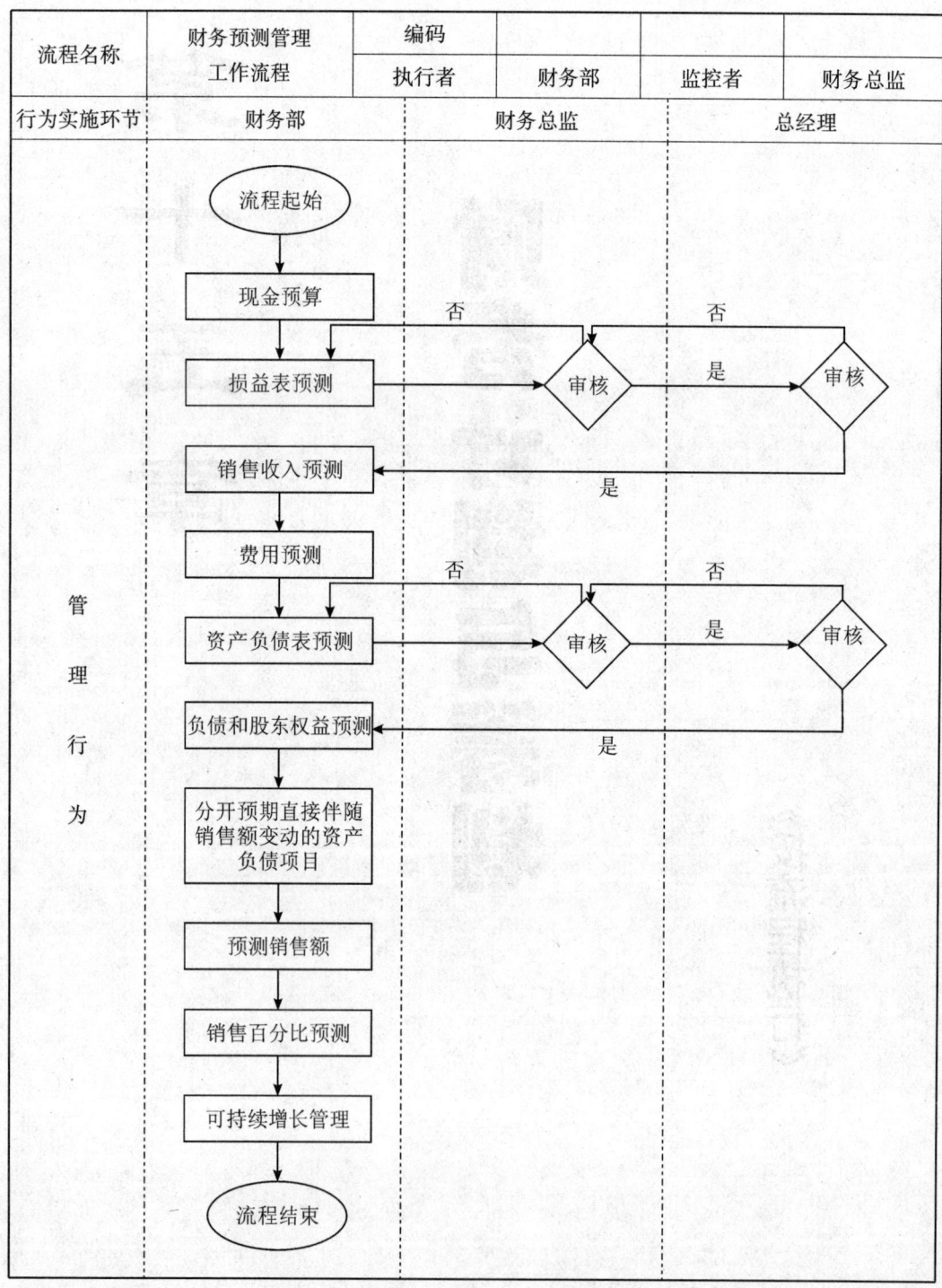

二、财务预算编制管理工作流程设计

流程名称	财务预算编制 工作流程	编码			
		执行者	财务部	监控者	财务总监
行为实施环节	财务部	财务总监		总经理	

管理行为

```
              ┌──────────┐
              │ 流程起始  │
              └────┬─────┘
                   │
         ┌──────────────────┐
         │ 根据预算资料进行   │
         │   成本目标分析     │              否
         └──────────────────┘        ┌──────────┐
         ┌──────────────┐            │          │
         │  确定指导      │──────────▶│   审核    │
         │  方针与大纲    │            │          │
         └──────────────┘            └──────────┘
                                            是
         ┌──────────────┐    ◀──────────────
         │   编制预算     │◀────
         └──────────────┘   否        ┌────┐  否      ┌────┐
                              ──────▶│审核 │───────▶│审核 │
                                      └────┘  是      └────┘
                                        是
         ┌──────────────┐    ◀──────────────────
         │   编制部门     │◀────
         │   预算方案     │   否        ┌────┐  否      ┌────┐
         └──────────────┘      ─────▶│审核 │───────▶│审核 │
                                      └────┘  是      └────┘
                                        是
         ┌──────────────┐    ◀──────────────────
         │   汇总形成     │
         │  总预算方案    │
         └──────────────┘
         ┌──────────────┐
         │  下发预算方案  │
         └──────────────┘
              ┌──────────┐
              │ 流程结束  │
              └──────────┘
```

三、财务计划编制管理工作流程设计

流程名称	财务计划编制工作流程	编码			
		执行者	财务部	监控者	财务总监
行为实施环节	财务部	财务总监		总经理	

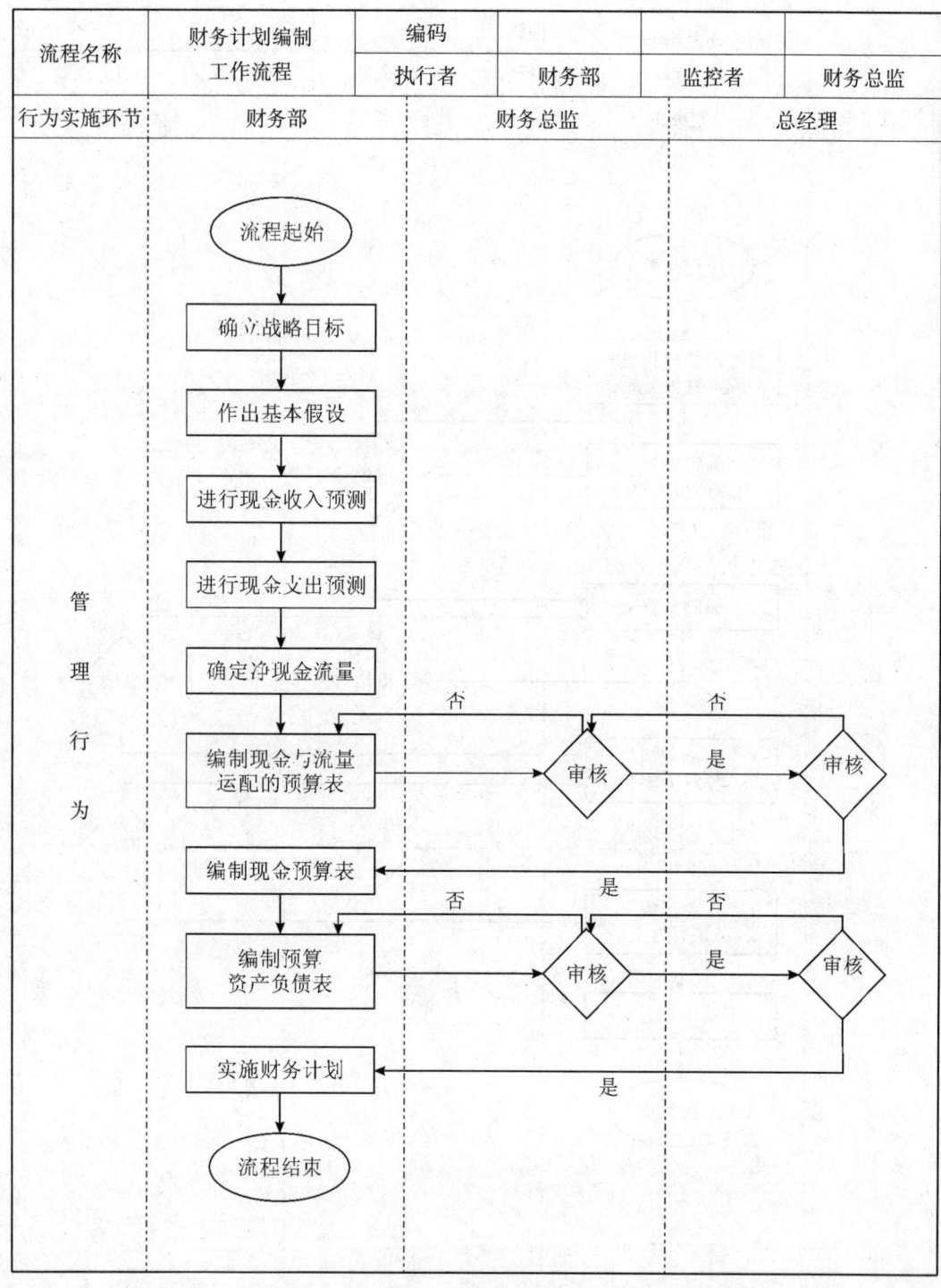

四、预算报批管理工作流程设计

流程名称	预算报批 工作流程	编码			
		执行者	财务部	监控者	财务总监
行为实施环节	财务部	财务总监		总经理	
管 理 行 为					

```
        ┌─────────────┐
        (  流程起始  )
        └─────────────┘
               │
               ▼
       ┌─────────────┐
       │根据各部门核算│
       │编制收入预算 │
       └─────────────┘
               │         否                    否
               ▼   ┌──────────┐          ┌──────────┐
       ┌─────────────┐     ◇              ◇
       │编制支出预算 │──→ 审核 ──是──→ 审核
       └─────────────┘     ◇              ◇
               │
               ▼           是
       ┌─────────────┐←──────────────────────┘
       │编制预算表   │
       └─────────────┘
               │
               ▼
       ┌─────────────┐
       │年度终了编制 │
       │年度决算     │
       └─────────────┘
               │
               ▼
       ┌─────────────┐
       │预算编制平衡程度│
       └─────────────┘
               │
               ▼
       ┌─────────────┐
       │下发预算方案 │
       └─────────────┘
               │
               ▼
        ┌─────────────┐
        (  流程结束  )
        └─────────────┘
```

五、年度经营目标确定工作流程设计

流程名称	年度经营目标 确定工作流程	编码			
		执行者	财务部	监控者	财务总监
行为实施环节	财务部	财务总监		总经理	董事会

管理行为

```
        ┌─────────┐
        │ 流程起始 │
        └────┬────┘
             │
             ▼
      ┌──────────────┐
      │ 进行财务分析   │
      │ 与市场预测     │
      └──────┬───────┘
             │
             ▼
      ┌──────────────┐
      │ 进行企业外部   │
      │ 环境评估       │
      └──────┬───────┘
             │
             ▼
   ┌──────────┐        ┌──────────┐        ◇           ◇
   │ 制定年度经营│  ──▶  │ 审核确定年 │── 是 ──▶ 审核 ── 是 ──▶ 审定
   │ 目标草案   │        │ 度经营目标 │                  
   └──────────┘        └──────────┘
         否                  否            否

                                            ┌──────────┐     是
                                            │ 下达任务  │◀────
                                            └────┬─────┘
                                                 │
                                                 ▼
                                            ┌─────────┐
                                            │ 流程结束 │
                                            └─────────┘
```

六、筹资管理工作流程设计

流程名称	筹资管理	编码			
	工作流程	执行者	财务部	监控者	财务总监
行为实施环节	财务部	财务总监		总经理	

管理行为

```
                流程起始
                   │              否              否
                   ▼        ┌──────────────┐ ┌──────────────┐
            编制筹资计划 ──────▶  审核   ─是─▶   审核
                            └──────────────┘ └──────────────┘
                                                      │
            执行筹资计划 ◀─────────────────────────────┘
                   │                      是
                   ▼
              账务处理
                   │
                   ▼
          编制筹资分析报告
                   │              否              否
                   ▼        ┌──────────────┐ ┌──────────────┐
          筹资业务管理   ──────▶  审核   ─是─▶   审核
          可行性建议          └──────────────┘ └──────────────┘
                                                      │
              筹资考核 ◀───────────────────────────────┘
                   │                      是
                   ▼
              流程结束
```

七、内部筹资管理工作流程设计

流程名称	内部筹资 工作流程	编码			
		执行者	财务部	监控者	财务总监
行为实施环节	财务部	财务总监		总经理	

管　理　行　为

```
            流程起始
               │
               ▼
         内部筹资渠道
           的确定
               │
               ▼
         内部筹资方式
           的确定
               │        否              否
               ▼      ┌──────►审核──是──►审核
        编制内部筹资计划──┘                │
               ▲                          │
               │            是            │
        执行内部筹资计划◄──────────────────┘
               │
               ▼
           账务处理
               │        否              否
               ▼      ┌──────►审核──是──►审核
        内部筹资考核────┘                  │
               ▲            是             │
               │                          │
        内部筹资管理◄──────────────────────┘
               │
               ▼
           流程结束
```

八、外部筹资管理工作流程设计

流程名称	外部筹资管理 工作流程	编码			
		执行者	财务部	监控者	财务总监
行为实施环节	财务部	财务总监		总经理	

```
              ┌──────────┐
              │  流程起始  │
              └─────┬────┘
                    │
                    ▼                否                 否
      ┌──────────────┐     ┌────────┐      是    ┌────────┐
      │ 编制外部筹资计划 │────▶│  审核  │──────────▶│  审核  │
      └──────────────┘     └────────┘            └────────┘
                    ▲
      ┌──────────────┐                 是
      │ 执行外部筹资计划 │◀──────────────────────────────────┘
      └──────┬───────┘
             │
      ┌──────────────┐
      │  支取和使用借款  │
      └──────┬───────┘
             │
      ┌──────────────┐
      │  定期偿还本息   │
      └──────┬───────┘
             │
      ┌──────────────┐
      │  外部筹资考核   │
      └──────┬───────┘
             │
      ┌──────────────┐
      │   账务处理    │
      └──────┬───────┘
             │
      ┌──────────────┐
      │   定期检查    │
      └──────┬───────┘
             │
         ┌───────┐
         │ 流程结束 │
         └───────┘
```

管 理 行 为

九、投资管理工作流程设计

流程名称	投资管理 工作流程	编码			
		执行者	项目部、财务部	监控者	财务总监
行为实施环节	项目部	财务部		财务总监	总经理

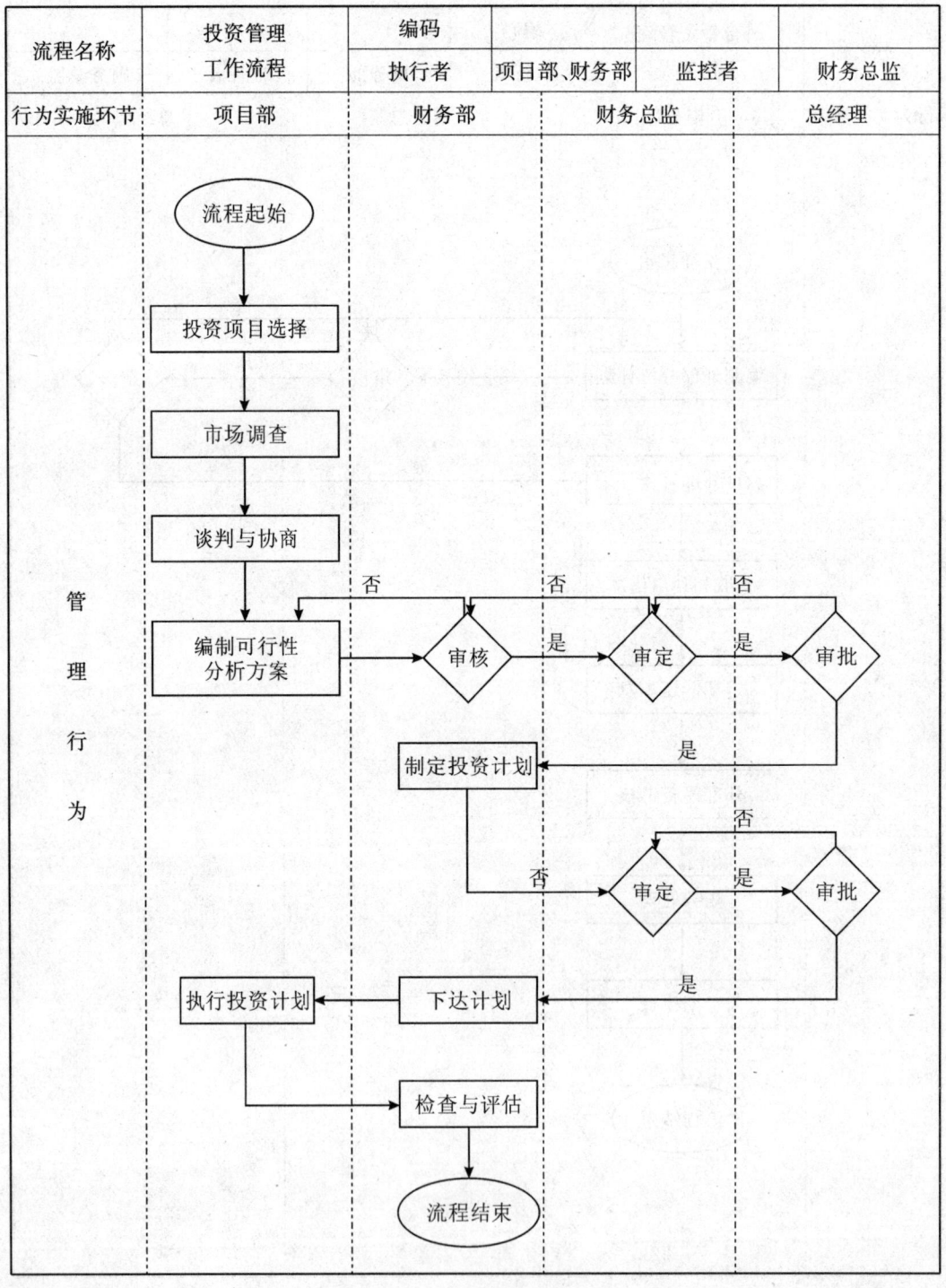

十、投资项目审核管理工作流程设计

流程名称	投资项目审核工作流程	编码			
		执行者	项目部、财务部	监控者	财务总监
行为实施环节	项目部	财务部		财务总监	总经理
管理行为	流程起始 提出投资项目审核申请	审阅 制定审核计划 审核经济价值 汇总审核结果 编制经济价值审核报告		审批 审核	审批 下达审批报告 流程结束

十一、投资项目审批管理工作流程设计

流程名称	投资项目审批 工作流程	编码			
		执行者	财务部	监控者	财务总监
行为实施环节	财务部	财务总监		总经理	

管理行为

```
        流程起始
           │
           ▼
    审核项目可行
    性分析报告
           │
           ▼
    审核项目预算报告
           │
           ▼
    进行项目可
    行性分析
           │
           ▼
  进行项目预算分析 ──────→  审核  ──是──→  审批
           ▲         否    否            │
           └───────────────┘            是
                                         │
                                         ▼
                                  确定项目可行
                                  性分析报告
                                         │
                                         ▼
                                    流程结束
```

十二、年度会计决算说明书书写标准

年度会计决算说明书书写标准如下例：

2005年度，我公司生产经营和财务计划的完成情况好于上年。随着产值、产量的回升，产品销售收入和利润增长幅度较大，成本有所降低，企业经济效益已呈现由低转高的势头。现将本年度财务决算情况和有关内容说明如下：

1. 生产经营和主要财务指标的完成情况

2. 利润指标完成情况

3. 成本指标完成情况

4. 固定资产与流动资产的增减情况

5. 其他需要说明的问题

本年企业经济效益虽好于上年，但过去遗留的滞销积压产品过多的问题，并未彻底解决，经过清仓查库以后，必将形成一定数额的亏损。由于这部分亏损不能结算，故本年决算中，不包括这笔数字。

十三、预算资金调度管理标准

1. 公司（事业部）最高主管负责筹划各分公司营运资金，并由总管理处财务部门协助筹措调度。

2. 各分公司资材部门应按月根据国内外购料借款数额编列"购料借款月报表"，于当月26日由各公司总经理室分送财务部及总管理处总经理室汇总审核。

3. 财务部应于次月10日前按月将有关银行贷款额度、可动用资金、定期存款余额等资料编列能源企业国内银行短期借款明细表呈总管理处总经理核阅，作为经营决策的参考。

十四、预算方案编制标准

为了加强各部门预算编制的科学管理,本企业现就预算编制的具体内容规定为:

1. 产品类别销售计划。该计划以产品分类为主,分内外销拟订。

2. 生产计划的说明。对产量及生产能力运用计划、质量计划、新产品或新技术的研究开发计划、机械修护计划、机械淘汰以及扩建计划、人员合理化计划、成本控制计划等加以说明。

3. 设定标准生产能力。是按各生产部门正常编制下,主要生产设备的设计生产能力及生产效率所设定的标准生产能力,作为生产管理中心编制产销配合计划的参考,并作为考核实际生产效率的依据。

4. 设定标准用料。系各生产部门产成品每单位主要原料的标准耗用量,作为生产管理中心编制生产计划及供应部编制采购计划的参考,以此为考核原料耗用的依据。

5. 营业计划说明。营业计划说明是贸易部与内销部在预算年度中营业计划的书面报告,内容包括:市场的开发、新产品的开发、旧产品的淘汰、新客户的开发或原有客户的淘汰、广告或其他销售推广政策、价格策略及账款回收政策、业务人员的增减变动、销售费用限制、本年度营业方面可能遭遇的困难及克服对策等的说明。

6. 客户促销计划。客户促销计划是由贸易部及内销部根据市场情况、客户往来情况预计各客户的销售量,以拟订的售价予以编制。

7. 设定标准人工费用。系各部门标准生产能力下配置的人员编制及用人费用标准。依性质分为直接人工及间接人工两项,待确定生产计划后,作为编制人工费用预算及考核人工效率的依据。

8. 设定标准制造费用。系各部门在标准生产能力下耗用的电力、材料、维修费用等费用指标,分为变动及固定两项,作为生产计划确定后编制制造费用预算及考核费用支出的依据。

9. 设定服务部门分摊费用。服务部门分摊费用是按费用性质,依服务部门提供服务的比重,将服务部门费用分摊给生产部门的设定标准。

10. 产销配合计划。由总经理办公室及生产管理中心根据营业部门及生产部门提供的资料、综合市场环境、生产状况、产成品存货水平及成本利润等因素,加以协调而编制。产销配合计划是本企业预算产销活动的基本报表。

11. 生产计划。生产计划是生产管理中心依据经核定实施的产销计划所列各项产品生产数量,而排定的各中间及最后生产部门产品的计划生产数量,作为预算年度考核各生产部门生产进度完成情况的依据。

12. 主要材料耗用量预算。主要材料耗用量预算由生产部门依据生产计划及标准用料设定加以汇编而成。

13. 主要材料采购预算。主要材料采购预算由供应部依据主要材料耗用量预算估计材料的合理库存、经济采购量及材料价格趋势等予以汇编，作为编制主要材料耗用成本的依据。

14.固定资产扩建改良及专项费用预算。固定资产扩建改良及专项费用预算是供应部根据营业计划说明生产计划、产销配合计划及企业预算委员会决议事项所编制的年度资本支出及专案支出预算与完工进度表。

15.生产成本预算。生产成本预算是会计部依据所编制的各产品直接材料、直接人工及制造费用的总成本及单位成本预算。

16.销货成本预算。销货成本预算是会计部根据产销配合及计划生产成本预算加以汇编而成。

17.营业收入预算。营业收入预算是会计部根据产销配合计划及预估的其他收入，加以汇编而成。

18.销售管理财务费用预算。销售管理财务费用预算是会计部参考以前年度实际开支，并依据年度营业管理计划所编制的销售管理财务费用年度预算。

19.损益预算。损益预算是会计部依据销售成本预算、营业收入预算及销售管理财务费用预算编制的年度损益预算。

20.资金来源运用。资金来源运用是会计部根据年度产销库存计划、资本支出计划及债务偿还计划等资料编制而成。

21.管理计划说明。管理计划说明由企业总务部及人事室就组织编制合理化计划、人员变动计划、人力发展培训计划、管理规章办法的推行计划等加以说明，以供总经理室编写经营计划及会计部编制管理费用预算作为参考。

22.经营计划说明。经营计划说明由总经理办公室根据有关资料，就营业、生产、原材料管理等计划加以综合及摘要的说明。

十五、财务计划管理标准

（一）结合总经理室对企业经济活动的安排，计划期内客户、货源、内务价格等变化情况，并作出详细分析和充分估计，以审定、编制财务计划。

（二）依据总经理审定的企业财务计划，按各部门的不同经营范围、计划期等多方面因素和历史资料，参考部门年初的上报计划，分摊企业计划指标，下达给各业务部门实施。

（三）财务计划分为年度、季度计划。

1.每年第三季度进行企业财务内审，每年第四季度各部门向财务部提交用款计划，经综合平衡后，提出第二年的财务收支计划，报企业总经理室和财务部。

2.企业财务部按标准的收支计划，合理安排比例，下达定额指标给各部门。

3.各业务部门根据上报企业总经理审批后的季度计划指标，结合本部门的具体情况，按月分摊季度任务指标作为本部门季度内各月指标检查的尺度。

4.企业对各业务部门的计划检查按季度进行，全年清算。

（四）财务计划内容。

1.财务部应编制流动资金计划、营业计划、费用计划、外汇收支计划和利润计划、偿还债务计划及基建计划、利润分配计划等。

2.各部门应编制计划如下：

（1）销售部：客户计划（包括外联部分）、费用计划、营业计划和利润计划等。

（2）客房部：备品使用计划（含耗用品）、费用计划、设备维修更新及购置计划等。

（3）餐饮部：营业计划、利润计划、费用计划、食品原材料及物品采购计划、设备维修更新及购置计划等。

（4）企业部：销售计划（分批发与零售）、商品进货计划（分进口商品和出口产品）、利润计划、费用计划、外汇使用计划、流动资金计划、企业装修计划、设备维修及购置计划、印刷品付印计划和费用计划等。

（5）西餐歌舞厅：营业计划、利润计划、费用计划、食品原材料及商品采购计划、耗用品购进计划和设备养护计划等。

（6）采购部：物料进货计划、工衣工鞋定做计划和加工订货计划等。

（7）旅游部：客源计划、营业计划、利润计划和费用计划等。

（8）后勤部：费用计划、用品使用计划、花瓶盆栽及用品、用具购置计划、清洁机具养护及更新计划、花店经营计划等。

（9）事务部：职工餐厅收支计划和费用计划等。

（10）工程部：燃料进货和耗用计划、水电耗用计划、设备维修计划、零配件及工具购置计划和费用开支计划等。

3.总经理室、人事部、财务部、保安部和事务部要编制费用开支计划。

4.各部所需编报的计划，送财务部汇总呈报。

十六、弹性预算编制标准

企业发生的各种生产费用按形态划分为变动费用和固定费用，变动费用随业务量的变动而增减，固定费用不随业务量的变动而变动。因此，应该随预算期预计业务量水平的变动而相应确定不同的预算数，如此编制的预算被称为弹性预算（flexible budget）或变动预算。

固定预算是按某一固定的业务量水平编制的，其预算数即使在未来的业务量发生了增减变动也不作调整，这样一旦预算期实际的业务量水平与原先估计的业务量水平不一致，且相差比较大时，预算数就不能成为规划、控制和客观评价企业经营活动的依据。弹性预算恰好弥补了固定预算的缺陷，因为它反映的是不同业务量水平上应有的费用水平或收入水平，使预算数与实际数尽可能保持一致，并使两者建立在可比的基础上，从而能够更好地发挥预算规划、控制和客观评价企业经营活动的作用。同时，弹性预算是按某一相关范围的不同业务量水平编制的，具有较广泛的适用性，便于预算指标的调整。

十七、滚动预算编制标准

（一）滚动预算的特点。滚动预算又称永续预算或连续预算。这种预算的特点是随着时间的往后推移，预算期自动向下延续或滚动，也就是说预算期始终保持十二个月或四个季度。这样当时间每过去一个月或一个季度，就要根据企业经营活动的变化情况，调整修正剩余时期的预算，并及时补充一个月或一个季度的预算，使年度预算始终包括十二个月的预算或四个季度的预算。

编制滚动预算时，前几个月的预算要尽可能详细，后几个月的预算可以粗略一些。随着时间的推移，将原先粗略、简单的预算调整修正为详细、复杂的预算，并随之补充新的预算。

滚动预算与定期预算相比具有以下优点：

1. 可保持预算的连续性，以动态的观点规划企业的未来。

2. 有利于企业管理决策人员以长远的眼光来统筹企业的各项经营活动，将企业的长期预算与短期预算很好地联系和衔接起来。

3. 可根据预算执行结果和企业经营环境的变化情况，对以后执行期的预算不断加以调整和修正，使预算更接近和适应实际情况，从而更有效地发挥预算的控制和指导作用，也有利于预算的顺利执行和实施。

（二）滚动预算的编制方法采用滚动预算法，编制预算的工作量要增加。因此，滚动预算可按季度来编制，而在执行预算的那个季度可按月度编制预算，这样可简化预算的编制工作。当然，预算的编制是按季度滚动还是按月滚动最终应取决于企业的实际需要。

（三）概率预算由于预算是在对企业未来各项经济活动预测和估计的基础上编制的，而影响预算对象的某些因素有可能是事先无法确定和肯定的。这就要求根据有关因素的预计值和变动的可能性（概率），计算确定预算对象在某种状态下的期望值，然后根据期望值确定预算对象的概率预算数，这种利用概率分析方法所编制的预算就称为概率预算。

十八、固定预算编制标准

固定预算是一种传统的预算编制方法，它是根据预算期固定的业务量水平来确定相应的预算数。

1. 销售预算编制标准

销售预算是全面预算编制的起点，是红利预算和财务预算编制的基础。编制销售预算的主要依据是预计的销售量、销售价格和回收货款的情况。销售预算通常还包括预计的现金收入，以便作为现金预算的编制依据。

2. 生产预算编制标准

生产预算是在销售预算基础上分品种编制的，用来安排企业在预算期的产品生产。生产预算编制的主要依据是预计销售量、期末预计产品库存量和期初预计产品库存量。计算预算期预计生产量的公式如下：

预计生产量 = 期末预计产品库存量 + 预计销售量 – 期初预计产品库存量

3. 直接材料预算编制标准

直接材料预算是用来确定预算期材料的采购数量和采购成本。直接材料预算编制的主要依据是产品的预计生产量、单位产品材料耗用量、期末与期初预计的材料库存量、单位材料采购成本和承付材料货款的情况等。预计材料采购量的计算公式如下：

预计材料采购量 = 预计材料耗用量 + 期末预计材料库存量 – 期初预计材料库存量

4. 直接人工预算编制标准

直接工人预算是用来确定预算期直接生产人工成本水平和人工工时消耗水平的。其编制的依据是预计生产量、单位产品标准或定额工时和小时工资率。如产品生产需耗用不同工种的人工，则同工种各自的小时工资率分别计算，汇总编制直接人工预算。

5. 制造费用预算编制标准

制造费用预算包括固定性制造费用预算和变动性制造费用预算两部分。编制制造费用预算的主要依据是预计生产量或直接人工总工时（在多品种生产条件下一般采用直接人工总工时）、固定性制造费用和变动性制造费用的划分及各自具体的组成项目等。制造费用项目大部分是需要用现金支付的，但有的项目如固定资产折旧是不需要现金支付的；为便于编制现金预算，制造费用预算也应包括预计的现金支出部分。

6. 单位产品成本预算编制标准

单位产品成本预算是根据直接材料预算、直接人工预算和制造费用预算编制的，它是编制预计损益表和预计资产负债表的依据之一。单位产品成本预算通常还包括期末存货成本预算，期末产品库存量根据生产预算确定，为方便编制预计损益表还可以预算产品销售成本。

7. 销售与管理费用预算编制标准

销售与管理费用预算是产品销售过程发生的费用和企业行政管理开支的预算。它的编制方法与制造费用预算编制方法相类似，也包括固定性销售与管理费用及变动性销售与管理费用两部分；其预算中如果包括非付现项目，如折旧和无形资产摊销，也就将它们扣除计算确定现金支出。

十九、现金预算编制标准

1. 直接编制法

直接编制法是指以预算期内各项经济业务所实际发生的现金收付为依据来编制现金预算的方法。此方法简单明了,在具体运用此法时首先要根据销售预算等资料,确定本期营业现金收入和其他现金收入。其他现金收入主要是指企业投资活动和理财活动的现金收入,如银行借款、出售固定资产收入等。其次再根据本期各项费用预算资料,确定本期营业现金流出和其他现金流出,其他现金流出主要是指企业投资活动和理财活动的现金流出,如购买固定资产、支付利息费用等现金流出。最后确定本期现金结余的最低量,以此推算出本期现金的不足或多余数,不足现金应设法筹资来弥补,多余现金可用于归还借款或进行投资业务等。

2. 间接编制法

间接编制法是以预算损益表中按权责发生制原则编制而确定的税前利润为现金预算编制的出发点,通过逐笔调整处理各项影响损益和现金余额的会计事项,把本期的净收益数调整为本期的现金净收入的方法。

用间接编制法编制现金预算时,要将权责发生制下的预计损益数,加上不减少现金的费用支出,减去不增加现金的各种收入,将其调整为现金收付制基础上的净损益额,然后再加减与本期损益无关的现金收支数,调整为预算期内的现金净收入数。再加上期初结余现金,减去期末最低存量现金,最后得出预算期现金的溢缺数。

3. 估计资产负债表法

估计资产负债表法是运用资产负债表基本会计方程式(资产 = 负债 + 所有者权益)之间的相互关系,推算出企业一定时期现金余额的方法。要先编制一张估计的资产负债表,然后根据会计方程列出下列算式:

现金余额 = 负债 + 所有者权益 − 非现金资产

如算出来为正数则表明现金溢余,如是负数则说明是现金不足。

二十、零基预算编制标准

1. 零基预算的含义

零基预算是指在编制预算时,完全不考虑以往费用支出的实际水平(即假定以前的费用支出为零），一切从零开始，根据预算期的实际需要和可能，逐项审定各预算项目开支的必要性及其数额。

零基预算与普通的预算有着明显的不同，它不是在现有的费用支出水平上来规划预算期各项开支数额，而是以"零"为起点，对每一个费用项目进行"成本—效益分析"，并按重要程度对费用项目排序，以便对企业有限的经营资源进行优化配置和分配。

2．零基预算的编制程序

零基预算的编制程序大致分为以下三个步骤：

一是企业各部门根据预算总目标和本部门分管的具体预算目标，确定费用开支项目，并对每一费用项目详细说明开支的性质、用途和必要性，以及开支的具体数额。

二是对每一费用项目进行成本—效益进行分析。即将每一费用项目的所费和所得进行比较，将对比的结果用来衡量和评价费用项目的经济效益，并据此确定各费用项目的重要性程度和开支的先后顺序。

三是将预算期实际可运用的资金按照各费用项目的先后顺序，在各项目之间进行择优分配。在分配资金时要做到保证重点，兼顾一般。

二十一、筹资业务审批执行标准

第一条　筹资管理人员应定期进行企业经营情况的分析，根据企业的资金预测编制筹资计划。

第二条　筹资管理人员的筹资计划应经过董事会的审批，董事会会同法律顾问和财务顾问审核筹资计划的合理性和可行性。

第三条　董事会的审核结果应进行书面记录，一方面是控制程序的需要，同时，董事会纪要也是证券监督管理委员会要求实施的资料之一。

第四条　企业筹集资金应该按国家法律、法规及××服务行业财务制度规定，可一次筹集或分期筹集。

第五条　企业资金的筹集可采用向银行贷款、向其他单位临时借款、向内部职工筹集等方式。当企业的经营规模扩大时，经总经理室决定，投资者增加投资额也是一种方式。

第六条　企业根据需要可用原有的固定资产做抵押，向银行或其他单位借款，但向银行贷款时应通过企业总经理室批准。

第七条　借款余额不得超过企业的实收资本，重大项目或借款余额已超过实收资本的20％以上的借款，应单独作出可行性报告报经总经理室批准。

第八条　对各方筹集的资金，应严格按借款合同规定的用途使用，不许挪作他用。

第九条　资金使用应严格按审批权限及规定程序办理，大额开支一般要事先列入财务计划，并应附有经济效益预测资料。

二十二、筹资申请书写作标准

筹资申请书写作标准如下：

××银行：

为了提高市场竞争力，丰富产品结构，满足广大消费者需求，我公司在本年度新产品研制与开发中，成功开发出××新产品，并进行了完善的后期制作与市场分析，本产品已经经过国家权威部门认证，并取得了相关专利证明。本产品具有以下几个特点：

1.产品拥有广泛的市场前景。根据调查显示，国内生产同类产品的只有两家公司，年产量仅××个，而国内需求量则为××个，缺口为××个。同时，本产品在质量、性能上完全可以超越现有市场中的同类产品，在此基础上完全可以开拓国外市场，故已完全具备了新产品开发的市场条件。

2.产品利润率高。本产品市场销售价格每个××～××元，而其原料的成本每个只有××元。如年产量达到××个，即可创税利××万元，利润率相当可观。

3.产品原料有保证。该产品的原料××，本公司每年可生产××个，如提取率按××%计算，可生产××个。因此原料供应也是有充分保证的。

4.产品投资较少，建设工期短。该产品借××车间××××年一次大修机会进行技术改造，建设期只用×个月，预计在××××年××月×日即可投产。项目总投资仅需××万元，属于投资少、见效快项目。

5.产品还款能力强。该产品每年可实现经济效益××万元，年内即可增加经济效益××万元。

总之，本公司的××新产品属于科技开发项目，有投资少、工期短、见效快、效益高、还债能力强等特点，基本具备科技开发贷款资格。

现特向贵行申请给予科技开发贷款××万元，保证在××××年×季度末全部还清，望予以支持，以确保该开发项目能如期投产创利。

××有限公司

××××年×月×日

二十三、筹资预算报告书写标准

(一)情况说明

为了提高市场竞争力，丰富产品结构，满足广大消费者需求，我公司在本年度新产品研制与开发中,成功开发出××新产品,并进行了完善的后期制作与市场分析,本产品已经经过国家权威部门认证,并取得了相关专利证明。为使本产品尽快上市产生利润,现将该产品相关筹资预算加以说明。

（二）固定资产投资估算

1. 工程费用。主要包括厂房建设费、辅助工程费用（包括××、××、××等）、公共工程（包括给排水、通信、电气、工艺外管等）、服务工程费用和工具及生产器具购置费,估算为××万元。

2. 其他费用。包括土地使用费、建设单位管理费、技术转让费、生产员工培训费、勘察设计费、联合试运转费、办公和生活家具购置费、城市基础设施配套建设费等。根据国家规定的费率和标准估算为××万元。其中土地使用权由合资方入股,价值为××万元。

3. 相关税费。根据有关固定资产方向调节税的规定,按本项工程全部投资完成额的××%纳税,该部分估算为××万元。

（三）流动资金估算

本项目采用扩大指标法估算,参照同类生产企业流动资金占用和周转情况,正常年份所需流动资金按每百元销售收入占用××元计算,正常年份所需流动资金××万元（其中投产后第一年需××万元,第二年需××万元,第三年需××万元）。

项目投资由固定资产投资和流动资金构成,经测算,本项目投资总额××万元,其中固定资产投资××万元,流动资金××万元（逐年投入）。

（四）、资金筹措方式与筹资成本

1. 项目总资金筹措和筹资成本。本项目总投资××万元,自有资金××万元,由总公司拨付。土地使用权和已建房屋作价××万元;建行贷款××万元,年利率××%;总公司系统内各分公司集资××万元,年利率××%;尚有××万元需自筹或申请银行贷款。项目总资金成本为年利率××%。

2. 固定资产投资资金筹措和筹资成本。项目固定资产投资总额××万元;自有资金××万元;土地使用权和已建房屋作价××万元;申请银行贷款××万元,年利率××%;总公司系统内部集资××万元,年利率××%;尚有××万元需追加银行贷款加以解决。固定资产投资筹资成本为年利率××%。

3. 流动资金筹措和筹资成本。项目建成后正常年份所需流动资金××万元。

按生产负荷逐年投入。项目自有资金××万元,由总公司拨付。其余尚需公司自筹或申请银行贷款,第一年需××万元,第二年需××万元,第三年需××万元。

××公司财务部
××××年××月××日

二十四、投资活动内部会计控制标准

1. 本公司所有的投资项目必须经过适当的审批程序才能进行。

2. 本公司所有的投资项目的交易手续、程序、各种文件记录及账面的反映和财务报表的揭示等均符合政府的投资法规。

3. 本公司财务人员必须不断地完善与创新内部控制制度,以堵塞一切投资证券可能被盗窃或挪用的漏洞。

4. 本公司财务人员必须对投资资产的计价和反映进行有效的控制。

5. 本公司财务人员应通过内部会计控制制度来为合理确定投资收益时间和投资收益计算方法,以及为划清投资收益和投资的界限提供基本保证,以取得审计人员和政府机构对其投资收益揭示的信赖。

二十五、投资资产处置的控制标准

1. 本公司的任何有价证券的出售必须以董事会的批准文件为指令。

2. 对本公司进行证券代售的批准权在董事会。

3. 财务人员必须将经纪人同投资者之间的各种通信文件应予以记录保存。

4. 如果有不同证券之间的转移,则该业务应同时置于证券取得和处置的控制制度之下。

5. 如果资产处置结束后收回现金,必须结合现金收入的控制方法。

二十六、长期投资减值准备的核算标准

毫无疑问,企业每一笔长期投资可能增值,也可能减值,财务人员应当定期对长期投资进行逐项检查。如果由于市价持续下跌或被投资单位经营情况恶化导致其收回金额低于账面价值者,应计提长期投资减值准备。

(一)有市价的长期投资:

1. 市价持续 2 年低于账面价值应当计提减值准备。

2. 该项投资暂停交易 1 年或 1 年以上应当计提减值准备。

3. 被投资单位当年发生严重亏损应当计提减值准备。

4. 被投资单位持续 2 年亏损应当计提减值准备。

5. 被投资单位进行清理整顿,清算或出现其他不能持续经营迹象应当计提减值准备。

(二)无市价的长期投资:

1. 因政治、法律环境的变化,如税收、贸易规则的修订而可能出现巨额亏损的情况,应当计提减值准备。

2.因商品或劳务供应等多种原因使市场需求减少,导致财务状况可能恶化的情况,应当计提减值准备。

3.因所在行业生产技术发生重大变化而失去竞争能力,导致财务状况严重恶化的情况,应当计提减值准备。

4.有其他证据表明该项投资已不能给企业带来经济利益的情况,应当计提减值准备。

(三)期末,企业的长期投资预计可收回金额低于其账面价值的差额,借记"投资收益——计提的长期投资减值准备"科目,贷记本科目。如果已计提减值准备的长期投资价值又得以恢复,则须转回,借记本科目,贷记"投资收益——计提的长期投资减值准备"科目。

(四)处理长期投资时,或涉及债务重组、非货币性交易时,应当同时结转已计提的长期投资减值准备。

第十六章

货币资金与资产管理

《按流程执行》

一、现金收支账务处理工作流程设计

流程名称	现金收支账务处理工作流程	编码			
		执行者	财务部	监控者	财务总监
行为实施环节	出纳	财务会计		财务总监	

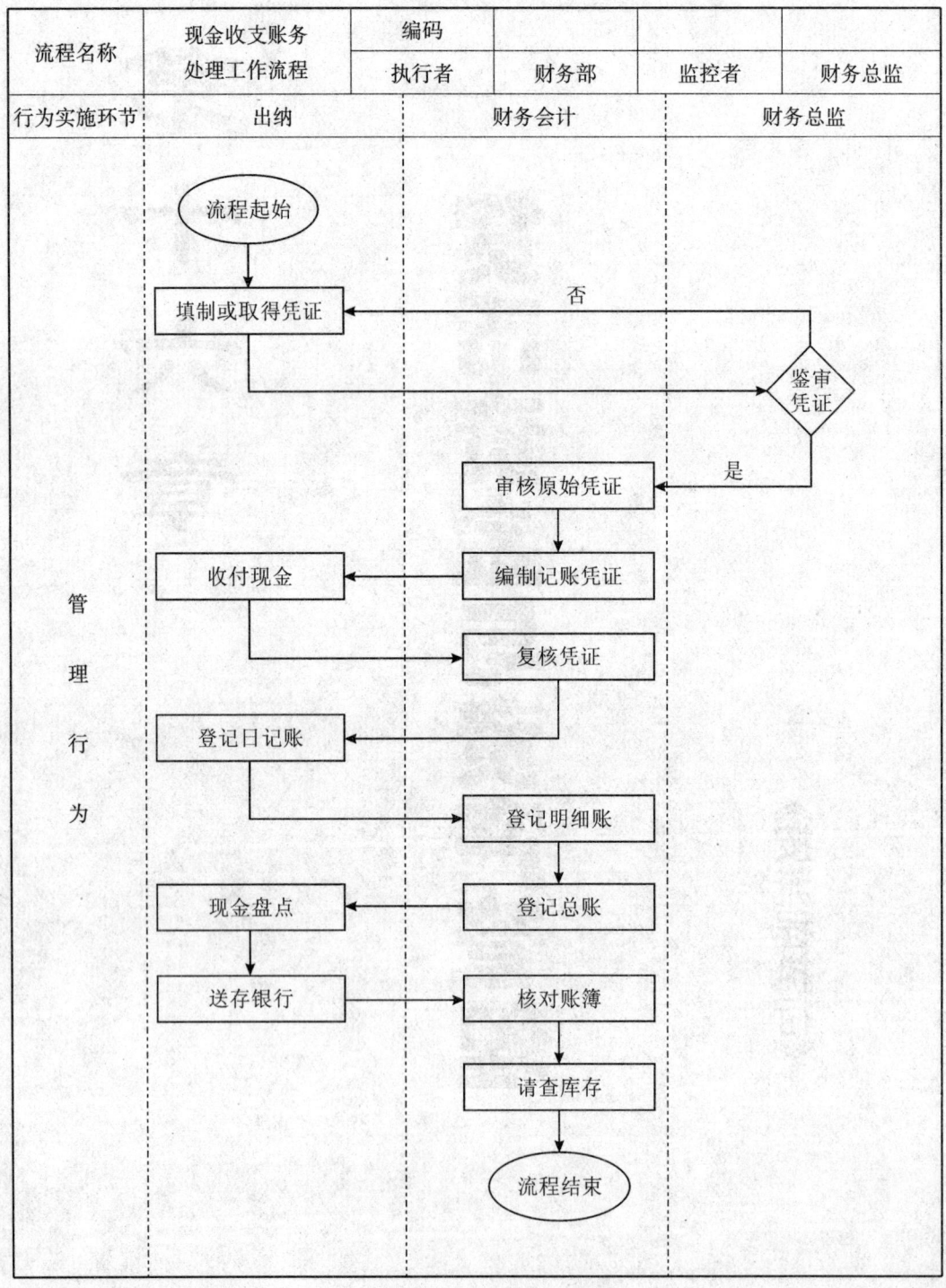

管理行为

流程起始

填制或取得凭证 ← 否

鉴审凭证

审核原始凭证 ← 是

收付现金 ← 编制记账凭证

复核凭证

登记日记账 ←

登记明细账

现金盘点 ← 登记总账

送存银行

核对账簿

请查库存

流程结束

二、现金清查账务处理管理工作流程设计

流程名称	现金清查账务处理工作流程	编码			
		执行者	财务部	监控者	财务总监
行为实施环节	出纳	财务会计		财务总监	

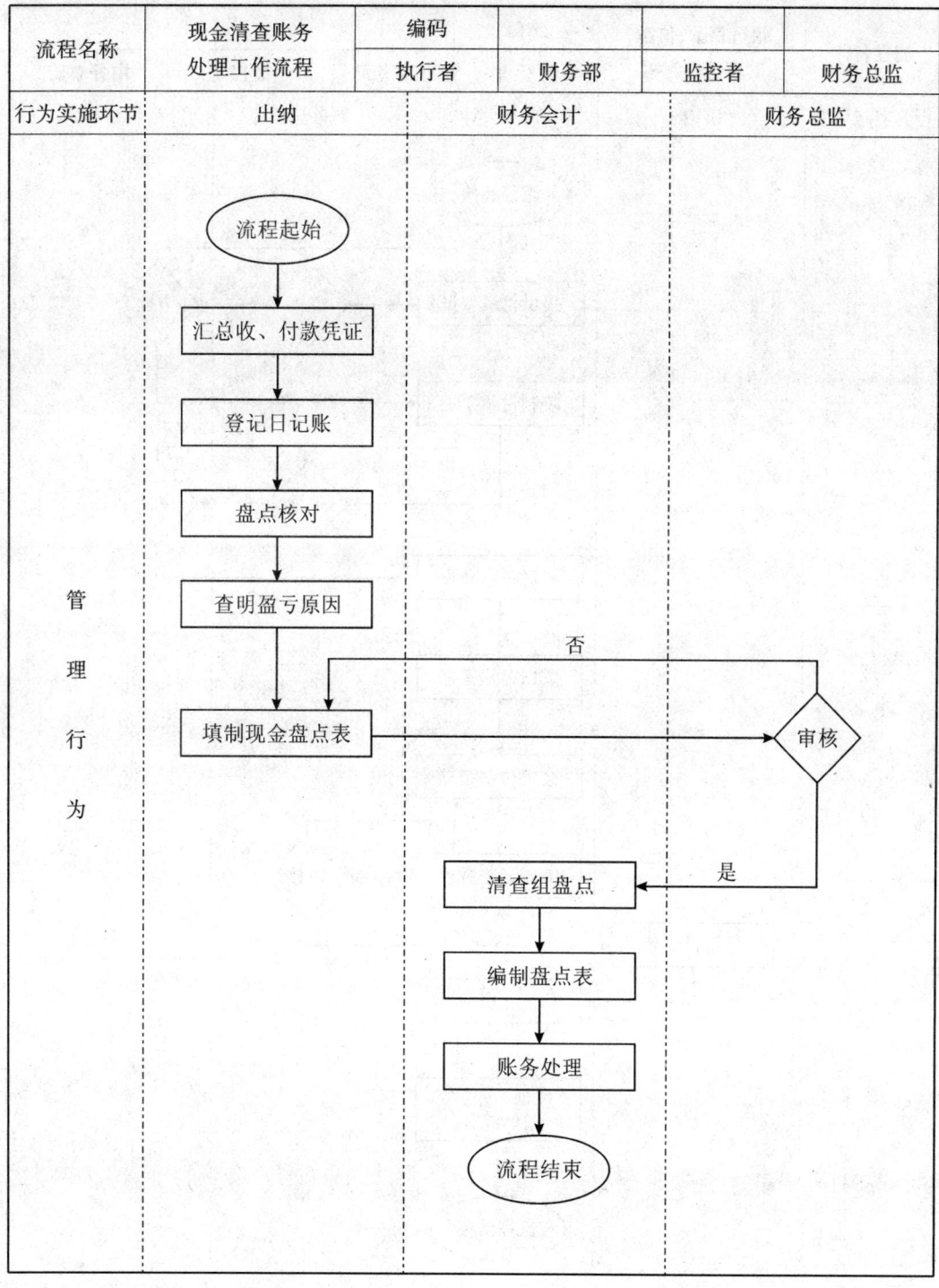

三、银行付款管理工作流程设计

流程名称	银行存款、付款 管理工作流程	编码			
		执行者	财务部	监控者	财务总监
行为实施环节	出纳	财务会计	财务总监		总经理

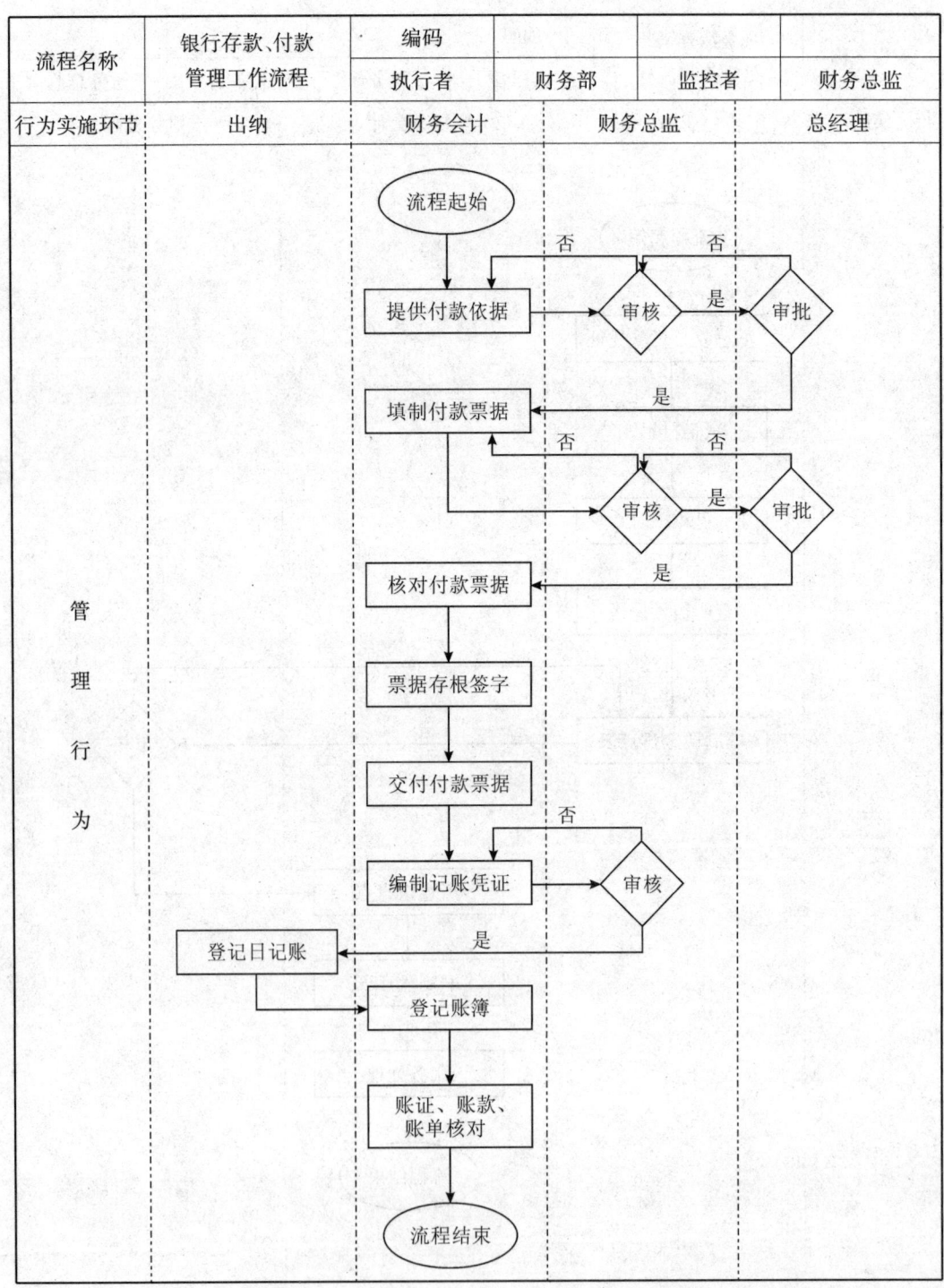

管理行为

流程起始

提供付款依据 → 审核 — 是 → 审批
否 否 是
填制付款票据

填制付款票据 → 审核 — 是 → 审批
否 否 是
核对付款票据

核对付款票据

票据存根签字

交付付款票据

编制记账凭证 → 审核
否
是

登记日记账

登记账簿

账证、账款、账单核对

流程结束

四、固定资产管理工作流程设计

流程名称	固定资产管理工作流程	编码			
		执行者	采购部、财务部	监控者	财务总监
行为实施环节	采购部	财务部	财务总监		总经理

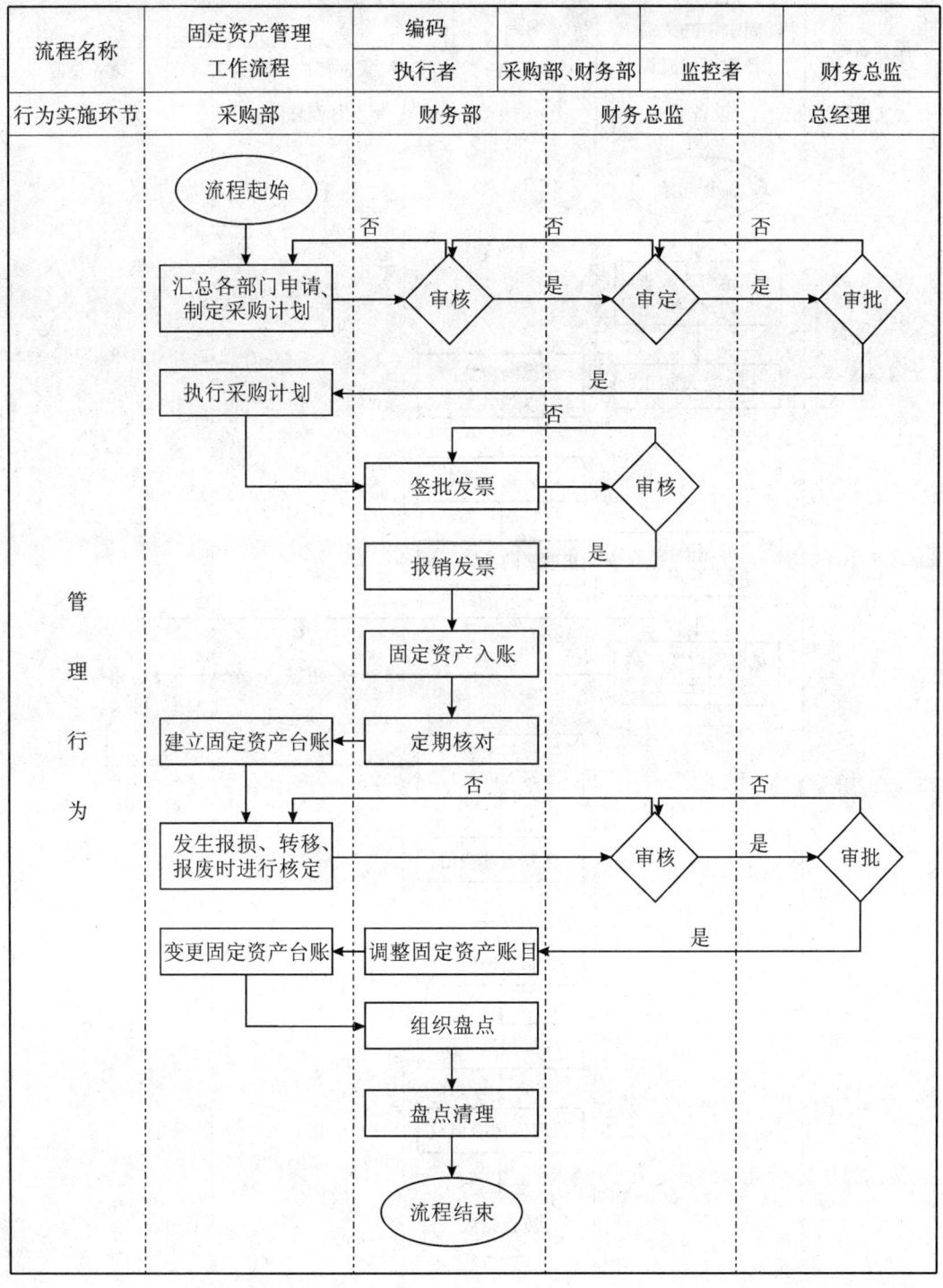

五、固定资产减损管理工作流程设计

流程名称	固定资产减损 管理工作流程	编码			
		执行者	设备部、采购部	监控者	财务总监
行为实施环节	设备部	财务部		财务总监	总经理

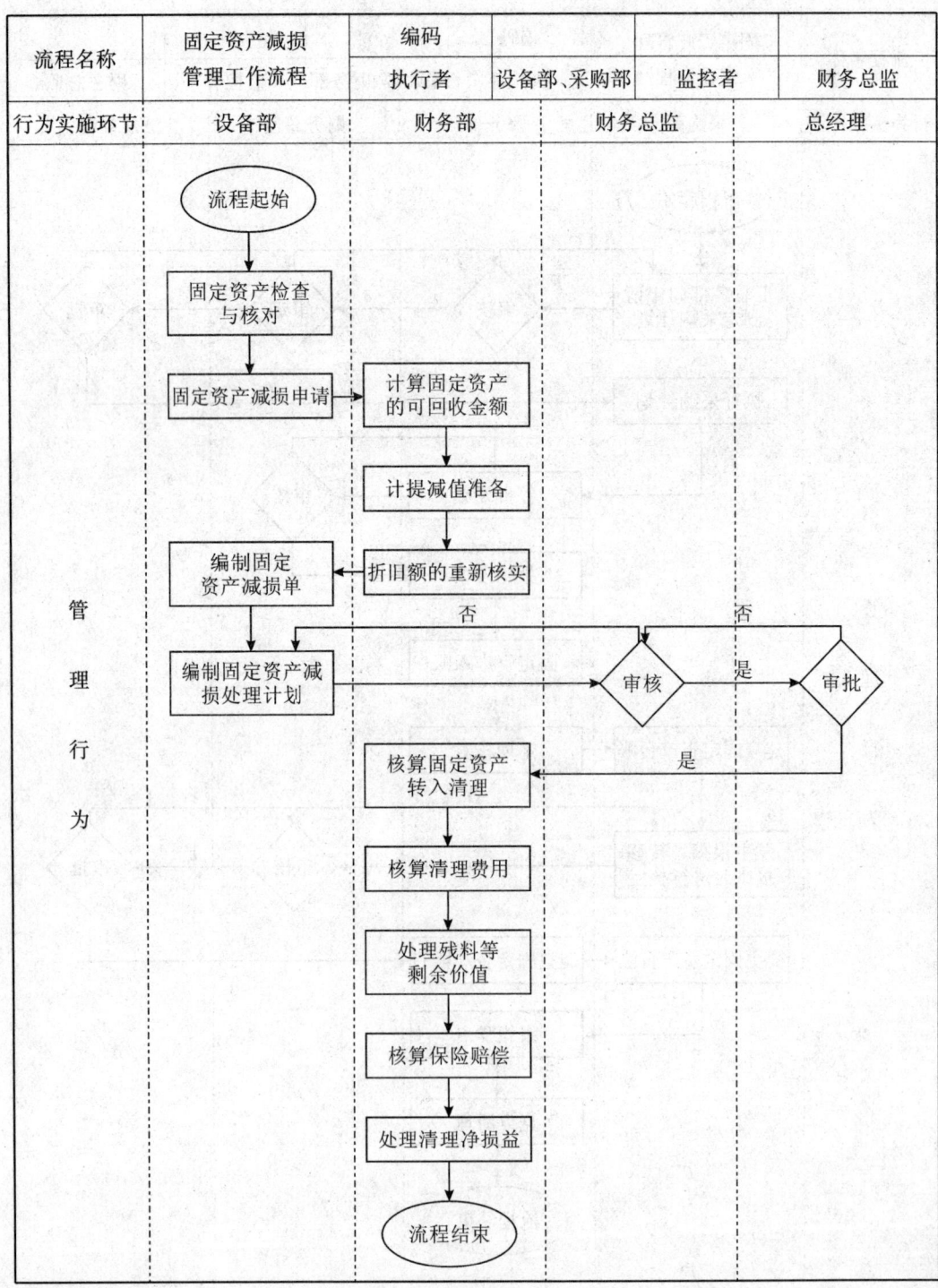

六、固定资产折旧、报废管理工作流程设计

流程名称	固定资产折旧、报废管理工作流程	编码			
		执行者	设备部、财务部	监控者	财务总监
行为实施环节	设备部	财务部	财务总监		总经理
管理行为	编制固定资产报废出售单 → 编制处理计划 → 执行固定资产报告	流程起始 → 预计固定资产使用年限和净残值 → 确定折旧方法 → 按月计提折旧 → 复核固定资产使用年限 → 复核同定资产折旧方法 → 进行账务调整 / 审核 → 进行相关核算 → 流程结束	审核		审批

否　是　否　是

七、存货管理工作流程设计

流程名称	存货管理 工作流程	编码			
		执行者	仓库、财务部	监控者	财务总监
行为实施环节	仓库	财务部		财务总监	总经理

管 理 行 为				

```
                                          ┌───────────┐
                                          │  流程起始  │
                                          └─────┬─────┘
                                                ↓
                                      ┌──────────────┐
                                      │ 根据相关资料确 │
                                      │ 定最佳订货数量 │
                                      └──────┬───────┘
   ┌──────────┐                      ┌──────────────┐
   │ 存货日常保管 │ ←─────────────────── │ 确定安全库存储备 │
   └─────┬────┘                      └──────────────┘
         ↓
   ┌──────────┐
   │  填制货品   │
   │ 出库、入库单 │
   └─────┬────┘
         ↓
   ┌──────────┐    ┌──────────┐
   │ 登记存货明细账 │ ← │ 核对数量并  │
   └─────┬────┘    │ 核算结存金额 │
         │          └──────────┘
         ↓
   ┌──────────┐    
   │ 月末编制收发 │ ←───────────────────────────────────────┐    否
   │  货汇总表   │                                          │
   └─────┬────┘                                          │
         ↓          ┌────────┐   ┌──────────┐          ◇审批◇
         └────────→ │ 定期核对 │ → │ 制定期末存货 │ ────→           
                    └────────┘   │  清查计划  │          
                                 └──────────┘              是
                    ┌────────┐                ←─────────────┘
                    │ 组织盘点 │              否         否
                    └────┬───┘   
                         ↓       ┌──────┐   是    ┌──────┐
              ┌──────────────┐ → ◇ 审核 ◇ ────→ ◇ 审批 ◇
              │ 编制盘点盈亏报告 │   └──────┘        └──────┘
              └──────────────┘              是
                    ↓        ←───────────────────┘
              ┌──────────┐
              │ 进行账务处理 │
              └─────┬────┘
                    ↓
              ┌──────────┐
              │  流程结束  │
              └──────────┘
```

八、盘点管理工作流程设计

流程名称	盘点管理 工作流程	编码			
		执行者	各部门、财务部	监控者	财务总监
行为实施环节	各部门	财务部		财务总监	总经理

管理行为

```
                                                    ┌──────────┐
                                                    │  流程起始  │
                                                    └────┬─────┘
                                                         │
                                                         ▼
┌──────────┐      ┌──────────┐      ┌──────────┐
│ 执行盘点方案 │◄─────│ 发放盘点通知 │◄─────│ 确定盘点方案 │
└────┬─────┘      └──────────┘      └──────────┘
     │
     ▼
┌──────────┐      ┌──────────┐
│ 填写盘点表  │─────►│  汇总整理  │
└──────────┘      └────┬─────┘
                       │
                       ▼
                  ┌──────────┐
                  │  填制对账表 │
                  └────┬─────┘
                       │         否              否
                       ▼      ┌─────┐         ┌─────┐
              ┌────────────┐  ╱审核╲   是    ╱审批╲
              │编制盘点盈亏报告│─►◄ 审核 ►──────►◄ 审批 ►
              └────────────┘  ╲   ╱         ╲   ╱
                                                │
                       ▲                   是    │
              ┌────────────┐                    │
              │进行相关账务处理│◄───────────────────┘
              └────┬───────┘
                   │
                   ▼
              ┌──────────┐
              │  流程结束  │
              └──────────┘
```

九、出纳直接收款工作标准

出纳人员根据有关收款凭据办理收款事宜,收款的工作细则如下:

1. 查看收款依据是否齐备。
2. 审核现金来源是否合乎相关法律与规定。
3. 当面清点现金,做到收付两清。
4. 根据相关规定开具收款凭据,并将"现金收讫"印鉴加盖在收款凭据和收款依据上。
5. 编制记账凭证。
6. 根据审核无误的记账凭证登记现金出纳账。

十、假币的处理工作标准

1. 单位的财会出纳人员,在收付现金时发现假币,应立即送交附近的银行鉴别。
2. 单位发现可疑币不能断定其真假时,发现单位不得随意加盖假币戳记和没收,应向持币人说明情况,开具临时收据,连同可疑币及时报送中国人民银行当地分支鉴定。经人民银行鉴定,确属假币时,按发现假币后的处理方法处理,如果确定不是假币时,应及时将钞票退还持币人。
3. 发现假币,应立即就近送交银行鉴定,并向公安机关和银行举报及提供有关详情,协助破案。

十一、损伤人民币的处理工作标准

残缺人民币是指有的人民币由于某种原因明显缺少了一部分的票币,称之为残缺人民币。

依据中国人民银行颁布的《残缺人民币兑换办法》的规定,凡残缺人民币属于下列情

况之一者,可持币向银行营业部门全额兑换:

(1)票面残缺部分不超过五分之一,其余部分的图案、文字能照原样连接者。

(2)票面污损、熏焦、水湿、油浸、变色、但能辨别真假,票面完整或残缺不超过五分之一,票面其余部分的图案、文字能照原样连接者。

凡残缺人民币属于下列情况者,可半额兑换:票面残缺五分之一以上至二分之一,其余部分的图案、文字能照原样连接者,应持币向银行营业部门照原面额的半数兑换。但不得流通使用。

凡残缺人民币属于下列情况之一者,不予兑换:

(1)票面残缺二分之一以上者。

(2)票面污损、熏焦、水湿、变色不能辨别真假者。

(3)故意挖补、涂改、剪贴、拼凑、揭去一面者。

不予兑换的残缺人民币由中国人民银行收回销毁,不得流通使用。

及时回收市场流通中的损伤、残缺人民币,保持人民币的整洁,维护国家货币的信誉,需要企事业单位、广大群众、银行等各方面的配合。不论是单位还是个人,如果留有不宜流通的损伤、残缺人民币,不要再次使用或对外找付,应挑拣、粘补整理好,随时送存银行或办理兑换。

十二、出纳员点钞工作标准

点钞方法主要有手工点钞和机器点钞两种。一般企事业单位使用的主要还是手工点钞方法。常见的手工点钞方法有:手持式单指单张点钞法、手持式单指多张点钞法、手持式四指拨动点钞法、手持式五指拨动点钞法、手按式单张点钞法、手按式双张点钞法等。

手持式单指单张点钞法是最常用的点钞方法之一。其基本操作要领如下:左手持票,手心向下,拇指按住钞票正面的左端中央,食指和中指在钞票背面,与拇指一起捏住钞票;左手无名指自然卷曲,捏起钞票后小拇指伸向钞票正面压住钞票左下方;左手中指稍用力,与无名指、小拇指一起紧卡钞票;左手食指伸直,拇指向上移动,按住钞票的侧面,将钞票压成瓦形;左手将钞票从桌面上擦过,钞票翻转,拇指借从桌面上擦过的力量将钞票撑成微开的扇面并斜对自己面前;右手三个指头沾水,用拇指尖向下捻动钞票右下角,食指在钞票背面配合拇指捻动;用右手无名指将捻起的钞票往怀里弹,边点边记数;点钞时注意姿式,身体挺直,眼睛和钞票保持一定距离,两手肘部放在桌面上。

手按式单张点钞法也是最常用的点钞方法之一。其基本操作要领如下:将钞票横放在桌面上,正对自己;用左手无名指、小拇指按住钞票的左上角;用右手拇指托起部分钞票的右下角;右手食指捻动钞票,每捻动一张,左手拇指即往上推动送至左手食指、中指之间夹住,即完成了一次点钞动作,以后依次连续操作。

十三、现金收款凭证复核内容及标准

本公司出纳人员在办理每笔现金收入前,必须复核现金收款凭证,以确保收款凭证的合法性、真实性和准确性,主要符合内容如下:

1. 现金收款凭证的填写日期:现金收款凭证的填写日期应为编制收款凭证的当天,不得提前或推后。

2. 现金收款凭证的编号:有无重号、漏号或不按日期顺序编号等情况。

3. 现金收款凭证记录的内容是否真实、合法、准确;摘要栏的内容与原始凭证反映的经济业务内容是否相符。

4. 使用的会计科目是否正确。

5. 复核收款凭证的金额与原始凭证的金额是否一致;原始凭证大小写金额是否相符,有无印章。

6. 复核收款凭证"附单据"栏的张数与所附原始凭证张数是否相符。

7. 收款凭证的出纳、制单、复核、财务主管栏目是否签名或盖章。

十四、现金付款凭证复核内容及标准

本公司出纳人员在办理每笔现金支出前,必须复核现金付款凭证,以确保付款凭证的合法性、真实性和准确性,主要符合内容如下:

1. 对于涉及现金和银行存款之间的收付业务,只填制付款凭证,不填制收款凭证。如将当日营业款送存银行,制单人员根据现金解款单(回单)编制现金付款凭证,借方账户为银行存款,贷方账户为现金,不再编制银行存款收款凭证。

2. 发生销货退回时,如数量较少,且退款金额在转账起点以下,需用现金退款时,必须取得对方的收款收据,不得以退货发货票代替收据编制付款凭证。

3. 从外单位取得的原始凭证如遗失,应取得原签发单位盖有有关印章的证明,并注明原始凭证的名称、金额、经济内容等,经单位负责人批准,方可代替原始凭证。

十五、增值税专用发票的管理、使用工作标准

1. 对本公司购领的增值税专用发票,应视同现金管理一样,建立账簿,严格领、发、存手续。

2. 销售给其他单位和个人均不得开具增值税专用发票。一般纳税人到商店购买商品,如需开具专用发票,必须出示盖有一般纳税人认定专章的税务登记证副本,由商店会计室负责办理。

3. 填开给购货方的发票注意事项:

(1)要填列单位名称,购销双方的税务登记号。

(2)交易价格与税款分别填列。

(3)增值税专用发票金额栏是不含税的金额,若为含税价格则应用下列公式换成不含税价格。不含税价格 = 含税价格 ÷ 1 + 增值税率

(4)金额栏与税额栏合计必须与价税合计栏(大写)相等。

(5)按照规定,专用发票的开户银行及账号栏和购销双方的电话号码也要填写清楚。

4. 厂家开具的专用发票有以下情形之一者不得入账:

(1)没有填列售货方或购货方增值税纳税人登记号码。

(2)填列的纳税登记号与购货方或销货方的真实号码不相符。

(3)单联填写或上下联金额,增值税额等内容不一致。

(4)交易价格与税款计算有差错。

(5)适用税率与税款计算有差错。

(6)抵扣联没有加盖规定的印章。

以上规定、采购、合同、物价、财会各个环节都要认真执行,严格把关,避免疏漏。

十六、发票和资金往来专用发票的工作标准

1. 企业会计室应责成专人对营业部的发票领取、使用、保管等情况进行经常的检查核对。

2. 企业会计室对营业部门交来的旧发票,按日、号码归类整理打捆,妥善保管。

3. 发票、资金往来专用发票存根保管期为 5 年。销毁发票存根,必须造册登记,并向所在税务部门提出书面申请,经税务部门批准后,方可销毁。

4.商店营业部门变动时,财会人员和营业部门主任应将未使用和已使用的发票收回。交商店财会人员注销,统一管理。

十七、固定资产验收、付款工作标准

固定资产验收、付款处理程序如下:

1.由资产出售单位将购买发票和运输提货单函寄财务部门,财务部门根据有关资产购买通知单和合同编制入库单一式三联,然后分别通知运输部门提货和仓库准备接货。

2.到车站提取设备后编制到货清单,并交相关部门验收,验收后登记库存账,并通知财会部门付款。

3.会计部门核对合同副本和设备购买通知单,经确认无误后办理货款结算,并登记有关二级分类账和三级明细账,同时注意以下工作原则:

(1)提货、验收、付款分管。

(2)设备验收、付款均要核对有关合同和有关凭证。

(3)定期进行账账、账实核对。

十八、物料用品财务工作标准

1.采购物料用品的原则是勤进少储,防止积压和浪费。

2.对于物料用品的购进、领用和处理,要严格按照规定和审批手续办理。

3.物料用品购进的运杂费,计入物料用品的成本内,如同时购进多种物料用品所发生的共同费用,则按同时购进的各种物料用品单项价值分担费用,并计入成本。

4.购进物料用品后,应立即全部交付使用部门领用,应在填制进仓验收单的同时填制发货票与领料单,办理有关报账手续。

5.业务部门领用后作为生产或营业之用者,应计算在营业成本科目。

6.建立"原材料物料"明细分类账,按品名、数量、金额进行明细分类核算,

7.物料用品除基建材料外,统一由仓管部按各部门编报的计划,综合平衡后报总经理审批。

十九、固定资产报废和损毁的核算标准

固定资产在使用过程中,由于不断发生损耗而丧失功能,应按规定程序报废,经批准后进行清理。

固定资产报废时应转入清理,除转销其原值及已提折旧外,还应将其残值转入"固定资产清理"账户借方;在清理过程中所发生的残料价值和变价收入,以及固定资产毁损,须由保险公司或过失人赔偿的损失,也应分别转入"固定资产清理"账户贷方。清理以后的净收入,应按不同情况进行处理,属于正常处理损失,以"资产减值准备(根据新的会计准则)"账户处理,属于自然灾害等非正常原因造成的毁损,以"营业外支出——非常损失"账户处理。

第十七章

财务分析与控制

《按流程执行》

一、财务分析管理工作流程设计

流程名称	财务分析 管理工作流程	编码			
		执行者	财务部	监控者	财务总监
行为实施环节	财务部	财务总监		总经理	

管理行为

```
        ┌──────────────┐
        │   流程起始    │
        └──────┬───────┘
               ↓
        ┌──────────────┐
        │  资料分析整理  │
        └──────┬───────┘
               ↓
        ┌──────────────┐
        │  编制财务报告  │
        └──────┬───────┘
               ↓
        ┌──────────────┐
        │  进行财务分析  │
        └──────┬───────┘
               ↓
        ┌──────────────┐         否              否
        │ 编制财务分析  │───────→ ◇审核 ──是──→ ◇审批
        │  报告草案    │
        └──────────────┘
        ┌──────────────┐              是
        │ 确定财务分析报告│←──────────────────
        └──────┬───────┘
               ↓
        ┌──────────────┐
        │     归档      │
        └──────┬───────┘
               ↓
        ┌──────────────┐
        │   流程结束    │
        └──────────────┘
```

二、财务分析报告管理工作流程设计

流程名称	财务分析报告 管理工作流程	编码			
		执行者	财务部	监控者	财务总监
行为实施环节	财务部	财务总监		总经理	
管 理 行 为	流程起始 收集整理资料 编制分析报告草案 编制分析报告 传送各部门 存档 流程结束	审阅 否 审核		否 是 审批 是	

三、费用计划审批管理工作流程设计

流程名称	费用计划审批	编码			
	管理工作流程	执行者	各部门、财务部	监控者	财务总监
行为实施环节	各部门	出纳	财务会计	财务总监	总经理

管理

行

为

```
              ┌──────────┐
              │ 流程起始 │
              └────┬─────┘
                   ↓
            ┌──────────────┐
            │ 进行费用需   │
            │   求预算     │
            └──────┬───────┘
                   ↓                                否              否
            ┌──────────┐                    ◇───────────────◇  ┌─────┐
            │ 编制费用 │────────────────────→│ 审核 │──是──→│审批 │
            └──────────┘                    ◇───────◇      └─────┘
                                                              
  ┌──────┐      ┌──────────────┐                 是
  │ 付款 │←─────│ 检实相应资料 │←────────────────────────
  └──────┘      └──────┬───────┘
                       ↓
                ┌──────────┐
                │ 编制凭证 │
                └────┬─────┘
                     ↓
            ┌──────────┐    ┌──────────────┐
            │登记日记账│────→│ 登记明细账 │
            └──────────┘    └──────┬───────┘
                                   ↓
                            ┌──────────┐
                            │ 登记总账 │
                            └────┬─────┘
                                 ↓
                          ┌──────────────┐
                          │ 编制会计报表 │
                          └──────┬───────┘
                                 ↓
                          ┌──────────┐
                          │ 流程结束 │
                          └──────────┘
```

四、费用报销管理工作流程设计

流程名称	费用报销管理 工作流程	编码			
		执行者	各部门、财务部	监控者	财务总监
行为实施环节	各部门	出纳	财务会计	财务总监	总经理

管理行为

```
           流程起始
              │
              ▼
           费用发生
              │
              ▼
         主管鉴定并        否      审核  是   审批  是   审批
         申请报销    ──────►◇──────►◇──────►◇
                            否            否
                                                      是
                            │
    付款  ◄──  核对相关内容  ◄──────────────────────────┘
     │            │
     │            ▼
     │         编制凭证
     │            │
     ▼            ▼
  登记日记账    登记明细账
                  │
                  ▼
               登记总账
                  │
                  ▼
                                  否        否
            编制会计报表   审核  是   审批
                      ──►◇──────►◇
                                          是
                                报返  ◄────┘
                                  │
                                  ▼
                              流程结束
```

五、财务审计管理工作流程设计

流程名称	财务审计管理 工作流程	编码			
		执行者	审计部	监控者	财务总监
行为实施环节	审计部	财务总监		总经理	

管理行为

```
                              ┌─────────┐
                              │ 流程起始 │
                              └────┬────┘
                                   │
        ┌─────────┐          ┌─────▼─────┐
        │ 实施审计 │◄─────────│ 组织审计  │
        └────┬────┘          └─────┬─────┘           否
             │                     │              ┌──────────┐
        ┌────▼────┐          ┌─────▼─────┐         │          │
        │ 发现问题 │─────────►│ 报请专案审计│────────►│   审批   │
        └─────────┘          └───────────┘         └────┬─────┘
                                                        │
                                        是              │
        ┌─────────┐◄────────────────────────────────────┘
        │ 实施审计 │
        └────┬────┘        否            否
             │        ┌──────────┐   ┌──────────┐
        ┌────▼──────┐ │          │   │          │
        │ 编制审计报告│─►│  审核   │──►│   审批   │
        └───────────┘ └──────────┘ 是 └────┬─────┘
                                           │
                              是           │
        ┌───────────┐◄──────────────────────┘
        │ 编制审计结果│
        │  处理方案  │
        └────┬──────┘
             │
        ┌────▼──────┐
        │ 执行处理结果│
        │  处理方案  │
        └────┬──────┘
             │
        ┌────▼────┐
        │ 流程结束 │
        └─────────┘
```

六、应收账款管理工作流程设计

流程名称	应收账款管理 工作流程	编码			
		执行者	财务部	监控者	财务总监
行为实施环节	业务部	财务部		财务总监	

管理行为

```
流程起始
   │
   ▼
登记业务应收账款
   │
   ▼
应收账款分析
   │
   ▼
 催款
   │
   ▼
客户付款 ──────▶ 账务处理
                  │            ┌──── 否 ────┐
                  ▼            │            │
              编制银行调节表 ──────▶   审核
                                          │
                  存档 ◀────── 是 ─────────┘
                  │
                  ▼
               流程结束
```

七、应收票据账务处理工作流程设计

流程名称	应收票据账务处理工作流程	编码			
		执行者	财务部	监控者	财务总监
行为实施环节	客户	财务部		财务总监	

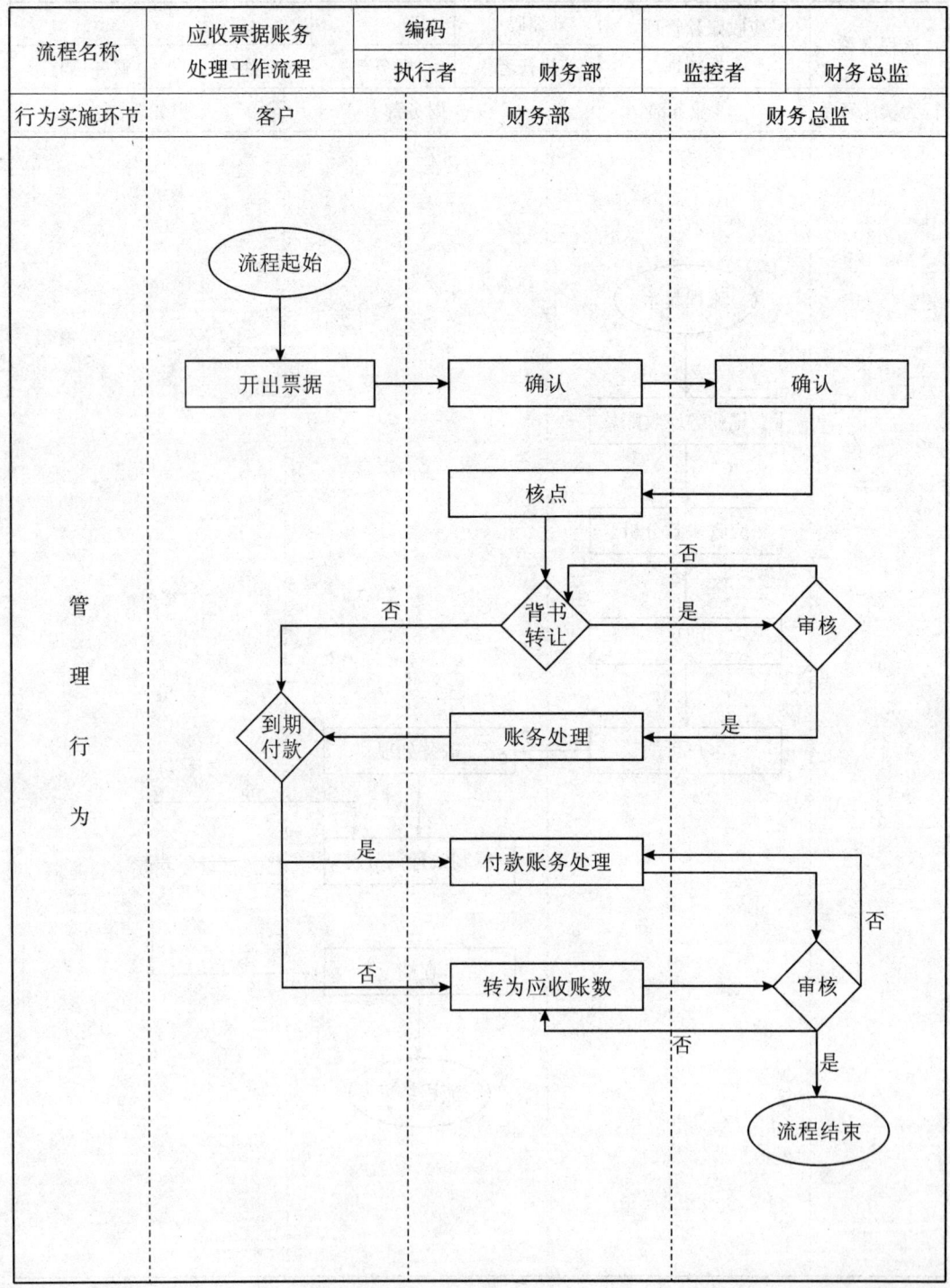

八、坏账处理工作流程设计

流程名称	坏账处理 工作流程	编码			
		执行者	财务部	监控者	财务总监
行为实施环节	财务部	财务总监		总经理	

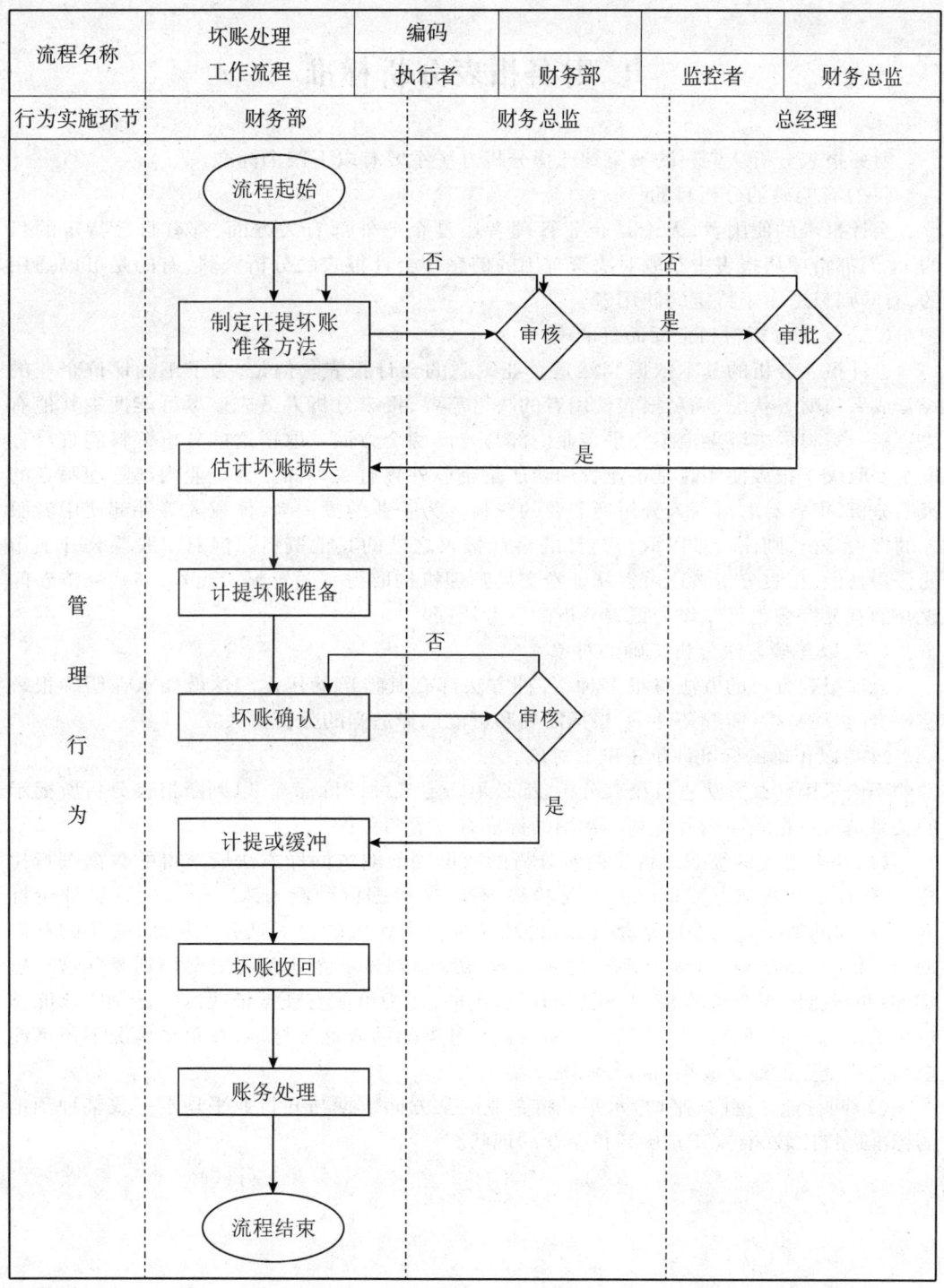

九、财务报表分析标准

财务报表分析从资料的搜集到选择分析方法主要有以下四个标准。

（一）有明确的分析目的

会计报表的使用者，无论是企业管理者还是企业外部有关方面，都有自己特定的目的，他们都希望从报表中获取对决策有用的信息。会计报表的分析资料，有的是可以通用的，有的则只适用于特定的使用者。

（二）保证分析材料全面而且准确

会计报表分析的基本依据当然是企业编制的会计报表。但是，为了正确评价企业的经营成果与财务状况，满足报表使用者的决策需要，报表分析人员应该尽可能搜集其他有关资料。资料的来源渠道不外乎企业内部与外部两个方面。取得这些分析资料的难易程度主要取决于报表使用者是企业管理者还是企业外界有关方面。为企业内部管理服务的报表分析，很容易取得深入分析所需要的资料。为企业的投资者、债权人等外部使用者服务的报表分析，则比较难以取得公开的会计报表之外的其他资料。但对于股票公开上市的公司来说，报表分析者还可以从证券交易管理机构取得有关资料。此外，某些经济新闻媒介的有关信息也可以作为报表分析的参考依据。

（三）以正确方法分析正确的对象

会计报表分析的方法有很多种，各种方法都有其特定的用途。这就要求在明确报表使用者的目的这一前提条件下，根据需要和可能选择适当的分析方法。

（四）以正确的标准评价正确的对象

不论采用什么方法进行报表分析，都必须确定某种评价标准，以判断报表分析所揭示的关系是否对报表使用者有利。常用的标准有以下两种：

（1）企业过去的绩效。将当期所分析的数据同前期按同样方法所求得的数据进行比较，可以评价企业某方面情况的变化趋势，有时还可据以预测未来。但采用这种评价标准，将现在的数据与过去数据相比较，仍然缺少一个评价的绝对基础。例如，去年的利润额为销售收入的4%，今年为5%，这种比较虽然能够显示企业获利情况得到改善这一事实，但并不能说明今年的5%是理想的或适当的，因为可能有证据证明这一比例应该能够达到更高的水平（如8%）。因此，仅采用企业过去的绩效这种标准，在很多情况下还不能全面评价企业的经营成果与财务状况。

（2）同行业先进（或平均）水平。将企业的某方面数据与同行业平均水平或某种预定的标准进行比较，有利于正确评价企业的现状。

十、现金流量结构分析标准

现金流量结构分析包括流入结构、流出结构和流入流出比例分析。下面以某股份有限公司（以下简称 X 企业）1998 年年报（报表数据从略）为例加以说明。

现金流量表分析的首要任务是分析各项活动谁占主导,如 X 企业现金总流入中经营性流入占 40.76%,投资流入占 19.9%,筹资流入占 39.34%,这说明经营活动占有重要地位,筹资活动也是该企业现金流入来源的重要方面。

1. 流入结构分析

由于经营、投资和筹资活动均能带来现金流入,因此应着重分析流入结构。

在公司经营活动流入中,主要业务销售收入带来的流入占 86.6%,增值税占 12.39%,由此反映出该公司经营属于正常状态。

投资活动的流入中,股利流入为 0,投资收回和处置固定资产带来的现金流入占到 100%,说明公司投资带来的现金流入全部是回收投资而非获利。

筹资活动中借款流入占筹资流入的 52.18%,为主要来源;吸收权益资金流入占 47.74%,为次要来源。

2. 流出结构分析

该公司的总流出中经营活动流出占 24.18%,投资活动占 28.64%,筹资活动占 47.18%。由于公司 1998 年未对股东进行现金分配,故公司现金流出中偿还债务占很大比重,使负债大量减少。

经营活动流出中,购买商品和劳务占 54.38%;支付给职工的以及为职工支付的现金占 10.81%;税费占 3.6%,负担较轻;支付的其他与经营活动有关的现金为 29.80%,比重较大。投资活动流出中权益性投资所支付的现金占 60.74%,而购置固定资产、无形资产和其他长期资产所支付的现金占 39.26%。筹资流出中偿还本金所支付现金占 47.51%,其他为筹资费和利息支出。从以上分析可以看出,该企业投资活动的现金流出较大,在投资活动的现金流出中,权益性投资又占最大比例,说明该企业的股权扩张较快。

3. 流入流出比例分析

从 X 企业的现金流量表可以看出:

经营活动中:现金流入量 4 269.89 万元

现金流出量 3 234.90 万元

该公司经营活动现金流入流出比为 1.32,表明 1 元的现金流出可换回 1.32 元现金流入。此值当然越大越好。

投资活动中:现金流入量 2 085.00 万元

现金流出量 3 833.19 万元

该公司投资活动的现金流入流出比为 0.74,公司投资活动引起的现金流出较大,表明公司正处于扩张时期。一般而言,处于发展时期的公司此值比较小,而衰退或缺少投资机会时此值较大。

筹资活动中：现金流入量 4 120.50 万元

现金流出量 6 314.49 万元

筹资活动流入流出比为 0.65，表明还款明显大于借款。如果筹资活动中现金流入系举债获得，同时也说明该公司较大程度上存在借新债还旧债的现象。

作为信息使用者，在深入掌握企业的现金流情况下，还应将流入和流出结构进行历史比较或同业比较，这样可以得到更有意义的结论。

一般而言，对于一个健康的正在成长的公司来说，经营活动现金流量应为正数，投资活动的现金流量应为负数，筹资活动的现金流量应是正负相间的，上述公司的现金流量基本体现了这种成长性公司的状况。

十一、现金支付能力分析标准

现金支付能力是企业用现金或支票支付当前急需支付或近期内需要支付的款项的能力，一般反映企业在 10 天或 1 个月内（视企业的业务量确定）用现金或银行存款支付资金需求的能力。支付能力是企业短期偿债能力和长期偿债能力的具体表现，也是判断企业应变能力大小的根据。

企业的每一笔业务，无论是投资增加、利润分配，还是生产经营、银行融通资金，都会引起现金的流入或流出。引起企业现金流入的业务有：经营活动收入，如产品销售、投资分利等；投资调整收入，如收回投资、出售股票债券、结构性资产转让收入等；筹资收入，企业发行股票债券、长短期贷款等。引起现金流出的业务主要有：经营性支出，如采购原材料、各项费用支出、利息支出等；投资性支出，如购买股票债券、购置固定资产、归还长短期借款等支出；筹资活动支出，如发放股利、筹资费用等。企业的现金支付能力就是企业用现金收入来保证现金支出的能力。

企业每一笔具体的现金收支业务，反映在银行存款、应收票据、短期投资、短期借款、应付票据等会计科目的变化上。因此就具体某一结算日来讲，企业的现金支付能力是在计算出资产负债表中货币资金、应收票据、短期投资、短期借款、应付票据各项数据的基础上，按照下面公式求得：

企业的现金支付能力 = 货币资金 + 应收票据 + 短期投资 - 短期借款 - 应付票据

如果企业的现金支付能力为正，表示企业拥有现金或现金存款，企业的各项现金收入之和大于现金支出之和；企业现金支付能力为负表示企业缺乏支付资金，不能满足生产经营或投资对现金的需要，企业依靠短期借款或透支维生。

企业现金支付能力的另一计算方法，是根据企业长短期资金平衡情况，按下面公式求得：

企业现金支付能力 = 营运资本 - 营运资金需求

营运资本是企业长期资金占用和长期资金来源相平衡之后的结果，营运资金需求是流动资产抵偿流动负债之后的结果,而两者的平衡最终反映在现金支付能力上。因此现金支付能力不但是评价企业资金平衡情况的重要依据,而且也是企业有无长短期偿债能力的集中表现。上一章在分析企业的短期资金平衡情况时已经指出:营运资本为正、运营资金需求为负是企业现金支付能力最好的一种情况,营运资本和运营资金需求均为正但营运资本大于运营资金需求的情况次之,而营运资本为负、运营资金需求为正是企业现金支付能力最差的一种情况。通过事先预测和计算企业营运资本和营运资金需求的增减变化情况,我们可以预测企业现金支付能力的变动情况。

在企业生产营运过程中,在没有增资扩股的情况下,引起企业营运资本增减变化的因素主要是企业的营业利润。企业是否拥有现金支付能力,取决于企业所实现的营业利润能否满足企业新增的运营资金需求,因此企业营运过程的现金支付能力,是企业营业利润去掉新增流动资金需求之后的余额,即:

营运过程的现金支付能力 = 营业利润 - 新增运营资金需求

十二、或有事项披露标准

或有负债是企业可能承担的债务,其是否实际发生取决于未来某一事项是否发生,如未决诉讼,企业被起诉赔偿,如企业胜诉,就免除债务,一旦败诉,则面临债务负担。

对或有事项,应按下列要求披露。

1. 或有负债的类型及其影响,包括如下:

(1)已贴现商业承兑汇票形成的或有负债。

(2)未决诉讼、仲裁形成的或有负债。

(3)为其他单位提供债务担保形成的或有负债。

(4)其他或有负债。

(5)或有负债预计产生的财务影响。

(6)或有负债获得赔偿的可能性。

2. 如果或有资产很可能会给企业带来经济利益,则应说明其形成的原因及其产生的财务影响。

十三、调整事项的处理标准

调整事项的处理方法包括编制调整分录的方法、会计报表相关项目的调整方法。

以下是作为调整事项具体实例,下列所有例子均是针对上市公司而言的,并假定财务报告批准报出日均为次年 4 月 30 日,所得税税率为 33%,资产负债表日计算的税前会计利润等于按税法规定计算的应纳税所得额。公司按净利润的 10% 提取法定盈余公积,按净利润的 5% 提取法定公益金,提取法定盈余公积和法定公益金之后,不再作其他分配。

例如,海达公司 2002 年 4 月销售给田光公司一批产品,价款为 62 000 元,田光公司于 5 月份收到所购物资并验收入库。按合同规定田光公司应于收到所购物资后 1 个月内付款。由于田光公司财务状况不佳,到 2002 年 12 月 31 日仍未付款。海达公司于 12 月 31 日编制 2002 年度会计报表时,已为该项应收账款提取坏账准备 2 900 元,12 月 31 日资产负债表上"应收账款"项目的余额为 80 000 元,"坏账准备"项目的余额为 4 000 元;该项应收账款已按 62 000 元列入资产负债表"应收账款"项目内。

海达公司于 2003 年 3 月 2 日收到田光公司通知,田光公司已进行存产清算,无力偿还所欠部分货款,共计海达公司可收回应收账款的 40%。海达公司在接到田光公司通知时,首先判断这属于资产负债表日后事项中的调整事项,并根据调整事项的处理原则进行如下处理。

(一)补提坏账准备

应补提的坏账准备 = 62 000 × 60% − 2 900 = 34 300(元)

借:以前年度损益调整   34 300
　　贷:坏账准备   34 300

(二)调整应交所得税

借:应交税费——应交所得税   (34 300 × 33%)11 319
　　贷:以前年度损益调整   11 319

(三)将"以前年度损益调整"科目的余额转入利润分配

借:利润分配——未分配利润   22 981
　　贷:以前年度损益调整   (34 300 − 11 319)22 981

(四)调整利润分配有关数字

借:盈余公积   3 447.15
　　贷:利润分配——未分配利润   (22 981 × 15%)3 447.15

(五)调整报告年度会计报表相关项目的数字(为便于比较,假设根据 2002 年 12 月 31 日存在状况编制的会计报表的数字在"调整前"栏反映,按照资产负债表日后发生的调整事项调整后的数字在"调整后"栏反映)。

(六)调整 2003 年 3 月份资产负债表相关项目的年初数。海达公司在编制 2003 年 1、2 月份的会计报表时,由于发生了资产负债表日后调整事项,海达公司除了调整 2002 年度会计报表相关项目的数字外,还应当调整 2003 年 3 月份资产负债表相关项目的年初数。

十四、生产费用内部控制标准

1. 有关生产业务由生产部门负责。对于原材料的消耗及成本费用的发生和控制,应由生产部门和财务部门及所有有关部门建立成本责任制。严格控制成本费用的开支范围和开支标准,节约消耗,减少费用,降低成本,财务部门应建立成本控制和成本核算制度。

2. 建立严格的领退料制度,按技术消耗定额发料,按实际消耗计算材料成本。

3. 加强人事和工资的管理,严格考勤,核实工资的计算与发放,正确处理工资及福利费的核算与分配。

4. 重视制造费用发生的核算与分配。注意物料消耗、折旧费的计算、费用项目的设置等是否合法合理。

5. 生产成本、运输成本、营业成本的计算要真实合理,不得乱挤、乱摊成本。要划清在产品与完工产品和本期成本与下期成本及各种产品成本之间的界限。

6. 对期间费用(管理费用、财务费用、销售费用)的项目要合法、合理,支出要符合开支范围和开支标准,凭证手续要正规。

十五、收入利润内部控制标准

1. 当期实现的主营业务收入(销售收入、运输收入、营业收入、经营收入)要全部及时入账,并和与之对应的销售成本、运输成本、营业成本、经营成本相互配比,减去当期应交的营业税金及附加和期间费用后的余额,即为主营业务利润,要能反映出企业的主要经营成果。

2. 当期实现的其他业务收入要全部、及时入账,并和与之对应的其他业务支出相配比,求出其他业务利润。

3. 按规定计算投资收益,对投资收益的取得要合法,确定要符合权责发生制,计算要合规,入账要及时,处理要恰当;对投资损失的计算要合法、正确,实事求是。

4. 对营业外收支项目的设置要合法、合理,收支项目的数额要真实、正确,账务处理要恰当。

5. 企业利润总额按照国家规定作相应调整后依法缴纳所得税,然后按规定的顺序和一定比例进行分配。

6. 企业发生年度亏损,可用下一年度的税前利润弥补,下一年度的利润不足弥补的,可以在 5 年内延续弥补;5 年内不足弥补的,用税后利润等弥补。

十六、存货盘点业务管理标准

（一）初点

1.若于营业中盘点,则先将当日有营业的收银机全部读出" ×账",同时,盘点作业人员要注意不可高声谈论影响企业正常营业,或阻碍顾客通行。

2.盘点作业人员应先点仓库、冷冻库、冷藏库。

3.盘点作业人员盘点冷冻、冷藏柜时,要依由左而右、由上而下的次序进行。

4.盘点作业人员应将每一台冷冻、冷藏柜均视为独立单位,使用单独的盘点表。

5.盘点单上的数字要填写清楚,不可潦草。

6.进行盘点作业时,最好两人一组,一人点、一人写;若在非营业中清点,可将事先准备好的白粘纸或小纸张拿出,写上数量后,放置在商品前方。

7.如果写错数字,要涂改彻底。

（1）规格化商品,清点其最小单位的数量。

（2）生鲜商品若尚未处理,则以原进货单位盘点,如重量、箱数等;若已加工处理尚未发出,则以包装形式,如包、束、袋、盒等。

（3）散装而未规格化的商品,以重量为单位。

（4）盘点时,顺便观察商品有效期限,过期商品应随即取下并记录。

8.负责人要掌握盘点进度,推动调度人员支援,并巡视各部门盘点区域,发掘死角及易漏盘点区域。

9.盘点作业人员对于无法查知商品编号或商品售价的商品,应立即取下,事后追查归属。

（二）复点

1.复盘时,复点者要先检查盘点配置图与实际现场是否一致,是否有遗漏的区域。

2.若使用小粘纸方式,则应先巡视有无遗漏未标示小粘纸的商品。

3.复点可于初点进行一段时间后即开始进行,复点者须手持初点者已填好的盘点表,依序检查,再将复点的数字记入复点栏内,并计算出差异,填入差异栏。

4.复点者须使用红色圆珠笔。

5.复点准确后再将小粘纸拿下。

（三）抽点

1.抽点者同复点者一样,也要先检查盘点配置图与实际现场是否一致,是否有遗漏的区域。

2.抽点者抽点商品时,可选择卖场内的死角或不易清点的商品或单价商品数量多的商品,以及盘点表上金额较大的商品。

3.抽点者要对初点与复点差异较大的数字,进行实地确认。

4.抽点者同复点者一样,也须使用红色圆珠笔。

十七、盘盈与盘亏业务处理标准

企业中储存的存货,品种很多,收发频繁,难免在日常收发、计量和计算上出现差错,再加上自然损耗和丢失等情况,往往会造成盘盈、盘亏和毁损等账实不符的现象。

(一)存货盘盈

发生盘盈的存货,经查明是由于收发计量或核算上的误差等原因造成的,应及时办理存货入账的手续,调整存货账的实存数,按盘盈存货的计划成本或估计成本借记"原材料——××产品"科目,贷记"待处理财产损益——待处理流动资产损益"科目。经有关部门批准后,再冲减管理费用,同时借记"待处理财产损益——待处理流动资产损益"科目,贷记"管理费用"科目。

(二)存货盘亏和毁损

发生盘亏和毁损的存货,在报经批准以前,应按其成本(计划成本或实际成本)借记"待处理财产损益——待处理流动资产损益"科目,贷记"原材料——原料及主要材料""应交税金——应交增值税(进项税额)""材料成本差异"等科目。

报经批准以后,再根据造成盘亏和毁损的原因,分别以下情况进行处理:

1.属于自然损耗产生的定额内损耗,经批准后转作管理费用。

2.属于计量收发差错和管理不善等原因造成的存货短缺或毁损,应先扣除残料价值、可以收回的保险赔偿和过失人的赔偿,然后将净损失计入管理费。

3.属于自然灾害或意外事故造成的存货毁损,应先扣除残料价值和可以收回的保险赔偿,然后将净损失转作营业外支出。

相应地,作会计分录为:借记"其他应收款——保险公司""营业外支出""管理费用"科目,贷记"待处理财产损益——待处理流动资产损益"科目。

第十八章

成本与利润管理

《按流程执行》

一、产品成本核算管理工作流程设计

流程名称	产品成本核算管理工作流程	编码		监控者	财务总监
		执行者	生产部、财务部		
行为实施环节	生产部	财务部		财务总监	

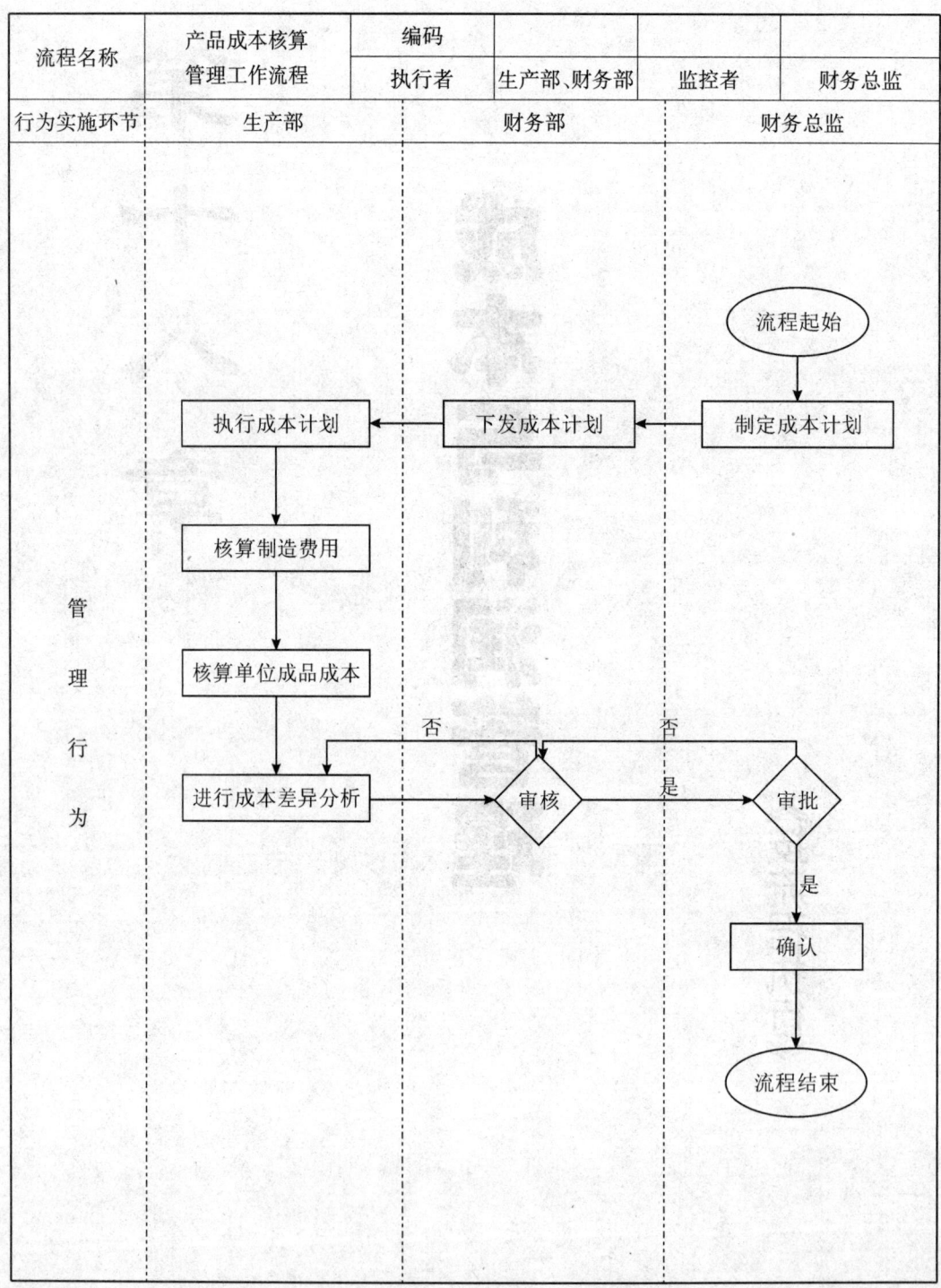

二、成本核算账务处理工作流程设计

流程名称	成本核算账务处理工作流程	编码			
		执行者	财务部	监控者	财务总监
行为实施环节	财务部			财务总监	

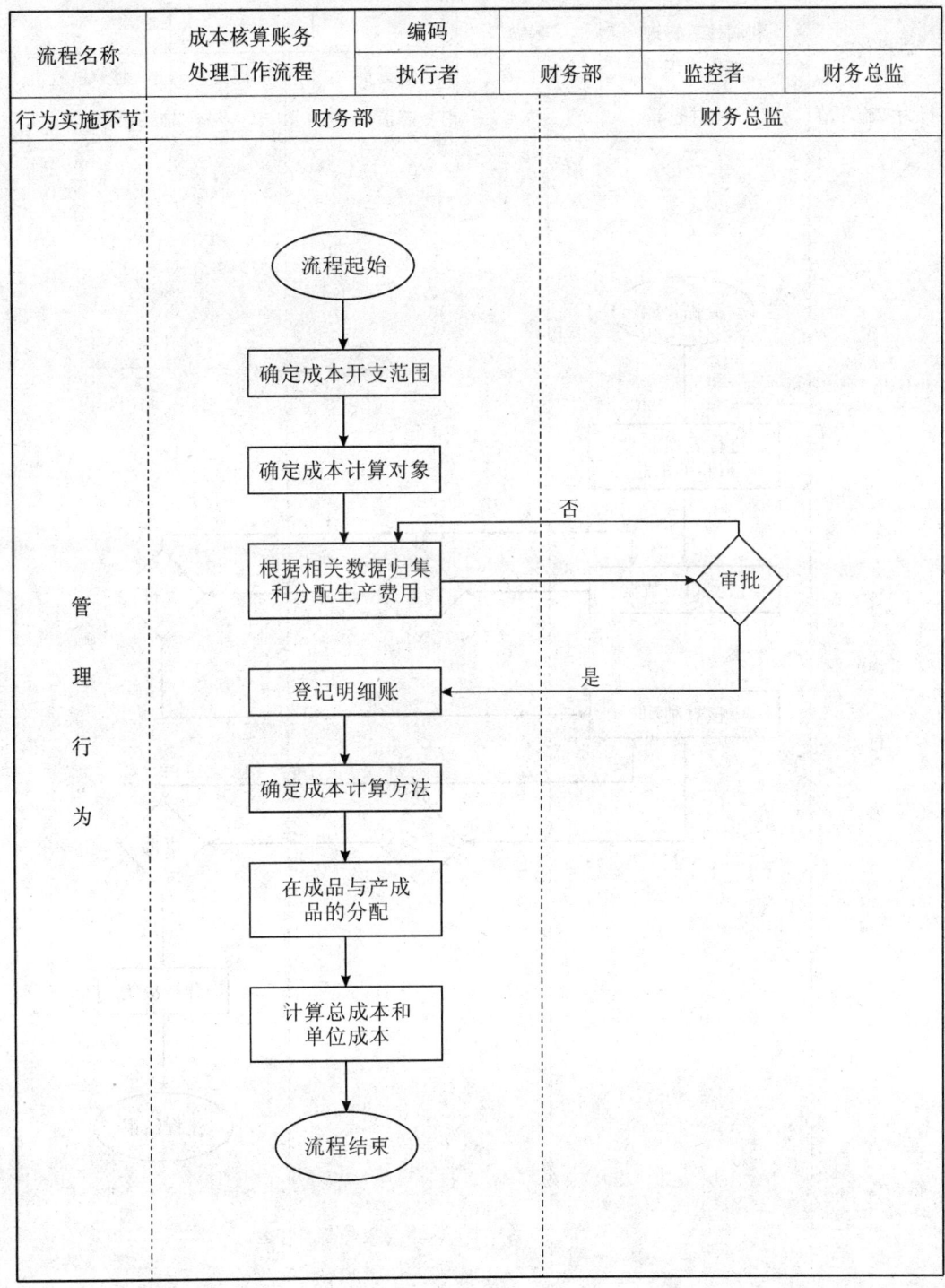

管理行为

流程起始

↓

确定成本开支范围

↓

确定成本计算对象

↓

根据相关数据归集和分配生产费用 ──否──→ 审批

登记明细账 ←──是──

↓

确定成本计算方法

↓

在成品与产成品的分配

↓

计算总成本和单位成本

↓

流程结束

三、利润核算管理工作流程设计

流程名称	利润核算管理工作流程	编码			
		执行者	财务部	监控者	财务总监
行为实施环节	财务部		财务总监		总经理

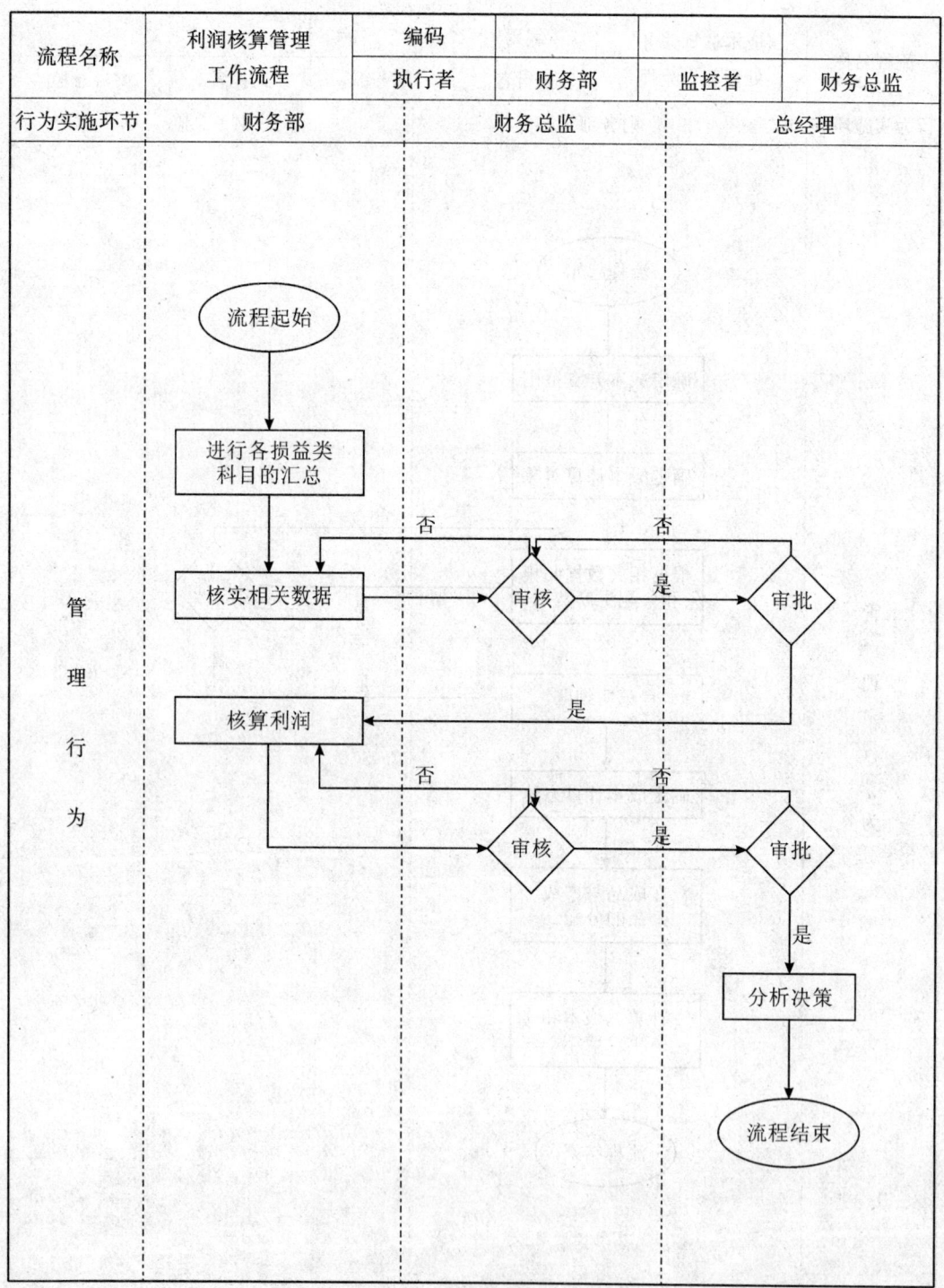

管理行为

四、利润分配管理工作流程设计

流程名称	利润分配管理工作流程	编码			
		执行者	财务部	监控者	财务总监
行为实施环节	财务部	财务总监		总经理	

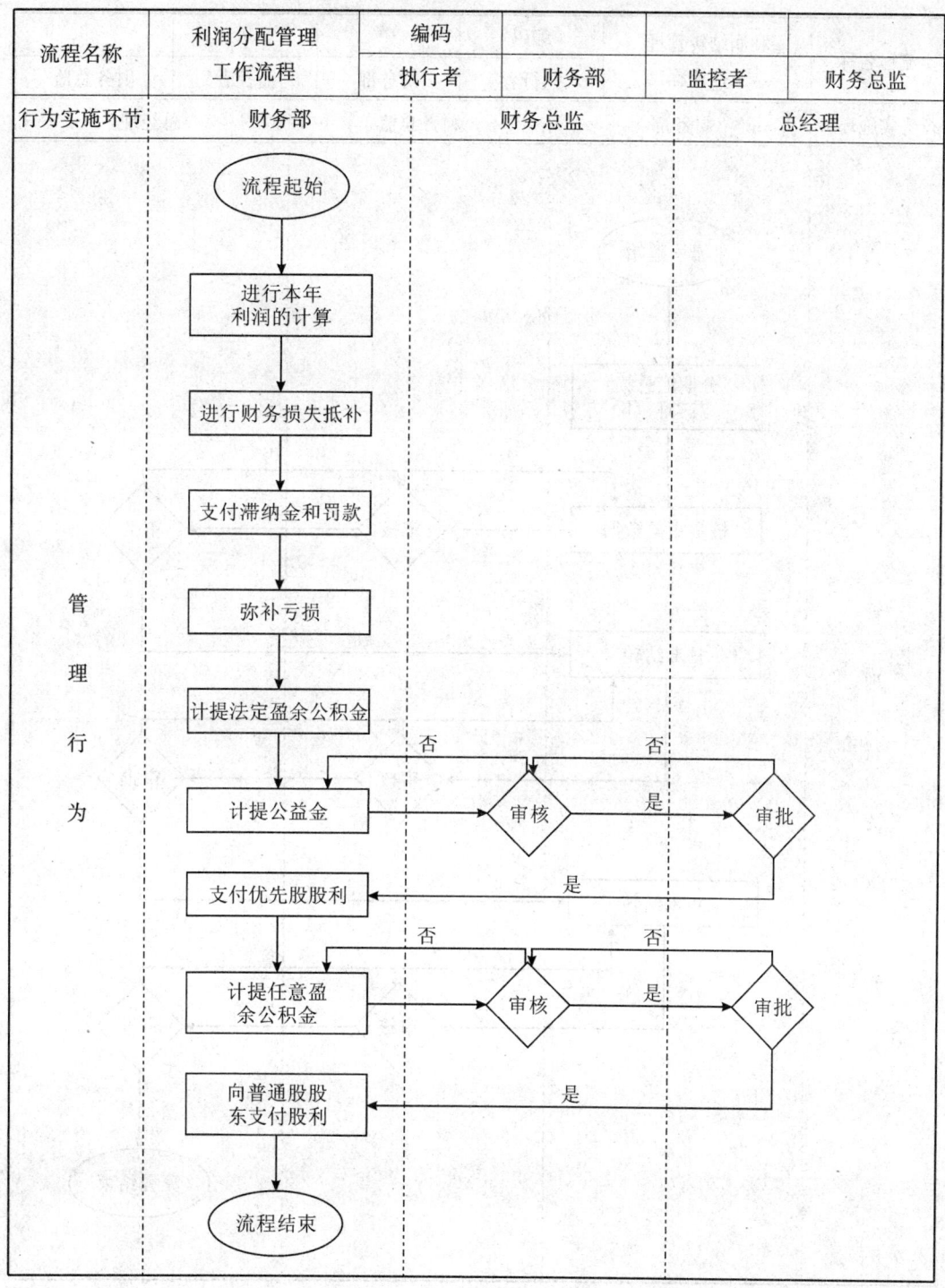

五、利润结转管理工作流程设计

流程名称	利润结转管理 工作流程	编码			
		执行者	财务部	监控者	财务总监
行为实施环节	财务部	财务总监		总经理	

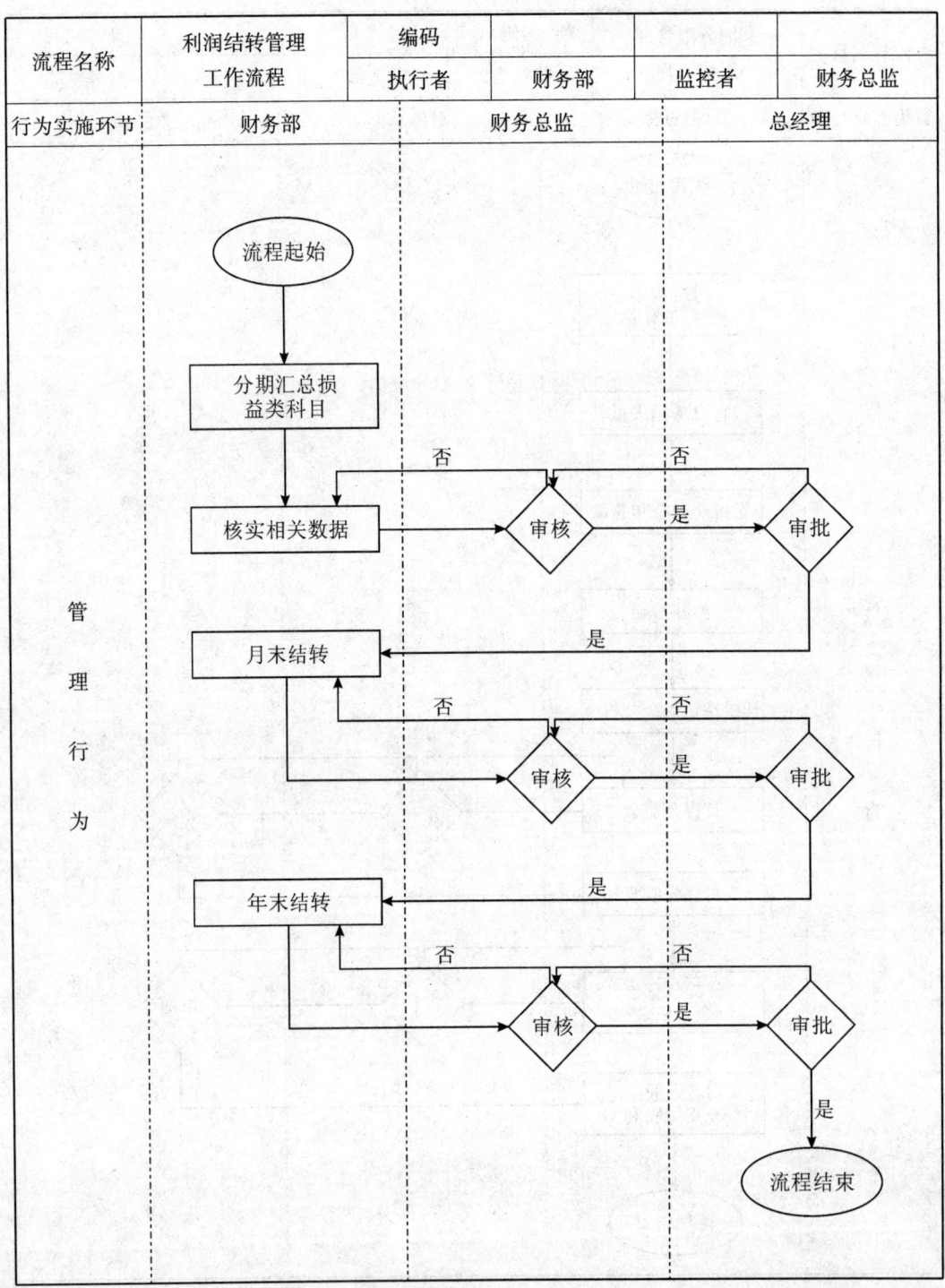

六、产品成本核算品种法执行标准

1. 按产品的品种设置成本计算单,在计算单中按成本项目(直接材料、直接工资、制造费用)设置专栏,对于有月初在产品成本的产品,还应在产品成本计算单中登记月初在产品的成本。

2. 根据生产过程中发生的各项费用的原始凭证和有关资料,编制各种费用分配表,设置"基本生产成本"明细账、"产品成本计算单"、"辅助生产成本"明细账和"制造费用"明细账等。

3. 根据"待摊费用"明细账和"预提费用"明细账,编制"待摊费用和预提费用分配表",并登记"制造费用"明细账和"生产成本——辅助生产成本"明细账等。

4. 将"生产成本——辅助生产成本"明细账上所归集的费用,按各种产品和各单位的耗用量,编制"辅助生产费用分配表"分配辅助生产费用。

5. 将"制造费用"明细账上所归集的费用,采用一定的方法,在生产的各种产品之间进行分配,编制"制造费用分配表"并登记到设置的"生产成本——基本生产成本"明细账和各种"产品成本计算单"上。

6. 如果月末没有在产品,则本月发生的生产费用就全部是完工产品成本;如果月末有在产品,而且数量很大时,则应采用一定的方法,将生产费用在完工产品和期末在产品之间进行分配,从而计算出完工产品成本,并在"产品成本计算单"中结转。

7. 根据各成本计算单中计算出来的本月完工产品成本,汇总编制"完工产品成本汇总计算表",计算出完工产品的总成本和单位成本,并在"生产成本——基本生产成本"明细账中进行结转。

七、产品成本核算分批法执行标准

1. 会计部门根据产品的批次或订单开设产品成本计算单,在计算单内按规定的成本项目设置专栏,汇集发生的各项生产费用。

2. 发生各项费用时,根据有关的原始凭证等资料,编制各种费用分配表,进行费用分配。直接发生的材料费用和工资费用直接记入各种产品成本计算单的"直接材料"和"直接工资"项目中,发生的制造费用则应先归集在"制造费用"明细账中。

3. 月末时,将归集在"制造费用"明细账中的制造费用,采用当月分配法或累计分配法进行分配,分别记入各种产品成本计算单中的"制造费用"项目中。

4.月末如果有完工的产品,应采用适当的方法,计算出完工产品成本和月末在产品成本。

八、产品成本核算分步法执行标准

在分步法下,连续加工式的生产,由于生产过程较长,过程中的各个步骤可以间断,月终计算成本时,各步骤均有在产品,因此要将费用在半成品(最终步骤为产成品)和在产品之间进行分配,各步骤的半成品及其成本是连续不断地向下一步骤移动的,各步骤成本的结转采用逐步结转和平行结转两种方法。逐步结转法还可分为综合结转和分项结转,综合结转需要进行成本还原,分项结转则不必进行成本还原。平行结转法适用于不需要分步计算半成品成本的企业。平行结转法对上一步骤的半成品成本不进行结转,只计算每一步骤中应由最终完工产品成本负担的那部分份额,然后平行相加即可求得最终完工产品的成本。在连续式复杂生产的企业中,半成品具有独立经济利益的情况下,成本计算不宜选择平行结转分步法,应采用逐步结转分步法。

所谓连续结转分步法,就是将上一步骤半成品的成本,随着半成品实物的转移,从上一步骤成本计算单转入下一步骤成本计算单中,来连续计算半成品成本和最后步骤的产成品成本。

在实际工作中,半成品实物有的在步骤间直接转移,有的通过半成品仓库收发。前者的半成品成本可以随实物的直接转移而在上下步骤的成本计算单中直接转移。后者通过仓库收发,则应通过"自制半成品"科目核算,入库时按照半成品的实际成本作借记"自制半成品"科目,贷记"生产成本——基本生产成本"科目的会计分录;在下一步骤领用时,应按半成品发出的计价方法,计算领用半成品的实际成本后,作借记"生产成本——基本生产成本"科目,贷记"自制半成品"科目的会计分录。"自制半成品"科目也属于生产费用类科目。

平行结转分步法也称为"不计算半成品成本法"。主要在大量大批多步骤生产,如机械制造业半成品的种类较多,管理上不要求提供各半成品成本资料的情况下采用。对连续加工方式和平行加工方式都适用,尤其适宜用于平行装配加工方式生产的产品成本计算,如眼镜、家用电器、机床、制鞋、轮胎等工业生产,但也可用于连续(顺序)加工方式生产的产品成本计算。其特点如下:

(1)各步骤完工半成品成本不需要在步骤之间进行结转,因此不需要计算"转出完工半成品成本"。

(2)各步骤的成本计算单中,只登记本步骤发生的生产费用。期末在产品成本应为广义在产品成本,即正在加工中在产品成本(狭义在产品费用)和尚未最后加工成产成品的半成品成本,包括存放在仓库的半成品、存放在以后各步骤的半成品和在后面各步骤正在加工的在产品中的半成品成本。也就是说,步骤费用划分为用于产品部分的费用(即份额)和用于尚未最后加工成产成品部分的费用(广义在产品费用)。

在步骤中,月末在产品仅是加工中的在产品(狭义)数量,而成本却是广义在产品费用,两者不一致,这是平行结转法的最大特点。

九、产品成本核算分类法执行标准

1. 根据产品所用原材料和工艺技术过程的不同,将产品划分为若干类,按照产品的类别开立产品成本明细账,按类归集产品的生产费用,计算各类产品的成本。

2. 选择合理的分配标准,分别将每类产品的成本在同类各种产品之间进行分配,计算每类产品内各种产品的成本。产品成本核算的定额法,是反映和监督生产费用和产品成本脱离定额的差异,把产品成本的计划、控制、核算和分析结合在一起,加强成本管理而采用的一种成本计算方法。

十、产品成本核算定额法执行标准

采用定额法计算产品成本,必须首先制定单位产品的原材料、动力、工时等消耗定额,并根据各项消耗定额和原材料的计划单价、计划的工资率(计划每小时生产工资)或计件工资单、制造费用率(计划每小时制造费用)等资料,计算单位产品的各项费用定额和单位产品的定额成本。产品定额成本的制定过程,也是对产品成本进行事前控制的过程;产品的消耗定额、费用定额和定额成本的确定,既是对生产耗费、生产费用进行事中控制的依据,也是月末计算产品实际成本的基础,还是进行产品成本事后分析和考核的标准。

十一、利润分配工作流程

利润分配工作流程如下图 18－1。

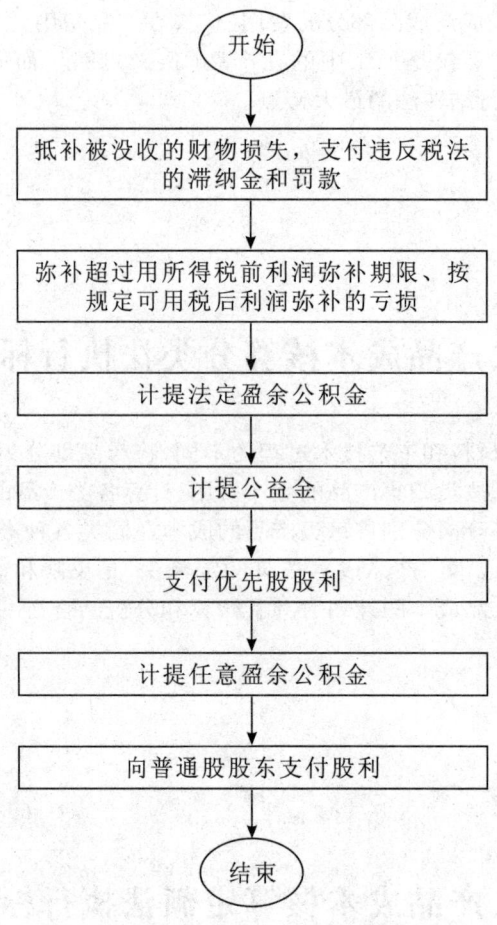

图 18 – 1　利润分配工作流程

十二、利润分配核算工作标准

　　"利润分配"账户用来反映企业利润的分配和历年利润分配后的结余数。该账户下应设置"提取法定盈余公积""提取任意盈余公积""提取公益金""应付股利""未分配利润"和"盈余公积补亏"等明细账户。该账户年末贷方余额即为历年积存的未分配利润,借方余额即为未弥补亏损数。

　　1.用盈余公积金弥补亏损时:

　　借:盈余公积

　　　贷:利润分配——其他收入

　　2.提取盈余公积和法定公益金时:

借:利润分配——提取法定盈余公积
　　　　　——提取法定公益金
　　　　　——提取任意盈余公积
　　　　　——提取储备基金
　　　　　——提取企业发展基金
　　贷:盈余公积——法定盈余公积等相应明细科目

3.计算应分配给股东的现金股息或利润时:
借:利润分配——应付优先股股息
　　　　　——应付普通股股息
　　贷:应付股利

4.外商投资企业用利润归还投资时:
借:利润分配——利润归还投资
　　贷:盈余公积——利润归还投资

5.外商投资企业从净利润中提取职工奖励及福利基金时:
借:利润分配——提取职工奖励及福利基金
　　贷:应付福利费

6.已批准分派股票股利时:
借:利润分配——转作资本(或股本)的普通股股利
　　贷:实收资本(或股本)

7.根据股东大会或类似机构批准的利润分配方案,调整批准年度会计报表相关项目的年初数,调整增加的利润分配时:
借:利润分配——未分配利润
　　贷:盈余公积
调整减少的利润分配时:
借:盈余公积
　　贷:利润分配——未分配利润

8.分配股票股利或转增资本时:
借:利润分配——转增资本(或股本)的普通股股利
　　贷:实收资本(或股本)(股票面值)
　　　　资本公积——股本溢价(实际发放的股票股利金额与股票面值总额的差额)

9.按规定用税前利润归还各种借款时:
借:利润分配——归还借款的利润
　　贷:盈余公积——任意盈余利润

10.按规定留给企业的单项留利时:
借:利润分配——单项留用的利润
　　贷:盈余公积——任意盈余公积

11.按规定补充流动资本时:
借:利润分配——补充流动资本
　　贷:盈余公积——补充流动资本

企业年终结账后发现的以前年度会计事项,如果涉及以前年度损益的,也应在"利润分配——未分配利润"账户核算。调整增加的上年利润或调整减少的上年亏损,借记有关账户,贷记"利润分配——未分配利润"账户;调整减少的上年利润或调整增加的上年亏损,则作相反的会计分录。年度终了,除"未分配利润"明细账外,"利润分配"账户中的其他明细科目应无余额。

例如,甲企业当年利润总额 400 万元,所得税税率为 40%,该企业尚有未弥补的亏损 20 万元,按规定可用当年税前利润进行弥补。税后利润按 10% 提取盈余公积金,按 5% 提取公益金,向投资者分利 76 万元,会计分录如下:

1. 将本年利润转入"利润分配"账户时:

借:本年利润   4 000 000

    贷:利润分配——未分配利润   4 000 000

2. 假设甲企业的计税利润也为 400 万元(应税利润和会计利润相同),应缴所得税 160 万元(400×40%)时:

借:所得税   1 600 000

    贷:应交税金——应交所得税   1 600 000

3. 提取法定盈余公积(2 400 000~10%)时:

借:利润分配——提取法定盈余公积   240 000

    贷:盈余公积——一般盈余公积   240 000

4. 提取公益金(2 400 000~5%)时:

借:利润分配——提取法定盈余公积   120 000

    贷:盈余公积——公益金   120 000

5. 向投资者分利 76 万元时:

借:利润分配——应付利润   760 000

    贷:应付利润   760 000

6. 将利润分配的其他明细账户余额转入"未分配利润"明细账户时:

借:利润分配——未分配利润   1 120 000

    贷:利润分配——提取法定盈余公积   240 000

           ——提取法定盈余公积   120 000

           ——应付利润   760 000

经上述分配后,"未分配利润"明细账户借方累计数为 112 万元,贷方累计数为 400 万元(本年利润转入),余额为贷方 108 万元,属未分配的利润。

十三、投资收益核算工作标准

投资收益是指企业对外投资、购买债券、股票所获得的收益扣除投资损失和计提的投资减值准备后的数额。

投资收益包括对外投资分得的利润、股利和债券利息,投资到期收回或者中途转让取得款项高于账面价值的差额,以及按照权益法核算的股权投资在被投资单位的增加的净资产中所拥有的数额等。

进行投资收益的核算,需设置"投资收益"总账,并按投资收益的种类设置明细账。其核算要点是:

1. 企业取得投资收入时:

借:银行存款、长期投资等

　　贷:投资收益

2. 债券到期收回本息时:

借:银行存款

　　贷:长期投资或短期投资等投资收益

3. 企业转让、出售股票、债券时:

(1)如果实收款大于实际成本,则:

借:银行存款等

　　贷:短期投资或长期投资等投资收益

(2)如果实收款小于实际成本,则:

借:短期投资或长期投资等投资收益

　　贷:银行存款

4. 收回其他投资时,其收回的投资与投出资金的差额,作增减投资收益处理。

5. 期末将"投资收益"账户转入"本年利润"账户,结转后该账户无余额。

十四、营业利润核算工作标准

利润的形成是由一定期间收入类账户与成本费用类账户配比而得,这里需注意净利润总额计算结果是否正确。

利润总额 = 营业利润 + 投资净收益 + 补贴收入 + 营业外收入 - 营业外支出

主营业务利润 = 主营业务收入 - 主营业务成本 - 主营业务税金及附加

营业利润 = 主营业务利润 + 其他业务利润 - 营业费用 - 管理费用 - 财务费用

净利润 = 利润总额 - 所得税

各收入、费用损益类账户结转至"本年利润"账后,损益类账户期末无余额,但损益类账户结转的时间因结转方法不同而有所不同。现行制度规定,企业可采取账结法,也可采用表结法。采取账结法,企业应于月份终了将损益类账户余额转入"本年利润"账户,通过"本年利润"账户结出本月利润或亏损净额及本年累计损益。如采取表结法,每月结账时,损益类账户的余额无须结转,只有到年终时,才将各账户余额转到"本年利润"账户。采用表结法时,每月只需要结算出损益类账户的本年累计余额,并将其逐项填入损益表有关项目,然后减去上月本表中的本年累计额,就可算出本月利润或亏损。

十五、利润总额核算工作标准

企业应设置"本年利润"账户,用来核算本年度内实现的利润(或亏损)总额。期末,企业应将各收益类账户的余额转入"本年利润"账户的贷方,将各成本、费用类账户的余额转入"本年利润"账户的借方。转账以后,"本年利润"账户如为贷方余额,反映本年度自年初开始累计实现的净利润;如为借方余额,反映本年度自年初开始累计发生的净亏损。年度终了,企业应将"本年利润"账户的全部累计余额转入"利润分配"账户,如为净利润,借记"本年利润"账户,贷记"利润分配"账户;如为净亏损,作相反会计分录。年度结账后,"本年利润"账户无余额。

例:某公司在 1999 年度决算时,各损益账户 12 月 31 日余额如下:

科目名称	结账前余额(元)
产品销售收入	90 000(贷)
产品销售税金及附加	4 500(借)
产品销售成本	50 000(借)
产品销售费用	2 000(借)
管理费用	8 500(借)
财务费用	2 000(借)
其他业务收入	9 400(贷)
其他业务支出	7 400(借)
投资收益	1 500(贷)
营业外收入	3 500(贷)
营业外支出	1 800(借)
所得税	8 500(借)

根据上述资料,企业应作如下会计处理:
(1)结转产品销售收入
借:产品销售收入   90 000
   贷:本年利润   90 000
(2)结转产品销售税金、成本和期间费用
借:本年利润   67 000

　　　　　贷:产品销售税金及附加　　　　　　　　　　　　　　　　　　4 500
　　　　　　产品销售成本　　　　　　　　　　　　　　　　　　　　0 000
　　　　　　产品销售费用　　　　　　　　　　　　　　　　　　　　2 000
　　　　　　管理费用　　　　　　　　　　　　　　　　　　　　　　8 500
　　　　　　财务费用　　　　　　　　　　　　　　　　　　　　　　2 000
　　（3）结转其他业务收支
　　借:其他业务收入　　　　　　　　　　　　　　　　　　　　　　9 400
　　　贷:本年利润　　　　　　　　　　　　　　　　　　　　　　　9 400
　　借:本年利润　　　　　　　　　　　　　　　　　　　　　　　　7 400
　　　贷:其他业务支出　　　　　　　　　　　　　　　　　　　　　7 400
　　（4）结转投资净收益
　　借:投资收益　　　　　　　　　　　　　　　　　　　　　　　　1 500
　　　贷:本年利润　　　　　　　　　　　　　　　　　　　　　　　1 500
　　（5）结转营业外收支
　　借:营业外收入　　　　　　　　　　　　　　　　　　　　　　　3 500
　　　贷:本年利润　　　　　　　　　　　　　　　　　　　　　　　3 500
　　借:本年利润　　　　　　　　　　　　　　　　　　　　　　　　1 800
　　　贷:营业外支出　　　　　　　　　　　　　　　　　　　　　　1 800
　　（6）结转本年所得税费用
　　借:本年利润　　　　　　　　　　　　　　　　　　　　　　　　8 500
　　　贷:所得税　　　　　　　　　　　　　　　　　　　　　　　　8 500
　　（7）计算并结转本年净利润
　　本年利润借方发生额 = 4500 + 50000 + 2000 + 8500 + 2000 + 7400 + 1800 + 8500
　　　　　　　　　　　= 84700（元）
　　本年利润贷方发生额 = 90000 + 9400 + 1500 + 3500 = 104400（元）
　　净利润 = 104400 - 84700 = 19700（元）
　　借:本年利润　　　　　　　　　　　　　　　　　　　　　　　19 700
　　　贷:利润分配——未分配利润　　　　　　　　　　　　　　　　19 700

十六、股利分配核算工作标准

　　企业分配给股东的股利一般有现金股利和股票股利两种。现金股利是以现金支付给股东的股利,企业宣布分配股利时,借记"利润分配——应付股利"账户,贷记"应付股利——普通股股利"账户。以银行存款支付股利时,借记"应付股利——普通股股利"账户,贷记"银行存款"账户。"应付股利"是负债账户,贷方登记经股东会议确定应付的股利数,借方登记实际支付的股利数。

股票股利是股份有限公司所专用的,是指公司用增发股票的形式分给股东的股利,实质上是将公司的盈余公积转增股票资本,可以按票面价值发行,也可以高于票面价值发行。用盈余公积分配股票股利时,如按票面发行,则借记"盈余公积"账户,贷记"利润分配——盈余公积"账户;借记"利润分配——应付股利"账户,贷记"应付股利"账户。实际分配股票股利时,借记"应付股利"账户,贷记"实收资本"账户。按大于票面价格发行时,其差额贷记"资本公积"账户。现分别说明如下:

1. 按股票票面价格发行股票股利

(1)宣布分配股票股利时,作会计分录如下:

借:盈余公积

  贷:利润分配——盈余公积

借:利润分配——应付股利

  贷:应付股利——普通股股利

(2)实际分配股票股利时,作会计分录如下:

借:应付股利——普通股股利

  贷:实收资本——普通股

2. 按大于票面价格发行股票股利

(1)宣布分配股票股利时,作会计分录如下:

借:盈余公积

  贷:利润分配——盈余公积

借:利润分配——应付股利

  贷:应付股利——普通股股利

    资本公积

(2)实际分配股票股利时,作会计分录如下:

借:应付股利——普通股股利

  贷:实收资本——普通股

第十九章

市场管理

《按流程执行》

一、营销目标设计工作流程设计

流程名称	营销目划 制定工作流程	编码			
		执行者	营销部	监控者	营销总监
行为实施环节	营销部	营销总监		总经理	

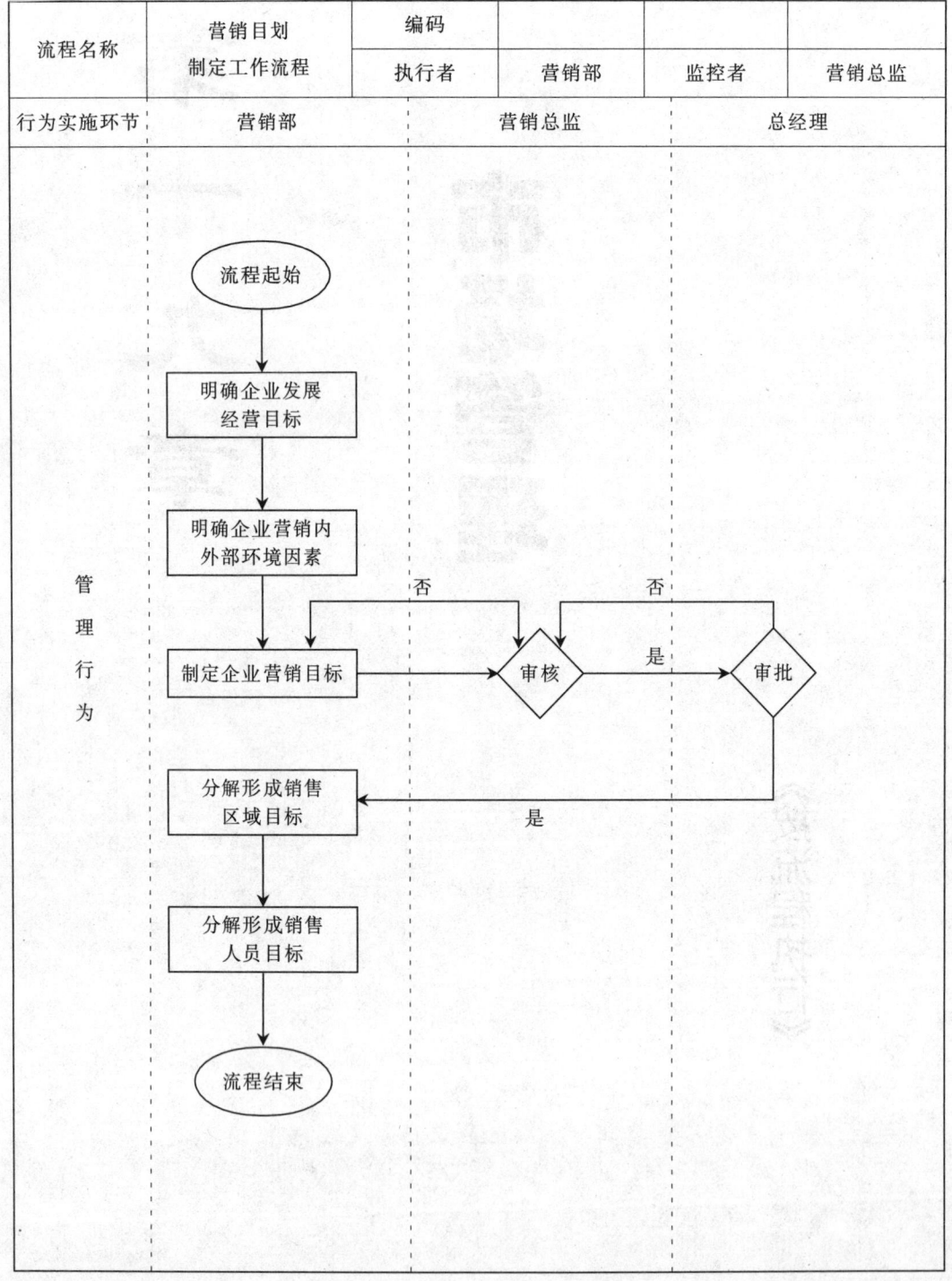

管理行为

流程起始

明确企业发展
经营目标

明确企业营销内
外部环境因素

否　　　　　　否

制定企业营销目标　　　　审核　　是　　审批

分解形成销售
区域目标　　　　　　是

分解形成销售
人员目标

流程结束

二、营销计划制定工作流程设计

流程名称	营销计划 制定工作流程	编码			
		执行者	营销部	监控者	营销总监
行为实施环节	营销部	营销总监		总经理	

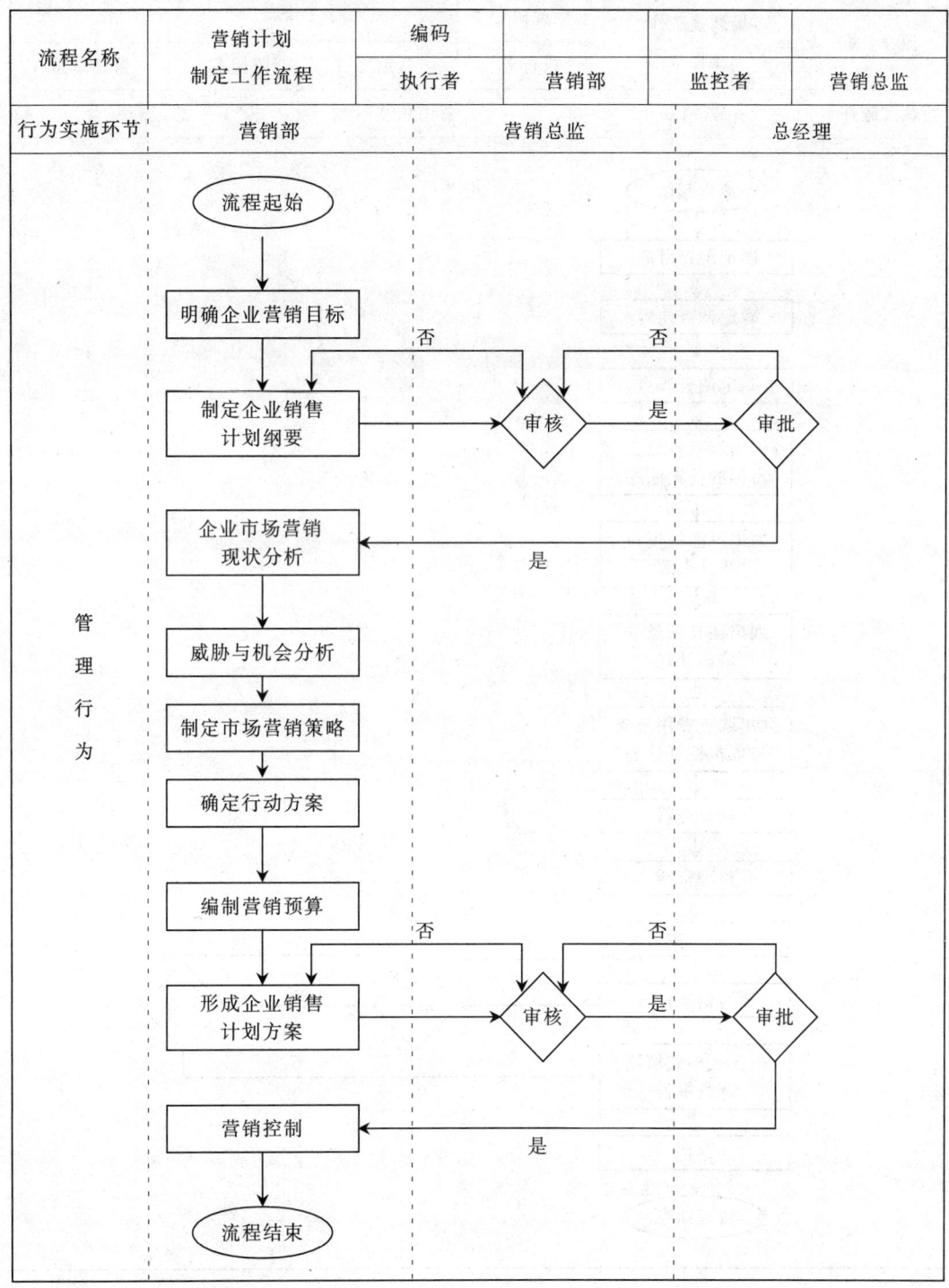

管理行为

流程起始

明确企业营销目标

制定企业销售计划纲要 → 审核 → 审批

否　　　　否　　　　是

企业市场营销现状分析 ← 是

威胁与机会分析

制定市场营销策略

确定行动方案

编制营销预算

形成企业销售计划方案 → 审核 → 审批

否　　　　否　　　　是

营销控制 ← 是

流程结束

三、市场调查工作流程设计

流程名称	市场调查工作流程	编码			
		执行者	营销部	监控者	营销总监
行为实施环节	营销部		营销总监		总经理

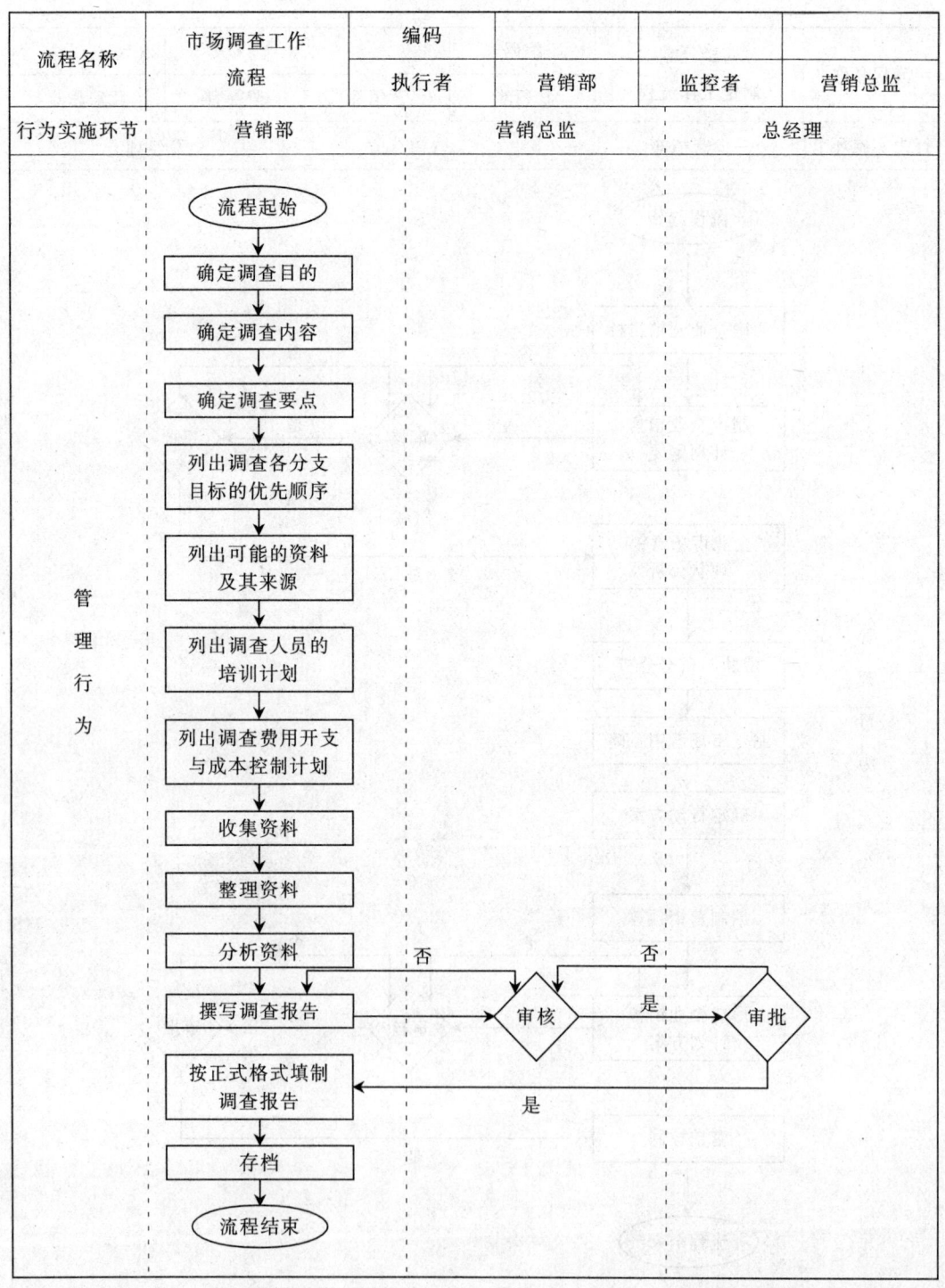

四、市场分析工作流程设计

流程名称	市场分析 工作流程	编码			
		执行者	营销部	监控者	营销总监
行为实施环节	营销部	营销总监		总经理	

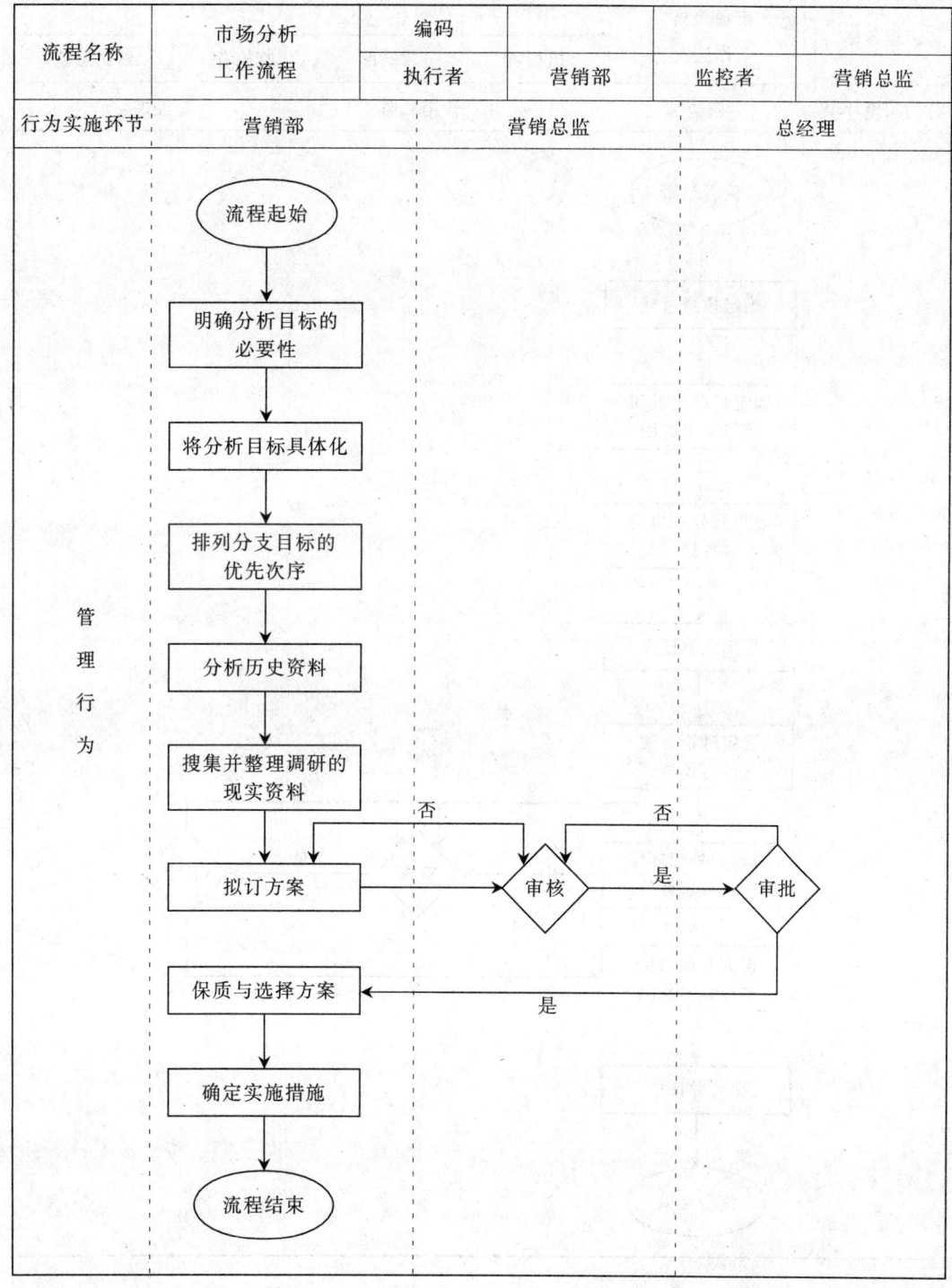

五、市场预测工作流程设计

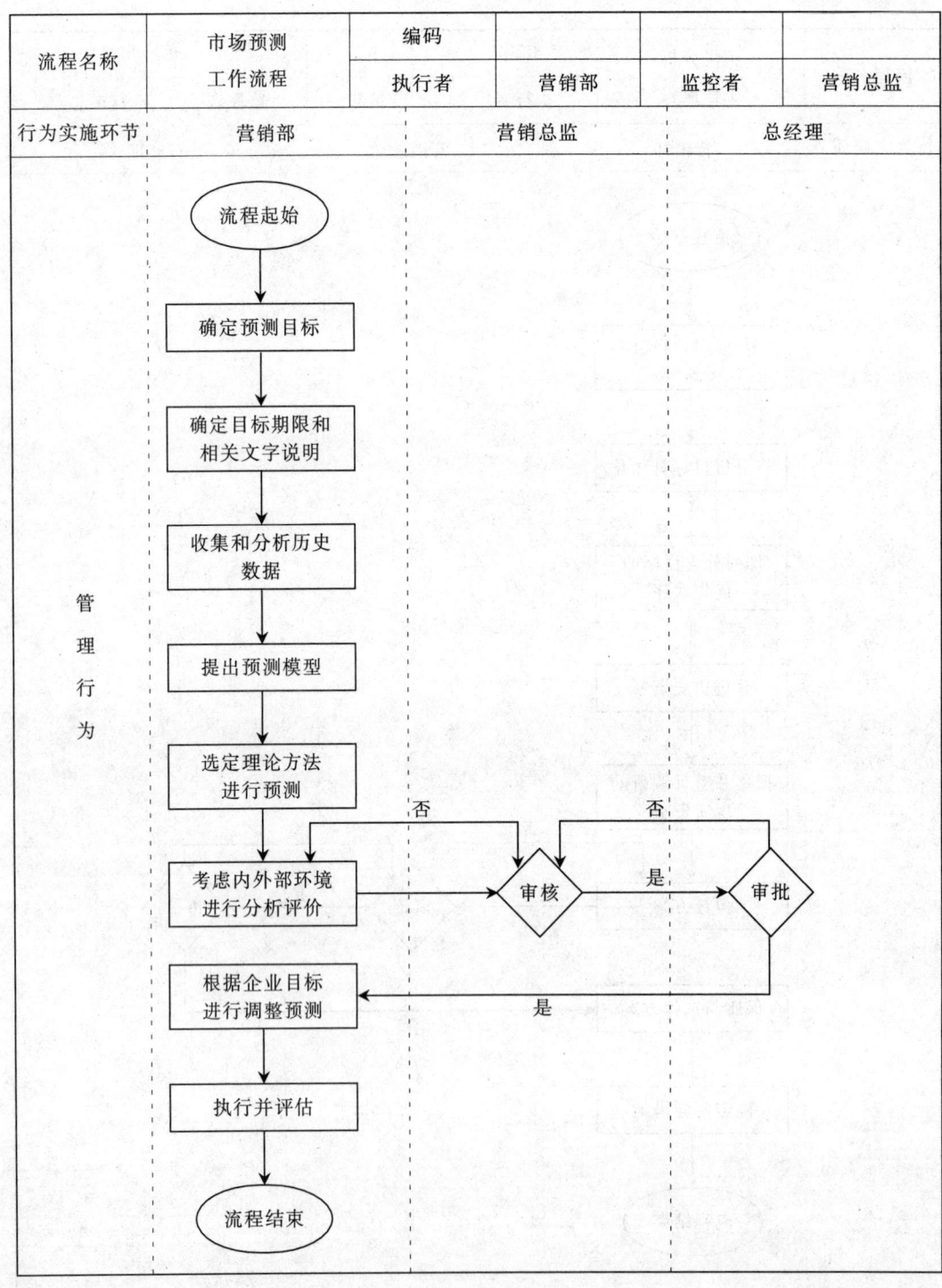

流程名称	市场预测 工作流程	编码			
		执行者	营销部	监控者	营销总监
行为实施环节	营销部	营销总监		总经理	

六、预测市场容量工作流程设计

流程名称	预测市场容量 工作流程	编码			
		执行者	营销部	监控者	营销总监
行为实施环节	营销部	营销总监		总经理	

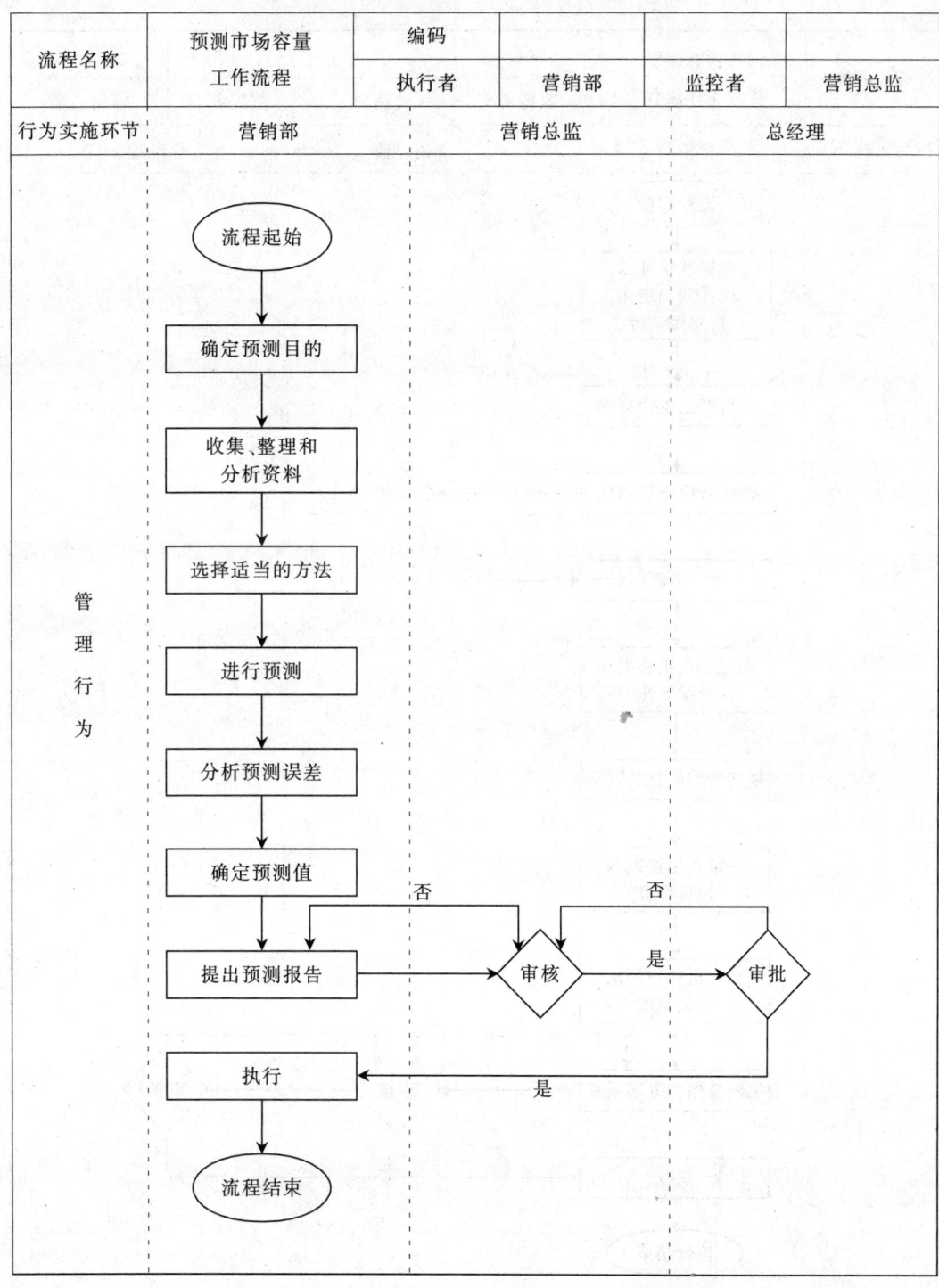

七、销售预算管理工作流程设计

流程名称	销售预算编制 管理工作流程	编码		监控者	营销总监
		执行者	营销部		
行为实施环节	营销部	营销总监		总经理	

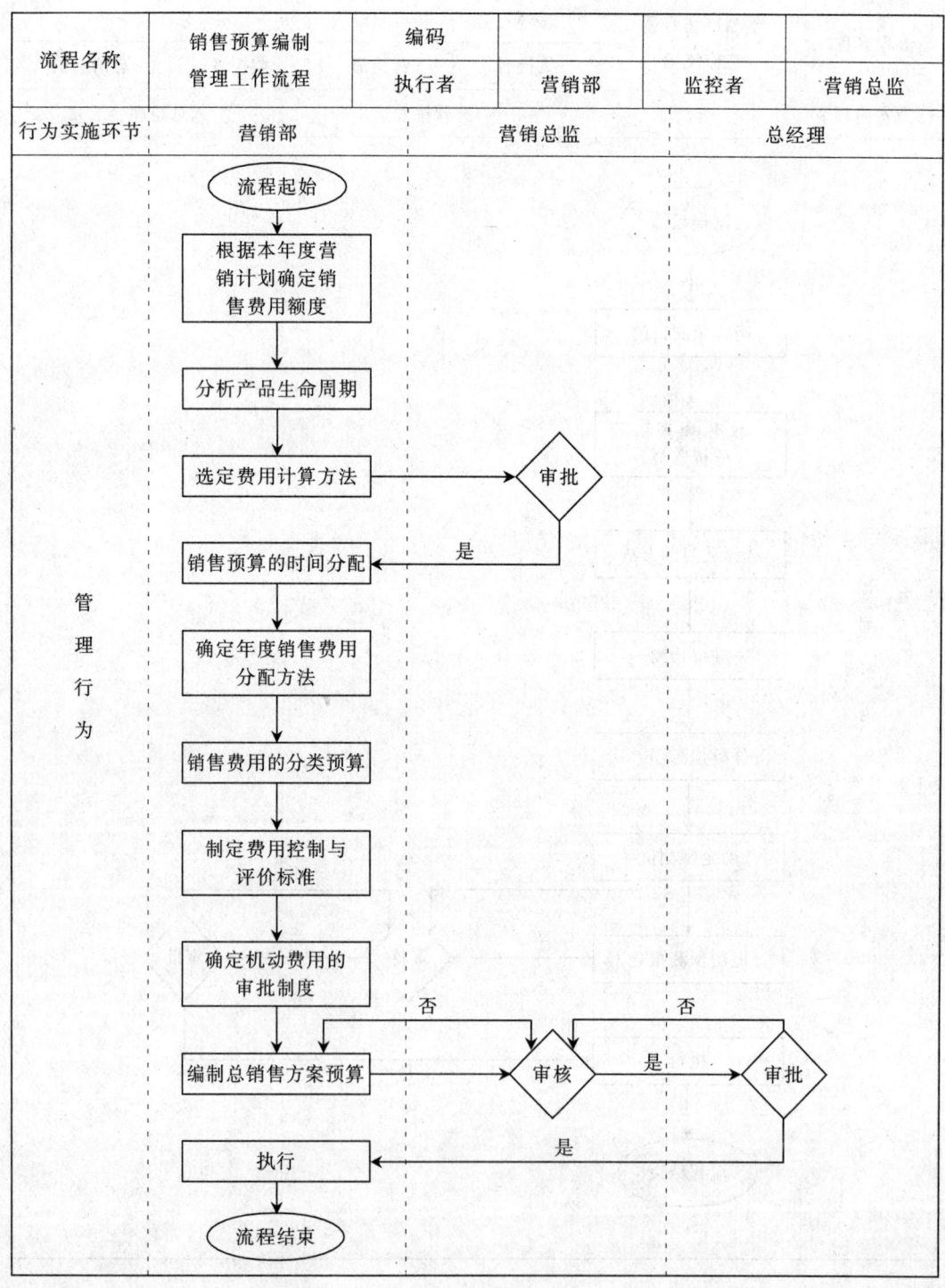

八、市场定位工作流程设计

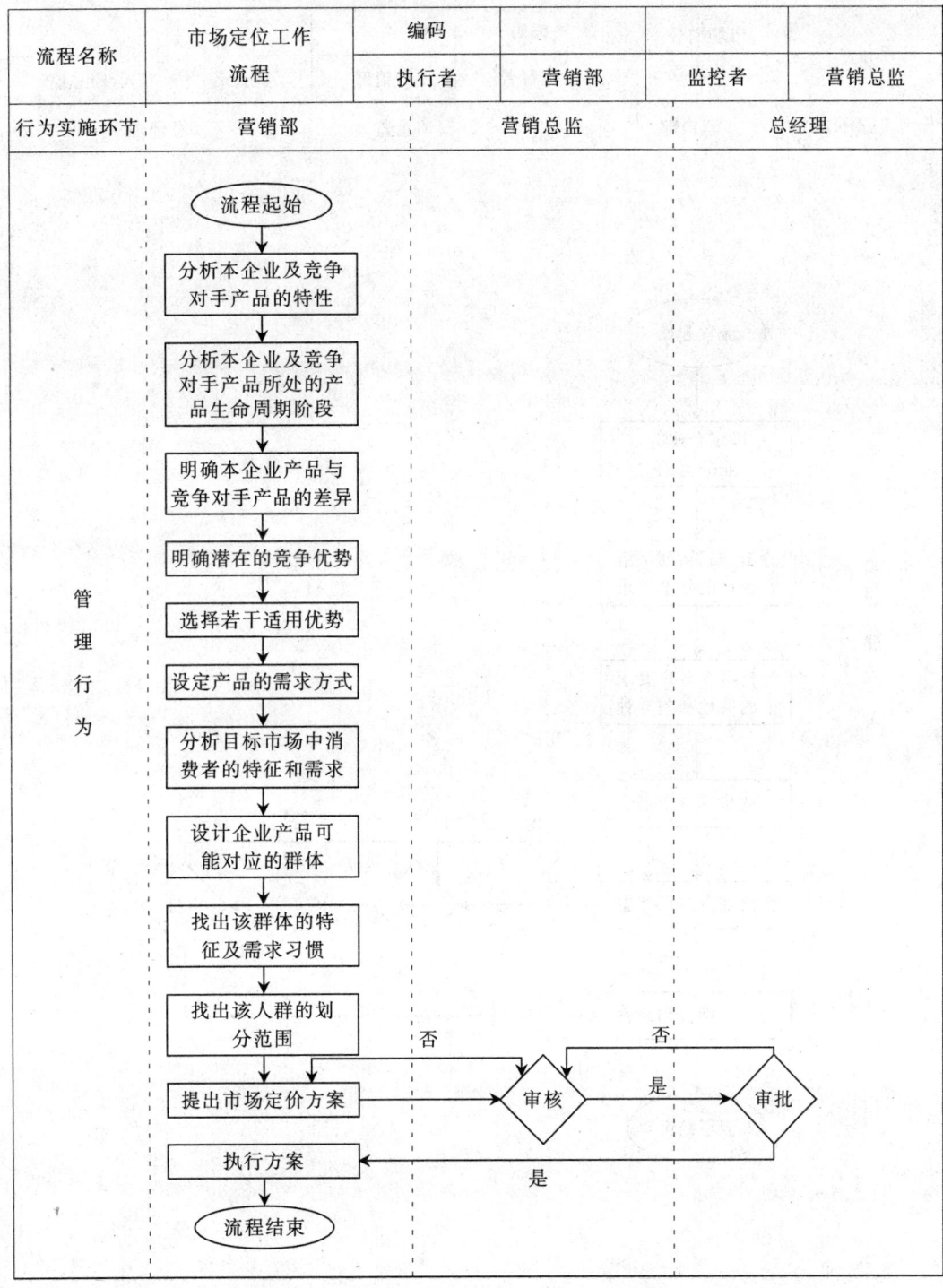

流程名称	市场定位工作流程	编码		监控者	营销总监
		执行者	营销部		
行为实施环节	营销部	营销总监		总经理	

管理行为

流程起始

分析本企业及竞争对手产品的特性

分析本企业及竞争对手产品所处的产品生命周期阶段

明确本企业产品与竞争对手产品的差异

明确潜在的竞争优势

选择若干适用优势

设定产品的需求方式

分析目标市场中消费者的特征和需求

设计企业产品可能对应的群体

找出该群体的特征及需求习惯

找出该人群的划分范围

提出市场定价方案 → 审核 → 审批

否　否　是　是

执行方案

流程结束

九、市场细分工作流程设计

流程名称	市场细分 工作流程	编码			
		执行者	营销部	监控者	营销总监
行为实施环节	营销部		营销总监		总经理

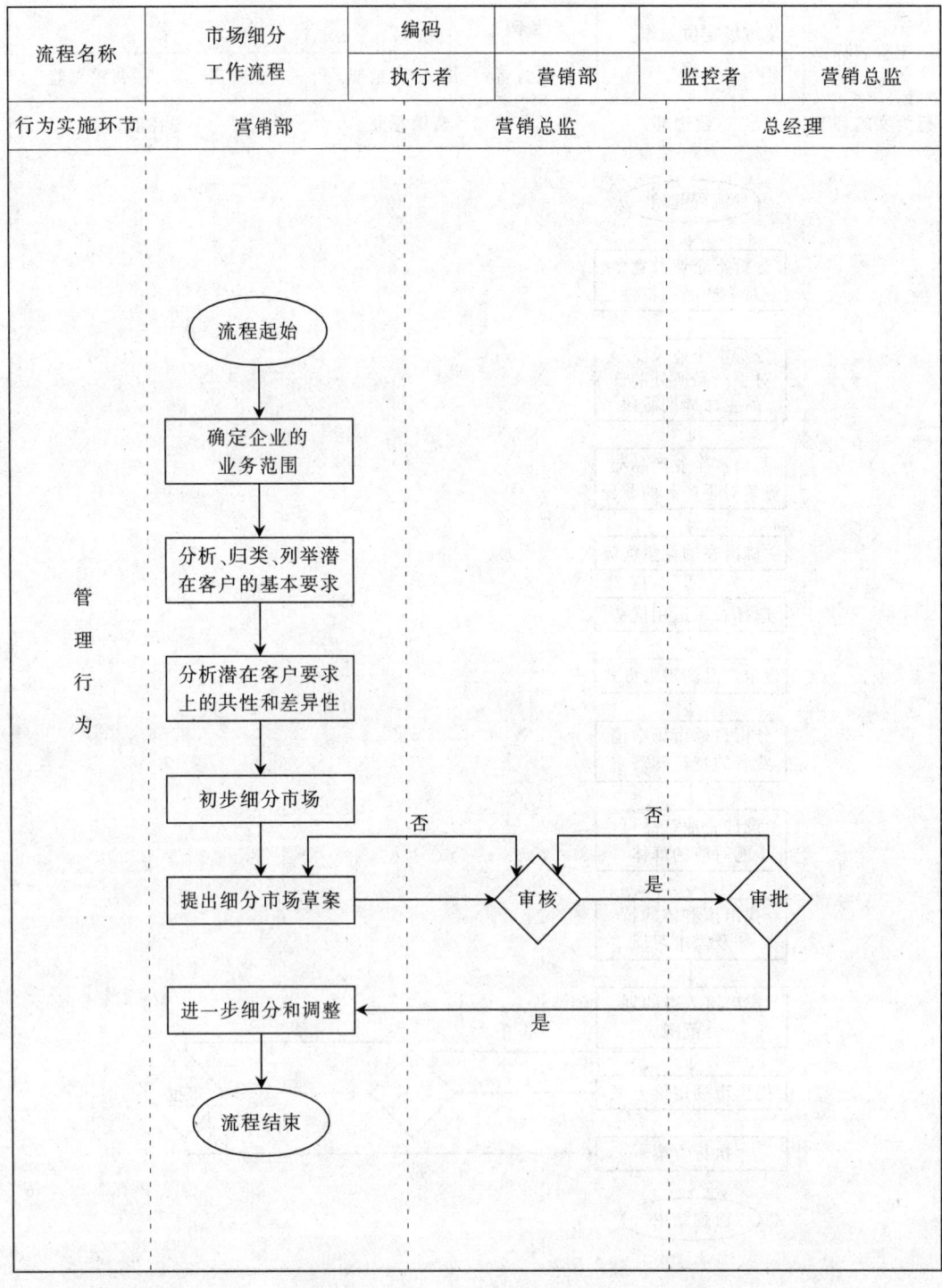

十、营销计划编制的方法

有两种进行计划的一般方法。从上到下计划方法指由高级或中级管理者根据公司的目标制定营销计划,再由业务经理(包括销售人员)去实施计划。与从上到下计划方法相对的是从下到上的计划方法,即下级职员在市场预测、竞争对手及顾客的信息收集和分析方面积极参与到计划的制定中。这样的计划过程和所利用的信息虽然还要受到高层职员的检查,但是在这样的计划体系中,低层的管理人员扮演着重要的角色。

这两种计划方法都有各自的特点。从上到下计划法的基本原理是人员在组织中的地位越高,那么,这些人对公司经营中面临的问题后关系的看法越透彻。而像基层经理这样的人员则倾向于把竞争的舞台看做是他们自己的业务区域,而不必是国内的或者甚至是国际的市场。从下到上计划体系的特点是所制定的计划的实施可能会更好,因为基层业务人员从一开始就参与计划的制定并负责计划的执行。

十一、营销目标制定工作标准

营销目标是在前面目的任务基础上公司所要实现的具体目标,即营销计划方案执行期间,经济效益目标达到:

总销售量为×××万件,预计毛利×××万元,市场占有率实现×××。

十二、行业情况调查问卷制作标准

××领域改革与物资供应调查问卷

此访问调查的目的在于了解中国政府在过去及未来两三年内在××领域进行的或将要进行的改革,对国内市场的销售渠道网络,特别是对生产××产品的原料的销售供应的影响。此外,合资企业政策、交通运输政策、仓库管理等与销售渠道管理有关的政策也属于探讨范围。

访问时,希望参与访问的官员能尽量协助,对有关问题表示意见并解释有关政策。但是,并非必须就此问卷内的每一条问题都作出提问,研究员应诚意邀请处于不同阶层(中央、省、市、地方)的官员参与此访问。

第一部分 基本情况

被访者姓名:_____

被访者的部门或工作单位:_____

职位:_____

城市:_____

访问日期:_____

行政范围及责任:_____

前曾任职部门/单位:_____

负责访问者资料:_____

第二部分 过去三年××领域的改革

1. 根据您的意见,过去三年中国的××领域有哪些显著的变革? 在此省/城市/地区又有哪些突出的改革?

2. 上述的改革如何影响在国内/此城市及地区内的销售渠道管理(出口、进口、代理、零售、批发)?

3. 上述的改革如何影响中外合资企业在国内及此城市的销售渠道管理活动(出口、进口、代理、零售、批发)?

4. 根据您的观察,已在中国生产及运作的中外合资企业,它们将采取哪些措施来管理产品的内销活动?

5. 此外,您认为他们应采取哪些措施以适应上述改革,从而保持他们在市场上的竞争优势?

6. 已进行的改革中包括将商业局及物资局合并组成国内贸易部,请问此改革政策的目的何在? 涉及的部门应采取哪些相应措施予以配合?

7. 请问您所属的部门如何配合上述的××领域改革(功能、角色、组织结构上的改变,行政程序的改变)? 这些新的措施需要多少时间才能完成?

8. 针对上述改革对国内的百货商店及超级市场在销售渠道所扮演的角色及活动范围所引起的变化,发表您的看法。

9. 请重点针对已进行的××领域改革,谈谈这些改革是如何影响××产品的原料供应的工贸中心及其他主要的分销渠道的角色及活动范围的。

第三部分 未来四年在××领域内将要进行的改革

1. 请问未来四年中国政府在流通领域及外贸领域有可能施行哪些改革(政策法规,新的部门或组织)?

2. 中国政府为配合"入关"的计划在××领域及政策上将有何改变?

3. 上述这些改革对产品代理、零售或批发的商业企业的销售活动会产生哪些重要影响?

产品代理(国内产品):

产品代理(进口商品):

批发业务:

零售业务：

4. 贵部门将会采取何种应变措施,以适应或推动在未来三年于××领域、交通运输及仓库管理上的改革?

5. 请您谈谈在未来四年内在上述各范围中的改革及新措施将如何影响化工原料及××产品的进出口及国内的分销活动?

6. 中国政府在中外合资政策上将有哪些调整,以适应未来四年在××领域进行的改革?

内销权：

销售渠道：

进口原料：

优惠政策：

7. 未来四年,中国政府在贮存原料及产品的仓库设施方面,将有哪些改革计划及新的管理政策,以配合××领域的改革?

8. 未来四年,本地政府在贮存原料及产品的仓库设施方面,将有哪些发展计划及新的管理政策,以配合本地的××领域改革?

9. 入关后,估计对化工原料及××产品的进出口活动及价格上有何影响?

10. 未来四年,中国政府在与××领域有关的交通运输系统内将有哪些配套性的改革和措施? 提出这些新的交通运输政策或建议的目的何在?

11. 本地政府亦将有哪些新的交通运输发展政策或改革作相应的配合?

12. 面对上述将可能实行的种种改革和措施,国内的各种分销商应(将)采取何种应变措施,从而适应改革后的新竞争形势?

进口代理商：

零售商：

批发商：

工贸中心：

13. 请问国内××领域存在哪些最主要的管理难题?

14. 可否说明国内贸易部在全国实施推行的时间表。

第四部分 产 品

1. 根据您的意见,中国政府对××产品持有何种态度? 将推行哪些政策和措施鼓励/控制该产品的发展?

2. 请问您对××产品未来五年在中国的销售潜力有何意见?

极好_____ 好_____ 一般_____ 仍待努力开发_____ 差

销售潜力

3. 您认为外商在中国推行的改革和发展计划中应扮演什么角色?

4. 哪些部门或国营企业负责发展和生产××产品? 他们在经营及管理上曾遇到哪些难题?

5. 中国加入世贸组织及××领域的进一步改革后,这些负责生产及销售××产品的部门和单位,可能遇上来自中外合资企业及同类进口产品在市场上竞争的威胁。根据您的意见,您认为这些部门和单位应采取哪些新的策略和竞争手段来应付这些威胁?

(本书内容选自王奎荣. 成功企业市场营销管理制度范本[M]. 北京:中国经济出版社,2001.)

十三、供应商情况调查问卷制作标准

××产品原料供应商调查问卷

本调查是关于在中国市场中,××产品的供应及销售渠道的情况及顾客对此类产品的态度。此类产品包括:

A1:普通型××产品

A2:特殊型××产品

B1:食品型××产品

B2:工业用××产品

C1:民用××产品

C2:包装用××产品

D1:材料用××产品

D2:服务业××产品

问卷共分三部分,请务必按要求回答,谢谢!

[注]产该产品系列用原材料分别用 PE、PV 和 PD 代表。

第一部分　基本情况

1. 单位名称_____。

2. 所有制类别_____。

3. 负责生产"PE"、"PV"及"PD"部门职工人数_____。

4. 1999 年所有产品的总营业额为_____。

5. 2000 年上半年(1－6 月)总营业额为_____。

6. 1999 年"PE"、"PV"及"PO"产品的总营业额为_____。

7. 2000 年 1－6 月同类产品总营业额为_____。

8. 估计同类产品的营业额在 2000 年较 1999 年增长_____。

9. 估计同类产品的营业额在明年(2001 年)将比今年增长_____。

10. 请根据贵企业的情况,以表中 19－1 的项目说明下列原材料在总营业额中所占的百分比_____。

表 19－1　原财料营业客比率表

原　材　料　名　称	1999 年	2000 年
PE		
PV		
PD		

11. 就下列原材料,在表 19－2 中列出两种主要竞争者的品牌(按受欢迎程度排列,1

= 最受欢迎,2 = 次受欢迎)。

表 19 - 2   原材料品牌比较表

原 材 料 名 称	国产品牌(包括合资生产品)		进口品牌	
	1	2	1	2
PE				
PV				
PD				

12. 贵公司由何处获得制造 × × 产品所需的原料? 请说明它们在总供应量中所占的百分比(%)。

(1)直接由海外进口_____%

(2)自行寻找的代理商_____%

(3)自行安排的批发商_____%

(4)同系统内的原料供应单位_____%

(5)不同系统内有指定协作的原料供应单位_____%

13. 您认为今后三年内,这类原材料产品在本市销售额的每年增长速度如何?

每年增长 5%

每年增长 10%

每年增长 15%

每年增长 20%

每年增长 30%

每年增长 50%

其他(请注明)

第二部分　供应渠道与对象

此部分的问题主要探讨贵单位采取哪些渠道供应原料给那些与 × × 产品有关的生产商。

1. 请问贵单位通过哪些渠道物色上述那些与 × × 产品有关的生产商? 请用"1"代表"主要渠道","2"代表"次要渠道","3"代表"非主要渠道","4"代表"没有使用此渠道"填写。

(1)通过刊登报刊或杂志广告

(2)通过参加展销会

(3)通过单位的营业员

(4)通过系统内的定期供销会议

(5)通过客户或朋友介绍

(6)分销商主动上门

(7)通过设于工贸/商贸中心内的销售处

(8)通过商业部安排的供销会议

(9)其他渠道(请说明)

2. 可否解释贵单位采取的"供货政策"的特点?

(1)客户需要提前多少天订货

（2）是否接纳电话订货＿＿＿＿＿是＿＿＿＿＿否

（3）是否需要支付现金作订金＿＿＿＿＿是＿＿＿＿＿否

（4）是否提供送货服务＿＿＿＿＿是＿＿＿＿＿否

（5）是否容许客户上门亲自提货＿＿＿＿＿是＿＿＿＿＿否

（6）是否需要签订一份供销购货合同＿＿＿＿＿是＿＿＿＿＿否
（年限为＿＿＿＿＿年）

（7）是否容许客户退回不合格的原料＿＿＿＿＿是＿＿＿＿＿否

（8）是否提供仓库设施让客户暂存货品＿＿＿＿＿是＿＿＿＿＿否

（9）是否定期提供××产品库存资料给客户＿＿＿＿＿是＿＿＿＿＿否

第三部分　产品竞争与合资

此部分的问题探讨在中国的××产品在市场中是否能够竞争成功及贵单位对待组织合资企业的看法。

1.根据您的经验,判别下列各因素对决定××产品的生产是否能在市场上竞争成功的影响程度。请用"1"表示"无影响","2"表示"轻微影响","3"表示"颇具影响","4"表示"很有影响","5"表示"极重要的影响"。

（1）营业员的素质	1	2	3	4	5
（2）稳定的原料供应	1	2	3	4	5
（3）产品售价低于竞争者	1	2	3	4	5
（4）足够的广告支持	1	2	3	4	5
（5）经常性的促销活动	1	2	3	4	5
（6）先进的生产科技	1	2	3	4	5
（7）经济性的促销活动	1	2	3	4	5
（8）良好的财政状况	1	2	3	4	5
（9）大批生产带来的经济效益	1	2	3	4	5
（10）充分利用厂房的生产能力	1	2	3	4	5
（11）有效地管理及控制库存	1	2	3	4	5
（12）覆盖面广的分销网络	1	2	3	4	5
（13）良好的售后服务	1	2	3	4	5
（14）供货准时	1	2	3	4	5

2.与其他企业组织合资企业,是扩大活动能力、加速企业的成长的有效策略。对此您是否:

同意　　　　不同意　　　　有保留

3.假设贵单位计划与其他企业组织合资企业,扩充供应××产品的原料,贵单位最愿与那一类企业合作?请用"1"表示"第一优先","2"表示"第二优先","3"表示"第三优先",以此类推。

外资生产商＿＿＿＿＿国内的代理商

外资代理商＿＿＿＿＿国内的零售商

国内的生产商＿＿＿＿＿国内的批发商

其他(请说明):＿＿＿＿＿＿＿＿

4.贵单位若与外资组成合资企业,其主要动机为:

（1）提高企业知名度

（2）引进先进的生产管理制度及方法

（3）稳定原料的供应

（4）有助于进一步开发国内市场

（5）有助于进一步开拓海外市场

（6）改善财政状况

（7）改善管理分销活动的能力

（8）学习先进的市场营销管理技巧

（9）引进高科技，提高生产能力

（10）改善市场的信息渠道

（11）有助于改善产品设计、品质及品种

5. 如贵单位有意与外资企业组织合资企业，哪些因素为选择合作伙伴时最主要的考虑因素？

请按重要性顺序说明（"因素一"为最重要因素，以此类推）。

因素一：＿＿＿＿＿＿＿＿＿＿＿＿＿＿＿＿＿＿＿＿＿＿＿＿＿＿＿＿＿

因素二：＿＿＿＿＿＿＿＿＿＿＿＿＿＿＿＿＿＿＿＿＿＿＿＿＿＿＿＿＿

因素三：＿＿＿＿＿＿＿＿＿＿＿＿＿＿＿＿＿＿＿＿＿＿＿＿＿＿＿＿＿

因素四：＿＿＿＿＿＿＿＿＿＿＿＿＿＿＿＿＿＿＿＿＿＿＿＿＿＿＿＿＿

因素五：＿＿＿＿＿＿＿＿＿＿＿＿＿＿＿＿＿＿＿＿＿＿＿＿＿＿＿＿＿

6. 当贵单位与外资企业组织合资企业时，贵单位将会遇上哪些管理难题？

（1）＿＿＿＿＿＿＿＿＿＿＿＿＿＿＿＿＿＿＿＿＿＿＿＿＿＿＿＿＿＿＿

（2）＿＿＿＿＿＿＿＿＿＿＿＿＿＿＿＿＿＿＿＿＿＿＿＿＿＿＿＿＿＿＿

（3）＿＿＿＿＿＿＿＿＿＿＿＿＿＿＿＿＿＿＿＿＿＿＿＿＿＿＿＿＿＿＿

（本书内容选自王奎荣. 成功企业市场营销管理制度范本［M］. 北京：中国经济出版社，2001. ）

十四、消费者情况调查问卷制作标准

特许经营公众调查问卷

（一）您的基本情况

性别：□女士　　　　□先生

您的年龄：□25 岁以下　　　□26—35 岁　　　□36—45 岁

□46～60 岁　　　□60 岁以上

您的国籍：＿＿＿＿＿＿

（二）您的受教育程度

□初中　　□高中/中专　　□大专　　□本科　　□研究生

（三）您的就业情况

□在职　　　□待业　　　□下岗　　　□退休　　　□学生　　　□军人

（四）您的职位

□专业人士　　　□部门主管　　　□市场营销/销售总监　　　□行政经理/人事经理

□财务总监/总会计师　　　□总经理/总经理　　　□董事长

□其他

（五）您是否有过从商经验

□有　　　　　□无

（六）您是否从事过特许经营活动

□是　　　　　□否

（七）如果您对特许经营感兴趣,您选择特许项目的标准将依次是(请标明顺序)

□加盟费低　　　□知名度高　　　□行业有发展潜力　　　□特许体系完善

（八）您在特许经营方面打算投入多少资金

□1 万美元以下　　□1 万~5 万美元(含5 万美元)　　□5 万~20 万美元(含20 万美元)

□20 万~50 万美元(含50 万美元)　　□50 万~100 万美元(含100 万美元)

□100 万美元以上

（九）您计划何时开始投资(请选一项)

□未来6 个月　　　□未来1 年　　　□未来2 年　　　□尚无计划

（十）如果您有投资计划,最感兴趣的行业将是(请选出所有适用项目)

（1）餐饮

□中式快餐　　　□西式快餐　　　□正餐　　　□饮品

（2）零售业

□便利店　　□百货店　　□超市　　□服装服饰　　□药店　　□眼镜店

□其他

（3）商业服务

□会计及审计事务　　□复印　　□速递　　□商业清洗　　□其他

（4）汽车服务

□美容保养　　□维修　　□租赁　　□零配件　　□其他

（5）其他行业

□教育培训　　□洗衣　　□美容和保健　　□IT 行业　　□家居装修

□彩扩店　　□房地产中介　　□其他

（十一）您认为最有影响力的特许加盟品牌是(请每项填写3 家)

中式快餐＿＿＿＿＿＿＿＿＿＿＿＿＿＿＿＿＿＿＿＿＿＿＿

中式正餐＿＿＿＿＿＿＿＿＿＿＿＿＿＿＿＿＿＿＿＿＿＿＿

西式快餐＿＿＿＿＿＿＿＿＿＿＿＿＿＿＿＿＿＿＿＿＿＿＿

餐饮老字号＿＿＿＿＿＿＿＿＿＿＿＿＿＿＿＿＿＿＿＿＿

汽车服务＿＿＿＿＿＿＿＿＿＿＿＿＿＿＿＿＿＿＿＿＿＿＿

超市、便利店＿＿＿＿＿＿＿＿＿＿＿＿＿＿＿＿＿＿＿＿＿

洗衣店＿＿＿＿＿＿＿＿＿＿＿＿＿＿＿＿＿＿＿＿＿

药店＿＿＿＿＿＿＿＿＿＿＿＿＿＿＿＿＿＿＿＿

美容和保健＿＿＿＿＿＿＿＿＿＿＿＿＿＿＿＿＿＿＿＿

服装专卖店＿＿＿＿＿＿＿＿＿＿＿＿＿＿＿＿＿＿＿＿

其他_____

（十二）您主要从哪些报刊上了解特许经营方面的信息（请列出 3 个以上）_____

（十三）您了解《商业特许经营管理办法》吗

□了解　　　　□不了解

（十四）您是否参加过特许经营研讨会或展览会

□是　　　　□否

（十五）您参加活动的主要目的是

□寻找盟主　　　□招募加盟者　　　□了解特许经营相关知识

（十六）如果您是加盟者，您对您的特许总部的评价为

□满意　　　□一般　　　□不满意

（十七）您认为合格的特许加盟体系应具备以下哪些条件（请选出所有适用项目）

□独立法人资格　　□注册商标　　□有直营店　　□正式签约 10 天前需向加盟者披露详细真实的信息　　□开展特许经营有 1 年以上时间　　□有向加盟者提供服务和支持的能力　　□其他

十五、企业情况调查问卷制作标准

（一）企业基本情况

名称：_____

法人代表：_____

电话：_____

传真：_____

总部地址：_____

联系人：_____

邮政编码：_____

（二）所属行业

□超市　　□便利店　　□百货店　　□正餐　　□快餐　　□服装服饰

□汽车及配件　　□汽车租赁　　□汽车美容　　□体育休闲用品

□电器　销售□房地产中介　　□旅馆　　□保健品销售　　□美容美发

□教育　培训　　□钟表眼镜　　□彩扩　　□家居装修　　□商业清洗

□咨询服务　　□饮品　　□家政服务　　□药店　　□洗衣

□计算机软、硬件销售　　□书店　　□其他

（三）注册资本_____元。

（四）目前拥有直营店_____家，特许加盟店_____家，区域特许机构或分公司_____家。

（五）企业注册时间：_____年_____月_____日。

（六）第一家直营店开业时间：_____年_____月_____日。

（七）第一家特许加盟店开业时间：_____年_____月_____日。

（八）第一家区域特许机构或分公司成立时间：_____年_____月_____日。

（九）连锁店在本市有_____家，本省有_____家，外省有_____家，国外有_____家。

（十）特许总部共注册_____个商标，第一个商标于_____年注册。

（十一）商标注册范围涵盖_____类_____项。

（十二）产品类商标_____个，服务类商标_____个。

（十三）是否在国外注册商标？

□是　　　　　□否

（十四）企业共获得_____项专利。

（十五）是否有加盟手册？

□是　　　　　□否

（十六）是否有运营手册？

□是　　　　　□否

（十七）是否与加盟者签订了商标使用许可合同？

□是　　　　　□否

（十八）总部人员总计_____人。

（十九）总部对加盟者开业前的培训时间为：

□1周以内　　　　　□1周至2周
□1个月　　　　　□1个月以上

（二十）总部对加盟店是否开展督导工作？

□是　　　　　□否

（二十一）总部是否设立了秘密顾客？

□是　　　　　□否

（二十二）加盟店的基本情况：

单店平均员工数：_____人。

单店营业面积_____平方米。

单店年营业额_____万元。

（二十三）特许经营合同的期限为_____年。

（二十四）从签约至加盟店开业所需的时间为_____。

（二十五）开办一家加盟店需要投资约_____万美元。

（二十六）今年特许加盟店的销售额占总部总销售额的比例为_____%。

（二十七）特许总部是否实现统一配送？

□有　　　□没有

（二十八）店铺数量：

前年为_____家，去年为_____家，今年为_____家。

（二十九）总部收取的费用包括（选出所有适用项目）：

□加盟费　　　□保证金　　　□特许使用费　　　□广告费　　　□其他

（三十）总部向加盟者收取加盟费_____万美元。

（三十一）特许使用费提取方式：

□按营业额收取,提取比例为_____%　　□按定额收取,
定额为_____万元　□按保底加比例,提取_____万元。

(三十二)企业总销售额:

前年为_____万元,去年为_____万元,今年为_____万元。

(三十三)特许总部对加盟店是否实现计算机联网管理?

□是　　　□否

(三十四)贵公司开展特许经营所遇到的主要问题、难点是什么?需要得到哪些方面的支持?

十六、预测市场容量的步骤

市场容量的测定是调查研究、综合分析和计算推断的过程。一个完整的市场预测,一般包括下面几个步骤。

1. 确定预测目的

进行一项预测,首先必须明确预测的目的,即为什么要进行这项预测,它要解决什么问题。预测目的直接影响着预测内容、规模以及预测方法的选择等一系列工作。只有目的明确,才能使预测工作有的放矢,避免盲目性。

2. 收集、整理和分析资料

资料是预测的基础,收集什么资料,是由预测的目的确定的。对所收集到的资料要进行认真的审核,对不完整和不适用的资料要进行必要的调整。对经过审核和调整的资料,还要进行初步分析,观察资料结构的性质,作为选择适当预测方法的依据。

3. 选择适当的方法

必须从市场实际出发,根据预测目的和资料占有情况,选择有效的预测方法。有时选择一种,有时也可以将几种方法结合起来,相互验证预测的结果,以提高预测的准确性。

4. 进行预测

根据已经选定的预测方法,利用所掌握的资料,就可以具体计算、研究,作出定性或定量分析,推测判断未来市场的发展方向和发展趋势。

5. 分析预测误差

预测误差是预测值和实际值之间的差额。预测误差的大小,反映预测的准确程度。我们应该对预测的不精确度持灵活态度,而不要力图改进预测方法。

6. 确定预测值,提出正式预测报告

预测人员在实施预测,并对预测结果进行必要的评价、修正后确定预测值,并以书面形式反映预测结果,然后递交给有关部门,供其决策时参考。

十七、预测市场容量的方法

市场预测的方法很多,随着科学技术的进步,预测手段日趋先进,在市场营销活动中,市场潜量和销售量是两项最为重要的预测内容。

1. 市场潜量预测

(1)连锁比率法。就是对与某产品的市场潜量相关的几个因素进行连锁相乘,即通过对几个相关因素的综合考虑,进行预测。

(2)购买力指数法。购买力指数就是对家庭收入、家庭户数、地区零售额等加权平均后,得出的一个标准系数。购买力指数是一个相对数,只有用全部潜在需求量乘以购买力指数,才能得到某地区的潜在需求量。

(3)类比法。也叫比较类推法,包括历史类推和横断比较两种预测方法。历史类推是一种用当前的情况和历史上发生过的类似情况进行比较来推测市场行情的方法。横断比较就是对同一时期内某国或某地区某项产品的市场情况与其他国家或地区的情况相比较,然后预测这些国家或地区的市场潜量。

2. 销售预测

(1)销售人员意见综合法。这是一个最为简单的预测方法,它要求各销售区域的销售人员,作出每个销售区域的销售预测,然后进行汇总,求出总的销售潜量。

(2)购买者意图调查法。这一方法就是采用各种手段,直接向购买者了解其购买意图。如果购买者有清晰的意图,而且愿意付诸实施,这一方法是非常有效的。

(3)行业调查法。行业调查是指对某特定行业内各家公司的调查。这类调查可能是针对用户,也可能是制造商。

(4)专家意见法。这种方法是由专门人员,特别是那些比较熟悉业务,能预见业务趋势的主管人员,集思广益,进行判断,作出预测,这是一个快速而简便的方法。为了提高预测的准确性,可以在预测前向专家提供经济形式和业务情况的资料,并组织他们讨论,然后将各种意见进行综合考虑,最后作出结论。

(5)趋势预测法。该方法是将历史资料和数据,按时间先后次序排列,根据其发展的规律来推测未来市场的发展方向和变动程度。

(6)移动平均法。它是趋势预测法的一个基本方法。就是从时间序列的第一个数值开始,按一定项数求序列平均数,逐项移动,边移动边平均。

(7)指数平滑法。它是对过去的资料用平滑系数进行预测的一种方法。它允许预测人员对最近期的观察值给予最大的权数,对较远的观察值递减加权数,而不是给所有的数据以同等的重要性。

(8)回归预测法。就是测定因变量与自变量之间的相关关系,建立表达两种关系的数学模型,通过模型取得预测值。

市场预测有助于企业营销管理者制定正确的营销决策,有助于企业掌握新技术、开发新产品、增强企业的竞争能力,同时市场容量的测定也是企业制定科学计划的重要依据。但是,因为预测的结果直接关系到企业的营销决策,所以企业必须慎重对待。

十八、市场细分的业务标准

业务市场的细分是业务产品供应商进行营销的重要步骤。虽然许多用来细分消费者市场的变量,同样可以用来细分业务市场。如业务市场同样可以依据地理因素、追求的利益和使用率等来进行细分,但业务市场的购买行为不同于消费者的购买行为,因此其细分的标准和方法与消费品的细分存在着不小的区别。

业务市场的细分可用的标准非常多,不同的营销研究在实践中发现了非常丰富的可用作业务市场细分的标准。如罗伯逊从业务市场购买者的购买次数将购买者分为首次潜在购买者、新手、复杂的购买者,显然这样的细分有一定的意义。首次购买者由于以前对该产品没有接触过,因此特别需要销售者能够给予较为详细的解释和介绍;新手也许已经购买过,但对产品仍不太了解,对本企业的产品还处于怀疑阶段,因此销售者应该提供一定的培训,加强售后的服务,以留住顾客;复杂购买者则对产品的要求更加详细,由于业务市场不比消费者市场,每个业务市场的购买者都可能有特殊的要求,而业务用品的供应者如果不能和购买者很好沟通的话,是很难了解其一些隐含的要求的,所以对于复杂购买者,供应商应该与其多加沟通,对自身产品的设计和服务加以改进,以满足这些购买者的特定要求。

传统上对业务市场的细分可以分为以下几种:

第一是依据地理位置进行细分。对业务产品的要求在不同的地方是可能不同的,由于不同的地理位置其地理特点不同,因此常会影响到对业务产品的具体要求。以水泥为例,不同的地理环境对水泥的性能要求是不一样的,有的地方对其防酸性能要求较高,有的则要求其防水,所以企业进行营销时要针对不同的地区特点设计产品,以使其符合不同地区的地理特点。

第二是依据行业细分。一种业务产品可以同时提供给多种行业,因此由于这些行业不同的生产特点,它们对业务产品的性能与服务也会有不同的要求。如一家玻璃制品企业其所生产的产品就应对其产品所提供给的行业作一细分,汽车行业、航空行业、家居用等不同的用途其对玻璃的要求也是不一样的,防震、防碎、防光等性能特点为不同的行业所重视。

第三是依据规模细分。购买者的规模大小也会影响其购买需求与购买行为。大型客户需求量大,因此对供应商来说一旦能够揽上这种客户是很大的成绩。但这必须要付出更大的努力,因为这种客户由于购买量大,所以购买比较慎重,对供应商要求较高,而且往往需要在价格上打折扣。

十九、市场细分的精细化标准

　　上述那些细分都是相当粗略的细分,但也是一些基本的细分。现代营销学的发展,对业务市场的划分已经不再满足于这些传统的细分了。对业务用品购买者行为及其决策的深入分析,使营销有了更为有效的细分利器。

　　首先可以针对不同企业的经营特色进行细分,如企业的采购方式,有的采用投标,有的则采用系统采购;也可按权力结构,如是哪一类型的人员决定企业的重大决定;也可按其经营方针,如是注重服务还是注重价格或注重质量。

　　其次还可以根据业务用品购买者的购买行为进行细分,如产品的使用频率,是否对供应商忠诚等。

　　兰卡尔、莫里来蒂和斯沃茨对传统的两个细分市场(喜欢低价和较少服务的购买者,喜欢高价和较多服务的购买者)进行研究数据分析的结果显示出这两个市场内还存在着另外一种细分。

　　一种是程序购买者。这些购买者由于对产品并不重视,因为该产品与其经营关系不大,他们经常有规律地采购,全额付价并只需要低水平的服务。这类购买者在我国经常可以看到,以前的国有企业,现在的一些政府机构在购买一些办公用品时常并不在意如何采购。这类购买者可以使供应商获得高额利润。

　　一种是关系购买者。这部分购买者对产品有所重视,需要少量折扣和中等服务,但要求不高,供应商很容易就能够满足他们的需求。

　　一种是交易购买者。这些购买者认为产品对其业务非常重要,他们对价格和服务相当敏感。一旦供应商不能满足他们的要求,他们随时会转向其他的供应商。

　　一种是竞价购买者。这些购买者认为产品非常重要,并对所有的供应商都相当了解,他们会激烈地讨价还价,因此供应商面对这种购买者只能获得很少的利润。

　　能够进行业务市场细分的变量仍有很多,这里不再一一列举,在现实营销实践中不应拘泥于以上所介绍的变量,而应针对市场特点及企业自身情况进行创造性的选择。

第二十章

产品与货品管理

《按流程执行》

一、产品开发管理工作流程设计

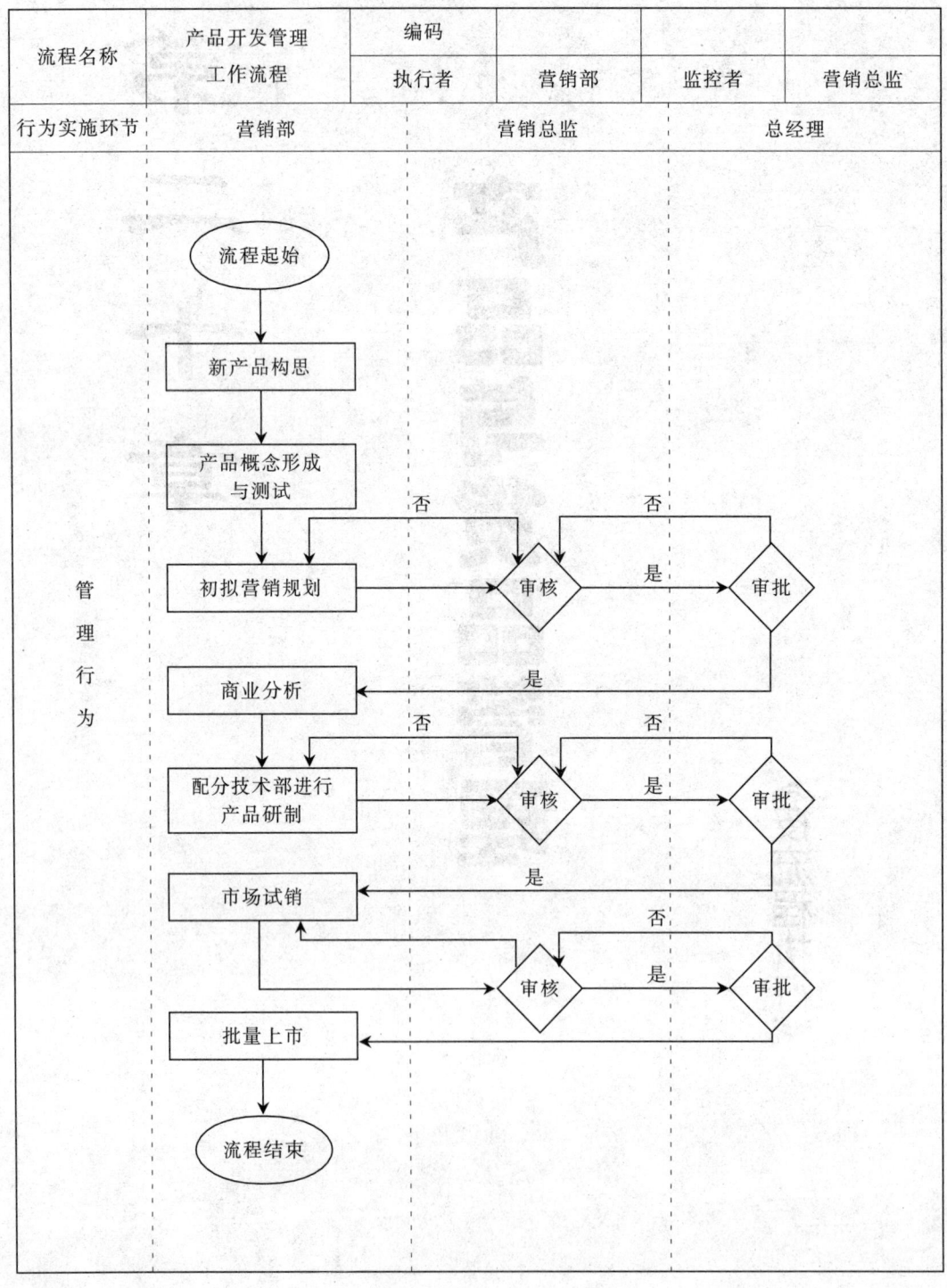

流程名称	产品开发管理 工作流程	编码			
		执行者	营销部	监控者	营销总监
行为实施环节	营销部	营销总监		总经理	

二、产品研发管理工作流程设计

流程名称	产品研发管理	编码			
	工作流程	执行者	营销部、研发	监控者	生产、营销总监
行为实施环节	研发部	营销部		生产、营销总监	总经理

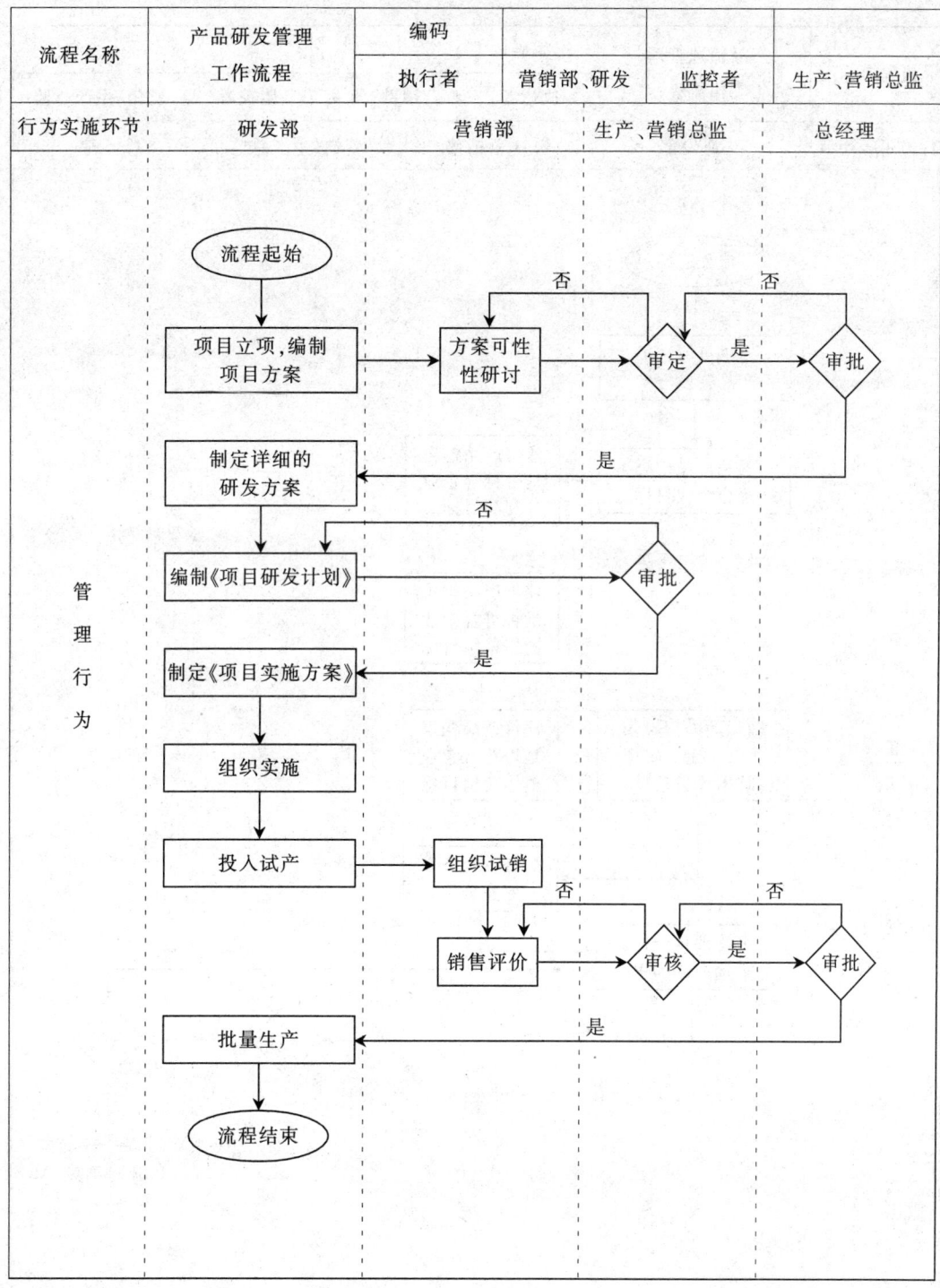

三、产品筛选管理工作流程设计

流程名称	产品筛选管理 工作流程	编码			
		执行者	营销部、研发	监控者	营销、生产总监
行为实施环节	研发部	营销部		营销、生产总监	总经理

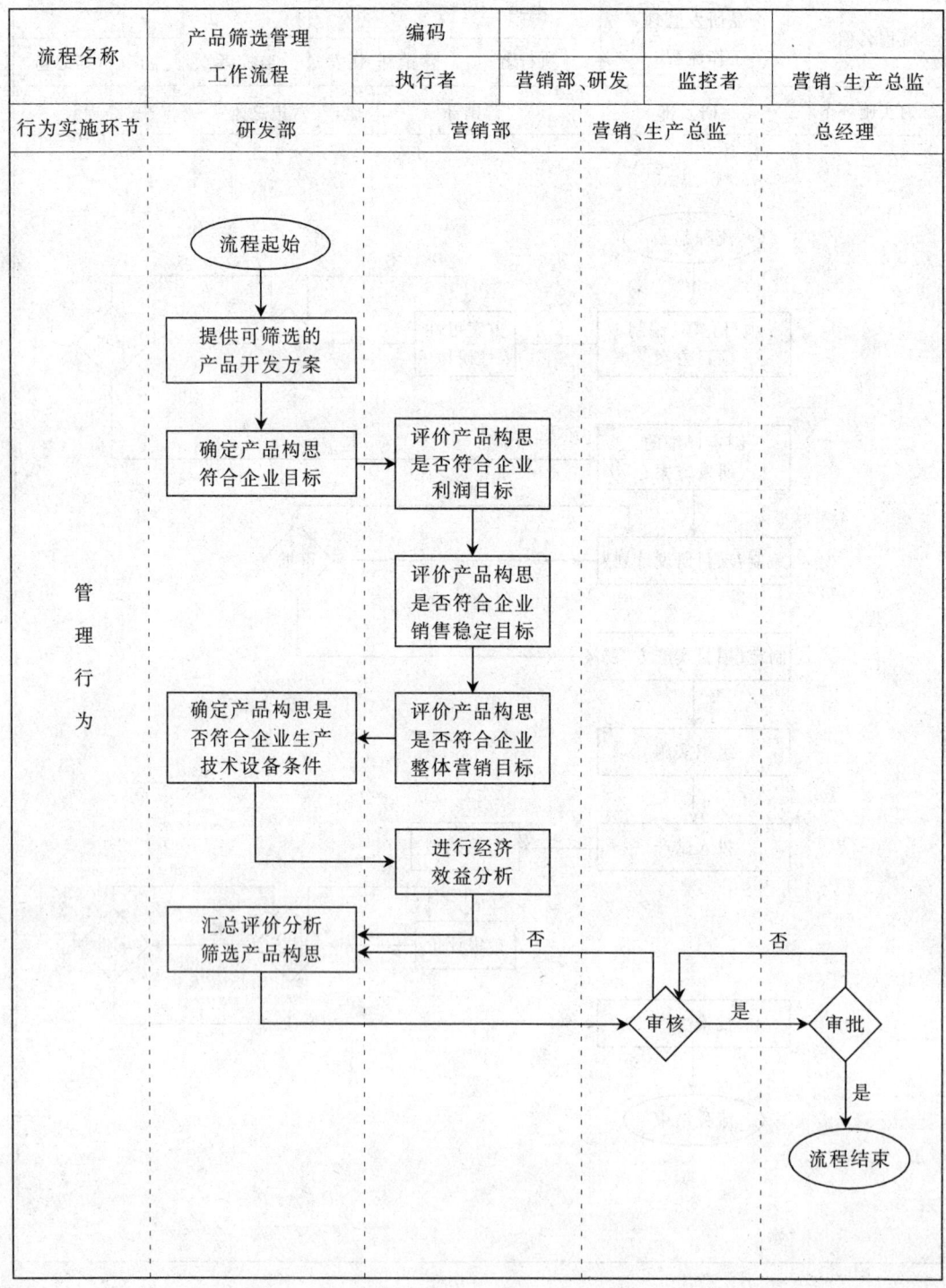

四、产品定价管理工作流程设计

流程名称	产品定价	编码			
	工作流程	执行者	营销部	监控者	营销总监
行为实施环节	营销部	营销总监		总经理	

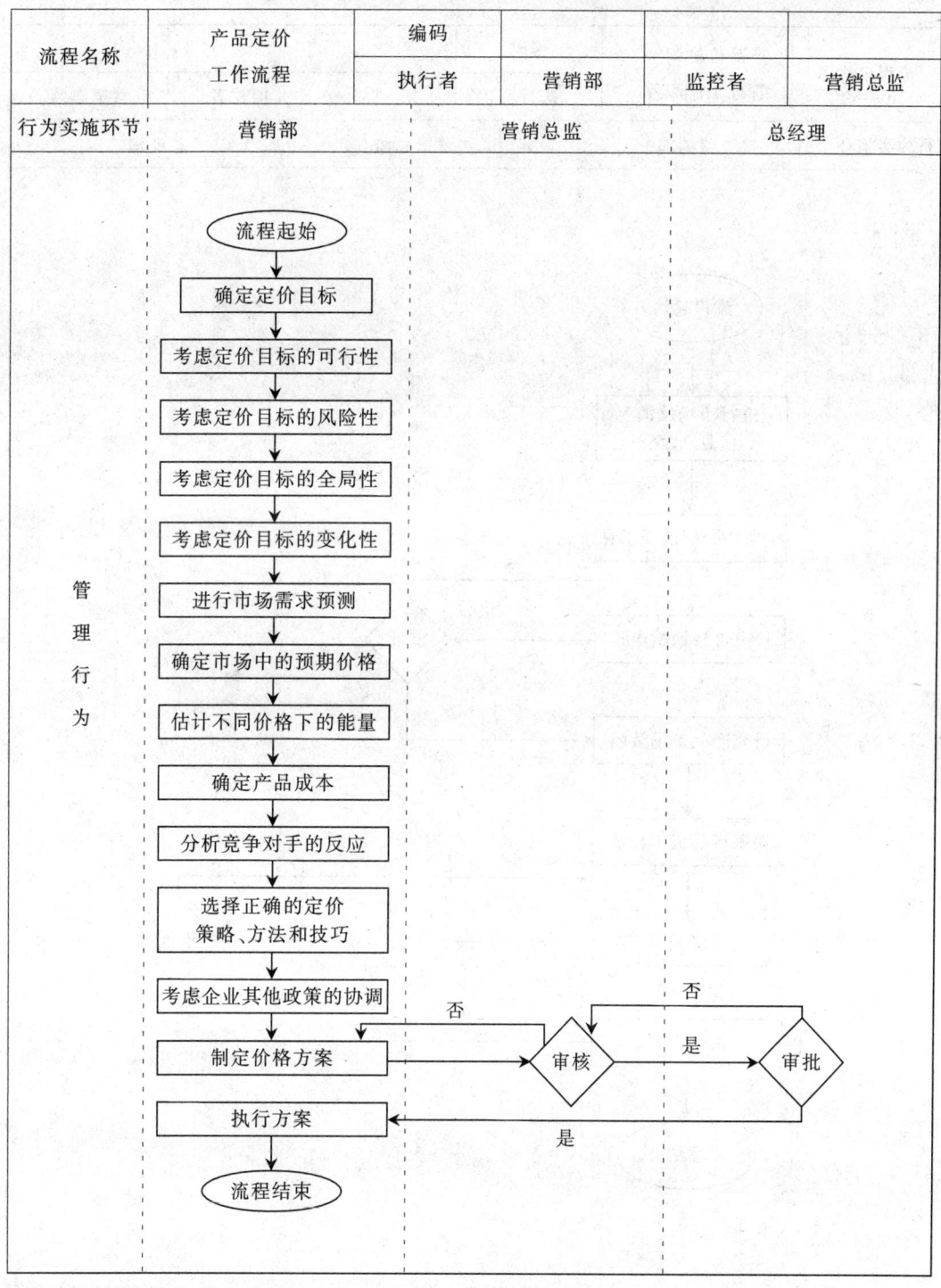

管理行为

流程起始

确定定价目标

考虑定价目标的可行性

考虑定价目标的风险性

考虑定价目标的全局性

考虑定价目标的变化性

进行市场需求预测

确定市场中的预期价格

估计不同价格下的能量

确定产品成本

分析竞争对手的反应

选择正确的定价策略、方法和技巧

考虑企业其他政策的协调

制定价格方案

执行方案

流程结束

审核 审批 否 是 否 是

五、产品价格调整管理工作流程设计

流程名称	产品价格调整管理工作流程	编码			
		执行者	营销部	监控者	营销总监
行为实施环节	营销部	营销总监		总经理	

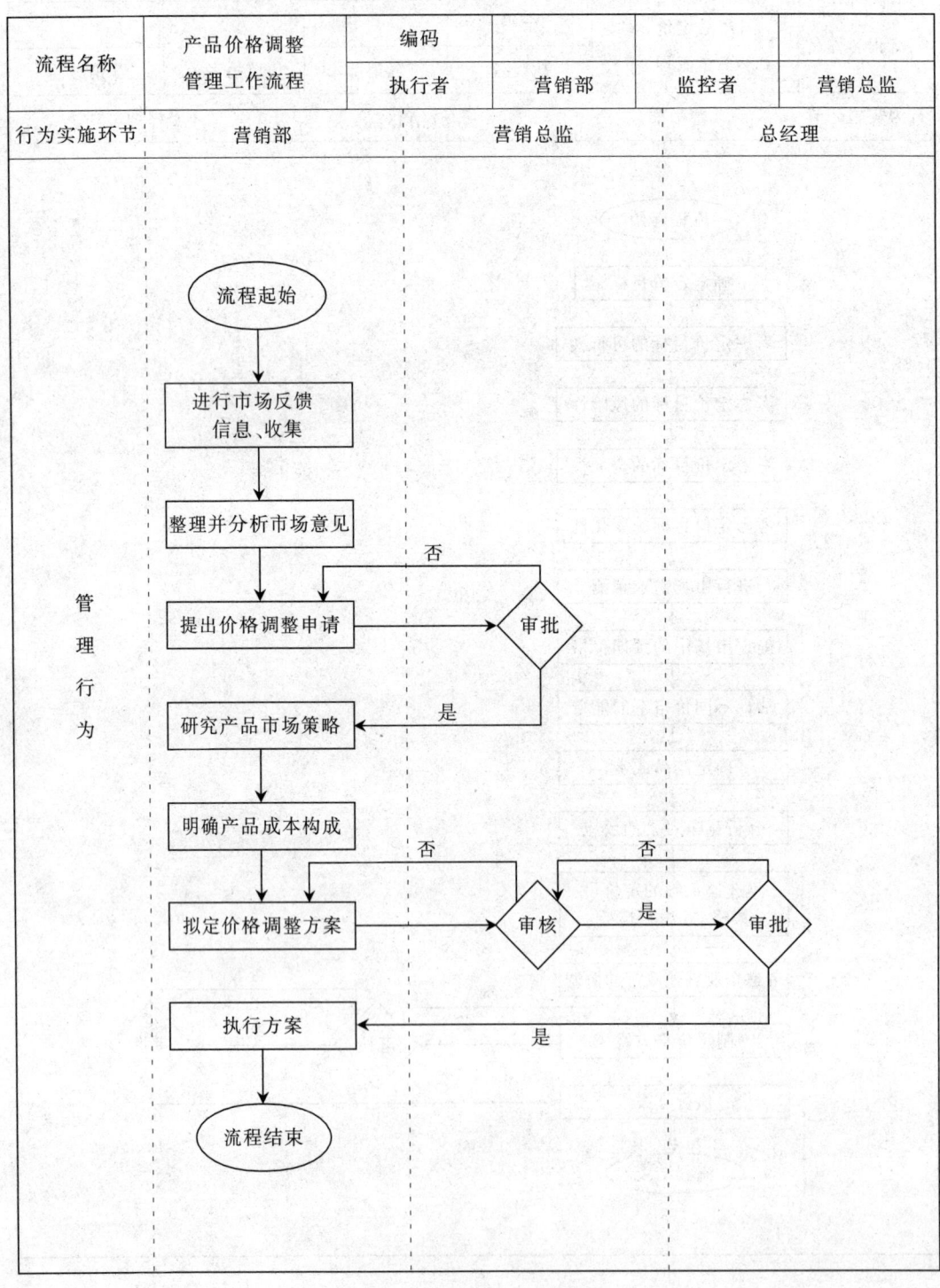

六、订货管理工作流程设计

流程名称	订货管理工作流程	编码			
		执行者	营销部、生产部	监控者	营销总监
行为实施环节	生产部	营销部		生产、营销总监	总经理

管理行为

```
          ┌──────────┐
          │  流程起始  │
          └────┬─────┘
               │
          ┌────▼─────┐
          │ 接到客户订货 │
          └────┬─────┘
               │
          ┌────▼─────┐
          │  主营登记  │
          └────┬─────┘
               │
          ┌────▼─────┐
          │审查客户售用额度│
          └────┬─────┘     否
               │      ┌────────┐
          ┌────▼─────┐ │  审核   │
          │  审查合同  ├─是──◇
          └──────────┘    │
               ▲      是   │
   ┌──────────┐│
   │  安排生产  │◄───────────┘
   └────┬─────┘ 否      否           否
        │   ┌──────┐ ┌──────┐   ┌──────┐
   ┌────▼─────┐│审核 │ │审核  │   │审批  │
   │  仓库调货  ├─►◇──是─►◇──是─►◇
   └────┬─────┘            │
        │              是   │
   ┌────▼─────┐◄───────────┘
   │   运输    │
   └────┬─────┘
        │
   ┌────▼─────┐
   │  流程结束  │
   └──────────┘
```

七、退货管理工作流程设计

流程名称	退货管理 工作流程	编码			
		执行者	营销部	监控者	营销总监
行为实施环节	营销部			营销总监	

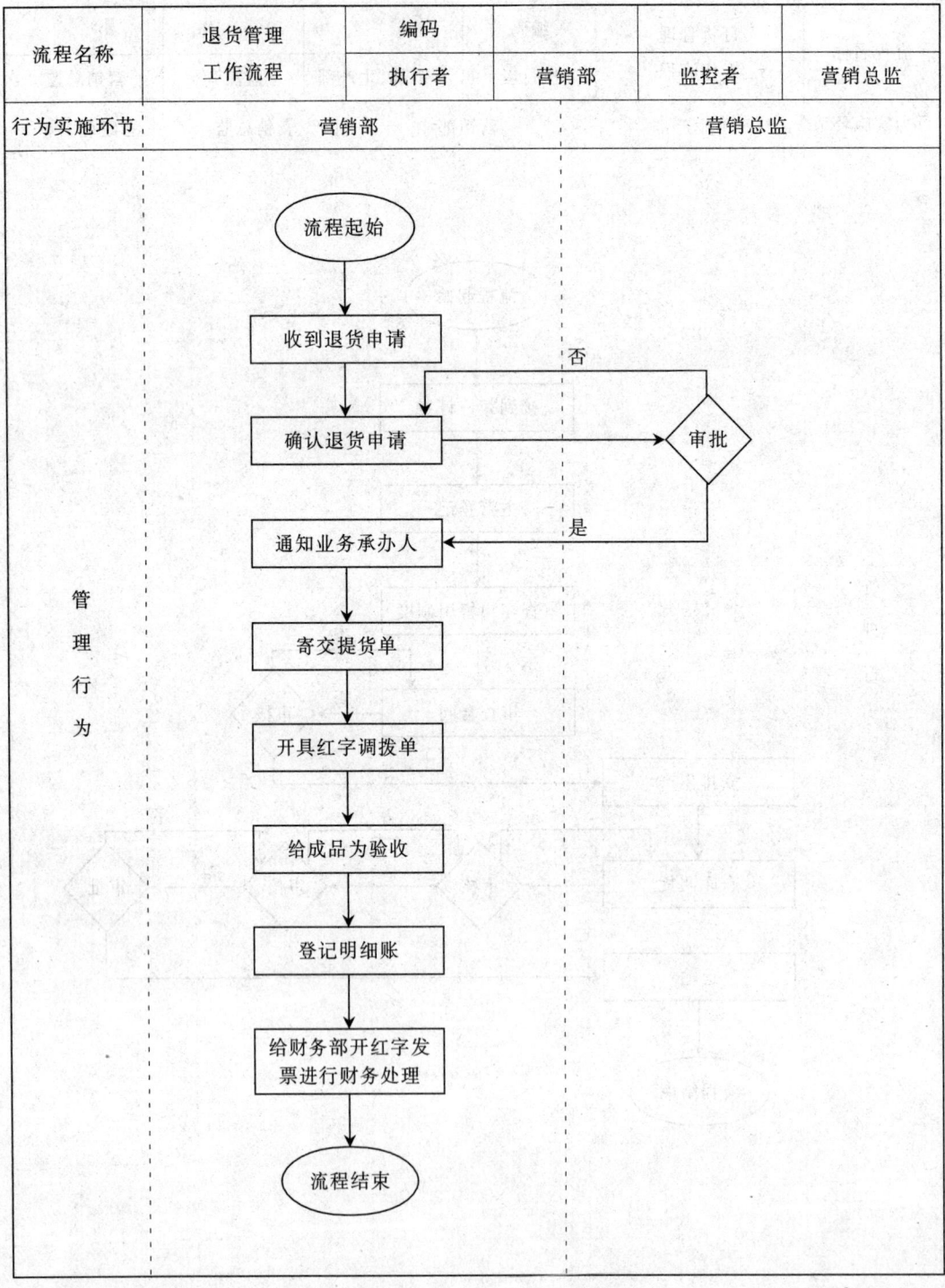

管理行为

流程起始

收到退货申请

确认退货申请 → 审批

否

是

通知业务承办人

寄交提货单

开具红字调拨单

给成品为验收

登记明细账

给财务部开红字发票进行财务处理

流程结束

八、发货管理工作流程设计

流程名称	发货管理 工作流程	编码			
		执行者	营销部、仓库	监控者	营销总监
行为实施环节	仓库	营销部		营销总监	总经理

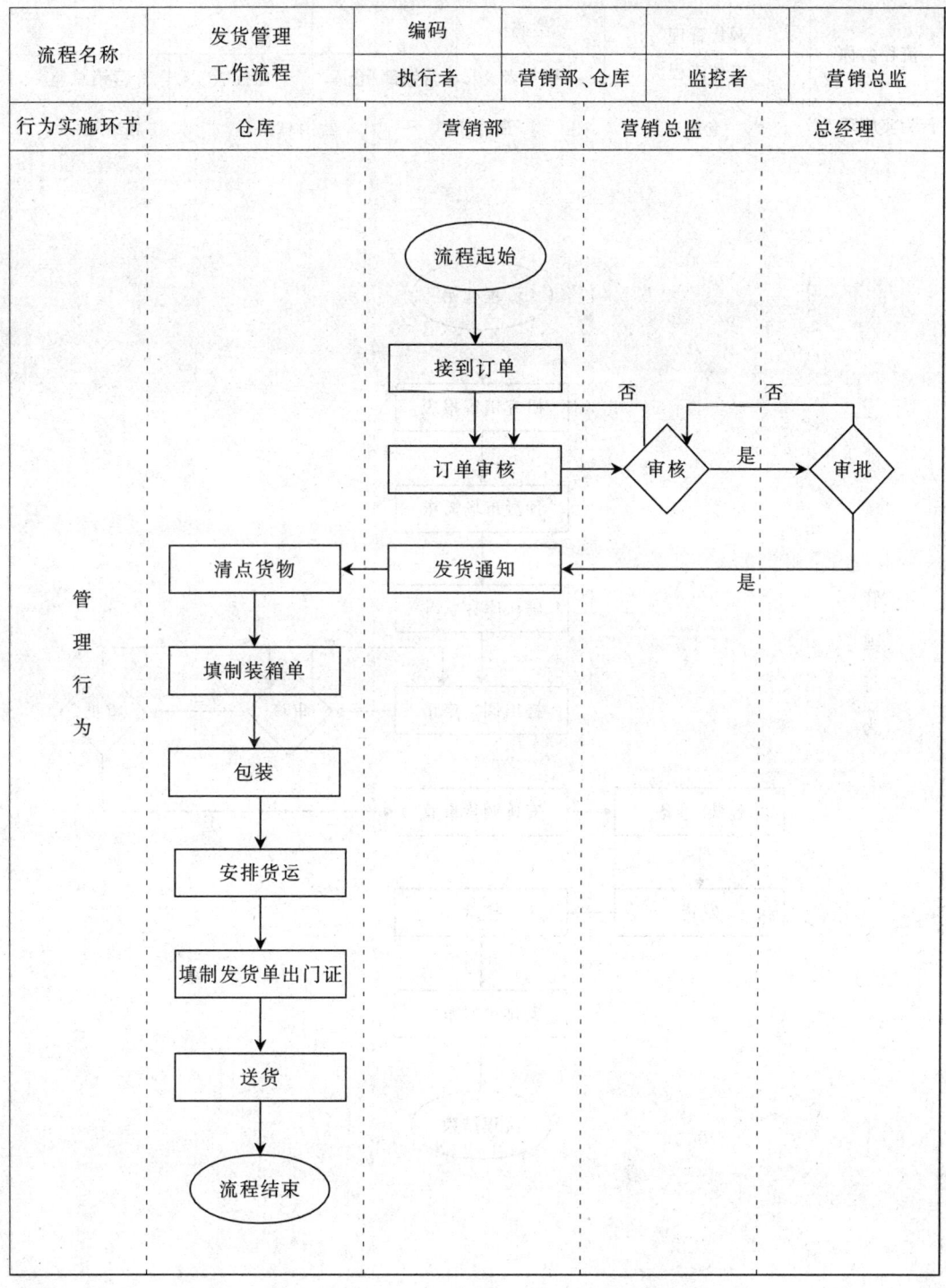

九、调货管理工作流程设计

流程名称	调货管理 工作流程	编码		监控者	营销总监
		执行者	营销部、仓库		
行为实施环节	仓库	营销部	营销总监		总经理

管理行为

```
                    ┌─────────────┐
                    │   流程起始   │
                    └──────┬──────┘
                           ▼
                    ┌─────────────┐
                    │ 研究销售报表 │
                    └──────┬──────┘
                           ▼
                    ┌─────────────┐
                    │ 预测市场需求 │
                    └──────┬──────┘
                           ▼
                    ┌─────────────┐
                    │ 确认库存状况 │
                    └──────┬──────┘
                    否           否
                    ┌────────┐   ┌────────┐
                    ▼        │   ▼        │
            ┌─────────────┐  ◇ 审核 ─是─ ◇ 审批
            │ 提出调货申请 │→
            └─────────────┘
  ┌──────────┐   ┌─────────────┐              是
  │包装、准备│ ◄─│ 安排调货事宜 │ ◄────────────
  └────┬─────┘   └─────────────┘
       ▼
  ┌──────────┐   ┌─────────────┐
  │   发货   │ → │    接货     │
  └──────────┘   └──────┬──────┘
                        ▼
                 ┌─────────────┐
                 │ 安排销售事宜 │
                 └──────┬──────┘
                        ▼
                 ┌─────────────┐
                 │   流程结束   │
                 └─────────────┘
```

十、换货管理工作流程设计

流程名称	换货管理 工作流程	编码			
		执行者	营销部、仓库	监控者	营销总监
行为实施环节	仓库		营销总监		总经理

管理行为	
	流程起始
	↓
	收到客户投资信息
	↓
	明确货品销售信息
	↓
	填写换货单 → 审批 （否 回到上方）
验收原货物入库 ← 收回原货物 ← （是）	
↓	
包装、发送新货物	
↓	
送货 → 确认	
	↓
	流程结束

十一、新产品市场试销工作标准

市场试销阶段并非是必需的,但对于高风险产品或具有新奇特点的产品,市场试销却是必需的。市场试销的目的是了解消费者和经销商对处理、使用和再购买该实际产品如何反应,以及该市场容量有多大。通过市场试销能够获得有价值的信息如购买者、经销商、营销方案的有效性、市场潜量和其他事项等。

市场试销方法可有多种,以下几种试销方法的成本不一。

一是成本最低的是销售波研究,即通过几次免费或低价提供本企业的产品或竞争者的产品后,公司密切注意有多少消费者再次选择本公司的产品和他们对满意程度的评论。当然也可以不提供产品,只是让消费者接触到几次本公司的广告,然后观察他们的购买行为。

二是模拟销售方法,由公司选择一些消费者,预先并不告诉其本公司的产品,而提供其一定数量的金钱,然后观察其购买行为,确定他们对产品的态度、使用情况、满意程度和再购买意图。这种方法的准确性通常是比较高的。

三是控制销售法,由公司选定一些商店,给予折让或一定费用,让其试销本公司的新产品。控制销售可以使公司得以测试店内因素的影响,并在随后再用抽样调查的方法抽选一部分消费者,征求他们对产品的印象。公司可以不动用自己的销售力量,但这种方法使自己的产品暴露在竞争者面前。

四是最昂贵的全面测试法。一般来说,公司需要与外界的调研公司合作,以选定少数有代表性的测试城市,在那儿,公司的销售队伍努力把该产品推销给商业部门经销以及为它取得良好的货架陈列的机会,这样全面的测试费用是相当可观的,是正式销售的一次预演。

十二、新产品正式销售工作标准

新产品决定进入市场后,企业就必须建立或租赁一个全面的生产制造设施,并抓住时机进行推广,把新产品引进市场并达到使消费者普遍接受的目的。这一阶段主要考虑以下四个方面的因素:

一是何时引入,介入时机的好坏影响企业是否能够达到预期的效果,如有的产品具有季节性,在淡季推出,企业将遭受不必要的损失。

二是推向何地,即销售面的问题,是推向单一地区,还是面向区域。

三是目标市场的再确定,在新产品开发时所确定的目标市场可能跟实际的购买者不相吻合,此时公司就应对目标市场进行重新界定,以寻找最有希望的顾客群体。

四是导入策略,这主要指的是公司把新产品引入市场的实施计划,主要是在营销组合中如何搭配、分配营销预算。

十三、产品组合策略实施标准

产品组合是企业营销决策的重要组成部分,产品组合的确定在很大程度上决定了企业未来的发展。我国一些民营企业在这方面为我们留下了令人深思的教训,史玉柱的巨人集团确实也有过一段"东方巨人"的形象,但盲目决策而追求发展速度,盲目决策而追求多元化经营,特别是兴建巨人大厦的投资决策失误,使"巨人危机"加重,无可挽回地导致巨人集团垮下来。沈阳飞龙集团的总裁姜伟说得好:"民营企业家的发迹大多是抓住一两个好的产品,瞅准一个市场空当,然后押宝于市场促销,一举成功。这种偶然性的成功渐渐成为民营企业家的一种思维定势;在决策时带有很强的赌博性。但一两个产品赌赢了,并不意味着所有产品都可以如法炮制。"可见,产品组合的好坏,在某种程度上决定了企业的成败。

而产品组合指的是企业制造或经营的全部商品的有机构成方式,是企业生产和经销的全部商品的结构。当代社会的发展,一方面企业要以大批量生产获得较大的经济效益;另一方面又由于市场、消费需求的变化,要发展多品种的产品以适应消费需求的多样化。如何在生产和经销中进行产品的搭配和组合就成为企业在经营决策中必须要面对的重要问题。

产品组合的分析可以从几个方面进行。首先定义产品线。产品线指一组密切相关的产品,这些产品功能相同,售给同类顾客群,通过同一类的渠道销售出去,售价在一定幅度内变动。有了产品线的定义作为基础,我们就可以定义产品组合的宽度。产品组合的宽度是指公司所拥有的产品线的数目。如宝洁公司的宽度为7,分别为清洁剂、牙膏、条状肥皂、纸尿布、纸巾、漱口剂和卫生纸等产品线。

每一条产品线内的产品品目数称为该产品线的长度。当然,如果一个公司具有多条产品线,我们可以将所有产品线的长度加起来,得到公司产品组合的总长度,除以宽度则可以得到公司平均产品线长度。

每一产品品目内的品种数称为产品组合的深度,如两面针牙膏具有多种口味与香型,这些就构成了两面针牙膏的深度。

不同的产品线在最终用途、生产条件、分销渠道或者其他方面可能有某种程度的关联,这种关联性我们将其称为相关度。

产品组合的四个方面为公司确定产品战略提供了依据。

公司可以采用四种方法发展其经营业务:可以增加新的产品线,以扩大产品组合的宽度;可以伸长它现有的产品线,成为有更完全产品线的公司;可以更多地增加每一产品的品种,以增加产品组合的深度;可以使产品线具有或多或少的相关度,开拓新的领域或收缩领域。

十四、产品组合决策实施标准

首先要分析产品组合,一般考虑以下几方面因素:

第一,对产品处境的分析要对企业的每一项产品逐一分析,可利用杜拉克的"六层次"产品处境分析法。这六个层次分别是:企业未来的主要产品,即新产品,这种产品也可能是由目前的主要产品改进的;企业目前的主要产品;在竞争条件下,可能为企业主要盈利的产品;过去的企业主要产品,产销量大但销路日渐萎缩的产品;仍可继续经营,尚未完全失去销路的产品;完全失去销路或未打开销路的产品。企业将产品组合中全部产品项目的"处境"进行判定再决定每一个项目的剔除、保留和发展。对产品的分析要结合对产品的经济生命周期的研究。

第二,产品定位分析,应分析本企业产品定位的优劣,提出产品再定位的设想。

第三,产品品目关系及对企业的贡献分析主要考察产品的总体组合方式,每项产品对企业经营的影响,以明确经营产品项目中的主、次关系,做到有主有次,主次扶持,以充分发挥企业的优势和潜力。

第四,对企业产品组合的改进。

首先是调整,通过调整扩展企业的产品组合或缩减产品组合。企业要从实际情况出发,根据自身的营销目标、营销范围、营销能力(人、财、物的优势与劣势)等因素来确定。扩展企业的产品组合即进行更多品目或品种的生产或经营,可以充分利用企业的人力、物力和财力,减少经营的风险,但同时提高了经营的复杂程度;缩减企业的产品组合即进行更少品目、更专业化的经营,有利于企业采用先进的生产技术和营销方法,提高效率,降低成本和费用,提高产品质量和服务水平,但是,要承担较大的经营失败的风险。因此要求企业有关决策人员善于把多品目与专业化结合起来,妥善地处理以上矛盾,使企业的产品组合独具特色,并通过不断调整保持最佳状态。

其次是产品线长度决策。产品线决策面临的主要问题之一是产品线的最佳长度。如果能够通过增加产品品目来增加利润的话,那就说明现有的产品线太短;如果能够通过削减产品品目来增加利润的话,那就说明现有的产品线太长。

产品线长度的安排受到公司目标的影响。正在试图寻求较高的市场份额的公司就会希望具有完善的产品线;同时,市场成长也会要求公司具有较长的产品线。如果一些品目无法提供利润,它们就会被忽视。追求高额利润的公司宁可拥有"经慎重挑选的"品目组成的产品线。

一般来说,公司的产品线具有不断延长的趋势。生产能力过剩会促使公司倾向于开发新的产品品目。推销队伍和分销商也希望产品线更为全面,以满足顾客的需求。为了追求更高的销售量和利润,公司也会希望增加产品线上的产品品目。

但是必须注意的是,当产品品目增加后,有几类费用也相应上升。这些费用有:设计费和工程费、仓储费、订货处理费、运输费,以及新产品品目的促销费。其结果,有人会要求遏制住产品线迅速发展的势头。由于出现资金的短缺和生产能力的不足,公司的高层管理当局可能会冻结一些事物。主管人员可能就产品线的盈利能力提出一些问题,并要求就这些问题作一番研究。研究以后,可能会发现大量亏损的产品品目,为了提高产品线的盈利能力,应作一次重大努力将这些产品品目从产品线中删除掉。先是产品线随意增长,随后是大量的产品削减,这种模式将会重复多次。因此产品线的增加与否要视未来收益与可能发生的成本的配比结果而定。

公司可以采用四种方式进行系统地增加其产品线的长度:

一是向下扩展。许多公司刚开始生产高端产品,随后将产品线向下扩展。做法通常是在其产品线的低端增加一些新品种。例如西尔斯公司生产了仅售 240 美元的室内空调器,通用汽车公司生产了一种售价仅仅为 7 000 美元的新型的"雪佛来"汽车。公司采用向下扩展产品线的决策有多方面的原因,如,高档产品市场增长缓慢,或利用低档产品作为避免竞争或反击竞争的工具。

采取向下扩展的策略,公司会遇到一些风险。新的低档产品可能会改变公司原来所确立的形象。派克公司原先已经确立了高档产品厂商的形象,后来其领导层决定生产大众化的钢笔,这一向下扩展的决策导致消费者对派克公司形象的怀疑,从而影响了其原来的高档产品销售。

二是向上扩展。这里指的是原先生产低档产品的公司转而生产高档产品。向上扩展的原因不外乎制造商为了长期的发展想要拥有完整的产品线,或被高档产品的较高的增长率和利润率所吸引。

向上扩展同样存在风险,不仅会招致高档产品厂商的反击,而且由于原先的低档形象,消费者还会怀疑它的生产能力,影响到其市场的开拓。

三是双向扩展。生产中端产品的厂商向上向下两个方向扩展。这种策略对于公司的实力要求更高,但这种扩展所带来的好处是明显的。成功的双向扩展可以使中端产品厂商确立其市场的领导地位。

四是填补策略。这种产品线的扩展并没有明显的向上或向下的特征,而仅仅是增加一些产品品目。采用这种策略的原因主要是为了充分利用剩余的生产力或者为了填补市场空隙,防止竞争者的侵入。

产品线的削减也是产品线决策的一个重要方面。不同的产品品目对企业利润的贡献是不一样的,有的产品品目甚至是使利润减少的原因,这样的产品品目就应该进行削减。另外,如果公司缺乏生产能力或需求较为紧张时,公司也应该削减一些产品线。无论是增加还是削减,都必须通过销售额或成本的分析来判断有利的或疲软的产品品目。

十五、建立退货准则工作标准

企业处理客户的退货,以厂商而言,不管是"经销商的退货"或是"使用者的退货",必须有所准则,若是无条件地接受退货,结果卖方承受100%的风险;导致无法订立资金营运计划、利益计划;更有甚者,买方不必认真办理订购之有关事项,零售商则可能不积极销售,更加扩大卖方企业本身无法掌握的风险。因此,交易之时,应当事先决定接受何种程度的退货,或者在何种情况下接受退货,作为销售条件的一部分。

例如决定仅在"不良品或商品损伤的情况接受退货",或是"销售额的10%以内的退货";"7天之内保证退货还钱"等。一旦制定商品退货准则后,应适度通知经销商。

企业对外要订立接受退货条件的"退货准则",对内要有一套企业标准流程作业的"退货工作流程"。接获商品退货消息,就必须了解是否有按照公司所规定的退货准则,唯有符合条件者,才能进行退货处理。

在企业所拟订的管理办法,除非事先已准许客户退货,例如对使用者的"只要在7天内退货,一概退货还钱",对经销商的"商店滞销库存货都可接受退货",否则当客户欲退货时,应事先与承办业务员接洽,未事先接洽者,或业务员不接受退货者,原则上均不接受其退货。本公司承办业务员应与客户交涉,并检讨构成退货原因责任是否应归责于本公司。退货原因属于本公司责任者,应予受理退货。退货原因不属于本公司责任者(不当之退货),不予受理退货。退货原因是否应归责于本公司尚待研讨者(品质不良等皆属之),则予暂时保留退货,立即会同检查成品,或送晶管部门再检查,然后决定应否受理。

上述所提重点,是"厂商本身接受其客户之退货"。这里说明另一重点,是"公司将本身所进货之商品加以退回到原厂商"。公司每月(或每周)在固定时间将退货商品依照厂商别,分别加以集中,并预先输入电脑,列印"退货清单",利用厂商送货取款时,一并带回。首先应列入追踪的是"退货物品"是否有应退而尚未退之商品;其次追踪的是"退货之货款"。货品退货应迅速,否则影响当期应付账款。

十六、退货清点工作标准

接到客户退货,有必要去查点数量与品质,确认所退货种类、项目、名称是否与客户发货单记载相同。首先,数量是否正确。例如2盒与2箱,虽只差一字,因一箱有24盒,故实际上而言,数量相差24倍之多。其次,确定退货物品有无损伤,是否为商品的正常状态。

有时,因是"不良品"而遭退货,厂商受理退货后就要加以维修。清点后,仓库的库存量要迅速加以修正调整,而且要尽快制作退货受理报告书,以作为商品入库和冲消销货额、应收账款的基础资料。此程序若不及时实施,"应收账款余额"与"存货余额"在账面上都不会正确,从而容易造成账务困扰。

第二十一章

客户关系管理

《按流程执行》

一、客户关系管理工作流程设计

流程名称	客户关系管理 工作流程	编码			
		执行者	营销部	监控者	营销总监
行为实施环节	营销部		营销总监		总经理

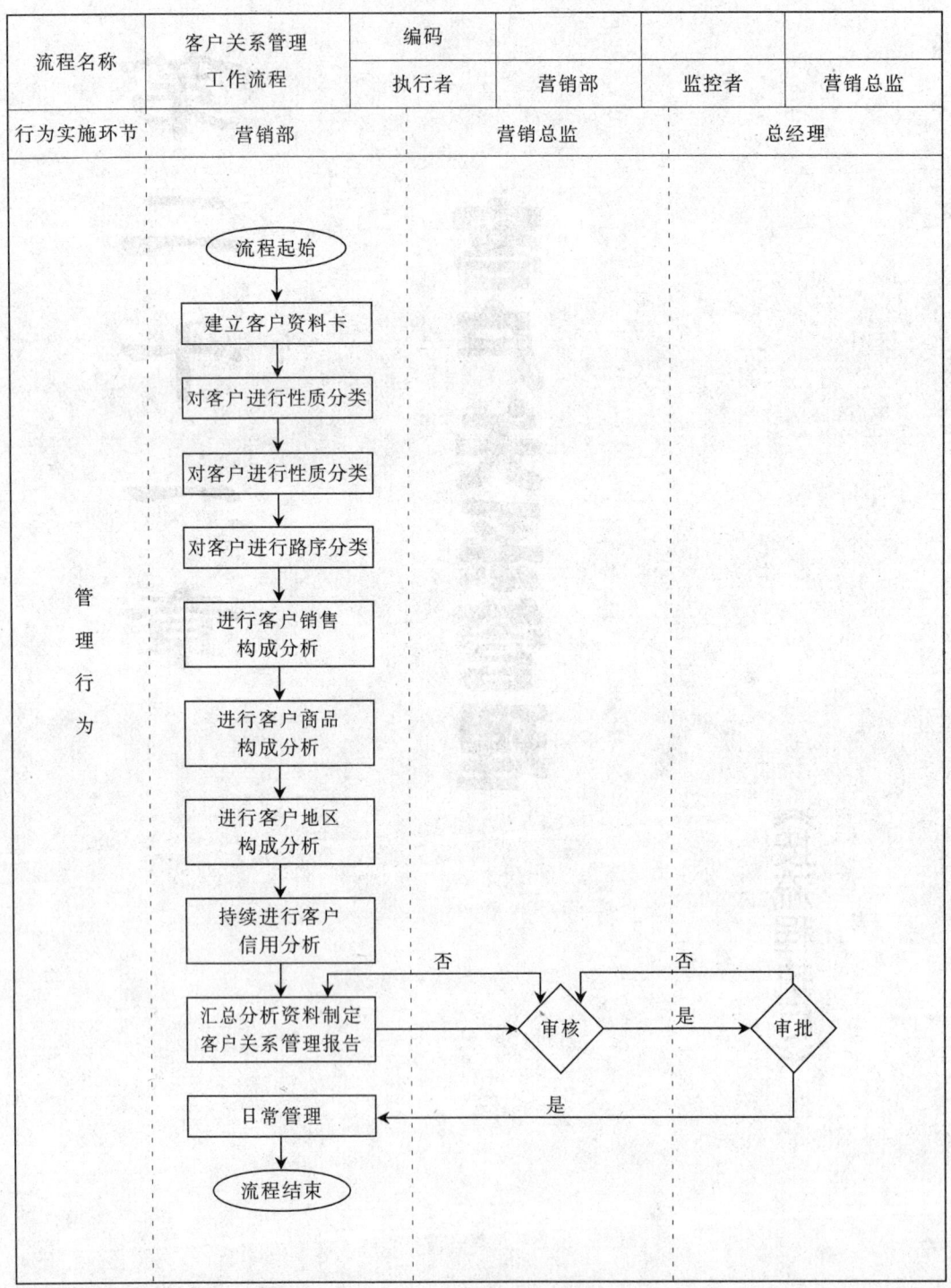

二、客户信用制订管理工作流程设计

流程名称	客户售用制度 制定管理工作流程	编码			
		执行者	营销部	监控者	营销总监
行为实施环节	营销部			营销总监	

管 理 行 为

流程起始

客户信用调查分析

客户销售统计分析

制定客户信用等级评定制度 → 审核 （否 / 是）

填制客户信用等级评定表

核定客户信用额度和账期 → 审核 （否 / 是）

通知客户

流程结束

三、客户信用等级变更管理工作流程设计

流程名称	客户售用等级 变更管理工作流程	编码			
		执行者	营销部	监控者	营销总监
行为实施环节	营销部			营销总监	

管理行为

```
        ┌─────────────┐
        │  流程起始   │
        └──────┬──────┘
               ↓
        ┌─────────────┐
        │发现客户异常情况│
        └──────┬──────┘
               ↓
        ┌─────────────┐
        │  调查原因   │
        └──────┬──────┘
               ↓
        ┌─────────────┐
        │ 评价严重程度 │
        └──────┬──────┘
               ↓              否
        ┌─────────────┐    ┌───────┐
        │提出变更客户信用│───→│ 审核  │
        │等级申请方案  │    └───┬───┘
        └─────────────┘      是 │
               ↑←──────────────┘
        ┌─────────────┐
        │ 客户信用等级 │
        │ 变更登记    │
        └──────┬──────┘
               ↓
        ┌─────────────┐
        │  通知客户   │
        └──────┬──────┘
               ↓
        ┌─────────────┐
        │  流程结束   │
        └─────────────┘
```

四、客户访问管理工作流程设计

流程名称	客户访问等级工作流程	编码			
		执行者	营销部	监控者	营销总监
行为实施环节	营销部			营销总监	

管理行为

```
        ┌─────────┐
        │  流程起始  │
        └────┬────┘
             │
        ┌────▼─────┐
        │ 确定访问对象 │
        └────┬─────┘
             │
        ┌────▼─────┐
        │ 制定访问计划 │
        └────┬─────┘
             │                    否
        ┌────▼──────┐      ┌──────◇
        │ 提出访问费用预算 │─────▶│ 审批 │
        └───────────┘      └──┬──◇
                               │ 是
        ┌──────────┐          │
        │  访问客户   │◀─────────┘
        └────┬─────┘
             │                    否
        ┌────▼─────┐      ┌──────◇
        │  费用报销   │─────▶│ 审批 │
        └──────────┘      └──┬──◇
                               │ 是
        ┌─────────┐          │
        │  流程结束  │◀─────────┘
        └─────────┘
```

五、客户接待管理工作流程设计

流程名称	客户接待管理 工作流程	编码			
		执行者	营销部	监控者	营销总监
行为实施环节	营销部			营销总监	

管理行为	

```
                        ┌──────────┐
                        │  流程起始  │
                        └────┬─────┘
                             │
                        ┌────▼─────┐
                        │ 确定接待事宜 │
                        └────┬─────┘
                             │
                        ┌────▼─────┐
                        │ 制定接待计划 │
                        └────┬─────┘
                             │              否
                        ┌────▼─────┐ ──────────────┐
                        │ 编制接待预算 │──────────▶ ◇审批◇
                        └────▲─────┘                │
                             │        是            │
                        ┌────┴─────┐ ◀──────────────┘
                        │ 做好接待准备 │
                        └────┬─────┘
                             │
                        ┌────▼─────┐
                        │  接待客户  │
                        └────┬─────┘
                             │              否
                        ┌────▼─────┐ ──────────────┐
                        │  费用报销  │──────────▶ ◇审批◇
                        └──────────┘                │
                        ┌──────────┐   是           │
                        │  流程结束  │ ◀─────────────┘
                        └──────────┘
```

· 400 ·

六、售后服务管理工作流程设计

流程名称	产品研发管理工作流程	编码		监控者	生产、营销总监
		执行者	营销部、研发	监控者	生产、营销总监
行为实施环节	研发部	营销部		生产、营销总监	总经理
管理行为		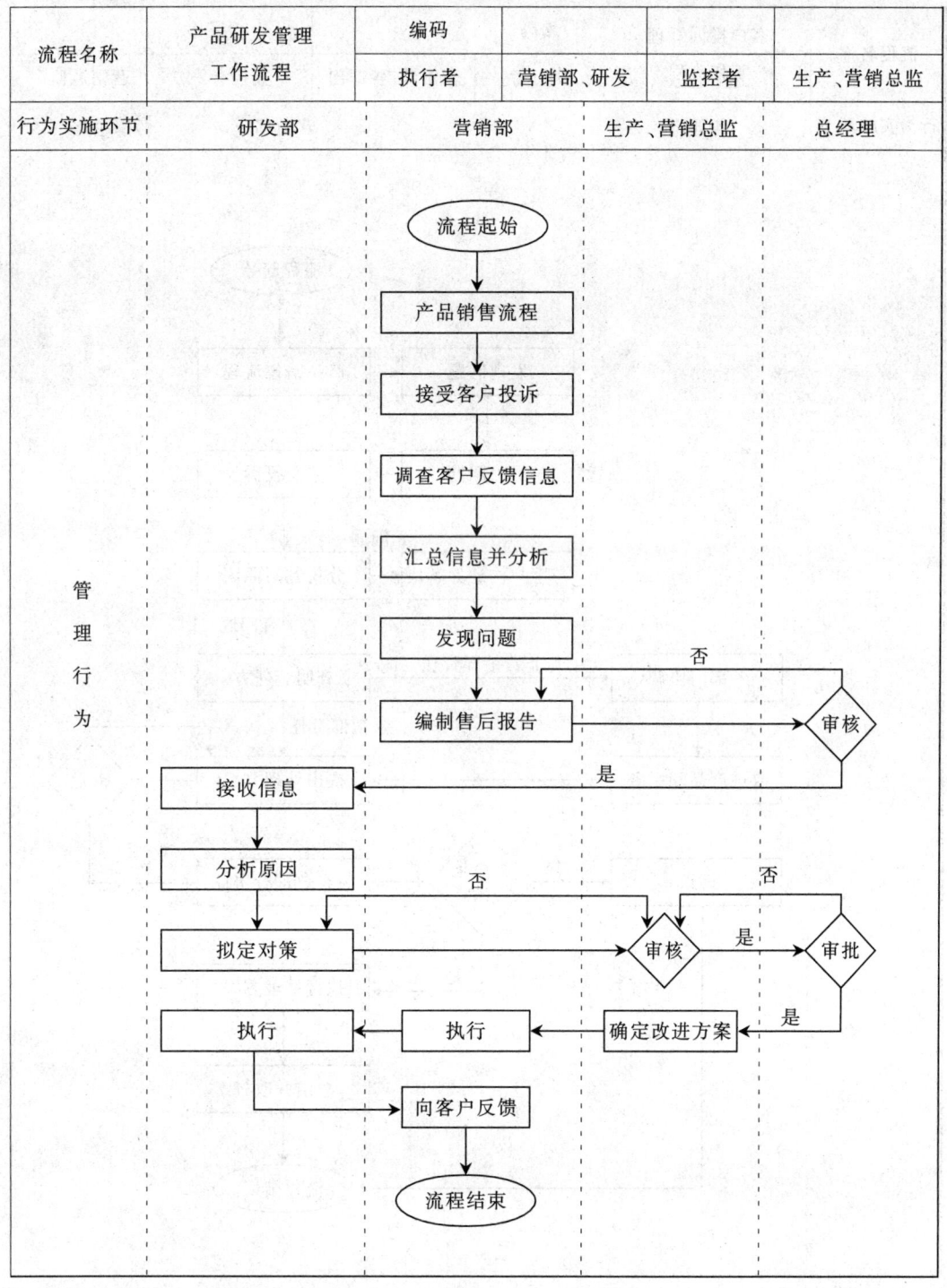			

七、客户投诉管理工作流程设计

流程名称	客户投诉管理 工作流程	编码			
		执行者	营销部、各部门	监控者	营销总监
行为实施环节	各部门	客户		营销部	营销总监

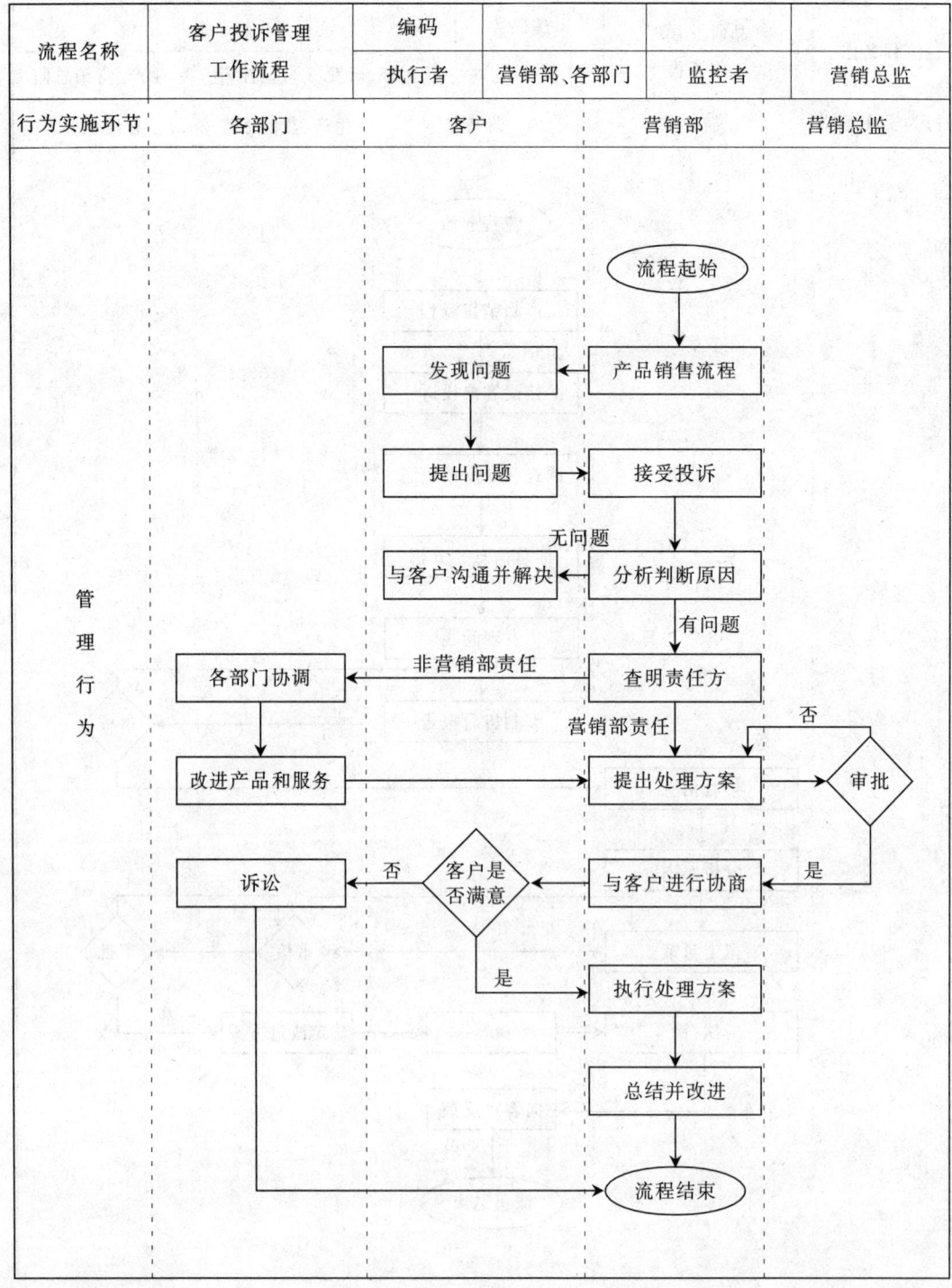

八、账款回收管理工作流程设计

流程名称	账款回收管理工作流程	编码			
		执行者	营销部	监控者	营销总监
行为实施环节	营销部	营销总监		总经理	

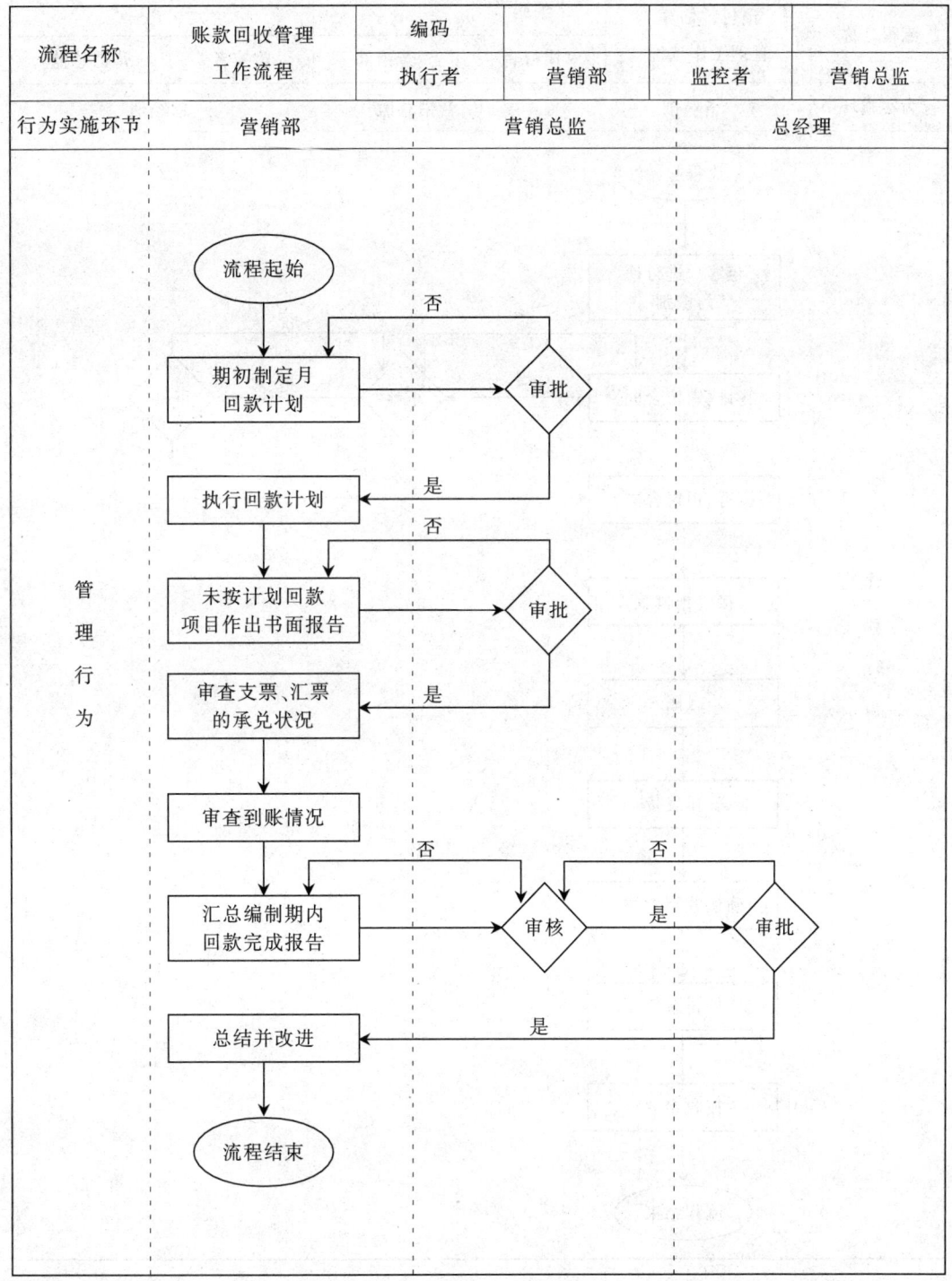

管理行为

- 流程起始
- 期初制定月回款计划
- 审批
- 否
- 执行回款计划
- 是
- 未按计划回款项目作出书面报告
- 审批
- 否
- 审查支票、汇票的承兑状况
- 是
- 审查到账情况
- 汇总编制期内回款完成报告
- 审核
- 否
- 审批
- 否
- 是
- 总结并改进
- 是
- 是
- 流程结束

九、预付款结算管理工作流程设计

流程名称	预付款估算 管理工作流程	编码			
		执行者	营销部	监控者	营销总监
行为实施环节	营销部	营销总监		总经理	

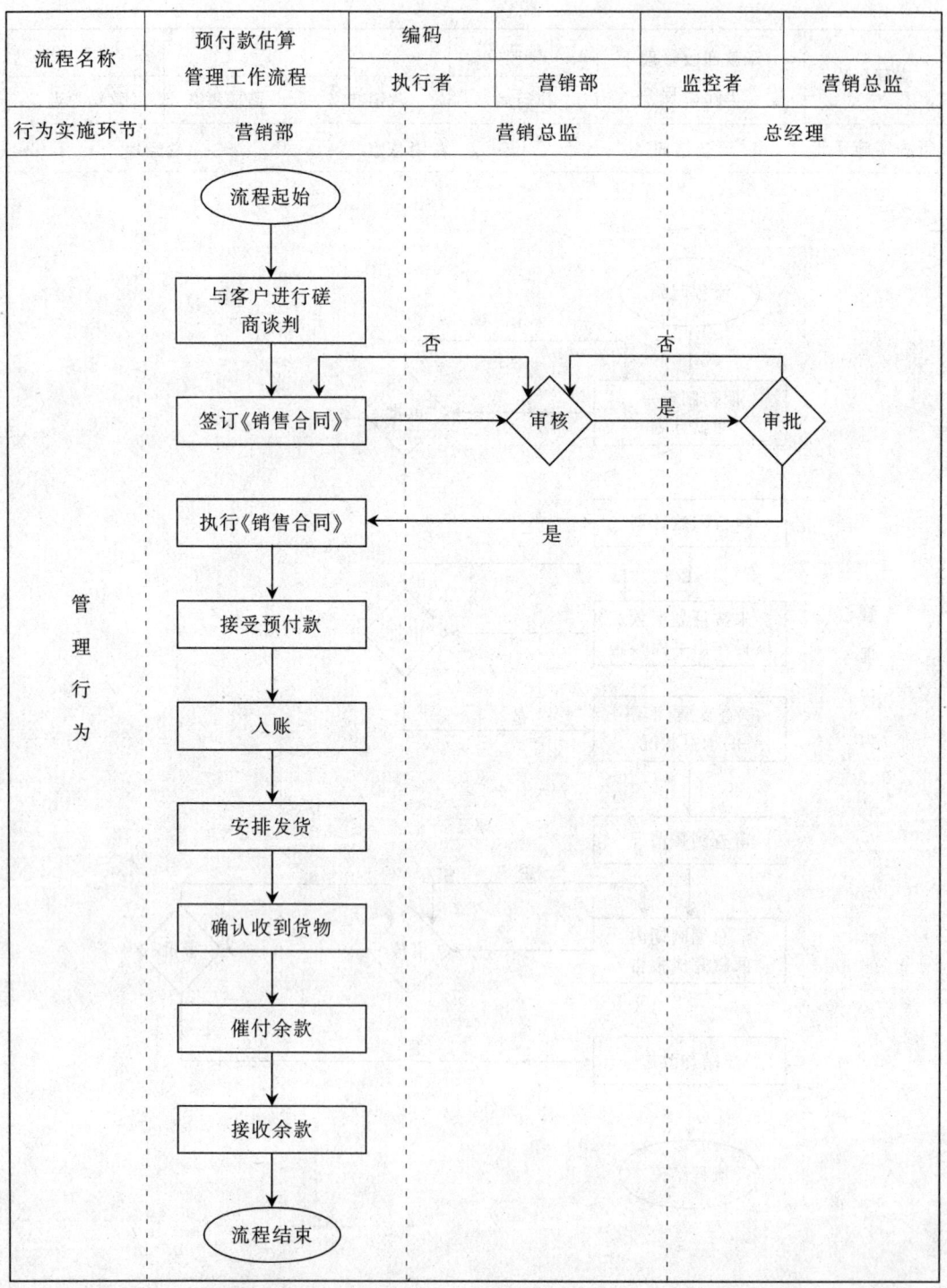

管
理
行
为

流程起始

与客户进行磋商谈判

签订《销售合同》

否

审核

是

审批

否

执行《销售合同》

是

接受预付款

入账

安排发货

确认收到货物

催付余款

接收余款

流程结束

十、逾期账款管理工作流程设计

流程名称	逾期账款管理 工作流程	编码			
		执行者	营销部、财务部	监控者	营销总监
行为实施环节	财务部	营销部		营销总监	总经理
管 理 行 为	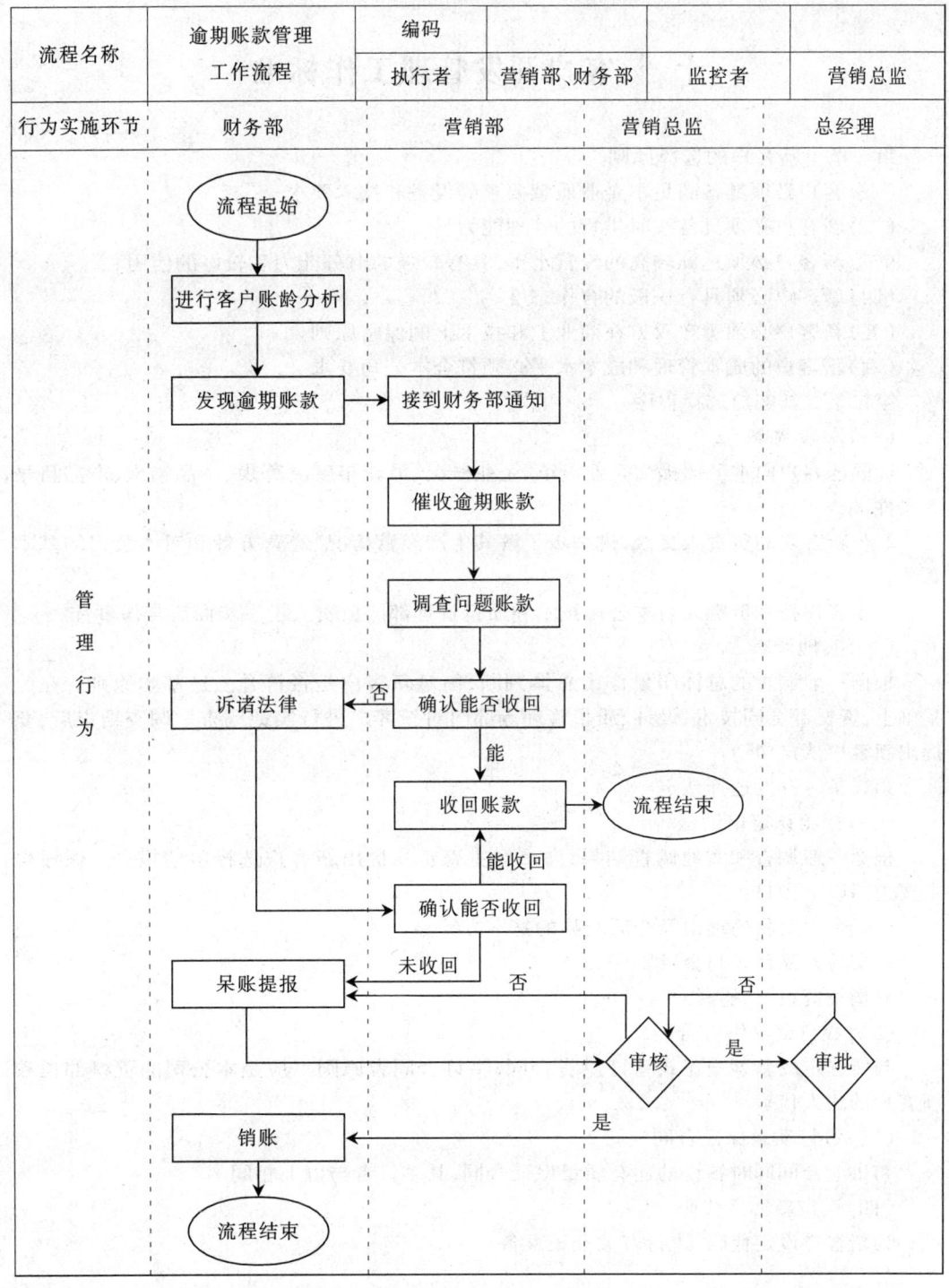				

十一、客户开发管理工作标准

第一条　新客户的选择原则

（一）客户必须具备满足本企业质量要求的设备和技术要求。

（二）新客户必须具备按时供货的管理能力。

（三）新客户必须达到较高的经营水平，具有较强的财务能力和较好的信用。

（四）新客户必须具有积极的合作态度。

（五）新客户必须遵守双方在商业上和技术上的保密原则。

（六）新客户的成本管理和成本水平必须符合本公司要求。

第二条　新客户选择程序

（一）一般调查

1. 候选客户向本公司提交企业沿革、企业概况、最新年度决算表、产品指南、产品目录等文件。

2. 与新客户的负责人交谈，进一步了解其生产经营情况、经营方针和对本公司的基本看法。

3. 新客户技术负责人与本公司技术和质量管理部门负责人进一步商洽合作事宜。

（二）实地调查

根据一般调查的总体印象作出总体判断，衡量新客户是否符合上述基本原则。在此基础上，资材部会同技术、设计、质量管理等部门对新客户进行实地调查。调查结束后，要提出新客户认定申请。

第三条　开发选择认定

（一）提出认定申请报告

根据一般调查和实地调查结果，向市场主管正式提出新客户选择申请报告。该报告主要包括以下项目：

1. 新客户交易的理由及今后交易的基本方针。

2. 交易商品目录与金额。

3. 调查资料与调查结果。

（二）签订商品供应合同

与所选定的新客户正式签订供货合同，签订合同者原则上应是本公司的资料部长和新客户的法人代表。

（三）签订质量保证合同

与供应合同同时签订的还有质量保证合同，其签订者与以上相同。

（四）设定新客户代码

为新客户设定代码，进行有关登记准备。

（五）其他事项

将选定的新客户基本资料通知本企业相关部门,确定购货款的支付方式,新客户有关资料的存档。

十二、客户服务管理工作标准

（一）管理方法

接待客人的方法:

1.对待客人,不可因客人的身份、服装等特征而有不同态度,应以和蔼、机敏的态度来对待。

2.当客人进店时,应立刻与其打招呼。打招呼可用点头示意,亦可用简单的"您好""欢迎光临"等礼貌用语。

3.要尽可能记住客人的特征、个性,尤其是耐性不佳、不易应付的客人特别要用心对待,设法与之谈成交易。

4.在接待客人的过程中,有必须起身接电话或办理其他重要事,须以眼神向客人示意,并示歉意。特别留心注意,在将物品交给对方时,应适时推荐合于该店的商品部协议,以决定交易的对策及处理态度。

（二）对客服人员进行教育培训

1.针对"新进业务员"。

2.由经理安排"新进业务员"受训。

3.讲师:营销经理。

4.受训的最后一节课由总经理讲话。

5.全体业务员每年集训两次,每次两天。总公司将设计课程,安排讲师(含:内聘、外聘)。

（三）培训内容

1.电话礼仪。

2.着装礼仪。

3.处理问题的技巧。

4.客户服务的十大注意事项。

5.客户满意度。

6.业务服务标准。

（四）客户意见处理

1.为加强对客户的服务,并培养服务人员"顾客第一"的观念,特举办客户意见调查,将所得结果,作为改进服务措施的依据。

2.客户意见分为客户的建议或抱怨及对技术员的品评,除将品评资料作为技术员每月绩效考核之一外,对客户的建议或抱怨,服务部应特别加以重视,认真处理,以精益求精,建立本公司售后服务的良好信誉。

3.对客户的建议或抱怨,其情节重大者,本部门应即提呈总经理核阅或核转,提前加以处理,并将处理情况函告该客户;其属一般性质者,服务部门可自行酌情处理,并应将处理结果以书面或电话通知该客户。

4.凡属加强服务及处理客户的建议或抱怨的有关事项,业务部门应经常与客服中心密切联系,随时予以催办,并协助其解决所有困难,对抱怨的客户,无论其情节大小,均应由业务主管亲自或专门派员前往处理,以示重视。

（五）客户索赔问题的处理规定

1.对于索赔,无论大小,应慎重处理。

2.防止索赔问题的发生才是根本的解决问题之道,不可等索赔问题发生时,才图谋对策。

3.要迅速、正确地获得有关索赔的情报。

4.索赔问题发生时,要尽快订定对策。

5.销售经理对于所有的资料均应过目,以防部下忽略了重要问题。

6.每一种索赔问题,均应订定标准的处理方法(处理规定、手续、形式等)。

（六）处理客户关系的注意事项

1.根据一定的格式,做成客户总账(或卡片)。

2.客户很多时,只要做重要的或大客户的总账即可。

3.客户的卡片往往容易被忽略,因此,关于如何有效地活用,经理应充分加以指示和指导。

4.应随着客户情况的变化,加以记录。

5.通过广告宣传、销售计划的综合对策及推销员的个别接触,与客户保持良好关系。

6.销售经理不要只去访问特定的客户,而应普遍地作巡回访问。

7.无论如何,与客户沟通意见与保持良好的人际关系最为重要。

8.销售经理必须充分了解每一位客户的销售、回收和经营的内容。

9.积极地将有利的情报提供给客户。

10.对于改善销售及经营等问题,要经常地指导客户。

11.客户提出意见时,要坦诚、热心地接受。

十三、客户开发选择工作标准

第一条　新客户的条件

（1）新客户必须具备满足本公司质量要求的设备和技术要求。

（2）新客户必须达到较高的经营水平,具有较强的财务能力和较好的信用。

（3）新客户必须具有积极的合作态度。

（4）新客户必须遵守双方在商业上和技术上的保密原则。

（5）新客户的成本管理和成本水平必须符合本公司要求。

第二条　新客户选择程序

1. 一般调查

（1）候选客户向本公司提交公司沿革、公司概况、最新年度决算表、产品指南、产品目录等文件。

（2）与新客户的负责人交谈，进一步了解其生产经营情况、经营方针和对本公司的基本看法。

（3）新客户技术负责人与本公司技术和质量管理部门负责人进一步商洽合作事宜。

2. 实地调查

根据一般调查的总体印象作出总体判断，看新客户是否符合上述条件，在此基础上，资材部会同技术、设计、质量管理等部门，对新客户进行实地调查。调查结束后，要提出新客户认定申请。

第三条　开发选择认定

1. 提出认定申请报告

根据一般调查和实地调查结果，向市场部主管正式提出新客户选择申请报告。该报告主要包括以下项目：

（1）与新客户交易的理由及今后交易的基本方针。

（2）交易商品目录与金额。

（3）调查资料与调查结果。

2. 签订商品供应合同

与所选定的新客户正式签订供货合同，签订合同者原则上应是本公司的资材部长和新客户的法人代表。

3. 签订质量保证合同

与供应合同同时签订的还有质量保证合同，其签订者同上。

4. 设定新客户代码

为新客户设定代码，进行有关登记准备。

5. 其他事项

将选定的新客户基本资料通知本公司相关部门；确定购货款的支付方式；新客户有关资料的存档。

十四、客户档案管理工作标准

第一条　建档目的

本制度立足于建立完善的市场客户档案管理系统和客户档案管理规程，以提高营销效率，扩大市场占有率，与本公司交易伙伴建立长期稳定的业务联系。

第二条　适用范围

公司的过去、现在和未来的市场直接客户与间接客户都属本制度的适用范围。

第三条　客户档案管理内容

1.客户基础资料。客户资料主要是通过营销人员对客户进行的电话访问和电子邮件访问搜集来的。在档案管理系统中,大多数以建立客户数据库的形式出现。

客户基础资料主要包括客户的基本情况、所有者、管理者、创立时间、与本公司交易时间、公司规模、资产等方面。

2.客户特征。服务区域、销售能力、发展潜力、公司文化、经营方针与政策、经营管理特点等。

3.业务状况。主要包括目前及以往的销售实绩、经营管理者和业务人员的素质、与其他竞争公司的关系、与本公司的业务联系及合作态度等。

4.交易活动现状。主要包括客户的销售活动状况、存在的问题、保持的优势、未来的对策、信誉与形象、信用状况、交易条件和以往出现的信用问题等。

第四条　客户档案管理方法

1.建立客户档案系统。本制度规定客户基础资料的取得形式如下,并采用数据库的形式进行:

(1)由销售代表在进行市场调查和客户访问时进行整理汇总。

(2)向客户邮寄客户资料表,请客户填写。

(3)委托专业调查机构进行专项调查。

2.客户分类。利用上述资料,将公司拥有的客户进行科学的分类,目的在于提高销售效率,增加公司在市场上所占的份额。

客户分类的主要内容包括:

(1)客户性质分类。分类的标识有多种,主要原则是便于销售业务的开展。可按客户所在行业、客户性质、客户地域、顾客类型划分。

(2)客户等级分类。本公司根据实际情况,确定客户等级标准将现有客户分为不同的等级,以便于对客户进行渠道管理、销售管理和货款回收管理。

本制度规定客户等级分类标准如下:一是按客户与本公司的月平均销售额或年平均销售额分类;二是按客户的信用状况,将客户分为不同的信用等级。

(3)客户路序分类。为便于销售代表巡回访问、外出推销和组织发货,首先将客户划分为不同的区域,然后再将各区域内的客户按照经济合理原则划分出不同的路序。

3.客户构成分析。利用各种客户资料,按照不同的标准将客户分类,分析其构成情况,以从客户角度全面把握本公司的营销状况,找出不足,确定营销重点,采取对策,提高营销效率。

客户构成分析的主要内容包括:

(1)销售构成分析。根据销售额等级分类,分析在本公司总销售额中,各类等级的客户所占比重,并据此确定未来的营销重点。

(2)商品构成分析。通过分析本公司商品总销售量中各类商品所占比重,以确定对不同客户的商品销售重点和对策。

(3)地区构成分析。通过分析本公司总销售额中不同地区所占的比重,借以发现问题,提出对策,解决问题。

4.客户信用分析。在客户信用等级分类的基础上,确定对不同客户的交易条件、信用限度额和交易业务信用处理办法。

第五条　客户档案管理应注意的问题

1. 客户档案管理应保持动态性,不断地补充新资料。
2. 客户档案管理应重点为公司选择新客户、开拓新市场提供资料。
3. 客户档案管理应"用重于管",提高档案系统的质量和效率。
4. 客户档案系统应由专人负责管理,并确定严格的查阅和利用的管理办法。

十五、客户名册管理工作标准

第一条　编制客户名册。有关客户主要情况全部填写在客户名册之中,以利于本公司各种市场开拓计划和管理业务之用。

第二条　花名册种类。

1. 客户名册。

(1) 政府机构名册。

(2) 特殊公司名册。

(3) 普通公司名册。

2. 顾客(个人)花名册。

3. 交易伙伴花名册。

第三条　客户名册由业务部保管,作为销售计划制定的资料,以及销售活动管理的参考。

第四条　销售部门可向销售计划部门申请借阅名册,作为销售业务的参考资料。

第五条　名册填写的步骤:

1. 各销售代表按照事先规定的范例及范例中所包含的各项栏目和要求填写名册,然后统一交给业务部。

2. 业务部协助各销售代表,按要求正确填写。必要时,可由业务部牵头召开会议,讲解填写方法。

3. 业务部汇总客户名册后,逐一进行检查、审核和调查,对错误或不实之处进行更正。

4. 在更正处盖上印,写上日期。

5. 客户名册原则上每两年增补或调整一次。

十六、不良客户管理工作标准

第一章　总则

第一条　目的

为加强客户管理、提升公司形象、确保营业目标顺利达成,特制定本办法。

第二条　适用范围

本公司客户(非终端消费者)管理中对不良客户的处理,均依本办法执行。

第三条　权责单位

1.业务部负责本办法制定、修改、废止的起草工作。

2.总经理负责本办法制定、修改、废止的核准。

第二章　不良客户处理规定

第四条　不良客户

有下列情形之一的客户属不良客户之列:

1.1年以上没有与本公司交易者。

2.拖欠货款逾期1年且无意归还者。

3.破产、倒闭、经营严重亏损者。

4.有严重违反国家法律、法规的行为或不正当经营者。

5.其他有严重损坏本公司形象、业务行为者。

第五条　不良客户处理办法

1.一般措施:

(1)停止业务往来。

(2)追讨所欠款项。

(3)停止发送产品。

(4)从客户档案中清除。

(5)其他必要措施。

2.特殊措施:

(1)声明断绝业务关系。

(2)法律诉讼、索赔、追款。

(3)冻结往来账户。

(4)其他必要措施。

第六条　不良客户处理的各部门职责

1.业务部负责合同清理、货物及货款结算、档案清除等工作。

2.财务部负责银行手续、金融凭证、账款核算等工作。

3.行政部负责法律事务处理工作。

第七条　善后工作

1.业务部应将不良客户产生的原因进行分析,提出预防对策,呈总经理审阅。

2.业务部应就不良客户事件做内部检讨,并将事件分析报告存档备查。

3.对不良客户事件负有直接或间接重大责任的人员,应依公司规定予以惩处;反之,对处理事故有方,替公司挽回损失的有功人员,应予以适当的奖励。

十七、账款回收计划实施工作流程

货款回收计划,基本上分为两种:以公司为主体的"年度货款回收计划"和以客户为主体的"客户货款回收"。企业内的货款回收计划,所重视的是"回收率"。

除了重视回收率,确保回收金额以外,还要注意"应收账款的滞收状况",了解尚有多少余额可回收。经营不善的企业,常苦于缺乏周转资金,但却有大批滞收货款。

掌握上述情况,就可以决定公司的回收目标,包括每个月的"回收额合计"、"应收账款余额",按照"月份别""部门别""商品别""客户别""推销员别",做成明细的"货款回收计划"(如下表),了解每个月份的"计划销售额"以及每个月份的货款回收计划,包括"回收额"(包括现金,如90天内的支票,90天以上的支票)和每个月的"应收账款余额"(包括"不满一个月者""不满两个月者""两个月以上者")。

账款的顺利回收,工作重点有两大方向,一是公司内部的管理,至少包括"账单的管理"与"内部的各种账款管理行政作业";二是"收款人员的各种收款技巧"。收款日期之前,业务员要"确实请求付款"。漫不经心地请求,会降低对方的义务感;约定日期一到,必须按照原先"约定付款条件"而"定期回收"。收取货款工作,如与推销工作相比较,其困难程度有过之而无不及,因此,业务人员应妥善准备为宜。

十八、账款收取工作标准

(一)收货回执交给客户查看之后,应马上收回。

(二)客户付款时,不论是支票或现金应当时点清。

(三)客户如无法整笔支付时,尚欠之款项,应再列入该"回执联"内,并请客户再度签证。

(四)客户对某一售货清单内的货款整笔支付时,应将客户所签名的"收货回执联"交还客户,表明银货两讫。

(五)客户要求折让时,在允许范围下可答应客户之要求。对于折让行为的金额,请客户填写"折让证明单"。

(六)货款收取后,与客户握别前,应再度向客户表明至目前为止,尚欠多少。如有歧议,应立即查证,双方将货款金额列记清楚。

(七)收取货款时,如果客户因事外出,你可向其他有关人员收取;如对方因手续或责任上不允许,而客户在短时间内无法赶回时,您不妨先离开并留下字条,待稍后或他日再行拜访并收取货款。

（八）向客户收到支票时,应留心支票之各种有效凭证。

十九、避免吞款工作标准

（一）收款单位。收款人员根据"收款单"资料,向客户收取货款,由客户处取得现金或支票时,应填制收款单一式两联,其中现金、即期支票与远期支票、票据应分栏填写,连同现金票据交出纳点收后盖收款章,并退回第一联给收款人员存档。

（二）与客户对账。可采"信函账"与"面对面的对账"。

（三）现金折让的核准。所谓"现金折让",是指客户愿意提早付款而给予的价格优待。由于提早付款时间的不同,客户所得到的价格优待亦有差异,因此,给予客户折让时,宜先将条件制定出来,以便实施。

（四）逾期未收款的跟催。应收而未收到的账款,简称为"逾期未收款"。"逾期未收款"稍有不慎,可能会进一步演变为"呆账"。企业每个月将应收账款排列出来,以便分析该期间应收账款的情况,作为收款绩效的衡量,以及账款风险的衡量;对于逾龄账款,宜将之列为专案处理,并查明该批账款逾龄的原因,进而设法在一定期间内予以全部清除。

二十、票据管理工作标准

（一）保管应收票据的人员不得经办会计记录。

（二）票据的接受、贴现和换新须经保管票据以外的主管人员的书面批准。接受顾客票据须经批准手续,可使伪造票据以冲抵盗用现金的可能性大为减少;票据的贴现和换新(即票据到期后顾客未付款而是签发新的票据)也应经主管人员审核和批准,否则经办人员可能在贴现或顾客付款后截留现金而用伪造的新票据加以掩饰。如果内部审计人员定期直接向出票人函证,则更能加强这种批准程序所产生的控制作用。

（三）违约票据(即呆票)的冲销须按规定的程序批准,已冲销的票据应置于会计部门的控制之下并在以后采取有效的追踪措施。

（四）票据到期时如果顾客只付了其中的部分款项,则应将付款日期、金额、余额等记在票据背面,并在票据登记簿上进行适当记录,以免经办人员剽窃部分付款的现金收入。

（五）核对销售发票、销售合同、销售订单所载明的品名、规格、数量、价格是否一致。

（六）检查销售合同、赊销是否经核准。

（七）核对相应的运货单副本，检查销售发票日期与运货日期是否一致。

（八）检查销售发票中所列商品的单价并与商品价目表核对。

（九）复核销售发票中列示的数量、单价和金额。

（十）从销售发票追查至销售记账凭证或销售记账凭证汇总表。

（十一）从销售记账凭证或销售记账凭证汇总表追查至总分类账及明细分类账。

二十一、账款追逃工作标准

（一）对于付款不干脆的经销商，在收款前，先打电话予以提醒。

（二）在收款日期一定要拜访，即使出纳员不在，也尽可能要求支付。

（三）拜访时，首先提出收款的目的，未达目的，暂时勿提交易之事。

（四）即使对方已先有客人，也不要离开，耐心等到对方付款为止。

（五）要对方写下收据、记下日期、盖章签字。

（六）侦知对方手头上有现金或账户上刚好进一笔款时，就即刻赶去。

（七）不以感情本位行动，应以讨账本位面对经销商。

（八）即使对方解释或说明苦衷，也不可堕入对方圈套中。

（九）可能导致麻烦的话，率先说出。

（十）对方装模作样地说着手头紧，你也要以同样的方式回敬。

（十一）如果问题还是解决不了，就请经理同行。

第二十二章

促销管理

《按流程执行》

一、广告定位管理工作流程设计

流程名称	账款回收管理工作流程	编码			
		执行者	营销部	监控者	营销总监
行为实施环节	营销部		营销总监		总经理

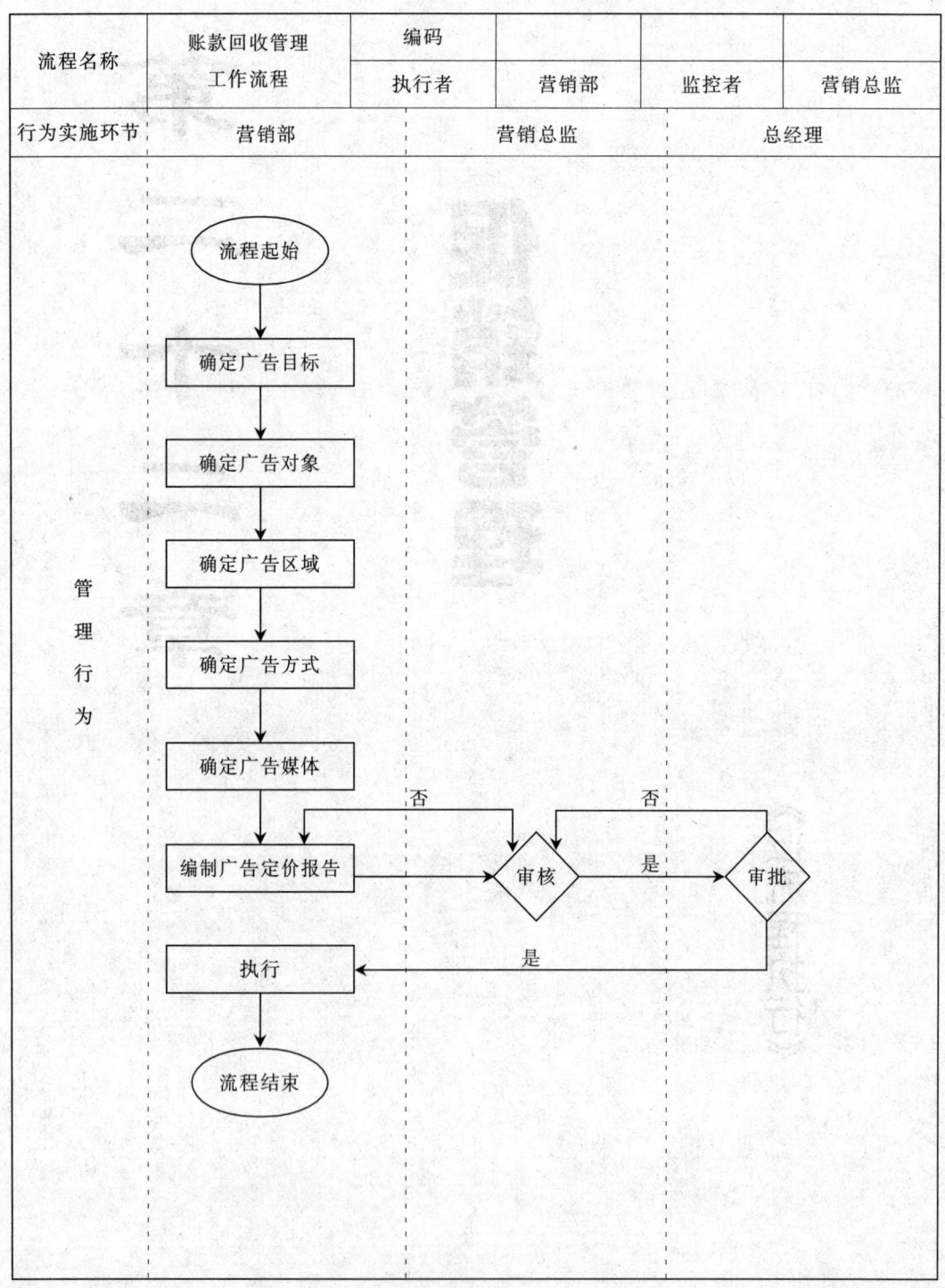

管理行为

流程起始

确定广告目标

确定广告对象

确定广告区域

确定广告方式

确定广告媒体

编制广告定价报告

审核

审批

否

否

是

是

执行

流程结束

二、人员推销方案设计工作流程设计

流程名称	人员推销方案、设计工作流程	编码			
		执行者	营销部	监控者	营销总监
行为实施环节	营销部			营销总监	

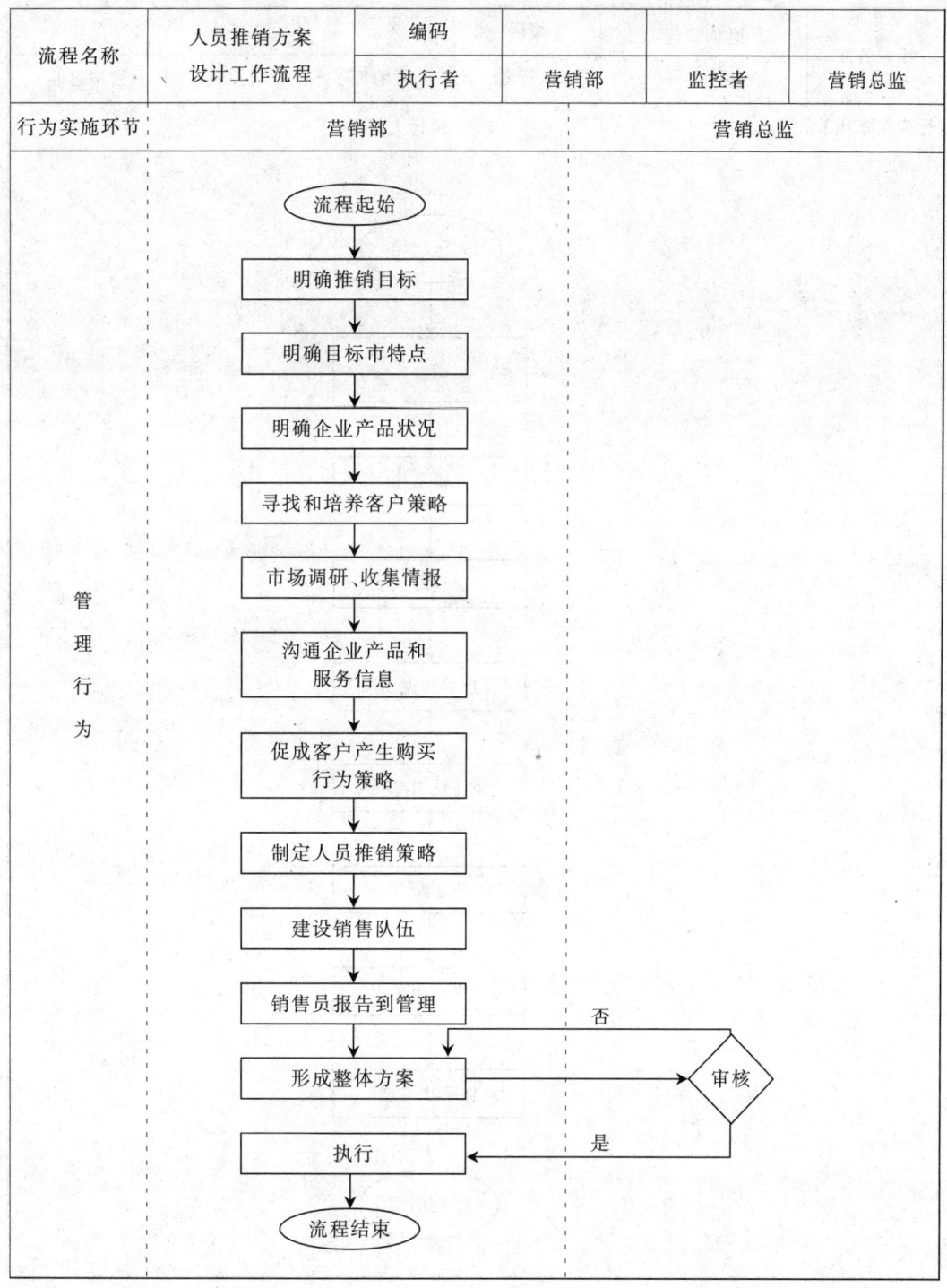

管理行为

流程起始

明确推销目标

明确目标市特点

明确企业产品状况

寻找和培养客户策略

市场调研、收集情报

沟通企业产品和服务信息

促成客户产生购买行为策略

制定人员推销策略

建设销售队伍

销售员报告到管理

形成整体方案 → 审核

否　是

执行

流程结束

三、有效推销工作流程设计

流程名称	退货管理 工作流程	编码			
		执行者	营销部	监控者	营销总监
行为实施环节	销售人员				
管 理 行 为					

```
        流程起始
           │
           ▼
    ┌──────────────┐
    │  寻找潜在客户  │
    │  并鉴定其资格  │
    └──────────────┘
           │
           ▼
    ┌──────────────┐
    │    准备工作    │
    └──────────────┘
           │
           ▼
    ┌──────────────┐
    │    接近方法    │
    └──────────────┘
           │
           ▼
    ┌──────────────┐
    │   介绍和说明   │
    └──────────────┘
           │
           ▼
    ┌──────────────┐
    │   处理反对意见  │
    └──────────────┘
           │
           ▼
    ┌──────────────┐
    │    达成交易    │
    └──────────────┘
           │
           ▼
    ┌──────────────┐
    │    售后服务    │
    └──────────────┘
           │
           ▼
    ┌──────────────┐
    │   总结并改进   │
    └──────────────┘
           │
           ▼
        流程结束
```

四、促销计划制定管理工作流程设计

流程名称	促销计划制定管理工作流程	编码			
		执行者	营销部	监控者	营销总监
行为实施环节	营销部	营销总监		总经理	

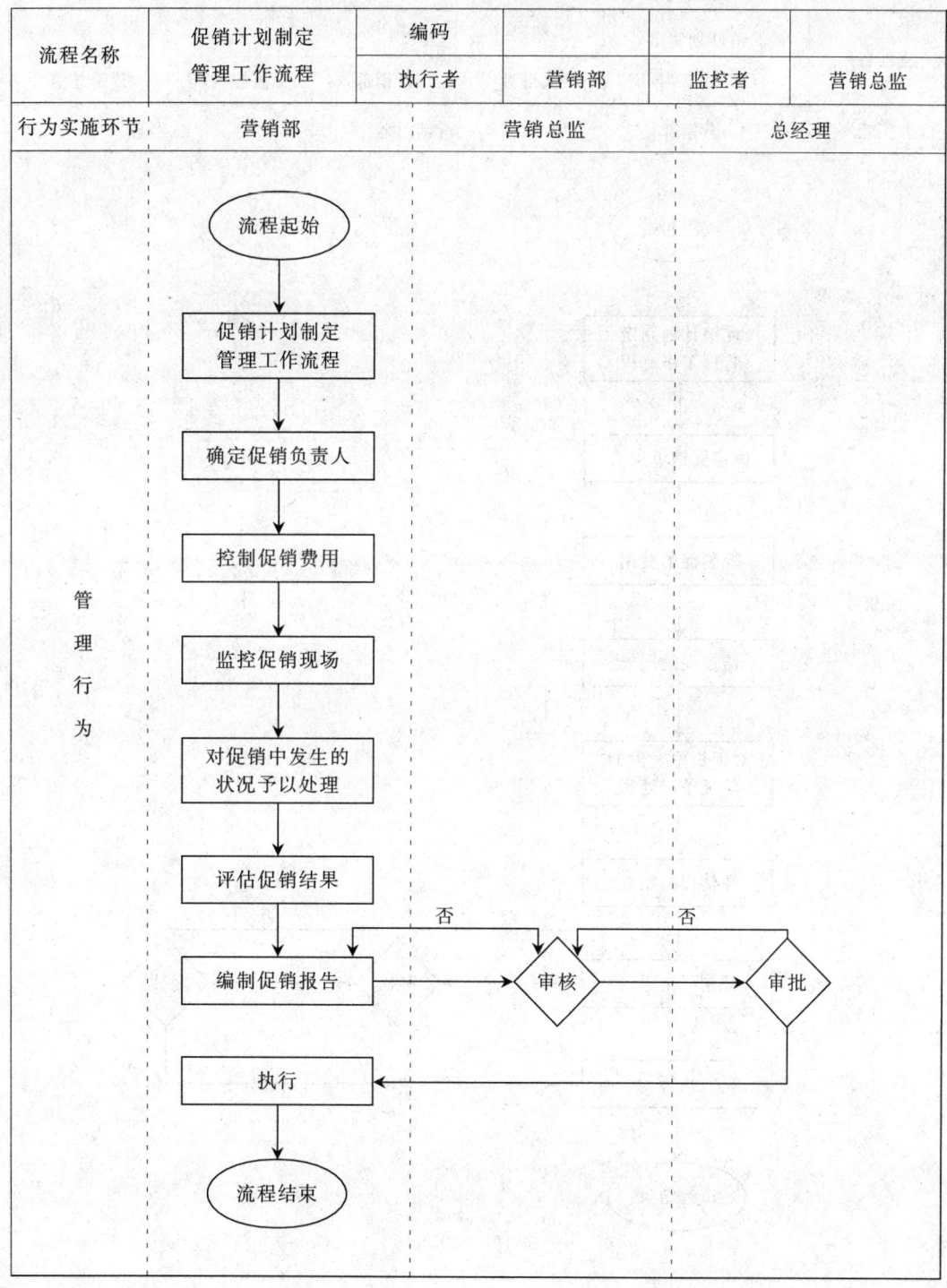

五、促销计划实施管理工作流程设计

流程名称	促销计划制定 管理工作流程	编码			
		执行者	营销部	监控者	营销总监
行为实施环节	营销部		营销总监		总经理

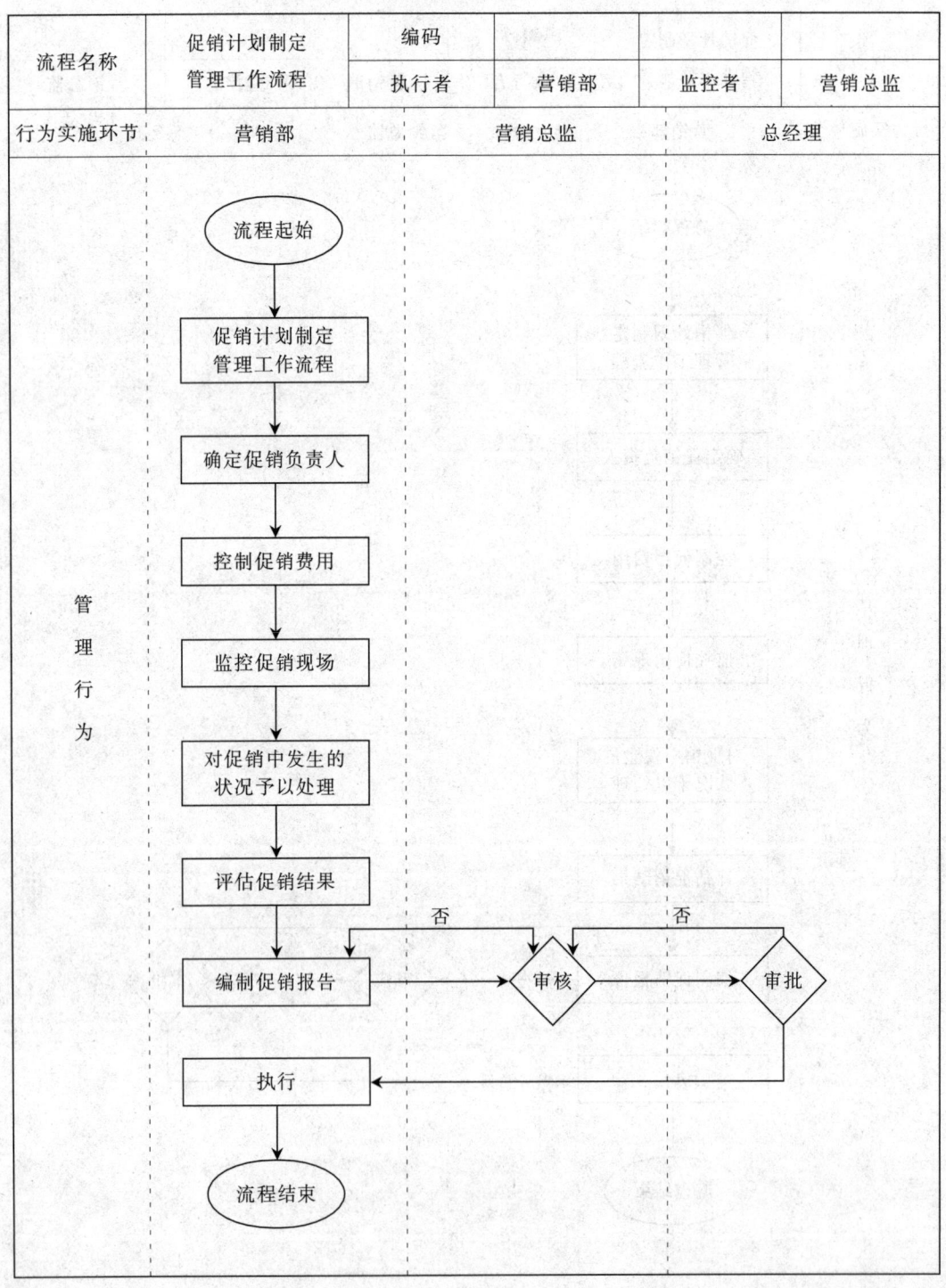

六、公共关系管理工作流程设计

流程名称	公共关系管理工作流程	编码			
		执行者	营销部	监控者	营销总监
行为实施环节	营销部	营销总监		总经理	

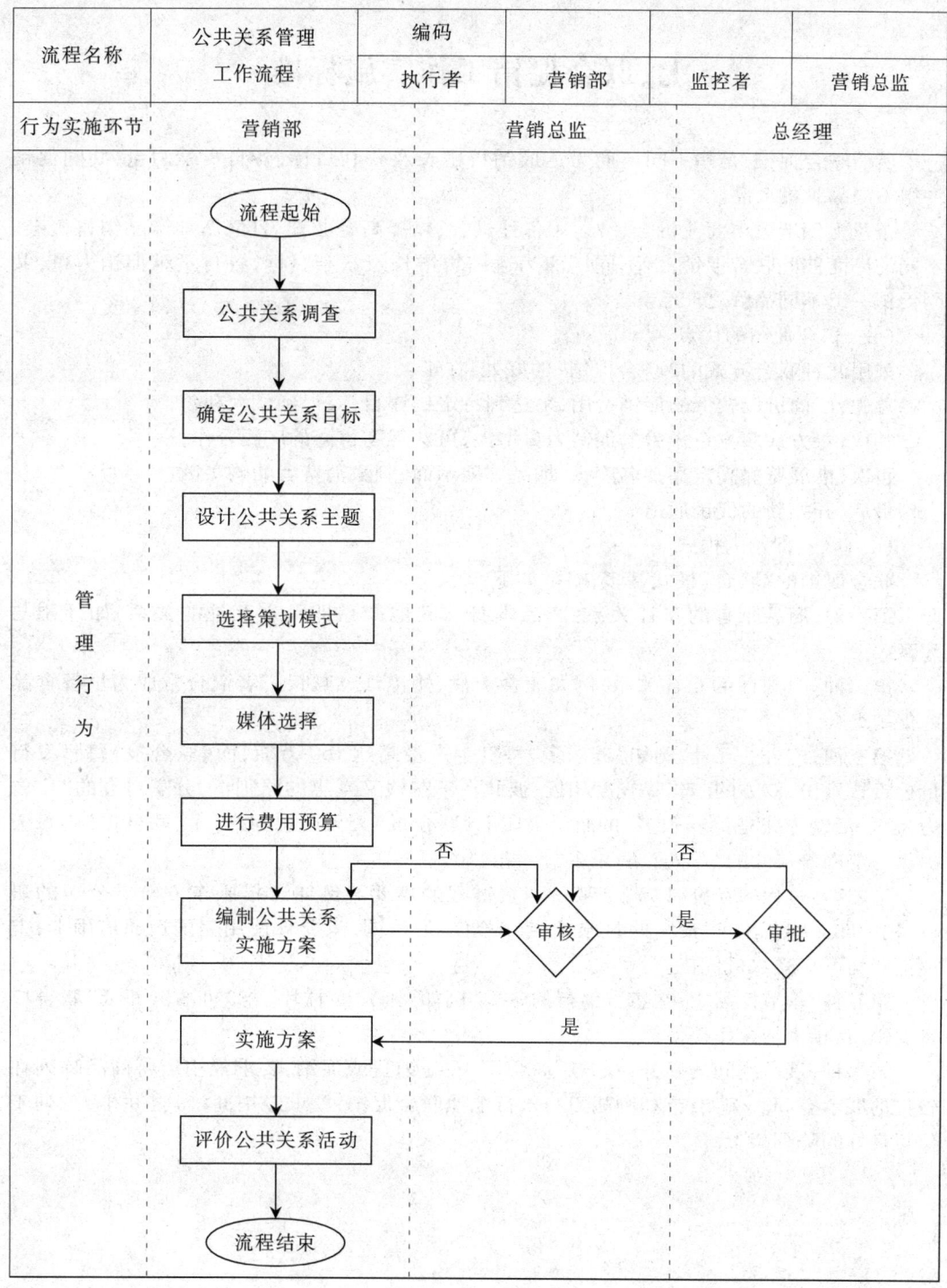

七、联合促销工作实施标准

所谓联合促销,是指不同厂商为达成销售增长及获利目标,各自贡献力量,共同促销一组不同品牌的产品。

企业为创造更多商业机会,常运用各种机会,以提高企业知名度,增加产品销售机会。不同的厂商彼此联合促销,由不同厂商为达销售增长及获利目标,各自贡献促销力量,共同促销一组不同品牌之产品。

(一)联合促销的优点

采用此种联合方式的"联合促销"的好处,在于:

首先,厂商可以较低的促销费用,来达到特定销售目标,得到最大利益;

其次,双方或多方合作后的促销力量增大,可获得零售商的广泛合作;

再次,借展览提高产品知名度,增加品牌展示面,刺激消费者的购买欲;

最后,开拓新的促销通道。

(二)联合促销的模式

联合促销的"联合"模式甚多,略举如下:

第一种,商品原有的互补关系:产品本身与其他产品即具有互补的关系,如牙刷与牙膏。

第二种,时间性的互补关系:例如速食麦片、柳橙汁、煎饼,三者混合常成为早餐食品的促销组合。

第三种,广告的互补:例如"养乐多"每日生产量高达 160 万瓶,而《联合报》每日发行量也近百万份,双方的广告曝光度相近,彼此在不花钱又互惠的原则下,分享对方的"广告力量"。活动方式是:"养乐多"的瓶子上印上《联合报》天天向您问好,而《联合报》则每天提供一定广告尺寸的"早安!养乐多"广告文句。

第四种,过程的互补:以满足某一消费过程的需要。例如:"搭乘东方航空公司的班机、租一部艾维斯汽车、夜宿假日旅馆、参观迪斯尼乐园,只要你使用美国运通信用卡,上述消费均可享受八折优待。"

第五种,季节性需求:在感冒盛行的冬季,例如"阿司匹林片"与"可丽舒面纸"联合广告促销,互相密切合作搞促销。

第六种,展示空间的互补:双方厂商合作,一起铺货或促销,要求经销店将商品陈列在较佳的展示空间。例如:吉利刮胡刀与永行电池联合促销,要求经销商将其"并排"陈列于位置良好的陈列架上。

八、促销目标制定工作实施标准

促销组合包括"产品""公共宣传""人员推销""促销"等项目,而"促销目标"要承接企业内的"行业目标",将"营销目标"予以分化成若干个"促销目标",其组合包括"广告目标""公共宣传目标""人员推销目标""促销目标";每个细分化的目标,必须具体化、数字化,以便有助于营销目标的达成。例如"广告目标:目标市场的品牌知名度提升20%,达到90%的品牌知名度";"公共宣传目标:提升企业形象,使80%的股东对公司有信心";"人员推销目标:业务员每周拜访经销店频率次数由20次提升到28次";"促销目标:增加20个新经销商"。

一旦设定各个"促销组合"的目标后,必须安排预算经费与细化工作计划,并且执行"进度控制"。促销工作执行结束后,应考查评估它的绩效。

(一)"广告"的目标

"广告"的定义是"在某特定期间,在所设定的观众内,所欲完成的特定沟通工作"。因此,为了正确测定广告效果,必须再设定沟通效果。

认知:必须让潜在顾客知道品牌与公司的存在。

了解:必须让潜在顾客了解产品对他的用处。

确信:让潜在顾客从内心决定要购买该产品。

行动:必须让潜在顾客采取有意义的行动。

广告目标的设定,必须尽可能具体化,以便拟定有效的方案,足以引导创作小组;在选择合适的媒体时,能够引导媒体小组;在测定广告效果时,能够引导研究小组。因此,为执行"广告目标"而设定的"沟通目标",必须以最简捷的方式传递给消费者对我们最有利、最广泛的信息的观点来设定。例如,营销总目标是:"下一年度内,针对东南部地区人员,把某一品牌的市场占有率,从目前的20%,提高到25%。"以沟通观点而设定的广告目标为:"针对东南部地区的老年人,让他们了解该项产品经过特别精心设计,用于满足60岁以上的人们的需求,而把本品牌知名度从目前的30%提高到38%。"

(二)"公共宣传"的目标

如果要有效地测定成果,公共宣传目标必须以沟通目标的观点来设定。因为公共宣传是发布有关产品、服务、设计的信息或情报,而未收取广告版面或时间的任何费用。

尽量订出"工作项目与频率",并将其作为一种不错的"公共宣传目标"。例如公开宣传经理所设定的目标,如"保证通过全国的报纸,刊载有关产品消息报道100万行"。利用剪报服务公司所提供的剪报资料,在目标期间结束时,即可得知是否完成目标。同理,针对一项新产品,可设定"在进行广告之前,或推销员进行第一次拜访之前,使促销对象群中25%的人都认识产品品牌的名称"。

(三)"人员推销"的目标

常见的人员推销目标由销售量目标、费用支出目标、利润目标及活动目标四种形式构成,而这些目标必须配合营销总目标,并且有助于达到营销总目标。

销售量目标,或称销售责任额,常是人员推销最常设定的销售目标。公司通常都设定一个销售目标,然后按照地域差别、部门差别、时气差别,甚至人员差别,制定详细的推销目标。

企业主管认为在某一特定期间内,业务员应设定在他所负责的推销区域,以可能销售的单位数量或金额来表示。例如"每一名业务员在其区域内推销某一产品,销售目标为500 000元",则该产品在该地区的销售目标,即为各业务员销售目标的总和,汇集而成公司的总销售量目标。销售量目标可用于设定个别产品、产品群、个别推销员、客户种类等目标。

(四)"销售促进"的目标

促销目标的规划,必须以达成某一特定目标为依据。促销目标是以公司的营销目标为基础而设立的。

"促销活动"的目标,可能设定为"中间商、经销商、零售店"或是"使用者、客户"等阶层,它的目标范围相当广泛。

九、年度促销计划制定工作实施标准

不同企业的年度计划程序常有不同,可将之归类为下面三种不同的方法:

第一种,照旧延续规划法。

照旧延续规划法即管理者只考虑继续使用目前的策略,并估计可能获得的利润与销售量,再考虑配合长期目标,都能使人满意,则可将其作为公司年度的目标。例如推销员对未来的预测,是以目前的销售量为基础,再经公司总部整理后,如认为满意,即成为公司年度计划的基础。

第二种,上级目标规划法。

由管理阶层先设定后,经股东会同意的销售利润的年度目标,再分配给各地推销人员,让下级人员思考如何达成的手段。比如公司的高阶层决定"经销商的销货必须占整个企业的20%",但并不告诉营销人员应多销售何种产品,定多高的价格,用何种配销通路,而这些都是营销人员目前及未来自行决定的。这种方法也可以说是上级目标规划法,由上级制定目标,颁布下来由各级执行,而由各级单位依此目标拟定他们自己的计划,呈报上级,在长期计划的指导原则下,组合成公司的年度计划。

第三种,最佳目标规划法。

最佳目标规范法就是管理阶层考虑主要的可行策略,及其对利润、销售额、占有率及未来投资机会等影响;主管评估这些影响,并选择能产生最好结果的策略,即用这些估计的结果来建立公司的目标。

十、销售费用分配工作实施标准

（一）销售费用在营销组合中的分配

利润最大化是每个企业追求的目标，促销活动的开展有利于扩大销售，但同时又不得不支付销售费用。

每种销售活动都需花费一定的费用，费用多少有别，其效果也各有差异。如何将有限的销售总费用合理地分配到各种营销组合中去，发挥每一分钱的作用，达到最合理的利用是企业管理人员一项重大的任务。比如，广告费用支出应占多大比例，人员推销上应安排多少费用，市场研究的费用占多大比重等。

在销售总费用一定的条件下，营销组合中的各种销售活动均可以互相替代，其费用应以下列方式分配在各销售活动之间，即用在每一种营销手段上的边际支出所得的边际利润都相等的方法来分配。

销售费用的分配受多方面因素的影响。各营销组合要素之间存在相互作用，如较高的广告费用支出可预先使消费者产生购买的欲望，可降低人员推销费。除此之外，销售费用的分配还受企业中非营销要素的影响，如企业的劳动生产率、人事政策、投资决策等。

（二）销售费用在目标市场间的分配

一个企业肯定不只面临一个目标市场，它会面临几个不同的目标市场，企业管理人员还面临着销售费用在不同的目标市场间分配的问题。销售费用的分配应以边际销售反应而不是以平均销售反应为依据。假定某公司在两个目标市场上的销售费用支出都是3 000万元，在目标市场 A 上，公司的销售额为4 亿元，而在目标市场 B 上的销售额为2 亿元。因此，目标市场 A 的每1 元营销努力的平均销售反应大于目标市场 B，目标市场 A 为40/3，目标市场 B 为20/3。但是我们不能简单地以此为依据分配费用，而应进一步分析它们的边际效用。边际反应是销售函数在该点上的斜率。假如目标市场 B 的斜率比目标市场 A 大，当销售费用再增加1 000万元时，目标市场 B 将增加1 亿元销售额，而目标市场 A 可能仅增加2 000万元的销售额，因此我们应以边际效用来引导销售费用的分配。

（三）销售费用在各种产品间的分配

每个企业不可能只生产单一的商品，每个公司都有多种不同产品组成，所以销售费用要采用适当的标准分配到各种产品中，从而计算各种产品应负担的销售费用，为每种产品的价格决策提供依据。

销售费用的分配，原则上应按各种不同的业务项目分别按其受益对象进行。如果费用不大也可以合并分配，或者只将其中费用较大的项目单独分配，其余合并分配。分配的标准一般是：

运杂费按装运产品的重量或体积分配；

包装费按各种产品包装费用定额进行分配；

若是单项产品的广告费直接计入该产品成本，如是联合广告费则按销售额在多种产品中分配；

展览费按产品的价值分配；

保险费按各种产品分别确定；

专设销售机构费按独立销售机构所销产品的销售额分配；

其他费用按产品销售额分配。

十一、促销预算编制方法

常用促销预算的编制方法,有下列五种:"过去销售百分比法""未来销售百分比法""主观预算法""每单位销售提列法""工作目标法"。其中"未来销售百分比法"为最常用者,而"工作目标法"最合乎逻辑。

(一)过去销售百分比法

"过去销售百分比"是假设销售量与生产成本之间有一固定的关系,先以业界用于促销活动的平均指数来求出一个百分比。此百分比配合上一年的销售数字,以编制促销总预算,或特定预算活动的预算。

过去销售百分比法的最大好处是,容易应用,容易了解,但是,有明显的缺点,由于它是依照原来的数字,可能原来的数据就存在很大的误差。

(二)未来销售百分比法

所谓"未来销售百分比法",就是厂商预估下一年度的销售,然后以某一百分比算出金额。例如,某一公司预估下一年度的销售额是 100 万元,其预算百分比是 30％,则下一年度的促销预算额为 30 万元。这种促销预算编制方法,是针对上一种方法(过去销售百分比法)之缺点而改进的。

(三)主观预算法

"主观预算法"是企业依其经验与判断来编列促销预算。管理阶层也可依其经验,把不同的促销工具合并成促销组合,再把促销总预算分配到各个促销工具、产品项目上。

(四)每单位销售提列法

企业亦可采用"每单位销售提列法",依照预期未来销售数量的每一个单位,提列一个固定比率的金额,作为预算促销。

(五)工作目标法

所谓"工作目标法",是以预算目标为向导,先决定预算目标,再规划要达成目标的行动方案。在行动方案内要先单独编制各种促销工具的预算,再加总成为企业内的促销总预算。采用此法的预算,以"广告费用"为例,假设某企业的促销总目标是"增加市场占有率 3％",该企业认为要达成促销目标,广告目标之一是"提高超级市场货架上的品牌包装认知度 20％"。

十二、销售业务费用控制工作实施标准

控制业务费用,要做到既节约又有效,不断提高企业业务费用的投入产出比例和经济效益,必须加强对业务费用总量的宏观控制。要做好总量控制就要求企业根据自身情况,对各项具体的业务费用分别制定相应的控制办法。

(一)培训费的控制

企业的培训费支出是一项人力资源的投资,其支出目的是为了培养具有一定业务技能的销售人员和专门的高级销售管理人才。

企业对销售人员的培训应坚持理论与实际相结合,着重讲求实用,强调针对性,根据不同的目的和培训对象确定培训内容。企业对销售人员的培训按培训的内容和性质可分为以下几种:

第一种,新员工岗前培训。

新员工岗前培训可以使新员工掌握良好的工作技能,为其工作业绩打下坚实的基础,为新员工确立与公司良好的关系打下基础,保护他们的积极性,使之逐渐有良好的工作情绪与对企业的归属感,在新岗位上做好工作,有利于降低员工的流动率而减少开支。新员工岗前培训的内容主要有:对公司概况、公司员工手册、各项规章制度的学习;对安全知识、职业道德等方面的培训;解答新员工的疑惑。

第二种,职业素质培训。

企业销售人员的职业素质水准是决定企业效益的重中之重。通过对员工进行销售专业知识、业务技能的培训,提高其基本素质,以适应销售工作的需要。职业素质培训的主要内容有:市场营销知识、各种促销技巧、有关商品知识、售后服务技巧、表达与沟通技巧、人际关系处理技巧等。

第三种,岗位实物培训。

这种培训是在人事部门协助下,对销售人员进行的在改进工作方法、提高工作效率等方面有针对性的在职培训。

第四种,岗位轮训。

岗位轮训即安排销售人员接受公司其他部门业务知识与专业技能培训,以及安排销售人员进行定期轮岗实物培训,以此全面培养销售人员的整体观念和默契配合、理解协调等管理能力,同时提高工作的积极性。

第五种,外派参观、考察、进修、实习培训。

外派培训即根据销售工作的具体需要,有计划地安排销售人员走出企业,参加各种社会培训活动,以开拓员工的视野,扩展其思路,提高其应付竞争挑战的能力和专业技术能力。

企业对销售人员培训的具体形式与方法应不拘一格、灵活多变、重在实用,可以将在职培训与脱产培训相结合,专题讲座与专业技能训练相结合,聘请专家、教授讲座与生产厂商现场指导、面授知识相结合。总之,企业应结合自身情况,根据不同的培训目的,本着既节约费用支出,又注重培训效果的原则来选择培训形式。

(二)差旅费用的控制

在实际工作中,对差旅费的控制和管理应做到有章可循,既勤俭节约,又保证外出工作质量,除按国家有关差旅费开支的规定外,企业还应结合具体情况建立健全自身的差旅费管理制度。

应完善出差审批手续。各职能部门人员因公出差,应根据路途远近、时间长短合理预借差旅费。出差回来后要及时报销,及时清还所预借差旅费。普通销售人员差旅费的借支和报销应由部门负责人审批;部门负责人借支和报销由企业有关领导审批;企业领导借支和报销应相互审批。

对于差旅费控制的具体方法,企业一般可采用"分项计算、总额包干、调剂使用和节约奖励、超支不补、额外审批"的办法。实行总额包干办法,对出差人员定任务、定时间、定地点、定人数、定包干费,对住宿费、交通费和伙食补助费等具体费用,可因性质不同采取实报实销与定额包干相结合的办法,包干部分均按出差天数计算。如住宿费可实行定额包干:在包干规定标准内凭单据报销;超过包干标准部分一律自理,不予报销;低于包干标准部分全部归己。如因情况特殊,实际出差天数超过原定计划天数,或产生其他必须的额外支出,必须经部门负责人或公司有关领导批准后方予以报销。

(三)销售折扣与折让的控制

常用的销售折扣主要有两种,即批量折扣与现金折扣。

批量折扣是按照购买批量确定优惠幅度,购买批量越大,折扣率越大。批量折扣销售无论对企业还是消费者来说都可带来实际好处。对企业来说,表面上折扣的出现相对增加了商品的销售成本,使单位商品的利润降低,但实际上由于销售量大幅度增加,因而企业的总利润不但不会下降,反而会上升。对消费者来说,批量购买意味着以等量货币可以购买更多的商品。企业在进行折扣促销时,应特别注意以下几点:

第一,通过调研,切实把握消费者的消费心理、购买行为及一次购买商品量的承受能力,在调研的基础上,通过分析各种状况确定商品起始批量或批量分级,才能发挥出销售折扣的作用来。如果折扣的起始批量与顾客正常的一次购买批量相等,则企业实际上受到损失;如果超过顾客一次购买商品的潜在能力,非但不能起任何促销效果,反而使消费者反感。

第二,通过精确的推算和财务分析,寻求批量折扣与企业效益关系的经济曲线,在此基础上确定的分级折扣率才是科学的。

第三,一般情况下,批量折扣率的最高界限应是资金利润率。但如果产品积压严重,危及企业再生产,并不排除使用高于资金利润率的折扣率,以便迅速收回货币资金,组织更新产品的开发与销售,使企业起死回生。

第四,批量折扣率随着市场环境和企业要素的发展变化也应做相应调整,这就要求做好收集市场信息、信息反馈工作。

现金折扣指企业采用赊销方式销售商品时,为了鼓励买方尽快付款而给予买方的优惠。在商业信用和消费者信贷普遍使用的市场上,现金折扣促销具有两方面效应:对消费者来说,用现金购买等于以低价格购买同质商品,而同质低价对顾客具有相当大的吸引;对企业来说,可以加快资金周转速度,总利润可能不变甚至增加,或者企业贷款数额减少,利息支出下降,可抵偿因折扣所减少的收入,甚至有剩余。企业在决定是否采用现金折扣

策略和折扣率大小时,不能不考虑以下因素:

首先,目标市场拥有的现金额及其习惯流向,多大的折扣率才足以改变他们的购买习惯和货币流向,在此基础上确定现金折扣策略和折扣率的大小。如果目标市场拥有的现金量甚少,则应放弃现金折扣策略。不顾顾客情况盲目采用现金折扣策略不但不会促进现金销售,反而会导致市场占有率下降。

其次,现金折扣率的大小不但取决于对顾客的刺激程度,而且取决于银行存款利率的变化。

再次,如果企业产品积压严重,筹措资金困难,现金折扣促销往往可以使企业解脱困境,即使折扣率较高,暂时给企业造成一部分损失,但现金折扣可以盘活资金,加快资金运转,对企业的生存和发展具有战略利益。

最后,在正常情况下,企业应该预测折扣率和资金周转速度,折扣率与利息支出变动的比例关系,寻找盈亏均衡点,在此基础上确定的现金折扣率才可能既使顾客得到实惠,又使企业提高经济效益。

十三、销售促进决策工作实施标准

今天的企业销售促进活动总体水平大有提高,富有创意,活动的策划与组织也更加科学、严谨。然而,也有相当一部分企业未能掌握销售促进策划的一般规则。策划不当,不能达到销售促进应有的目标,甚至带来负面效应。因此,在策划一项具体的销售促进活动之前,系统地、全面地了解销售促进策划的程序和规则是十分必要的。

企业在运用销售促进的过程中,需要进行一系列的决策活动,根据专家的研究及企业的经验,销售促进的策划应当按照以下步骤进行:建立销售促进目标;选择销售促进工具;制定销售促进方案;试验、实施和控制销售促进方案;评估销售促进效果。下面分别阐述这些决策过程。

(一)建立销售促进目标

一项销售促进活动的策划一般应从目标的确立开始的。企业销售促进的目标应与企业在该时期的市场营销总目标及促销目标相配合,同时,根据促销对象的不同,销售促进的特定目标也不相同。以下是针对不同的目标对象所要达到的不同目标:

首先是针对消费者的销售促进目标:

吸引未使用本产品的消费者试用;

说服顾客放弃使用竞争者的品牌而转向本品牌;

鼓励本品牌现有的消费者大量购买和重复购买,把延时性购买改为即时性购买,接受品牌延伸的新产品。

其次是针对中间商的销售促进目标:

增加销售渠道,其中包括维持或提高现有的经销渠道、货架陈列,劝说中间商存放额外的开架样品和不定期的促销样品,鼓励中间商进行完整的系列产品的销售;

提供支持,其中包括劝说现有的批发商提供不定期的削价以及特别的陈列,鼓励零售店在店内开展本品牌的促销活动;

增加存货,其中包括鼓励非季节性购买,鼓励中间商储存新项目产品和相关产品;

排除竞争,其中包括建立零售商的品牌忠诚度而获得进入新的零售网点的机会,对抗竞争者的促销活动。

最后是对推销员的销售促进目标:

鼓励推销员销售新产品或新型号;

鼓励推销员寻找更多的潜在顾客,刺激非季节性销售;

鼓励更高的销售水平等。

企业要通过多种因素的分析在这些基本目标中作出选择,在不同的时期确定不同的目标,每个时期都有所侧重,尽可能使其数量化并现实可行,以确保企业总体营销组合得以顺利实施。

(二)选择销售促进工具

应对多种销售促进工具进行比较、选择和优化组合,以实现最优的促销效益。在选择销售促进工具时主要应考虑以下因素:

第一,销售促进目标。特定的销售促进目标往往对销售促进工具有着较为明确的条件要求和制约,从而规定销售促进工具选择的范围。

第二,产品因素。其中包括产品生命周期阶段、产品的种类(生产资料/消费品)等在内的考虑。

第三,竞争情况。应根据企业本身在竞争中所具有的实力、条件、优势与劣势以及企业外部环境中竞争者的数量、实力、竞争策略等的情况,选择最适合于自己的、最有效的销售促进工具。

另外,还应综合考虑市场类型(消费者市场/中间商市场)以及促销预算及每种销售促进工具的成本效益等因素。关于如何选择销售促进工具的具体方法,将在下一节中详细介绍。

(三)制定销售促进方案

在确定了销售促进目标和工具后,接下来就要制定具体的销售促进方案。在制定这一具体方案时要考虑到的因素有:激励规模、激励对象、活动期限、预算及其分配等。

(四)试验、实施和控制销售促进方案

销售促进方案制定后一般要经过试验才予以实施。通过试验明确所选用的销售促进工具是否适当,刺激规模是否最佳,实施的方法效率如何等。

对于每一项销售促进工作都应该确定实施和控制计划。在实施计划的制定及执行过程中,应有相应的监控机制作保障,应有专人负责控制事态的进展,一旦出现偏差或意外情况应及时予以纠正和解决。

(五)评估销售促进效果

销售促进活动结束后,应立即对其进行效果评估,总结经验与教训以帮助企业下一步营销工作的开展。很多企业忽视这一工作,即使有的企业试图评估,可能也只是非常表面的,有关获利性的评估是少之又少。其实,评估销售促进效果是销售促进决策的重要一环,它对整个市场营销战略的实施具有重要意义。

十四、销售促进工具选择工作实施标准

所谓选择销售促进工具,就是指企业为了达到销售促进目标而选择最恰当的销售促进方式。销售促进工具选择得合适,可收到事半功倍的效果;相反,若工具选择得不合适,则很可能与促销目标南辕北辙。

(一)针对消费者的销售促进工具

第一,样品赠送。即将一定数量的产品免费送给消费者使用,以使消费者对产品的内容做到及时的了解和接受。样品发送的方式有:上门赠送、邮寄、在商店中发放、附在另一种商品上或在产品广告中标明。通过样品推广新产品是最有效也是最昂贵的方法。

第二,优惠券。优惠券是持有者在购买某种产品时可免付一定金额的单据。优惠券的发放方式有:邮寄、附在其他商品中、插在杂志或报纸广告中。其回收率因发放方式的不同而不同。一般来说,报纸优惠券在期限内的回收率约为2%,直接邮寄分发的约为8%,而附在其他产品中的则有17%的回收率。优惠券在刺激成熟品牌的销售和鼓励新产品的使用方面效果较好。

第三,现金折扣。现金折扣指在购买后提供的价格削减,但这不同于一般零售商的做法。消费者把具体"购买证明"寄给生产企业,然后厂家寄给购买者价格的一部分作为折扣。

第四,赠奖(或礼物)。赠奖是以相对较低的价格出售或免费提供某种商品,以此作为对购买某特定产品的刺激。其形式包括:一是随附赠品,将赠品附在商品或包装里面;二是免费邮寄赠品,就是消费者寄来购买的证据时,回寄一件商品;三是自然赠送,即把产品以低于正常零售价的价格出售给消费者,或向消费者提供各种各样的印有企业名称的赠品。

第五,竞赛与抽奖。竞赛与抽奖是提供赢得现金、旅行、商品等机会,作为购买某种商品的结果。竞赛是消费者在购买某种商品后,向组织者提供参加竞赛的东西,如建议、广告词、公司商品知识,交由评价小组审查,确定获奖者。抽奖是消费者购买商品后,参加有奖抽签。

奖品的设计要有艺术性。例如,新加坡轩尼诗的分销商举办了一次竞赛,凡是购买白兰地的顾客都有机会赢得珠宝,它不是以饮酒者为促销目标,而是以那些悠闲的女主人为目标,由于她们希望获得珠宝,因此极力推荐轩尼诗。

第六,惠顾回报。消费者从特定的卖主中购买产品时,能得到现金或其他形式的回报,而这些回报是以购买量为基础的。大多数航空公司都有一个"经常乘客计划",即规定一定的里程数,乘坐飞机里程达到这一数目的旅客可得到一次免费航程。

第七,免费试用。这是指邀请潜在购买者免费尝试产品,希望他们作出购买决定。例如,化妆品商就经常赠送小包装化妆品给女士免费试用;汽车销售商会鼓励免费试车,以激发购买兴趣。

第八,产品保证。产品保证也是一种重要的促销工具,特别是当消费者重视产品质量时,公司可以提供比竞争对手更长的质量保证期。在决定作出保证前,企业应评估产品的质量,可能产生的维修、更换成本,以及相应的销售价值。

第九,POP 广告,现场演示。POP 广告和现场演示是在销售现场帮助零售商布置现场创造购买气氛,刺激消费者实现购买。

（二）针对中间商工具

第一,购买折扣。购买折扣指在一定时期内,经销商从每次购买中得到的对于报价的直接折扣。这种折扣可鼓励中间商购买一定数量的产品或经营那些他们平常不愿进货的新产品。

第二,津贴。津贴指因为零售商在某些地方为企业产品作出了奉献,企业给予他们某种形式的利益以示鼓励和酬谢,如广告津贴是对经销商为产品代做广告的酬谢,陈列津贴是为了酬谢经销商举办特别展示的活动。

第三,免费商品。在中间商购买某种产品达到一定的数量时,企业为其提供一定数量的免费产品。企业还可以免费赠送附有企业名称的特别广告商品,如日历、记事本、文具、扑克等。

（三）其他销售促进工具

第一,商业展览和会议。全国性商业组织、地区商业机构和行业协会每年都要组织展览和会议,向一定范围的企业出租场地,以在展览会上展示他们的产品。参加者可利用这种机会用宣传材料、视听广告影响消费者,以寻找新的销售机会,维持并向消费者销售更多的产品。据调查,大约85％商业展览会的参加者会对一种以上的商品展示作出最终购买决定;每位参加者的平均接触成本(包括展览开支、路费、生活费及薪金开支和会前促销成本等)比用电话销售的成本还低很多。

第二,销售竞赛。销售竞赛对象包括推销人员和中间商,目的通过对成功者进行奖励,以提高一定时期内的销售额。大多数的企业每年都举办一次或多次的销售竞赛。销售竞赛能够鼓舞士气并引起对企业良好业绩的关注,表现优异者可以得到旅行、奖金或礼物等奖励。一些企业往往会制定业绩表彰点,达到者即可获得各种奖励。

第三,特殊广告品。特殊广告品指推销人员免费送给潜在顾客或消费者的价格低廉而又有用的礼品,这些礼品上印有公司名和广告信息。较常见的礼品有圆珠笔、日历、打火机等。因这些物品经常使用,能使公司名称经常出现在潜在顾客面前且能令人产生好感。一项调查表明,80％的美国厂商都给他们的销售队伍配备特殊广告品。

十五、销售促进计划制定工作实施标准

销售促进的策划,不仅仅是确定促销目标和选择促销工具,还要就促销活动的实施制定具体的行动方案。在销售促进方案策划之前,企业首先要对以下内容进行决策:

（一）销售促进的范围

首先是产品范围。通常制造商或中间商都生产或经营多种品牌或一个品牌的多种产品，因此，销售促进策划首先要求，确定出促销产品的范围。确定促销活动是针对整个产品系列，还是仅对某一项产品促销；是针对目前市场上正在销售的产品进行促销，还是针对特别设计包装的产品促销。

其次是市场范围。一次销售促进活动涉及的市场范围多大，也是必须要慎重考虑的问题。例如，是在所有的销售地区同时展开促销活动，还是只就某一特定的市场区域（如华北地区农村市场）展开促销活动，应认真考虑，科学决策。决策时主要应考虑以下三个因素，即企业财务的支付能力、企业推销队伍的力量和不同地区的市场状况。

（二）诱因的大小

诱因指在销售促进活动期间内，商品的价格相对平时价格的折扣率。不论是直接降价，还是间接增值（如附加赠送），销售促进活动中都能给消费者提供一定的价格折扣率。正是这些折扣率，构成了刺激消费者购买的诱惑，所以，称为诱因。

一般来讲，促销效果随着诱因的大小而增减，诱因增大时，消费者的反应也随之增强，但促销效果和诱因大小的函数关系并不呈直线形。事实上，促销效果函数一般呈 S 形。当诱因很小时，消费者反应也很小，促销效果几乎为零。只有达到一定的最小诱因量，才足以使消费者开始注意这项促销活动。在诱因超过一定点时，促销反应又呈递减趋势。

策划者可通过监测销售量和促销成本费用的比率关系，来确定最佳诱因量。当然，这必须依赖于对多次促销活动经验的积累，并非一两次促销便可以具备此种能力。

（三）参与条件

哪些人能够参加促销活动，或者说哪些人有资格获取这些诱因。例如，优惠券是对某一地区所有的消费者发放，还是只发给购买该产品的消费者，或只发给购买额达到一定量的消费者。

销售促进活动中参与条件的确定，要根据具体促销目标而定。如果为了吸引新的消费者加入购买行列，则参加促销活动的消费者范围要大一些，参与条件相对要低；如果促销目标仅仅是为了维持品牌忠诚度，则参加促销的消费者范围要小，参与条件也就要高一些。

（四）促销时间

企业在什么时间举行销售促进活动，对其促销效果影响颇大。

企业举办销售促进活动的时机，可以从以下四条途径获得：

第一，企业营销状况。当企业营销出现以下情况时，是举办销售促时的很好时机：购买商品的新顾客人数不多时；新产品导入市场的速度必须加快时；消费者对本产品的购买频度或购买量较低时；某一地区或某一特定时期，市场竞争特别激烈时；竞争对手频频举办销售促进活动时；经销店对广告主的商品库存十分少时；想使推销员访问零售店活动更为有效时；顾客在购买商品之前，要求说明或建议时等等。

第二，消费需求的特点。对迎季或过季商品举行销售促进活动，既可增加顾客的购买兴趣，又不会降低产品的身价。

例如家庭耐用品，大多是在节假日、周末时间宽裕的情况下去选购，所以，在这些时间举办销售促进活动，效果较好。

第三，社会活动的影响。重要节日，如我国传统的春节、中秋节，引进外国文化的情人节、母亲节、父亲节等都是促销良机，在六一儿童节、三八妇女节对特定的顾客实施促销活动也会见效显著。

对全社会影响颇大的重要活动,如申办奥运会、庆祝香港回归等,都是企业开展销售促进活动的绝好时机。

第四,企业自身的活动。围绕企业本身,也可找到开展销售促进活动的良好时机,比如企业开业酬宾活动,企业周年庆典活动,年末企业回报消费者活动等。在这些活动期间举办丰富多彩的销售促进,既展示了企业的实力,又联络了与消费者的感情,对提高企业形象颇有好处。

任何一项销售促进活动,都是有一定时间期限的。时间期限的长短,也是销售促进方案中需要策划的内容。

根据国外一些专家的研究认为,销售促进活动最佳的时间长度是平均购买周期,对一种商品的购买间隔期越长,促销持续的时间就应越长,以保证所有的目标顾客都能接触该项信息。

要科学确定促销活动的频度。确定促销活动的频度时,一般要考虑以下因素,即销售促进目标,竞争者的促销表现,消费者的购买习惯和反应,活动本身持续的时间和效果,该时期的促销计划等。

销售促进活动过于频繁,其促销效果就会受到影响,并且过于频繁的促销活动,也会导致消费者对品牌品质的怀疑和对促销活动的麻木。

(五)传播媒体

策划者必须决定通过何种媒体将销售促进的信息传递给消费者。例如,企业对一种产品进行促销方式是向消费者提供优惠券,那么,这种优惠券至少可以通过四种媒体到达消费者手中,即将优惠券置于产品包装内,在零售店发放,邮寄或刊登在广告媒体上。

每一种媒体都具有不同的传达率和成本,促销效果也不一样。比如,通过包装媒体发放优惠券,成本较低,但送达的对象主要是经常购买本产品的人,而通过邮寄成本较高,但却可以送达非本品牌使用者。

(六)其他条款

除了以上内容之外,为保证销售促进活动顺利开展,还必须制定其他一些条款,如对消费者的促销,要确定奖品兑换的具体时间、优惠券的有效期限、竞赛活动的游戏规则等,对中间商的促销则应明确中间商付款的期限、购买数额等。

十六、销售促进方案制定工作实施标准

策划销售促进活动,除了对以上全部内容加以斟酌、确定之外,还必须按一定规则将其文案化。文案化后的文件,便是销售促进活动的行动纲领、执行人员的行动准绳、主管部门指导和检查的标准。

销售促进文案的一般格式如下:

第一章　市场分析

十七、销售促进工作实施标准

由于销售促进活动不仅要花费可观的费用，而且是一项公开的社会性活动，因此，一旦出现失误，不仅会使企业蒙受财务上的损失，而且还会造成严重的负面效应，损害企业的品牌形象。所以，制定了销售促进方案之后，为确保方案的科学性、效益性和可行性，在付诸实施之前，必须首先对其进行检验。检验的内容主要有：促销工具的选择是否最佳；诱因的大小是否合适；信息传递方式是否有效；创意能否为目标顾客群所理解；整体促销内容和形式有无违反法律和政策规定。

对销售促进方案的事前检测，主要使用如下方法。

（一）征询意见法

通过采用集中征求意见和随机采访的方式，广泛地征求市场上的消费者对各种促销活动的反应，从而筛选出更具吸引力的销售促进方案。

（二）对比试验法

选择一些有代表性的消费者，将其分为两组，分别进行不同的试验，比较其购买行为，以检验销售促进方案的优劣。

对甲组实施销售促进方案,对乙组不实施销售促进方案,看检验期间两组的平均销售量。

对甲组和乙组分别采用不同的销售促进工具,如对甲组实施价格折扣优待,对乙组实施免费赠品优待,然后,比较其平均销售量。

对甲组和乙组分别提供大小不同的诱因,如不同的价格折扣率,然后检验其不同的销量反应。

通过以上比较,可以看出方案中对销售促进工具、促销诱因和媒体等的选择是否为最佳,从而进一步完善其方案。

对销售促进方案进行检验和修订之后,就可以按照方案开展销售促进活动了,活动必须要严格按照具体操作来实施。而且企业必须配有相应的组织机构与控制小组,负责组织实施方案。对于方案执行的各种问题应注意收集、分析和向上汇报,以便及时地管理和控制。

十八、广告目标制定工作实施标准

制定广告决策的首要步骤是确定广告目标,也就是企业借助广告活动所要达到的目的。广告目标不明确或不一致,将直接影响到广告效果,因此,必须将广告目标明确限定。

关于如何表达广告目标,广告从业者、专家学者们曾经设计过几个模式。现代营销学权威菲利普·科特勒曾建议按照产品生命周期拟定广告目标,即在产品介绍期的广告目标为告知产品信息,增长期应致力于劝导消费者使用特定品牌,成熟期的广告旨在提醒人们继续采用某品牌。上述广告目标模式都在人们的广告实践中被运用。

在这形形色色的广告目标模式中,更为引人注目,应用普遍较为长久的是 DACMAR 模式。这个模式将广告视为一项在特定时期内、针对特定受众的具体的传播任务。它也把广告目标分成 5 个阶段:不知晓、知晓、理解、信任和行动。但它强调这个目标必须具体化,如目标之一是知晓,必须拟定知晓什么具体信息,有多少人知晓,最好用百分比使之量化。

尽管关于广告目标的众说纷纭,但毫无疑问,广告的最终目标是通过宣传,在消费者之中提高广告商品的知名度,促使消费者在购买同类商品时,能指名购买,达到扩大市场占有率的目的,从而使企业赚得更多利润。

广告的最终目标虽然相同,但不同企业在不同时期,其广告目标各不相同。通常而言,企业广告目标可以归纳为如下三种类型。

1. 创牌广告目标

此类广告的目的在于,介绍新产品和开拓新市场。它通过对产品的性能、特点和用途价格的宣传介绍,提高消费者对产品的认识程度,从不了解到产生好感,并利用其他促销手段,促使消费者作出购买决策。

2. 保牌广告目标

此类型广告的目的,在于巩固已有市场阵地,并在此基础上深入开发潜在市场和刺激购买需求。它主要通过连续广告的形式,加深对已有商品的认识,使现实消费者养成消费习惯,潜在消费者发生兴趣和产生购买欲望。

3. 竞争广告目标

此类型广告重在拿自己的品牌与若干其他品牌进行比较,以己之长攻人之短,以宣传自己品牌的优越性,以增强消费者的偏爱度并指名选购。

此外,企业在制定广告目标时,还应尽可能具体。常用的具体广告目标列举如下,供研究和确定广告目标时参考之用。

加强新产品宣传,使新产品能迅速进入目标市场。

提高企业或产品的知名度,以配合人员推销活动。

对推销员一时难以接近的潜在顾客,起预备性接触作用。

在销售现场起提示作用,促进消费者的直接购买行动。

加强广告商品的品牌、商标印象,提高消费者对企业的好感,为企业建立信誉。

纠正错误印象和不确实的传闻,以排除销售上的障碍。

扩大或维持产品目前的市场份额。

广告目标应当规定具体的指标和要求,如视听率、知名率、理解率、记忆率、偏爱率等,以作为检查广告效果的根据。

十九、广告主题确定工作实施标准

运用广告促销,企业首先应该了解在广告中,对消费者或公众表达些什么才能产生预期的认识以及情感、行为反应。广告主题,也就是广告为达到某一目的而要表达的基本观念,是广告的中心和灵魂。广告必须鲜明地、突出地表现广告主题,这是广告实施决策的第一步。

广告主题赋予一定的表达形式之中。有了表达的内容,如何表达也是非常重要的问题。如何将既定的广告主题用感情化、个性化的表达方式表现出来,是一门极其巧妙、灵活的"艺术"。

广告表达涉及表达结构、表达格式与广告发送者。广告的有效性不仅受其内容影响,而且受其表达结构的影响。

(一)广告表达结构

广告表达结构考虑的问题有:结论的明确或模糊;论证方式是一味赞赏,还是同时提及某些缺点和弱势;表达次序尤其是最强有力的论点放在最前或最后,以及先缺点后优点或先优点后缺点的表达次序这三个方面。

(二)广告的表达格式

有说服力的广告要求为广告信息设计具有吸引力的表达格式,即选择最有效的信息符号来表达信息内容和信息结构。广告的表达格式通常受到媒体的制约,包括媒体自身所提供的信息内容(文字、声音或图像等)、媒体的时间和空间。

(三)广告发送者

广告的说服力还受广告发送者的影响。广告发送者的可信性越强,信息就越有说服力。广告发送者可以利用他们良好的公众形象来影响甚至改变人们对商品所持有的态度。

(四)广告时间决策

广告时间决策是指广告发布的具体时间和频率的合理安排。广告时间决策要视广告产品的生命周期阶段、广告的竞争状况、企业的营销策略、市场供求变化等多种因素的变化而灵活运用。广告时间决策运用是否得当,对广告效果的影响很大。

第二十三章

销售管理

《按流程执行》

一、营销人员工作进度控制管理工作流程设计

流程名称	业务员工作进度 控制管理工作流程	编码			
		执行者	营销部	监控者	营销总监
行为实施环节	业务员	销售主管		营销总监	

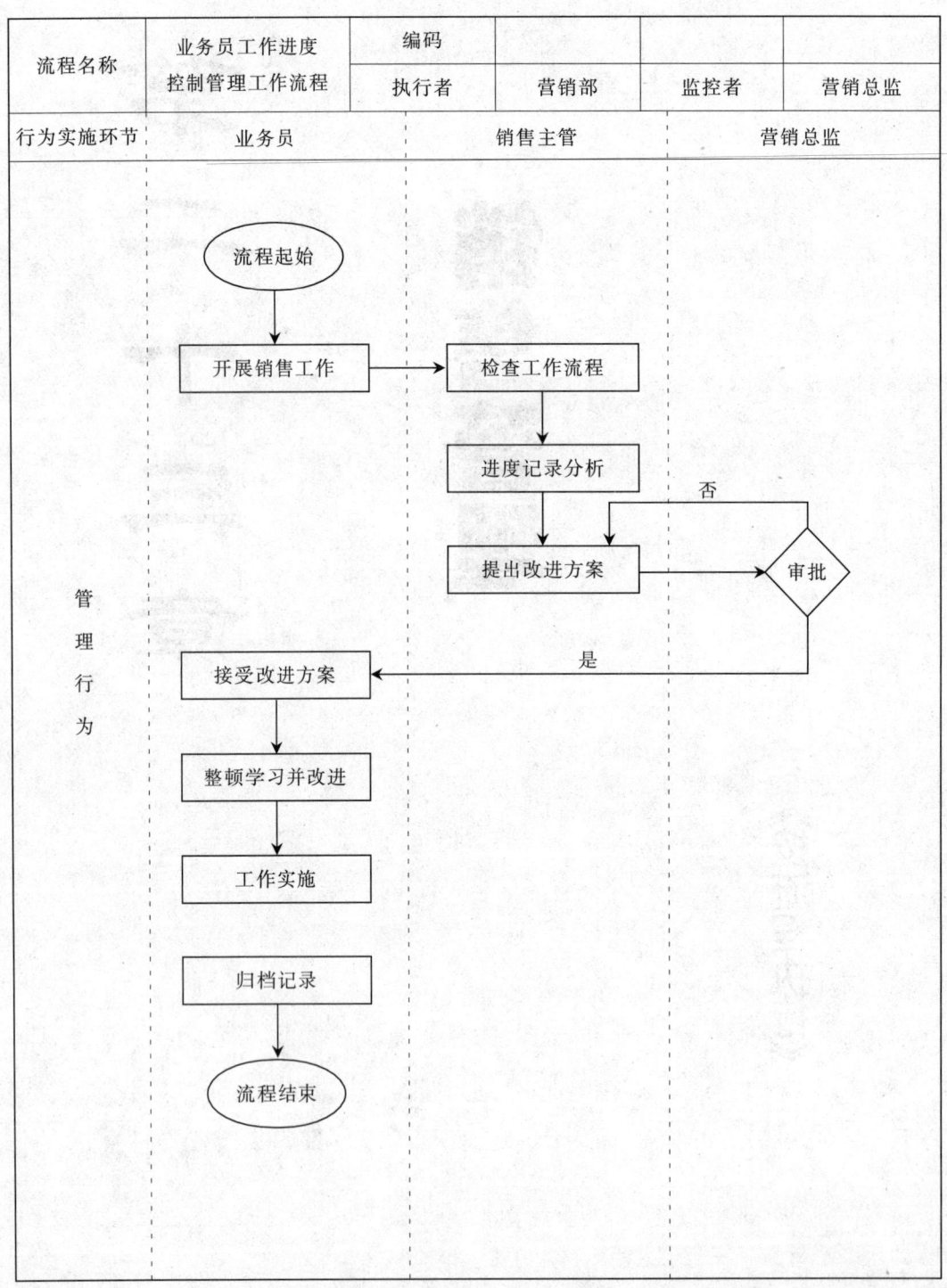

- 流程起始
- 开展销售工作
- 检查工作流程
- 进度记录分析
- 提出改进方案
- 审批（否 / 是）
- 接受改进方案
- 整顿学习并改进
- 工作实施
- 归档记录
- 流程结束

管理行为

二、营销人员业绩统计管理工作流程设计

流程名称	业务员业绩统计管理工作流程	编码			
		执行者	营销部	监控者	营销总监
行为实施环节	业务员	营销主管		营销总监	
管理行为					

流程起始

开展销售工作 → 汇总销售业绩

出货量统计

回款额统计

客户数量统计

编制销售业绩报告 → 审批

否

是

编制业务员业绩排名

归档记录

流程结束

三、营销人员销售提成管理工作流程设计

流程名称	业务员提成管理工作流程	编码			
		执行者	营销部、财务部	监控者	营销总监
行为实施环节	财务部	业务部		营销总监	总经理
管理行为					

```
                          ┌─────────────┐
                          │   流程起始   │
                          └──────┬──────┘
                                 │
                          ┌──────┴──────┐
                          │  统计销售数据 │
                          └──────┬──────┘
                                 │         否            否
                          ┌──────┴──────┐  ┌─────┐      ┌─────┐
          ┌────────┐      │ 填制销售提成 │→│ 审核 │ 是  │ 审批 │
          │  结算  │←─────│   申请表    │  └─────┘ ──→ └─────┘
          └───┬────┘      └─────────────┘        是
              │
          ┌───┴────┐
          │ 发放提成 │
          └───┬────┘
              │
          ┌───┴────┐
          │ 流程结束 │
          └────────┘
```

四、经销商开发管理工作流程设计

流程名称	客户关系管理 工作流程	编码			
		执行者	营销部	监控者	营销总监
行为实施环节	营销部	营销总监		总经理	

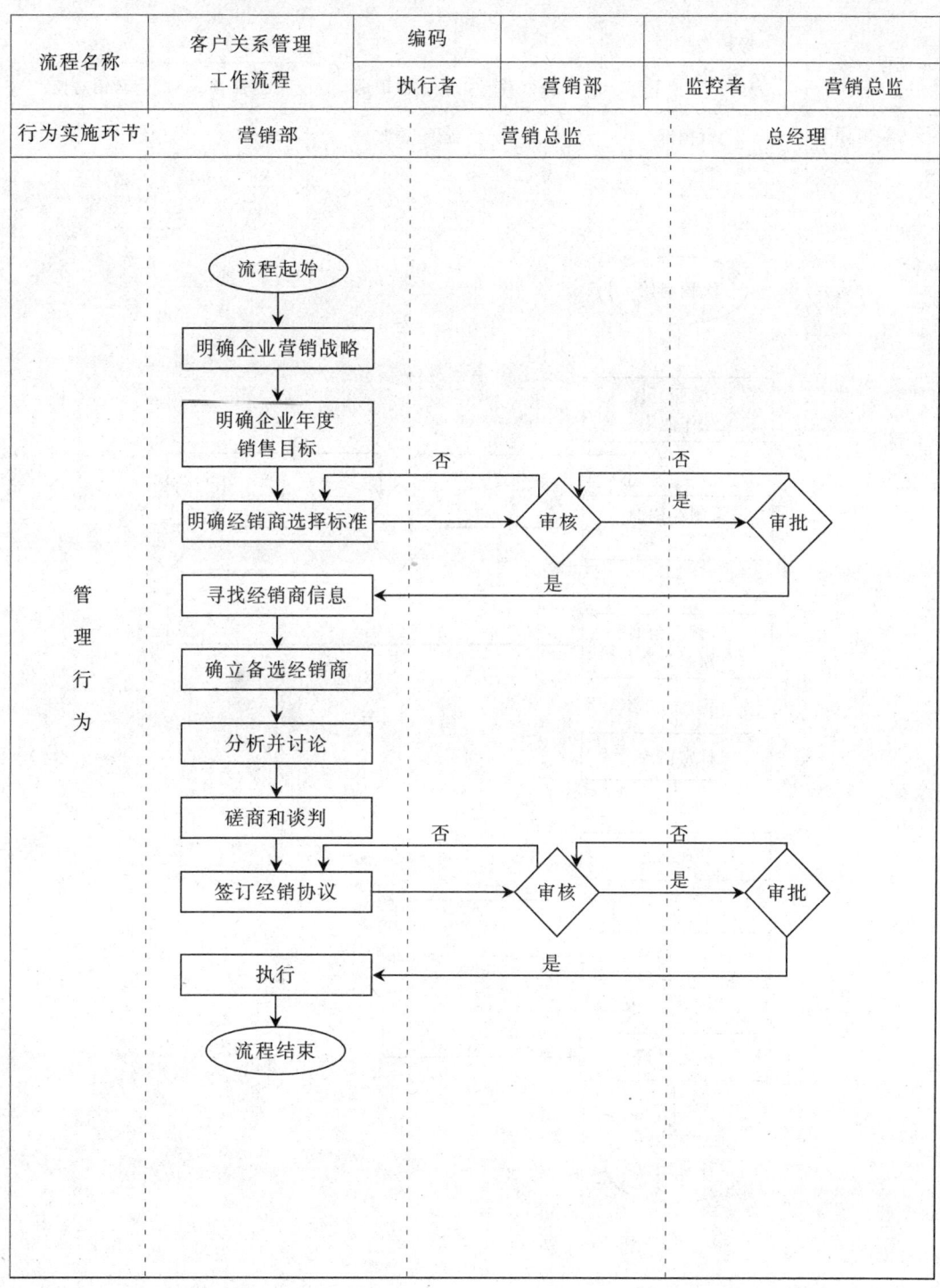

五、经销商控制管理工作流程设计

流程名称	经销商控制 管理工作流程	编码			
		执行者	营销部	监控者	营销总监
行为实施环节	营销部	营销总监		总经理	

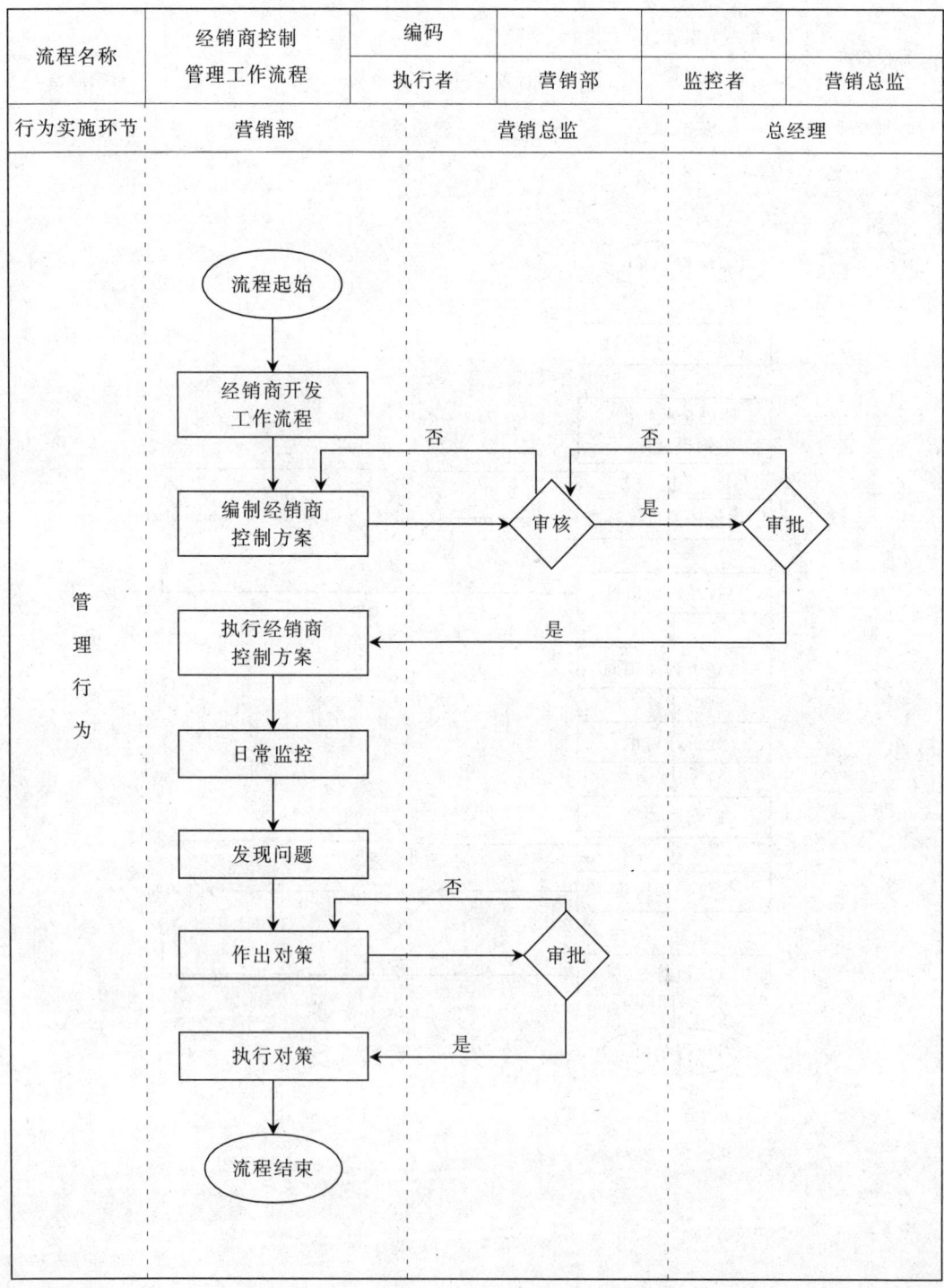

六、品牌发展管理工作流程设计

流程名称	经销商控制 管理工作流程	编码			
		执行者	营销部	监控者	营销总监
行为实施环节	营销部	营销总监		总经理	

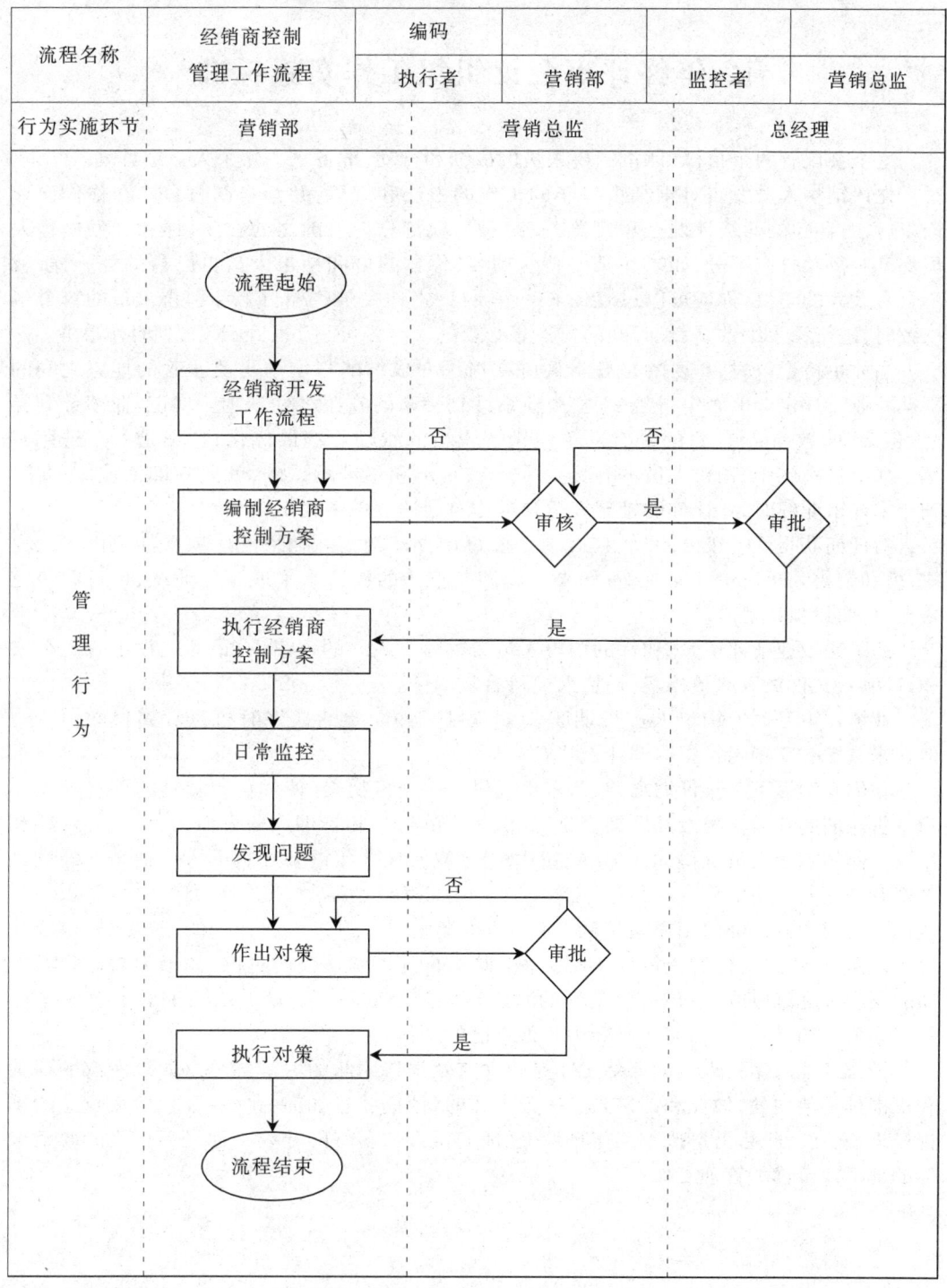

七、年终评审会议组织工作实施标准

这个会议有两个目标:评审销售人员的成绩和行动,准备下一年个人业绩计划。

先让销售人员发表对刚结束一年的工作的看法和观感,并给自己打分。在你作出评论以后,对往年的业绩计划逐项浏览,并对每一项打分。关键之处在于,你和你的销售人员都已对每项打完了分,如果在某一特殊项目,你打的分和销售人员自己打的分一样,就不会有太大的争议,你就可以过渡到下一个项目;当你在某些项目上和销售人员的打分不一致时,进行深入细致、较长时间的讨论是必要的。事先可写下你的评论,到时作参考。

当你主持会议时,重要的是要掌握好在讨论对成绩的肯定与需要改善的地方之间的平衡。业绩评定会上否定得越多,整个业绩计划带来的收益之处越少。切记,业绩计划是"大框架"的教练工具,目的是有助于使销售人员的激励环境最优化,它不是一个纪律工具。如果在一年中,销售人员的行为是完全被否定和不被承认的,就要立即回应,不要等到年末评审业绩时,才让你的销售人员知道你对他的表现感到不满意。

对任何获得低等级分的项目,必须采取行动立即纠正。如果这些项目涉及由个人完成,就和销售人员讨论如何改变;如果问题涉及整体的销售水平或工作业绩,你可召集正式会议,商量阻止对策。

为了完成业绩评审,你和你的销售人员需要写下最终的评语,在最后文件上签上名字和日期后,文件放入雇员档案,销售人员持有复印件。

业绩评审是讨论销售人员长期职业生涯目标和期望的最好时机,他的目标是什么?他在未来 5～10 年内希望达到什么状态?

在你开始做下一年计划之前,评审也提供了一个好机会,使你可以获得有关往年你作为销售经理的业绩情况及其反馈意见,寻求对你的行为和管理风格方面,其他人的观感和建议。你的销售人员觉得你在那些方面做得好吗? 在来年需要在哪些方面改善? 他们最希望看到你的哪些变化,以便有助于改善他们的能力,完成销售配额和目标? 也寻求一下他们对公司和其他部门销售支持的评价,哪些变化和改善将增加他们的产能或销售成功率? 切记,你不必对他们说每件事都去做,重要的目的就是获得建议,如果你对建议或反馈的反应过度敏感或极力阻碍,良好的激励环境就被破坏了,双向交流的目的,就是了解每个人关心的是什么,如何在实际中改善自己的工作。

销售经理对销售人员的评估工作是建立有效销售团队的关键部分。如果所有的评估和反馈都是单向的,你在和销售人员一起工作时,他们感觉如何? 一些寻找反馈意见的销售经理说,在为销售力量改善工作环境上,他们得到许多好的建议。你最近什么时候请求你的部下评价你的管理工作?

八、销售信息沟通方式选择工作实施标准

在日常管理中,有三种不同的信息沟通方式:

(一)历史导向的信息,即发生了什么。包括销量统计、费用统计、每周拜访记录等,利用这些信息,你能清楚哪些事已发生了,结果如何,这些信息确保你评估销售已做了哪些工作,做得怎么样。

(二)现在导向的信息,即市场、销售中正在发生什么? 包括顾客正在做什么? 即顾客需求、意见反馈;竞争者正在做什么? 即竞争情报监控;销售人员正在做什么? 即情况报告会;公司正在做什么? 即公司文件下达。现在导向的信息,往往需要采取立即行动和补救措施,涉及短期反应,也就是"救火"或"危机处理"。

(三)未来导向的信息,即将要发生什么,未来干什么。包括销售战略策划方案、销售计划、销售人员个人业绩计划等未来导向的信息沟通,通常涉及:

(1)未来有哪些新市场和新的顾客增长点?

(2)未来竞争对手如何反应? 我们如何确立独一无二的竞争优势并向顾客传达?

(3)计划如何开发潜在客户,销售我们的产品和服务?

(4)未来将要达到什么样的团队销售目标和个人销售目标?

(5)计划主要有哪些具体行动方案来奠定公司在市场中的地位和实现销售目标?

九、销售人员酬金设计工作实施标准

世界上没有一个完美无缺的酬金方案,但肯定有适合为达到销售目标而设计的酬金方案,酬金方案的好坏主要看目的,下面我们来看看不同的酬金方案能达到何种目的以及它们的优缺点。

(一)直接给销售人员提成,没有基本工资

这是许多公司在创业时期采用的酬金方案,很多小公司仍然采取这种方法。销售人员只拿佣金,这意味着销售人员收到的唯一报酬就是根据已有销售量的一定比例,获取现金提成。有的公司还规定,如果销售人员年终销售超过某一指标,还可以拿到年度鼓励奖,但对销售过程中发生的费用,基本上由销售人员自己承担。这种方案对公司的好处是:

(1)对每年的销售,你都可以确切知道成本。因为你的唯一销售成本,就是根据销售

量支取一定的佣金比例。

（2）你不必为销量少的销售人员承担费用。大多数公司对新销售人员在 3 个月内，先每月预支一些钱给他做销售费用，在他实现销量后，再从他的佣金中扣除预支的钱。如果 3 个月后这位销售人员还没有卖出产品得到提成，他要么自己掏钱，继续干下去；要么自己走人，也不必向公司辞职。

（3）利用这种方案，即使增加其他销售人员也没有什么花费。因为你只须为头几个月预支一些钱，并在以后的佣金中扣除，而且头几个月可预支的费用有一个最高限额。

（4）公司对销售业务员，基本上不需要什么管理。除了确定他们的提成比例、销售区域和产品价格，也就任其发挥了，因而也不需要很多管理成本。

这种酬金方案，对那些有销售经验或有一定的客户关系渠道的人是有利的，而且从事销售时间越长越有利。然而，此种酬金方案实施的年头长了，问题就会暴露出来。

只拿佣金的方案的弊端是：

（1）因为销售人员没有得到公司的销售支持，是凭自己的能力拿回扣，所以除了为自己着想外，不会考虑公司的利益。

（2）公司对销售人员的管理、控制能力差。随着销售人员完成的销售规模的增加，会出现"客大欺店"。河南省某家生产涂料的企业，采取这种提成方式销售，有两个业务员的销售逐渐占了企业总销售额的 80%。由于市场价格的下降，公司产品利润减少，年终，总经理希望把他俩的提成压低一些，这两位销售人员一气之下，离开了该企业，自己成立了销售公司，销售竞争对手的产品，导致这家企业第二年因销售困难而倒闭。

（3）不利于新的销售人员的培养。业务员只顾自己拿提成，不会指导新业务员，甚至和新业务员抢客户。

如果你的销售团队采取的是 100% 的佣金提成方案，你就要发挥它的优点，以弥补它的不足，你可以采取以下措施：

（1）随着公司销售量的增大，不断增加对销售人员的销售支持，如促销用具、培训。同时，与销售人员就他所在的地区的市场竞争、销售策略增加沟通，引入销售策略企划方案、销售计划、销售业绩指标管理，对市场、客户中出现的问题，公司应积极帮助销售人员解决，尽管这些成本会增加，但会让销售人员感到，自己完成的销售额，是与公司的支持帮助分不开的，而且这种支持帮助又会促进销量进一步增长，为公司带来更多利润。

（2）适时地为销售规模扩张快的销售人员配置销售助理，销售助理的酬金一定要由公司支付，规定该地区老业务员对培养销售助理负有责任。有些公司还规定，地区销售助理如果完不成销售任务，地区销售主管的年终提成将被打折扣，如果新业务员销售超额，主管也能获得一份奖励。

（3）对驻外办事处的销售人员而言，销售达到一定额度，可配备外源财务人员，负责区域货款账目，工资由公司财务部发放。

100% 佣金提成方案，在公司市场前途看好、销量持续增加时，无论是实施、运行还是对销售人员的控制都较易进行。但一旦市场竞争激烈，产品价格下降，销量滑坡时，由于没有新增销量，按此方案，就不可能有新业务员加入和"生存"，而老业务员随着年龄增长，精力下降，尤其是信心老化，没有了进取精神，公司将面临销量不振、销售人才"青黄不接"的危机。到了这个时候，可能就不完全是酬金方案改革的问题了。

（二）基本工资加销售佣金方案

这一酬金方案有两种形式：一是低基本工资、高提成比例；二是高基本工资、低提成比例,哪种形式更好一些呢?

从对销售人员招聘的吸引力来看,第一种形式对销售人员的风险大,公司付出的成本低,所以对应聘者的吸引力不大,除非某些业务员有许多原有的客户关系,而且一旦被聘用,马上就会有很大的销量,然而遗憾的是,此种情况很少见。第二种形式由于基本工资高,公司成本高,业务员风险小,所以对应聘者的吸引力大。显然,假如有 A、B 两家公司,A 公司开出的底薪是 600 元,B 公司开出的底薪是 2 000 元,哪家公司能招到素质更高的业务员呢? 千万不要凭想象认为,销售人员都愿迎接挑战,承担风险,少拿工资,多拿提成,别人还没有进入你的公司之前,怎么能让他们相信你公司的产品就是非常容易销售的呢?

你在招收销售人员时,是追求数量还是质量呢? 如果你认为多多益善,任其大浪淘沙或悉心培养,你可以采取低底薪高回扣;如果你坚持招到高素质的有经验的业务人员,并且宁缺勿滥,你最好采取高底薪低回扣。

第一种形式会对业务员的管理造成困难。由于给业务员底薪低,他们不会太在意这份工作,如果你让他们服从管理,威胁要炒他们的鱿鱼,他们会说:"想炒就炒吧,就给这么点工资,上别的公司也能找到这样的工作,谁在乎。"而第二种形式,业务员底薪高,他们会珍惜这份工作。原因是,如果失去这份工作,再找一家有这么高底薪的公司不太容易,他们会积极地在管理上配合你。

第二种方式与第一种方式相比,公司支付的成本高,假如一年下来,这些高底薪的业务员并没有实现很高的销量,公司的损失就比较高,这是第二种方案的缺点。

如何能把两种方案的优点结合起来呢? 对底薪的分层设计可解决这一问题。

(三)从 100%佣金提成向底薪加佣金的过渡

中国许多企业尤其是民营企业,在创业发展时期,大多数采用 100%佣金提成方案。如今,许多企业已达一定规模,此种酬金方案的弊端越来越严重,已极大地影响了企业的发展。随着市场竞争的激烈,销售量增长变缓,问题就更加突出,到了不得不改变该方案的时候。如何实现从 100%佣金提成向底薪加佣金方案的平稳过渡呢?

从表面上看,100%佣金提成是公司给它的业务员的利益分配,但公司和业务员的关系实际上等同于公司与经销商的关系,两者成了两个不同利益的主体。数年以后,那些创业期的老业务员成为 100%佣金方案的既得利益者,成了一个个"山头",当你要改革这种方案时,他们成了最大的障碍,你还不能主动消除这些障碍。因为一旦这些老业务员"罢工",销量大减,公司可能会遭受灭顶之灾。你必须有步骤、循序渐近地展开"削藩"的工作。

你所要做的第一项工作,就是让这些老业务员认识到,如此下去,公司肯定会垮掉,如果公司破产了,他们就再也没有钱可挣了。无论从他们个人未来还是公司发展的角度,他们必须要进行角色转换,从创业型经理变成职业型经理。你也可以聘请外部的培训师进行培训,实现老业务员的观念转换和心态调整。

在销售人员观念上有所触动后,可以借新产品进入市场、增加销售新区域或区域调整等名义,增派销售助理,熟悉客户和当地业务。

然后,要求每个业务员将自己负责的客户上报,建立客户资料库;同时,进行业务员销售费用核算,把由业务员自行消化的费用改由财务进行处理,但回扣总额,减去费用部分,返还业务员。

最后,导入底薪加提成酬金方案。这可能导致一些老业务员收入减少,但到此步,已是水到渠成。

在此过渡过程中,你会遇到个别业务员的激烈反对,也会遇见很多障碍,因此,在进行改革前,要取得你的上级坚定的支持。

对于此项改革导致老业务员收入的减少,你可以给予解释,因为竞争激烈,市场价格下降,利润减少,公司规模扩大,管理成本提升,个人收入减少也是不可避免的。当然,如果你的公司引入股票期权激励方案,给予这些老业务员一定的股票期权,问题就迎刃而解了。

当然,你应该明白,从100%佣金方案过渡到底薪加提成方案,实际上为公司节约了成本。

例如,有A、B两家公司,以同样的价格销售同样的产品,两者的边际利润也相近。A公司采用100%佣金提成方案,按销售额的10%直接支付给销售人员佣金;B公司付给销售人员基本工资加5%佣金。把每个公司给员工的总费用进行比较,5年后,假如销售人员的销量增加一倍,情况如下:

第一年,A、B两公司的销售人员都得到10万元,A公司销售人员完成100万元销售额提成10%得到10万元,B公司销售人员基本工资5万元,加上5%销售提成,也正好10万元,假如B公司因为区域内销量增长强劲,给他的员工基本工资每年增加5%,一直到第五年,基本工资达到6.0775万元,第五年,A公司销售人员总收入为20万元,仍占公司销售额的10%,然而B公司只给销售人员16.0775万元,只占公司总销售收入的8%。

这种随公司每位销售人员平均销量增加,公司总费用的下降,叫"缓冲酬金方案",在这种方案下,随销售人员销量增加,公司实际提高了销售利润率。

（四）指数佣金方案

在底薪加佣金提成酬金方案上,采取对底薪分级设计,比较科学,而对佣金提成,按什么比例设计呢?"缓冲酬金方案"虽然节约了公司成本,但实际上销售越多的人,暗中吃了亏,这是不公平的。如何在提成上增加激励呢?采用指数佣金方案可以克服这一缺点。

指数佣金方案指在基本底薪基础上,先确定每个业务员完成的定额指标,凡达到这一指标,给予固定的奖金,然后根据业务员实际完成的销售额占销售定额的百分比,再对百分比平方,乘以固定佣金数,就得出销售人员实际获得的佣金。

例如,有3个业务员甲、乙、丙,他们的销售定额都是200万元,达标固定佣金是10万元,到年底,甲只完成160万元,乙正好完成200万元,丙超额达240万元,其实际获得佣金如下表所示。

由此可见,指数佣金方案的意义在于,实现的销量比定额指标越低,你的佣金提成比例越低;相反,实际销量超过定额指标越大,你的佣金提成比例越高。

指数佣金方案的作用就是鼓励销售人员超额完成配额指标,也间接地"惩罚"了没有完成定额指标的人。

（五）佣金比例权重方案

对销售总额进行一定比例的佣金提成也有缺陷,就是对销售总额中不同种类的产品在不同地区销售未加区分,考虑到不同产品、不同地区销售的难度和工作量不一样,而且公司对不同产品的销售重视也不一样,如何能把这种因素体现出来呢?

你可以采取加入权重的方法,来解决这些问题。假如有A、B、C三种产品,A产品已销售几年,一直畅销,不需要销售人员付出太大的努力;C是新产品,刚进入市场,公司希望销售人员能力推此产品。假如乙业务员完成200万元销量中,A产品100万元,B产品50万元,C产品50万元,三种产品的权重分别是80%、100%、120%,那么乙可获得的佣金如下：

$$10 \times 85\% \times 85\% = 7.225 \text{（万元）}$$

乙只能拿到7.225万元，由于他在容易销的A产品上销售量大，难销的新产品C销量少，所以总体的佣金下来了。

你还可以对不同的销售地区，有些是已销售多年的区域，有些是正在开发的新区域，因工作量不同，设置不同的权重，体现对不同地区的销售人员在佣金上的公平。

十、渠道成员评价标准

（一）了解中间商的调研手段

了解中间商的状况是进行渠道设计的重要依据。了解中间商主要有以下调研手段：

（1）追根溯源。利用终端倒推法则，向终端打探其进货单位。

（2）旁敲侧击。向同行打探，在与同行的谈话中了解中间商口碑。

（3）察言观色。冷眼探察，不露身份，暗中观察中间商的行为。

（4）顺藤摸瓜。外围突破，打探银行、税务、协作单位等中间商的合作伙伴，以了解中间商。

（5）投石问路。变换身份与中间商接触，以二批、零售等身份电话询问。

（6）开门见山。登门洽谈，面对面、真诚地与中间商交流与洽谈。

（二）了解中间商的准备事项

具体说来，有以下几点。

1. 自我准备

（1）派员前往该市场调查，对该市场情况掌握到何种程度，决定着在多大程度上有效地检验与经销商日后的谈话内容。

（2）预设投入该市场的产品结构，确知产品在行业中的差异性和优劣地位等，这些有助于增加与经销商接触成功的机会。

（3）明确在该市场的销售渠道方式、布点密度的基本方法、进入该市场的时机成熟程度以及市场期望目标等，这些将有助于界定经销商，并对最终选定有指导意义。

（4）选派有市场开拓经验、敬业精神强、训练有素的业务代表，确保此项工作自始至终、井然有序、一丝不苟地开展。

2. 访问多家经销商

（1）了解经销商的基本情况，如年龄、学历、经销时间长短、营业地点及环境、为哪些企业代理过何种产品以及家庭情况、生活习性及其主要工作人员学历、工作经历等。

（2）了解经销商的特点，如他对正在代理的品牌有怎样的认识；他最喜欢厂家给予什么性质的政策，他赞成何种操作方式；他对同类产品的市场竞争如何分析；他的言谈举止、思维方式、生活习惯；他对新的品牌表现出多大的热情、关注；他希望得到何种铺市承诺、风险承诺、广告促销政策等；他对所提供的产品结构中哪方面感兴趣等。

(3)了解经销商的口碑,如通过其他经销商了解他的经营能力、经营状况,他与代理企业的关系状况,他如何处理与客户之间关系等;随机访谈,通过普通群众了解他的经济实力、品质特征、信誉等;调查取证,通过有关部门了解他的资信情况;实地考察,通过他的客户了解他的市场开拓能力、网络渠道建设能力、对企业政策的执行能力等市场综合能力。

　　(4)检视经销商的工作,如硬件设施、人力资源情况、渠道布点情况、财务管理情况等。

　　(5)观察经销商的反应,如是否尊重企业的经营理念和价值观;是否在一定程度上理解企业的品牌文化;是否能理解企业在市场价格、上市策略、回款方式、品牌战略、长期规划等问题上的意图;是否有足够的信心,这个信心来自何处等。

　　对这些内容进行调查后,首先形成一个较大的选择面,通过横向对比,然后参照企业在该市场的期望目标,最后选取合适的经销商。经销商基本素质达到目标后,培训的大量内容可以在工作中实施,再辅之以专业性的集中强化培训,使得经销商队伍的建设工作得以在起点高、效果好的良性循环中实现。

　　(三)评价中间商的标准

　　1. 选择中间商时的能力评价指标

　　能力评价指标主要包括:网络(网点)布控能力;市场价格、品种、区域控制能力;终端管理能力;对业务员日常工作的管理能力;服务意识与能力;企业内部管理能力,实现销售目标能力;诚信能力;对本企业理念的理解、认可能力;代理区域公共关系能力;商品配送能力;市场信息反馈能力;抑制竞争能力;促销配合能力;经销品种占有能力等。

　　2. 选择中间商时的实力评价指标

　　实力评价指标主要包括:资金实力;现有网点质量实力;社会资信实力;销售阅历实力;商场关系实力;投资意识;人员实力;自有店面实力;可投入固定资产实力;仓储、配送实力;特有实力等。

　　3. 对已有中间商的评价指标

　　对已有中间商的评价指标主要包括:销售量指标;销售额的增长率;销售目标完成情况;铺货率等。

　　4. 其他综合指标

　　其他综合指标主要包括:经销商占有率——本企业产品占代理商经销总额的比率;费用比率——本企业对代理商所支出的费用与销售额的比率、配送力度、库存情况;销售品种——按本企业品种当量确定、终端展示情况、价格执行情况、守区销售;服务意识和能力——对消费者的服务、售后服务、对下线经销商的支持与服务、货款回收、促销配合力度。

十一、渠道价格管理工作内容

　　销售过程中价格体系混乱,是目前我国企业普遍存在的一个问题。价格作为营销组合的一个重要因素,是竞争的一种重要手段。如果价格体系混乱,就可能扰乱整个市场秩序,影响产品的市场竞争力。企业最好能控制产品零售价格。必须意识到,造成企业价格体系混乱的原因有的来自企业,有的来自经销商。

（一）控制产品零售价格的好处

控制产品零售价格的水平有以下几个好处:

（1）如果没有固定的零售价格,经销商不会积极地进货,其经销范围也不会开阔,最终使制造商和消费者都受到损失。

（2）同一种产品在同一市场上有多种价格,会损害产品的声誉,消费者会怀疑以较低价格出售的产品是否是真货。

（3）多种零售价格增加了零售商之间冲突的可能性——那些不能以低价出售产品的零售商与能够这样做的零售商会发生矛盾,最终产品的经销系统会受到严重破坏。

（4）如果价格定得有利于消费者和制造商双方,那么统一的零售价（即零售商不得以低于此价销售）,将对大家有利。

（二）由企业造成的价格混乱的原因

由企业造成的价格混乱的原因主要有三个,具体如下。

1. 企业在不同的目标市场上采取了不同的价格政策

不少企业在制定价格政策时,考虑到不同目标市场消费者购买力的差异、竞争程度的差异、企业投入的促销费用的差异、运输费用等方面的差异,因而在不同的目标市场上采取不同的价格策略。这种价格策略如果得当,就会增强产品在各个目标市场上的竞争能力;但如果使用不当,则可能对市场秩序产生重大影响。有些经销商可能利用这些不同地区的价格差,将产品从低价格地区转移到高价格地区销售,进行"窜货"。如一家酒厂,为了开拓某一地区市场,在市场开拓期,将价格定得比其他地区低,期望以低价进入新市场,经过一段时间发现,进入该市场的产品转了一圈之后又回流至原有市场了,很快就冲击原有市场的产品价格,造成价格混乱。并且,当存在多种价格时,经销商和消费者可能提出要求平等享受最低价格的权利,对这项要求,厂家很难提出强有力的理由加以拒绝。

针对不同的目标市场制定不同的价格是必要的,但必须要掌握的一个原则是,不同地区的价格差异不足以对市场价格体系造成混乱。价格差异的幅度应该控制在不能让经销商利用这种价格差在不同地区市场上窜货的范围内。

2. 企业对不同经销商的价格政策混乱

一个完善的价格体系应包括对不同的经销商,如代理商、批发商、零售商,制定不同价格政策,使每一个经销商都愿意经营本企业的产品。对任何一个经销商的差别对待,都可能引起其他经销商的不满。某一家电企业,公司所在地的商业机构都不愿意经销该产品,原因是该公司经常以批发价甚至以出厂价向最终消费者出售商品,使得经销商的价格根本就没有竞争力,最终不得不放弃经营该产品。另外,如某公司经常以优惠价格向本厂职工出售产品,结果大量产品流向市场,严重影响了经销商的利益,导致经销商不愿意再销售该产品。

3. 企业对经销商的奖励政策

现在许多企业不是以利润来调动经销商的积极性,而是对经销商施以重奖和年终返利。厂家这样做的目的是鼓励经销商多销售其产品。由于奖励和返利额度是根据销售量额度而定,因此经销商为多得返利和奖励,就千方百计地多销售产品。为此,他们不惜以低价将产品销售出去,甚至把奖励和年终返利中的一部分拿出来让给下游经销商。这样你让我让大家让,其结果必定导致价格体系混乱。

（三）由经销商造成价格混乱的原因

由经销商造成的价格混乱的原因有三个，具体如下。

1. 经销商将本厂产品用做带货

有经验的经销商不是从每一个产品上去赚钱，而是从每一批产品上去赚钱，因此，他将产品分为两类：一类是赚钱的，另一类是走量的。即用好销的产品或是将一部分产品的价格定得很低，不赚钱来吸引批发商进货，以带动其他产品的销售。

2. 争相降价

一些企业在某一个市场上有几个批发商，大家为了争夺客户，纷纷降价，最后降得无利可图，都不愿再销售这一产品，把市场做死了。

3. 维持客户

一些经销商把价格降得很低，无利经营，甚至将厂家给予的扣点给客户，目的是为了维持客户，吸引客户继续从他手中进货。

（四）企业稳定价格体系的做法

要做到稳定价格体系，保证不乱价，企业就必须做到以下几点：

1. 企业不能急功近利，为眼前的利益而自乱阵脚，要彻底杜绝各种不良现象

生产"金龙鱼"食用油的南海油脂工业（赤湾）有限公司在全国有 400 多个一级经销商，为了保证网络的任何一环都是"一口价"，公司实行全国统一报价制，距离远的由公司补贴运费，防止产品在区域间窜货。为了保证经销商的利益不受损害，公司规定非经销商客户到公司拿货的价格比在当地向经销商直接拿货的价格还要高。

2. 制定政策

企业在和经销商签订合同时就要明确规定稳定价格的条款。对不履行价格义务的，要取消经销资格。

3. 监督

要及时掌握价格状况，发现经销商违反价格行为就要立即处理。亚洲啤酒（苏州）有限公司啤酒零售价为每瓶 2.5 元，要求经销商不能降低一分钱，谁违反了规则，就取消谁的经销资格。为此，他们在下岗职工中招聘了 45 名"价格监察员"，每天的任务就是在商店内转，监督经销商是否遵守公司的价格政策。这样，保证了全市大小商店价格一个样。

十二、渠道冲突管理工作实施标准

（一）做好渠道战略计划和渠道结构的设计工作。许多渠道冲突产生的根源在于渠道战略不当和渠道结构设计不合理。

（二）做好渠道成员的选择工作。具有良好的合作意愿和具备相应的自愿条件可以减少和避免渠道成员间的冲突。

（三）明确渠道成员的角色分工和权力分配。通过正式合约明确渠道成员行为的"游戏规则"。

（四）建立有效的渠道成员之间的交流和沟通机制。有效的沟通可减少彼此间的不理解和不信任，有利于加强合作。

（五）合理使用渠道权力，防止权力滥用。很多情况下，冲突的发生往往是因为权力干预过多。

十三、窜货治理工作实施标准

（一）堵住源头

企业销售应该由一个部门负责。多头负责、会出多门最容易导致价格的混乱。这种现象多数源于行政部门对销售部门的干扰。在部门责权明晰的企业，即使企业最高首脑要货，也须通过销售部门，按企业法定价格办理。企业维护了产品的价格法则，在一定程度上就堵住了源自企业内部的窜货源头。

（二）加强对销售渠道的管理

销售渠道是窜货发生的渠道，因此，规范了渠道，就有可能从根本上抵御窜货的入侵。

（1）确保渠道安全。建立销售渠道，当然首先要做到科学有效，但是，渠道的安全性绝对不应被忽视。所谓渠道安全，主要是指渠道上产品价格的规范和稳定。渠道要安全，必须加强对销售渠道的有效管理。影响渠道安全的另一个容易被忽视的因素就是对销售终端的管理。比如在窜货最容易发生的地方是小商品批发市场，如果它的销售价格低于一二级代理商，后者的利益将受到威胁，一二级代理商很有可能采取降价来保护自己，因此，小商品批发市场的销售价格一定要高于一二级代理商。销售终端的管理还包括对商场的监控。营销人员管理商场有两项任务：一是管柜台形象，二是价格管理。如果价格有明显变化，应该及时找出原因，其中重点是向上搜索一二级代理商渠道，检查有无窜货现象发生。

（2）还可以严格划区经营，因为每个经销商的市场覆盖能力都是有限的，依据其网络的势力范围划区经营，是为了让经销商集中自身优势，更好地发挥其在划定范围内的销售能力。

（3）制定现实的营销目标。企业在进行促销时，要制定现实的营销目标，树立稳健的经营作风。在对现有市场状况进行调研总结和自我资源进行评估后，制定符合实际的营销目标，不急功近利，避免寄希望于巨奖、人海战术、广告轰炸等战术来打开市场。

（4）制定完善的促销政策。企业在制定促销政策时，应注意政策的持续激励作用，防止一促销就窜货、停止促销就销不动的局面发生。制定的促销政策应能协调厂商与总经销商以及各地总经销商之间的关系，为各地总经销商创造平等的经销环境。奖励措施应当充分考虑合理的促销目标、适度的奖励措施、促销时间的控制、严格的兑奖制度和市场监控，确保整个促销活动是在受控之下进行的，不会出现失控的现象。

（5）良好的售后服务。随着行业内技术的发展与成熟，产品的差异化越来越小，服务之争成为营销竞争一个新的亮点。完善周到的售后服务可以增进厂家、经销商与顾客之间的感情,培养经销商对企业的责任感与忠诚度。企业与渠道成员之间的这种良好关系的建立,在一定程度上可以控制窜货的发生,经销商为维系这种已建立好的关系,是不会轻易通过窜货来破坏这份感情的。

（三）多品牌经销

多品牌经销即企业设计多个品牌,分别交给不同的经销商,或同一品牌不同品种分类区别经销。这样做避免了经销商对厂家全线产品的过多控制,即使"窜货"也只会影响某一部分。同一厂家不同类型或品牌的产品,交由不同的经销商来销售也可避免经销商就相同产品发生价格战。

（四）营销队伍的建设与管理

营销队伍是营销制胜的保证与根本。为防止营销人员窜货,应加强营销队伍的建设与管理。

（1）严格人员招聘、选拔和培训制度,企业应把好业务员的招聘关,在人才市场上挑选真正符合要求的最佳人选,并提供完善的培训。

（2）在企业中营造一种有利于人才发挥所长的文化氛围,企业应尊重人才、理解人才、关心人才,并制定人才成长的各项政策,如为每一位业务员设计一个完善的事业发展计划,让每一位业务员感到自己的职位与责任感在提高和增强,从而在增强其成就感与积极性的同时,增强其对企业的忠诚度。

（3）制定合理的绩效评估和酬赏制度,真正做到奖勤罚懒,奖优罚劣。公正的绩效评估能提高业务员的公平感,合理的报酬既能有效地控制成本,又能为企业留住优秀人才。

（4）建立良好的淘汰机制,因为在企业的营销队伍中难免会混进一些素质不佳或能力平庸的人,制定的淘汰机制应能有效地进行人员的筛选,为企业保留真正的优秀人才。

（五）产品策略

1. 实现产品包装区域差异化

在不同的区域市场上,相同的产品采取不同的外包装形式,通过对产品不同外包装的识别,可以在一定程度上控制窜货。实现产品外包装区域差异化的主要措施有:一是实行产品代码制,即在产品的内外包装上印上给每个销售区域产品编上的一个唯一的号码,如1997年起格力公司实行条形码,限制区域,不允许跨区域销售,控制产品的流向;二是产品商标颜色差异化,即同种产品的商标在不同的地区,在保持其他标识不变的前提下,采用不同的颜色加以区分;三是通过文字标示,即在每种产品的外包装上印刷"专供某某地区销售"的字样。产品包装差异化能使厂家准确地监控产品的去向,使得经销商在窜货上会有所顾忌,不敢贸然行动,即使发生了窜货,也可以追踪产品的来龙去脉,为企业处理窜货事件提供真凭实据。所以说产品包装差异化带给厂家的是在监控和解决窜货问题上的主动权。

2. 允许退货,与经销商共担风险

为防止经销商在处理滞销、积压产品时发生的窜货乱价行为,企业建立与经销商共担风险的制度,允许在一定程度、一定条件下的退货。

（六）对价格体系进行严格管理

在厂家产品热销时,若市场上经常出现断货,经销商会在利益驱动下擅自提高商品价格谋取超额利润,厂家为了维护产品价格体系,可以采取一些相应措施,例如严格限定经销商的发货价格,或直接在商品外包装上印上市场建议零售价格。

企业应建立完善、公正的价格体系。紊乱、不健全的价格体系是窜货的重要源头之一,一些企业在制定价格策略时,由于考虑不周,埋下了许多导致窜货的隐患。企业在制定价格时,可将销售网络内的经销商分为总经销商、二级批发商、三级零售商,分别制定总经销价、出厂价、批发价、团体批发价和零售价等。在确保销售网络中各个层次各个环节的经销商都能获得相应利润的前提下,根据经销商的出货对象,规定严格的价格,控制好每一层级的利润空间,以防止经销商跨越其中的某些环节,进行窜货活动。

（七）专销商制度及地区销售公司

专销商即只经营一种品牌产品的经销商。这种制度使经销商与厂家结成利益共同体,经销商对产品的热情高,对企业的忠诚度高并能及时向厂家反馈市场信息。

广州立白公司在广东市场产品推广快,销售额年年增长,就得益于其在创业初期建立起来的专销商制度。地区销售公司是以资产为纽带,以品牌为旗帜的区域销售公司,它将厂家和各经销商的利益捆绑在一起,以实现价格自律、服务自律。1997年格力在湖北成立了第一家湖北格力销售公司,由格力出资200万元控股,其余四家经销商武汉"航天""中南航运""国防科工委""省五金"各出资160万元联合组建而成,开辟了独具一格的专业化销售通道。随后在湖南、河北、重庆、四川也相继成立了格力销售公司,稳定了格力产品价格,维护了格力品牌形象,同时也稳定地提高了格力产品的市场份额。

（八）硬性策略

硬性策略,即通过签订合同或协议,实施惩罚,组成商会来防止窜货的策略。

（1）协议。即用合同来约束总经销商的市场行为。由于销售网络管理者和各地经销商之间是平等的企业法人之间的关系,销售网络不可能通过上级管理下级的方式来实现,只能通过签订的"总经销商合同"来实现。在合同中明确加入"禁止跨区销售"的条款,将总经销商的销售活动严格限制在自己的市场区域之内。另外,在企业内部业务员之间也可以签订不窜货乱价协议。

（2）惩罚。对发生跨区销售行为的总经销商按跨区销售行为的严重程度分别给予警告、停止广告支持、取消年终返利和取消经销权等的处罚,对窜货行为起到一个惩戒的作用。另外还可以将业绩的考核与窜货挂钩。

（3）组成商会。商会由每一个地区的所有经销商组成。经销商以一定的会费（用于商会的运作）参与商会,商会成员之间达成协议,相互监督,并制定一些将窜货纳入考核的奖惩措施。如立白与格力都已采用了商会制度来控制和防止窜货。

第二十四章

生产战略与计划

《按流程执行》

一、生产预测管理工作流程设计

流程名称	生产预测管理工作流程	编码			
		执行者	生产部	监控者	生产总监
行为实施环节	生产部	生产总监		总经理	

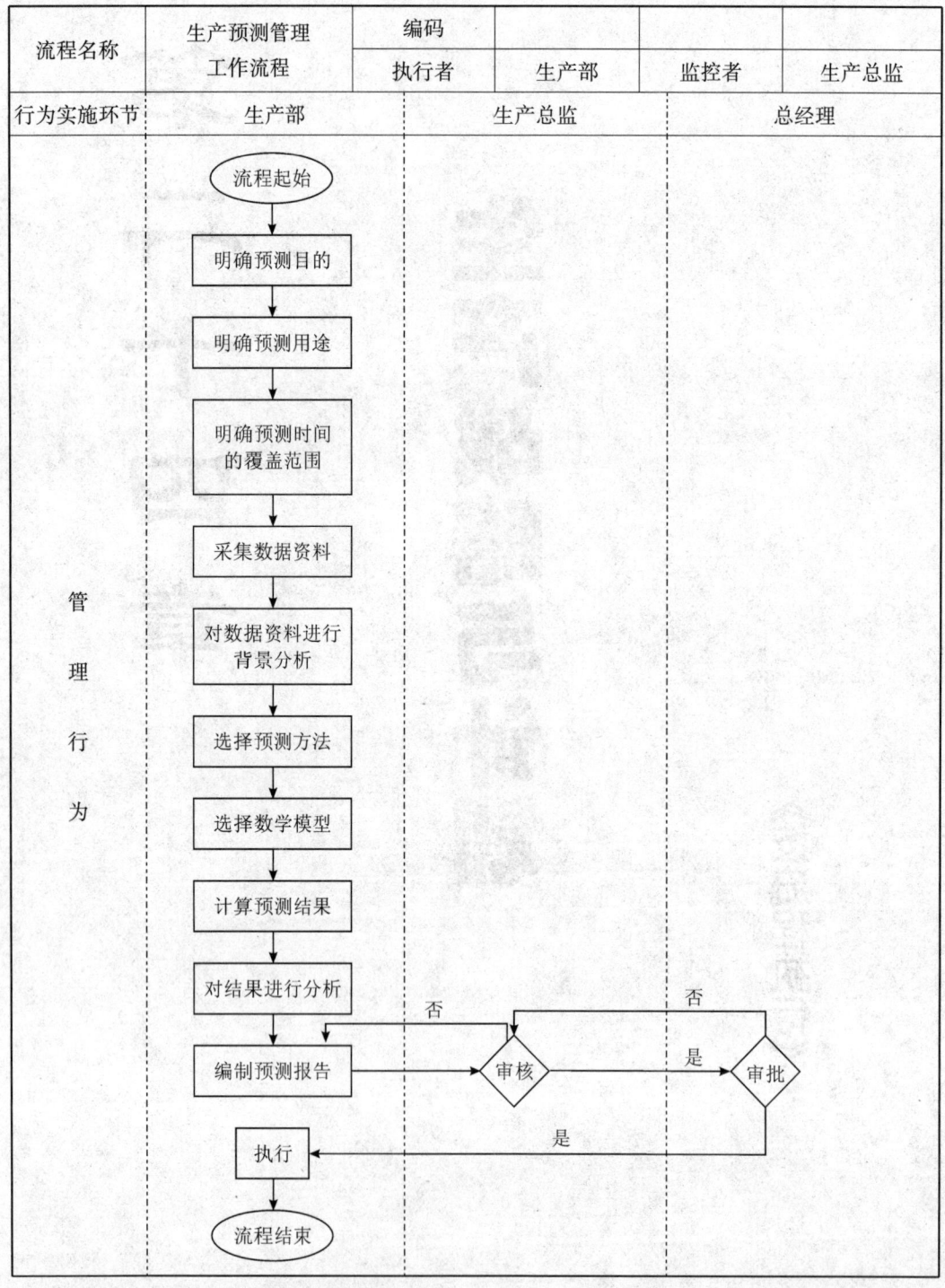

二、企业生产经营目标管理工作流程设计

流程名称	企业经营战略管理工作流程	编码			
		执行者	各部门	监控者	总经理
行为实施环节	各部门	企划部		总经理	董事长

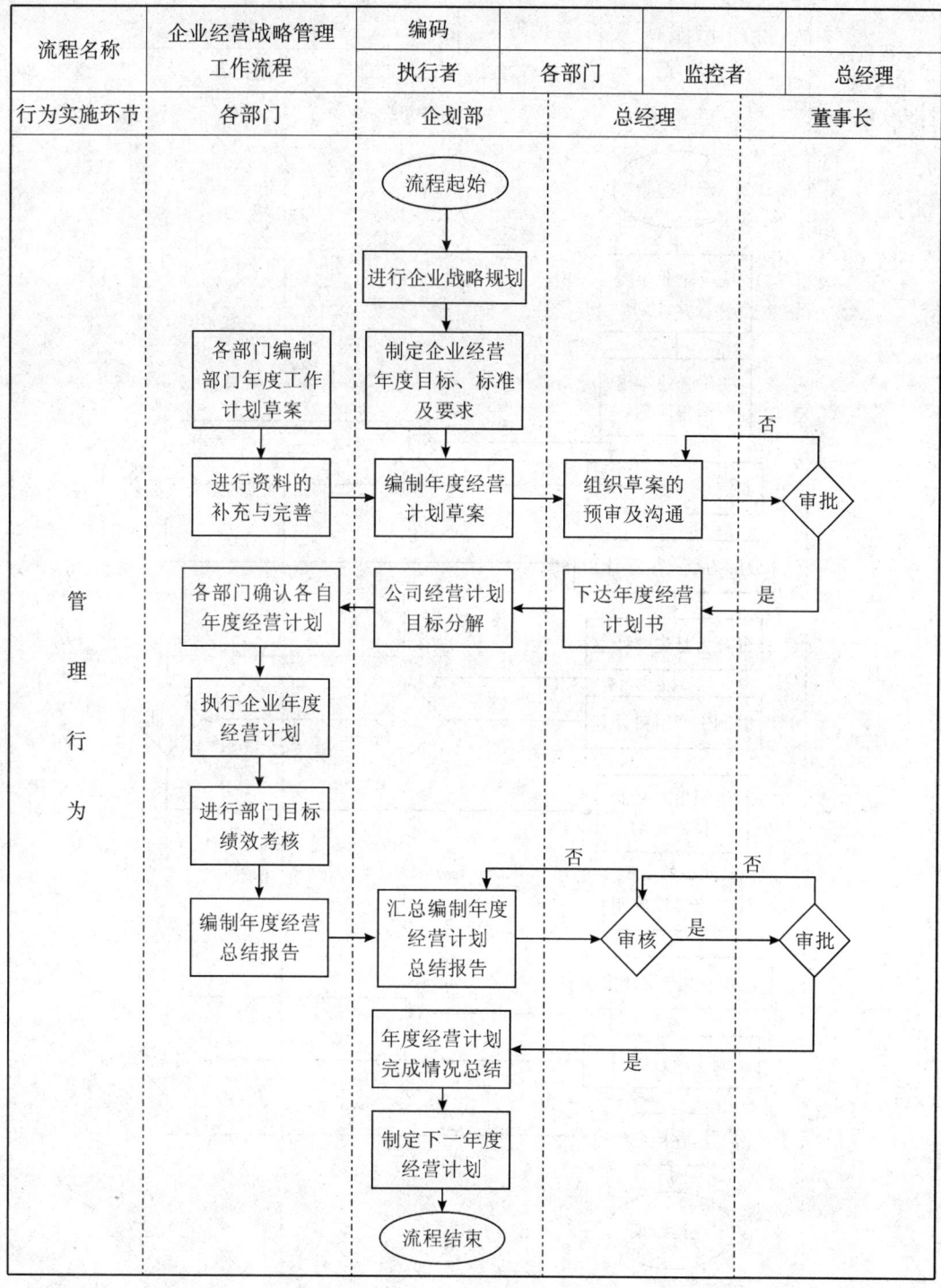

三、生产计划管理工作流程设计

流程名称	生产计划管理 工作流程	编码			
		执行者	生产部	监控者	生产总监
行为实施环节	生产部	生产总监		总经理	

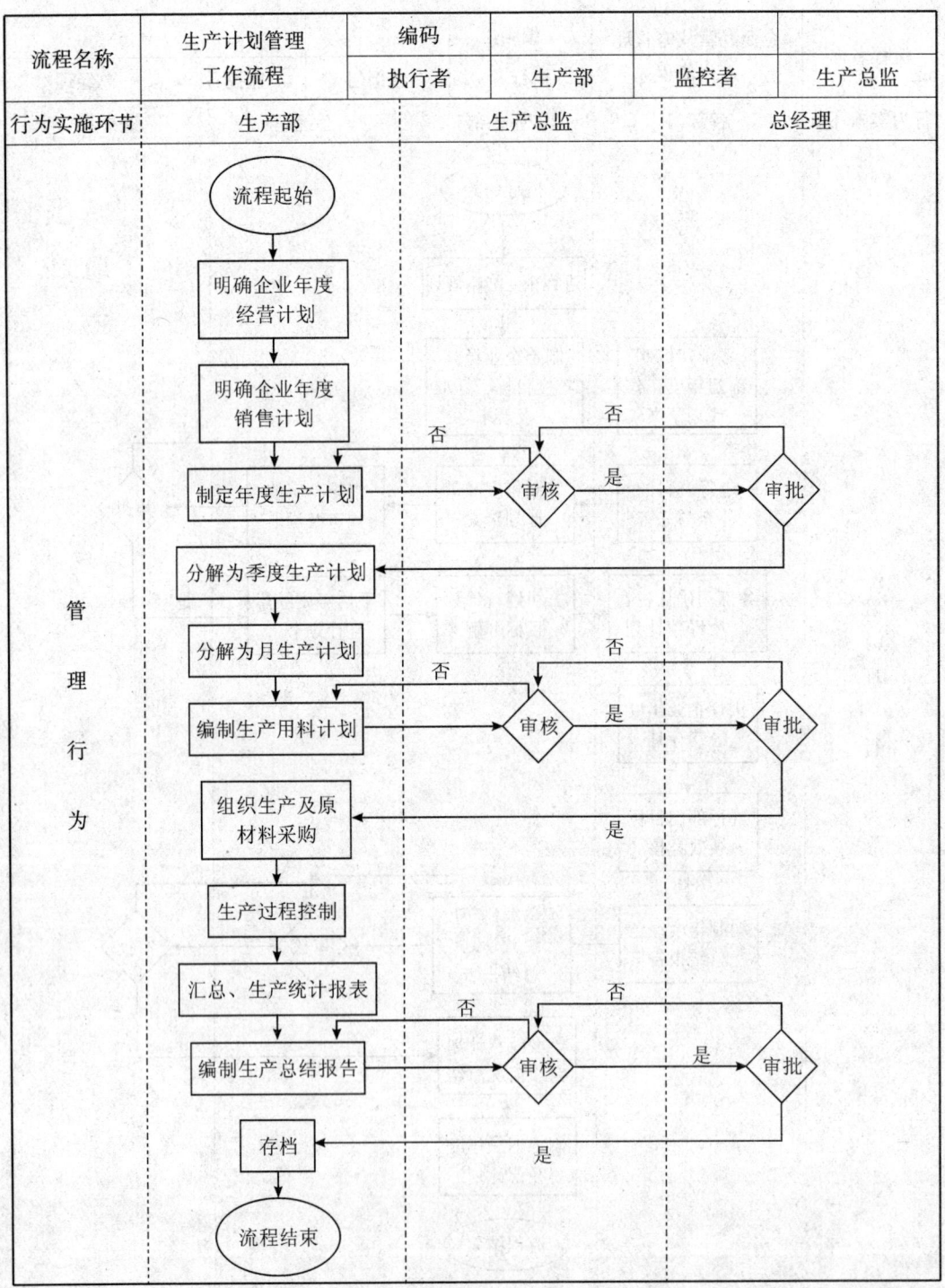

四、生产供应计划管理工作流程设计

流程名称	生产供应计划管理 工作流程	编码			
		执行者	生产部	监控者	生产总监
行为实施环节	生产部	生产总监		总经理	

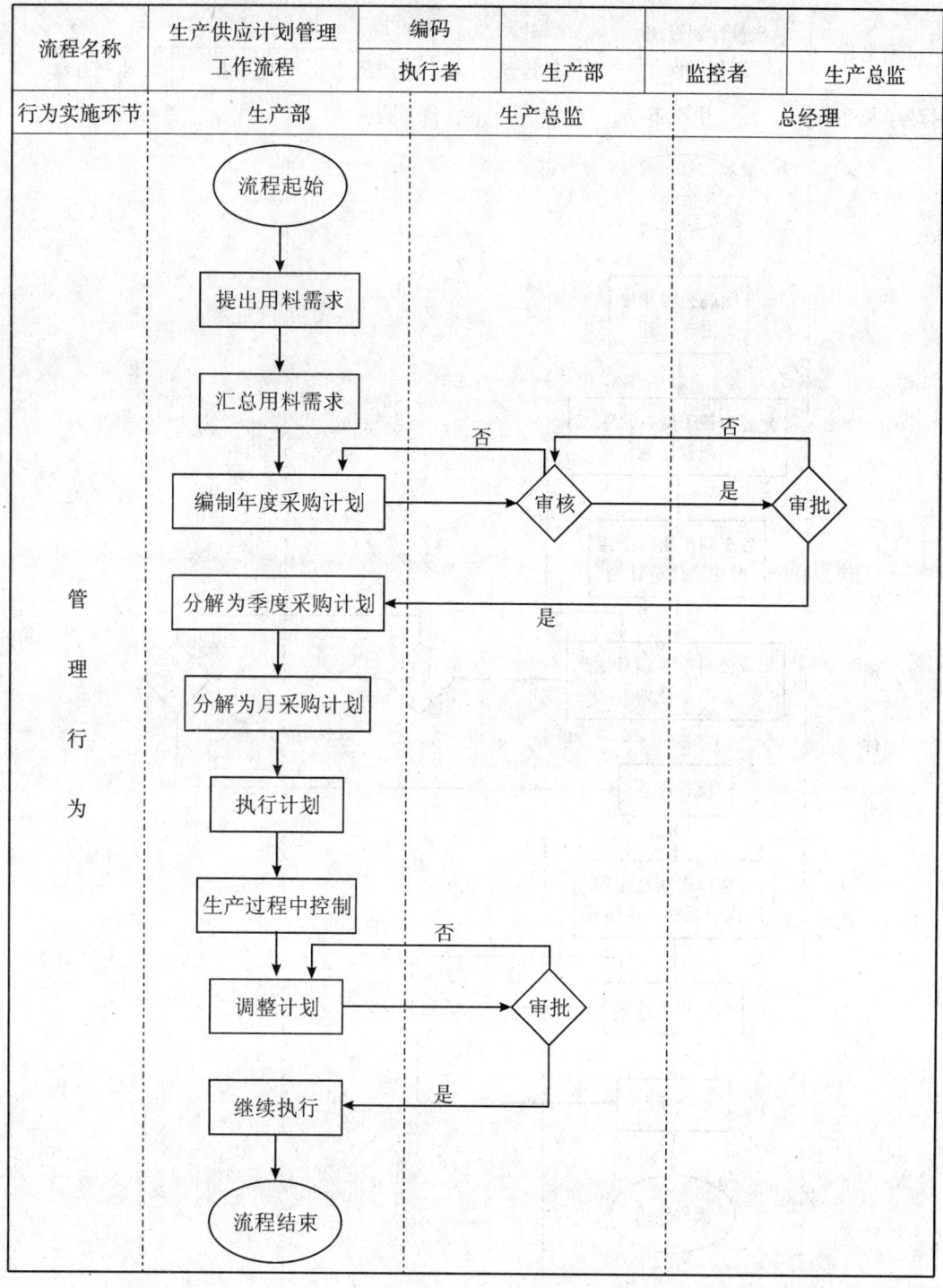

五、产量计划管理工作流程设计

流程名称	产量计划管理 工作流程	编码			
		执行者	生产部	监控者	生产总监
行为实施环节	生产部	生产总监		总经理	

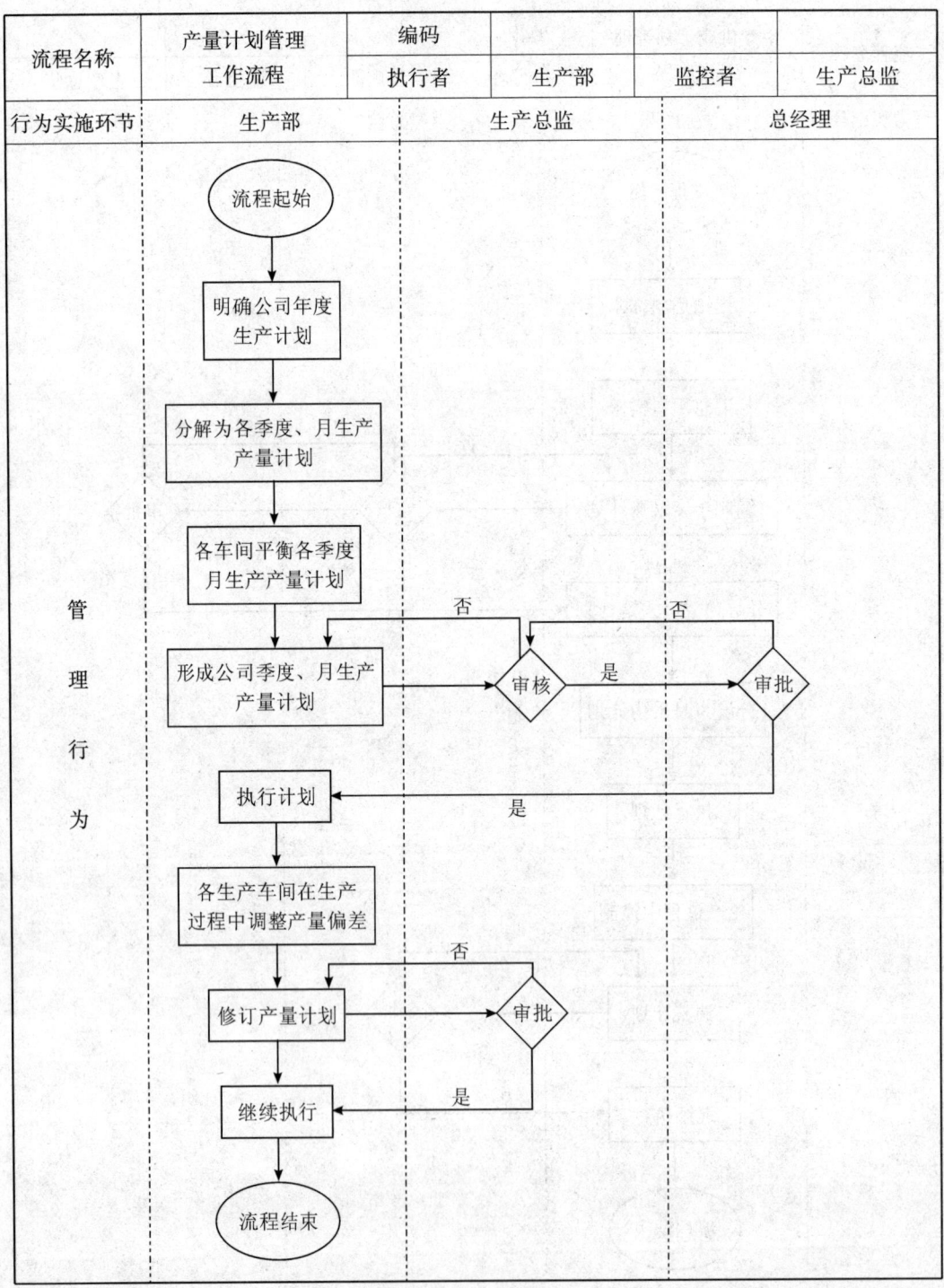

六、生产计划安排管理工作流程设计

流程名称	生产计划安排 工作流程	编码		执行者	生产部	监控者	生产总监
行为实施环节	生产部		生产总监			总经理	

管理行为

```
                    ┌─────────────┐
                    │  流程起始    │
                    └──────┬──────┘
                           ↓
                  ┌─────────────────┐
                  │ 技术部提供生产   │
                  │   技术资料       │
                  └────────┬────────┘
                           ↓
                  ┌─────────────────┐
                  │ 销售部提供       │
                  │   市场资料       │
                  └────────┬────────┘
                           ↓
                  ┌─────────────┐
                  │  汇总分析    │
                  └──────┬──────┘
                           ↓
                  ┌─────────────┐        否        否
                  │  制定计划    │──→  审核  ──是──→ 审批
                  └─────────────┘
                           ↓
                  ┌─────────────────┐         是
                  │ 各车间执行计划   │←────────────
                  └────────┬────────┘
                           ↓
                  ┌─────────────────┐
                  │ 设定标准日程     │
                  └────────┬────────┘
                           ↓
                  ┌─────────────────┐
                  │ 编制工时计划     │
                  └────────┬────────┘
                           ↓
                  ┌─────────────────┐
                  │ 编制负荷计划     │
                  └────────┬────────┘
                           ↓
                  ┌─────────────────┐
                  │ 各车间分解计划   │
                  └────────┬────────┘
                           ↓
                  ┌─────────────────┐
                  │ 各车间执行计划   │
                  └────────┬────────┘
                           ↓
                    ┌─────────────┐
                    │  流程结束    │
                    └─────────────┘
```

七、生产计划编制情报管理工作流程设计

流程名称	生产计划编制 工作流程	编码			
		执行者	生产部	监控者	生产总监
行为实施环节	生产部	生产总监		总经理	

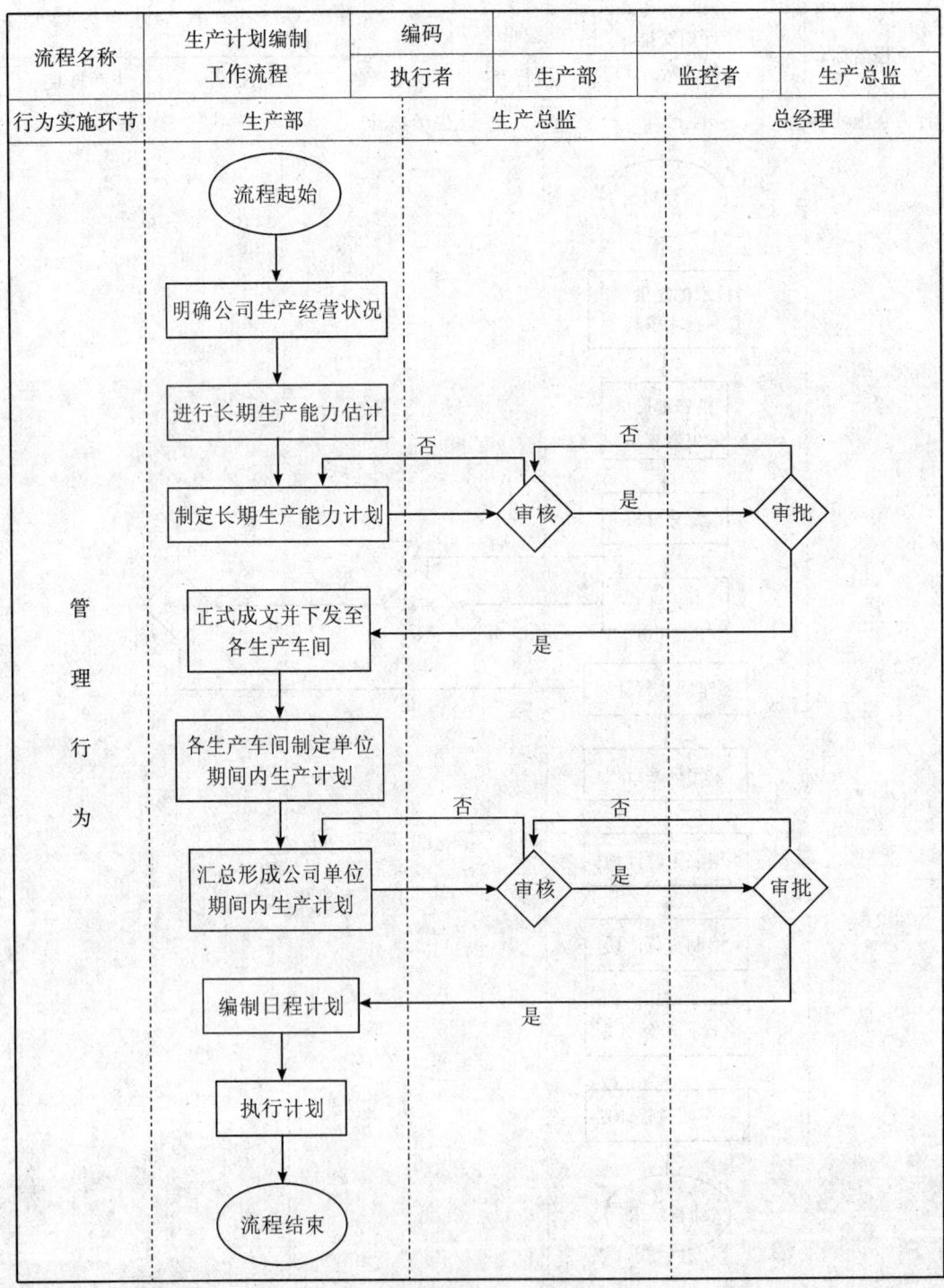

管理
行
为

流程起始

明确公司生产经营状况

进行长期生产能力估计

制定长期生产能力计划 → 审核 → 审批

正式成文并下发至
各生产车间

各生产车间制定单位
期间内生产计划

汇总形成公司单位
期间内生产计划 → 审核 → 审批

编制日程计划

执行计划

流程结束

八、生产定性预测工作方法

现在广泛使用的定性预测方法主要有四种,下面分别进行分析。

(一)部门主管集体讨论法

又称为高层主管集体讨论法,把高层主管召集在一起进行讨论,将主管的看法与统计模型相结合,形成对需求的集体预测。这种预测方法特别适用于新产品的研制、开发和企业发展的中长期预测,优点在于结合了有实际经验的主管的意见,避免了个人的主观臆断对企业造成的损失。但是,由于责任不明确,大家在讨论中都是不承担责任的,这也影响了预测的实施。

(二)销售人员意见征集法

每个销售人员对他所在地区的销售额作出自己的估计。企业的预测部门首先对这些意见汇集起来进行检查,确保真实性,然后将各地区预测汇集形成企业需求的总预测。这种方法的主要缺点是:一方面,由于销售人员受短期和局部状况的影响,往往作出的判断具有主观色彩,影响预测的客观性;另一方面,企业将销售业绩作为评价销售人员的标准,因此,销售人员为了超额完成任务往往会低估预测值,预测部门在进行预测时也应当予以充分的重视。

(三)德尔菲法

它是20世纪40年代由O·赫尔姆和N·达尔克首创,经过T·J·戈尔登和兰德公司进一步发展而成的。德尔菲这一名称起源于古希腊有关太阳神阿波罗的神话。传说中阿波罗具有预见未来的能力,因此,这种预测方法被命名为德尔菲法。1946年,兰德公司首次将这种方法用来进行预测,后来该方法被迅速广泛采用。

德尔菲法依据系统的程序,采用匿名发表意见的方式,即专家之间不得互相讨论,不发生横向联系,只能与调查人员发生关系,通过多轮次调查,专家对问卷所提问题的看法,经过反复征询、归纳、修改,最后汇总成专家基本一致的看法,作为预测的结果。这种方法具有广泛的代表性,较为可靠。德尔菲法同常见的召集专家开会,通过集体讨论,得出一致预测意见的专家会议法既有联系又有区别。德尔菲法能发挥专家会议法的优点,即:

(1)能充分发挥各位专家的作用,集思广益,准确性高。

(2)能把各位专家意见的分歧点表达出来,取各家之长,避各家之短,同时,德尔菲法又能避免专家会议法的缺点。

(3)能避免权威人士的意见影响他人的意见。

(4)能避免有些专家碍于情面,不愿意发表与其他人不同的意见。

(5)能避免出于自尊心而不愿意修改自己原来不全面的意见。

德尔菲法的主要缺点是过程比较复杂,花费时间较长。

德尔菲法的具体实施步骤如下:

(1)组成专家小组。按照课题所需要的知识范围确定专家。专家人数的多少,可根据预测课题的大小和涉及面的宽窄而定,一般不超过20人。

(2)向所有专家提出所要预测的问题及有关要求,并附上有关这个问题的所有背景材料,同时请专家提出还需要什么材料。然后,由专家作出书面答复。

(3)各个专家根据他们所收到的材料,提出自己的预测意见,并说明自己是怎样利用这些材料并提出预测值的。

(4)将各位专家第一次判断意见汇总,列成图表,进行对比,再分发给各位专家,让专家比较自己同他人的不同意见,修改自己的意见和判断。也可以把各位专家的意见加以整理,或请身份更高的其他专家加以评论,然后把这些意见再分送给各位专家,以便他们参考后修改自己的意见。

(5)将所有专家的修改意见收集起来,汇总,再次分发给各位专家,以便做第二次修改。逐轮收集意见并为专家反馈信息,是德尔菲法的主要环节。收集意见和信息反馈一般要经过三四轮。在向专家进行反馈的时候,只给出各种意见,但并不说明发表各种意见的专家的具体姓名。这一过程重复进行,直到每一位专家都不再改变自己的意见为止。

(6)对专家的意见进行综合处理。

(四)消费者市场调查法

这一方法通过电话采访、信件咨询、入户访问等多种形式,调查消费者或潜在消费者的购买计划。对采集的信息进行综合处理,得出对市场需求的预测。由于这些信息来自于消费者,直接反映了市场需求的状况,有利于根据消费者的要求,改善服务,对产品的功能进行改进。但是,由于这种方法需要的调查人员比较多,调查时间比较长,不适于经常采用。

九、时间序列预测分析方法

时间序列预测分析方法是定量分析中最普遍应用的方法,在实际数据的时间序列中,展示了所研究的经济对象在一定时期内的发展变化过程,时间序列分析就是在这些序列数据中寻找经济事物的变化特征、趋势和发展规律的预测信息。

时间序列是一系列均匀分布(每周、每月、每季等)的数据点。例如企业每天生产的数量、商店每天销售的数量等。以时间序列数据来做预测的基础是"历史包含一切",将整个预测建立在历史数据的基础上,而忽略了其他因素的影响。

分析时间序列时首先将过去数据根据影响因素的区别分为几部分,然后将这种影响进行外推。一般地,将时间序列的变化归结为四个方面:趋势变化、季节波动、周期性波动和随机波动。

趋势变化是数据在过去一段时间内的整体变动情况,是时间序列按照一个固定的趋势发展变化的过程,表示了变化的总方向。

季节波动是指由于季节性原因对销售造成的影响,如夏天雨伞销售量增加而冬天减少的情况。由于这种数据自身经过一定周期的天数、周数、月数或季数,也就是有季节性的不断重复。

周期性波动是指数据每隔几年重复发生的时间序列形式,这里的周期比季节性周期的跨度长。它们一般与经济周期有关,并将长周期分析同短期的经营结合起来。

由于有些波动是一些偶然和不确定性因素引起的,这种波动用随机波动表示。随机波动没有统一的数学形式进行表示。随机变动又可以分为突发性变动和随机变动。突发性变动是指由于战争、自然灾害或者其他偶然性因素引起的意外事件,对于这些数据需要进行另外的处理,比如稳健化处理。随机变动是大量的随机因素产生的宏观上的影响,它构成了预测分析的误差部分。

对于时间序列在经济预测中的四个因素进行合成,形成了两种描述方法,即统计学上的两种一般形式。使用最广泛的是一种乘法模型,即假定需求是四个成分的乘积:

需求 = 趋势变动 × 季节变动 × 周期变动 × 随机波动

另一形式是这四个成分相加得到需求总的变动情况:

需求的变动 = 趋势波动 + 季节波动 + 周期波动 + 随机波动

几种预测方法介绍如下:

在大多数实际模型中,由于随机波动的数学期望值为零,所以预测者都假定随机波动经过平均后可不考虑其影响。他们主要注意季节、趋势和周期波动相结合的成分。

简单预测法。简单预测法是最简单的一种时间序列分析方法,顾名思义,简单预测即简洁的意思。它假定下一期需求与最近一期需求相同,用本期的需求预测下一期的需求。例如,某公司10月份的销售量是100台,我们可以预测11月销售量仍然是100台。

或许你会觉得这种方法太简单了,以至于你会怀疑它的准确性。实践证明,对某些产品的生产而言,简单预测法是效益费用比(一种衡量预测方法效用的比率,它是预测带来的效益与预测过程所花费的费用的比率)最高的预测模型。而且正因为它简单,它成为其他时间序列分析方法的出发点。

简单移动平均法。简单移动平均法(Moving Averases)是用一组最近的实际数据值通过求算术平均值来进行预测,以一组观察序列的平均值作为下一期的预测值。如果市场需求在不同时期能够保持相当平稳的趋势,移动平均法是非常有效的。一个4个月的移动平均法即过去4个月的需求简单加总并除以4。每过1个月,将前3个月数据加上最近1个月数据并去掉最早那1个月的数据。这种方法最大的优点就在于熨平了短期数据波动,使数据短期不规则波动变得更加平滑。

数学上这种简单移动平均数的计算公式如下:

$MA_{t+1} = (A_{t-n+1} + A_{t-n+2} + \cdots + A_t)/n(t \geq n)$ 在这个式子中,MA_{t+1} 表示预测值,n 为移动平均值的期数,例如,4表示4个单位期间的移动平均值。

下面举例说明如何计算移动平均值:在过去的6个月中,某公司的销售情况(见表24-1),我们取移动平均的期数为3($n=3$),分别计算预测值。

表24-1 时间序列预测分析方法

月　份	销售数量(万元)	预　测　值(万元)
1	20	-
2	22	-

月　份	销售数量(万元)	预　测　值(万元)
3	25	–
4	21	22.33
5	23	22.67
6	22	23

解：已知 $n=3$，则 4 月份预测值是 $1\sim3$ 月份的平均数：

$MA_4 = (20+22+25)\div3 = 22.33$

同理可以得到 5、6 月份的预测值分别为 22.67 和 23。

简单移动平均数的预测结果与 n 有密切的关系，n 越大，对其他因素干扰的敏感性会越低。

加权移动平均法。预测中有一种明显的现象，远期的数据对下一期的数据影响比较小，而近期尤其是上一期的数据的影响最大，通过对不同时期的数据赋予不同的权数，表示它对预测值的影响程度，因此更接近当前的数据被加以更大权数。权数的选择带有一定主观性，因为没有权数选择的既定公式。因此，决定用什么权数需要有些经验和运气。如果最近 1 月或一期权数过高，预测可能会过于灵敏地反映较大的异常波动（见表 24 - 2）。

表 24 - 2　时间序列预测分析方法

月　份	销售数量(万元)	3 个月的加权移动平均数
1	25	–
2	27	–
3	24	–
4	26	$(25+2\times27+3\times24)\div6 = 25.17$
5	23	$(27+2\times24+3\times26)\div6 = 25.5$
6	26	$(24+2\times26+3\times23)\div6 = 24.17$
7	25	$(26+2\times23+3\times26)\div6 = 25$
8	26	$(23+2\times26+3\times25)\div6 = 25$

加权移动平均法可以用数学表示为：

加权移动平均数 = （第 n 期权数）×（第 n 期需求）÷权数

表 24 - 2 表明了加权平均数的计算方法，对第 1，2，3 个数值分别赋予权数 1，2，3。

简单移动平均法和加权移动平均法在使预测保持稳定而"平衡"需求的突然波动方面是有效的。但移动平均法有三个问题：第一，加大 n 数（平均法的期数）会使平滑波动效果更好，但会使预测值对数据实际变动更不敏感，降低预测的有效性。第二，简单或加权移动平均值不能总是很好地反映出趋势。由于是平均值，预测值总是停留在过去的水平上，而无法预计会导致将来更高或更低水平的波动。移动平均法要有大量过去数据的记录。

由于有一定期数的要求,小样本数据往往无法作出移动平均计算或者计算不具有代表性。第三,移动平均方法具有滞后性。

简单指数平滑法。简单指数平滑法是一种加权平均的方法,是在加权平均法的基础上形成的,也是对加权平均法的一种改进,可以理解为一种以时间定权的加权平均方法。用数学方法表示:新的预测 = 上期预测 + (上期实际需求 - 上期预测值),它的计算公式如下:

$$F_t = F_{t-1} + x(A_{t-1} - F_{t-1})$$

也可以表示为:

$$F_t = xA_{t-1} + (1-x)F_{t-1}$$

式中 x 为平滑指数(实际中平滑系数的范围一般是 0.05 ~ 0.5);

F_t 为下期预测值;

F_{t-1} 为当期预测值;

A_{t-1} 为当期实际值。平滑指数越小,预测的平稳性越好,平滑指数越大,预测的实际值的变化越敏感。下面举例来说明:某公司今年各个月的实际销售情况(见表24 - 3)。

表24 - 3　实际销售情况

月　份	实际销售额	$x = 0.1$		$x = 0.5$	
		预测值	预测误差	预测值	预测误差
1	22				
2	21	22	-1	22	-1
3	23	21.9	1.1	21.5	1.5
4	24	22	2	22.25	1.75
5	22	22.2	-0.2	23.13	-1.13
6	25	22.18	2.82	22.56	2.44
7	25	22.46	2.54	23.78	1.22
8	23	22.71	0.29	24.39	-1.39
9	21	22.74	-1.74	24.69	-3.69
10	22	22.61	-0.61	22.92	-0.92
11		22.55		22.46	

指数平滑法便于使用,而且在企业各种不同的经营活动中都已经得到了广泛应用。平滑系数的取值是否合适会影响到预测的精确度。选取指数平滑系数值的目的是为了获得准确的预测。一个预测模型的总精确程度,可经由过去各期的预测值与实际需求的比较来得到。

确定平滑系数的时候应该注意这样几点:第一,如果预测误差由于某些随机因素造成,预测目标的时间序列虽然有不规则的起伏波动,但是基本发展趋势比较稳定,这时的平滑系数应当小一些,以减少修正的幅度,使预测模型包含比较长时间序列的信息。第二,如果预测目标的基本趋势已经发生了系统性的变化,预测误差是由于系统变化造成的,则平滑系数的值应当大一些,这样可以根据当前的预测误差对原预测模型进行大幅度的修正,使得模型迅速与预测目标的变化相吻合。第三,如果原始资料不足,初始值选取比较随便,平滑系数的值也应当大一些,这样使模型加重对以后逐步得到的近期资料的依赖,以提高模型的适应能力。第四,如果描述时间序列的预测模型只是在某一段时间内能够比较好地表达这个时间序列,则应当选取比较大的平滑系数,以减少对早期资料的依赖。

实际应用中,大多采用计算机计算,大多数计算机预测软件都能自动找出具有最小预测误差的平滑系数。有些软件在预测误差超出可接受范围时能够自动进行调整。

趋势调整指数平滑法。如同任意一种移动平均法一样,简单指数平滑法也无法反映趋势。为说明一种更复杂的指数平滑模型,我们来考虑经趋势调整的指数平滑法。这种方法是用前面讨论过的方法作出简单指数平滑预测,然后用正的或负的趋势滞后值进行调整。公式如下:

趋势预测＝新预测十趋势校正

为了平滑出趋势,趋势校正方程与简单指数平滑法类似,利用平滑系数:

$$T_t = (1-x)T_{t-1} + x(F_t - F_{t-1})$$

式中　T 为第 t 期经过平滑的趋势;

T_{t-1} 为第 t 期上期经过平滑的趋势;

x 为选择的趋势平滑系数;

F_t 为第 t 期简单指数平滑预测;

F_{t-1} 为对第 t 期上期简单指数平滑预测。

简单指数平滑也常称作一阶平滑,趋势调整平滑也称作二阶平滑,或二次平滑。此外,其他一些更高级的指数平滑模型也得到实际运用,包括季节调整及三次平滑法等。

十、生产预测监控实施标准

预测的完成并不意味着结束,预测的结果可能同实际运行的结果完全不同,如果偏差过大,预测的实际意义就大打折扣。为了保证预测能够实现,而且对于偏差进行修正,所以企业管理者重视的不仅仅在于预测的结果或正确性,更重要的在于了解实际需求为什么同预测需求会产生差异,以及这种差异产生的原因是什么,这时就需要对预测进行有效的监控。

监控预测以使预测结果准确是进行监控的主要目的所在,目前经常采用的一种方法就是运用跟踪信号的手段来衡量预测的准确程度。在每个时期或阶段的经济数据进行更新时,与预测的数据进行比较,并且得出实际数据与预测数据之间的差异。

跟踪信号由游动预测误差综合值除以平均绝对误差得到。

正的跟踪信号表明实际需求大于预测值,负的则表明实际需求小于预测值。一个令人满意的跟踪信号应该具有比较小的游动预测误差。小的误差是可以接受的,只要正的和负的误差进行抵消就可以了。

要将跟踪信号与预定的控制界限比较,控制界限规定了预测准确性的范围。若超过上下控制限,说明预测方法存在问题,管理预测人员应当采用新的预测方法或者对原有的预测方法进行调整。

控制界限并不是一个一成不变的东西,应当根据实际的情况加以确定。控制界限不能太窄以至于任何误差都会超出这样的控制界限;反之,也不能太宽,否则预测的精确度受到了影响。根据专家的建议,小批量的存货跟踪信号值应当在 -8 和 +8 之间变动,而大批量的存货应当控制在 -4 与 +4 之间。

十一、生产作业计划标准确定工作方法

作业计划标准,是对加工对象(产品、部件、零件等)在生产期限和生产数量上所规定的标准数据。它是编制生产作业计划的重要依据。期,是指时间,例如制造一件产品需要多长时间,相隔多长时间生产出一件产品。量,指数量,例如一次同时投入生产运作的制品数量、库存在制品的数量。

十二、生产能力的确定工作标准

1. 生产能力

生产能力简称产能,是生产设备在一定的组织条件下和一定时间内所能生产的最大产品数量。产能分为正常产能和最大产能。正常产能是历年来生产设备的平均使用量;最大产能是生产设备所能产出的最大产量或所能安排的最高负荷量。超出产能的工作负荷,将会导致失信于顾客并且造成过高的在制品库存;反之,太少的工作负荷会造成产能差异大,成本上升。

2. 生产负荷

生产负荷是生产活动中机器设备或生产面积,按规定应承担加工的任务。一般按每类设备或同性质的工作地计算,或按工段(小组)、车间、整个计算。产量以台数或平方米/小时表示。

人力负荷 = 产品所需总工时 ÷ 每人每天的工作时间 × 每月工作日 × (1 + 时间系数)

产品所需的总工时 = 生产产品各零件所需工时的总和

零部件所需工时 = 产品用到的零件数量 ÷ 生产一个零件所需要的工时

时间系数 =1 - 假定的理想工作时间百分比

3. 决定产能的步骤

(1)决定毛产能:假定所有的机器每周工作 7 天,每天工作 3 班,每班 8 小时且没有任何停机时间,也即生产设备在完全发挥最理想状态下的最高生产潜力。因此,在现实中不可能或很少出现,一般只作为日后计算实际产能的一种标准参考值。

(2)决定计划产能:以每周的实际工作天数、实际工作人员和实际工作时间进行计算。

(3)决定有效产能:因为机器设备有检修、保养、待料等时间耗费,而且有实际工作时间不能达到计划工作时间的情况发生,因此减去这些消耗后的产能便是有效产能。

4. 生产能力核定

生产能力的核定是对实际生产能力进行核算和确定的工作。主要分为单一品种生产能力核定和多品种生产能力核定。

单一品种生产能力核定可以采用下面几种方法:

(1)联动机单位时间法。

联动机单位时间生产能力 = 原料重量 × 单位原料的产量系数 × (计算能力时间内联动机有效工作时间 ÷ 原料加工周期的延续时间)

(2)流水线生产能力法。

流水线生产能力 = 流水线有效工作时间 ÷ 生产节奏

生产节奏是流水线上两件相同的制成品产生的时间间隔,反映的是流水线的生产速度。

(3)实验量法。

设备生产能力 = 单位设备有效工作时间 × 设备数量 × 单位设备产量定额
= 单位设备有效工作时间 × 设备数量 ÷ 单位产品用时定额

(4)生产面积法。

生产面积的生产能力 = 有效面积的有效利用时间 × 生产面积数量 ÷ 单位产品占用生产面积 × 单位产品占用时间

5. 确定保本产量

保本产量是核算产量、成本、利润三者之间关系的方法,比保本量低的生产量,证明亏本,高于保本产量则是盈利。其公式如下:

保本产量 = 固定成本 ÷ (单位产品销售价格 - 单位产品变动成本)

6. 产能分析的主要依据

(1)制造何种产品,此类产品的制造流程是什么?

(2)设备的负荷能力是多少?

(3)产品的总标准时间是多少?

(4)每个制造流程的标准时间,也就是人力负荷能力是多少?

(5)材料的前置准备时间是多少?

(6)生产线和仓库所需要的场地大小,也就是场地负荷能力是多少?

十三、确定生产计划指标工作标准

确定生产计划指标是制定生产计划的中心内容,编制生产计划的过程也就是确定生产指标的过程。生产计划的主要指标如下。

1. 产品品种指标

产品品种指标是指在计划期内应当出产的产品品种和产品数。主要包括产品名称、产品规格、产品品种、产品线宽度和长度以及深度。

2. 产品品质指标

产品品质指标是计划期内应达到的质量指标。首先应达到国家强制性标准,符合国家推荐性标准和有关产品品质方面的法律、法规,然后应达到国际标准或地方性标准。其主要包括产品性能、使用寿命、工作精度、安全性、可靠性、可维修性、颜色、式样、包装、重量、体积等指标。

3. 产品产量指标

产品产量指标通常以实物指标或假定实物指标表示。例如钢铁用"吨",发电量用"千瓦·时"等。它反映了在一定时期内向市场提供使用价值的数量。

4. 产品产值指标

用货币表示的生产产品的数量。它以商品产值、总产值、净产值作为衡量形式。

(1)商品产值 = 自备原材料生产的成品价值 + 外销半成品价值 + 订货者来料加工价值 + 对外承做的工业性劳务价值

商品产值一般采用现行价格结算。产品的现行价格是产品在报告期内的实际出厂价格,包括成本、税金、利润。

(2)总产值 = 商品产值 + (期末在制品、半成品、自制工具、模型的价值 - 期初在制品、半成品、自制工具、模型的价值) + 订货者来料的价值

总产值计算一般采用不变价格,这样可以消除各个时期价格变动的影响,保证不同时期总产值资料的可比性。

(3)净产值 = 总产值 - 各种物资消耗的价值 = 工资 + 税金 + 利润 + 其他属于国民收入初次分配性质的费用支出

净产值是计划期内新创造的价值,一般按照现行价格计算。

十四、确定生产进度工作标准

生产进度的确定主要是按照生产计划,有步骤、有节奏地进行生产,这样会使机器、操作人员、管理人员、销售人员等相关人、财、物达到均衡发展的目的。在工作中,主要有两种进度的生产方法。

1. 节奏性生产

节奏性生产是指其各个生产环节,每经一段相等的时间间隔时,都出产相等数量的同种产品,并严格按照规定进度组织生产的一种方法。

2. 均衡性生产

均衡性生产是指其各个生产环节,在每段相等的时间内都能按照计划进度完成相等或递增的工作量,按照生产日期、生产品质、生产数量、生产品种均匀地完成生产计划任务。它能充分合理地利用人力、设备,克服生产前松后紧的忙乱现象。

十五、生产计划的执行与评估工作标准

生产计划是一种想象中的计划,是没有经过实践检验的空想。因此,必须在实际生产中,通过生产进度、产品品质等现象,评估其实际效果。如果没有达到实际的目标,应该仔细检查是哪个环节上出现了问题,并注意总结经验教训,这样才可能保证下一次的计划更加完善。

十六、生产计划的主要指标管理工作标准

确定生产计划的指标,是制定生产计划的核心内容,编制生产计划的过程也就是确定生产指标的过程。生产计划的主要指标有:产品品种、产品产量、产品质量与产值。

1. 品种指标

品种指标是指在计划期内应当出产的产品品种和品种数。它既反映在产品品种方面满足社会需要的情况,也反映了技术水平和管理水平提高的情况。

严格按照计划品种组织生产,是保证国民经济协调发展的重要条件。产品品种指标包含两方面的内容:

(1)在计划期内生产的产品名称、规格等质的规定性。

(2)在计划期内生产的不同品种、规格产品的数量。

品种指标能够在一定程度上反映生产制造企业适应市场的能力,一般来说,品种越多,越能满足不同的需求,但是,过多的品种会分散生产能力,难以形成规模优势。因此,应综合考虑,合理确定产品品种,对于销售收入高、利润大的产品,应是重点发展的品种;对于销售收入高,但利润偏低的产品,应降低其成本;对销售收入不高但利润大的产品,应努力提高销售额以获得更大的盈利。

2. 产量指标

产量指标是指在计划期内应当生产的合格的工业品实物数量或应当提供的合格的工业性劳务数量。这里所指的产品产量指标,不仅指供应其他企业单位,而且也包括供应本企业基本建设、大修理和非生产部分的需要。产品的产量指标常用实物指标或假定实物指标表示。产品产量指标反映生产企业在一定时期内向社会提供的使用价值的数量,以及生产发展的水平。产品实物量是进行产销平衡、物资平衡,计算和分析实物劳动生产率、原材料消耗、成本利润等指标的基础,也是安排生产作业计划和组织日常生产的重要依据。

3. 质量指标

质量指标是指在计划期内应该达到的质量标准。产品的质量标准有国家标准、部标准、企业标准和所订合同规定的技术要求等,生产制造企业不能随意降低标准。产品质量指标包括内在质量和外在质量两个方面。外在质量,是指产品的性能、使用寿命、工作精度、安全性、可靠性和可维修性等因素;外在质量,是指产品的颜色、式样、包装等因素。产品的质量指标是衡量一个企业的产品满足社会需要程度的重要标准,是企业赢得市场竞争的关键因素。因此,每个企业都应当努力提高产品质量,更有效地实现使用价值,以满足社会需要。

4. 产值指标

产值指标是指用货币表示的生产产品的数量,它解决了生产多种产品间不同产品产量之间不能相加的问题。产品产值指标有商品产值、总产值和净产值三种表现形式。

(1)商品产值,是指以价值形式表现的生产的可供销售的产品和工业劳务的价值。其内容包括用自备原材料生产的可供销售的成品和半成品的价值,用订货者来料生产的产品的加工价值。商品产值的内容可用下列公式表示:

商品产值 = 自备原材料生产的成品价值 + 外销半成品价值 + 用订货者来料生产产品的加工价值 + 对外承做的工业性劳务价值

商品产值的计算,一般采用现行价格。产品的现行价格是产品在报告期内的实际出厂价格,它包括成本、税金和利润。

(2)总产值,是指用货币表现的在计划期内应该完成的产品和劳务总量。它反映企业在计划期内生产的总规模和总水平,其内容包括商品产值、订货者来料的价值、在制品、半成品、自制工具的期末期初差额价值,它是计算生产发展速度和劳动生产率的依据。总产值包括的内容可用下列公式表示：

总产值＝商品产值＋（期末在制品、半成品自制工具、模型的价值－期初在制品、半成品、自制工具、模型的价值）＋订货者来料的价值

总产值的计算一般采用不变价格，以消除各个时期价格变动的影响，保证不同时期总产值资料的可比性。

总产值指标虽然受产品中转移价值比重大小的影响，不能正确反映生产成果，但是在计算生产发展速度和劳动生产率等指标时，还要以总值为依据。

（3）净产值，是指表明在计划期内新创建的价值，它从工业总产值中扣除物质消耗价值的办法或将构成净产值的各要素直接相加求得净产值。

净产值是在计划期内新创造的价值。一般按现行价格计算。利用这一指标来反映生产成果时，可以避免受转移价值的影响。但是，新创造的价值，仍要受价格的影响。它包括的内容可用下列公式表示：

净产值＝总产值－各种物资消耗的价值

或　净产值＝工资＋税金＋利润十其他属于国家收入初次分配性质的费用支出

十七、确定生产计划指标的工作步骤

确定生产计划指标应该在运用价值规律基础上，充分发挥生产制造企业的积极性与主动性，力求符合客观实际，符合社会需要。要做到这一点，确定生产计划指标就要认真进行调查研究，采用定量分析方法并组织好各方面的平衡。

1. 收集分析信息

确定的生产计划指标必须做到同社会需求的生产能力相适应，因此，要摸清外部和内部的情况，了解和掌握社会需要与生产可能，力求做到以销定产。

（1）分析需求情况。可以根据历史销售资料，特别是上期实际销售资料，结合市场调查，找出销售规律，掌握不同品种的递增、降低或维持原有水平的速度；如通过用户的直接订货、对市场需求的预测及经济技术情报资料、长期发展规则或长期经济协议等了解和分析同行业的生产情况，掌握产品供求的趋势，摸清协作部门、配套部门生产增长情况，掌握它们的要求和配合的可能。

（2）分析资源供应情况。应对各类物资采取不同的方法进行调查。能否生产足够的产品满足社会需要，取决于生产企业能否取得必要的资源并把资源转化为产品。因此，应对资金、原材料、燃料、电力、设备、工具等的供应情况进行充分地了解和分析，对于主要由各地供应的物资，也可以通过物资调剂会议了解各种物资调剂的可能，对于实行固定协作关系的物资，可以向有关协作单位了解情况；对于需要由市场供应的物资，可以通过生产资料市场，了解和掌握市场可供量的情况；还要通过能源部门，了解能源的可供情况，等等。同时还应意识到，外部的资源条件，在很大程度上取决于宏观经济形势和生产企业所处地区的经济发展状况，因此，生产制造企业对此应留有余地并具有应变能力。

（3）分析生产能力。主要分析了解和掌握内部各种生产条件有没有把从外部获得的资源转化为产品的生产能力，以及生产制造企业的销售能力，生产企业要根据已接合同的销售预测，分析品种结构的变化对单位产品平均产值的影响以及对设备、工种负荷的影响；要具体掌握计划期内生产能力、技术能力和劳动力的情况等。

2. 采取定量分析方法

（1）要为生产决策寻求一个有效的数量解，使拟定的生产计划指标优化。把这种定量分析与定性分析很好地结合起来，才能正确地确定生产计划指标。

（2）运用线性规划合理搭配品种的方法

单品种生产的，在确定了产品总产量和各期产品产量以后，就可以着手编制生产计划指标了，但是，对于多品种生产的，确定产品产量和品种平衡过程中，往往受很多因素（如设备、劳动力、原材料、资金、时间等）的限制或约束。

在这种情况下，如何搭配品种生产，使经济效果最好，就必须考虑以下几个方面的问题：对经常生产和产量较大的产品，要考虑在保证市场供应和满足顾客订货的前提下，尽量在全年各季度、各月份安排均衡生产，以保持生产过程的稳定性；对于企业生产的非重要品种，要组织"集中轮番"生产，加大产品生产的批量，完成一种产品的全年生产任务之后，再安排其他品种的生产。复杂产品与简单产品、大型产品与小型产品、尖端产品与一般产品，在生产中应合理搭配，以使各个工种、设备及生产场地得到充分的利用。运用线性规划可以帮助解决选择最优化方案。

线性规划是运筹学的一个重要组成部分，它是在满足一定的约束条件下，按照某一衡量指标寻求最优方案的一种有效管理方法。

3. 最佳指标方案的确定

生产计划指标的确定不是孤立的，而是受各方面因素的制约，既涉及产、供、销，又涉及人、财、物，这就必须对它们进行综合平衡，做到统筹兼顾。平衡的具体内容主要有以下几个方面：

（1）生产指标与生产能力之间的平衡。生产任务与生产能力进行平衡时，要以近期和长期的发展情况进行分析比较，既要照顾当前，也要兼顾长远。综合平衡可通过主要设备生产能力与品种产量指标的比较来显示。

（2）生产指标与生产技术准备能力、劳动力、物资供应之间的平衡。如果生产任务大于生产技术准备能力，就需要采取各种措施来压缩生产技术准备周期，使生产任务和生产技术准备之间相互衔接，趋于平衡。如，在物资供应方面，主要根据物资订货会议以订货的情况预测原材料供应保证的可能程度。对存在的物资缺口，应采取措施，力求同品种产量指标平衡；或在劳动力方面，主要测算现有劳动力数量、劳动生产率水平与各个季度、各个基本生产车间的生产任务是否相适应，并对关键车间、关键工种进行平衡，出现劳动力不足的情况，则可采取改进劳动组织，压缩工时定额以及车间之间内部调剂等措施解决。

（3）生产指标和利润、成本、资金指标之间的平衡。在生产指标平衡过程中，当下达的品种产量指标中结构有了变化，如利润大的品种产量减少，利润小的品种产量增加时，往往会出现同利润指标的矛盾，为此，生产企业必须采取有力措施保证生产指标间的平衡。如企业根据目标利润，预测产品目标成本，计算并确定成本降低率和降低额。当目标成本不能保证目标利润时，要采取措施降低成本费用；或者设法增加适销对路的产品产量，通过增加产量来增加利润，以保证生产企业的利润目标。除了考虑成本利润外，还要测算生产所需的资金。

生产计划指标确定得合适不合适、科学不科学,就要看调查研究、定量分析和综合平衡搞得怎样。这三个方面做得越深入细致,确定的生产计划指标就越能体现先进性和现实性。

4. 生产计划的修正与实施

根据综合平衡的结果,即可编制年度生产计划指标草案,并经有关部门、车间、员工充分讨论,作必要的修正,经生产总监或有关部门批准,就可组织实施。

十八、年度生产计划编制工作标准

(一)编制年度生产计划的目的

编制年度生产计划,就是将已确定的生产任务,按品种、规格、数量具体地分配到各季各月,并规定各车间的生产任务。

它具有如下目的:

(1)合理地安排产品出产进度,进一步落实全年生产任务。

(2)为做好生产技术准备工作提供依据。

(3)给组织均衡生产创造条件,提高生产的经济效益。

(二)年度生产进度要求

在安排年度生产计划时,为了合理组织生产,取得良好的经济效益,一般应考虑以下要求:

(1)在安排产品生产进度时,必须按照完成订货合同任务的要求,在计划生产的时间和数量上得到保证,并且要根据订货合同的轻重缓急进行排队,先重点,后一般。

(2)要尽可能保证全年各季各月均衡地出产产品,使设备和劳动力负荷均衡。

(3)要与生产技术准备工作,即相关项目投入生产中的时间衔接起来。

(4)对于需求有季节性特征的产品,其出产进度一定要符合季节性要求,做到不误季节,及时生产。

(三)年度生产计划的基本类型

产品生产进度的安排取决于生产类型、产量大小和产品的生产技术特点。表现在方法上、安排的重点上,以及所考虑的具体因素上,都各具特点。下面就不同生产类型分别加以阐述。

1. 单件小批量生产型

单件小批量生产的特点是:产品的品种多、规格多、单个小批多和生产技术准备工作量大;要根据不同用户的要求来生产;在编制年、季计划时订货任务还不能全部具体落实;承接的订货来得迟、要得急、变动多。单件小批量生产的产品出产进度安排在实施时要注意以下要点:

(1)全年产品生产进度的安排只能比较概略,首先要考虑保证订货合同规定的产品出产日期和数量,先安排那些已经明确了的生产任务,对尚未明确的任务则按概略的计划单位作初步安排,各季各月的任务作粗略的分配。

（2）单件生产的新产品和需要关键设备加工的产品,尽可能按季分配,交错安排,以提高生产的经济效益。

（3）小批生产的产品,做好归类搭配生产,可以采用集中轮番的安排方式,以减少在一定周期内生产的品种,简化生产组织工作,提高生产经济效益。如,对那些已经订货的产品优先安排生产周期长,工序多的产品,优先安排延期交货罚款多的产品,优先安排交货期紧的产品等。

2. 大批量生产型

大批量生产的,产品品种比较单一或较少,生产又稳定,因此,生产进度的安排的主要内容是决定各种产品的产量在各季、各月的分配问题。常见的分配形式有平均分配（市场需要量比较稳定）、分期递增（市场需要量不断增加）、小幅度连续递增（新产品投入生产）等方式。

3. 多品种批量生产型

多品种批量生产的,由于产品品种比大批量生产要多,因此,产品出产进度的安排就不单纯是按季、按月分配各种产品的产量,而且要考虑到各品种的生产搭配,选择和确定最合理的品种搭配方案。多品种批量生产的产品生产进度安排在实施时要注意以下要点:

（1）先要安排重点产品,这类产品一般是经常生产、产量比较大的产品。对于这类产品,可采取细水长流的方式,即在全年各月份或大多数月份中都安排出产这种产品。这样做,有利于生产的稳定。

（2）安排新老产品出产进度时,应有一定交替时间。在交替时间里,新产品产量逐渐扩大,老产品产量逐渐缩小,为避免突然变动过大,并尽量使人力、物力、财力得到充分利用,要做好生产能力的核算平衡工作,保证各种订货按期投入生产。这样做,有利于掌握新产品的生产,避免由于新老产品交替而出现的生产波动。

（3）把需要的关键设备和关键工种加工的产品适当分散交替进行,以提高生产的经济效益。

（4）对计划年度的第四季度应留有余地（特别是 12 月份的任务更应少些）,为提前完成年度计划和为下年度准备工作创造有利条件。

（5）分季分月安排产品进度时,还要考虑原材料、半成品、外购件以及外协供应的先后。

总之,成批生产的进度安排要比大批量生产复杂,矛盾较多。生产计划部门应制定出不同的方案对经济效益进行分析比较,从中选出最优方案。

十九、作业计划管理工作标准

（一）作业计划

在车间生产管理中，制定车间作业计划是一项非常重要的工作。从作业计划的性质上看，它是公司级生产计划的子计划，是生产计划在车间的具体化。通过 MRP 等方法制定出的公司级生产计划，确定了各车间或有关生产单位应完成的生产任务，在公司级生产计划的基础上，车间作业计划要同时考虑本车间的人员和设备状况及生产技术的准备情况，制定出车间的作业计划，把车间生产任务落实到具体的班组、具体的设备或者具体的操作者，不仅如此，车间作业计划还要规定各生产任务的投入时间和产出进度。作业计划的内容详尽而具体，可以指导操作者的日常生产作业活动。

（二）作业计划的功能

作业计划需要完成的概念主要包括以下几个方面：

（1）对各个工作点分配工作任务计划、工作相关设备和人员配备，在安排的过程中要实现需求能力和实际生产能力的基本平衡。

（2）根据优先的顺序安排完成工作任务的先后次序，决定生产的顺序。

（3）安排整个生产的进度和日程，根据日程完成工作任务，实施作业计划。

（4）对工作任务在各个工作点的情况进行跟踪和监督，进行监控。

（5）在工作任务与计划发生脱节时进行及时的调整，使工作回到正常的轨道。

（三）编制作业计划的基本准则

为了实现以上几个方面的功能，在制定作业计划的过程中需要遵循以下几个准则。

1．充分利用资源

即减少工件和设备的等待时间。工件等待时间是指工件在某道工序完成之后，执行下一道工序的设备还在准备它的工件，工件要等待一段时间才能进入下一道工序。而设备等待时间是指某个机器已经完成对某个工件的加工，但随后的工件尚未到达，使设备空闲一段时间。这两种等待时间都会给企业带来一定的损失。为了保证生产资源的充分利用，应该尽量减少这两种等待的时间。

2．保证工件在车间的流程时间最短

工件在车间的流程时间，也就是工件的停留时间，是从上一工序的工件到达车间起，直到被加工完毕离开车间为止的全部时间，一般包括到达车间后的等待时间（工件等待时间）和工件在机器上加工所花费的时间。由于工件的加工时间取决于技术性因素，它一般是固定的，因此工件的等待时间越短，工件在车间的停留时间也就相对比较短。

3．保证车间在制品的数量最少、停放时间最短

在制品是对从原材料到成品入库过程中尚未完工的所有毛坯、零部件、半成品、产品的总称，是生产过程中的物化。在制品数量越多或者在车间的停留时间越长，对资金的占用也就越多，流动资金的周转速度越慢，企业损失也越大。因此，在作业的安排上要考虑

在制品的影响。

4. 按时完成任务

生产任务都有不同的交货期要求,管理人员要通过精心策划和安排尽可能地满足所有任务的交货期要求。如果因生产能力的限制等因素而不能保证所有任务都按期完成,也应使延期的损失最小。

（四）作业排序管理

1. 作业计划的编制往往面对的是几项不同的任务

如几种不同的工件,要在一台或一组设备上加工,每种工件都有各自的加工时间和要求完成的时间（即交货期）。由于设备是有限的,所以必须对每个工件的加工进行排序,安排在不同的时间进行生产,管理人员首先要解决的一个问题就是如何安排这些工件的加工顺序,使整个作业计划能最大限度地满足上述四条基本原则的要求。作业排序就是这种在生产作业过程中安排加工顺序,决定哪个作业首先开始工作的活动。

作业排序是制定作业计划的一个中心环节,但它不等于作业计划,它是作业计划的一部分。排序只能确定各个工件在设备上加工的先后顺序,在此基础上再给定每一个工件加工的日程和进度,这些共同构成了一个完整的作业计划。

2. 作业排序的准则

作业排序根据的基本原则是优先调度规则,根据一些数据信息确定工件生产的顺序,优先调度的结果需要满足:

（1）满足顾客或下一道工序作业的交货日期。

（2）使流程时间,即作业在工序过程中耗费的时间最短。

（3）使在制品库存最小化。

（4）使设备和工人的闲置时间最短。

根据这样的标准,最常用的优先调度规则主要有下面 10 种:

（1）先到先服务准则,按工件到达车间的先后顺序或者订单的先后顺序安排加工。

（2）后到先服务准则,即后运到车间的工件往往最先加工,所以称为后到先服务。这个规则常常作为作业排序的缺省规则应用。

（3）随机安排准则,管理人员或操作者随机地选择一个工件。

（4）每个工件的剩余松弛时间准则,计算方法如下:

每个工件剩余松弛时间 =（交货期前剩余的时间 − 剩余加工的时间）÷ 剩余的作业。

（5）关键比率,是用交货期减去当前日期的差除以剩余的工作日数。

（6）排队比率,即计划中剩余的松弛时间除以计划中剩余的排队时间,排队比率最小的作业最先执行。

（7）最短作业时间优先准则,所需加工时间最短的作业优先安排,然后是加工时间第二短的,如此等等,依次排列,一直到加工时间最长的那个工件。这个准则有时又被称为 SPT（Shortest Processing Time）。

（8）交货期最早优先准则,要求交货期早的工件优先安排,而交货期要求晚一些的工件则放到后面加工。

（9）开始日期先后准则,交货期减去正常的提前期,即最早进入工序的作业最早完成。

（10）剩余松弛时间最少准则,剩余松弛时间等于从当前时间起距交货期的剩余时间减去工件剩余的加工时间。按剩余松弛时间的长短,从短到长安排作业顺序。

第二十五章 生产作业控制

《按流程执行》

一、生产目标管理工作流程设计

流程名称	生产目标管理工作流程	编码			
		执行者	生产部	监控者	生产总监
行为实施环节	生产部	生产总监		总经理	

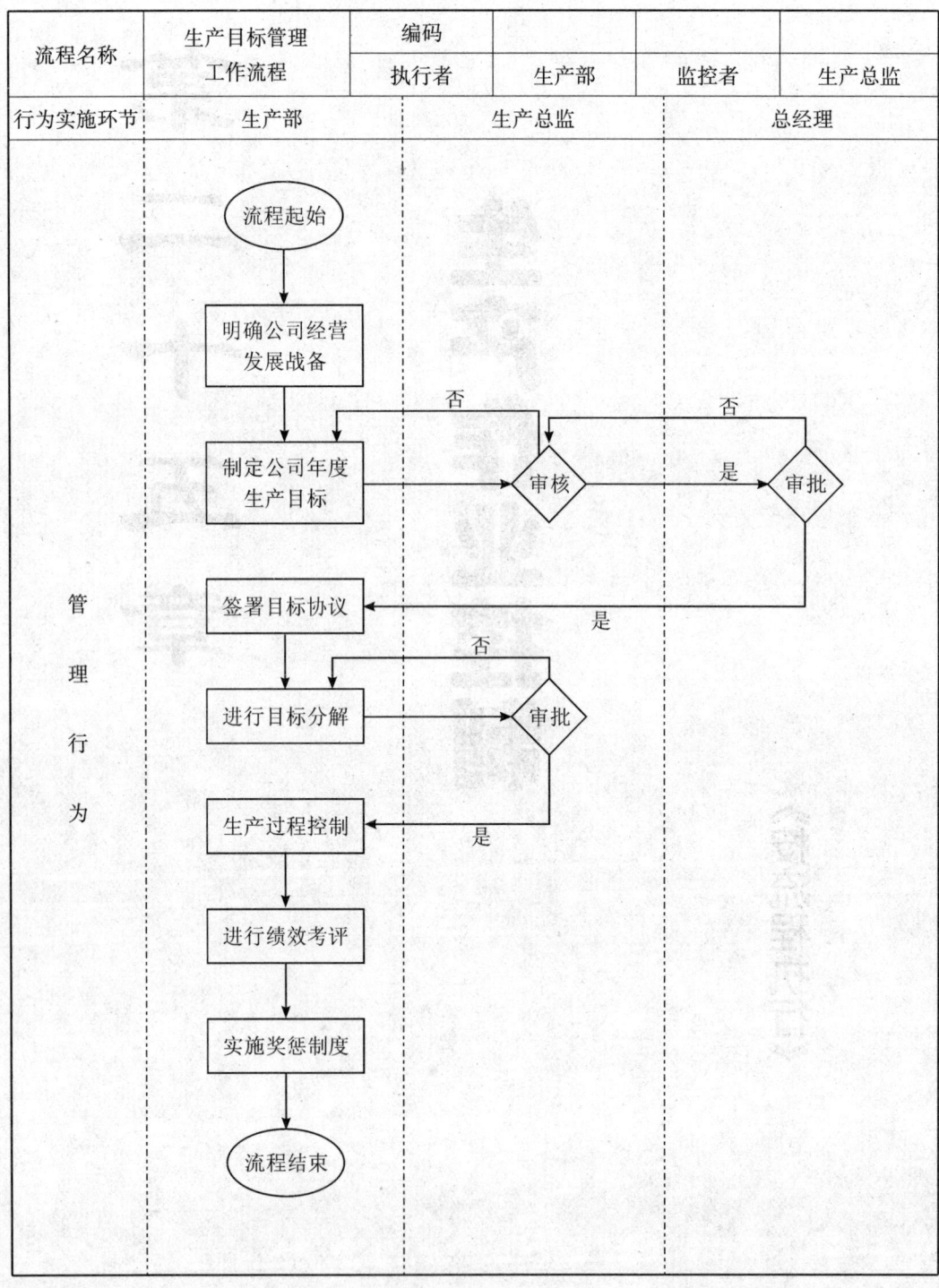

二、生产过程管理工作流程设计

流程名称	生产过程管理工作流程	编码			
		执行者	生产部	监控者	生产总监
行为实施环节	生产部	生产总监		总经理	

管理行为

```
流程起始
   ↓
明确年度生产计划
   ↓
分解并安排生产计划
   ↓
制定项目技术设计方案
   ↓
制定生产作业计划
   ↓
制定原材料供应计划
   ↓
制定质量管理计划
   ↓
生产过程监控
   ↓
生产过程运营、调度
   ↓
产品入库
   ↓
产品检验
   ↓
汇总分析统计报表
   ↓
生产总结报告 → 审核 → 审批
   ↓            否   是  否
存档 ←──────────── 是
   ↓
流程结束
```

三、生产调度管理工作流程设计

流程名称	生产调度管理工作流程	编码		监控者	生产总监
		执行者	生产部	监控者	生产总监
行为实施环节	各生产车间	生产调度室		生产总监	总经理

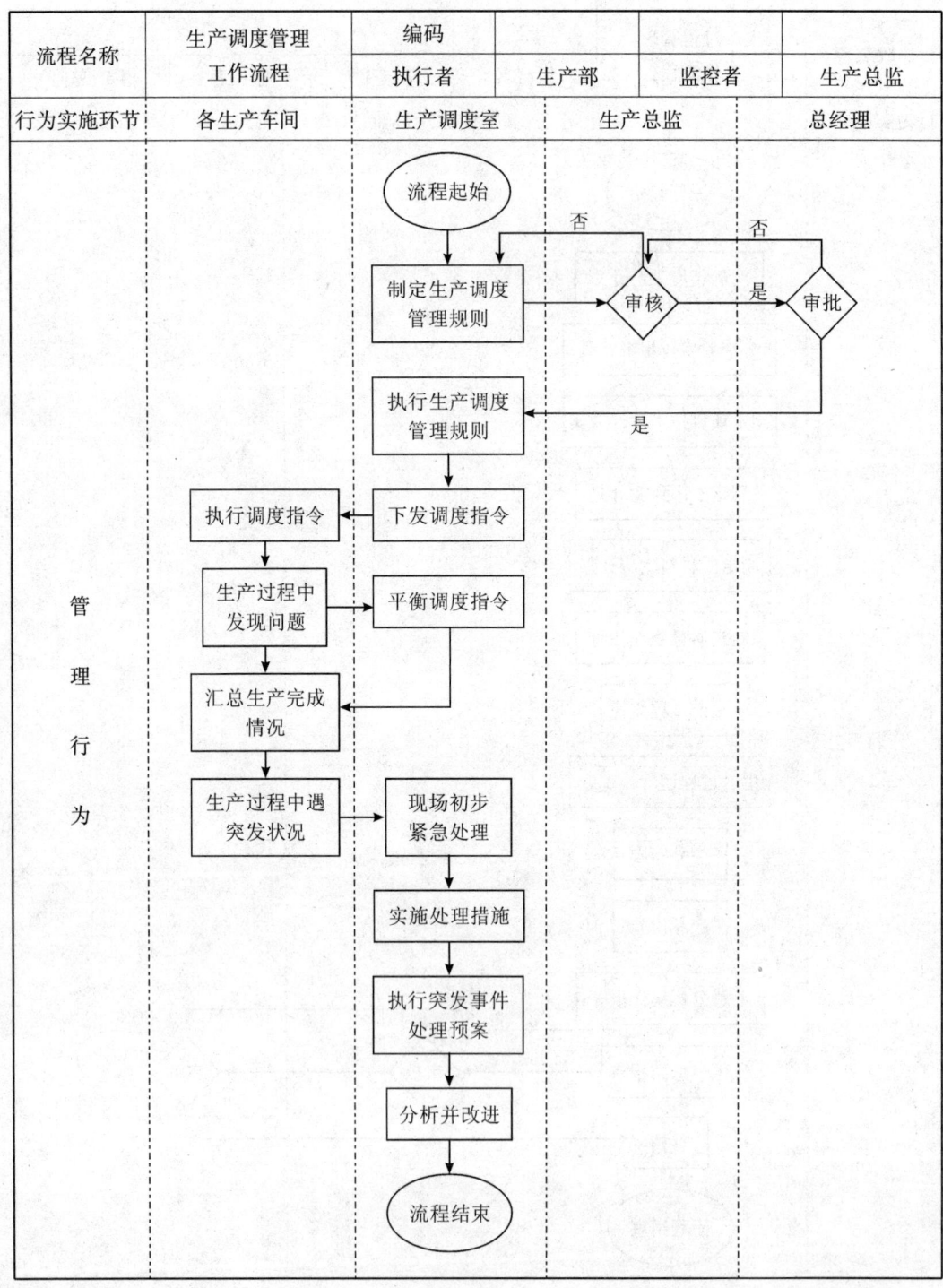

四、生产进度管理工作流程设计

流程名称	生产进度管理 工作流程	编码		监控者	生产总监
		执行者	生产部	监控者	生产总监
行为实施环节	生产部	生产总监		总经理	

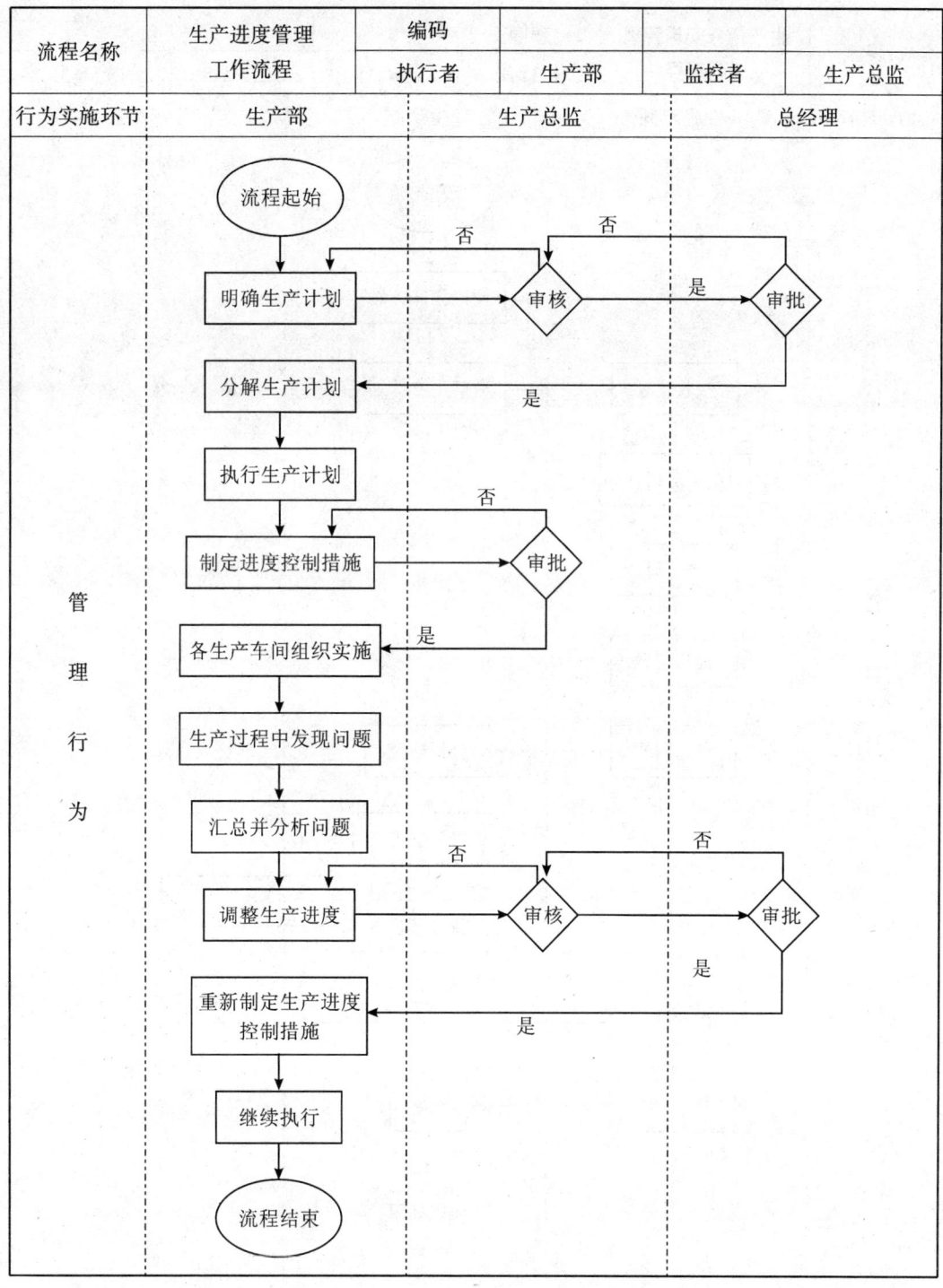

五、生产任务安排管理工作流程设计

流程名称	生产任务安排管理工作流程	编码		监控者	生产总监
		执行者	生产部	监控者	生产总监
行为实施环节	生产车间	生产部		生产总监	

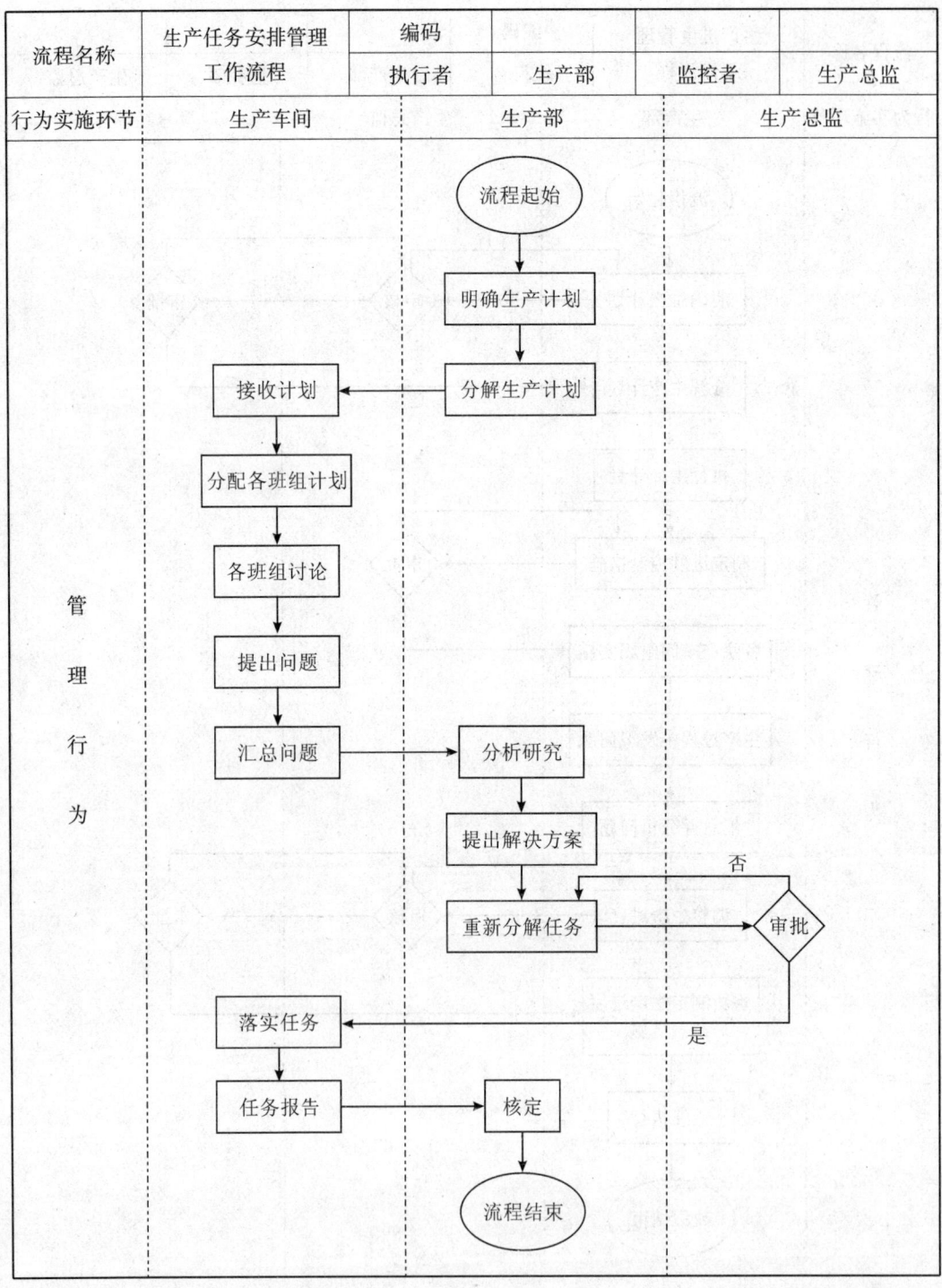

六、生产工时测定管理工作流程设计

流程名称	生产工时测定管理	编码			
	工作流程	执行者	生产部	监控者	生产总监
行为实施环节	生产车间	生产部		生产总监	

管理行为

```
                    流程起始
                       │
                       ▼
                  确定测定对象
                       │
                       ▼
                  明确测定目的        否
                       │      ┌──────────────┐        否
                       ▼      │              ▼   ┌──────────┐
                  划分测时单元 ──────────▶ 审核      是     审批
                                          │   ──────────▶
                       ┌──────────────────┘
                       ▼              是
                  实施测时  ◀──────────────────────┘
                       │
                       ▼
                  观测次数
                       │
                       ▼                           否
                  观测统计        否    ┌──────────────┐
                       │      ┌────────┤              ▼   ┌──────────┐
                       ▼      │        审核      是        审批
                  得出测时结果 ─────────▶    ──────────▶
                                          │            │
                                          ▼  是        │
                                      分析研究 ◀────────┘
                                          │         否
                                          ▼  ┌──────────┐
                                      所需条件 ────▶ 审批
                                          │         │
                                          ▼  是     │
                                      运算时间 ◀─────┘
                                          │      否
                                          ▼  ┌──────────┐
                                      得出标准时间 ──▶ 审批
                                          │         │
                                          ▼  是     │
                                        执行 ◀──────┘
                                          │
                                          ▼
                                       流程结束
```

七、生产系统计划管理工作流程设计

流程名称	生产系统计划管理 工作流程	编码		监控者	生产总监
		执行者	生产部		
行为实施环节	生产部	生产总监		总经理	

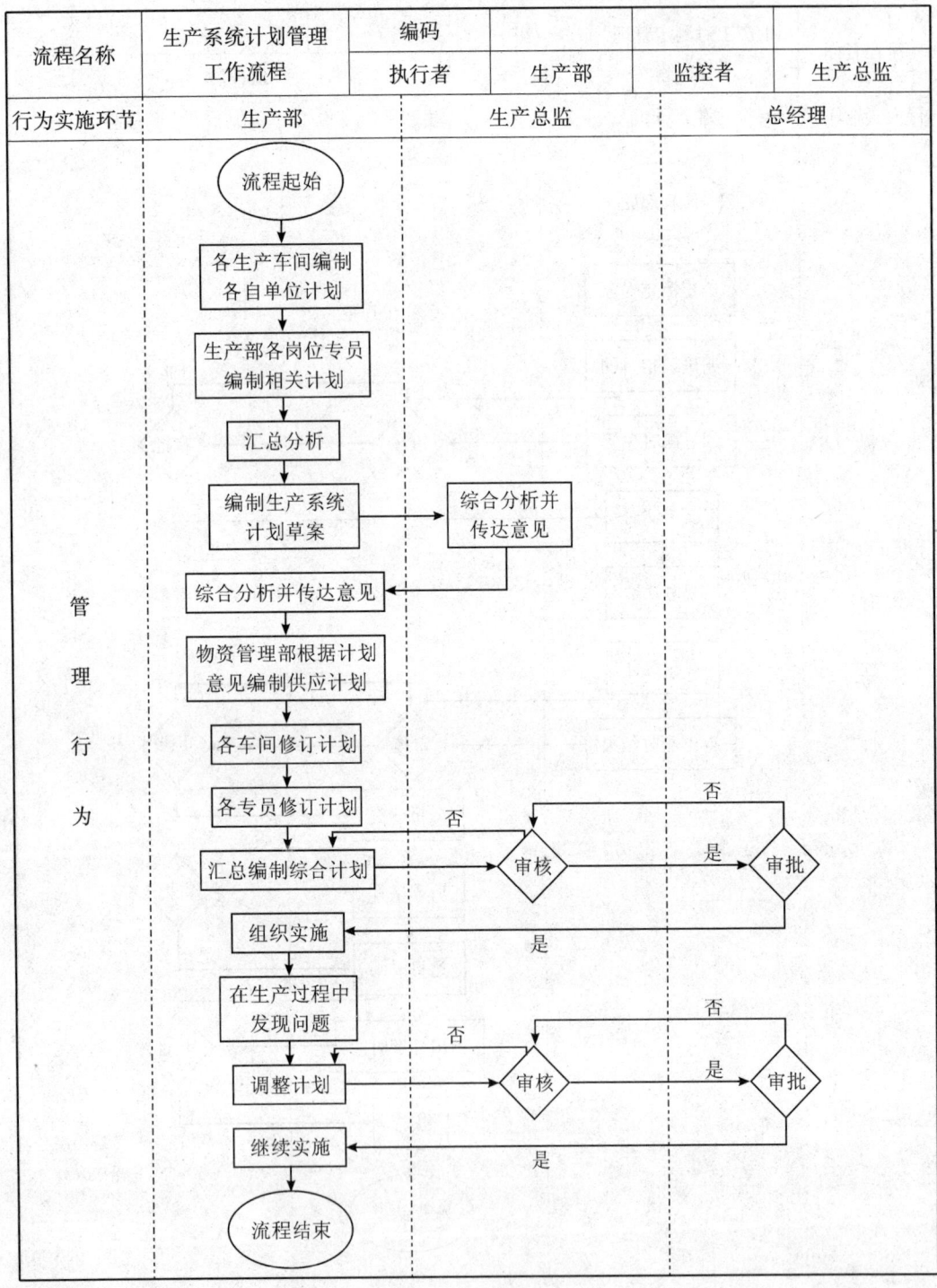

管理行为

流程起始

各生产车间编制各自单位计划

生产部各岗位专员编制相关计划

汇总分析

编制生产系统计划草案 → 综合分析并传达意见

综合分析并传达意见

物资管理部根据计划意见编制供应计划

各车间修订计划

各专员修订计划

汇总编制综合计划 →（否）审核 →（是）审批（否）

组织实施（是）

在生产过程中发现问题

调整计划 →（否）审核 →（是）审批（否）

继续实施（是）

流程结束

八、生产作业系统运营管理工作流程设计

流程名称	生产作业系统运营 管理工作流程	编码			
		执行者	各部门	监控者	生产总监
行为实施环节	物资管理部	质量管理部	生产部	财务部	人力资源部

管 理 行 为

```
                                      ┌──────────┐
                                      │ 流程起始 │
                                      └────┬─────┘
                                           ↓
┌──────────┐  ┌──────────┐  ┌──────────┐  ┌──────────┐  ┌──────────┐
│编制物资  │  │编制质量  │  │编制生产计划│  │编制生产  │  │编制人力  │
│供应计划  │  │管理计划  │  │          │  │成本计划  │  │资源计划  │
└────┬─────┘  └────┬─────┘  └────┬─────┘  └────┬─────┘  └────┬─────┘
     ↓             ↓             ↓             ↓             ↓
┌──────────┐  ┌──────────┐  ┌──────────┐  ┌──────────┐  ┌──────────┐
│编制消耗定额│  │监督并检查│  │进行生产组织│  │进行成本控制│  │进行人员培训│
└────┬─────┘  └────┬─────┘  └────┬─────┘  └────┬─────┘  └────┬─────┘
     ↓             ↓             ↓             ↓             ↓
┌──────────┐  ┌──────────┐  ┌──────────┐  ┌──────────┐  ┌──────────┐
│进行库存控制│  │问题解决  │  │进行设备使用│  │进行成本核算│  │进行绩效考核│
└──────────┘  │与反馈    │  └────┬─────┘  └──────────┘  └────┬─────┘
              └────┬─────┘       ↓                          ↓
                   ↓        ┌──────────┐              ┌──────────┐
              ┌──────────┐  │进行设备维护│              │进行人力  │
              │  统计    │  └────┬─────┘              │资源开发  │
              └──────────┘       ↓                    └──────────┘
                            ┌──────────┐
                            │进行系统分析│
                            └────┬─────┘
                                 ↓
                            ┌──────────┐
                            │ 提出问题 │
                            └────┬─────┘
                                 ↓
                            ┌──────────┐
                            │ 总结报告 │
                            └────┬─────┘
                                 ↓
                            ┌──────────┐
                            │ 流程结束 │
                            └──────────┘
```

九、生产作业系统改进管理工作流程设计

流程名称	生产作业系统改进 管理工作流程	编码			
		执行者	生产部	监控者	生产总监
行为实施环节	生产部	生产总监		总经理	

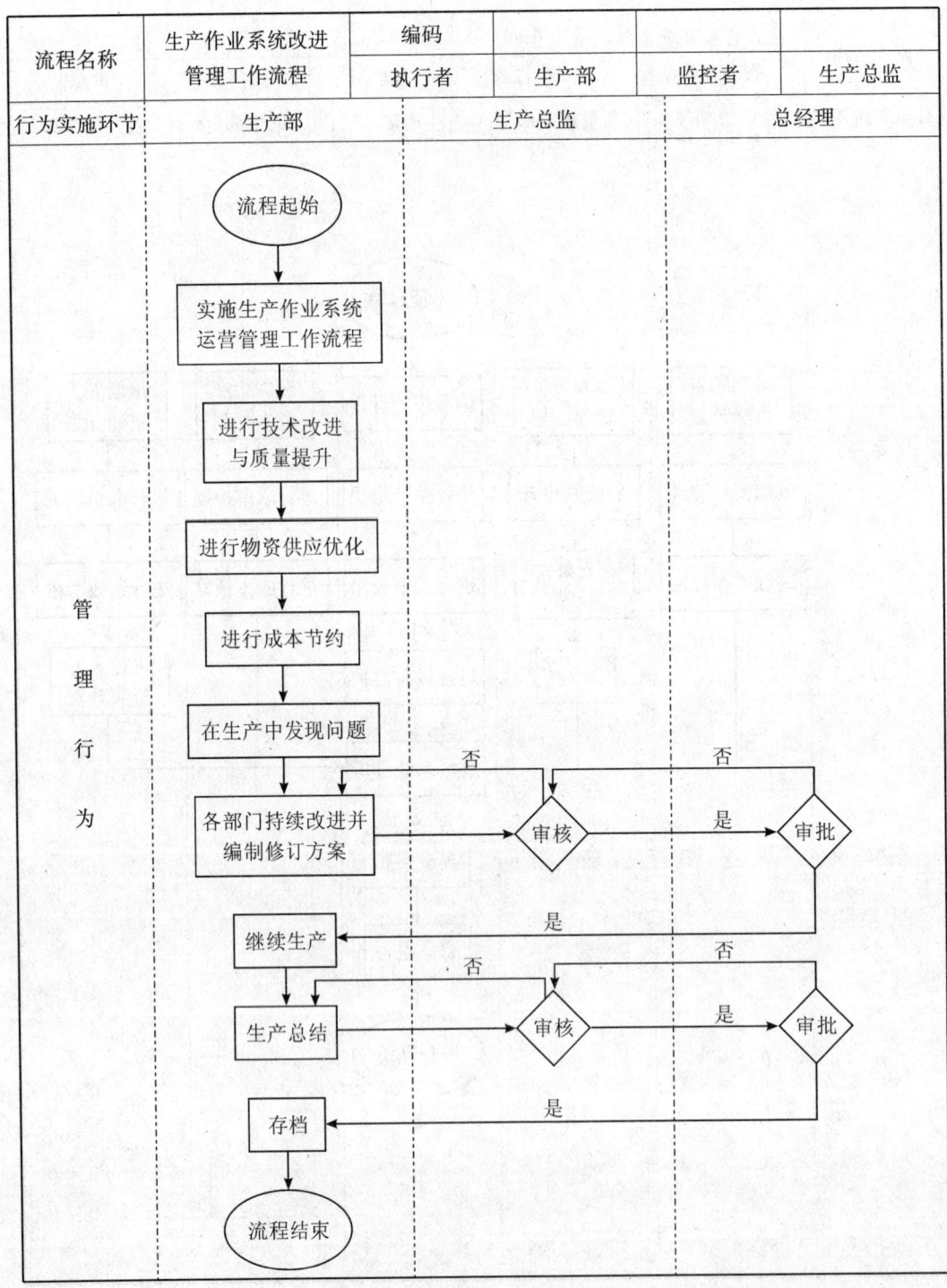

十、生产现场管理工作标准

(一)生产现场物资管理

其管理内容包括生产现场的材料、零部件、产成品的存储、运输等保证工序衔接、均衡生产的因素。在生产现场,要以最低成本,按计划、按标准、按规定时间,将所需材料、物品送至规定场所。生产作业现场的物、料、工具应按工艺要求和操作顺序分类码放。应做到平稳、整齐,防止滑落、倾倒,同时不应妨碍正常作业。

(二)生产现场作业管理

生产现场作业管理是现场管理中最基本的管理手段,目的是设计最优作业方法,主要包括动作的改善(减少基本动作的次数,缩短动作时间,使动作简单化)、作业的简易化(排除作业中的时间浪费,确定经济合理的作业时间)、作业方法的标准化(作业者按固定程序、方法、时间作业)及作业时间的标准化(采用已确定的标准作业方法,用标准速度进行作业所需时间,可用来计算日工作量、工时、成本和所需人员、设置)。

1. 研究以人或物为中心的工序配置,通过工序分析、动作分析、时间分析,使生产现场作业各工序及作业时间合理化。

2. 改善多余、不合理的作业顺序,使工序质量、工序成本始终处于受控状态。

3. 工序分析,一般分为制造加工、搬运、检查、停滞工序。

(1)制造加工工序:主要研究加工机械和工装的改善,缩短加工时间,使加工顺序合理化,找出并去除多余的操作。

(2)搬运工序:确定搬运的方法,选择合适的搬运机器,缩短搬运距离,减少搬运次数。

(3)检查工序:研究检查的必要性和检查方法,决定检查方式是全数检查,还是抽样检查、重点检查。

(4)停滞工序:研究库存量大小、存入和保管方法。

可设置工序分析图,清楚地标明产品或零部件加工顺序,工序占用时间及加工、运输、存放情况。

十一、现场管理工作流程

(一)完成生产计划

不管是预定生产还是接单式生产,生产现场都有责任完成每日的生产计划。完不成生产计划也就完不成营销计划,对工厂来说就不能产生利润。所以在进行生产的过程中,即使有出现一点反常的情况,也必须要负责任地去解决问题,从而完成生产计划。

（二）标准生产成本的维持和降低

工厂生产现场有控制生产成本的责任,不仅要做到维持标准成本,还要尽量降低成本,以使本工厂在市场竞争中取得价格优势。

（三）生产设备的保养与检修

正确使用生产现场的各种生产设备,定期地进行规定内容的点检、保养工作。在异常发生时,要及时进行检修,否则完成不了计划预定的生产数量。

（四）提高产品的质量

生产现场管理的任务包括要防止不良品的出现,生产出符合规格的产品的责任。此外,生产现场管理的任务还包括:不仅要生产符合规格的产品,还有必要在不提高成本的基础上设法提高品质。否则,工厂将在竞争中失去生存的机会。

（五）在交货期内完成生产任务

能否在与顾客约定的交货期内完成交货任务,主要取决于生产现场管理效果的优劣。在实际的生产现场管理中,不仅要做到按期完成交货任务,而且要尽量做到缩短工期（制作产品的时间）,从而达到缩短交货期的目的。

（六）保证安全生产

工厂生产现场管理的另外一大任务就是要防止不发生生产事故,在生产现场管理的过程中,要随时注意排除不安全的因素,并且排除掉不安全的操作行为。

十二、生产现场作业操作标准

生产现场作业分析通常包括操作分析、工作简化、方法工程三种,其研究目的在于减少不必要的工作步骤,或使必要的操作以最迅速、最安全、最舒适的方法完成。作业分析可分为五大标准、27条项目。

（一）工作场所标准

1. 手和手臂的运动路径应在正常工作区域内。

2. 必须用眼睛注意工作,并保证有正常视野。

3. 工具和材料应置于固定位置。

4. 工作场所的高度应设计成能供站立或坐着使用。

5. 工作区域应以少移动为原则。

6. 好的工作环境可以导致好的工作表现。

（二）工具和设备放置标准

1. 工具和设备应置于随手即可拿到或抓到之处。

2. 以足踏板和固定工具代替手的动作,使手能执行更有用的职能。

3. 使用将完成产品移去的自动弹出设施。

4. 在方便操作的情况下,将机器控制排列妥善。

5. 利用特别的工具和复合工具(多种用途的工具)。

6. 考虑如何使用机器以方便操作。

（三）人体运动标准

1. 使用双手从事生产性工作。

2. 双手同时开始并完成各种对称工作。

3. 使手和手臂的移动呈连续曲线。

4. 工作应有节奏,使工作自动而圆滑。

5. 尽量使操作范围内的移动距离最短,并采用最低级别的动作。

6. 应尽量利用物体重量。

（四）物资搬运标准

1. 应有良好的设计以方便搬运。

2. 安排重力输送的漏斗、分离器、堆放和输送带,将材料送至使用地点。

3. 预置和分类标明下一操作所需的材料和零件。

4. 用落地输送法将产品挪开。

5. 举起较重物品时应使用搬运机械。

（五）节省时间标准

1. 改善人工和机械动作的迟缓或暂时停止的问题。

2. 通常动作步骤较少或元素较少时,所用的时间最短。

3. 当机器工作时,工作应在进行中;而工作进行时,机器应在工作中。

4. 应同时加工两个或两个以上零件。

十三、生产作业现场巡查规范

（一）工作态度

1. 工作中是否有人偷懒闲聊?

2. 员工是否保持正确的作业姿势?

3. 员工是否按规定的服装穿着整齐?

（二）处理设备

1. 是否按照说明正确地操作机械?

2. 是否正确地使用工具?

3. 机械、工具是否摆放在妥当之处,易于取用?

（三）工程进度

1. 有无停工待料的事情,全体人员是否都能够顺利地进行作业?

2. 整个工程是否都按照原定计划顺利地进行?

3. 各个工程之间是否都能够顺利地衔接无碍?

（四）整理整顿

1. 原料或零件是否摆放在标准的定点位置？

2. 作业用的工具是否摆放在标准的定点位置？

3. 工作台上是否整理得条理井然？

4. 工作环境是否整理就绪，走道是否通畅无阻？

（五）安全生产

1. 是否正确地使用保护器具或安全防范器具？

2. 危险物品是否都能够保管得非常妥当？

3. 安全标志是否都能按照规定执行？

（六）评分标准

1. 非常好　5分

2. 好　　　4分

3. 一般　　3分

4. 较差　　2分

5. 很差　　1分

十四、生产现场整顿管理标准

（一）生产作业现场检查标准

1. 道路上有无画线作标示。

2. 机器、搬运工具、物品、垃圾桶等放置之处有无画线来标示。

3. 不可存放物品之处有无标示。

4. 是否有不能用或长久不使用的设备、材料、半成品、容器等。

5. 是否堆积了许多未处理的不良材料、半成品、成品等。

6. 现场是否堆放非现场之物，如书籍等。

7. 各式架、柜是否生锈、脱漆、损毁。

8. 墙壁是否剥落、渗水。

9. 门窗是否损坏、残缺。

10. 电灯是否不亮或缺少灯管。

11. 是否设置吸烟区。

（二）半成品检查标准

1. 量的检查

（1）是否以每一个工作站或每一个操作人员为单元来设立标准的半成品量，并且予以标示。

（2）是否用标准的容器来协助量的管制及计数。

（3）是否用颜色标高法来协助定位。

2. 位置的检查

（1）是否有专门的半成品放置区。

（2）半成品放置区的设置，是否妨碍到正常的工作。

（3）半成品是否进行了分类放置。

3. 品质的检查

（1）是否用挡板、缓冲材料等来保护半成品，以防碰撞、剥落。

（2）是否有防尘的措施。

（3）半成品是否直接接触地面。

（4）容器是否保持清洁。

（5）处理半成品时，是否轻取轻放。

（三）半成品检查标准

1. 不良品处理的检查

（1）是否明确规划不良品放置区。

（2）是否用红色来标示不良品放置区，以示醒目。

（3）是否能一次就区分好不良品的分类，避免出现重做的浪费。

（4）是否能定期、大胆地处理不良品。

2. 搬运行为的检查

（1）放置栈板、容器时，是否考虑到搬运的方便。

（2）是否利用有轮子的容器。

（3）是否考虑到搬运系数。

（四）手工具检查标准

1. 是否做到了尽量避免使用手工具。

2. 是否利用槽沟、卡损、油压、磁性等来代替螺丝。

3. 是否加大螺母的接触面，以便双手可以处理。

4. 是否使用标准化的零件，以减少工具的种类。

5. 是否有办法缩短工具存放的时间。

6. 经常使用的手工具，是否随身携带或是放在工作台附近。

7. 手工具存放的位置，是否不需行走、下蹲、垫脚等动作就能取得。

8. 是否有给手工具找个固定的存放位置。

9. 是否利用简便的符号、色别、影绘等，使手工具在用完时即可迅速归位。

10. 是否借用磁力使手工具的归位变得既简单又正确。

11. 是否借用悬挂弹性的力量，让工具在使用后能立刻恢复到固定的位置。

（五）切削工具检查标准

1. 是否做好切削工具的保管工作和保有数量的评估。

2. 个人保管的工具是否以使用频繁为原则。

3. 偶尔才使用的工具，是否以集中保管、共同使用为原则。

4. 是否推行标准化，以减少切削工具的种类。

5. 是否规定个人保管工具的交换办法，以杜绝浪费。

6. 工具存放时，是否尽可能采用产品类别组套方式或机能类别存放方式来保管。

7. 是否确立不良品及钝品的交换办法，以确保切削工具的品质。

8. 是否考虑到碰撞、摩擦事件的发生。

9. 切削工具是否采取垂直的方式，放入抽屉内。

10. 是否用隔板来保护切削工具。

11. 是否用波浪板来保护切削工具。

12. 是否用网带来保护切削工具。

13. 是否用支架来保护切削工具。

14. 是否用木模来保护切削工具。

15. 是否考虑到防锈的问题。

16. 在抽屉或容器里是否铺上含有油分的毛毯等来保护切削工具。

17. 必要的部分是否漆上油漆来保护。

(六)测量仪器的检查标准

1. 是否考虑到防震的措施。

2. 是否未放到机台上面。

3. 当仪器必须放到机器上时,在仪器的下面,是否先铺上一块橡胶垫,以减少震动的损害。

4. 是否定期校验,并运用颜色来协助管理。

5. 是否有防止碰伤、歪翘的措施。

6. 测试棒、长直尺等是否垂直吊放,以防歪翘。

7. 水平台不用时,是否加上罩子。

8. 仪器、工具不用时,是否归位,以防碰伤。

9. 使用后是否归零。

10. 是否熟悉使用方法。

11. 存放时是否考虑到使用适当的容器,以防碰撞。

12. 是否考虑到防止灰尘、污垢的侵蚀及生锈的可能。

13. 不用时是否加上罩盖,以避开灰尘、污垢等的直接污染。

14. 放置及使用的场所,是否避开多灰尘及多污垢的场所。

15. 使用之前是否保持双手清洁。

16. 保管中,是否先使用防锈油擦拭。

(七)模治具检查标准

1. 是否定位存放。

2. 是否设置独立的存放区,以利管理。

3. 模治具存放时,是否避免直接接触地面。

4. 模治具架是否有防尘装置。

5. 用完后,是否养成归位的习惯。

6. 是否易取用。

7. 是否有可伸缩的料架臂。

8. 是否有滚珠装置的料架。

9. 是否有送模台车。

10. 是否有合理的运作空间。

11. 是否省时。

12. 模治具的存放位置是否适当。

13. 经常使用的东西,是否就放在附近。

14. 拆换模具的工具及模子是否在换模前就备妥。

15. 是否采用产品别组套方式来存放模治具。

16. 经常用的模治具是否放在较易取拿的位置。

17. 是否容易辨识。

18. 料架是否有编号、标示。

19. 模治具是否有编号、标示。

20. 站在料架前,是否能很清楚地了解那些编号是什么。

21. 模治具存放指示牌是否很明确。

22. 工作指令上是否能明白地指出模治具的放置位置。

(八)仓库检查标准

1. 是否做好定位。

2. 是否以分区、分架、分层来区分管理。

3. 是否设立标示总看板,使有关人员能一目了然地掌握现况。

4. 是否在料架或堆放区上,将物品的名称或代号标示出来,以利找寻及归位。

5. 物品本身是否标示,以利辨识。

6. 仓库是否做好门禁。

7. 是否控制进出货的时间。

8. 是否做好定量。

9. 同样的物品,是否要求在包装方式及数量上一致。

10. 是否用随货标签来协助约定、了解内容。

11. 是否设立标准的量来取量。

12. 是否做好定容器。

13. 容器是否标准化。

14. 容器的存放量是否有规定。

(九)安全生产检查标准

1. 是否规划一个无危险的工作环境。

2. 运输道路是否明确划分。

3. 运输道路的宽度,是否考虑到搬运工具的方便性。

4. 运输通道是否保持畅通、平坦。

5. 设备、物品是否定位。

6. 车辆的行进路径,是否避开工作机台。

7. 高架上是否安装栅栏。

8. 危险物品是否明显标示,并分开放置。

9. 物品的堆放是否避免头重脚轻。

10. 是否以颜色来区分管道,以利辨识与维护。

11. 通风设备是否适当。

12. 照明亮度是否合适。

13. 易燃物品是否放置于阴凉处。

14. 是否考虑到机器设备的安全。

15. 是否定期保养及更换零件。

16. 机器四周是否保持整洁、无障碍。

17. 机器运转的部位,是否加装安全护罩。

18. 是否设立安全作业看板。

19. 是否明确责任制。

20. 是否加装必要的警示系统。

21. 是否有正确操作方法的指导。

22. 机器配件是否力求标准化。

十五、清扫检查执行标准

（一）地面清扫检查标准

1. 用手摸地面，手是否会脏（精密工厂）。

2. 地面是否有纸屑、烟蒂等。

3. 机台底下是否堆积各式残渣、铁屑。

4. 道路上是否有沙尘或零碎的杂物。

5. 机器是否有漏油之处。

6. 是否有防止微粒子、粉尘、削粉、糊状物等飞散的对策。

7. 吸引微粒子、粉尘、削粉飞散的管道，是否阻塞或泄漏。

8. 是否有应付渗透于地面的油渍的处理对策。

（二）机器清扫检查标准

1. 润滑系统的检查

（1）加油口的四周、刻度表、计测器等是否肮脏。

（2）油槽内的油品是否污浊。

（3）油槽底部是否有异物。

（4）油槽及配管接头处是否有漏油的现象。

（5）配管是否已损坏或弯曲变形。

（6）加油端是否污浊。

（7）回槽油系统是否阻塞、污浊。

（8）加油工具是否干净。

（9）油料有无使用颜色管理。

2. 油压系统的检查

（1）加油口的四周、刻度表、计测器、空气通气装置等是否肮脏。

（2）槽内的空隙、开口处是否有垃圾、尘埃存在。

（3）油槽底部是否有异物。

（4）过滤器是否肮脏。

（5）邦浦是否有异常声音或异常热度。

（6）配管接头处是否有漏油的现象。

（7）油压汽缸等调节器是否有漏油的现象（尤其是测量杆部分）。

3．空压系统的检查

（1）空气过滤器是否污浊。

（2）配管接头处是否漏气。

（3）管制是否漏气。

（4）螺线管是否有噪音。

（5）速度控制的螺丝是否松动。

（6）空气汽缸等的调节器是否漏气（尤其是测量杆部分）。

（7）空气汽缸等的取装螺丝是否松动。

（8）排气消音器是否阻塞。

（三）配油盘、摺动部、回转部部位检查标准

1．配油盘表面是否有凹凸、伤痕、生锈之处。

2．水平测定器的螺丝是否松动。

3．摺动部是否有尘埃、异常磨耗的现象。

4．摺动部去污接触面是否有损伤或磨耗。

5．摺动盘里侧是否有切粉。

6．回转部是否有灰尘、凹凸、偏心、异常磨损等现象。

7．摺动部、回转部是否有螺丝松动的现象。

8．链条是否有松动的现象。

9．皮带、齿轮是否有松动、磨耗、损坏的现象。

十六、生产现场作业改善实施标准

（一）基于必须改善的项目

1．在心里保持有"维持现状好呢，还是不好呢?"这样的疑问。

2．使用各种查核表来找出缺点。

3．询问在现场作业的部属的意见。

（二）客观地掌握现状

1．要把现场的现状翔实地记载下来。

2．必须把观察所得的要点记录下来。

3．必要的话作出详细的资料。

（三）要深入问题的本质进行检查

1．要考虑到问题点的本质所在。

2．要从各种角度去分析缺点所在。

3．要把搜集得来的资料进行仔细的分析（譬如把资料进一步做成图表来进行分析等）。

4．必须听取他人（包括部属在内）的意见。

5. 必要的话,要开会与大家共同讨论。

（四）提出生产现场作业改进的具体方案

1. 必须参考其他公司成功的实例。

2. 要听取各方人士的意见。

3. 必要时召集部属进行研讨。

4. 要仔细思量并整理出付诸执行的种种情况（如所需费用多少,需要人手多少等）。

5. 要具体地考虑并整理出付诸执行的效果。

6. 对于改进方案的执行负责人及执行日期也要清楚地拟订出来。

（五）实施改进方案并评估实施的结果

1. 必要的话,在呈报上司认可之后付诸实施。

2. 必须事先取得各有关人员的认可。

3. 要和负责执行的承办员解释清楚,方才付诸实施。

4. 必须细心查核实行的过程,必要的话,要立刻再定出改进修正案。

5. 要客观地评估执行的结果,如果确实良好,那就可以把它定案,并加以标准化。

6. 如果实行结果欠佳,就得再次研讨改进修正案。

第二十六章

技术与工艺管理

《按流程执行》

一、技术工艺管理工作流程设计

流程名称	技术工艺管理工作流程	编码			
		执行者	生产部	监控者	生产总监
行为实施环节	各生产车间	技术部		生产总监	总经理

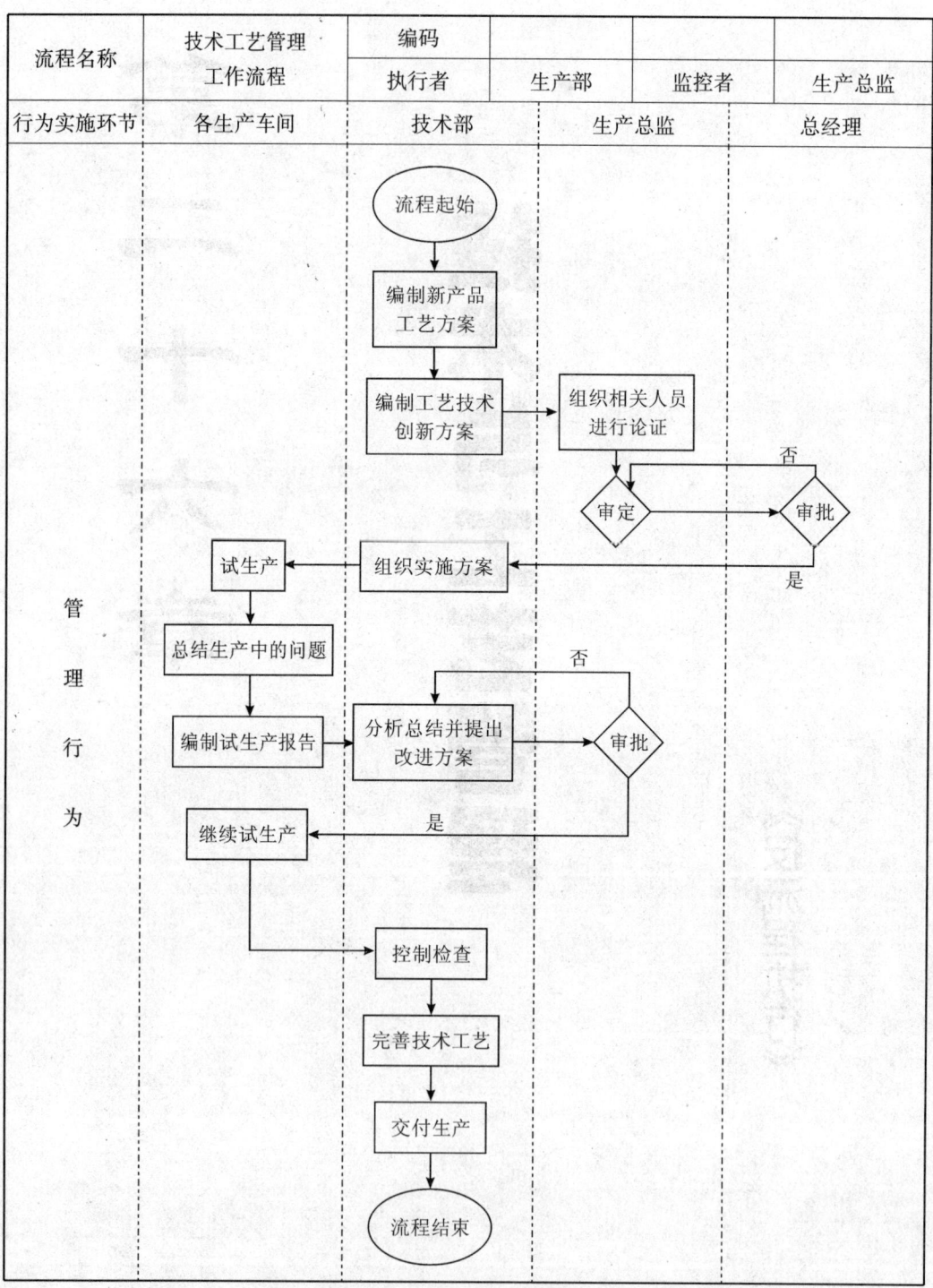

二、技术工艺设计工作流程设计

流程名称	技术设计管理 工作流程	编码			
		执行者	生产部	监控者	生产总监
行为实施环节	各生产部门	技术部		生产总监	总经理

管理行为

```
                        流程起始

                   收集并整理相关
                      信息文件

                    进行初步设计

          编制设计方案并        组织相关人员
          完成设计图纸    →      论证
                                            否
                         审定  →  审批

          正式完成设计方案              是
          并提供设计图纸  ←──────────

  试执行  ←   组织执行设计方案
                                    否
  发现问题   →  总结分析并修正  →  审批
  并报告        设计方案
                                    是
  执行  ←   组织执行  ←──────────

  流程结束
```

三、技术方案评价管理工作流程设计

流程名称	技术方案评价管理工作流程	编码			
		执行者	生产部	监控者	生产总监
行为实施环节	技术部	生产总监		总经理	

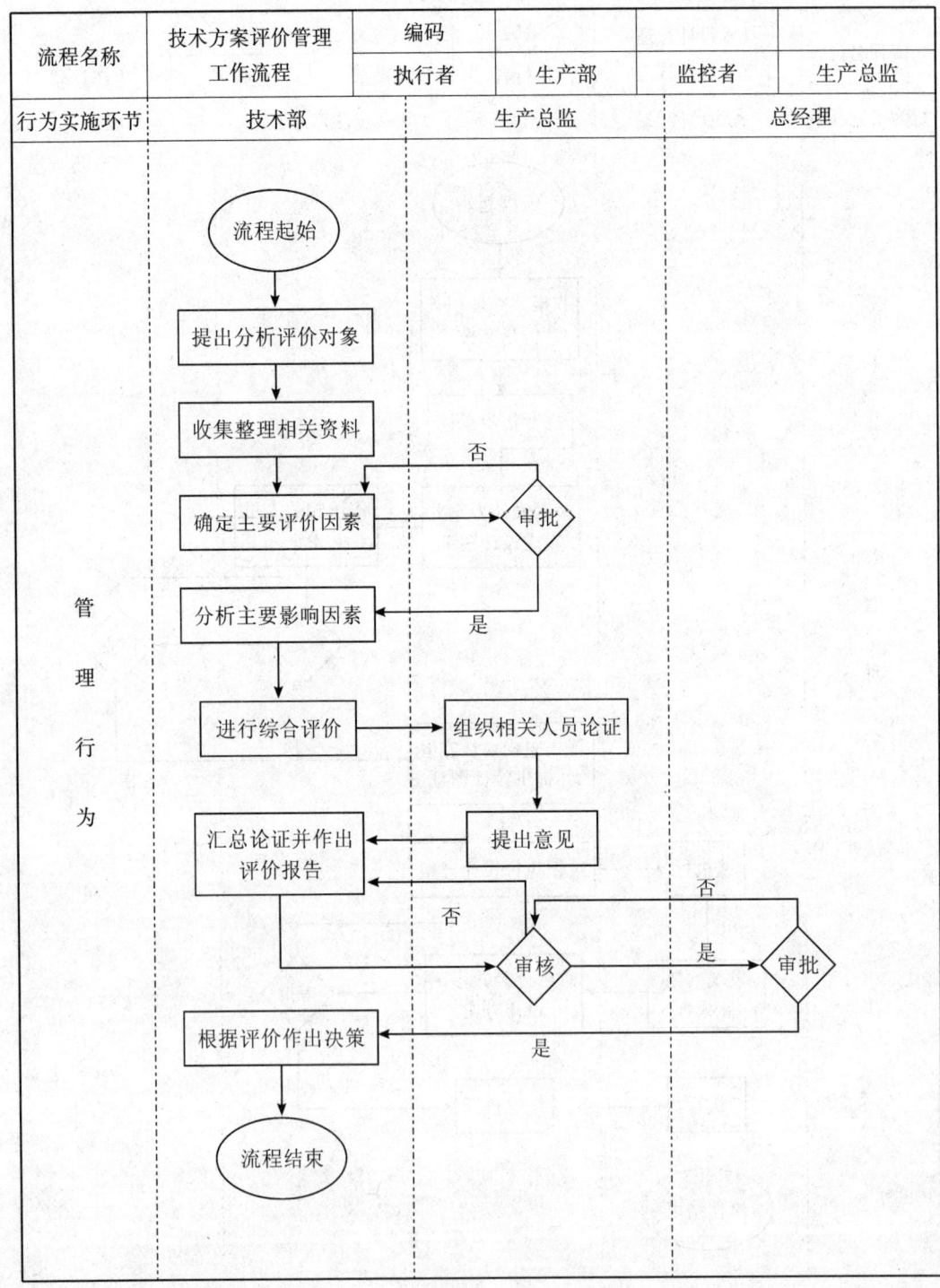

管理行为

流程起始

提出分析评价对象

收集整理相关资料

确定主要评价因素 → 审批　否

分析主要影响因素　是

进行综合评价 → 组织相关人员论证

提出意见

汇总论证并作出评价报告

审核　否　是　审批　否

根据评价作出决策　是

流程结束

四、技术改造管理工作流程设计

流程名称	技术改进管理 工作流程	编码			
		执行者	生产部	监控者	生产总监
行为实施环节	生产部	生产总监		总经理	

管理行为

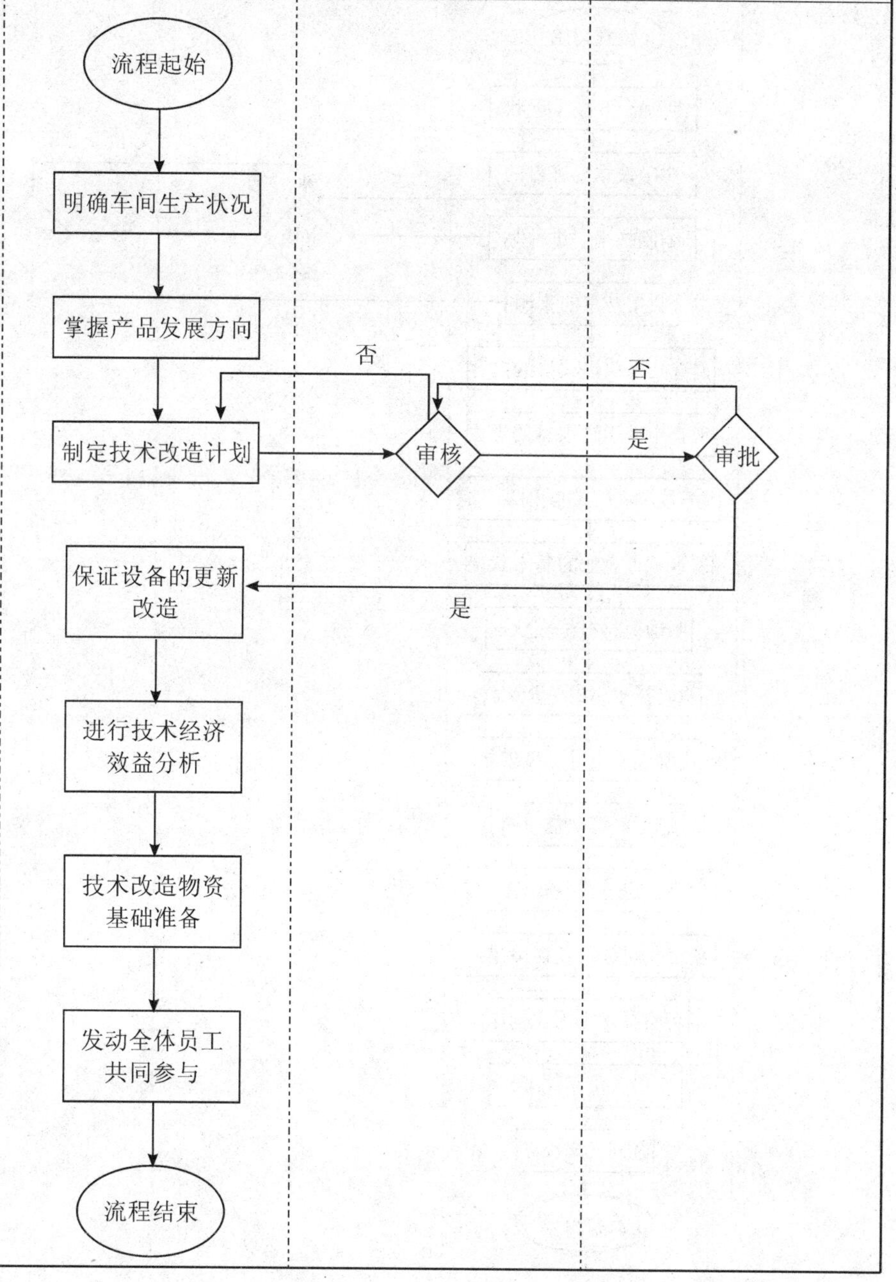

流程起始

↓

明确车间生产状况

↓

掌握产品发展方向

↓

制定技术改造计划 → 审核 ——否—→ 审批

否（返回）

审核 ——是—→ 审批

审批 ——否

↓（是）

保证设备的更新改造

↓

进行技术经济效益分析

↓

技术改造物资基础准备

↓

发动全体员工共同参与

↓

流程结束

五、技术引进准备工作流程设计

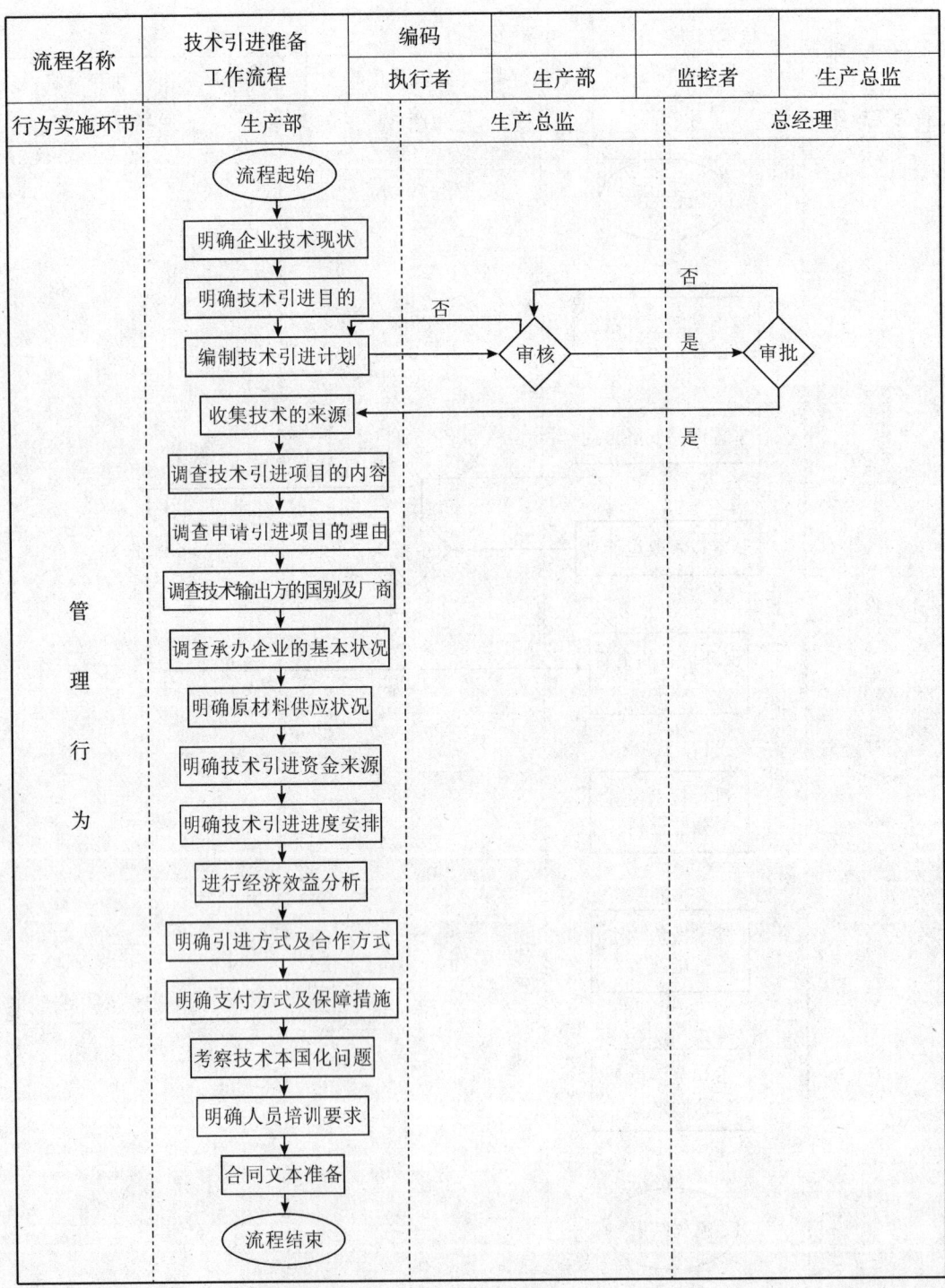

流程名称	技术引进准备 工作流程	编码			
		执行者	生产部	监控者	生产总监
行为实施环节	生产部	生产总监		总经理	

六、引进技术验收工作流程设计

流程名称	引进技术验收 工作流程	编码			
		执行者	生产部	监控者	生产总监
行为实施环节	生产部	生产总监		总经理	

流程起始

明确验收人员安排与分工

准备验收所需的仪器与设备

确定验收时间与地点

引进资料的验收

技术培训与技术指导验收

许可产品验收

编制验收报告 → 审核 → 审批

对验收结果进行相应处理

流程结束

管理行为

七、技术管理实施标准

（一）技术上的标准化，是指产品质量的标准化、零部件的通用化和品种规格的系列化。主要包括产品设计标准，工艺工装标准，原材料、元器件标准，测试标准和检验标准。

（二）技术管理标准化的主要任务是：

1. 技术标准是技术法规，生产车间要教育员工自觉贯彻执行，严格遵守工艺纪律，努力贯彻相应的质量标准，确保制成品质量。

2. 质检人员负责对标准的实施进行监督，生产车间严格按标准生产，按标准检验，做到不合格材料不投产，不合格的半成品不转入下道工序，不合格零件不装配，不合标准的产品不出厂。

3. 在技术标准的具体实施中，做好记录，积累资料，按程序反馈，协助做好标准的修订补充工作。

4. 按生产车间实际需要，可自行制订必要的内控标准。

（三）技术标准是进行生产的技术规范，是从事产品设计、科研、生产、产品流通和使用的一种共同的依据。班组在组织生产过程中，涉及的产品、工程建设、环境保护和安全卫生条件，以及其他应当统一的技术要求，都必须制订技术标准。

（四）根据适用的范围，技术标准又分为国家标准、部颁标准和企业标准。国家标准是指对全国经济、技术发展有重大意义而必须在全国范围内统一的标准，以代号"GB"表示，它由国务院有关主管部门提出草案，报国家标准局审批、颁布。部颁标准是指国家标准中暂时未包括的产品标准和其他技术规定，或只用于本专业范围内的标准，由政府有关部门颁发。企业标准是指尚无国家标准和部颁标准情况下，由企业制订的标准，一般分为正常产品标准和试生产产品的暂行标准。

（五）企业产品的标准应主要包括以下内容：

1. 产品的用途与适用范围。

2. 产品分类及技术条件（生产方法、牌号、品种、等级、化学成分、物理性能等）。

3. 分析检验的方法。

4. 验收标准：包装、标志、运输保管及证书等。

（六）技术标准的制定不仅要靠全面的统筹组织，而且要靠生产车间内各个班组具体的工作。在制订技术标准时，要坚持为用户服务的原则，尽可能满足用户的要求；从生产的全局出发，做到技术先进、经济合理、安全可靠，提高产品质量。

八、工艺标准确定实施基准

工艺标准是指导生产活动的一项基本技术标准。它能够保证生产活动的准确工作，保证产品符合图纸的设计要求，同时也是安排生产计划、产品检测、劳动力配备、原材料采购、设备配置、生产操作等工作的重要依据。

生产过程中常用的工艺标准资料主要有以下几种。

（一）产品设计图纸

产品设计图纸是车间生产制造及检测产品的依据。在加工制造操作中，操作者要严格按照产品图纸及技术要求进行加工操作。

（二）生产工艺指示单

调查生产工艺指示单是由上级技术主管部门下达的工艺规程补充文件，有时也是产品工艺临时调整指示单，是生产车间工艺变更的依据。

（三）生产技术说明书

生产技术说明书是根据市场或用户特定的要求，针对某一种工艺或某一特定产品作特定说明的工艺技术资料。

（四）划线图

划线图一般是模线样板部门下达的工艺文件，主要在生产技术准备部门使用。当模线样板不能完整表达该产品零件的尺寸、形状要素时，划线图与模线样板配合使用，以加工工艺装备，或以工艺装备划产品零件线段。

（五）工艺操作规程

工艺操作规程集中反映了对产品的技术要求和作业流程，确保产品在上下道工序加工中的衔接和质量监控，是具体指导操作者进行操作和检测的依据，是车间日常使用的最主要的工艺文件。

（六）产品检测规范

产品检测规范是根据产品的工艺技术要求，规定在某道加工工序后产品应达到的技术标准和检测方法，是车间检测产品质量的重要工艺技术文件。

（七）生产工艺操作卡

工艺操作卡是工艺流程中某道工序的工艺操作技术文件，并以操作岗位为单位，明确规定操作者在本岗位操作时的操作技术要求，是控制工序或岗位产品质量的重要措施。

九、工艺管理实施标准

（一）根据调查车间生产经营活动的具体需要,组织试制和生产适合市场需求的产品。

（二）按生产和技术准备上的计划,认真贯彻相应的技术标准和工艺文件,做好投产前的各项准备工作。

（三）随时掌握现场施工质量情况,分析质量波动的原因,努力推进车间的全面质量管理工作。

（四）负责生产车间技术资料的收集、整理、保管、发放、统一修改和回收工作,防止泄密和出差错。

（五）协助车间主任做好在用工装和车间工具室的管理。

（六）负责组织员工的"双革四新"和质量控制攻关活动。

（七）负责新产品试制的相关技术准备工作,编制初步的工艺流程;设计必要的工装,撰写试制小结,参加新产品鉴定。

（八）负责解决技术组职权范围内的生产现场技术问题,做好产品小批工艺工装验证、小结和大批技术服务工作。

（九）深入生产车间各班组及时解决生产中的技术问题,做好原始记录,及时向工艺主管部门反映,以便修改和补充。

（十）在生产车间统一安排下,组织好员工的技术业务学习和岗位练兵。

十、技术推动型创新实施标准

（一）科技的发展能够推动技术的创新

科技的发展推动的技术创新,简称技术推动。技术推动的作用表明:

（1）科技具有物化的形态,也就是说,任何科技都具有并最终完全商业化过程的发展趋向。

（2）科技系统具有一定的生命周期,而且具有自我淘汰、更替的功能。当过时的科技知识已不能创造出人类所真正需要的产品或服务时,便会自我淘汰,而新的科技知识会填补其留下的空白,进入新科技自身的物化过程。当人们预期到新的科技知识的效用优于旧的时候,人们就会加速实现以新换旧的过程。

（3）某种新的科技知识的出现,都会激发一种潜在的市场需求,或是引发新的需求。

这种新的技术作为满足需求的手段,将会很快地完成物化过程,最终实现技术的创新。

（二）技术推动创新的基本途径

1. 新科技思路的诱导

新的科技负责思路往往会诱发创新人员与组织的研究与开发活动,并最终将研究成果推向生产化、商业化。

2. 技术预期

它包括技术寿命的周期预期与技术经济的效益预期。如果能够预期到某项科技还没有进入衰退期,那么它的应用就有可能带来经济效益,创新者就会将这一科技投入物化的过程。

3. 技术轨道

一些较为重大的科技进展,一旦形成某种技术轨道,那么在这种技术轨道上,只要有某一项创新,那就会出现持续创新。质变型创新和系统变革型创新,会带来某种新的观念,这种观念一旦模式化,便会上升为技术上的典范。如果这种技术典范能够在较长的时期内发挥作用,相对于技术推动来说就固化成为轨道。它的形式有助于在其轨道上涌现出持续的创新。电子器件集成化后,电子计算机在集成电子技术典范下,走上加速更新换代的道路,就是一种技术轨道推进创新的例证。

4. 输入推动

通过技术引进和技术改造等手段,使技术装备能够适应生产发展的需要,有助于改善并加速技术创新的过程。

（三）技术推动所产生的创新的类型

技术推动最终会产生各种不同形式的技术创新,如:

（1）单一技术的创新。

（2）组合技术的创新。

（3）交叉技术的创新。

（4）技术系统局部变革的创新。

（5）技术系统变革的创新。

十一、需求拉动型技术创新实施标准

（一）需求拉动的定义

从推动生产制造型企业技术创新的动力机制来看,科学技术的作用表现为一种推力,即科学技术进展推动创新;而市场需求的作用表现为拉力,即市场需求拉动创新。

需求能够拉动技术创新包含以下几个层次的含义。

1. 市场需求是进行技术创新的源泉

在一定程度上说,需求是进行技术创新的源泉。从技术创新框架结构上看,技术创新正是由此引发或启动的。

2. 市场需求最终会得到满足

技术创新实践的经验告诉我们,它所产生的产品或服务,是满足需求的基本因素。从企业的技术创新框架结构上看,这种需求满足的是企业技术创新功能的体现。

3. 市场需求能够引发持续创新

技术创新实践的经验也告诉我们,它能够产生市场竞争优势。这种竞争优势就是企业持续创新所产生的结果。

4. 市场需求是促使企业进行技术创新的内在动力

技术创新实践的经验也告诉我们,它能够促使企业产生进行持续创新的内在冲动,进而认真研究市场、分析需求,从中抓住出现的创新机会,启动并持续下去以形成长期创新。从技术创新的框架结构上看,这种长期创新就是它的有重心、稳定三角形搭配结构的总体效能。

(二)需求拉动技术创新的原因

需求拉动技术创新的原因表现在以下两个方面:

(1)社会需求的规模是不断在扩张的,而世界上可供使用的资源却是有限的。这种现实与矛盾,要求人们通过技术创新来提高产品或服务的科技含量,节约资源,以适应需求规模扩张与高效率地使用资源。这样一来,就可以在宏观上提高科技进步在经济增长中所占的分量,促进经济由粗放型向集约型转变,实现经济高速增长,使之快于需求扩张速度,以保持社会产出总量与社会需求总量的动态均衡。

(2)社会需求结构的演变、升级与传统产品的品种少、功能不全面是同时存在的。这种客观现实,同样也要求人们通过技术创新来开发新产品,实现产品更新换代,为社会提供功能更多、品种更齐全的产品或服务。

归根结底,不管是需求规模的扩张,还是需求结构的演变和升级,它们的任何变动都可能拉动并持续作用于技术创新。

(三)需求拉动型技术创新的表现形式

1. 需求为技术创新提供新设想

需求可以告诉生产者用户需要什么,包括用户需要的新功能、新性能,甚至具体的新产品。

2. 需求为技术创新提供机会

需求是变化的,原有的产品已不能满足这一变化的需求。这就为提供新的创新机会,即要靠技术创新提供新的产品或服务来满足这一变化了的需求。因此,要把握住这种企业技术创新机会,适时选准技术创新方向,采取有力行动,这将会有效地启动一次创新。

3. 需求能够诱发企业的持续创新活动

需求的变化,有时并非仅仅为生产企业提供一次创新机会,而是需要多次不同的创新才能满足,即需要企业持续创新。

十二、确定生产技术开发需求工作标准

（一）确定生产技术开发的需求，是为了了解技术需求和国内外相关技术的发展趋势，从而为技术开发决策提供依据。所以，在技术开发工作中，首先要了解技术需求与国内外同行业企业在技术、设备等方面的最新科技成果，并深入掌握本生产技术发展的历史和现状，认真分析技术基础的构成、存在的优势和劣势及技术发展中的薄弱环节。对于重点生产技术问题，要成立专业的问题处理小组，进行专门的调查研究，并作出科学的估计，进行技术发展预测，即根据科学技术已有的基础和当前的发展状况，去推测技术未来发展的趋势与可能取得突破的方向。

（二）确定技术开发需求的基本要求

在确定技术需求时，要运用先进的管理方法，因为这一过程是确立目标的过程，同时也是一个学习新技术的过程，将会在很大程度上影响技术开发的方向。

（1）了解本技术、装备等状况，技术改造方面存在的问题，改造重点，各种影响因素，改革的方向，资金、技术、人力、物力等情况，还要了解国内外技术发展状况，摸清国内外技术发展水平和状况，看到本企业存在的问题与差距，从而更好地明确技术开发的目标。

（2）深入生产现场、车间掌握技术薄弱环节，了解产品质量、数量、消耗等具体细节。

（3）综合运用数量统计法、技术寿命周期法、专家意见法等管理方法。

（4）注意市场用户和生产现场员工的意见，包括销售商、最终消费者以及生产一线工人、工程师的意见。

第二十七章

设备管理

《按流程执行》

一、生产设备管理工作流程设计

流程名称	生产设备管理 工作流程	编码			
		执行者	生产部	监控者	生产总监
行为实施环节	生产部	生产总监		总经理	

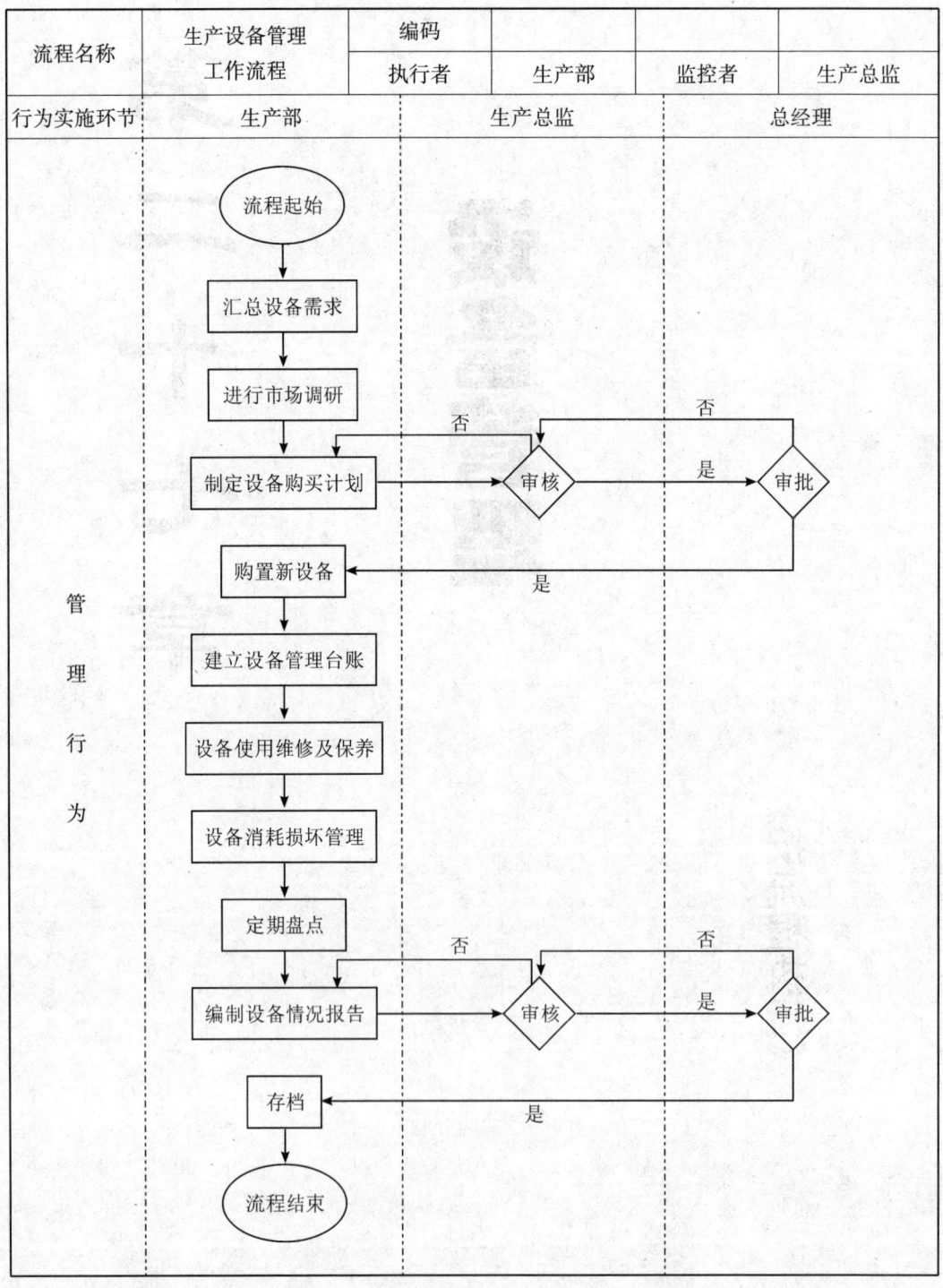

二、设备购置管理工作流程设计

流程名称	设备购置管理 工作流程	编码		监控者	生产总监
		执行者	生产部、财务部		
行为实施环节	财务部	生产部		生产总监	总经理
管理行为		流程起始 ↓ 汇总生产设备需求 ↓ 市场情况调研 ↓ 编制购买预算 → 否 核定预算 ← 向供应商询价 ↓ 选定供应商范围 ↓ 供应商资质调查 ↓ 选定供应商 → 否 与供应商洽谈 ↓ 明确价格与条款 → 否 签订购买合同 ↓ 执行合同 ↓ 验收使用 ↓ 流程结束		审核 是 审核 是 审核 是	否 审批 是 否 审批 是 否 审批 是

三、设备使用管理工作流程设计

流程名称	生产设备使用管理工作流程	编码		监控者	生产总监
		执行者	生产部	监控者	生产总监
行为实施环节	设备使用车间	生产部		生产总监	

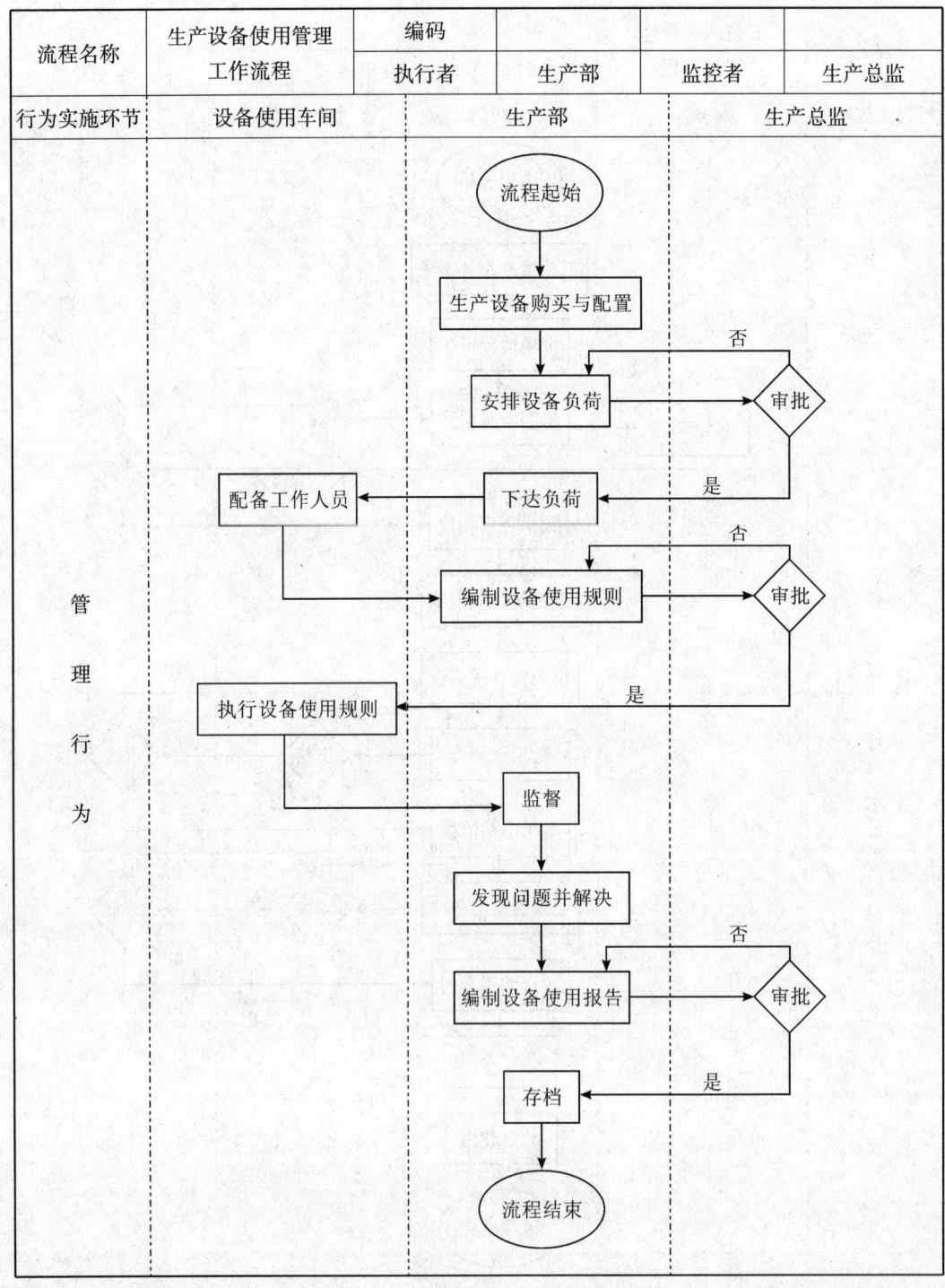

四、设备维修管理工作流程设计

流程名称	生产设备维修管理工作流程	编码			
		执行者	生产部	监控者	生产总监
行为实施环节	生产部			生产总监	

```
                    ┌─────────┐
                    │ 流程起始 │
                    └────┬────┘
                         ↓
                 ┌──────────────┐
                 │ 设备日常维护管理 │
                 └──────┬───────┘
                        ↓
                 ┌──────────────┐
                 │ 接到设备维修申请 │
                 └──────┬───────┘
                        ↓                          否
                 ┌──────────────┐           ┌──────────┐
                 │ 查验设备损坏    │──────────→│   审批    │
                 │ 程度及原因      │           └────┬─────┘
                 └──────┬───────┘                 │
                        ↓              ←───────────┘
                 ┌──────────────┐           是
                 │ 进行设备维修组织 │
                 └──────┬───────┘
                        ↓
                 ┌──────────────┐                  否
                 │ 进行内部维修    │─────────────────────┐
                 └──────┬───────┘                      ↓
                        ↓                          ┌──────────┐
                 ┌──────────────┐                  │   审批    │
                 │ 无法内部维修时  │─────────────────→└────┬─────┘
                 │ 提出维修申请    │                      │
                 └──────────────┘        ←──────────────┘
                      ┌──────┐                 是
                      │ 洽谈  │←──────────────┐
                      └──┬───┘               │
                         ↓                   否
                 ┌──────────────┐        ┌──────────┐
                 │ 签订设备维修协议 │───────→│   审批    │
                 └──────────────┘        └────┬─────┘
                    ┌──────┐          ←───────┘
                    │ 实施维修 │          是
                    └──┬───┘
                       ↓
                    ┌──────┐
                    │ 验收  │
                    └──┬───┘
                       ↓
                    ┌──────┐
                    │ 继续使用 │
                    └──┬───┘
                       ↓
                    ┌──────┐
                    │ 存档  │
                    └──┬───┘
                       ↓
                  ┌─────────┐
                  │ 流程结束 │
                  └─────────┘
```

管理行为

五、设备维护管理工作流程设计

流程名称	生产设备维护管理工作流程	编码		监控者	生产总监
		执行者	生产部	监控者	生产总监
行为实施环节	外部维修单位	生产部		生产总监	

管 理 行 为

流程起始

设定设备维护期限

定期检查设备使用情况

定期维护生产设备

设备使用情况记录

发现问题

进行内部维护

无法内部维护提出外部维护申请 → 审批（否／是）

外部维修单位洽谈

进行设备维护 ← 签订设备维护协议 → 审批（否／是）

设备维护验收

继续使用

流程结束

六、设备改良管理工作流程设计

流程名称	设备改良管理 工作流程	编码			
		执行者	生产部	监控者	生产总监
行为实施环节	生产部	生产总监		总经理	

管 理 行 为

```
        ┌───────────┐
        │  流程起始  │
        └─────┬─────┘
              ↓
        ┌───────────┐
        │  设备使用中 │
        │  存在问题  │
        └─────┬─────┘
              ↓                    否              否
        ┌───────────┐      ┌────────┐      ┌────────┐
        │ 提出设备改良 │─────→│  审核  │──是──→│  审批  │
        │    申请    │      └────────┘      └────────┘
        └───────────┘
        ┌───────────┐
        │从使用部门调出│←──────────── 是
        └─────┬─────┘
              ↓
        ┌───────────┐
        │ 改良工作实施 │
        └─────┬─────┘
              ↓
        ┌───────────┐
        │  完工后验收 │
        └─────┬─────┘
              ↓
        ┌───────────┐
        │  设备移交  │
        └─────┬─────┘
              ↓
        ┌───────────┐
        │ 使用部门调入 │
        └─────┬─────┘
              ↓
        ┌───────────┐
        │ 登记目录和卡片│
        └─────┬─────┘
              ↓
        ┌───────────┐
        │配合财务部核算│
        └─────┬─────┘
              ↓
        ┌───────────┐
        │  流程结束  │
        └───────────┘
```

七、设备更新管理工作流程设计

流程名称	设备更新管理工作流程	编码			
		执行者	生产部	监控者	生产总监
行为实施环节	生产部	生产总监		总经理	

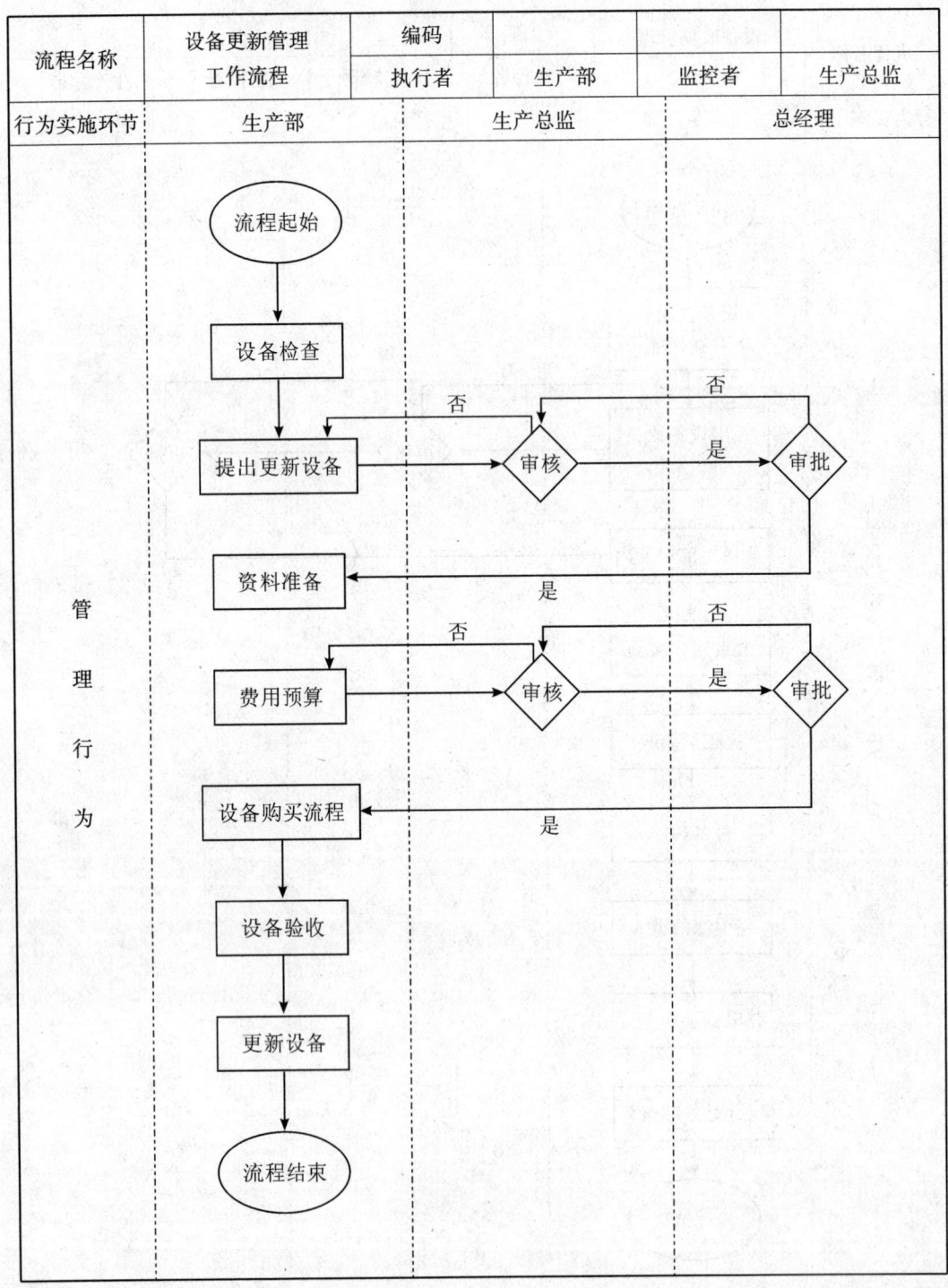

管理行为

流程起始

设备检查

提出更新设备 → 审核 → 审批

资料准备

费用预算 → 审核 → 审批

设备购买流程

设备验收

更新设备

流程结束

八、设备管理整体工作标准

设备管理工作的好坏直接影响着生产效率、产品质量、企业效益和生产安全。设备管理是企业管理大系统中的一个重要分系统,其工作标准主要包括以下几个方面:

(1)能保证正常生产秩序。

(2)能做到优质、高产、低耗、低成本的生产制造管理。

(3)能够不断提高劳动生产率。

(4)能预防各类生产事故的发生,保证安全生产。

九、设备管理制度实施标准

(一)建立健全设备管理制度

一般情况下,最重要的设备管理制度包括:设备操作规程、设备检修规程、设备安全规程、设备维护保养制度、设备润滑制度、岗位经济责任制等。

(二)对生产设备进行分级管理

设备分级管理是指对设备实行分级负责、归口管理制度。设备分级管理,是保证设备管理工作正常进行的措施。通常设备分为三级管理:厂部、分厂、车间,有的单位,班组配有兼职的设备管理员,负责班组设备的正确使用、合理润滑、督促做好设备管理工作,如果班组有一级,那就是四级。

(三)设备管理的具体工作

1. 设备的选择与评价

设备选择应根据生产上适用、技术上先进、经济上合理的原则,经过多方案比较评价,最终选择最合适的设备。

2. 设备的日常管理

如果不加强对设备的日常管理工作,就会在设备管理上造成混乱,设备的日常管理包括设备的分类、编号、建账、图纸整理、资料核定、设备的调拨和事故处理等。

3. 正确、合理地使用设备

必须按规程操作,要防止"精机粗用",避免"大机小用"和超负荷、超性能使用,保证设备正常润滑。

4. 做好设备的维修工作

设备的维护修理工作量很大,也非常重要,维修工作跟不上,必然会造成生产事故多,生产不稳定,企业经济效益低下。正因为如此,一些较大的生产制造企业对设备维修工作都很重视。

5. 设备的改造与更新

设备改造更新工作包括:编制设备更新改造计划、进行设备改造方案的可行性分析和技术经济评价、筹措资金、处理原有设备等。

十、设备管理现代化实施标准

（一）全员参与设备管理

这是国外所创建的一套新的设备管理方法。其主要内容是:

（1）全员参与的基本出发点是推行全效益（要求设备一生的生命周期费用最小,生命周期输出最大）、全系统（建立从设备的方案调查、设计、制造、安装调试、使用、维修、改造至更新,即设备一生的管理系统）、全员参加（上至公司经理、下至操作工人都参加）的"三全"设备管理。

（2）设备管理贯穿于设备的整个生命周期。

（3）加强并推行整理、整顿、清洁、清扫、保养为基础的设备管理活动,把日常维修与预防维修结合起来。

（二）现代技术在设备管理上的运用

现在,计算机在生产管理领域得到了越来越广泛的应用,计算机不仅可以用来大量贮存和高速处理各种数据,还可以用来控制工业设备工作过程。目前,计算机在设备管理上大量采用,这种管理,可以根据分析研究设备的需要,进行各种统计、汇总、对比,为我们制定改进措施提供准确的数据,把设备管理从静态发展到动态管理,随时可查询有用资料。因此,计算机管理可以代替管理中许多繁琐工作、费时的统计工作,提高整个设备管理水平。

现代技术,如价值工程、ABC 管理法、可靠性工程、网络计划技术、全面质量管理中的数理统计、设备故障概率分布等在设备管理中的运用,大大提高了设备一生管理各环节的科学决策,能为设备管理深化改革发挥巨大作用。

（三）生产设备的综合管理

生产设备的综合管理是指为了使设备生命周期费用最经济,而把适用于有形资产的有关工程技术、管理、财物和其他业务加以综合,对设备一生管理的全过程进行研究,实现最经济的设备生命周期费用。

十一、生产工具管理工作方法

加强对生产工具的管理,有利于降低工具消耗,保持各类工具的良好技术状态。车间日常工具管理方法,主要涉及通用工具管理、专用工具管理、工具在工位上的管理等方面。

(一)通用型工具的管理

通用型工具的具体管理方法包括:

(1)建立工具的报废报损和丢失的处理制度。

(2)做好工具事故的处理工作。

(3)对工具节约和工具改进给予物质奖励和精神鼓励。

(4)按规定手续进行工具的领用和借用。

(5)做到工具的合理保管。

(6)做到工具的合理使用,即一切工具都必须按其性能和工艺规范进行使用。

(二)专用型工具的管理

专用型工具的管理具体包括:

(1)专用型工具是用来加工某种特种零件的工具,其管理方法基本上和通用工具的管理方法相同。

(2)专用工具一般由生产制造企业自行进行设计、制造。首次制造的专用工具,使用前必须经过技术验证合格,由质量管理部门发给工装产品合格证。

(3)对于在使用中发现的问题,要向上级报告,以便进一步修正。不同的专用工具,有特殊的管理要求,车间要按工具特性的要求进行管理。

十二、设备选择工作实施标准

在选择生产设备的过程中,常用的方法有以下几种。

(一)费用效率法

设备费用效率 = 综合效率 ÷ 生产周期费用

上式中的综合效果包括七个方面,即产量、质量、成本、交货期、安全、环保和人机匹配关系。其中的生命周期费用包括设备从研究、设计、制造、安装、调试、使用、维修,一直到报废为止所发生的费用总和。

（二）费用换算法

1. 年费法

年投资费（年购置费）= 最初投资费 × 投资回收系数

式中的投资回收系数 $= \dfrac{i(1+i)^n}{(1+i)^n-1}$ i 为年利息率；n 为设备的生命周期，投资回收系数也可以直接查系数表求得。

这种方法就是首先把购置设备一次支出的最初投资费，依据设备的生命周期，按复利率计算，换算成相当于每年费用的支出。然后加上每年的使用费得出不同设备的年总费用，最后从中选择总费用最低的设备作为最佳设备。

2. 班值法

年使用费现值 = 每年使用费 × 年金现值系数

式中的年金现值系数 $= \dfrac{(1+i)^n+1}{i(1+i)^n}$ 年金现值系数也可以直接查系数表求得。

这种方法就是将每年使用费通过年金现值系数，换算成相当于最初一次支出费用的数额，再加上最初购买设备一次支出的投资费，进而求出总费用的现值，然后将不同方案的总费用现值进行比较，从中选择总费用现值最少的作为最优方案。

（三）投资回收期法

设备投资回收期 = 设备投资额 ÷ 采用该设备后年节约额

投资回收期法是根据不同设备的投资费用，以及该种设备在提高生产率、节约原材料和能源消耗、提高产品质量、节省劳动力等方面所带来的节约额，进行不同设备投资回收期的计算，然后根据各设备投资回收期的长短进行选择。在其他条件相同的情况下，投资回收期越短，说明该设备的投资效果越好。

（四）小时投资费用

小时投资费用是以设备每一工作小时的设备投资费作为经济评价标准。

每一小时投资费用 = 设备投资额 ÷ 设备使用寿命

哪种设备每小时投资费用越小，就越应该选择哪种设备。

十三、提高生产设备使用效率工作实施标准

生产设备使用效率的提高是指设备开工状态下产生有价值的时间和数量。一方面要求在法定的劳动时间内，提高设备的开动时间；另一方面要求在单位时间内增加合格品的产量。提高设备利用率的主要方式有：

（1）增加实际使用设备的数量，减少设备的闲置。

（2）增加商场设备的使用时间，加强设备使用的均衡负荷。

（3）提高设备的利用强度，增加设备在单位时间内生产的合格产品数量。

各级领导、设备管理部门、生产班组长直到生产工人，在保证设备合理使用和提高设

备利用率方面,都负有相应的责任,各个生产制造企业应据此制定出切实的责任制度,对于严格遵守规章制度的人员,及时进行表扬,对于违反操作规程以致造成设备事故者,要给予批评教育乃至处分,使操作人员自觉养成爱护设备的良好风气和习惯,使设备始终处于最佳的技术状态。

十四、生产设备使用评价工作实施标准

生产设备的使用评价是指对设备的使用情况及使用费的一种评价。具体来说,就是评价设备在整个生命周期内的使用情况,以及为了保证设备正常运作而发生的相关费用,具体包括能源消耗费,维修费以及固定资产税、保险费、操作人员的工资。其中主要是评价设备的使用情况及维修费用,具体情况如下。

(一)使用情况评价

1. 设备完好率＝(主要设备的完好台数÷所有主要设备的台数)×100%

生产设备完好率是指技术性能完好(包括一级和二级),设备台数占全部设备的百分率。在实际使用中,可以只计算比较重要的设备(一般多以复杂系数不小于5为界限)。

2. 设备故障率＝(故障停机时间÷设备开动时间)×100%

生产设备故障率是指在一段时间内(一年或半年)设备的故障停机时间与同一期内实际开动时间的比率。它在一定程度上反映了设备故障对生产的影响。

(二)维修费用(主要指标有单位产品维修费、维修费用率等)

1. 万元产值维修费用＝维修费用总额÷总产值

有时为了更直接地反映维修的效果和扩大可比性,往往用万元产值的维修费用含量作为考核指标。

2. 维修费用率＝(全部维修费用÷总生产费用)×100%

维修费用率是同期内全部维修费用占总生产费用的百分率,是反映维修效率的一个经济性指标。

3. 单位产品维修费用＝维修费用总额÷产品总产量

单位产品维修工作与维修成果的关系,是反映维修消耗水平,是促进维修与生产结合的一个指标。

十五、生产设备更新标准

生产设备的更新,就是用比较先进、比较经济的设备,去更换技术上不能继续使用,或

经济上不宜继续使用的设备,促进技术装备水平的不断提高。根据国家规定,凡符合下列情况之一的设备,可以更新:

（1）设备的技术性能落后,经济效果很差。

（2）对于故障设备,通过修理、改造虽能恢复精度及性能,但不经济。

（3）设备耗能大或严重污染环境,危害人身安全与健康,进行改造又不经济。

（4）设备经过多次大修,技术性能不能达到工艺要求和保证不了产品质量。

（5）国家或有关部门规定可以进行淘汰的设备。

十六、生产设备改造管理工作标准

设备的改造是一项复杂而细致的工作,要根据行业发展的需要,结合本企业的具体情况,综合考虑技术上的先进性,经济上的合理性,工艺上的可能性和生产上的安全性。因此,在对设备进行改造的过程中,要注意以下几个方面的要求。

1. 有助于经济效益的提高

在工厂的生产活动中,既要考虑目前利益与长远利益,企业利益与国家利益的关系,但从总的方面来说,技术改造的目的就是提高生产企业整体的经济效益,因此技术改造应紧紧围绕提高生产企业经济效益这一原则进行。

2. 充分挖掘生产潜能

因为从我国现有的工业基础及人力、物力、财力等情况看,不适应过多地铺新摊子,应该通过技术改造,用先进的技术、工艺、设备取代落后的工艺、技术设备,如对生产产品单一、生产过程中对设备运转和技术要求比较简单的企业,可将其改造为专用高效设备的生产线。充分挖掘其生产潜能,实现扩大再生产,以做到投资少、时间短、见效快。

3. 以产品开发为中心

由于产品的生产及销售是工厂赖以存在的前提,工厂技术改造结合企业产品升级换代和生产发展的需要进行,要充分研究和论证改造的可行性和必要性,比较设备改造和购置设备的投资费用,通过科学的计算和反复试验,降低成本、促进产品更新换代,以生产出符合市场需要的产品。

4. 以促进技术升级为出发点

技术改造应以技术进步为基础,没有技术升级与进步,技术改造也就失去了存在的意义。

第二十八章

物资管理

《按流程执行》

一、物资管理工作流程设计

流程名称	物资仓储管理 工作流程	编码			
		执行者	生产部	监控者	生产总监
行为实施环节	仓库	生产总监		总经理	

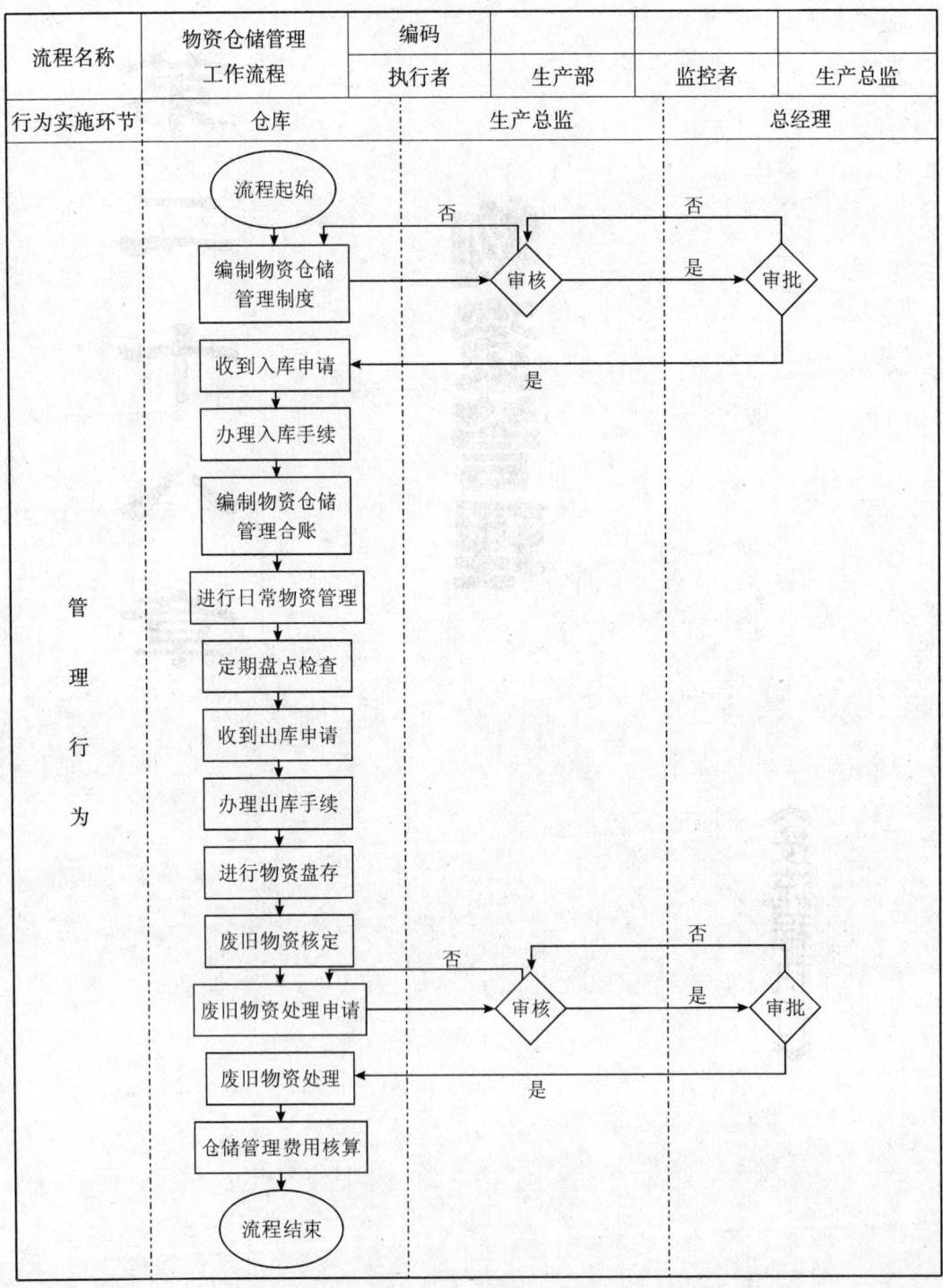

二、过期物资处理管理工作流程设计

流程名称	过期物资处理管理 工作流程	编码			
		执行者	生产部	监控者	生产总监
行为实施环节	生产部	生产总监		总经理	

管理行为

- 流程起始
- 物资检查
- 发现问题
- 提出销毁申请 → 审核 （否）
- 审核 → 审批 （是）
- 审批 （否）
- 组织销毁 （是）
- 研究分析
- 制定措施 → 审批 （否）
- 审批 → 执行措施 （是）
- 执行措施
- 编制物资仓储台账
- 总结分析
- 存档
- 流程结束

三、物资采购管理工作流程设计

流程名称	物资采购管理 工作流程	编码		监控者	生产总监
		执行者	生产部		
行为实施环节	生产部	生产总监		总经理	

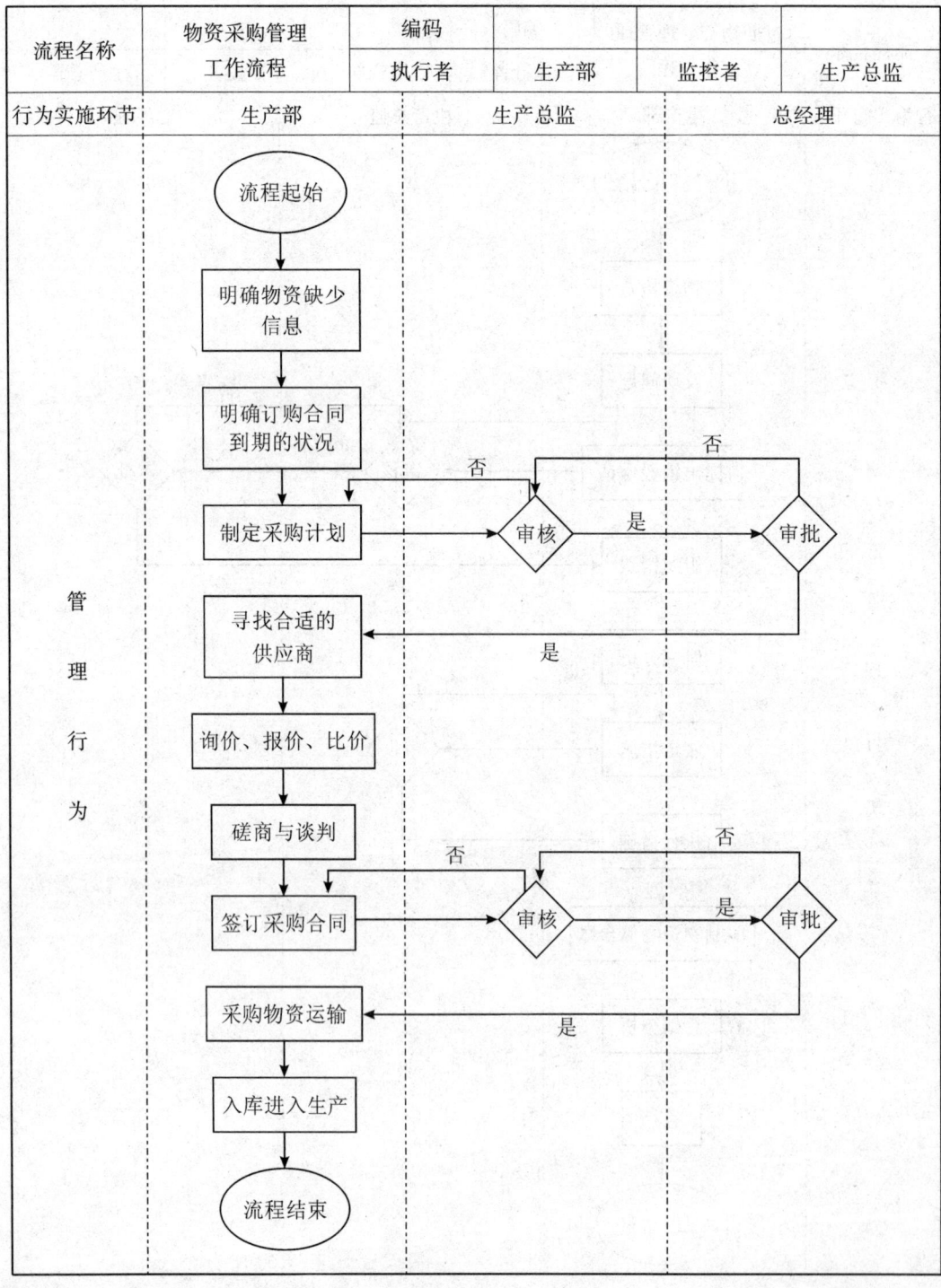

四、供应商选择管理工作流程设计

流程名称	供应商选择管理 工作流程	编码			
		执行者	生产部	监控者	生产总监
行为实施环节	生产部			生产总监	

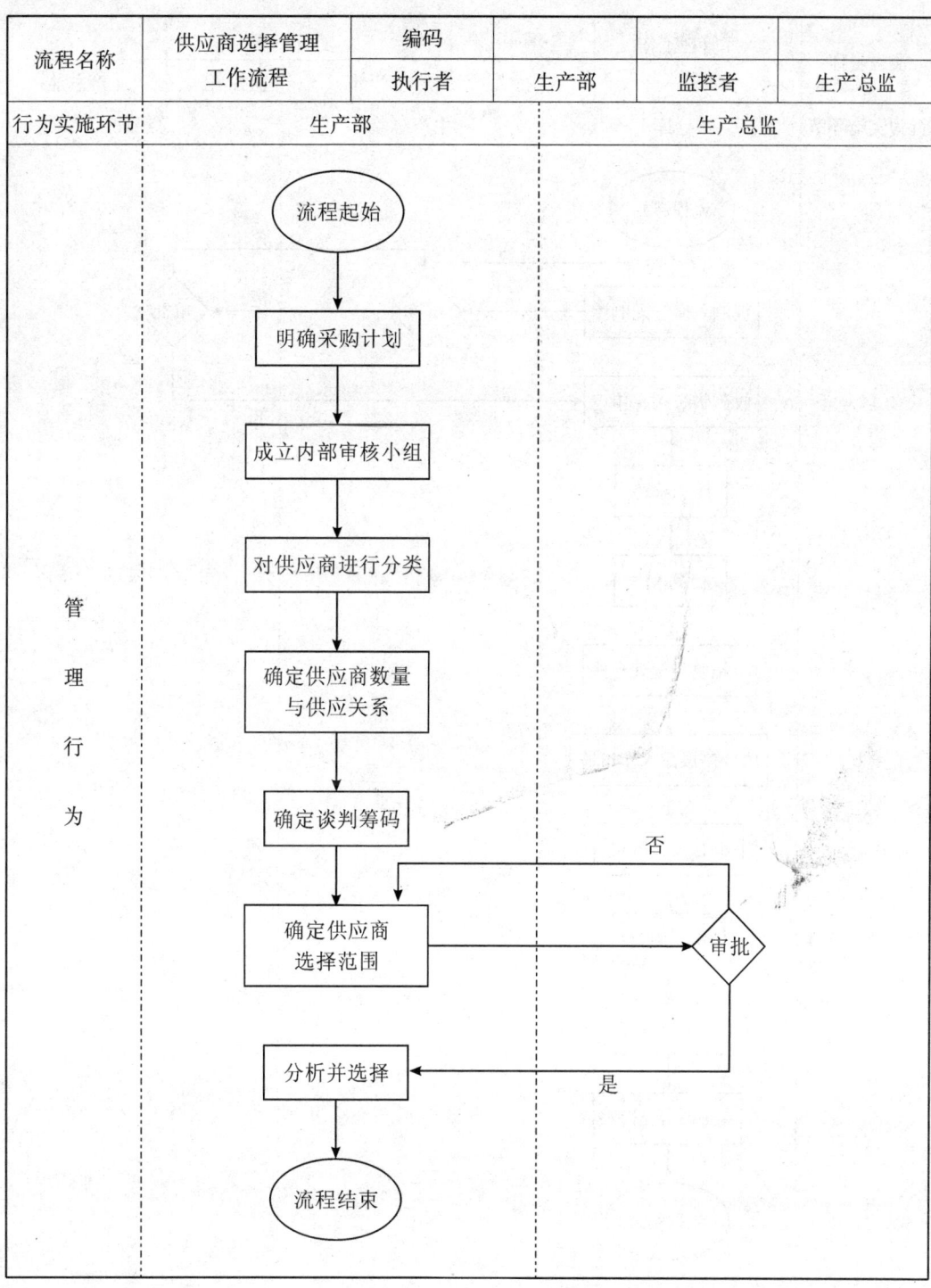

五、仓库入库管理工作流程设计

流程名称	入库管理工作流程	编码		执行者	生产部	监控者	生产总监
行为实施环节	仓库		生产总监			总经理	

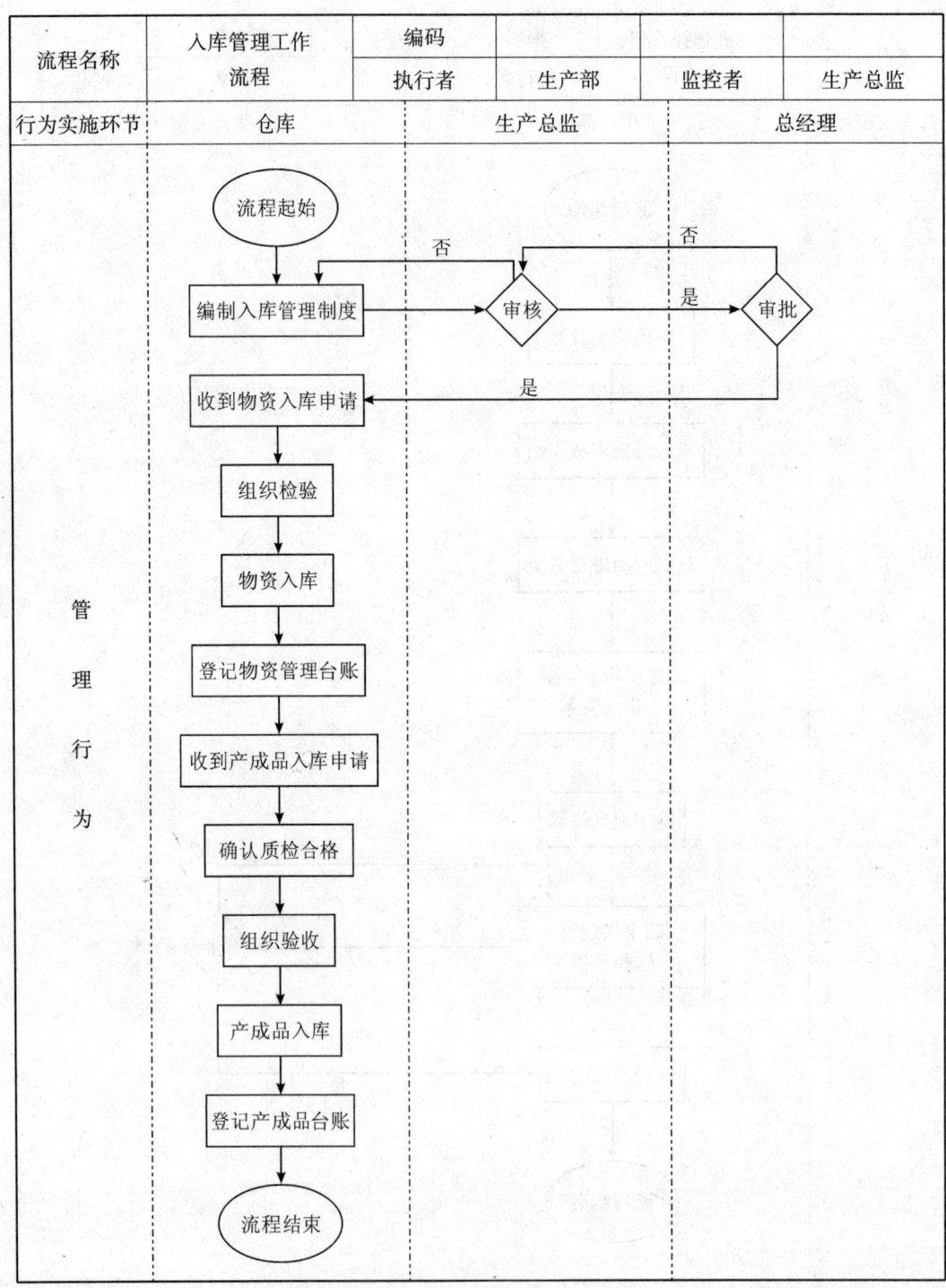

六、仓库出库管理工作流程设计

流程名称	出库管理工作流程	编码			
		执行者	生产部	监控者	生产总监
行为实施环节	仓库	生产总监		总经理	

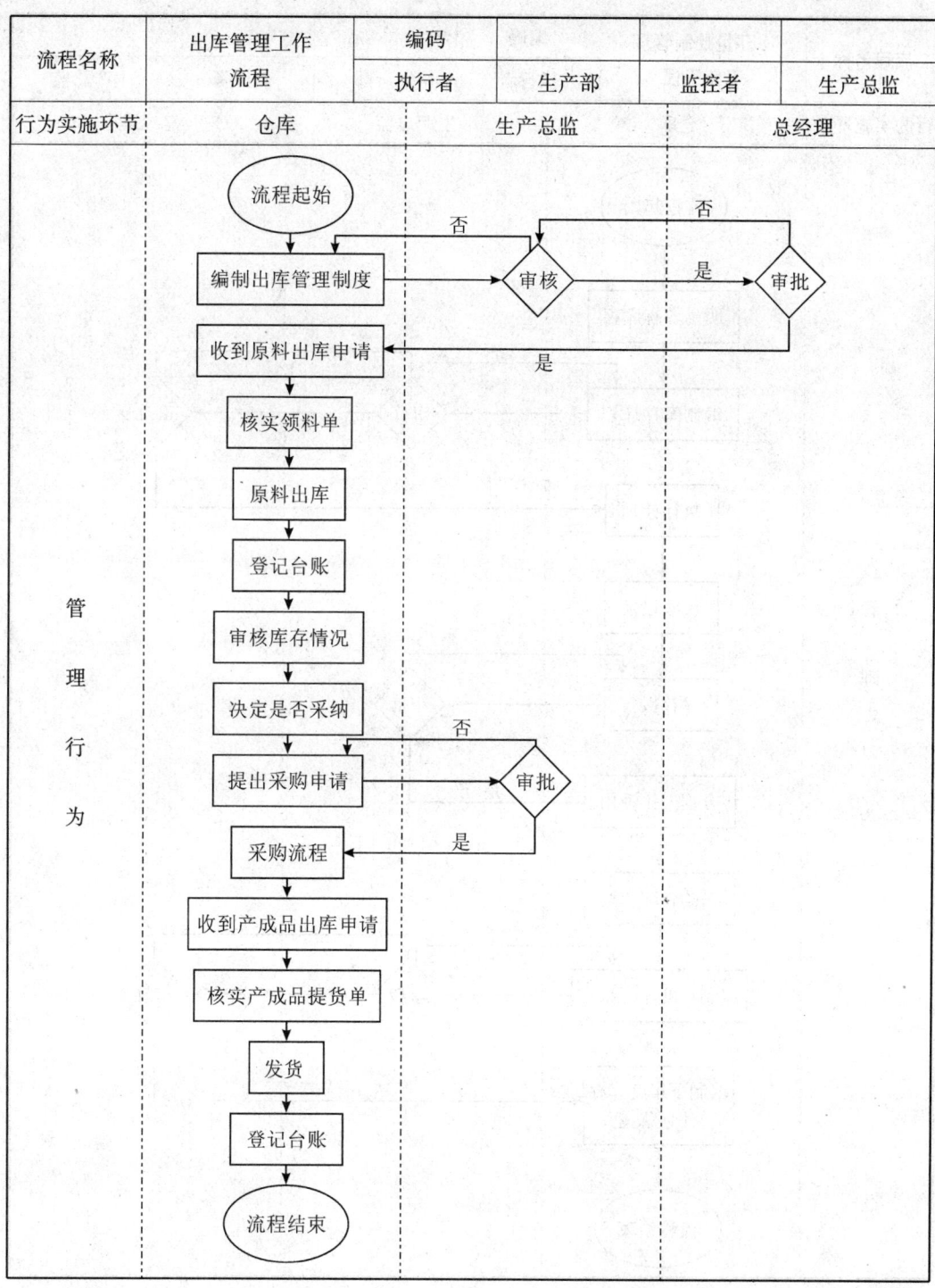

七、库存量控制管理工作流程设计

流程名称	库存量控制管理 工作流程	编码			
		执行者	生产部	监控者	生产总监
行为实施环节	仓库	生产总监		总经理	

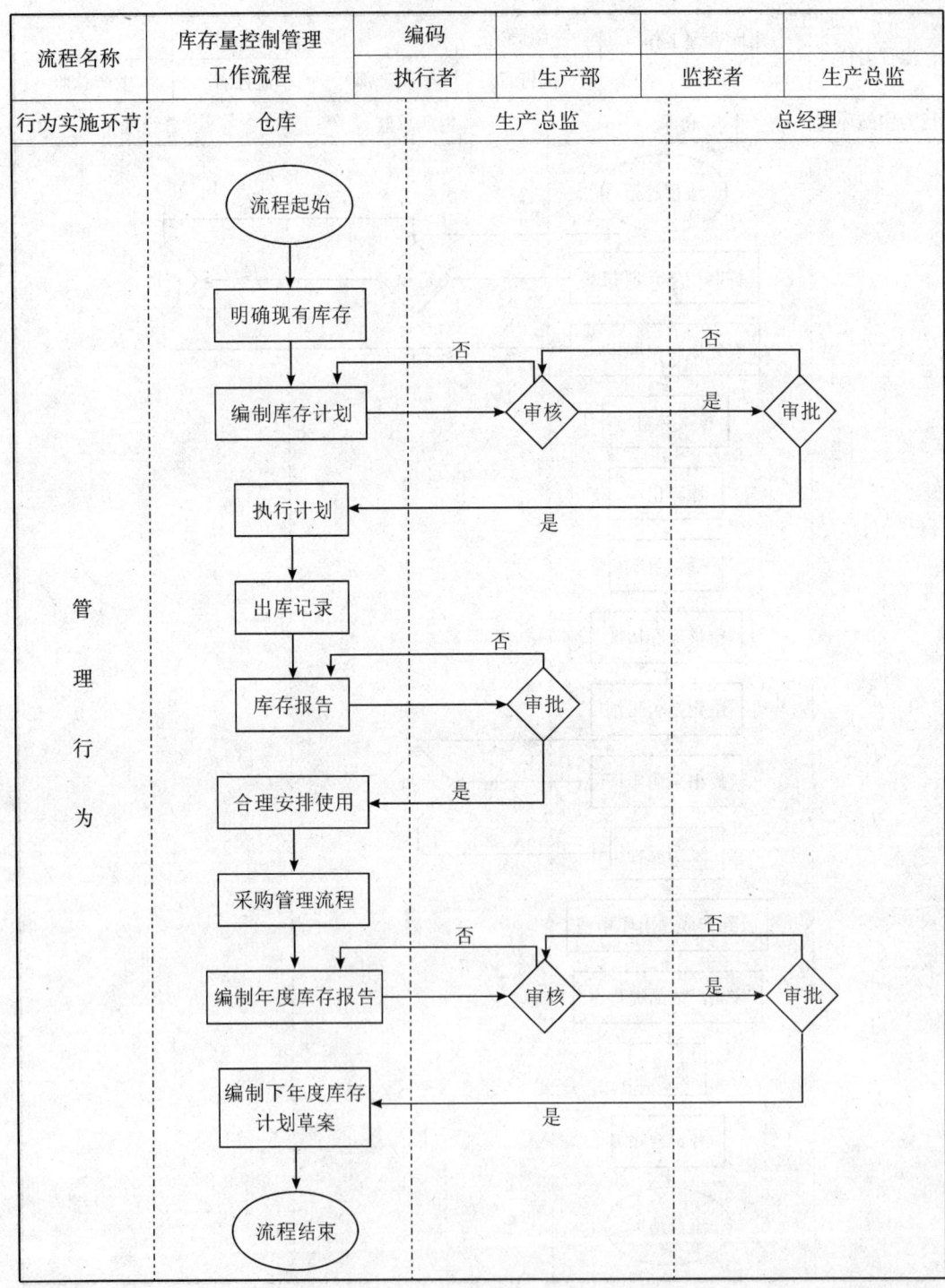

八、物料需求计划执行标准

（一）主生产计划

主生产计划是一个综合计划，它是描述最终产品生产运作安排的计划，即在具体时间内各项目的产品需要。主生产计划在采纳以前，是计划工作的一种工具。MRP 程序假定所供给的全部主生产进度是具有足够的能力满足需求的，主生产计划在 MRP 系统中处于特别地位，是驱动 MRP 运行的基本信息。

编制主生产计划的基本步骤如下。

1. 制定初步计划

第一步是要明确主生产计划对象包括的最终产品，初步确定每种最终产品的产出量，并形成若干初步方案。这些决策建立的基础是对需求的认识与判断，一般不仅要考虑已接到的订单，还要考虑预测因素。

2. 初步评估生产能力

这一阶段要估算主生产计划所需的关键生产运作能力，给出生产运作能力需求的大致概貌，并利用表格或曲线直接和相应的关键工作中心所能提供的生产能力加以比较，以发现某些工作中心、工作时段的生产能力的过度负荷或严重闲置，为生产能力平衡提供依据，同时从生产能力方面对主生产计划的可行性进行评价。

3. 确定主生产计划

模拟初步计划的各个方案的效果，经过分析评价，最后修订和确定主生产计划。

（二）存储记录文件

存储记录文件是记录 MRP 系统的所有物资库存情况的文件。物料需求计划系统把关于订什么、订多少、何时发出订货等重要信息，都存储在存储记录文件中。一般情况下，物资清单文件是相对固定的，而存储记录文件却始终处于不断变动之中。物料需求计划系统每运行一次，存储记录文件就发生一次大的变化。

（三）物料需求计划计算机程序

物料需求计划程序是根据主生产计划、存储记录文件和物资清单运行的。其基本程序为：用主生产计划详细规定时间周期内最终项目需要的一览表，按照存储文件记录的存储水平，不断参考物资清单计算每一个项目的需求数量，然后对每一个需要项目的件数，根据现有的存储进行修正，并补足净需求量（及时调整），以便得到这种材料的提前期。

物料需求计划程序是假定任何输入的主生产计划是一个可行的进度表，并未考虑到生产系统在主生产计划中规定的生产周期内应完成的规定数量之外是否还有能力上的余地，这也就是出现闭环物料需求计划系统的根本原因。

（四）物资清单文件

物资清单文件又称为产品结构文件，是对一个最终产品的零部件和原材料构成以及在数量和先后顺序上相互关系的完整描述。它不仅列出了构成最终产品的零部件和原材料的品种与数量清单,还说明了具体的结构层次以及与每个层次相对应的各个工艺阶段、先后顺序。在实际工作中,常用树状的数据结构表示物料清单文件。

（五）输出报告

由于物料需求计划程序可以接受主生产计划、存储记录文件和物资清单,因此,MRP系统可以提供多种不同内容与形式的输出,其中最主要的是各种报告,这些报告通常分为主要报告和次要报告。其中主要报告是面向库存和生产运作的计划与控制的报告,一般包括零部件投入产出计划、原材料需求计划、互转件计划、库存状态记录、工艺装备和机器设备需求计划、计划订货记录、订货记录调整、库存费用及预算报告、计划报告、执行报告、例外报告等等。辅助报告的作用则在于分析、控制和支持 MRP 系统的运行,一般包括仿真报告、财务信息、例外报告等。

九、物资采购方式的选择标准

物资采购方式的选择主要还是归结为是集中采购、分散采购还是混合采购。以下内容重点对集中采购和分散采购的选择展开介绍。

（一）选择集中式物资采购

集中采购适合于下列生产企业与采购项目:

（1）生产企业的规模较大,产量和采购量很大,通过集中采购能满足企业各分厂或各部门的物料使用要求。

（2）生产企业各部门地域上比较集中,便于物料的运输、储存和分配。

（3）生产企业内部采购的物料和物品类别不多,规格、品种相似。

（二）选择分散式物资采购

（1）分散采购是指由各独立核算部门自行进行采购活动。分散采购较适合于规模大、下属比较分散的大型生产制造企业。

（2）分散采购的主体是各预算部门,其采购范围与分散程度相关,一般情况下是一些特殊采购项目。

（3）实行分散采购的优势是增强了采购人员的自主权,一定范围的决策权,能够满足采购对及时性、多样性的需求。缺点则是失去了规模效益,加大了采购成本,不便于监督管理等。

（三）采购方式选择的步骤

（1）收集相关的资料。包括生产状况、产品性能、需购物料的数量、质量、交货期等。

（2）列出详细的采购清单。

（3）综合分析不同采购方式的利弊。

（4）提交请购计划。

十、物资采购流程的设计标准

采购部门在设计物资采购流程时,要注意把握以下几条标准。

(一)方案统一

同一部门负责,同一部门进行审核。避免同一主管对同一采购方案,做数次签核,避免同一采购方案,在不同部门有不同的作业方式,避免一个采购方案审签部门太多,影响采购作业的时效。

(二)方便实施

为了更好地完成采购任务,采购流程的设计应该便于采购主管进行监控、便于采购人员自行考核、便于采购人员的业务处理。其基本做法是:对于一些受环境影响较小的项目,进行刚性管理,例如采购总体预算;相反,则要进行柔性管理。

(三)权责明确

各环节的负责人和审批人员的权利与义务以及任务要明确。譬如,请购、采购、验收、付款等权责均予区分。

(四)进行实时监督

流程设计完毕之后应该与具体采购人员进行探讨,向其询问流程设计是否严密等,如果问题积攒到一定程度,能够证明流程设计的某个环节不合理,设计人员应该尽力改进或完善。

十一、供应商的划分标准

(一)供应商的基本类型

1. 短期型供应商

短期型供应商也被称为普通商业型供应商。这一类型的供应关系适用于那种对于供应商和关系来说均不是很重要的采购业务,相应的供应商可以很方便地选择和更换,那么这些采购业务对应的供应商就是普通商业型供应商。这种类型最主要的特征是双方之间是交易关系,即买卖关系。

2. 长期型供应商

与供应商保持长期关系是有好处的,双方有可能为了共同利益对改进各自的工作感兴趣,并在此基础上建立起超越买卖关系的合作关系。与供应商之间的长期目标型关系可分为优先型、重点商业型、伙伴型、联盟型等多种类型。

对于供货能力较强或者信誉较好的供应商,可以确定优先型关系。当有采购需求时,首先寻求此类供应商的帮助。

对于一个内部的战略性物资来说,应考虑与供应商结盟,或与之建立伙伴关系,形成一种稳定的、长期的共存互利的合作关系。当然,这一关系并非是一成不变的,在实际运作中,厂方还需根据具体环境的变化调整这一关系。

(二)确定生产经营与供应商的关系

对供应商的确定,不但与采购相关,而且与生产经营有着很大的关系。这种关系主要是由产品的生命周期来决定的。

1. 产品萌芽期

当产品处在萌芽期时,由于市场销售量较小,产品的生产材料用量小,对于采购方来说,首先要对其品质和供应商行为进行考察。确定与哪些供应商进行短期合作,哪些应维护长期关系。

2. 产品成长期

当产品处于成长期时,市场销售量有时会快速增长,有时会快速降落,产品的生产材料用量也不稳定,因此,在这一阶段,材料的供应与这种材料的需求保持对接非常重要。在采购的时候,应重点察看供应商能否在这种采购状态下保持及时供应物资。

3. 产品成熟期

当产品处在成熟期时,市场销售量比较平稳,而且这种平稳很可能是长期存在的,因此,与供应商应着眼于保持和建立一种战略关系。

4. 产品衰退期

当产品处在衰退期时,因为销售量会逐渐下降,应该与有着战略关系的供应商一同寻找新的经济增长点。

十二、物资采购认证计划制定标准

(一)接受批量需求

批量需求是指采购品种、质量、数量可结合实际情况通过调整采购计划得到。批量认证需求是启动整个供应程序流动的牵引项,要想制订较为准确的认证计划,首先必须熟知开发的需求计划。批量物资需求通常有两种情况:

(1)在当前采购环境中能够找到的物资供应。

(2)新物资供应渠道,需要寻找新物资的供应商,或者与供应商一起研究新物料提供或试制的可行性。

(二)扩大采购范围

当采购环境容量不能满足采购的需要,或者随着采购环境呈下降趋势,该物资的采购环境容量在缩小,满足不了需求时,就会产生余量需求,从而要求对采购环境进行扩容。

生产运作是确定采购环境扩充的出发点,因为它直接决定了所需物资的品种规格和质量,决定了余量需求,采购部门应据此根据物资供应平衡原理,适时扩大物资采购的范围。

（三）制定采购认证计划说明书

采购认证计划说明书是为了保证采购计划的顺利实施,建立和维护采购环境而制定的,它所需要的资料包括:认证计划说明书(物料项目名称、需求数量、认证周期等)、开发需求计划、余量需求计划以及认证环境资料等。

（四）分析批量需求与余量需求

（1）市场销售量的扩大和采购环境订单容量的减少都造成了如今采购环境的订单容量难以满足用户的需求,因此需要增加采购环境容量。各式各样的批量需求按照需求环节分,可分为研发物资开发认证需求和生产批量物资认证需求;按照采购环境分,可分为环境内物资需求和环境外物资需求;按照供应情况分,可分为可直接供应物资和需要订做物资。计划人员应对批量需求、余量需求所产生原因的不同,对开发物资需求做详细分析,必要时与开发人员、认证人员一起研究开发物资的技术特征。

（2）对于因市场需求的原因造成的需求,可以通过市场及生产需求计划得以了解各种物资的需求量及时间;对于因供应商萎缩原因造成的,可以通过分析现实采购环境的总体订单容量与原定容量之间差别得到,从而得到总的物资需求。为此,必须从整体出发,综合考虑市场、生产、认证容量、物资生命周期等要素,判断认证需求的可行性,通过调节认证计划来尽可能地满足认证需求,并计算认证容量不能满足的剩余认证需求,对于这部分剩余认证需求需要到采购环境之外的社会供应群体中寻找。

十三、订单计划制定标准

（一）分析市场需求

采购计划制订的前提是分析市场需求,或者制定销售计划。因此采购部门除了考虑生产需求外,还要兼顾市场战略、潜在的需求。为此,应对市场订货计划的可信度进行分析,仔细分析市场合同签订数量、合同剩余量(包括延时交货合同)的各种数据,研究其变化趋势,全面考虑计划的规范性和严谨性,参照相关历史要货数据,确定市场需求。

总之,要对市场需求有一个全面的了解,远期发展与近期切实需求相结合。年度销售计划在上一年年末制订,并报送至各个相关部门,下发至销售部门、计划部门、采购部门,来指导全年的供应链运作并根据年度计划制订季度、月度的市场销售需求计划。

（二）接受生产物资需求

在 MRP 系统中,物料需求计划是主生产计划的细化,它来源于:主生产计划、独立需求的预测、物资清单文件、库存文件。

（三）制定订单计划

在制定订单计划时要综合考虑市场、生产、订单容量等要素,分析物资订单需求的可行性,必要时调整订单计划,计算容量不能满足的剩余订单需求。

采购的数量和时间应由以下公式进行确定：

订单数量＝生产需求量－计划入库量－现有库存量＋安全库存量

订单时间＝要求到货时间－认证周期－订单周期－缓冲时间

十四、采购预算管理工作标准

采购预算是根据收集到的各类物资信息而制定的一定计划期间（年度、季度、月度）内，物资采购的用款计划。采购部门在采购预算下进行采购。

（一）编制采购预算的主要依据

编制采购预算的主要依据是某一计划期间（年度、季度、月度）内，生产和经营所需物资的计划总需求量。由生产部门根据企划和营销部门制定的销售计划，结合生产部门的自身特点编制相应的生产计划表，随后，生产部门综合本部门的剩余物资和物资管理部门的库存水平，制定物资计划单。采购部门根据生产部门的物资计划单、各类非生产性物资计划制定总体计划需求。

（二）编制采购预算的基本流程

1. 明确战略目标

即通过审查各部门的目标是否与生产企业的总体战略目标相一致，如果有些部门没有严格按照总体战略的要求进行工作，就要让该部门与总体战略保持协调。

明确战略目标的另外一个目的是：在保证总体战略的前提下，各部门之间的工作有一个好的协调。比如，财务部门是否按照要求给予采购部门快捷、方便的支持，因为快捷和方便是一种多向的行为。财务部门很好地支持了采购部门，采购部门很好地配合了供应商，供应商提供的物料很好地支持了生产部门，生产部门很好地支持了营销部门，营销部门销售出去的产品，最终又回到了财务部门。同理，在这之间的任何一个环节出现问题，都会影响整体工作的进展。

2. 制定工作计划

管理层应根据发展态势和市场情况制定出战略后，各部门管理者根据本部门的特点，制定出本部门的业务活动要求和范围，据此制定出详细的工作计划。制定出工作计划后，就明确了本部门的工作活动所涉及的物资种类和需求情况。

3. 明确需要的物资资源

根据工作计划，各部门的管理者结合目前部门物资资源的情况，确定实现工作计划所需要的人力和物力资源需求。

4. 提交准确的预算数字

在进行完以上几个阶段的工作以后，管理部门应该结合可能出现的问题，进行资源的预留。最终再结合确定的初步资源提出准确的预算数字。这一步骤可以和上一步骤同时进行，以减少流程环节。

5.信息汇总

当各部门提出本部门的准确预算数字之后,企业的企划部门或某个机构(例如生产总监办公室)应该对各部门提出的预算信息进行汇总。

6.预算的审议

信息汇总之后交领导层或特定机构(诸如生产总监办公会议)进行审议。在审议过程中,应该听取重点各个部门的意见。例如财务、生产、采购、物料管理等部门。

(三)确定采购物资的价格

物资价格的确定是整个采购过程的中心环节,它直接关系着整个采购成本的高低。因此,要做好采购工作,首先要进行市场价格信息的收集。

1.收集相关的价格信息

市场信息的波动有时比较大,有时候却比较稳定。采购人员不能够因为市场信息的稳定就忽略了信息的收集。

2.确定合理采购价格

采购物资价格的确定不仅要考虑市场价格,还要考虑采购预算、利息负担、运输和验收等环节的费用等多方面的因素。这种情况下的采购价格只是一种预估。

物资采购价格预估一般的做法是:依据采购的历史资料、市场行情、供应商所提供的资料、各类媒体信息、行业协会研究报告等信息资料加以分析和比较,测定初步采购成本。初步采购成本一般包括直接成本(直接劳务支出和直接物料成本)、间接成本(生产残废料费用、物料存储管理费用、生产日常费用等)、总体行政费用。

十五、采购合同签订工作实施标准

采购合同作为物资采购过程中的正式契约,应该条款具体、内容详细完整。一个完整的物资采购合同,其条款应包含以下内容:各合同名称;签约的时间、地点、签约人姓名或单位名称、签约原因目的;商品质量、数量条款以及价格、价款、付款方式等等。

物资采购合同签订的基本步骤如下。

(一)进行采购谈判

供应方和采购方之间需要进行采购谈判,在大多数情况下,需要通过谈判在买卖双方之间达成一种双方都可接受的折中方案,对采购方来说,谈判是否成功,就看谈判结果能为企业带来多大的效益。采购谈判的内容包括采购数目、采购价格、采购方式、支持方式等。采购谈判人员应围绕这些内容做好相应的谈判准备,设计出具体的谈判方式,认真、冷静、顽强、巧妙、灵活地应对各种情况和问题,以达到更好的谈判效果。

(二)采购合同的审批

1.物资采购合同在得到采购方和供应方双方的认可之后,必须送交专职管理人员进行审核方可批准,其目的在于限制订单人员必须依照订单计划在采购环境中操作,确保货期在一定范围内,并符合订单计划的物料数量、到货日期要求。

2. 审查的内容主要为合同内容的合理性和确定性。合同必须在审核批准后才可由双方签订生效。

（三）签订物资采购合同

经过审批的物资采购合同，即可传至供应商确认并盖章签字，签订合同的方式有四种：

（1）与供应商面对面签订合同，买卖双方都在现场进行签字盖章。

（2）订单人员使用传真将打印好的合同传至供应商，并且供应商以同样方式传回。

（3）使用电子邮件进行合同的签订，买方通过电子邮件向供应商发去合同文本，表示买方已经签字，供应商再通过电子邮件返回已签字的合同，则表示接受合同并完成签字。

（4）建立专用的合同信息管理系统，完成合同信息在买卖双方之间的传递。

十六、物资采购合同执行工作实施标准

（一）物资采购合同在生效后即意味着对订单的实现。在签订了物资采购合同之后，要按合同约定来执行。对此而言，合同签订后，为了使供应商能如期、保质、保量交货，采购方应依据合同规定，督促供应商按规定交货，并予以严格检验收入库；并对加工型供应商要进行备料、加工、组装、调试等过程；对存货型供应商，只需从库房中调集相关产品及适当处理，即可送往买家。

（二）在合同执行过程中，应把握所供物资的质量和供货时间的变化情况。需要对认证合同的条款进行修改的，要及时提醒认证人员办理，以利于订单的操作。注意把合同、各种经验数据的分类保存工作做好。有条件的，可以采用计算机软件管理系统进行管理，将合同进展状况录入计算机中，借助计算机自动处理跟踪合同。掌握采购环境中供应商表现数据的多寡是衡量订单人员经验水平的一个指标，它对订单下达及合同跟踪起到重要的参考价值，因此注意利用供应商的历史情况来作出决定。

十七、库存物资盘点操作规范

（一）库存物资盘点的分类

1. 按盘点地点进行分类

按盘点地点可以分为物资存储地盘点和生产线盘点。

2. 按盘点规模进行分类

（1）小盘点。它是指物资仓库的盘点，目的是查核账面的数量与实物是否一致以及呆料增减情况，通常一个月一次。

（2）中盘点。它是指除了盘点仓库内的物资外，还包含生产现场的物资、半成品、成品等，除了查核料账外，可对成本的核算加以矫正。一般半年一次。

（3）大盘点。它是指对物资的全面盘点，包含生产器具、现金、有价证券等，一般一个年度一次。

3. 按盘点时间进行分类

（1）日常盘点。也称动碰复核，当出现发货情况后，盘点员立刻进行盘点，保持卡、物相符。

（2）临时盘点。这种盘点是指当遇到保管员替班、调离、收发业务中出现数量交接不清等问题时，进行的盘点。

（3）定期盘点。定期盘点一般是规模较为庞大的盘点，它由保管员、物料会计、盘点员等共同进行盘点工作的一种形式。

（二）物资盘点的技巧

1. 确定物资的数量

当物资众多，很难在短时间内盘点清楚时，可以采用总重量除以单个重量的方法求出物资的数量。同样，对于码垛的物资，可以用码垛高度乘以相应的高度数量。同理，用数量推断重量也可以。

2. 严格区分物资的属性

对于合格的物资、特采物资、待发送物资、待检验物资等多种类型，应该严格区分，防止出现混乱。

（三）物资盘点的基本程序

除了生产线盘点以外，其他类型的盘点都要按照以下程序进行。

1. 盘点日期的确定

如果是临时盘点和日常盘点，通常不需要确定盘点日期。通常是在每个月的月底进行盘点，在盘点的过程中，物资仓库的物品禁止移动，也就是不可入库及出库。盘点日期决定财务部门成本会计的决算，因此需要特别注意。

2. 盘点人员的确定

盘点一般实行三级盘点制度，这主要是为了更真实、有效地进行盘点工作，所以一定要做好初盘、复盘、监盘、抽盘相关作业人员的选择。

3. 准备好盘点工具

盘点工具包括盘点使用到的器皿器具、报表。报表必须事先印妥，并在人员培训时进行演练。

4. 做好地点清理、账目结算

在进行物资盘点前，应清扫盘点地点，对各类原始单据进行汇总、分类，以方便盘点工作的进行。

5. 进行盘点申请

申请盘点所需要的表单主要有盘点卡（用于贴示物料）和盘点清册（用于汇总物料库资料）。盘点卡一般一式两联，一联盘点人自存，一联挂（贴）在盘点物品上。

6. 成立盘点领导小组

因为定期盘点是一项比较繁重和复杂的工作，靠个人或几个人不可能完成，因此应该划分盘点区域并配置相应的负责人,对盘点工作进行任务分配。

7. 物资管理人员自行盘点

在正式盘点工作没有开始前,物资管理人员应该首先进行自我盘点,纠正管理工作中的问题。

（四）盘点差异原因的分析与处理

盘点差异是指盘点所得资料与账目资料不相同的现象。盘点差异的大小直接关系到物料需求计划的准确性,它也反映了物资管理工作的好坏。

1. 分析差异原因

（1）料账处理制度有缺点,料账不能真实反映实际情况。例如物资的分类太笼统,容易造成各物料混淆,进行多次统计、漏统计等现象。

（2）料账员素质过低,记账错误或进料、发料的原始单据丢失造成料账不符。

（3）盘点人员不慎多盘或少盘。

（4）交接班工作不完善。

2. 处理工作

盘点工作完成以后,应该进行如下工作:

（1）对相关人员作出奖惩。

（2）纠正料账、物资管制卡的账面。

（3）不足物资迅速办理订购。

（4）对呆料、废料迅速作出处理。

（5）做好整理、整顿、清扫、清洁工作。

（五）改善物资盘点制度

对盘点过程中发现的有关制度问题进行改进与完善。

十八、物资盘点的方法

（一）循环盘点

这种方法又叫连续盘点制、开库式盘点,也就是周而复始地连续盘点库存物资。此方法是保持存货记录准确性的唯一可靠方法。

1. 循环盘点法的内容

使用这种方法进行物资盘点时,能够使物资的进出工作不间断。循环盘点是一种盘存的类型,它对物资进行循环周期的盘存,以代替每次的季度盘点。每种存货被计算定义为相应的类型;对高额、流动快的物资频繁盘点;而对低额、流动慢的物资予以相对少一些的关注。盘点时不关闭仓库,将仓库分成若干区,或对物资进行分类,逐区逐类轮流连续盘点,或某类物资达到最低存量时,即机动地予以盘点。它可以分为以下三种方式:

（1）分区轮盘法。它是指由盘点人员将仓库分为若干区,依序清点物资存量,过一定日期后周而复始。

（2）分批分堆盘点法。准备一张某批收料记录签放置于透明塑胶袋内,拴在该批收料的包装件上。发料即在记录签上记录,并将领料单副本存于该透明塑胶袋内。盘点时,对尚未运用的包装件可承认其存量毫无差误,只将动用的存量实际盘点,如果不符,马上查核记录签与领料单。

（3）最低存量盘点法。低存量盘点法是指当库存物资达到最低存量或订购点时,即通知盘点人员清点仓库,盘点后开出对账单。这种盘点方法适用于经常收发的物资,但不适合呆料的盘点。

2. 循环盘点的有效性

采用循环盘点可维持库存的准确性,能够迅速发现错误并能立刻解决库存差异等问题。它的优点是尽可能地减少了对生产的影响,而且大大提高了记录的准确性,取消季末盘点有利于提高工作效率,更好地对客户进行服务。

（二）定期盘点

定期盘点又称闭库式盘点。这种盘点通常应拟定盘点计划,除仓库盘点外,现场和协作厂商也应进行盘点。这三者进行盘点的方式方法基本相同,其最核心的要求是:选定一个特定的日期,关闭仓库,动员可用人力,以最短时间清点现存所有物资。对物资进行全方位的盘点。其盘点时间一般与会计审核相同,上市公司一般是半年一次,非上市公司一年两次。定期盘点制因盘点工具不同,又可分为盘点单盘点法、盘点签盘点法与料架签盘点法。

1. 盘点单盘点法

盘点单盘点法是以"物资盘点单"记录盘点结果的盘点方法。这种方法简单易行,但容易出现漏盘、重盘、错盘的情况。

2. 盘点签盘点法

盘点签盘点法是采用一种特别设计的盘点签,盘点后贴在实物上,经复核者复核后撕下。这种方法方便物资的盘点与复盘核对,对于紧急用料仍可照发,临时进料也可以照收,核账与做报表均非常方便。

3. 料架签盘点法

料架签盘点法是指以原有的料架签作为盘点的工具,不必特意设计盘点标签。当盘点计数人员盘点完毕即将盘点数量填入料架签上,复核人员复核后如无错误即揭下原有料架签而换上不同颜色的料架签,之后清查部分料架签尚未换下的原因,而后再依料账顺序排列,核账与做报表。

十九、呆废料的处理规范

（一）呆料的分类和处理方法

1. 呆料的分类

狭义上的呆料仅指使用次数很少、周转率极低,却百分之百地保留着原有特性和功能的物资。广义上的呆料,还包括旧料与残料。

旧料:因为使用或存储时间过长,已失去原有性能和色泽,导致使用价值降低。

残料:虽然已经丧失了主要的使用功能,但仍然可以设法利用。

呆料的产生可能是多方面原因造成的,如订单取消而导致的剩余材料增加、采购申请不当等失误、生产配方的改善、产品淘汰、制造工艺流程的变更及生产项目的变更或完毕等不再使用这一材料等。呆料的存在使物资丧失了使用价值,增加了物资的成本与物资管理的人力及费用成本。

2.呆料的处理方法

(1)调拨给其他生产车间利用。对于本车间的呆料,看看其他车间能否使用。

(2)进行修改再利用。有些物资虽然不符合标准,但只要稍加修改就可利用,如果呆料有这种修复的可能性,在不损害品质的前提下应该尽量加以利用。

(3)新产品设计过程中的利用。当呆料达到一定比重时,新产品设计应该考虑能否采用这类物资,如果可以,将是呆料获得自身价值的最好方法。

(4)进行低价处理。如果确实无法使用呆料,但这类呆料在市场上还有销售空间,就应该尽快让其进入流通市场。

(5)销毁呆料。如果呆料不能采用上述四种方法处理,为了降低库存和人力资本,就应该销毁呆料。

(二)呆料处理的基本步骤

(1)物资管理部门应当在物资的盘点过程中,及时将库存中最近几个月没有数量变动的,或变动数量没有超过库存量一定比例的材料进行统计,并列出一份呆料明细表,一式三联,送交呆料管理人员。

(2)呆料管理人员接到相应的呆料表后,应该立即调查这些原料在最近几个月内没有出现变动的原因,并拟定处理方式与期限,制作"呆料处理单"。以出售和交换的方式处理的,呆料处理人员需依据呆料处理单,将呆料交由采购部门处理;以报废方式处理的,应该由处理人员依据物资管理准则的审核权限签准报废,并由物资管理部门根据核准及签呈开立材料领用单和材料交库单,上交废料仓库。

(3)相关处理部门在接到呆料管理人员送达的呆料处理单后,应立即积极依所拟订的处理期限予以处理,并做好记录。期限届满尚未处理或未处理结案的,应即说明原因并重拟处理方式及处理期限后送呆料管理人员,经处理人员签注意见并呈总经理核实后送回相关处理部门继续处理。

(4)处理部门没有将已经届满处理期限的呆料处理表送交呆料管理人员时,呆料管理人员应给以催办单催办。

(5)呆料管理人员应按时将呆料出售明细表和呆料发生及处理结果汇总表上交主管领导签核。

(三)废料产生的原因及其处理

废料是指那些已经报废的物资,基本上丧失了使用价值且残破不堪、超过使用年限和保质期的物资。

1.废料产生的原因

物资长期没有使用遭到铁锈的侵蚀,或是因为超过了保质期,或者完全是因为品质管理部门工作失误等原因造成的。

对于产生的废料,要尽快进行适当的处理,应该单独开辟一个废料专区,将废料分门别类地存放,防止有人误用废料发生各类危险的事情。

2. 废料处理的方式

废料处理的方式主要有两种:其一是出售,其二就是充分挖掘废料的使用价值。

对于生产过程中的残渣废液、检修过程中残品旧料、机械加工过程中出现的边角余料、使用后的废旧品等,并不能采取一卖了之的方法,还需充分挖掘其使用价值。例如将解体后的废料移作他用。许多电子零部件和机械零件都可作为其他物品的原材料。还可将一些解体后的废料进行分类储存,这样即使是按照废料进行出售,其价格也会相应提升。

(四)呆废料的预防管理

呆废料的预防不仅仅是采购、物控和生产三个部门的事情,它还涉及销售部门和设计部门等其他部门的工作。因此,各部门都应加强内部管理,从各个环节杜绝呆废料的产生。

1. 销售部门的预防措施

(1)因销售部门原因,产生呆废料的情况可能有:市场预测欠佳,以致造成销售计划不准确,致使准备过多的物资;销售计划不时变更,造成生产计划随之变更。销售计划、生产计划的变更,同时造成物资计划的落空而产生呆废料的增加;顾客订货不确定,往往由于订单的取消、订单的更改,使生产企业来不及调整物资计划,于是产生大量的呆废料;顾客变更产品型号或规格。标准产品的变更影响较少,特殊订货产品的变更容易使已准备好的零件或包装材料成为呆废料,从而难以再次利用;销售部门接受订单时没弄清顾客对产品的要求、产品条件及其他订货内容,或者销售人员没有将完整的订货信息传递给计划部门,致使制造出来的产品惨遭退货,产品修理过程也容易产生呆废料。

(2)销售部门制定销售计划时,要有一套清晰的规划和规则,其变动频率不能频繁且波动巨大。另外,要进行良好的订单管理,避免盲目接订单的行为,客户订单应该与生产能力相适应,如果生产能力不足就要推掉一些订单。当然,推掉订单的时候,应该在保证客户对继续信任的前提下进行。

2. 设计部门的预防措施

(1)设计部门也有可能产生呆废料。如设计错误,等到试生产时才发觉,因此一部分物料变成呆废料;设计变更,来不及修正采购活动或存量而产生呆废料;设计人员设计能力不足,造成不切实际的设计;设计时欠缺标准化而造成材料零件种类过多,增加呆料的机会。

(2)设计部门需从多方面、多环节减少呆废料的产生,应力图从市场需求出发,按照标准进行设计。对于新产品设计,只有经过完整的实验并有较好的市场前景时,才能够进入生产领域。

3. 物控部门的预防措施

(1)物控部门产生呆废料的原因可能有:材料计划不当;库存管理不良,存量控制不当;账物不符;因仓储设备不理想或人为疏忽而发生灾害而损及物料。

(2)物控部门针对具体情况,应采取相应的措施减少呆废料的产生。应该对库房进行市场的盘点清理,特别是对于某些易腐蚀的物料,要经常进行保护处理。保持库房应有的清洁,特别是控制好温度和湿度。在盘点和维护过程中,要按照工作规则工作,防止因为自身工作失误造成呆废料的产生。

4. 采购部门的预防措施

（1）采购部门造成呆废料产生的原因主要有：物资管理部门采购申请不当；采购管理部门采购不当，如交期延误、品质低劣、数量过多等；对供应商要求不明确，出现品质、交货期、数量、规格等种种不予配合的事情而发生呆废料现象。

（2）选择信誉较好的供货商，是减少呆废料的好方法之一。而且采购部门要根据呆废料发生的原因，向有较好关系的供应商通报情况，寻求供应商方面的帮助和支持。

5. 验收部门的预防措施

要严格避免不合格产品的进入，严格按照进料检验规则进行检验。在企业成本要求允许的条件下，应该购入先进的检验仪器。

6. 生产部门的预防措施

（1）生产部门产生呆废料的情况可能有：产销协调不良，使生产计划变更频繁，造成呆废料发生的机会；生产计划错误，造成备料错误；生产线的管理活动不良，对生产线物料的发放或领取以及退料管理不良。

（2）对于生产部门来说，要与销售部门加强沟通，不能盲目生产；应制定科学合理的生产计划，按照订单和生产进度进行生产；加强生产线管理，严格生产流程；加强工人培训，减少各种环节呆废料的产生。

第二十九章

质量管理

《按流程执行》

一、生产质量管理工作流程设计

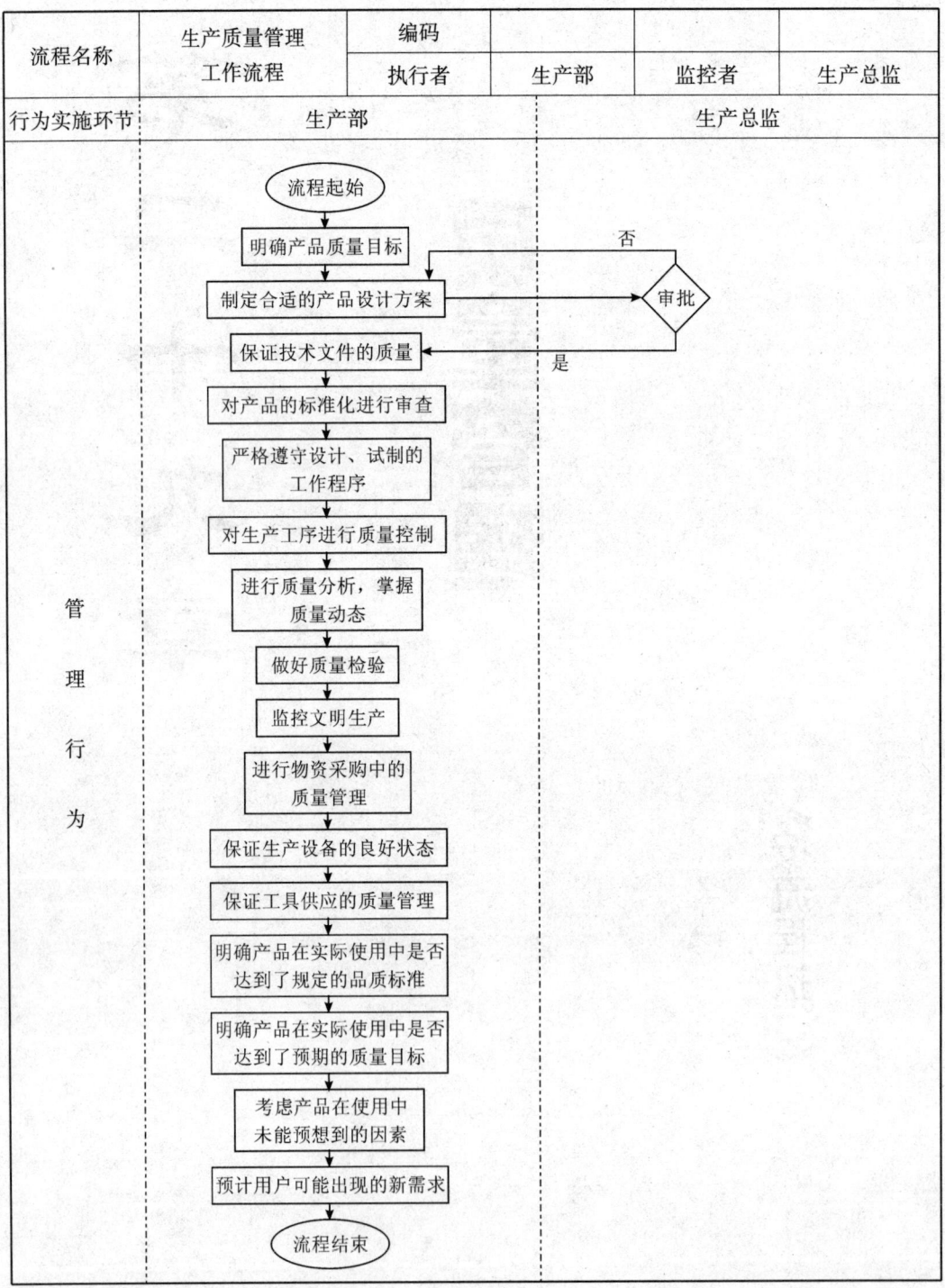

流程名称	生产质量管理 工作流程	编码			
		执行者	生产部	监控者	生产总监
行为实施环节	生产部			生产总监	

管 理 行 为

流程起始

明确产品质量目标

制定合适的产品设计方案 → 审批 （否 / 是）

保证技术文件的质量

对产品的标准化进行审查

严格遵守设计、试制的
工作程序

对生产工序进行质量控制

进行质量分析，掌握
质量动态

做好质量检验

监控文明生产

进行物资采购中的
质量管理

保证生产设备的良好状态

保证工具供应的质量管理

明确产品在实际使用中是否
达到了规定的品质标准

明确产品在实际使用中是否
达到了预期的质量目标

考虑产品在使用中
未能预想到的因素

预计用户可能出现的新需求

流程结束

二、构建质量管理体系工作流程设计

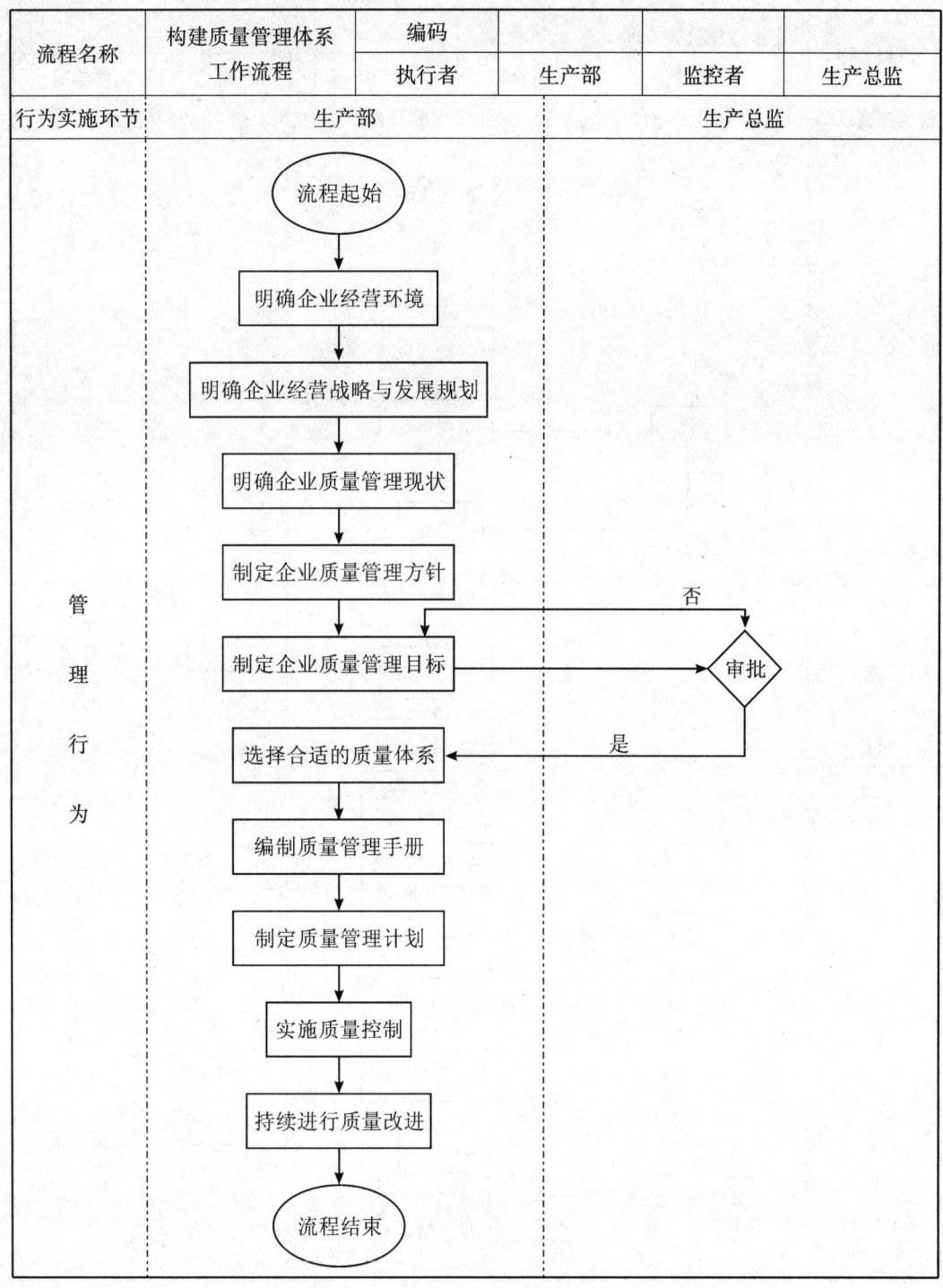

流程名称	构建质量管理体系 工作流程	编码			
		执行者	生产部	监控者	生产总监
行为实施环节	生产部			生产总监	

管理行为

流程起始

明确企业经营环境

明确企业经营战略与发展规划

明确企业质量管理现状

制定企业质量管理方针

制定企业质量管理目标

否

审批

是

选择合适的质量体系

编制质量管理手册

制定质量管理计划

实施质量控制

持续进行质量改进

流程结束

三、生产过程检验管理工作流程设计

流程名称	生产过程检验管理 工作流程	编码		监控者	生产总监
		执行者	生产部	监控者	生产总监
行为实施环节	各生产车间	质量管理部		生产总监	

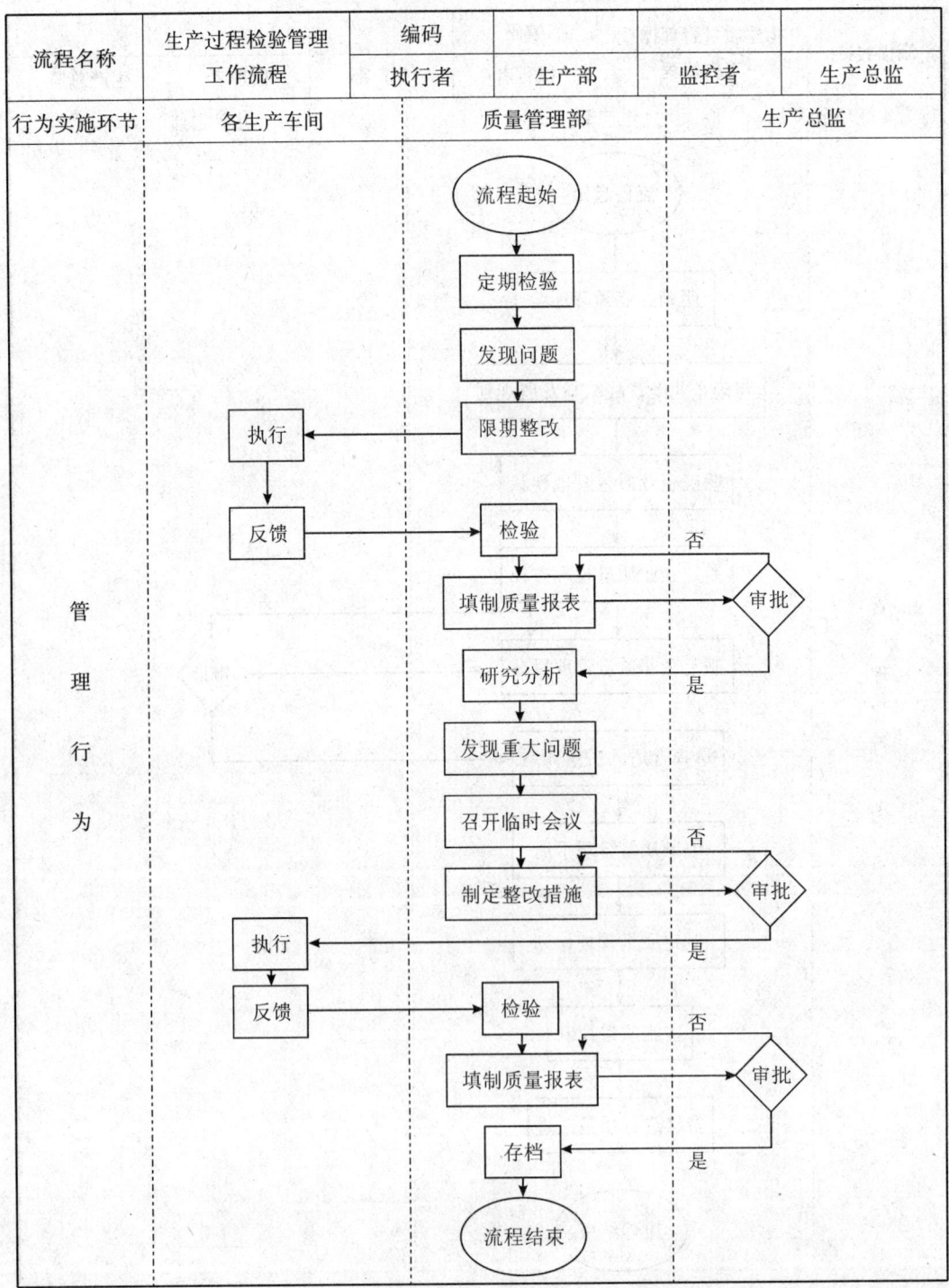

四、产成品检验管理工作流程设计

流程名称	产成品检验管理 工作流程	编码		监控者	生产总监
		执行者	生产部	监控者	生产总监
行为实施环节	各生产车间	质量管理部		生产总监	

管理行为

```
          ┌─────────┐
          │ 流程起始 │
          └────┬────┘
               │
         ┌─────────┐
         │ 产成品产出 │
         └────┬────┘
               │
           ┌──────┐
           │ 自检 │
           └──┬───┘
               │
        ┌────────┐          ┌──────┐
        │ 申请检验 │────────→│ 检验 │
        └────────┘          └──┬───┘
                                │
                           ┌────────┐
                           │ 发现问题 │
                           └──┬─────┘
                               │
   ┌──────┐  不严重  ┌──────────────┐
   │ 整改 │←─────────│ 评价问题严重与否 │
   └──────┘          └──┬───────────┘
                         │ 严重
                    ┌────────┐
                    │ 召开会议 │
                    └──┬─────┘
                        │
                   ┌────────┐            否
                   │ 分析原因 │────────────────┐
                   └──┬─────┘                  │
                       │                     ◇─────◇
                  ┌────────┐              ┌│ 审批 │
                  │ 制定措施 │────────────→ ◇─────◇
                  └────────┘                  │
   ┌──────┐                       是          │
   │ 执行 │←──────────────────────────────────┘
   └──┬───┘
       │
  ┌──────┐                    ┌──────┐
  │ 反馈 │──────────────────→│ 检验 │
  └──────┘                    └──┬───┘
                                  │
                             ┌────────┐
                             │ 总结与优化 │
                             └──┬─────┘
                                 │
                             ┌──────┐
                             │ 存档 │
                             └──┬───┘
                                 │
                           ┌─────────┐
                           │ 流程结束 │
                           └─────────┘
```

五、不合格品处理管理工作流程设计

流程名称	不合格品处理管理 工作流程	编码			
		执行者	生产部	监控者	生产总监
行为实施环节	各生产车间	质量管理部		生产总监	总经理

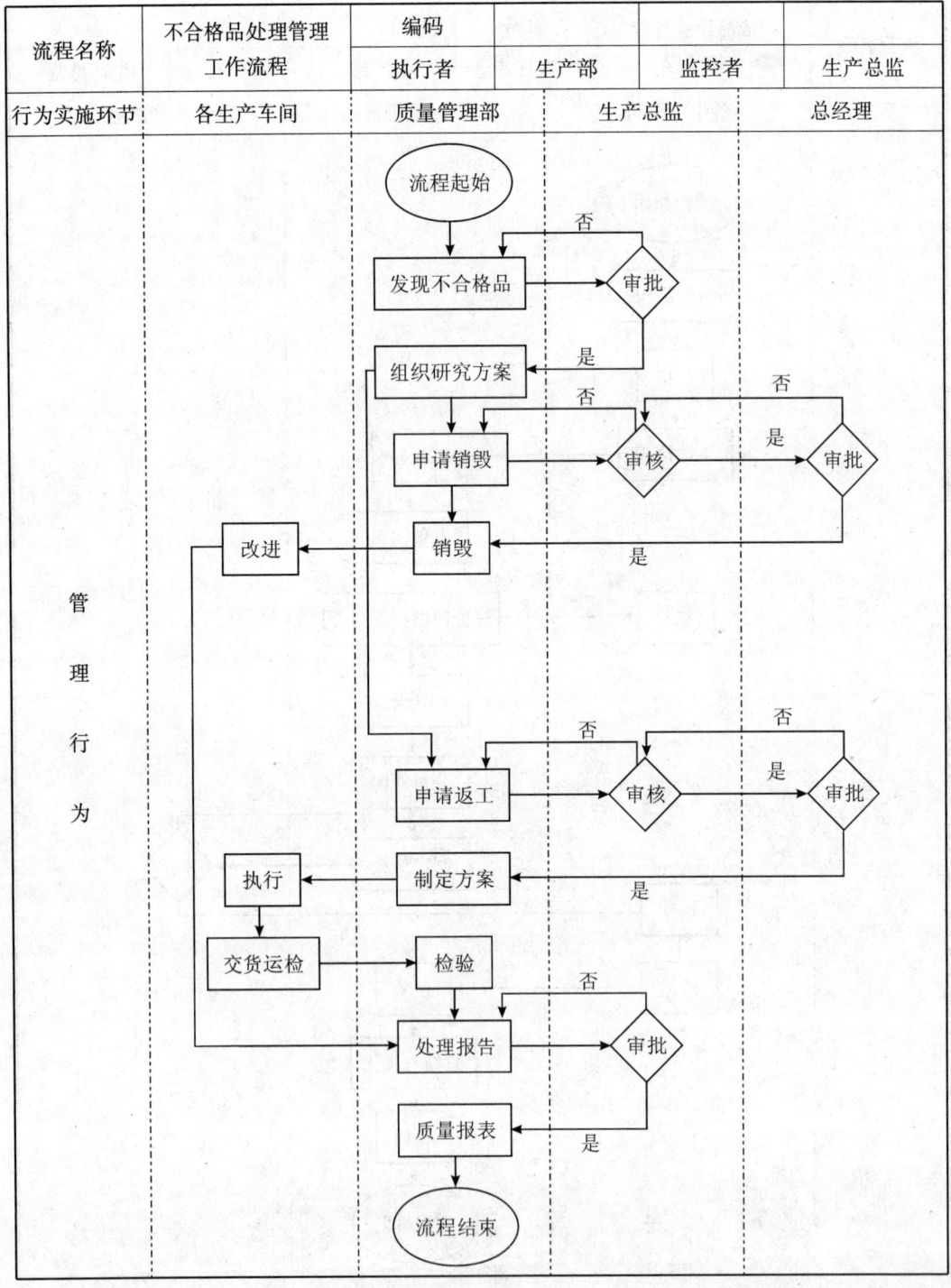

六、质量统计管理工作流程设计

流程名称	质量统计管理 工作流程	编码			
		执行者	生产部	监控者	生产总监
行为实施环节	各生产车间	质量管理部		生产总监	

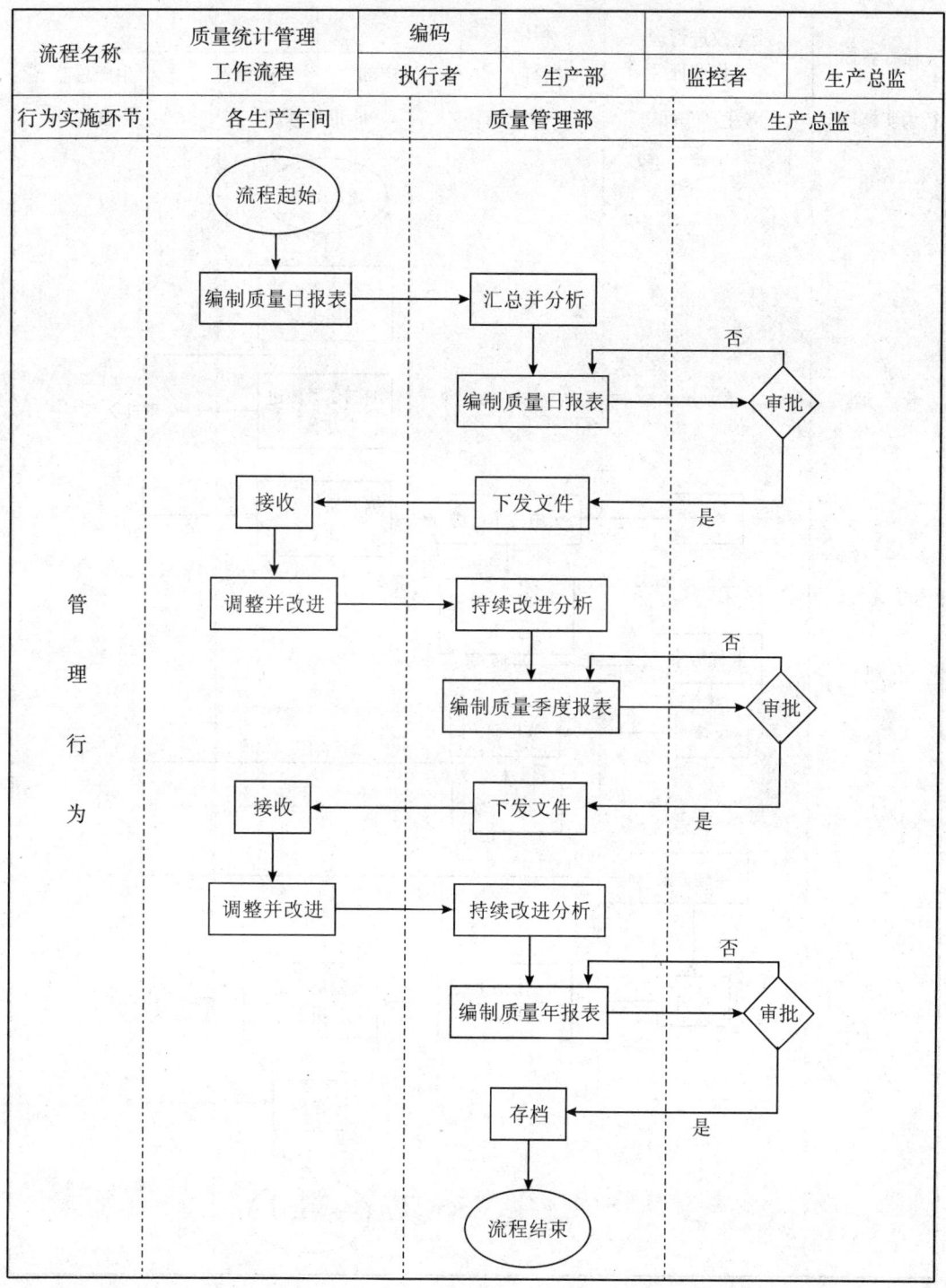

管理行为

流程起始

编制质量日报表 → 汇总并分析

编制质量日报表 → 审批 （否）

接收 ← 下发文件 （是）

调整并改进 → 持续改进分析

编制质量季度报表 → 审批 （否）

接收 ← 下发文件 （是）

调整并改进 → 持续改进分析

编制质量年报表 → 审批 （否）

存档 （是）

流程结束

七、质量改进管理工作流程设计

流程名称	质量改进管理 工作流程	编码			
		执行者	生产部	监控者	生产总监
行为实施环节	各生产车间	技术部		质量管理部	生产总监

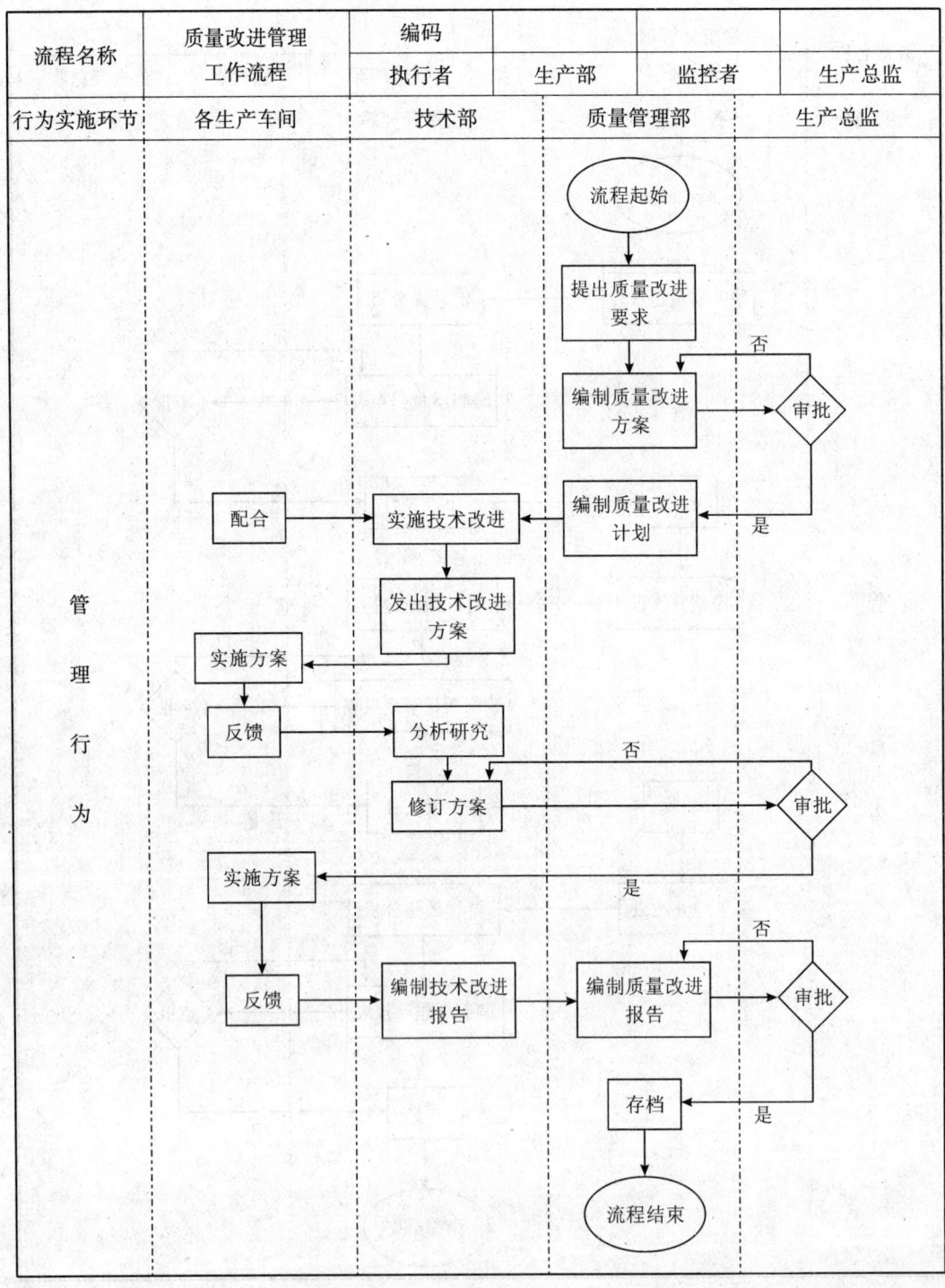

八、生产安全管理工作流程设计

流程名称	生产安全管理 工作流程	编码			
		执行者	生产部	监控者	生产总监
行为实施环节	生产部	生产总监		总经理	

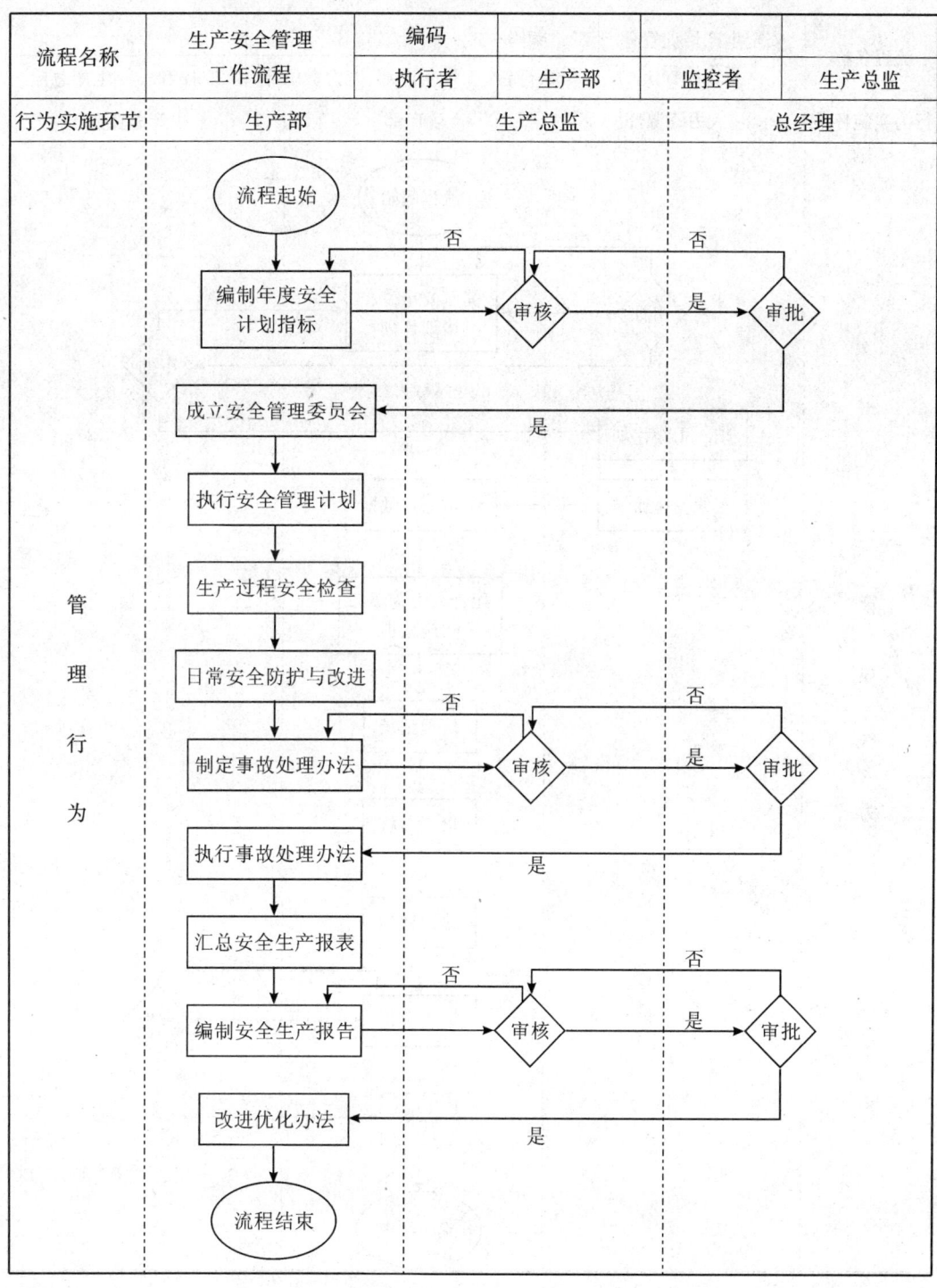

九、生产安全培训管理工作流程设计

流程名称	安全生产培训管理 工作流程	编码			
		执行者	生产部、人力资源部	监控者	生产总监
行为实施环节	人力资源部	生产部		生产总监	

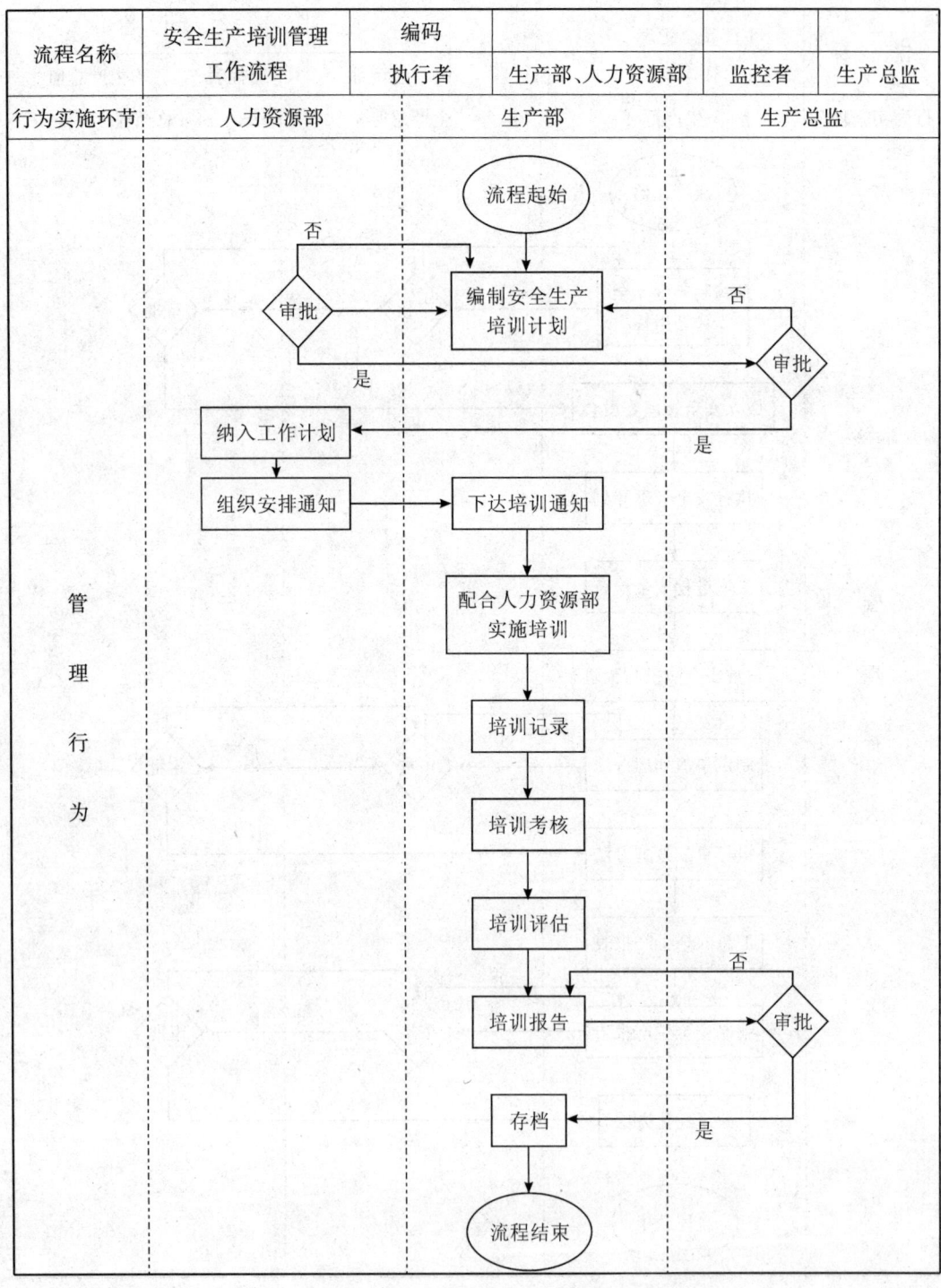

十、安全事故处理管理工作流程设计

流程名称	安全事故处理 工作流程	编码			
		执行者	生产部	监控者	生产总监
行为实施环节	各生产车间	安全生产委员会		生产总监	总经理

管理行为

```
        ┌─────────┐
        │ 流程起始 │
        └────┬────┘
             ↓
      ┌──────────┐      ┌──────────┐   否   ┌──────┐   是   ┌──────┐
      │ 发生事故  │─────→│ 事故定性  │──────→│ 审核  │──────→│ 审批  │
      └──────────┘      └──────────┘        └──────┘        └──────┘
                                              否↑             否↑
                        ┌──────────┐              是
                        │ 组织会议  │←────────────────────────┘
                        └────┬─────┘
                             ↓
                        ┌──────────────┐   否   ┌──────┐   是   ┌──────┐
                        │ 制定处理方案  │──────→│ 审核  │──────→│ 审批  │
                        └──────────────┘        └──────┘        └──────┘
                                                                   否↑
                        ┌──────────────┐              是
                        │ 组织执行方案  │←────────────────────────┘
                        └────┬─────────┘
                             ↓
                        ┌──────────────┐   否   ┌──────┐   是   ┌──────┐
                        │ 填制总结报告  │──────→│ 审核  │──────→│ 审批  │
                        └──────────────┘        └──────┘        └──────┘
                                                                   否↑
                        ┌──────────┐              是
                        │  存档     │←────────────────────────┘
                        └────┬─────┘
                             ↓
                        ┌──────────┐
                        │ 流程结束  │
                        └──────────┘
```

十一、质量管理策略选择工作标准

质量策略是指由最高管理者正式批准和颁布的质量宗旨和质量方向,它为实现质量目标,各部门和全体人员执行质量职能、从事质量管理活动所必须遵守和依从的行动指南。质量策略是一个组织关于质量的总纲领,只有具有高水平质量策略的体系,才可能是高水平的质量管理体系。质量方针应体现组织较长期的质量战略,在质量宗旨方面,质量策略要着重体现向顾客持续提高满意的产品和服务的决心;在质量方向方面,要体现对质量的追求、对质量的态度、对质量的投入,以及质量工作的努力方向。具体来讲,质量策略包括以下几点:

(1)产品在国际市场上具有竞争能力,在一段时间内可以高价出售,实行优质优价,以获得超额利润。

(2)产品质量水平一般,但兼有其他多种功能,以满足用户的多种需要。

(3)产品在国内市场上具有竞争能力,以提高服务质量,使销售额超过竞争对手。

(4)产品具有一定的质量水平,通过大量生产来大幅度地降低生产成本,以达到薄利多销的效果。

十二、质量管理计划制定工作标准

质量管理计划是各部门、各环节针对特定的产品、项目或合同,规定专门的质量措施、资源配置和活动顺序等活动,即它是落实质量目标的具体部署和工作安排,是针对某项产品、工序、服务、合同或任务所规定的专项质量指标和措施、资源以及活动程序的质量文件。由此可知,质量管理计划是质量管理和质量保证在特定的产品、项目或合同上的具体体现。它是针对特定产品和需要重点控制的项目、合同所编制的设计、采购、制造、检验、包装发运等质量控制方案,一般不是单独一个方案,而是由一系列文件所组成。

当尚未建立明确的质量体系时,质量计划可以是一个独立的文件,对质量管理和质量保证作出具体的规定和要求。但有些情况下,依据顾客的要求或特定情况的需要,质量计划也可以作为其他文件的组成部分,体现在这些文件之中。

质量管理计划的内容包括以下几点:

(1)明确规定质量管理计划的目的,如合格产品率、次品率等。

(2)规定有关部门和人员应承担的工作任务、责任、权限和完成工作任务的时间进度。

（3）明确特定的质量体系或合同所要求的活动均有计划地实施和控制，并且活动的进程应该处于有关部门的监控之下。

（4）制定各个生产环节的质量检验、质量试验和质量审核的标准。

（5）对审核的结果进行评定。

（6）跟踪产品或项目的进度，对质量管理计划体系中不合理的部分，要及时进行修改。

十三、质量目标管理工作实施标准

所谓质量目标管理，是指通过质量工作目标的制定，在质量工作中实行自我控制，并努力实现质量工作目标的一种管理制度。质量目标管理是借助总目标和分目标分级设立目标的方法，设立质量考核标准，自上而下地确定一个时期的质量计划，使质量目标成为整个目标，以此来激励全体员工都来关注质量问题。

质量目标管理的特点如下：

（1）设立总体质量管理目标，并为各级各类人员和部门设立分目标的标准。

（2）质量目标管理的对象由工人扩展到管理人员，即各级管理人员，包括生产总监在内，都要服从质量管理的目标。

（3）确定质量管理目标的考核标准，用来对内部的质量管理人员及其他相关人员进行考核。

（4）质量管理目标是用来指导和控制质量活动的指南与基础。质量管理目标管理要特别注意自我控制，是参与式管理在质量管理中的运用。

（5）质量管理的目标注重质量工作的业绩成果，讲求经济效益。

十四、产品质量跟踪管理工作实施标准

产品质量的跟踪管理，在市场调查、售后服务、质量改进、新产品研制开发及产品生命周期质量监控等方面都具有重要的作用。它要求从产品的交付使用开始，就需要面向用户和市场，全面、系统地收集和整理产品使用过程中的相关质量信息，根据收集的信息分析、评价产品质量水平和存在问题，并及时向内部的有关部门进行反馈，不断采取改进措施，不断提高产品的质量。

（一）产品质量跟踪管理的类别

1.按跟踪管理的目的进行分类

（1）调查性的质量管理跟踪。这种质量跟踪专为调查产品质量现状和用户评价而进行，通常属于短期或临时性的质量跟踪，适用范围比较大。

（2）服务性的质量管理跟踪。这种质量跟踪是为了使产品更快更好地适应用户需要而采取的跟踪服务，用于用户不易掌握的产品或新产品。

（3）监控性的质量管理跟踪。这种质量跟踪是为了长期监控在外使用的产品质量而进行的，通常用于飞机、发动机等大型复杂产品。

2.按质量管理跟踪的时间进行分类

（1）长期质量管理跟踪。适合于生产周期长、寿命长和技术复杂的产品，跟踪时间一般需要几年或更长时间。

（2）短期质量管理跟踪。多用于更新换代快的产品、寿命不太长的产品和服务，一般只需要几个月时间。

（3）临时性质量管理跟踪。主要针对个别项目、突发性问题，跟踪时间按照解决问题的时间确定。

3.按实施部门进行分类

（1）社会性的质量管理跟踪。由社会团体、政府部门组织进行，具有社会监督的性质，有权威性，影响比较大，对质量改进有很大促进作用。

（2）专门开展的质量管理跟踪。具有较强的目的性和系统性。一般来讲，比社会性的质量跟踪更全面、更经常化。

（3）与社会联办的质量管理跟踪。主动邀请社会有关各方配合进行。

4.按跟踪地点进行分类

（1）国内质量管理跟踪。

（2）国外质量管理跟踪。

5.按跟踪内容进行分类

（1）全面质量管理跟踪，用于综合掌握和评价产品质量。

（2）专题质量管理跟踪，根据实际需要选择某些项目进行，适用于社会专题调查或某方面明确的质量改进工作。

6.按跟踪数量进行分类

具体可分为三类，即大批量质量管理跟踪（一般用于对不易直观发现问题的产品进行跟踪）、小批量质量管理跟踪、单品质量管理跟踪。

（二）产品质量管理跟踪的方法

1.销售现场发放质量跟踪卡

（1）在用户选购产品的同时，向用户发放质量跟踪卡，并请用户填写后当场收回。

（2）这种方式的优点是实施周期短、费用低；不足之处是只适合容易直观评价的简单产品或项目。应加强现场宣传工作及采取向用户发纪念品等进行鼓励，以争取用户的大力配合。

2.电话回访

这种方式容易受通讯条件限制，跟踪的系统性较差。采用这种方式时，应事先做好跟踪调查准备，做好跟踪记录。

3. 向客户邮寄质量跟踪卡

（1）即直接将跟踪卡邮寄给用户，并请用户按要求填写后寄回的一种质量跟踪管理方式。

（2）这种方式的缺点是质量跟踪卡回收率很难保证，而且由于用户的素质参差不齐，跟踪项目填写的准确性也很难保证。跟踪卡内容要通俗易懂，填写简便。为了提高返卡率，可采用发纪念品、报纸通知、电台催促、发函提醒、邮资总付等办法，还应与社会各方加强合作。

4. 利用销售服务网点进行跟踪

（1）这种方式是指利用已有的产品销售服务网点进行质量跟踪的质量跟踪管理方式。

（2）这种方式的优点是维修服务和质量跟踪一并进行，节省人力，容易找出常见问题；其不足之处是网点分散，不易管理。采用这种方式时，要注意对网点人员的培训和管理。

5. 用户评价与专家评审相结合

（1）在这种方式下，质量跟踪管理的实施部门需要将用户评议与技术部门检测、专家评审结合起来，对进行产品的质量跟踪进行评议。

（2）这种方式的优点是科学、准确，有权威性；不足之处是费用高、程序复杂。采用这种方式时，要加强统筹规划和组织领导。质量跟踪管理方式并不是一成不变的，可根据实际需要随时变换跟踪。

6. 登门拜访

（1）即专门派人前往用户处，以了解产品在使用中的质量情况的跟踪方式。

（2）这种方式的优点是可获真实、准确的情况，易发现问题，利于质量改进；不足之处是费时、费力，不可能经常进行。

十五、构建生产质量保证体系工作标准

（一）标准化

1. 所谓标准化，是指为取得全局最佳效果，依据科学技术和实践经验的综合成果，在充分协商的基础上，对经济、技术和管理等活动中具有多样性、相关性特性的重复事物，以特定的程序和形式颁发的统一规定，其中包括技术标准与管理标准两类。

2. 质量工作标准化就是把质量管理的各项工作，按其重复性特性形成一定规范。标准化工作是企业实现质量保证的重要手段，使内部各系统建立技术、管理统一性，确保产品质量，使整个质量保证体系稳定运行。随着生产技术水平的不断提高，标准化工作在质量管理中的地位也越来越重要，有人认为全面质量管理的过程实质上是标准化的管理过程。

（二）计量检定和质量监督

1. 计量检定是生产的重要环节，是保证零部件互换、确保产品质量的一种重要手段和方法。没有准确的计量工作，就无法提供准确的质量信息。必须严格管理计量工作，建立健全管理制度与管理机构,配备齐全高质量计量设备。及时维护修理,实现检验测试手段、方法的科学化与现代化,提高计量工作的质量,充分发挥它在质量管理中的作用。

2. 质量监督是保证产品质量的重要手段。进行质量监督主要包括三个环节:原材料、外协零部件进厂检验、中间检验(即生产过程的检验)和产品出厂检验。在质检中应把好质量关,防止不合格品流出,及时发现并处理问题,建立健全质量监督体系。

(三)质量教育

1. 质量教育是全面质量管理的支柱。一切工作质量都是靠人来保证的。人的素质,特别是树立质量第一的观念,是质量保证的关键。

2. 生产质量管理的真正目的在于养成如下素质:

(1)善于发现问题的素质。

(2)重视计划的素质。

(3)重视过程的素质。

(4)抓关键的素质。

(5)动员全员参与管理的素质。

3. 质量教育包括两方面的内容:

(1)质量管理知识的普及。推行全面质量管理,要使企业全体员工了解并掌握质量管理的基本思想和方法。牢固树立起质量第一、用户至上等质量意识,从而在生产的各个方面、各个层次的实践中发挥作用。

(2)员工技术培训。技术培训要求员工结合工作需要进行技术基础教育和操作技能的训练,掌握产品性能、用途、工艺流程、岗位操作技能和检验方法等。只有提高员工技术水平,才能在生产管理中真正地保证质量。

十六、生产质量保证体系运作工作实施标准

(一)计划阶段

在广泛进行内外调查和预测的基础上,提出质量管理的目标,拟定具体的行动措施和计划。这一阶段包括以下几个步骤:

1. 利用各种统计分析手段,找出生产过程中存在的问题。

2. 寻找问题存在的原因。

3. 找出主要问题及其主要制约因素。

4. 针对所存在问题的主要制约因素,来确定应该采取的解决措施。在确定解决措施时,还应该明确规定必要的内容和要求,即"5W1H":必要性(Why),即指出为什么要提出该计划;达到什么目标(What);在哪里执行(Where);由谁来执行(Who);什么时间执行(When);用什么方法执行(How)。

(二)实施阶段

按照计划规定的内容去严格执行。

（三）评估阶段

用各种统计分析方法调查并分析实施计划的效果,最后再与原计划进行比较。

（四）处理阶段

把成功的经验和失败的教训都反应到今后的工作标准（制度）中去。

十七、全面质量管理的实施条件

（一）管理层要重视质量管理工作

1. 实践证明,推行全面质量管理的成功与否,关键取决于领导层对全面质量管理是否具有正确的认识。只有当领导真正认识到,全面质量管理是求生存、图发展,永远立于不败之地的根本保证之后,才会下决心在全厂范围内扎扎实实地开展全面的质量管理活动。

2. 推行全面质量管理,并不是因为目前质量出了问题,才把它作为一项措施而推出。领导应根据本厂的中长期经营目标,产品决策,从提高全厂员工质量意识入手,加强全员培训,健全规章制度,建设企业文化等工作结合起来抓,才能真正发挥全面质量管理的作用。

（二）员工要树立正确的质量意识

质量意识是指员工在产品形成过程中对完善产品质量的重要性和社会责任的认识。产品的质量意识来源于社会实践,又反过来能动地指导质量管理实践,内部的每个员工所具有的质量意识,在一定程度上,决定了该员工对待产品质量的态度和行动。因此,质量意识又与质量责任有着十分密切的关系。

（三）内部作业的标准化

1. 推行全面质量管理,其标准化工作应有一定的基础,才能使各项工作、各道加工工艺做到有根据,并使得不同工作岗位上的员工步调能够一致,围绕着提高产品质量这一共同目标而分头努力。

2. 这里所说的标准,并不局限于产品标准,而是广义的标准,包括技术标准、管理标准和工作标准。技术标准包括产品标准、基础标准、方法标准和工艺标推等。管理标准包括经营管理、技术管理、设备管理、生产管理、质量管理、市场销售管理、劳动人事管理、物资管理和财务管理等方面的标准。工作标准包括各职能部门的工作内容、工作方法与程序、工作联系、工作质量、考核条件以及奖惩办法等。

（四）具有一定的信息管理基础

推行全面质量管理,应有一定的质量管理信息系统的基础,其内容包括反映工作质量、工程质量和产品质量的各类信息的全面性、正确性、可靠性、及时性,以及质量信息反馈处理的有效性。如果这方面基础较差,那么全面质量管理工作不可能有条不紊地进行,也达不到系统管理的效果。

读者反馈卡

尊敬的读者：

 十分感谢您购买本书以及对本公司的大力支持。为能继续提供更符合您要求的优质图书，烦请您抽出点滴时间填写以下调查表并寄回，您的建议与意见将是我们不断前进的动力。我们会定期从有效回执中抽取幸运读者，寄送公司最新出版图书或其它精美礼品。

北京兴盛乐书刊发行有限责任公司

通讯地址：北京市朝阳区小营路 10 号阳明广场南楼 14A
邮政编码：100101
读者 QQ 群：292306095（兴盛乐书友会）
电子邮件：xslzbs@163.com
公司微博：@ 兴盛乐文化
公司网址：www.xslbook.net

1. 您了解本书是通过：
   □书店 □网络 □报刊宣传 □朋友推荐
2. 您购得本书的渠道是：
   □新华书店 □网上书城 □民营书店 □超市 □报刊亭
   □其他_____
3. 您决定购买本书是因为：
   □书名吸引 □内容吸引 □喜欢作者 □偶然购买
   □朋友推荐 □其他_____

4. 您觉得本书的优点有：

☐文笔好　☐内容好　☐封面漂亮　☐排版舒服　☐价格合理

☐手感好　☐其他_____

5. 您会向他人推荐或者谈论这本书吗？

☐会　☐不会　☐偶尔会　☐看看再决定　☐其他_____

6. 了解本书之后,您会关注或购买公司其他图书吗？

☐会　☐不会　☐偶尔会　☐看看再决定　☐其他_____

7. 您决定购买一本书的因素包括：

☐内容　☐封面　☐书名　☐朋友推荐　☐媒体推荐　☐作者

☐其他_____

8. 您比较喜欢的阅读类型有：

☐人文历史类　☐财经类　☐管理类　☐励志类　☐小说类

☐纪实文学类　☐传记类　☐散文、随笔类　☐女性、生活类

☐亲子、育儿类　☐科普类　☐其他_____

9. 您觉得本书有何不足之处,您有何修改意见或建议？

_____

_____

10. 有没有您想读但市面上却没有的书？

_____

_____

您的姓名_____　性别_____　年龄_____　职业_____

邮政地址_____

邮政编码_____　手机_____

E-MAIL_____

QQ_____　微博_____